Mitgeschöpflichkeit

D1619267

Europäische Hochschulschriften

Publications Universitaires Européennes
European University Studies

Reihe XXIII
Theologie

Série XXIII Series XXIII
Théologie
Theology

Bd./Vol. 706

PETER LANG

Frankfurt am Main · Berlin · Bern · Bruxelles · New York · Oxford · Wien

Eberhard Röhrig

Mitgeschöpflichkeit

Die Mensch-Tier-Beziehung
als ethische Herausforderung
im biblischen Zeugnis, in
der Theologiegeschichte seit
der Reformation und in
schöpfungstheologischen Aussagen
der Gegenwart

Mit Exkursen zum Judentum,
zur Theologiegeschichte,
zu Gesangbuch, Philosophie,
Literatur und kirchlichen wie
gesellschaftlichen Konsequenzen

PETER LANG
Europäischer Verlag der Wissenschaften

Die Deutsche Bibliothek - CIP-Einheitsaufnahme

Röhrig, Eberhard:

Mitgeschöpflichkeit : die Mensch-Tier-Beziehung als ethische
Herausforderung im biblischen Zeugnis, in der
Theologiegeschichte seit der Reformation und in
schöpfungstheologischen Aussagen der Gegenwart ; mit
Exkursen zum Judentum, zur Theologiegeschichte, zu
Gesangbuch, Philosophie, Literatur und kirchlichen wie
gesellschaftlichen Konsequenzen / Eberhard Röhrig. -
Frankfurt am Main ; Berlin ; Bern ; Bruxelles ; New York ;
Oxford ; Wien : Lang, 2000
    (Europäische Hochschulschriften : Reihe 23, Theologie ;
Bd. 706)
    ISBN 3-631-36418-0

Gedruckt auf alterungsbeständigem,
säurefreiem Papier.

D 468
ISSN 0721-3409
ISBN 3-631-36418-0

© Peter Lang GmbH
Europäischer Verlag der Wissenschaften
Frankfurt am Main 2000
Alle Rechte vorbehalten.

Das Werk einschließlich aller seiner Teile ist urheberrechtlich
geschützt. Jede Verwertung außerhalb der engen Grenzen des
Urheberrechtsgesetzes ist ohne Zustimmung des Verlages
unzulässig und strafbar. Das gilt insbesondere für
Vervielfältigungen, Übersetzungen, Mikroverfilmungen und die
Einspeicherung und Verarbeitung in elektronischen Systemen.

Printed in Germany 1 2 3 4 5 7

Für Elke

9

Vorwort

Die vorliegende Arbeit ist im Januar 2000 von der
Kirchlichen Hochschule Wuppertal als Dissertation
angenommen worden.

Ich danke Herrn Dr.Martin Breidert und Herrn Professor
Dr. Erich Gräßer, den Gutachtern, für Beratung und
Begleitung sowie der Evangelischen Kirche im
Rheinland für einen Druckkosten-Zuschuß.

Ich widme das Buch meiner verständnisvollen,geduldigen
Frau und allen Freunden unserer Mitgeschöpfe.

11

Inhaltsverzeichnis

13

16

19

I. Anlässe zu dieser Arbeit

1. Römer 8,19 ff.: Die Erlösung alles Geschaffenen

Des Apostels überraschende Glaubensgewißheit ,daß die Schöpfung mit uns seufzt und wartet darauf, daß die Söhne Gottes offenbar werden und „auch sie von der Knechtschaft der Vergänglichkeit befreit werden soll zur herrlichen Freiheit der Kinder Gottes" [2], war noch während des Studiums ein erster Anlaß zur Beschäftigung mit dem Thema.

Die Überraschung bestand einerseits in der Aussage selbst, - denn der Kontext legt die Nennung der außermenschlichen Schöpfung nicht nahe, und auch sonst findet sie in den paulinischen Briefen keine Erwähnung, - zum Andern im weitestgehenden Schweigen von Theologie und Kirche angesichts dieses Textes. Hat Paulus die außermenschliche Kreatur womöglich gar nicht im Blick?

Diese Frage löste andere aus:

Tiere als nicht vernunftbegabte Wesen gelten als „unbeseelt". Irrt daher Paulus nicht, wenn er, πᾶσα ἡ κτίσις als „Alles Geschaffene" verstanden, Tiere für „erlösungsfähig" hält?

Welchen Stellenwert hat eine solche eschatologische Aussage neben zentralen Themen wie Inkarnation Gottes, Rechtfertigung des Sünders, Umkehr und neues Leben, Glaube und Handeln, Gesetz und Evangelium?

2. Das gegenwärtige Leiden der Kreaturen und das Schweigen der Christen

Das Tierelend, in Haltung, Transport und Schlachtung, in Versuchen und Vermenschlichung sichtbar geworden, nahm in den letzten Jahren eher zu als ab - trotz der verdienstvollen Berichterstattung und Anklage durch Organisationen und Medien. Das Tierschutzgesetz, immer wieder verändert und z.T. verbessert, 1986 sogar mit einem völlig unmotivierten und in den folgenden Paragraphen weitestgehend ignorierten Begriff „Mitgeschöpflichkeit" zusätzlich versehen, verhinderte und verminderte das Leiden der Tiere nicht, sondern machte es vielmehr dadurch weiterhin möglich, daß es großzügige Interpretationen erlaubte, Hinweise auf die tierschützerische Absicht hervorrief und zum Dauer-Alibi verkam.

Tierschutzbeauftragte wurden eingesetzt, Ethik-Kommisionen gebildet und darauf geachtet, daß ihre Besetzung und zahlenmäßige Vertretung weder der Industrie noch der wissenschaftlichen Forschung, weder den Tierhaltern noch den EU-Partnern schadete.

Theodor Heuss' Feststellung, daß das Wort „Tierschutz" eine der blamabelsten Angelegenheiten der menschlichen Entwicklung indiziere [3], wurde zwar von Einzelnen gehört, blieb aber ein Ruf in der Wüste und löste am allerwenigsten das aus, was es vermutlich beabsichtigt hatte: das Erschrecken des Menschen über sich selbst.

Wie hatte es dazu kommen können, daß aus dem Schutz des Menschen vor dem wilden Tier das Umgekehrte wurde?

Der homo sapiens war sich bis zur Stunde bewußt, die Krone der Schöpfung, mindestens aber das vernunftbegabte Wesen zu sein.

Daß das Tier mehr und mehr zur Sache wurde, die weniger Wertschätzung erfuhr als das Gros von Gegenständen, war so selbstverständlich geworden, daß lediglich die Nomenklatur im Grundsatz des §1 TSG geändert und hier und da über die Diskrepanz zwischen Sache im Sinne des Rechts und Lebewesen ohne Rechtsstatus diskutiert wurde.

Wo blieben die Christen in dieser Szene?

3 Rechtfertigung des Schweigens durch die Bibel?

Gab es für die Indifferenz gegenüber dem kreatürllichen Leid Rechtfertigung durch biblische Aussagen bzw. deren Fehlen?

Jesus war kein Tierschützer, wie M. Blanke [4] feststellt, der zur Erklärung dafür auf unbeantwortete Probleme wie Abtreibung, Sklavenhaltung, Rassendiskriminierung und Alkohol verweist und zu einer eigenwilligen Schlußfolgerung kommt (siehe Ansätze zu einer Tierethik). Die relativ wenigen neutestamentlichen Aussagen schienen tatsächlich bei erster Sichtung eher unbefriedigend als hilfreich [5] .Umso dringlicher wurden die Recherchen im Alten Testament.

Wenn die hebräische Bibel, unterschiedliche Quellen vorausgesetzt, Aufschlußreiches über das Verhältnis Mensch : Tier, über dessen etwaige Beziehung zu Gott und über göttliche wie menschliche Fürsorge sagt, müßte sich dieses auf unser Glaubensbekenntnis, auf ein verändertes Verhältnis zu den Mitgeschöpfen, auf kirchliches und persönliches Handeln auswirken.

Einige Theologen hatten sich längst mit der Problematik wie auch mit biblischen Erkenntnissen auseinandergesetzt, so Fritz Blanke, Walter Pangritz, Erich Gräßer, Gerhard Friedrich, Günter Altner, Christa und Michael Blanke, Gerhard Liedke, Wolf-R. Schmidt, u.a.. Das von Blankes initiierte Glauberger Schuldbekenntnis gab einen zusätzlichen Anstoß.

Der Paderborner Theologe Eugen Drewermann gesteht den Tieren Unsterblichkeit zu [6], nennt jedoch als Ergebnis seiner biblischen, d.h. alttestamentlichen, Untersuchung eine verhängnisvolle Anthropozentrik, derzufolge es „kaum möglich erscheint, auf dem Boden der Bibel eine umfassende, nicht nur auf den Menschen bezogene Ethik der Natur zu begünden".[7]

Zunächst war zu klären, ob Drewermann mit „Ethik der Natur" dasselbe meint wie einige Kollegen mit „Schöpfungstheologie" oder, eingegrenzter, mit „Tierethik".

Verheerend klingt sein Urteil: „Die Bibel enthält außer einer einzigen kümmerlichen Stelle, daß der Gerechte sich seines Viehs erbarmt, und dem Gebot, dem dreschenden Ochsen nicht das Maul zu verbinden, nicht einen einzigen Satz, wo von einem Recht der Tiere auf Schutz vor Rohheit und Gier des Menschen oder gar auf Mitleid und Schonung in Not die Rede wäre. Die Schonung der Haustiere ist bereits lange Zeit früher in der persischen Zoroaster-Religion zu einem zentralen Anliegen erhoben worden, und wieder stellt die Bibel auf diesem Hintergrund ihre außerordentliche Begrenztheit unter Beweis"[8].

4. Luther und Descartes

Luther konnte von den Mitgeschöpfen sagen, daß sie geschaffen worden seien, damit wir durch sie lernten, Gott zu erkennen und zu fürchten[9]. Ihm ist eine rein utilitaristische Sicht nicht in den Sinn gekommen, im Gegenteil: die mißhandelte,

ausgebeutete Kreatur schreit wider den Menschen zu Gott: „Wer unbarmherzig ist
wider das Vieh, der ist auch unbarmherzig gegen die Menschen"[10] .

Wenn dieser mit den meisten Tierschützern unterstellte Rückschluß nicht von einer
verdächtigen Tierliebe bestimmt ist, sondern eine theologische Querverbindung
voraussetzt, - wo ist sie zu finden?

Und was veranlaßt den Reformator zu dem häretisch anmutenden Bekenntnis: „Ich
glaube, daß auch die Belferlein, die Hündlein, in den Himmel kommen und jede
Kreatur eine unsterbliche Seele habe"? [11]

Konnte Luther, selber Beweis für den Sinn der Vernunft, diese als „Hure" bezeichnen,
so hält Descartes an der traditionellen Verbindung zwischen theologischer
Fragestellung und wissenschaftlichen Grundsätzen fest. Er bedient sich jedoch der
mathematisierenden, rein rationalistischen Methode, wobei das theologische Problem
auf die Behebung subjektiver Zweifel beschränkt bleibt.

Vom Prinzip des „cogito, ergo sum" führt der Weg über den Unterschied zwischen der
Körperwelt (extensio) und dem Bewußtsein bzw. der Seele, der Annahme von
copuscula, deren Bewegung ausschlaggebend ist, und der Konstanz der
Bewegungsgröße im Universum zum mechanistischen Weltbild. Die res cogitans und
die res externa sind die entscheidenden Größen. „Nur durch das wunderbar
ausgebildete Gehirnauge trat er mit der Schöpfung in Kontakt; das richtige Auge galt
dem Zeitalter wenig", urteilt H. Steffahn [12] .

So waren die Tiere Maschinen, zwar wunderbar konstruiert, aber ohne Empfinden
und Seele; ihre Schmerzensschreie glichen dem Quietschen der mechanischen
Konstruktion.

5.   Tierethik ein Adiaphoron?

5.1. Albert Schweitzer und das Glauberger Schuldbekenntnis

Albert Schweitzer faßt die Zeitspanne von dreihundert Jahren zwischen Descartes
und sich in den Klageruf: „Es ist, als hätte Descartes mit seinem Ausspruch, daß die
Tiere bloße Maschinen seien, die ganze europäische Philosophie behext." [13]
Man muß ergänzen: ... und die Theologie.

Daß Schweitzer diese Ergänzung bejahen würde, ist seinem Verdikt über die Ethiker zu entnehmen: „Wie die Hausfrau, die die Stube gescheuert hat, Sorge trägt, daß die Türe zu ist, damit ja der Hund nicht hereinkomme und das getane Werk durch die Spuren seiner Pfoten entstelle, also wachen die europäischen Denker darüber, daß ihnen keine Tiere in der Ethik herumlaufen" [14].

Daß während der drei Jahrhunderte zwischen Luther und Schweitzer die Philosophen und Ethiker nicht ganz stumm geblieben sind, wird noch zu zeigen sein.

Hier ist zunächst eine Tendenz im Gefolge Cartesischer Welt- und Naturbetrachtung aufzuzeigen.

So offensichtlich wie eine Ethik der Mitgeschöpflichkeit aus bereits angedeuteten und noch zu benennenden Gründen ein Adiaphoron blieb, wenn überhaupt, so befremdend wirkte das 1986 veröffentlichte Glauberger Schuldbekenntnis, vom Pfarrerehepaar Blanke initiiert und vielen Unterzeichnern (-innen) bekräftigt. Schon die Terminologie und gewollte Parallele zum ebenfalls nicht unumstrittenen Stuttgarter Bekenntnis war in den Ohren vieler eine Entgleisung, erst recht aber die anspruchsvoll formulierte Schuld gegenüber Mitkreaturen, die eine Aufmerksamkeit und Zuwendung in dieser Form weder verdienten noch vermißten.

Bei diesem Unbehagen stand unbewußt oder auch reflektiert der Gedanke Pate, die Ebenbildlichkeit des Menschen und damit die in vielfacher Hinsicht Unvergleichbarkeit der Geschöpfe stehe einer so gewichtigen Schuldanerkenntnis im Wege.

Die Ebenbildlichkeit des Menschen in Verbindung mit dem Auftrag, über die Tiere zu herrschen, hat eine mehr als 2000 jährige Wirkungsgeschichte ausgelöst. Daß sie vorwiegend verhängnisvoll war, ist wohl auch auf die Tatsache zurückzuführen, daß die Christen gern die „imago Dei" für sich in Anspruch nehmen, zumal durch die Überlegenheit gegenüber den Mitkreaturen ein entsprechendes Herrschaftsmandat näher definiert wurde. Kirche und Theologie haben diese Sonderstellung dogmatisch gefestigt [15].

5.2. Grundlagen der Ethik

Christliche Ethik gründet im Hören auf das Wort Gottes in den Weisungen des AltenTestaments und in der Offenbarung durch Jesus Christus.

„So ruht der in Imperativen formulierte Ordnungswille Gottes im Indikativ des heilsgeschichtlich bewährten 'Ich bin der Herr, dein Gott' (Ex. 20,2)" [16] Im Unterschied zur Antike steht im Mittelpunkt der Ethik nicht der lobenswerte Mensch, sondern die Barmherzigkeit Gottes, biblisch-klassisch formuliert in der Inschrift auf dem Grab Friedrich von Bodelschwinghs: „Weil uns denn Barmherzigkeit widerfahren ist, werden wir nicht müde" (nach 2 Kor.4, 1).

Hatte Bodelschwingh damit pragmatisch für sich und sein Lebenswerk die nicht definierbare Konsequenz aus dem Glauben auf den Punkt gebracht - getreu Jesu Wort von den Früchten und dem paulinischen Verhältnis von Indikativ und Imperativ,- so tat und tut sich die Systematische Theologie schwer. Ist Ethik eine selbständige Größe neben der Dogmatik?

Ist mit „Gesinnungsethik" ihr Wesen richtig beschrieben , oder wird damit der Kasuistik Tor und Tür geöffnet?

Begegnet die Glaubensethik, die der Verbindung des Einzelnen mit Gott und Christus entspringt, dieser Gefahr?

Wenn jede grundlegende Ethik andererseits „unevangelisch" ist, wie verschiedentlich festgestellt wurde, und sich die Aufforderung zum evangeliumsgemäßen Handeln aus der jeweiligen Situation ergibt, ist man zwar einem legalistischen Mißbrauch möglicherweise entgangen, aber Jesu Verständnis von Liebe und dem des Apostels nicht gerecht geworden.

Eine aus der Offenbarung in Christus abgeleitete Ethik wird weniger in Frage gestellt, wenn sie Pate bei Schöpfungsordnungen steht [17].

Dabei ist das Verhältnis von Bund und Schöpfung im AT hilfreich. Hier ist von Interesse, daß weder das bei Melanchthon wie bei seinen Nachfahren wichtige naturrechtliche Verständnis noch die Neuinterpretation von Schöpfung und Bund noch die oben zitierte Barmherzigkeit als ethische Grundlegung haben verhindern können, daß die Mitgeschöpfe als Adressaten ethischen Handelns ausgeklammert wurden.

In Ethiken der jüngeren Theologiegeschichte suchen wir nahezu vergeblich nach einer besonderen Erwähnung von Flora und Fauna. Dieses Phänomen erklärt sich nicht nur von daher, daß es an einem biblisch begründeten Naturverständnis fehlte oder einige Theologen die These vertraten, eine Ethik ergebe sich aus einer soliden Dogmatik, sondern auch aus dem Faktum, daß Ethik und speziell Sozialethik andere Konfliktfelder thematisierten.

W. Schweitzer résümierte [18] , daß die unterschiedlichen Ansätze zur Begründung der Ethik darin übereinstimmen, daß die Rechtfertigungslehre entscheidend zur Geltung kommen muß und beantwortet die Frage, wie denn das „Gute" zu erkennen sei, mit Soe: „Wir können eine Tat weder (mit der Zweckethik) deswegen gut nennen, weil sie erwünschte Zwecke fördert, noch (mit der legalistischen Ethik), weil sie in sich selbst mit einer ethischen Regel übereinstimmt, noch auch (mit der Gesinnungsethik), weil sie aus einer guten, d.h. sittlichen Gesinnung entspringt. Wir müssen noch weiter zurückgehen und sagen, daß eine Tat nur dann gut ist, wenn sie von Gott gewirkt ist" [19] .

Der Christ versteht sein Tun als Ermöglichung durch den auferstandenen, wiederkommenden Herrn und wird so frei zum Dienst am Nächsten. Der Nächste wurde, vor allem nach den Erfahrungen im Dritten Reich und zwei Weltkriegen, da entdeckt, wo man ihn vorher nicht gesehen hatte oder unter dem politischen Druck nicht hatte wahrnehmen dürfen.

Daher war der theologisch-ethische „Nachholbedarf" [20] groß.

Es erschlossen sich aber auch neue Tätigkeitsfelder, nicht zuletzt als Folgerung aus der Theologischen Erklärung von Barmen, besonders der 2. These. Der Nächste blieb der Mitmensch, vor allem der sozial Benachteiligte, Ausgebeutete, Deklassierte, Geächtete, Verfolgte, Behinderte, - nicht das Mitgeschöpf, obgleich gerade die 2. These vom „dankbaren Dienst an seinen Geschöpfen" spricht.

6. Abwehr der natürlichen Theologie

Bei diesem Verständnis hat auch die Abwehr der sogen. Natürlichen Offenbarung, besonders durch die Dialektische Theologie, eine Rolle gespielt, obgleich diese Ursache für die Indifferenz gegenüber dem Tierleid schwer verifizierbar ist, setzt doch die Zuwendung zur außermenschlichen Schöpfung kein Verständnis von Offenbarung in derselben oder durch diese voraus.

Daß sie immer mal wieder vertreten wurde, kann kein Anlaß zur Ausklammerung der außermenschlichen Kreatur sein.

Die natürliche Theologie, die Gottes Wirklichkeit aus der Wirklichkeit der Welt zu erkennen sucht, setzt voraus, daß Gott sich in dieser zu erkennen gibt und der Mensch in der Lage ist, ihn dort wahrzunehmen.

D.h., die Vernunft ist fähig, die Natur zu transzendieren.

Die natürliche Theologie bestimmt Gott nicht nur durch die Natur und verehrt ihn in dieser, sondern identifiziert ihn mit i

Damit entsteht das Problem, wie sich Gotteserkenntnis in oder aus der Natur und biblisches Reden von Gott zu einander verhalten.

7. Der konziliare Prozeß für Frieden ,Gerechtigkeit und
   Bewahrung der Schöpfung

Diese Bewegung, aus Friedensinitiativen entstanden und immer größere Kreise ziehend, hätte ein Hoffnungsträger auch im Blick auf unsere Fragestellung werden können. Daß sie es bis dato nicht geworden ist, kann nur mit Argumenten nachgezeichnet, aber nicht nachvollzogen werden. In der Stellungnahme des Rates der EKD (vom 25.07.1986) lautete die Bereitschaft zur Mitwirkung: [21]

„Unsere Verpflichtung, für Gerechtigkeit, Frieden und Bewahrung der Schöpfung einzutreten, ist eine Frucht des Glaubens an Gott, den Schöpfer, den Versöhner und den Erlöser. Darum lebt der in Gang gekommene konziliare Prozeß vom Hören auf Gottes Wort und aus der Kraft des von Gott geschenkten Friedens. Ein gemeinsamer Kampf für Gerechtigkeit, Frieden und die Bewahrung der Schöpfung muß verwurzelt sein in der Gemeinschaft des Gottesdienstes, des Hörens auf Gottes Wort und am Tisch des Herrn. Wo wir selbst im Frieden Gottes leben und ihn je neu erfahren, werden wir fähig zum Friedenstiften unter den Menschen und gegenüber der Kreatur. Wer im Frieden Gottes lebt, wird aber auch stärker leiden am Unfrieden dieser Welt und erfüllt werden von 'Hunger und Durst nach Gerechtigkeit'."

An der Genesis des Konziliaren Prozesses muß es nicht gelegen haben, daß die Erwähnung der Kreatur fast so beiläufig erfolgte wie die der Mitgeschöpflichkeit im Grundsatz des Tierschutzgesetzes, und daß das Leiden der Tiere keine Aufnahme in die Resolution von Basel fand (siehe zu Kirchl. Verlautbarungen). Der theologische Grund könnte im Naturverständnis bzw. in der Schöpfungstheologie und vor allem in der Definition der Umweltproblematik und ihrer Handhabung zu sehen sein [22].

Zu Ersterem: bereits die zitierte Stellungnahme des Rates der EKD nennt in den Folgerungen die Bewahrung der Schöpfung nur noch als Anhängsel, d.h. ohne sie - im Unterschied zu Frieden und Gerechtigkeit - mit Leben zu erfüllen. Die zum Schluß formulierten Fragen lassen sie völlig außer Acht.

Zum Zweiten: der Definition von Umwelt ist das folgende Kapitel gewidmet.

8. Die gegenwärtige Antwort auf die Umweltproblematik

Im Unterschied zur Mitgeschöpflichkeit wurde der Einsatz für die Umwelt als Bewahrung der Schöpfung zunehmend überzeugender und professioneller. In allen Landeskirchen entstanden Aktionsgruppen, die engagiert arbeiteten. Kreis- und Landessynoden widmeten der Problematik viel Raum. Das Tier blieb bis auf wenige Ausnahmen [23] draußen vor.

Der Grund wird im Wesentlichen darin zu erkennen sein, daß beim Einsatz für Wald, Seen, Pflanzen und Flüsse, für Verbesserung des Klimas, gegen nukleare und Abgasgefahren, Mülldeponien und Energieverbrauch, auf der Suche nach alternativen Kraftstoffen, z.T. auch für Artenschutz u.a., nicht nur die Einsicht in die Lebensnotwendigkeit verändernder Maßnahmen die Ursache war, sondern auch die Angst vor Klima- und sonstigen Katastrophen und um's eigene Überleben bzw. das der folgenden Generationen. Angst ist eine legitime und lebenserhaltene Motivation. Nur wiederholt sich hier der u. näher darzustellende Artegoismus bzw. die pragmatisch orientierte Anthropozentrik: Das Schicksal der Mitgeschöpfe, von der Haltung bis zur Tötung, tangiert im Unterschied zu den genannten Umweltbedrohungen das Leben und Wohlgefühl des Menschen nicht unmittelbar, vor allem wenn er sich nicht Bildern, Berichten und der Anschauung vor Ort aussetzt. M.a.W.: Der Speziezismus hat ein ungewolltes maximales Ausmaß erreicht, s.u.

9. Das Tierelend und das Tierschutzgesetz

Die Relation beider Phänomene ist ein weiterer Anlaß für diese Arbeit. Denn die Ausklammerung des Tierelendes aus Verkündigung, Lebensvollzug und Systematik bzw. Ethik über Jahrhunderte einerseits und die Entstehung des gesetzlichen Tierschutzes andererseits lassen sich nicht vom Selbstverständnis des Christen und der Kirche trennen.

Die o. erwähnte Beurteilung des Begriffs Tierschutz durch Heuss hat, wenn auch mit anderem Sitz im Leben und in anderer Terminologie, Vorläufer gehabt, von Luther bis Matthias Claudius (s.u.).

Die Diskussion der Initiative von Lord Erskine im englischen Unterhaus 1809 wie auch das Verlassen des geistlichen Ansatzes von C.A. Dann und A. Knapp (s.u.) in den folgenden Jahrzehnten liefern das Material zur Erhärtung des Heuss'schen Verdikts.

Hatte Dann formuliert „Bitte der armen Thiere, der unvernünftigen Geschöpfe, an ihre vernünftigen Mitgeschöpfe und Herrn, die Menschen"[24], so wird in der Geschichte des Tierschutzes daraus die Angst um die Würde des Menschen, die durch Verrohung, sprich: Mißhandlung, Schaden nimmt.

Die Kontroverse über anthropozentrischen und ethischen Tierschutz wurde mit dem Reichstierschutz-Gesetz von 1933 beendet. Die Novellierung von 1972 bedarf in diesem Zusammenhang lediglich der Erwähnung. Eine Herausforderung stellt die Fassung vom 22.08.1986 dar.

Wird im Grundsatz des TSG. der Zweck des Gesetzes beschrieben „aus der Verantwortung des Menschen für das Tier als Mitgeschöpf, dessen Leben und Wohlbefinden zu schützen", so enthüllt der Folgesatz die vermeintlich biblische Grundlegung als unredlich.

Denn daß niemand einem Tier „ohne vernünftigen Grund" Schmerzen, Leiden oder Schäden zufügen darf, läßt sich im Sinn eines Artegoismus positiv wenden: mit vernünftigem Grund darf er...

Wie aber soll das hoch angesetzte Ziel erreicht werden, wenn die Mitge-schöpflichkeit gar nicht gewollt und eine eigene Würde und ein möglichst weit gehendes Recht nicht einmal common sense sind?

Es kann nicht Inhalt und Aufgabe eines Gesetzes sein, das Erwartete zu definieren; doch müssen die Bestimmungen dem Grundsatz Rechnung tragen.

Wie können sie das, wenn bereits die „Mitgeschöpflichkeit" eine Zumutung darstellt, mindestens aber unter dem Gesichtspunkt der Toleranz gegenüber anders Denkenden oder Glaubenden strittig ist? [25]

Das feststellbare Menschenbild im Raum der Kirche, der Primat der Vernunft und die Freiheit der Forschung - recht ungleiche Partner - werden im Zweifelsfall zu Verbündeten.

Eine der Ursachen hierfür ist nahezu irrational:

Muß das Tier vor dem Menschen geschützt werden - und zwar nicht vor dem maßlosen, selbstentfremdeten oder unkontrollierten, sondern vor dem vorfindlichen, allerdings mit Neigung zur rücksichtslosen Anthropozentrik ausgestatteten Menschen -, so wird dieser mit seiner z.T. unheilvollen Entwicklung konfrontierte homo sapiens bewußt oder unbewußt einen Abwehrmechanismus in Gang setzen.

Seine Apologetik ist sowohl cognitiv als auch pragmatisch bestimmt: Er verteidigt sich per rationem und per theologiam: der so im Gesetz Beschriebene, das Tier Gefährdende, Gefühllose und Artegoistische bin ich nicht; nur der wirkliche Übeltäter braucht gesetzlich verankerte Schranken.

Sofern aber höherwertige Interessen die Beeinträchtigung des Tieres, seine Verwendung, Schädigung und schließlich Tötung verlangen, liegt dieses noch im Bereich des Humanum, weil der Mißbrauch qua lege geregelt ist. Dieses dient nicht nur zum Schutz des Tieres, sondern auch des Menschen.

Die These, Tierschutz sei Menschenschutz, ist also im Munde der legitimierten Tierschützer ebenso glaubwürdig wie in dem engagierter Tierfreunde.

Hier schließt sich der Kreis zur Ausgangssituation der rechtlichen Handhabung, bevor es 1933 ff. zu einer mehr tierschützerischen Begründung kam: aus Furcht vor Verrohung des Menschen wird das Tier „geschützt".

Nimmt es Wunder, daß das Tierschutzgesetz in seinen entscheidenden Passagen in der Halbherzigkeit und damit Unglaubwürdigkeit steckenblieb? [26]

Daher fordert die gegenwärtige Gesetzeslage - neben den anderen genannten Gründen - eine Beschäftigung mit dem theologischen Hintergrund von Mitgeschöpflichkeit geradezu heraus.

1O. Kriterien für Mitgeschöpflichkeit im Alten Testament

Zu den „anderen Gründen" zählen, in Kurzform aufgelistet, folgende Themenbereiche, die die hebräische Bibel „anbietet":

Gemeinsame Erschaffung von Tier und Mensch,

Das Tier als Gegenüber: seine Benennung,

Mensch und Tier unter dem Segen Gottes,

Der Bundesschluß mit Beiden,

Sabbatruhe und eschatologischer Friede,

Das Tier als Stellvertreter: das Opfer,

Seine Vorbildfunktion und seine Hilfe,

Seine Abhängigkeit von Gott und Mensch,

Als Adressat göttlicher und menschlicher Fürsorge,

Als Lobsänger Gottes,

Seine Bedeutung in Symbolen,

Nähe und Ferne: Offenbarung, Tod, Bedrohung,

Instrument Gottes

Diese Themenbereiche werden betont herausgestellt von den Befürwortern der These, daß das AT nicht nur, aber deutlich genug, tierfreundliche Tendenzen zeigt. Dabei bleiben Aussagen nicht unberücksichtigt, die von den Kritikern der hebräischen Bibel aufgelistet werden wie die Versachlichung des Tieres zum Nutzungsobjekt und als Ursache die Anthropozentrik, daraus folgend die Gleichgültigkeit des hebräischen Menschen gegenüber dem Leid des Tieres, wobei die Schlußfolgerung meist ausbleibt, daß Grausamkeiten gegen die Mitkreaturen Bestandteil der Ablehnung alles Fremdartigen aufgrund des Erwählungsglaubens sind.

11. Die Anthropozentrik und ihre Kritiker

Anthropozentrik ist nicht nur ein biblisches Phänomen, das mehr oder weniger kritisch gesehen oder aber als naturgegeben bzw. göttlich gewollt hingenommen wurde: Naturphilosophen, Tierschützer, Zoologen u.a. nehmen Anstoß an ihr. Wieweit zu Recht oder nicht, hängt von der Definition, vom Menschenbild und nicht zuletzt von der theologischen Position ab.

Die Ursachen für eine ausgeprägte Anthropozentrik zu Lasten der gesamten Schöpfung und des Tieres im Besonderen - eine solche Eingrenzung ist unabdingbar - reichen vom noch nicht überwundenen Rechtsdenken des imperium romanum, wonach nur „Personen" Rechte hatten, also weder Frauen noch Kinder, weder Fremde noch Sklaven, geschweige denn Tiere [27], über die Betonung der Vernunftbegabung als des Kriteriums [28] auch in Theologie und Kirche die Interpretation der Rechtfertigung [29], die Konzentration der Würde auf den Menschen, die Negierung von Seele in außermenschlichen Lebewesen und damit der „Unsterblichkeit" bis hin zur Furcht vor Anthropomorphismen im Umgang mit den Tieren.

Der Mangel an Barmherzigkeit spielt nur am Rande eine Rolle: nicht nur die Kritik von Schopenhauer (s.u.) nötigt zu reflektiertem Umgang mit diesem Kriterium, sondern auch die Erkenntnis, daß sich Barmherzigkeit leicht mißbrauchen läßt zur Untermauerung einer bedenklichen Anthropozentrik.

Die Kritik an einer biblisch-theologisch nicht zu rechtfertigenden Anthropozentrik ist u.a. mit Namen wie G.M. Teutsch, E. Gräßer, E. Drewermann, G. Altner und P. Singer verbunden, um nur wenige zu nennen.

Sie soll im theologiegeschichtlichen Abriß wie in der Darstellung von Ansätzen zu einer Tierethik charakterisiert werden.

Wie erläuterungsbedürftig Begriff und Sache „Anthropozentrismus" sind, macht Jean Pierre Wils in seinem eben veröffentlichten Beitrag „Das Tier in der Theologie" [30] durch seine Differenzierung deutlich: Er fragt: „Ist dem Anthropozentrismus überhaupt zu entkommen, wenn man nicht einer hermeneutischen Naivität aufsitzen möchte?" und gibt die Antwort: „Zu unterscheiden wäre... zwischen einem erkenntnistheoretisch unvermeidbaren Anthropozentrismus und einem wertenden bzw.

34

normativen.Anthropozentrismus: Erkennen   und   Verstehen   sind   immer
anthropozentrisch, Wertungen und Schätzungen dagegen lassen sich aus der Sphäre
bloßer Subjektivität und offenkundigem Eigennutz heraushalten".

----

1   E. Gräßer, „Das Seufzen der Kreatur", Sonderdruck aus: Jahrbuch für   Biblische Theologie,
Neukirchen 1990, stellt (S. 100) fest: „Das paulinische λογιζομαι tritt nicht nach Maßgabe des
autonomen Denkens in Aktion, sondern es richtet sich aus nach den durch die Wirklichkeit Gottes
geschaffenen Tatsachen".

2   VV 22 u. 21 in der Übersetzung von U. Wilckens, Hamburg/ Köln/ Zürich 1970.

3   Münchener Universitätsreden, Max Hueber-Verlag, München 1966.

4   In:" Leben ohne Seele?", GTB 583, Gütersloh 1991, S. 108.

5   Näheres unter III.

6   So betitelt er das Buch, das ein Exzerpt aus „Ich steige hinab in die Barke der Sonne", Olten
1990, ist.

7   In: „Der tödliche Fortschritt", 6. Aufl. Regensburg 1990, S. 100.

8   Ebd.

9   Nach R. Brüllmann, „Lexikon der treffenden Lutherzitate", Thun 1983,S. 172 .

10   A.a.O. S. 173 .

11   Ebd.   Zum Zitat s auch .unter IV. Luther).

12   In: „Menschlichkeit beginnt beim Tier", Stuttgart 1987, S. 17.

13   In: Kultur und Ethik, 1923, S.226.

14   Zitiert nach G. M. Teutsch, „Da Tiere eine Seele haben", Stuttgart 1987,
S. 141.

15   Bei der Behandlung wesentlicher at.licher Aussagen ist auf die Ebenbildlichkeit und ihre
Beziehung zum Herrschaftsauftrag einzugehen.

16   H. van Oyen in RGG, AG der Verlage, 3. Aufl. 1986, Bd. II, S. 711.

17   Siehe Darstellung der gegenwärtigen Schöpfungstheologien.

18   In: Art. „Ethik" im Evang. Soziallexikon, 3. Aufl., Stuttgart 1958, S. 318.

19   Ebd.

20   Meine Formulierung.

21   EKD-Texte, hg. vom Kirchenamt der EKD, Heft 17, S. 8.

22   Siehe zu: Kirchliche Verlautbarungen.

23   Eine solche ist der Ausschuß für Umweltfragen der Nordelb. Ev. Luth. Kirche, der im Oktober
1980 den Mißbrauch des menschlichen Herrschaftsauftrages in Tierversuchen, industrieller

Massentierhaltung u.a.kritisierte und beklagte, daß die Kirche das Tierleid übersehe. Vgl. auch „Für ein Ethos der Mitgeschöpflichkeit" zum Welttierschutztag 1998.

24 Zur Lit.-Angabe und Genesis dieser Schrift s. theologiegeschichtl. Abriß.

25 Siehe Stellungnahme der Philosophischen Fakultät Göttingen (Prof. Nidda-Rümelin) anläßlich der Anhörung zur Novellierung des TSG im Bundestag am 20.10.1993 (nicht gedruckt, sondern masch. geschriebener Text).

26 A. Lortz merkt in seinem Kommentar zum Tierschutz-Gesetz (2. Aufl., München 1979, S. 31) an, daß die Ausdrucksweise „ethischer Tierschutz" anstelle früherer Bezeichnungen wie „altruistisch" oder „monistisch" zwar gleichbedeutend sei, doch eine wesensmäßige Einheit von Mensch und Tier nicht voraussetze.

27 Siehe dazu vor allem K. Meyer-Abich in: „Tierschutz-Testfall unserer Menschlichkeit", Fischer -TB 4265, Frankfurt 1984, S. 22ff. und G. M.Teutsch, „Das Tier als Objekt", VAS, Frankfurt 1989, bes. S. 26ff.

28 Eine aufschlußreiche theologie-geschichtliche Parallele bietet die Diskussion über die Zulassung von Kindern zum Abendmahl, wie Eberhard Kenntner in seiner Dissertation „Abendmahl mit Kindern - Versuch einer Grundlegung...", Gütersloh, 2. Aufl. 1981 überzeugend darlegt :obwohl das Kind (im schulpflichtigen Alter)" coram Deo" die theologisch entscheidenden Voraussetzungen mitbringt, - Verständnis von Schuld und Vergebung, Gemeinschaft mit Christus und untereinander - hat die Vernunftbegabung immer wieder den Ausschlag gegeben und immer wieder zur Ablehnung geführt

29 Siehe besonders E. Gräßers Kritik in: „Die falsche Anthropozentrik", Dtsch. Pfarrerblatt 1978, Heft 9, S. 263ff.

30 In: „Tiere und Menschen - Geschichte und Aktualität eines prekären Verhältnisses" (Hg. Paul Münch und Rainer Walz), Paderborn, Juni 1998, S. 418; siehe auch Münchs Urteil über die Bedeutung des Pietismus für die Mitgeschöpflichkeit (IV); vgl.auch Bernhard Irrgang, Christliche Umweltethik, München 1992, bes. S.173 ff.

II. Der alttestamentliche Befund

1. Vorbemerkung

Da der Schwerpunkt dieser Untersuchung auf der durch "Mitgeschöpflichkeit" ausgedrückten Beziehung zwischen Mensch und Tier liegt, die Behandlung relevanter Texte im Alten Testament aber bereits in verschiedenen Veröffentlichungen vorliegt, dieses für das Neue Testament weniger und für die Theologiegeschichte und tierethischen Ansätze in der Gegenwart kaum gilt, beschränkt sich die Darstellung alttestamentlicher Einzelthemen i.W. auf Zusammenfassung und Auswertung bzw. auf Ergänzungen, soweit erforderlich.

Der Befund in der hebräischen Bibel ist aber unverzichtbare Grundlage für eine theologisch orientierte Tierethik; daher wäre ein bloßes Summarium, etwa in Gestalt von Thesen, zu wenig.

2. Die Ebenbildlichkeit des Menschen im Kontext seiner Erschaffung und der seiner Mitgeschöpfe (Gen 1,2Off.)

Die Ebenbildlichkeit des Menschen in Verbindung mit dem Auftrag, über die Tiere zu herrschen, hat eine mehr als 2OOO jährige Wirkungsgeschichte ausgelöst. Daß sie vorwiegend verhängnisvoll war, ist nicht zuletzt auf die Tatsache zurückzuführen, daß Christen und Nichtchristen gern die "Imago Dei" für sich in Anspruch nahmen, zumal durch die Überlegenheit gegenüber den Mitkreaturen ein entsprechendes Herrschaftsmandat definiert wurde.

Kirche und Theologie haben diese Sonderstellung dogmatisch gefestigt.

Worin besteht die Entsprechung zwischen Gott und Mensch?

Nach H.W.Wolff - in Übereinstimmung mit den meisten Exegeten - darin,"daß der Mensch im Hören und dann auch im Gehorchen und im Antworten dem Worte der Anrede Gottes entspricht."[1]

Eine Parallele finden wir in Ps. 8,7 f.

Der Mensch begegnet im Umgang mit Flora und Fauna- so Gen 1,28 f- immer auch Gott, dem Schöpfer.

"Demnach ist das Entsprechungsverhältnis, auf das die Bestimmung 'Bild Gottes' hinweist, auch darin zu sehen, daß der Mensch in der Welt mit den gleichen Dingen zu schaffen hat, die Gott erschaffen hat".[2]

Mit dieser Entsprechung ist jedoch noch nicht befriedigend der Sprachgebrauch "Bild Gottes" erklärt. Er wird vom Herrschen her gedeutet.

38

Dabei ist die Einschränkung der Priesterschrift zu beachten, wonach Herrschaftsrecht-und pflicht nur abbildhaft sein können. Die "Ähnlichkeit" in Gen1,26f (בִּצַלְמֵנוּ) will wohl Beides aussagen: keine Identität, sondern Verschiedenheit, aber doch eine Entsprechung, wobei zur Sinnerhellung Kontext und Abgrenzung zu den Mitgeschöpfen ebenso viel beitragen wie die termini selbst.

Zu den termini: צֶלֶם bezeichnet die reale Plastik, das Abbild - auch die Kopie gegenüber dem Original -, sowie das Götzenbild ;anders דְּמוּת. : es meint vorwiegend Abstraktes.

v.Rads Urteil[3] , daß der biblische Text mit seinem doppelten צֶלֶם in den gemeinorientalischen Vorstellungskreis gehört und daher eine anthropologische Deutung im Sinne von "Würde" ,"Persönlichkeit" oder "geistiger Entscheidungsfähigkeit" ausschließt, ist wichtig für das Differierende wie Gemeinsame der Geschöpfe.

"Das Wunder der leiblichen Erscheinung des Menschen ist von dem Bereich der Gottesbildlichkeit keinesfalls auszunehmen" [4] , was nicht heißt, daß dieser ganzheitliche Mensch in seiner Erscheinung einen unmittelbaren Rückschluß auf Gott zuläßt:

Dem steht der Plural "lasset uns..." entgegen, worin v.Rad eine Parallele zu Ps. 8 mit seinem "Elohim" (V.6) = Engel erkennt.

M.a.W.: Die Ebenbildlichkeit hat ihren Bezug nicht unmittelbar auf Jahwe, sondern auf den " himmlischen Hofstaat", mit dem sich der Herr zusammenschließt[5] . Der Mensch ist engelgleich.

Damit wird er von den Mitkreaturen deutlich unterschieden, doch nicht so , wie uns die Apotheose des Menschen in der Kulturgeschichte glauben lassen möchte. Denn zur Begrifflichkeit gehört als Zweites die inhaltliche Bestimmung der Gottebenbildlichkeit, d.h. die Aufgabe des von Gott Erschaffenen: sein verantwortliches Herrschen in Flora und Fauna (s.u.)

Damit ist ausgesprochen, daß der Herrschaftsauftrag zur Definition der Ebenbildlichkeit gehört,während v.Rad ihn als Folge versteht [6].

Zum Dritten:

Der Mensch entsteht nicht aufgrund eines Befehls wie die Lebewesen im Wasser, in der Luft und auf dem Land (V.20f /24), sondern nach der Ankündigung des göttlichen Entschlusses.

Doch ist H.Gunkel [7] zu widersprechen, daß der Mensch das einzige Lebewesen ist, das von Gott selber gemacht wurde.

V.21 gebraucht vielmehr statt des demnach zu erwartenden עָשָׂה bei der Erschaffung der Meerestiere und Vögel auch בָּרָא und läßt sie durch Gott segnen (s.u.)

V.24 stehen nebeneinander der Befehl:"die Erde lasse hervorgehen" und das Zeugnis: "Gott machte..", d.h. auch die Tiere des Feldes und das "Gewürm" entstammen seiner Hand.

Eindeutiger müßte man sagen, daß nur der Mensch unmittelbar von Gott, also ohne Beteiligung des Meeres (V.20) bzw. der Erde (V.24), geschaffen wurde.

Noch pointierter als Gunkel stellt v.rad fest, daß die Tierwelt an die Erde gebunden sei, während der Text in scharfem Gegensatz dazu bei der Erschaffung des Menschen die "totale Unmittelbarkeit von oben" betone [8].

Ein derartiger Gegensatz ist m.E. nur dann erkennbar, wenn Meer oder Erde allein zur Hervorbringung von Leben aufgefordert würden; das trifft aber weder für die Lebewesen im Wasser noch auf dem Land zu. Es gibt keine nur an diese delegierte schöpferische Tätigkeit.

Die Besonderheit des Menschen besteht nach Gen 1,20ff., bes.V.26, darin, daß er als Elohimähnlicher Herrscher in der Schöpfung ist, vor allem über die Tiere, und zugleich Vermittler zwischen ihnen und Gott,- als das Lebewesen, das als einziges Antwort geben kann.

Seine Gottebenbildlichkeit unterstreicht eher seine Mitgeschöpflichkeit, als daß sie sie in Frage stellt: sein Handeln als Mandatar hat dem des Schöpfers, a majori ad minorem, zu entsprechen, und die umstrittenen wie geschichtsträchtigen Vokabeln רָדָה und כָּבַשׁ stehen dem nicht im Weg, wie noch zu zeigen ist [9]

3. Schöpfung und Schuld: Die Einheit von Gen 2 und 3
und die Relativierung der Anthropozentrik

Vom בְּיוֹם עֲשׂוֹת bis zum Urteil "Du bist Erde und mußt zur Erde zurück" (3,19) und zur Vertreibung aus Eden (V.24) spannt sich ein Bogen.

"Die Erzählung will dem Menschen verdeutlichen, wie es zur Mühe und Plage des Menschen kam....Der Leser soll also von vornherein die Schöpfung Gottes und die Schuld des Menschen zusammen bedenken, nicht erstere isoliert betrachten" [1].

Der bewahrenden Arbeit, der Gemeinschaft mit den Tieren (s.u.) und dem Geschenk Partnerin folgen mühseliger Broterwerb, Feindschaft mit der Kreatur und ein spannungsvolles Zusammensein mit eva, der Mutter alles Lebendigen.

Mit der Grundschuld, sein zu wollen wie Gott - aus der beglückenden Zusage in Ps.8 wird der Anspruch -,hängt das Erleben von Leid zusammen.

Alle genannten guten Verhältnisse müssen der Distanziertheit weichen; und - merkwürdige Dialektik,so darf man es wohl nennen,-zugleich mit der Relativierung der zentralen Stellung des Menschen wird er mit dem Tier zu einer Lebens-und

Leidensgemeinschaft verbunden, wie sie von den Propheten (s.dort) und auch Hiob 3O,23 z.B. bedrückend beschrieben wird [2].

Das Verhältnis Schöpfung: Schuld präzisiert m.E. ähnlich wie der Bezug Bundesschluß und Schöpfung, was mit Anthropozentrik gemeint ist und grenzt sie ein, bedeutet sie doch etwas genuin Anderes als ein distanziertes Verhältnis zur Natur im heutigen Verständnis.

Dieses Andere wird in den Schöpfungszeugnissen erkennbar, die, losgelöst von der Heilsgeschichte, falsch verstanden werden.

v.Rad hat die Schöpfung zugespitzt, wie ihm bewußt ist, die" Ätiologie Israels" genannt.[3] Das gilt trotz gravierender Unterschiede sowohl für P als auch für J.

Und um es vorwegzunehmen: Die Verbindung von Erwählung und Schöpfung - ein Consens unter den meisten Exegeten - macht die noch zu erläuternde Anthropozentrik nicht nur verständlich, sondern in gewissem Sinn sogar zwangsläufig.

4. Die Erschaffung des Menschen und die Erschaffung der Tiere

4.1.Die Erschaffung von Mensch und Tier in Gen 2

Beide Schöpfungsakte beginnen mit וַיִּיצֶר יְהוָה אֱלֹהִים אֶת־הָאָדָם עָפָר מִן־הָאֲדָמָה

Der Töpfer formt sein Gefäß.

Doch wird dem adam Lebensodem eingehaucht, so daß er ein lebendiges Wesen wird. Derselbe Begriff נֶפֶשׁ חַיָּה wird 1,24 auch für die Tiere verwendet; aber der Mensch verdankt seine Lebendigkeit dem zusätzlichen schöpferischen Handeln Jahwes.So wird aus der adama, aus dem stofflichen Körper, ein Gegenüber zu Gott, eine Person in des Wortes eigentlicher Bedeutung.

Das unterscheidet den Menschen vom Tier, das eines Anhauches nicht nur nicht gewürdigt wird, sondern dessen auch offensichtlich nicht bedarf,- muß es doch auf den Anruf Gottes nicht antworten (s.o.).

Daraus abzuleiten, daß den Kreaturen "Wesentliches" fehlt,legen dieser Text und die Mehrzahl at.licher Aussagen, wie sich zeigen wird, nicht nahe. Es gibt m.E. auch kein argumentum e silentio.

"Lebewesen" sind auch sie.

v.Rad möchte [1] zwar diesen Sprachgebrauch dem Menschen vorbehalten, ihm ist aber sicher recht zu geben,daß V. 7 ein locus classicus der at.lichen Anthropologie ist.

Daß das Anhauchen durch den Schöpfer einen nicht zu überhörenden Unterton hat, vermerkt v.Rad beeindruckend: "Wenn Gott seinen Odem zurückzieht (Ps.104 / Hi 34,14), so fällt der Mensch zurück in tote Stofflichkeit".[2]
Wie sehr diese bedrückende Tatsache eine Gemeinsamkeit von Mensch und Tier ist, beschreibt Koh 3,18-21 (s.dort)

4.1.1. Die Beurteilung des unterschiedlichen Schöpfungsmodus.

H.Gunkel [3] geht auf die Differenzen nicht ausdrücklich ein, stellt vielmehr das Verbindende heraus: die Erschaffung aus feuchter Erde, dem Kulturkreis des Erzählers entsprechend, "der Menschen-und Tierbilder aus Ton kennt". Das Einblasen des Odem bedeutet vermutlich, daß er im Menschen zu einem selbständigen Wesen wurde. Der Mensch ist somit Gott verwandt. Die Deutung auf Anlage zur Unsterblichkeit jedoch liegt der Erzählung, "die nur die Tatsache des Lebens erklären will,...fern" [4].
M.L.Henry [5] mißt dem Fehlen des Lebensodems bei der Erschaffung der Tiere keine Bedeutung bei, sondern führt es auf ein mehr oder weniger zufälliges Versäumnis des Verfasser zurück; "denn das Lebensprinzip des Tieres ist kein anderes als dasjenige des Menschen; es ist ‏חַ נֶפֶשׁ‎ wie jener".
Ist die Bezeichnung ein späterer Eintrag, (vb..frt add), wäre sie ein Indiz dafür,daß die Gemeinsamkeit von Mensch und Tier herausgestellt werden sollte. So einleuchtend diese Folgerung ist, so wenig überzeugt M.L.Henrys Erklärung für den gravierenden Unterschied im Schöpfungsmodus. Der Kontext und eine darin erkennbare Absicht, nämlich das proprium, sprechen m.E. dagegen. Zudem stellt sich die Frage: was ist ein mehr oder weniger zufälliges Versäumnis?
Das Verbindende allerdings ist nicht zu übersehen: Mensch und Mitgeschöpf kommen aus Gottes Hand; und das bedeutet: Leben ist nicht nur und nicht einmal primär ein biologisches,sondern ein religiöses, richtiger: theologisches Phänomen, das sich kaum beschreiben läßt.[6]
Die Begründung für die Erschaffung der Tiere, die der Jahwist nennt, erleichtert den Versuch einer Annäherung zwar nicht, aber gibt dem Begriff "Mitgeschöpflichkeit" eine einzigartige Lebendigkeit und unüberbietbare Wertung.
" Es ist nicht gut, daß der Mensch allein sei; ich will ihm eine Hilfe schaffen, die ihm entspricht", sagt [7] Jahwe.
Diese Absicht, die von Fürsorge bestimmt ist und die göttliche Sicht von Einsamkeit und Hilflosigkeit offenbart, wäre eine ausführliche Darlegung unter Beachtung

verschiedener Auslegungen wert; es darf und muß aber bei der Betonung des besonderen Kriteriums für Mitkreatürlichkeit bleiben.

4.2. Die Einsamkeit und Hilflosigkeit des Menschen (Gen 2,18)

Die Überschrift wird der Konzentration und Tiefe der Aussage in V.18 kaum gerecht. Das hat sie mit den Versuchen einer adaequaten Interpretation gemeinsam.
Der Erzähler läßt uns nicht teilhaben an grundsätzlichen Überlegungen zum pro und contra des Alleinseins, stellt aber den Entschluß Jahwes, den adam aus seiner Einsamkeit zu befreien, direkt hinter das Verbot, vom Baum der Erkenntnis zu essen, ist sich also der Gefährdung durch oder für einen anderen Menschen bewußt.
Das Gute an der Gemeinsamkeit, Hilfe zu haben, erinnert an die Weisheitsliteratur, etwa Koh.4,9-11:" Fällt einer, so ist es schlimm, wenn ihm niemand aufhilft". Die eingangs genannte Einheit von Gen 2 u.3.wird auch hier wieder sichtbar: das durch Gottes Fürsorge Gute ist bedroht und trotzdem immer neu wirksam.

4.2.1. Einsamkeit als Hilflosigkeit

Dem biblischen Realismus entspricht es, daß der liebevollen Überlegung Jahwes sofort sein Tun folgt: וַיִּצֶר יְהוָה : er machte... Daß hier nicht בָּרָא steht, mag von Bedeutung sein; wichtiger aber ist das Ziel des Schöpfungsaktes: Tiere als Hilfe und Begleiter dem Menschen zuzugesellen.
Das meinen עֵזֶר כְּנֶגְדּוֹ
Der Erzähler konnte nicht ahnen, daß dieses Ziel durch Jahrtausende mit unsagbarem Elend und Leid, mit Verkennung und Pervertierung Gültigkeit behalten und wenigstens in Erinnerung bleiben würde.
Doch schon im Ansatz scheint es verfehlt: diese Geschöpfe sind weder das Eine noch das Andere: weder Hilfe noch dem adam entsprechend.
Mit dieser Interpretation würde man jedoch den termini nicht gerecht; sie gehören zusammen: ein ihm , dem Mann, entsprechender, darf man sagen: von ihm erwarteter- Beistand sind die Tiere nicht.
Wie aber ist dann die Erschaffung der Tiere zu verstehen?
Ist sie

4.2.2. Ein mißlungenes Experiment?

Daß die Frage nicht müßig ist, machen a. die noch zu behandelnde Namensgebung und b. die relativ große Zahl von entsprechenden Überlegungen in den Kommentaren deutlich[1].

C.Westermann [2] nennt, stellvertretend für andere, zwei Deutungen: die von J.Hempel, wonach die Mißachtung der Tiere durch den Menschen Gott veranlaßt, ihm die Frau als Strafe an die Seite zu geben, und die von Th.V.Vriezen, daß die Erschaffung der Tiere ein Test ist, wie der Mensch wohl reagiert, wobei die anschließende Erschaffung der Frau den Unterschied zu den Mitkreaturen deutlich machen soll.

Dazu Westermann:.

"Die Erzählung selbst hält sich in der Mitte zwischen diesen beiden Extremen: von der Erschaffung der Tiere wird als von einer Möglichkeit, dem Menschen die ihm entsprechende Hilfe zu beschaffen, erzählt ,nicht mehr und nicht weniger. Ob es die richtige ist, soll der Mensch selbst entscheiden,und er entscheidet sich dagegen. Trotzdem aber behalten die von Gott geschaffenen Tiere eine positive Bedeutung für den Menschen, und diese positive Bedeutung ist in der Namengebung dargestellt."[3]

M.E. nicht nur da : die kühn anthropomorphe Redeweise von J begünstigt zwar die Auslegung von V.2O im Sinne von "eine Möglichkeit der Hilfe" bis zum absurden Gedanken an eine Bestrafung.

Aber will sie nicht vielmehr in dieser uns befremdenden, "unbefangenen" [4] Schilderung ("er formte") etwas außerordentlich Positives übermitteln, nämlich: so nah sind sich Mensch und Tiere, daß Gott in ihnen eine Hilfe für den Einsamen sah - die Benennung unterstreicht das -, doch erweist sich das Mitgeschöpf als kein unmittelbares Gegenüber,als kein Partner (Pars) zur Ergänzung und Lebenserfüllung bis zum "Einswerden" als Fleisch ?

Wenn die Schöpfungszeugnisse (auch) Niederschlag von Glaubens- und Lebenserfahrung sind, so gibt der Jahwist hier sein Verständnis von größtmöglicher Nähe und von schmerzlich oder nicht schmerzlich empfundener Distanz wieder.

M.L.Henry spricht davon," daß die Tiere e i n e n Zweck ihres Daseins nicht erfüllen konnten ".[5] Läßt sich, Namensgebung eingeschlossen, mehr über die Verbundenheit von Mensch und Tier sagen ?

4.3. Die Benennung der Tiere - Ausdruck der Macht
oder des Gegenübers zum Menschen? Gen 2,19f

Die Namensgebung ist ein Akt, der sich unmittelbar aus der Erschaffung der Mitkreaturen ergibt und ein Bestandteil dessen, was z.T. "Experiment" genannt wurde, jedoch ein Ereignis, das eine besondere Beachtung verdient, kann es doch als Ausdruck der Distanz, jedenfalls der Macht, wie auch als Ausdruck einer von Gott gewollten Nähe interpretiert werden.

Weitgehende Übereinstimmung besteht in der Deutung des Aktes als ein "Ordnen."

M.L.Henry [1] gibt der Benennung der Tiere durch Adam ein Gewicht, das nicht alle darin erkennen können.

Sie sieht die "Sphäre des Unberechenbaren, Dunklen, Unerkannten..." durchbrochen und in das "Licht der Bewußtheit " gezogen.

"In der Namensgebung bekundet sich die Erfahrung eines Anderen...Spontane Benennung kann nur erfolgen, wo Wesen vom gleichen Wesen ist, das sich sofort und mühelos erschließt".

Der Mensch weiß die Namen der Tiere,"weil ihr Wesen ihm nicht fremd, sondern nah und vertraut ist".[2]

Auch Westermann [3] möchte die Benennung der Tiere als Ausdruck der Nähe sehen; denn sie ist den Lebewesen vorbehalten, nachdem Gott selbst die Feste, das Meer, die Sonne und den Mond benannt hat.

Mit der Namensgebung werden die Mitkreaturen in die Welt des Menschen einbezogen.

Wir haben es in Gen 2, 19f. mit einer ersten Reflexion über die Sprache zu tun. So geistreich, wie Gunkel[4] die Benennung findet, so geistreich ist auch seine eigene Feststellung:

Die ersten Worte des Menschen sind Namensnennungen; "Namensnennung ist der Anfang der Erkenntnis". Für Gunkel ist sie ein Akt menschlicher Überlegenheit. Andererseits gilt: "Die hebräische Antike hat die Tiere mit Sympathie beobachtet; sie hat sie menschenähnlich gedacht". Das unterscheidet sie von der Moderne[5].

v.Rad [6] geht noch weiter: für ihn ist die Benennung nicht nur ein Akt der Erkenntnis , sondern auch des Nachschaffens; das ist mehr als die Erfindung von Wörtern.

"Sagt der Mensch `Rind`, so hat er nicht nur das Wort Rind erfunden, sondern diese Schöpfung als Rind verstanden, d.h. sie als lebensfördernder [7] Beistand in seine Vorstellungswelt und in seinen Lebensbereich einbezogen" [8].

In der Benennung ist zugleich die Ausübung eines Hoheitsrechts zu sehen, dem Auftrag von Gen 1,28 (s.o.) entprechend.[9]

Damit wird die Spannung von Nähe und Ferne sichtbar, letztere hervorgehoben durch die folgende Erschaffung der Frau. de Pury [10] gibt den Kommentatoren recht, die hier "die Aufrichtung einer Hierarchie zwischen Menschen und Tieren sehen", einen Akt der Souveränität, der im priesterlichen Schöpfungsbericht (s.u.) besonders deutlich wird. Was für P und den göttlichen Auftrag gilt, hat erst recht hier in Gen 1 Gültigkeit: in der Beziehung von König und Untertan bleibt auch letzterer Subjekt. Damit ist m.E. die Ausgangsfrage beantwortet: die Alternative Tier oder Frau ist um dieser Beziehung und der genannten Spannung willen falsch. M.a.W.: das Tier ist - in einem anderen Sinn als die Frau - ein Gegenüber, das, ungeachtet der späteren Interpretation zugunsten eines uneingeschränkten Hoheitsrechtes, ansprechbar, Gefährte und Hilfe ist, dem die Macht des Menschen nicht schaden darf, sondern seinerseits Hilfe sein soll. [11]

4.4. Die Erschaffung der Tiere und des Menschen in Gen 1.

Ist die Benennung der Tiere in Gen 2 Signum für eine gottgewollte besondere Nähe zwischen Mensch und Mitgeschöpf, wenn auch in der erwähnten Spannung, so finden wir in Gen 1 den Niederschlag einer Distanz, die M.L.Henry [1] sehr pointiert beschreibt:
"War in Gen 3 dem Menschen die Scheidung von der Tierwelt zwar bewußt, aber doch schmerzlich bewußt als etwas, was nicht sein sollte, so ist sie Gen 1 vollständig vollzogen, ohne daß der Verfasser in diesem Faktum ein ihn bedrängendes Problem sieht".
Die Distanz drückt sich im Sprachgebrauch aus - das Tier ist נֶפֶשׁ חַיָּה , der Mensch zudem צֶלֶם und דְּמוּת [2] ,- ferner in der bereits erörterten Aufforderung an die Erde (V.24) und in der Willenskundgebung Gottes: "wir wollen Menschen machen" (V.26), nicht zuletzt im Auftrag zum Herrschen.
Damit scheint die Zäsur im (bisherigen) Verhältnis Mensch und Mitkreatur deutlich markiert. Umso überraschender die Unterbrechung des Schöpfungsvorgangs durch die Segnung, ausgerechnet der Seetiere und Vögel. Ist sie nicht ein besonderes Indiz für Mitgeschöpflichkeit ?
Wenn man M.L.Henry folgen möchte, nur eingeschränkt: denn zum Ersten spricht dagegen, daß dieses Motiv," das ein bedeutendes hätte sein können, sofort wieder fallengelassen und im Hinblick auf die den Erdboden bevölkernden Tiere nicht wiederholt" wird [3] ; zum Zweiten verwendet P für die Erschaffung des dem Menschen in einer Gemeinschaft nahestehenden Haustieres, des בְּהֵמָה , nicht wie V.21 בָּרָ ,ja,

nicht einmal עָשָׂה ,sondern läßt die Erde es hervorbringen. Nimmt man diese Auffälligkeiten mit der Erschaffung des Menschen und der Übertragung des Hoheitsmandats zusammen, so scheinen sie die Wertung des Segens als Mensch und Tier verbindendes Charakteristikum für Mitgeschöpflichkeit zu mindern.

Und damit zunächst zur Bedeutung des Segens und seiner Beschränkung auf Seetiere und Vögel, bevor noch einmal die Distanz bzw. Zäsur (s.o.) in ihrem Gewicht beurteilt werden können. Verschiedene Kommentatoren haben sich mit der Beschränkung des Segens auf eine Tiergruppe, richtiger: auf die dem Menschen eher fernerstehende Arten, beschäftigt. v.Rad [4] sieht den Grund in dem unmittelbaren Angewiesensein der Landtiere auf die Erde, d.h. in dem nur mittelbaren göttlichen Erschaffen ; das Wasser dagegen " steht schöpfungsmäßig im Rang tiefer als die Erde; es konnte von Gott nicht zu einer schöpferischen Mitbeteiligung aufgerufen werden". [5]

Diese Deutung setzt voraus, daß a) das Fehlen des Segens bewußt berichtet wird, was v.Rad auch betont, Westermann [6] aber bestreitet, b) daß יִשְׁרְצוּ in V.20 keinesfalls eine Mitbeteiligung der Gewässer, also einen Befehl Gottes an das Wasser, תּוֹצֵא parallel zur Erde in V.24 und V.11 (die Erde soll grünen) meint- was Westermann mit v.Rad, K.Barth u.a gegen LXX, W.H.Schmidt u.a.mit einleuchtender Begründung ausschließt, [7] und c), mit a) zusammenhängend, daß der Segen in V. 28 nur den Menschen gilt, wogegen der Aufbau des priesterlichen Schöpfungszeugnisses und auch 8,17 sprechen könnten.

Störend wirkt allerdings der unmittelbar folgende Herrschaftsauftrag. Denkbar ist, daß eine erneute Erwähnung der Segnung versehentlich entfallen ist, ebenso aber auch, daß es bei einer dreimaligen Segnung (V.22,28 u.2,3) bleiben sollte.

Beides ist wahrscheinlicher als der bewußte Verzicht auf eine Segnung der Land- tiere .[8]

Wenn diese Fragen auch keine letztlich befriedigende Klärung finden: Unbestreitbar ist das auch bei P Verbindende zwischen Mensch und Tier:

1. Beide empfangen den Segen, die Kraft der Fruchtbarkeit, das Tier vor dem Menschen.

2. Landtiere und Mensch werden an einem Tag erschaffen.

3. Beiden werden die Pflanzen als Nahrung zugewiesen (s.u.), und,

4. ein Vorgriff auf die Sintflutgeschichte, aber hier erwähnenswert, weil anfangs von der größeren Distanz im priesterschriftlichen Text die Rede war: zusammen werden sie errettet.

Und nocheinmal : auch für die Lebewesen im Wasser gilt: וַיִּבְרָא.

Der Sache ist jedoch nicht gedient, wenn man P für eine gewollte Mitgeschöpflichkeit retten möchte, umgekehrt ebenso wenig, wenn unter dem Eindruck der narrativen Lebendigkeit von J, der Namensgebung und der Gewichtung der Tiere als (begrenzter) Hilfe dort die priesterschriftlichen Aussagen als nur auf das Besondere, das Gottebenbildliche des Menschen zielend,charakterisiert werden.[9] Für eine Tierethik ist P aber m.E. kaum weniger relevant als J, vorausgesetzt, man kann Westermannn [10] zustimmen, daß der Mensch" die Zusammenordnung mit dem Tier" aufgrund des Segens "durch keine Höherentwicklung abstreifen" kann.

4.5 .Die Nahrungsregelung von Gen 1,29
und die Bekleidung durch Jahwe, Gen 3,21

4.5.1. Die Nahrungsregelung von Gen 1,29 f.

Die Aussage über die pflanzliche Ernährung sowohl des Menschen als auch der Landtiere ist eher eine theologische als eine zoologische. Sie unterstreicht die Gemeinsamkeit, wie bereits angesprochen, und vor allem den verhängnisvollen Wandel in der Beziehung.Tiertötung war nicht gewollt.

Erst die Schuld des Menschen gegenüber Gott und seiner Weisung stört den paradiesischen Frieden und veranlaßt den Schöpfer, selber, ein Tier zu töten,damit die Menschen bekleidet sind (s.u.).

Die vielzitierte Herrscherstellung des Menschen schloß ursprünglich kein Tötungsrecht ein.

" Kein Blutvergießen innerhalb der Tierwelt und kein tötendes Eingreifen des Menschen.So bedeutet dieses Gotteswort eine deutliche Begrenzung des menschlichen Herrschaftsrechtes" [1].

Und wenn Gott (V.31) mit Blick auf alles Geschaffene sagt: "Es war s e h r gut", so schließt das den paradiesischen Frieden ohne Töten selbstverständlich mit ein; oder anders: wie hätte eine Schöpfung mit Angst, Schrecken und Blutvergießen gut sein können? [2]

Nicht einmal Streit um das Essen bzw. Futter kann aufkommen: dem Menschen sind samentragende Gewächse und Baumfrüchte zugewiesen, den Tieren das Grün des Feldes. Mit der Übersetzung von נָתַתִּי als ‚zugewiesen˝ ist das Regelnde in der Entscheidung Gottes ausgesprochen, angelehnt an V.3O, wo es וַיְהִי (sei /soll sein) heißt und die Tiere nicht angesprochen, sondern über sie entschieden wird.

Das Andere sollte man aber mithören: "ich gebe euch" (ihnen); denn es drückt die Fürsorge Gottes aus, so daß v.Rad [3] mit Bezug auf K.Barth vom" Tisch" reden kann, den Gott für Mensch und Tier bereitet hat - wieder ein Merkmal für Mitgeschöpflichkeit.[4]

Für eine adaequate Erörterung des Problems der fleischlosen Ernährung, ihres religionsgeschichtlichen Umfelds, ihrer Einordnung in die Evolution und den theologischen Zusammenhang von Ungehorsam und Tod ist hier nicht der Ort, wohl aber für den Hinweis auf das letzte Buch der Bibel und seine Verkündigung von der Wiederherstellung des Friedens in Gottes Neuschöpfung ohne Tod, Klage und Qual (Apc 21,3) - für Mensch und Tier ; vgl. Jes 11 u. 65,25 .

4.5.2. Die Bekleidung durch Jahwe: Gen 3,21

Ist von Tiertötung im Zusammenhang mit veränderter Nahrung und dem Herrschaftsauftrag an den Menschen die Rede , so muß m.e. auch Gen 3,21 zur Sprache kommen, also die Bekleidung des adam und der eva mit Fellen.

Das Schweigen der Kommentatoren zu dem Phänomen -bis auf zwei Stimmen, [5] s.u.- könnte i.w.folgende Gründe haben:

Die göttliche Fürsorge steht im Vordergrund- so bei C.Westermann- und das zu Recht; oder die Beschämung wird hervorgehoben -so bei Calvin ; oder die Tiertötung zur Gewinnung der Felle hat nicht mehr das Gewicht, weil Gen 4 und besonders 9 im Blick sind. Vor allem aber: die kühn anthropomorph formulierte Fürsorge Gottes - er macht den Menschen Felle und zieht sie ihnen "eigenhändig" an - läßt den Gedanken nicht aufkommen, daß Gott selber töte, um die Menschen bekleiden zu können.[6]

Die Randbemerkung eines Exegeten , dieses stehe nicht im Text , ist vordergründig verständlich, aber m.E.falsch: denn wer sollte die Ziegen oder Schafe getötet haben? Daß die Menschen bereits Felle in Besitz hatten, ist mehr als unwahrscheinlich - und: es gehört mit zur belastenden Konsequenz aus der schuldhaften Hybris, daß der Schöpfer des Lebens selber töten muß bzw. tötet - eine verheerende Praxis vorwegnehmend. Der Jahwist erzählt den Vorgang im Weglassen; m.a.W.: das argumentum e silentio ist zwingend.

Fürsorge, Verhüllung voreinander, Verdeckung der Hilflosigkeit - ein bewegendes Handeln Jahwes, hinter dem die Tiertötung zwar zurücktritt, durch das die Fragen nach dem Mitgeschöpf aber nicht völlig überflüssig werden.

W.Vischer und W.Busch sind erkennbar die einzigen, die der bedrückenden Tat Gottes nachgehen .

4.6. Anmerkungen zum Herrschaftsbefehl Gen 1,28

Des Schöpfers umfassendes Urteil :"es war sehr gut" schloß, wie wir sahen, die Nahrungsregelung mit ein.

Wie sollte sie nicht auch auf den Herrschaftsbefehl zu beziehen sein ? Ist das so, wird bereits Grundlegendes über den Modus des Herrschens und zum Verständnis der termini רָדָה und כָּבַשׁ gesagt.

Da K.Kochs im Kapitel Tierethik zu behandelnder Beitrag [1] in der Auslegung dieser Begriffe besteht; da ferner die inhaltliche Verbindung von Ebenbildlichkeit und Herrschen angesprochen worden ist und vom Verständnis dieses Textes und seiner Wirkungsgeschichte die Rede war [2] und auch noch sein wird, soll es hier mit einem Satz von Jörg Jeremias [3] sein Bewenden haben:

"Gottes Schöpfung ist auf Leben aus; es versteht sich von selbst, daß alle Verwaltung dieser Schöpfung dieses Ziel haben muß".

5. Der Opfergedanke

5.1. Vorbemerkung

Die Behandlung dieses für Israel und die es umgebenden Völker wichtigen Bereichs seines Lebens und Glaubens klammert Einzelthemen wie Definition und Abgrenzung der Opferarten, Tier- statt Menschenopfer (Gen 22), Auslösung der Erstgeburt, Verhältnis von Opfer und Gnadenwille Jahwes, reine und unreine Tiere, vegetabile oder blutige Opfer wie einzelne gesetzliche Regelungen aus. Die Kritik am Opfer - besonders bei den Propheten unter dem Vorzeichen "Gehorsam ist besser" - wird zum Schluß skizziert.

Wenn überhaupt der Themenkomplex zur Sprache kommt, so vor allem deshalb, weil sowohl dem am Tierschutz Interessierten als auch dem vom Rechtfertigungsdenken bestimmten Christen diese Vorstellungswelt, vor allem das blutige Opfer, fremd bis abstoßend ist, jedoch eine einzigartige Wertung des Mitgeschöpfes bezeugt.

5.2. Das Tier als Mittler zwischen Mensch und Gott

.

Der Titel bereits unterstreicht die o.gen. These.

"Tierblut tritt an die Stelle des Menschenblutes, die Seele des Tieres, die im Blut ihren Sitz hat, tritt an die Stelle der Menschenseele. Was das Opfertier stellvertretend erleidet, das läßt der Opfernde im Geist an sich selber geschehen. Das Tieropfer ist

also weit mehr als die Hingabe wertvollen Besitzes, durch die der heilige Gott niemals versöhnt werden könnte" [1]
Der Mensch in der hebräischen Welt und Bibel ist sich bewußt, daß sein eigener Tod Sühne vor Gott leisten müßte, soweit es um Sühn- und nicht um Dank- oder Bittopfer geht.
Das andere uns Befremdende, mindestens aber in der Regel nicht mehr Bewußte oder Wichtige: der glaubende Hebräer nimmt seinen Gott und damit seine eigene Schuld todernst [2].
Doch ist es ein weiter Weg von der "primitiven Anschauung" [3], der Mensch müsse Gott eine Gabe darbringen, ihm ein festliches Mahl bereiten, über die Erkenntnis, er selber gehöre Gott, bis hin zur Überwindung der immer noch materiell-körperhaften Selbstdarbringung durch ein spirituell-existentielles Verständnis im Sinn totalen Gehorsams in Umkehr und Hinwendung zum Nächsten. Ein weiter Weg, den wir hier nicht gehen können, zumal er im religionsgeschichtlichen Umfeld zu behandeln ist.

5.3. Merkmale der Opferhandlung

Ob Bitt-,Gelübde-,Dank-oder Sühnopfer: drei wesentliche Merkmale bestimmen die Opfervorstellung und z.t. auch-handlung, ob es sich um ein blutiges oder unblutiges Opfer handelt:
Die Gabe, die Gemeinschaft und der Anlaß bzw. das Anliegen.
Daß die Opferarten nicht immer exakt gegeneinander abgegrenzt werden können, hängt mit den Anlässen zusammen.
Gerade angesichts eines nicht nur (neu-)protestantischen Mißverständnisses des Opfers, sondern auch einer verständlichen, jedoch zuweilen oberflächlichen und jüdischen Glauben diskreditierenden, Abwehr in unserer Zeit [4] gilt festzuhalten, daß Israel überzeugt war," daß sich Jahwes Heilszuwendungen nicht in geschichtlichen Taten oder auch der gnädigen Lenkung der Einzelschicksale erschöpft, sondern daß Jahwe auch im Opferkult eine Einrichtung geschaffen habe, die Israel einen ständigen Lebensverkehr mit ihm eröffnete" [5]
Wichtig ist der Hinweis auf die soziale Komponente von Schuld.
Gegenüber einem individualistischen, verinnerlichten Verständnis von Schuld oder einer Fixierung auf den Straftatbestand selbst ist in einer bestimmten Phase der Geschichte Israels das Ineinander von Schuld und Strafe bezeichnend - vor allem Num 32,23; Lev 26,39; vgl.auch Gen 4,13 -und zwar unter dem Aspekt einer Grundordnung wie auch der Folgen der Gemeinschaft :das Böse wirkt weiter.

Beim Brand - bzw. Sündopfer spielt wie bei anderen Opferarten das Blut eine zentrale Rolle.

In Lev.17, einem grundlegenden Text, werden die entscheidenden Merkmale genannt:

1. Die Schlachtopfer sind Gemeinschaftsopfer für den Herrn (V.5).
2. Das Blut wird an den Altar gesprengt (V.6).
3. Das Leben (des Fleisches) ist im Blut (VV 11 u.14).
4. Wer außerhalb des Lagers oder in ihm ein Rind oder Lamm bzw.eine Ziege schlachtet, das Tier also nicht zum Eingang des Zeltes bringt, der wird aus dem Volk ausgerottet (VV 4 u.9).

Ebenso ergeht es dem, der das Blut ißt, ob er Angehöriger des Volkes oder ein Fremder ist: er hat damit Gott entzogen,was ihm gehört (V.1O-14).

Dreimal wird betont, daß das Leben im Blut ist (V.11 u.V.14); und nicht nur in Verbindung mit der sakralen Handlung: auch das Erjagte, ob Wild oder Geflügel, muß ausbluten; und, da dessen Blut nicht an den Altar gesprengt wird, soll es mit Erde bedeckt werden - eine Praxis, die bis heute beim Schächten erhalten geblieben ist.

Lev.1,5; 3,2; 7,2; 9,18 und 1 Sam 14,32f sind weitere Belege,- Lev 4,4 und 9,18 auch für die Praxis, die Hände auf den Kopf des Opfertieres aufzustemmen.

Das Auflegen bzw. Aufstemmen der Hände, bei allen blutigen Opfern obligatorisch, bedeutet die Übertragung der Sünde und des damit verbundenen Urteilsbannes auf das Tier .

v.Rad [6] hält auch für möglich, daß es sich um einen " Gestus der Selbstidentifikation des Opfernden mit dem Tier handelt" -ein Gedanke, der auf der Linie der weitestgehenden Nähe von Mensch und Tier und dessen stellvertretender Funktion für die schuldig Gewordenen liegt.

5.4 Das Sühnopfer und der Sündenbock

Ez 45,15.17 wird die sühnende Wirkung nicht allein dem Sühnopfer im engeren Sinn, sondern dem Speisopfer,Brandopfer und Trankopfer(Dankopfer) zugeschrieben. Das Nebeneinander verschiedener Opferanlässe und -formen begegnet auch Lev. 23.

Gemeinsam ist den verschiedenen Formen:

Der Priester vollzieht die Sühne, das Opfer bewirkt sie, und Gott gewährt sie, wobei diese Annahme nicht durchgängig begründet ist, wie die vorpriesterschriftliche Epoche und die spätere prophetische Kritik bzw. Äußerungen kritischen Reflektierens zeigen.

Wichtig ist die Wirkung: die Sühne wird erreicht und mitgeteilt.

" Der Mensch konnte so, wie er war, der Gottheit nicht nahen; er mußte, im Bild gesprochen, sein eigenes Kleid ausziehen und ein festliches Kleid anlegen. So wurde er durch den Vorgang des kipper mit einer göttlichen Hülle umgeben, durch die seine eigene irdische, sündige und ungöttliche Natur verschwand und ihm eine Gott wohlgefällige angetan wurde, wie Jakob Gen 32,21 sich mit seinen Geschenken bedeckte, damit der zürnende Esau zuerst diese sah" [7].

Das Ritual amיּוֹם הַכִּפֻּרִים ist Lev 16 und 23 sowie 25 (9) festgelegt. Lev 16 beschreibt das Gebotene, wenn auch zu unterstellen ist, daß Datum und Geschehen erst später zusammengebracht wurden.

Das Kapitel schildert - in einer Anhäufung von Ungereimtheiten- zahlreiche Sühnehandlungen. Danach vollzieht Aaron sie für die Gemeinde dreimal, für sich selbst viermal und einmal für das Heiligtum.

Die Waschungen und Handlungen an den unterschiedlichen Tieren- Jungstier, Widder, Ziegenböcke- treten hinter der Schuldübertragung auf den lebenden Bock oder Widder (VV 1O,2O ff) zurück, der zum bösen Geist Asasel in die Wüste geschickt wird.

M.Noth [8] vermutet einen sehr alten Ritus , der einmal selbständig war und einen nicht mehr bestimmbaren Sitz im Leben hatte, wobei der Umstand, daß ein bestimmter Mann das Tier erst in die Wüste schicken mußte, für die Lokalisierung im Westjordan-Bereich sprechen könnte. Auch die Frage, ob die Entsündigungshandlung sich ursprünglich auf einen eingegrenzten Kultteilnehmerkreis bezog und also nicht ganz Israel galt, muß offen bleiben.

Noch unklarer ist die Gestalt des Asasel, der o. ein "böser Geist" genannt wurde. Wenn es ein nur begrenzt bekannter Wüstendämon war, muß erklärt werden , warum Lev 16 ihn offensichtlich selbstverständlich voraussetzt .

Sollte das Wegtreiben des Bocks in die Wüste primär diesem Asasel gelten, so würde sich seine damit verbundene Funktion,nämlich Gefahren durch jenen zu bannen, mit der aus dem Kontext zu schließenden reiben, wonach er der Entschuldung dient.

Es wäre denkbar, daß die auf Asasel gerichtete Aufgabe ursprünglich war, während die andere Deutung - wodurch veranlaßt?- später erfolgte.

Der tierethisch interesssante Aspekt, daß es sich um einen unblutigen Vorgang handelt, ist irrelevant, wenn originär nur die Abwehr des Asasel wichtig war, also ein vom Opfergedanken unabhängiger Vorgang. In Verbindung mit dem Sühnegeschehen ist er dunkel und grausam zugleich, da der Tod des Bocks in der Wüste schlimm ist.

Doch ist m.E.der Vorgang, den K.Koch [9] "jämmerlich" findet, mit ihm als "völlig durchsichtig" zu beurteilen.

Es handelt sich um eine Übertragung von Schuld.

Nach Koch sind Frevel und Sünde keine rein geistigen Größen, "so etwas wie ein göttliches Werturteil. Nein, Frevel ist hier wie sonst stoffähnlich gedacht, eine unsichtbare raumhafte Sfäre, die den Sünder mit seiner Umgebung einhüllt seit dem Augenblick der Tat". [10]

Hier wird ganz deutlich: das Tier ist nicht nur Besitz, sondern ein Teil der menschlichen Gemeinschaft; ja, es vermag den Menschen als pars pro toto zu vertreten [11] (s.o.v.Rads Reden von Identifikation).

Die Vergegenwärtigung der Schuld geschieht durch das ausgeprochene Sünden-bekenntnis. Neben die worthafte Übertragung tritt die körperliche durch das Aufstemmen der Hand.

Koch ist auch darin zuzustimmen, daß der Sünden-und Schuldritus nicht als Opfer bezeichnet werden darf, da Gott nicht der Empfänger, sondern der Spender ist. [12]

5.5. Das Dankopfer Noahs (Gen 8)

Die Bedeutung des Tieres wird in nur wenigen Texten der hebräischen Bibel so erkennbar wie im Dank Noahs an Jahwe für die Errettung und in der (nicht ausgesprochenen) Bitte um Versöhnung mit Hilfe der lebendigen Opfergaben.

Der Erzähler, der die Reaktion des aus der Todesgefahr Geretteten und seine Freude über wiedergeschenktes Leben berichtet, würde den Hinweis des unbefangenen Lesers auf den Widerspruch nicht verstehen: eben bewahrtes tierisches Leben wird geopfert.

Er würde ihn beantworten mit der Anordnung Jahwes -7,1ff-, worin das Opfer bereits vorausgesetzt ist.

Noah opfert rückhaltlos: olah ist das Ganzopfer.

Jahwes Urteil über das bleibende Böse im Menschen und sein Versprechen, die Erde und alles Leben auf ihr zu erhalten, stehen in Spannung zueinander, zumal die Begründung fehlt.

v.Rad [13] spricht vom unbedingten Entschluß Gottes und meint damit auch, daß die „innere Verknüpfung der Gesinnung Jahwes mit dem vorausgegangenen Opfer...doch sehr locker " sei. M.a.W .: die göttliche Freiheit bleibt gewahrt.

Allerdings räumt er ein:"Diese neue Einstellung zum Menschen ist nun doch tatsächlich zusammengeordnet mit dem Zeichen des Opfers als einem menschlichen Bekenntnis zur Versöhnungsbedürftigkeit" [14] .

Wohlgemerkt: v.Rad spricht von Versöhnungsbedürftigkeit und nicht von - bereitschaft.

Diese Bedürftigkeit ist bei dem Versuch, das alttestamentliche Opfer zu verstehen, immer mitzubedenken.

Daß das Tier dabei eine unvertretbare und blutige Rolle spielt, macht das Reden von Mitgeschöpflichkeit in der hebräischen Bibel nicht überzeugender, aber redlicher und sachlicher.

5.6. Kritik am Opfer

Bevor die Infragestellung des Opfers angesprochen wird, sollen die wichtigsten weiteren Voraussetzungen für eine Gott wohlgefällige Handlung erwähnt werden.

Grund: an ihnen wird deutlich, wie ernst Israel die Gabe,die Sühne, den Dank und die Bitte, in summa: wie ernst es seinen Gott nahm, von der Angst, die der Ehrfurcht nahekam, wenn auch nicht identisch war, zu schweigen.

Tiere, die für die animalischen Opfer in Frage kamen, waren Arbeits-bzw. Haustiere, also Rind, Stier, Ziege, Lamm, Widder, Mutterschaf und in besonderen Fällen Haus- und Turteltaube (s. Lev 1 ff parr).

Diese Auswahl macht deutlich, welchen materiellen Wert sie ausmachten.

Er wird noch größer durch die Bestimmung, daß die Tiere makellos zu sein hatten: so Lev 1,3; 3,1; 22,19 ; Dt 15,21; 17,1.

Blindheit, gebrochene Glieder, Geschwüre, Krätze oder Flechte galten als Mängel.

Wenn man zudem die z.t. erschreckend hohe Zahl der Opfertiere, die Vorbereitung und die sakralen Handlungen bedenkt, so wird deutlich, wie zurückhaltend die Kritik am "primitiven Denken" und an mangelnder Reflexion des Geschehens, der inneren Bereitschaft und des Gottesbildes zu sein hat.

Doch gerade die beiden zuletzt genannten Faktoren führen zeitparallel zu der Fülle der Opferhandlungen und auch danach zu heftiger Kritik an der zunehmenden Verflachung des Glaubens.

In nachexilischer Zeit gesellt sich das Urteil über den falschen Ort und über die Greuelpraxis hinzu.

1 Sam 15,22 werden Gehorsam und Opfer einander gegenübergestellt, wobei das von Jahwe verlangte Bannen einen erheblichen Verlust an Tieren bedeutet hätte.

Nach Amos 5,21 ff täuschen die gottesdienstlichen Feiern einschließlich des Opferns von Mastkälbern über das Fehlen wirklicher Gerechtigkeit hinweg, wobei sich die Kritik an nicht dargebrachten Opfern während der Wüstenwanderung mit der vorangegangenen zu reiben scheint.

Hos 8,13 geht in eine ähnliche Richtung: das Opfer hat keine sündenvergebende Wirkung.[15]

Jes 66,3 ff. fällt insofern aus dem Rahmen, als zwar auch hier der mangelnde Gehorsam eingefordert wird, mehr aber die Zweigleisigkeit, d.h. Verlogenheit, kritisiert wird [16].

Wie immer auch die Kritik am Opfern in diesen und anderen Texten begründet wird: ein Kriterium erscheint weder expressis verbis noch unterschwellig: das Töten der Tiere als ein Eingriff in den Leben schaffenden und erhaltenden Hoheitsbereich Gottes.

Sollten selbst die kritischen Propheten in dem noch nicht mißverstandenen oder pervertierten Opfer die Bereitschaft des Menschen erkennen, Gott zu geben, was ihm gehört: das Blut als Inbegriff des Lebens ? [17]

6 Die Nähe von Mensch und Tier
6.1. Im Bundessschluß : Gen 9,8 ff. und Hosea 2,18ff

6.1.1 Gen 9,8ff.

Daß ausgerechnet in Verbindung mit der für die Tiere folgenreichen Ankündigung von Furcht, Schrecken und Tod der Bundessschluß diese mit einbezieht, kann gar nicht genug unterstrichen werden - gerade weil der Bund in der Geschichte der Beziehung zwischen Mensch und Mitgeschöpf so gut wie keine Rolle gespielt hat.

Und dieses, obwohl die Lebewesen, also auch der Mensch, nicht Bundespartner im engeren Sinn sind, ja weder Leistung noch eine Beziehung vorausgesetzt werden, sondern Gott einseitig den Fortbestand seiner Schöpfung garantiert.

Zum Andern: die Tiere werden nicht beiläufig erwähnt, sondern fünfmal, V.17 eingerechnet, wo statt der Diffenzierung "euch und allen Lebewesen" "...und allem Fleisch " steht.

Ob man deshalb die Tiere mit den Menschen zusammen als „personhaftes Gegenüber zu Gott "[1] bezeichnen ist darf, ist fraglich.

Gerade daß sie im Unterschied zum Menschen weder entscheiden noch angemessen, d.h. in Dankbarkeit, reagieren können - siehe Opfer-, gibt dem Versprechen Gottes gegenüber Mensch u n d Tier ein solches Gewicht. Muß es nicht als Eindämmung des eben erwähnten Schreckens verstanden werden?

Die Spannung beider Aussagen bleibt aber und wird nicht geringer, wenn man wie Westermann [2] feststellt," daß in der Gabe des Segens die zugestandene Möglichkeit des Tötens von Leben enthalten ist".

Die Spannung auszuhalten, kommt dem Urteil v.Rads nahe [3] daß nun im Verhältnis des Menschen zum Tier nichts mehr dem gleicht, was Gen 1 festgelegt war, und daß nun "das Seufzen der Kreatur beginnt".

Was P über das Blut sagt, bewegt sich im Ambivalenten: es hat seinen Grund in der Ordnung und diese wiederum in der bereits angesprochenen Erkenntnis von Gottes Eigentum, zu dem die Tiere nicht weniger gehören als die Menschen. Andererseits wird dieses Blut sogar von den Tieren eingefordert - so, als seien sie Rechtspersonen.

G.Liedke möchte in der Einschränkung V.4 einen weitreichenden Damm gegen die Gewalt sehen: "Sie verhindert die totale Auslöschung tierischen Lebens: Der Erde, aus der die Tiere hervorgegangen sind, wird die tierische Lebenskraft zurückgegeben, sodaß neues Leben entstehen kann" [4]. Der Fortsetzung des Gedankengangs, daß nur ihretwegen " der Bund auch mit allen Tieren...keine Farce" sei, ist m.E. nur zuzustimmen, wenn man im Bund nicht auch die Absicht erkennen kann, daß Gott sich gewissermaßen zwischen die gefürchtete tötende Hand des Menschen und seine Mitgeschöpfe stellt.

Es zeichnet aber die Kommentare aus, daß sie in der Spannung zwischen V.2ff.und V.8ff. nicht nur die "größere Kühle" von P gegenüber dem empfindungsstärkeren Jahwisten [5] erkennen, sondern auch durch sie wie in eine Art Beweiszwang geraten[6]

6.1.2. Hosea 2,18-25

Der Bund Jahwes mit den Tieren in diesem prophetischen Text ist unproblematischer und hat einen anderen Inhalt: es ist ein "Nichtangriffspakt" [7] zugunsten des Menschen, nachdem noch V.14 die Tiere als Vollstrecker des göttlichen Willens am untreu gewordenen Volk Gottes, an der Dirne, genannt wurden.

Sind es dort die wilden (?) Lebewesen des Feldes, so hier das Vieh des Feldes, Vögel und Gewürm.

W.Rudolph, der vom "Abkommen" statt vom "Bund" spricht [8], sieht unter Bezug auf Jes 11,6ff; Ez 34,25 u.a. den Paradiesesfrieden wiederhergestellt . [9]

6.2. Als Adressat der Weisung: die Sabbatruhe

Die dritte Segnung im Schöpfungszeugnis gilt der Ruhe.

Die Nähe von Mensch und Tier kommt in dessen Teilhabe am Sabbat ebenso deutlich zum Ausdruck wie im Bundesschluß; ja, sie ist mittelbar ein Teil desselben : Ex 31,13.16.

" Das Sabbatgebot ist ein leuchtendes Zeichen dafür, daß die Grundgebote, die Israel gegeben wurden,lauter Wohltaten sind" .[1]

Ex 2O,8-11 // Dt 5,12-15 lassen die Tiere nicht nur teilhaben am Sabbat, sondern ordnen sie noch vor dem Fremdling ein.

Ruhe für die Mitgeschöpfe bedeutet auch Einbeziehung in den menschlichen Lebensrhythmus.

Während der Sabbat im Exodusbeleg mit dem Ruhen Gottes und dem Segnen des 7.Tages begründet wird, weist das Deuteronomium auf die Befreiung aus Ägypten hin. Der Motivation, auch in anderen Texten, muß hier nicht nachgegangen werden; wohl aber ist der Hinweis von H.J.Boecker [2] - unter Berufung auf E.Jenni- wichtig, daß auch die heilsgeschichtliche Begründung die Tiere miteinschließt, und daß diese eher störende Erwähnung darauf schließen läßt, "daß der Gedanke der Ruhe für die Tiere in der Theorie der Sabbatbegründung von Anfang an fest verwurzelt ist".

M.Noth und v.Rad [3] sind sich einig in der Überzeugung, daß Ursprung und Sinn des Sabbats letztlich nicht zu eruieren sind und spezielle kultische Forderungen und Feiern fehlen. Es geht um eine " Enthaltung von jeglicher Nutzung" und eine" bekenntnishafte Rückgabe des Tages an Jahwe".[4]

Die Vokabel selbst שָׁבַת = aufhören ist Programm.

Ex 31,12-17 fehlen die Tiere, allerdings auch die Sklaven und Fremden, was die soziale Komponente in den beiden anderen Texten hervorhebt.

Ex 23,1O-12 und Lev 25,1-7 enthalten Weisungen zum 7.Tag und zum Sabbatjahr, wovon wiederum auch die Tiere profitieren; in erstgenanntem Text deutlicher als im zweiten :"damit dein Rind und dein Esel ausruhen und der Sohn deiner Sklavin und der Gastfreund aufatmen" [5]

H.W.Wolff [6] ist im Unterschied zu einigen Auslegern der Ansicht, daß Ex 23,12 eine der ältesten Fassungen des Sabbatgebots bietet und formuliert- gegen Noth [7] - einleuchtend:

" Es ist beachtenswert, was hier als einziger Zweck des Ruhetages erwähnt wird: die abhängigen Arbeitskräfte sollen Erholung finden.

Bewegend ist schon die Fürsorge für das geplagte Vieh, das an erster Stelle genannt wird...Wagt ein Herr nicht, der erwachsenen Sklavin oder dem israelitischen Sklaven eine Arbeit am Sabbat zuzumuten, so doch viel eher ihrem Sohn oder Gastarbeiter, den man allzu leicht außerhalb des Freiheitsraums der Jahwegebote sieht.grenzfälle greift also diese Gebotsfassung auf: der besonders Geplagten und Abhängigen wegen ist der Sabbat eingesetzt"[8].

Tiere sind extrem geplagt und abhängig,- daher kommt einem Text wie diesem, unabhängig von seinem Alter, besondere Bedeutung zu; gerade als Nachtrag steht er für eine veränderte soziale Sicht.

6.3. Unter dem Gericht Gottes

Tiere unter dem Gericht Gottes kann Zweierlei besagen:
Sie werden als "Rechtspersonen" betrachtet und damit als schuldfähig bestraft [1] oder in Schicksalsgemeinschaft mit den Menschen für deren Vergehen haftbar gemacht.
Dieses ist hier gemeint; daher ist der Titel nicht völlig korrekt; doch wie soll die Nähe von Mensch und Mitgeschöpf neben den Positiva Segen, Bundessschluß und Sabbatruhe anders zum Ausdruck kommen ?
Herausragende Belege sind: Gen 6,5ff; Dt 28,15ff.; 2 Chr 7,13; Jer 14,5; Ez 14,13; Hos 4,2f und Joel 1,1O-12.17ff; 2,18ff.

zu Gen 6,5ff.
Während Gen 4 die Folge des Brudermordes sich im fehlenden Ertrag des Ackers manifestiert , führt die Bosheit des Menschen bei J an u.St. zur Vernichtung aller Lebewesen. Der Jahwist redet vom Menschen und seinen Herzensgedanken, die Priesterschrift von Gewaltttat und vom verdorbenen Lebenswandel "allen Fleisches".
Darin sind beide Quellen einig, daß sie nicht differenzieren, was den Urheber des Bösen betrifft; auch darin dokumentiert sich die Nähe der Lebewesen zueinander.
חָמָס , von Luther mit "Frevel" übersetzt, bezeichnet, so v.Rad [2] ," die willkürliche Bedrückung, den elementaren Bruch einer Rechtsordnung". Sie stellt "nach priesterlichem wie prophetischem Urteil die schwerste Sünde gegen Jahwe dar" und „bedeutet eine Entweihung der 'ganz vollkommen' geschaffenen Erde".

zu Dt 28,1 ff.
In dieser sogenannten Schlußrede werden in anschaulicher, positiv stimulierender wie grauenerregender Weise Segen und Fluch als Folge von Gehorsam und Ungehorsam, einander gegenübergestellt.

Tiere kommen hier wie dort vor, im Fluch häufiger als im Segen. Sie sind dabei sowohl Opfer - Tötung, Raub, Fehl-oder Totgeburt (?) - als auch Instrument des strafenden Gottes.

zu 2 Chr 7,13f.

Hier werden die Tiere nicht expressis verbis genannt; doch ist nur logisch, daß unter Dürre und Pest auch sie leiden; ähnlich Jes 24,4-7 u.Jer 4,23ff.

zu Jer 14 (1ff.),5 u.6

Der Prophet nimmt in beeindruckender Weise am Geschrei des Volkes wegen der Dürre Anteil und schildert einfühlsam die Trennung der Hirschkuh von ihrem Jungen sowie das Schnappen der Wildesel nach Luft.

Das eigene Leiden und das der Mitkreatur führen zum Sündenbebekenntnis des Volkes - in ihm werden die Tiere allerdings nicht erwähnt -, aber Jahwe will sich über die Leidenden nicht erbarmen: " Ich schütte ihre Bosheit über sie aus" (V.16).

zu Ez 14,13

Der Götzendienst, der Treubruch also, führt zur Hungersnot und damit zur Vernichtung von Mensch und Vieh. Im Kontext werden Tiere wieder Instrumente des Strafgerichts Gottes.

zu Hos 4,2 f.

Gott erscheint als der, der die Bewohner des Landes zur Rechenschaft zieht wegen des Fehlens von Liebe, Treue und Gotteserkenntnis. Der Prophet spricht nicht allgemein von den schlimmen Folgen, auch für die Tiere, sondern er benennt die betroffenen : Tiere des Feldes, Vögel des Himmels," ja auch die Fische des Meeres" - so, als wollte er durch die Aufzählung nicht nur die weitreichende Auswirkung von Gewalttat und Blutschuld darstellen, sondern auch die Unschuld der Mitgeschöpfe unterstreichen.

zu Joel 1,1O-12.17ff und 2,18 ff.

Nicht nur poetischer und anschaulicher schildert der Prophet das Strafgericht Gottes, bei dem die diversen Heuschrecken [3] zur Geißel werden, sondern auch teilnahmsvoller , wenn er von stöhnenden Rindern (V.18 Zürcher: verstörten) und lechzenden Tieren des Feldes redet (.2O)

Das Klagelied - VV 15ff sind in Anführungszeichen gesetzt (Zürcher) - mündet in den Ruf zur Umkehr. Jahwe will sich des Volkes erbarmen; und wenn es zu einem

Neuanfang kommt, können auch die Tiere wieder ohne Furcht sein:"Denn es grünen die Weiden der Steppe" [4]

Das totaliter aliter im Zusammenleben von Mensch und Tier nach der Vertreibung aus dem Paradies wird in diesem bedrückenden Kapitel - weniger der Bibel als der Menschheitsgeschichte - veranschaulicht.

Gerade diese Verflechtung verdeutlicht, was "Mitgeschöpflichkeit" ist [5].

6.4. Im Tod: Koh 3,18-22 (21)

Die Verwandtschaft mit der eben behandelten schicksalhaften Verflechtung von Mensch und Tier ist offensichtlich; und doch sind Anlaß und Aussage anders. Der "Sitz im Leben" dieses Weisheitstextes ist vermutlich die Frage nach dem Unterschied von Mensch und Tier, die ggf. durch den Tod eine Antwort erfährt.

Die Tendenz ist zunächst anthropozentrisch; denn der Weisheitslehrer will primär nicht sagen , wie nahe das Tier dem Menschen steht ,sondern wie bedrückend die Solidarität beider im Tod ist.

Auf die z.T. recht unterschiedlichen Deutungen en detail einzugehen, sprengt den Rahmen: sie reichen vom Niederschlag eines stark rationalisierten Lebensgefühls (M.L.Henry [1]) über die Ansiedlung des Koh insgesamt am "äußersten Rand des Jahweglaubens" (v.Rad [2]), die Schärfung des Blicks" für die Realitäten dieser Welt" (R.Bartelmus [3]), einen "fröhlichen Realismus des Büchleins" überhaupt (N.Lohfink [4]) bis hin zum Ausdruck demütiger Anerkennung der eigenen Kreatürlichkeit (W.Zimmerli [5]).

Naheliegend ist die Frage, wie die Äußerungen über den nach oben steigenden bzw. nach unten fallenden Odem zur These von Koh 3,11 paßt, wonach Jahwe dem Menschen - im Unterschied zum Tier- "die Ewigkeit ins Herz gegeben" hat. Ist sie nicht Ausdruck der Gottebenbildlichkeit; und kann diese hinfällig werden? Besteht doch, wie gesehen, der gravierende Unterschied zwischen Mensch und Mitgeschöpf darin, daß der Schöpfer dem Menschen die רוּחַ eingehaucht hatte. Koh selbst vertritt- 12,7- diese Sicht.

Eine Antwort könnte sein: 12,8 schließt mit dem Résumé: " alles ist eitel" (nichtig); und 3,21 ist immerhin in die Form einer Frage gekleidet: " Wer weiß....?"

Deutlicher noch als W.Zimmerli [6] stellt H.Lamparter [7] fest, daß Koh die Möglichkeit des Aufsteigens menschlichen Odems nicht ausschließt, die Gewißheit jedoch nicht gegeben ist, weil die Toten schweigen, die Lebenden aber weder sehen noch wissen, ihnen daher nur die Hoffnung bleibt. Das "Lichtstümpchen" - gemeint ist die Quintessenz, es sei nichts besser,als fröhlich zu sein bei seiner Arbeit (V.22) - "ist zu schwach, um die Finsternis zu vertreiben, von der unser zum Sterben verdammtes Leben umlagert ist" [8] .

Lamparter, der sich gegen die Verächtlichmachung des "Viehs" wehrt, verwehrt die Kritik am Prediger, der nichts von der Auferstehungshoffnung weiß und darum das menschliche Sterben "als ein Preisgegebensein an den Tod versteht, das, verglichen mit dem Verenden der Kreatur, um kein Haar besser ist". [9]

Das Fazit aus diesem und anderen Kommentaren muß dann nicht unbefriedigend sein, wenn man mit Zimmerli [10] festhält, daß a) der Prediger den Hochmütigen, der sich vom "Vieh" durch Einsicht getrennt glaubt - in Prov 12,1 ; 30,2; Ps 49,11; 73,22 ist die Bezeichnung für den Toren בְּהֵמָה = Vieh - , zur Nüchternheit zurückruft; und daß b) die Solidarität im Sterben (s.o.) den Einsichtigen zur Solidarität mit dem Mitgeschöpf noch im Leben bringt. Schließlich ist c) denkbar, daß diese ungewollte Verbundenheit vor Unrechttun bewahren kann: das Bewußtsein der gemeinsamen Vergänglichkeit ein Beitrag zur Tierethik.

6.5. In der Symbolik

Die Fülle der Metaphern und ausgeführten Vergleiche- es wurden 400 gezählt - läßt nur die Nennung weniger Beispiele und Merkmale zu:

a) anders als in unserer Zeit dienen Tiernamen nur selten der Beschimpfung [1] .

b) Tier-und Pflanzennamen fungieren als Personbezeichnungen und veranschaulichen in der Regel deren Wesen, wie Gen 33,19 (חֲמוֹר = Esel) und Ex 2,21 (צִפּוֹר = Vogel), zeigen.

c) Tiervergleiche charakterisieren neben Personen auch Stämme,wie die ausführliche Weissagung Jakobs, meist als Segen bezeichnet, veranschaulicht (Gen 49).

d) Tierbilder erscheinen am häufigsten in der Prophetie [2] ,sodann begreiflicherweise in der Weisheitsliteratur [3] und in den Psalmen.

In den letztgenannten illustrieren sie , soweit es sich um Gebete handelt, die Lage des Betenden bzw. die Art , wie er sie, auch in Beziehung zu seinem Gott, erlebt und deutet.

Die Sprachsymbolik , die Fauna und Flora gebraucht, kann totale Vereinsamung und Todesnähe ausdrücken[4] .

Neben den Bildern für Todverfallenheit und Depression sind die anderen nicht weniger zahlreich. Zwei für viele seien genannt:

Der Beter in Ps 124,7 dankt Gott, daß sein Leben (seine Seele) dem Netz des Vogelstellers entkommen ist. Ex 19,4 und Dt 32,11 sprechen von Jahwes Heilshandeln im Bild des Adlers, der sein Junges auf den Fittichen trägt [5]

e) Der Löwe ist das in Metaphern oder ausgeführten Vergleichen am häufigsten erscheinende Symbol. Das Hebräische kennt sieben Bezeichnungen für ihn. Sie geben nicht nur Eigenschaften der Menschen, sondern auch solche Jahwes wieder.

f) In der Apokalyptik - Dan 7 u.8 wurden genannt - erscheinen die Tiergestalten, die in den Gesichten auftauchen, nicht mehr als Tiere, wie sie in der Natur begegnen, sondern gesteigert ins Unheimliche und Grauenerregende [6].

Da Symbole einen Tatbestand erhellen oder eine Botschaft verdeutlichen sollen, ist die Kenntnis des Bildes, also des Tieres, erforderlich, damit die Sachhälfte - wie in den Gleichnissen Jesu - verständlich und nachvollziehbar wird.

Die vorausgesetzte Vertrautheit des israelitischen Menschen mit der ihm zugänglichen Tierwelt [7] ist ein weiteres Dokument der Nähe von Mensch und Mitgeschöpf.

6.6. Im eschatologischen Frieden

„Stets empfand der Israelit den fortwährenden Kampf zwischen Menschen und Tieren wie auch den Krieg der Menschen untereinander als eines der offenkundigsten Zeichen für die gestörte Schöpfungsordnung ".[1]

Wenn diese Beurteilung de Purys zutrifft, können die relativ wenigen Bezeugungen eines eschatologischen Friedens, der alle Lebewesen umfaßt,nicht Ausnahmen im sonst durchgängigen Glauben und Denken sein; sie müssen als pars pro toto verstanden werden.

Am eindrucksvollsten ist die Darstellung des friedevollen Miteinanders in Jes 11,6-9.

Sieben gefährlichen Tieren stehen sieben schwache Lebewesen unter Tieren wie Menschen gegenüber. "Siebenzahl ist mit Siebenzahl verschlungen als Ausdruck der Totalität der Versöhnung alles Bösen mit dem Unschuldigen" [2]

Erstaunlich ist die Begründung für diesen Zustand: כִּי־מָלְאָה הָאָרֶץ דֵּעָה אֶת־יְהוָֹה

(V. 9 b)

Sind die Mitkreaturen auch von dieser Erkenntnis erfüllt?

B.Duhm beantwortet [3] die Frage positiv, weil er in den Bildern und in der Zuordnung keine bloße Symbolik oder Allegorie erkennt,wenn er sich auch gegen eine wörtliche Auslegung des strohfressenden Löwen wehrt, sondern eine Einbeziehung der Tiere ins Ethische durch das alte Israel feststellt.

Allerdings setzt er diesem Text andere entgegen , die vom Schrecken durch den Menschen sprechen, so Gen 9,1ff, Ez 34,25.28.

Da Duhm Schwierigkeiten mit der Eschatologie hat, bucht er die Diskrepanz zwischen den Aussagen auf das Konto "Gesetzesmenschen" und Tier- bzw. Menschenfreundlichkeit der älteren Zeit.[4]

Jes 32,15-2O

In diesem Text ist die רוּחַ מִמָּרוֹם Ursache der Verwandlung der Wüste in fruchtbares Land, für das Aufleben von Recht und Gerechtigkeit, für friedliches Wohnen und für Bewegungsfreiheit von Ochs und Esel[5]. Die Ausgießung des Geistes ist ein Kennzeichen der Heilszeit. Recht, Gerechtigkeit, Ruhe und Sicherheit betreffen zwar zunächst die Menschen, aber nicht ausschließlich.

Der Prophet verkündet einen alle befriedenden Zustand ohne Bedrohung und Kampf von außen und untereinander.

Ausgerechnet im Glückwunsch (אַשְׁרֵיכֶם) dienen die Tiere als Indiz für das radikal veränderte Leben -siehe V.14: Lust der Wildesel, Weide der Herden.

Jes 65,18-25

Der Abschnitt bei Tritojesaja redet nicht vom Wirken des Geistes wie 11,2ff und 32,15, sondern vom schöpferischen Erschaffen eines neuen Himmels und einer neuen Erde- weniger im Sinn der Apokalyptik, daß der bisherige Himmel und die alte Erde vernichtet werden, " sondern daß die Welt, die mit `Himmel und Erde' bezeichnet ist, wunderbar erneuert werden soll".[6]

Kennzeichen der neuen Welt sind Jubel, hohes Lebensalter, Bauen von Häusern, Pflanzen von Weinbergen, ungestörtes Genießen der eigenen Arbeit und Jahwes Handeln, ohne daß sein Volk zu ihm gerufen hat; schließlich das friedliche Weiden von Wolf und Lamm nebeneinander und, ebenso eine Wiederholung von Jes 11,6, der strohfressende Löwe. Lediglich die Schlange ist von Frieden und Segen ausgeschlossen: sie frißt weiterhin Staub[7].

Im Unterschied zu 25,8 wird die Vernichtung des Todes nicht genannt[8].

Alle drei Belege zeigen - gerade auch da, wo eine Zitierung zu vermuten ist wie Jes 11 in 65,25,- daß eschatologischer Friede bzw. Anbruch des messianischen Reiches Mensch, Land und Tier umfaßt, mithin das ungetrübte Verhältnis, vom Schöpfer initiiert und von der Ruach Jahwes erneut, als ursprünglich verstanden wird.

7. Das Tier als Freund und Helfer des Menschen

7.1. Vorbemerkung

Bei diesem Titel wie allen folgenden ist der Gesamtthematik wegen nur noch eine Addition von Thesen bzw. Summarien möglich.
Sie ist angesichts der inzwischen erschienenen Einzeluntersuchungen - z.B. zum Tier unter der Obhut des Menschen [1] - und des Ineinanders von Titeln - wie etwa Vorbildcharakter, Instrumentierung durch Gott und Numinosum - vertretbar und beschränkt sich auf Bereiche, die die Mitgeschöpflichkeit besonders markieren.
Vorangeschickt sei, daß die genauere Beschäftigung mit den jeweiligen Aussagen mehr Theologie erkennbar machte, als der biblische Realismus bestimmter Texte zunächst vermuten ließ.

7.1.1. Freund und Helfer des Menschen.

Diese dem Tier vom Schöpfer zugedachte Funktion kommt in seiner Benennung und Aufgabe als Hilfe (Gen 2,18ff), in der Parabel vom einzigen wie ein Kind gehaltenen Schaf aus der Strafrede Nathans (2 Sam 12,1-10), in der Erzählung von der redenden und den Propheten Bileam rettenden Eselin (Num 22,21ff) und im Nahrung bringenden Raben des Elia (1 Reg 17,1-6) exemplarisch zum Ausdruck.
Von hier ist es nur ein Schritt zum Tier als Vorbild.

7.2. Das Tier als Vorbild

Belege sind vor allem: Jes 1,3 // Jer 8,7; Hi 12,7-11; Prov 6,6 und 1 Sam 6,7-12.
Die Kenntnis der Futterkrippe und vor allem ihres Herrn (Jes 1) wertet Ochs und Esel nicht auf - genauso wenig wie den Storch, die Taube, die Schwalbe oder die Drossel deren Zeitgefühl für die Rückkehr (Jer 8); doch dient ihr Instinkt (keine biblische Vokabel) den Propheten zur Mahnrede an das Volk: weißt du nicht, wem du dein Leben verdankst? Nicht anders Hiobs Antwort an den Freund   (Hi 12): Vieh, Vögel, Sträucher und Fische könnten dich belehren (4 mal synonyme Vokabeln). Die Ameise mit ihrem sprichwörtlichen Fleiß (Prov 6) hat bis zum Überdruß pädagogische Nutzanwendung gefunden, aber auf verschiedenen Gebieten - bis in die Verhaltensforschung - nichts an Aktualität eingebüßt.
Aus dem Rahmen fällt die unglaubliche Geschichte von den säugenden Kühen, die, wie von geheimer Hand gelenkt, ihre Kälber, laut klagend [2], im Stich lassen, um die Lade Jahwes zum Ziel zu bringen (1 Sam 6).

Hier ist die Grenze zum Numinosen bereits überschritten und das Tier als Instrument in der Hand Gottes thematisiert.

8. Das Tier vor Gott

8.1. Als Instrument pro und contra Israel

8.1.1. pro Israel

Daß Gott Tiere einsetzt, um seinem Volk zu helfen, d.h. es durch sogenannte "Plagen" aus Ägypten zu befreien (Ex 8 u.10), den assyrischen König für die Mißachtung Jahwes zu strafen (2 Reg 17 24ff), seinen Diener Daniel vor dem Löwen zu erretten (Dan 6,17ff) [1] und seinen Propheten Jona mit Hilfe des Wal erneut zu beauftragen (Jona 2), gibt den Mitgeschöpfen nicht nur in den Augen der Israeliten einen über ihre eigentliche Funktion hinausgehenden Wert, sondern macht sie auch vor ihren Gegnern zu Zeugen des bewahrenden und leitenden Gottes - ein uns merkwürdig berührendes, aber bedenkenswertes Phänomen.

Dabei ist offensichtlich vorausgesetzt, daß Tiere Empfänger besonderer Offenbarung sein können, wie diverse Texte verraten.

Die Verfasser oder Tradierenden interessiert die Frage nicht, ob und wieweit Tiere Erkenntnisse haben, welche Verstehensmöglichkeiten es gibt, und warum Jahwe sich der "unvernünftigen" Kreatur bedient. Immerhin wird sie auch im Alten Testament wiederholt so bezeichnet- siehe Ps.32,9 ; 73,22 u.ö.-, also nicht nur von Kritikern und Theologen späterer Jahrhunderte.

Das gilt es im Ohr zu behalten, damit der Umgang mit den fraglichen Texten kritisch bleibt; gleichzeitig gilt es, einzugestehen, daß der Abstand von mehr als 2500 Jahren und die Distanz zu anderen (asiatischen) Religionen und Kulturen ein "exklusives" Verhältnis von Tieren zu einer Gottheit- alttestamentlich: zu ihrem Schöpfer - dubios erscheinen läßt, es daher ebenfalls der Redlichkeit bedarf, sich solchen Aussagen zu stellen.[2]

Nicht anders sieht es aus, wenn Jahwe sich der außermenschlichen Kreatur gegen sein Volk bedient; die Belege dafür überwiegen.

8.1.2. contra Israel

Das Überwiegen der Belege unter dieser Überschrift erklärt sich aus der Verehrung anderer Götter und der Unbußfertigkeit des Volkes.

Lev 26 werden -wie auch andernorts- Segen und Fluch nebeneinander angekündigt; den Fluch würde Israel am Wüten der wilden Tiere (V.22) erfahren.

Num 21 beendet die Aufrichtung der ehernen Schlange das massenhafte Töten durch die feurige Schlangen als Antwort Gottes auf das Murren seines Volkes.

Rätselhaft ist der gewaltsame Tod des letztlich ungehorsamen Gottesmannes aus Juda (1 Reg 13ff) durch einen Löwen, der das Reittier des Boten, einen Esel, wie auch den inzwischen eingetroffenen Propheten am Leben läßt.

Das Strafgericht Gottes Joel 1,4ff durch eine Heuschreckenplage trifft später auch Rinder, Schafe und Wildtiere (s.o.). [3]

Ihm korrespondiert eine Verheißung, die Äcker und Tiere zur Freude aufruft.

8.2. Als Adressat der göttlichen Fürsorge

Grundlage für die Fürsorge Gottes gegenüber den Mitgeschöpfen ist neben ihrer Segnung durch Gott und ihrer Nähe zum Menschen ihr Wert an sich und für den Menschen, aber auch ihr Angewiesensein auf Jahwe.

Ihre Rettung in der Arche - Gen 6,19f; 7,2-4.8.16; 8,1.8ff.19-ist geradezu ein locus classicus.

Daß Jahwe persönlich die Arche zuschließt (7,16), "ist wieder einer jener erstaunlichen Sätze des Jahwisten, zwitterartig in ihrer Verbindung von fast kindlicher Einfalt und theologischem Tiefsinn ".[1]

Die Verwandtschaft dieses Textes mit Jona 4,11 ist unverkennbar:

" Und ich sollte nicht Mitleid haben mit der großen Stadt Ninive und den vielen Tieren?" Der Satz korrespondiert der Anordnung des Königs zur Umkehr, in die (zweimal) auch die Tiere einbezogen werden.

Der dritte Beleg - Ps.147,9 -, wonach Gott auf das Rufen [2] der jungen Raben antwortet, hat wegen der Vokabel קָרָא Unsicherheit hervorgerufen: immerhin besteht eine Synonymität mit bitten / beten.

Auch hier gilt m.E.das von v.Rad über die Einfalt Gesagte:

Der Verfasser, auch der von Hi 38,41, kennt unser Problem nicht: wie "verständigen" sich die Tiere mit Gott? Ihm ist wichtiger das Vertrauen: Gott hört seine Geschöpfe.

Er kennt- Hi 39,1 ff.- die Zeit für das Gebären von Gemse und Hirschkuh, den Freiheitsdrang des Wildesels und weiß, was das übrige Getier braucht.

Ps.1O4 nimmt unter den Psalmen insofern eine Sonderstellung ein, als im Mittelpunkt des Lobes der großen Taten Gottes nicht der Mensch, sondern die außermenschliche Schöpfung steht.

Selbst die Einteilung der Zeit und die Scheidung von Tag und Nacht sind ein Geschenk an Mensch und Tier.[3]

Der dreschende Ochse von Dt 25,4 hat, wie wir sahen, Paulus zu einer merkwürdigen Rückfrage veranlaßt : s. 1 Kor 9,9 bzw. 1 Tim 5,18 ; das ändert jedoch nichts an der Tatsache, auf die M.L.Henry verweist: "Mit Stolz wird in der rabbinischen Tradition betont,daß es eben dieses Gesetz sei, durch welches Israel sich von den Völkern der Welt unterscheide".[4]

8.3. Als Lob des Schöpfers

Obwohl z.T. bereits u.a. unter Fürsorge Gottes angesprochen, sollen noch einmal zwei Texte benannt werden, weil an ihnen - neben dem erwähnten Symbolgehalt - besonders zu verdeutlichen ist, was Lob Gottes aus dem Mund der Tiere, durch ihr besonderes Verhalten oder durch ihr bloßes Dasein, bedeutet.

Ex 19,4 // Dt 32,11 bringt sich Jahwe dem Volk in Erinnerung, das er - wie ein Adler - an den Ort der Offenbarung, an den Sinai, gebracht hat. Die Mitgeschöpfe veranschaulichen hier und a.o. sein liebevolles Handeln und tragen dadurch unbewußt zum Lob Gottes bei.

Ps 17,8; 36,8; 61,5; 63,8 sind es die bergenden Flügel, die Schutz bieten.

Hi 12,7 ff werden dem "Freund" Zophar durch den leidgeprüften Hiob ganz unterschiedliche Tiere als Adressaten genannt, an die er sich um Auskunft wenden kann; aber es geht um mehr als Auskunft:

Die Tiere werden als Zeugen angerufen.

"Indem die Tierwelt Gott als den Schöpfer bezeugt, bringt sie dem Menschen zum Bewußtsein, daß sein Leben ebenfalls in Gottes Hand liegt".[1]

In den Psalmversen 69,35; 1O3,22; 15O,6 werden nicht Tiere als solche zum Lob des Schöpfers aufgerufen, sondern "alles, was sich bewegt" (יַמִּים וְכָל־רֹמֵשׂ בָּם / כָּל־מַעֲשָׂיו) bzw. "alles, was Odem hat" .

Waren in den bisherigen Texten Tiere durch ihr Sosein, ihre Vorbildfunktion oder durch ihr unerklärliches "Wissen" von Gott und seinem Tun am Lobpreis beteiligt, so werden sie hier und in Ps.148,7 u.1O ausdrücklich dazu aufgefordert, und zwar „Drachen" [2] sowie wilde und zahme Tiere, Gewürm und Vögel.

H.J.Kraus sieht "die Elemente antiker Wissenschaft in das Lob Gottes hineingestellt" und Motive aus Jahwe-Königshymnen "mit den enzyklopädischen Aufzählungen der Naturweisheit verschmolzen".[3]

Ist das Lob des Schöpfers durch die Tiere ein Element der Mitgeschöpflichkeit ? Die Antwort muß trotz der knappen Abhandlung lauten: eines der wesentlichen, wenn nicht das zentrale.

Begründung: Die Herausforderung "Frage doch das Vieh" (Hi 12,7), eine Aussage unter vielen, ist in Verbindung mit der Aufforderung zum Lob und mit der Vorbildfunktion der Tiere zugleich eine Absage an die fragwürdige Anthropozentrik im mehrfach angesprochenen Sinn und an einen respektlosen, ungehemmten Umgang mit dem Tier; positiv formuliert: diese Sicht des Mitgeschöpfs - es wird besonderer göttlicher Offenbarung gewürdigt - ist wesentliche Voraussetzung für eine ebenfalls theologisch begründete Tierethik.

II.9.   Die Abhängigkeit des Tieres......

9.1.... von der Fürsorge des Menschen

Die Tatsache, daß man lediglich zwei Texte als Beleg für die Berechtigung dieses Titels findet[1] , wie auch, daß man ihm eine umfangreiche Abhandlung [2] widmen kann, ist gleichermaßen aufschlußreich.

Der Befund gibt zunächst eher den Kritikern recht, wenn man das Thema exakt eingrenzt und Belege für die Nähe von Mensch und Tier sowie die argumenta e silentio unberücksichtigt läßt.

Übrig bleiben dann 2 Sam 12,1-4 und Prov 12,1O, sofern man nicht Aussagen über das Hirtesein miteinbeziehen will.[3]

Dagegen spricht aber der bildhafte Gebrauch.

2 Sam 12 kam in anderem Zusammenhang zur Sprache; bei Prov 12 ,10 ist zu beachten, daß das "Gerechtsein" sich am Kennen der נֶפֶשׁ im umfassenden Sinn erweist; die Doppelbedeutung, Gottes Weisung und der Erwartung des Nächsten entsprechen, wird auf das Tier übertragen.

Spricht man von "Obhut des Menschen", lassen sich Rechtstexte im Sinn von Schutzbestimmungen - siehe Sabbatruhe - nicht übergehen.[4]

9.2. ...von der Nutzung durch den Menschen

Von den zahlreichen Texten, die von der selbstverständlichen, d.h. unreflektierten oder unkritisch beurteilten, Nutzung reden, können nur wenige exemplarisch genannt werden.

Prov 27,23 belegt, daß gute Versorgung und Pflege Hand in Hand gehen mit dem Verbrauch an Tieren.

Gen 12,16 spricht von der Gegenleistung für die dem Pharao überlassene Ehefrau („Schwester").

Im Streit um die besten Weideplätze, Gen 13,5ff, spielen ökonomische Interessen eine Rolle, nicht tierschützerische.

Gastfreundschaft wird großzügig, also mit einem schönen, zarten Kalb, praktiziert (Gen 18,7), das Bündnis zwischen Abraham und Abimelech durch sieben Lämmer besiegelt (Gen 21,27).

Die Beute nach dem Rachekrieg gegen die Midianiter, Num 31,28ff, ist gewaltig.

Fischhandel wird durch 2 Chron 33,14; Neh 3,3; 13,16 belegt.

In Amos 6,1-7 lesen wir von heftiger Kritik am Leben der Sorglosen, Sicheren und Satten; in sie ist der Genuß von Lämmerfleisch und Mastkälbern einbezogen.

"Nicht jung und zart genug kann das Fleisch sein, das die Wohlhabenden sich leisten. Natürliche Bindungen werden dabei durchschnitten , die der Bauer Amos respektiert sehen möchte" [5].

Ob Tierethik oder Bauernweisheit: der Prophet, der am sozialen Verhalten seiner Zeitgenossen auch sonst Kritik übt, sieht sie ebenso im Vergehen gegen die Mitkreaturen manifestiert.

9.3. ....vom Mißbrauch und der Grausamkeit der Menschen

Zur Redlichkeit sowohl der Themenstellung als auch der hebräischen Bibel gegenüber gehört es, vom Mißbrauch der Kreatur, von Maßlosigkeit und Grausamkeit zu reden.

Ersterem ist nur da deutlich Einhalt geboten, wo Sodomie verübt wird (Lev 20,15 f; Dt 27,21).

Jos 11,9 // 2 Sam 8,4 werden die Pferde der Gegner gelähmt.

Nach Jdc 15,4 ff. benutzt Simson 300 brennende Fuchsschwänze als Kampfmittel gegen die Philister.

1 Sam 22,11 ff berichtet von der Rache Sauls an Abimelech, an 85 Priestern und von der Vernichtung der Stadt Nob mit ihren menschlichen und tierischen Bewohnern .

Die Grausamkeit gegenüber Tieren entspricht der gegenüber Menschen; und sie wird durch die Berufung auf Jahwe - Jos 11,9 - oder auf seinen Geist als Quelle der Kraft - Jdc 14,6 ; 15,14 - noch unverständlicher und unerträglicher.

Die Kriege,an deren Ausmaß und Folgen die Tiere - wie zu allen Zeiten - kaum weniger zu leiden haben als die Menschen, sind mehrheitlich im Bewußtsein Israels heilige, weil Jahwes Kriege.

Und trotzdem muß dem Urteil Drewermanns widersprochen werden, daß das Judentum die Wiege der Grausamkeiten ist [6] ; dieses stimmt weder im religionsgeschichtlichen noch im biblischen Kontext.

1O. Die Distanz von Mensch und Tier

Themen wie Nähe von Mensch und Tier, Obhut und Fürsorge könnten darüber hinwegtäuschen, daß die hebräische Bibel auch die Distanz kennt und auf ihre Weise ausdrückt, und zwar nicht nur durch Wildheit und Bedrohung, Dämonisierung und Vergöttlichung, sondern auch durch die wieder aktuell gewordene Tierheit des Tieres, die zu respektieren eine wichtige, wenn auch nicht sogleich einleuchtende, Form der Mitgeschöpflichkeit ist .

Sie wurde bereits in der Namensgebung und der damit verbundenen Hoffnung erkennbar.

Da die bisher angesprochenen Signa für Mitgeschöpflichkeit deutlicher und aussagekräftiger sind, bleibt es bei wenigen Sätzen.

1O.1. Die Tierheit des Tieres.

Trotz der Gemeinsamkeiten und Affinitäten, auch trotz der Behandlung des Tieres als Rechtsperson und entsprechenden Strafverfolgung -hier nicht zu behandeln- ist an der Tierheit des Tieres festzuhalten. Wir vermögen uns ihr nur im Rahmen unserer Erkenntnis und im Bewußtsein gemeinsamer Herkunft zu nähern.[1]

Nicht nur das Numinosum oder Tremendum (s.Bedrohung) führen uns an die Grenze des Verstehens und der Beurteilung, sondern auch der "normale" Umgang.

Das gilt selbst für den alttestamentlichen Menschen trotz dessen größerer Nähe zum Mitgeschöpf.

Begreiflicherweise thematisiert die hebräische Bibel das Problem der tierischen Kommunikation, ihre Intelligenz oder ihr Sozialverhalten nicht. Sie geht mit der wiederholt festgestellten Selbstverständlichkeit davon aus, daß das Tier "versteht", eine Beziehung zu Gott hat, unser Lehrmeister in bestimmten Bereichen unseres Lebens und Glaubens sein kann und eine eigene Form des Lobes Gottes praktiziert.

Daß die Nomenklatur wechselnd ist und nicht immer der Verdeutlichung dient, sei nur angemerkt [2] .

10.2. Die Bedrohung durch das wilde Tier

Von der Bedrohung durch das wilde Tier [3] lesen wir u.a. Gen.37,33:   Jakob fürchtet, daß Joseph Beute eines Tieres wurde.

Ex 23,20 spricht vom Schrecken durch Hornissen und wilde Tiere.

1 Sam 17,34ff: Der Hirte David hat mit Bären und Löwen zu kämpfen.

2 Sam 23,20ff: Ein Bär zerreißt zur Strafe für die Verspottung des Propheten Elisa 42 Knaben (s.o.: Grausamkeit). Amos 5,19 : Löwe, Bär und Schlange stehen für immer neue Schrecken. Gerade weil der zivilisierte Mitteleuropäer solche Schrecken nicht mehr kennt, muß darauf hingewiesen werden, was das wilde Tier für den Orientalen und besonders für den gläubigen Israeliten bedeutet, der mit der Bedrohung durch das wilde Tier auch das Strafgericht Gottes verbindet.

10.3. Die Dämonisierung des Tieres

Als Belege i.A. für das Verständnis der Tiere als Träger anonymer Mächte 4 sind Lev 17,7 ; 2 Reg 23,8; Jes 13,21f; 34,14 , wahr- scheinlich auch Ps. 91,5f, zu nennen. Die Unsicherheit, nicht nur im Blick auf den letztgenannten Text, rührt daher, daß bestimmte Bilder und Formulierungen wie "Schrecken der Nacht" (Ps.91) oder „Haarige" (Jes 13,21f; 34,14) o.a. die Definition erschweren. Der Begriff "Theriomorphe" für Zwitterwesen zwischen Dämon und Tier [4] ist sicher zutreffend. Von "Mitgeschöpfen" zu sprechen, ist jedenfalls unangebracht.

10.4. Das Tier als Gottheit

Die Grenze zwischen Dämonisierung und Vergöttlichung des Tieres ist fließend, wie sich an der Schlange illustrieren läßt.

Wenn Israel auch nicht so "anfällig" war für die Vergöttlichung des Tieres, Bezeugungen für die gottgleiche Verehrung oder für die Versuchung dazu lassen sich nennen:

Ex 32,1-6 berichtet kritisch bzw. polemisch von der Fertigung eines goldenen stierähnlichen Wesens: aus dem in der religiösen Verehrung üblichen Stier wird ein "Kalb" [5].

Dt 4,16-18 warnt vor der Anfertigung von Götterbildern.

In 1 Reg 12,28 ist eine Parallele zu Ex 32, 1 ff zu erkennen.

Auch in Visionen wie Ez 8,10-12 erscheinen Bilder "von Gewürm und Vieh, Greuel und allerlei Götzen des Hauses Israel...als Ritzzeichnung an der Wand" [6].

In der Klage Jahwes, Hos 8,4b-6, wird das goldene Kalb verworfen.

Außer den erwähnten, vorwiegend kritischen Aussagen lassen sich weitere Belege anführen.

Sie ändern jedoch wenig an dem Fazit, wonach Israel zwar mit dem Problem der Vergöttlichung von Tieren konfrontiert wird, aber diese Form der Apotheose keine große Rolle spielt.

Die Schlange als ein rätselhaftes numinoses Wesen kann wegen der Komplexität des Themas hier nicht behandelt werden.

11. Das Schweigen zum Tierleid.

Die Solidarität mit den Menschen, die Schicksalsgemeinschaft im Krieg bzw.in der Vollstreckung des Bannes, das Strafgericht Jahwes an den Mitgeschöpfen für menschliche Schuld, die Opferpraxis, die Nutzung durch den Menschen und schließlich die Grausamkeit wecken die Frage nach dem Leid der Tiere.

So eindeutig die Belege für Gottes Fürsorge und der Menschen Verantwortung für das Tier, für ihre Teilhabe am Sabbat und am Segen und für Ihre Vorbild-und Lehrfunktion ist, so offensichtlich ist das Schweigen zum Leid der Tiere.

Man mag zwischen den Zeilen und aus Geboten wie Verboten, aus Anweisungen zum Vermeiden von Überforderung u.ä. ein Wissen um das Leid ablesen - die Bibel redet darüber nicht.

Das ist umso erstaunlicher, als sie das menschliche Erleben und Erleiden immer wieder einfühlsam und mit eindrücklichen Bildern beschreibt und vom Trösten wie vom Schalom im umfassenden Sinn spricht.

Der eschatologische Friede schließt, wie dargestellt, die Tiere mit ein-, doch warum gibt es keine Belege für ein gerechtes, durchgängig leidminderndes Verhalten oder wenigstens eine Klage über mitkreatürliches Elend ?

Aus dem Schweigen zu schließen, daß das Alte Testament letztlich am Tier, obgleich Freund und Helfer des Menschen, uninteressiert ist, wäre falsch, weil exegetisch unhaltbar.

Die zögernd zu gebende Antwort liegt eher in der Nähe der Geschöpfe zueinander und in der wiederholt festgestellten Parallelität des Erlebens; m.a.W.: dieselben Quellen, die mit einer fast erschreckenden Nüchternheit bzw. Kühle vom Strafen für Treu-und Gottlosigkeit, für Mißachtung göttlicher Weisung und vom tausendfachen Tod, z.B. in Kriegen , reden, aber nicht von den damit verbundenen Qualen, schweigen auch zum menschlichen Leid.

Da aber, wo menschliches Leben, auch vor Gott, geordnet wird, kommen meist ebenfalls Tiere vor. Solidarität zwischen Beiden, die positives wie belastendes Erleben umfaßt, ist kein ausdrückliches Thema. Und wenn Tiere "gewürdigt" [1] werden, als Opfer Medium zwischen Mensch und Gott zu sein, ist, theologisch gesehen, kein Raum für teilnahmvolles Reden, weil das ganze Interesse der Beziehung zu Gott gilt.

Diese uns fremde und belastende Vorstellung bleibt ein letztlich nicht vermittelbares Phänomen.

Daß die Verbundenheit von Mensch und Tier - und das ist mehr als Solidarität - der eigentliche Grund für das Schweigen ist und die Frage zugleich auslöst wie beantwortet, ist zwar theologisch dialektisch zu sehen, aber doch dem Glauben und Leben derer entsprechend, die uns die Zeugnisse überliefert haben.   M.L.Henry urteilt ähnlich:

" Das Schweigen der Quellen zu dem bedrückenden Problem tierischen Leides um des Menschen willen mutet fast so an wie ein Erweis dessen, daß Tier und Mensch auch an diesem Punkt als unaufhebbare Einheit vor dem Angesicht der Gottheit [2] empfunden wurden.

Vielleicht war es das sachliche Schwergewicht solcher Anschauung, welches die überlieferten Aussagen so undurchlässig für gefühlsbetonte Motive machte".[3]

Das gegenüber dem Lebensgefühl des israelitischen Menschen, etwa in Gen 2 und 3, so völlig andere Weltgefühl unserer Zeit erschwert den Zugang zu den biblischen Zeugnissen.

" Die Beziehung zum Tier, welche für den neuzeitlichen Menschen weithin nur noch eine blasse Idee ist oder Ornamentik zum Schöpfungsgedanken, bestenfalls ein Gefühl,' erschloß sich dem alttestamentlichen Menschen als lebensvolle Realität, zwingend, unausweichlich und darum zur Anbetung nötigend" [4].

12. Résümé

Es mag genügen, die Frage zu beantworten, ob der alttestamentliche Befund erbracht hat, daß von "Mitgeschöpflichkeit" zu reden durch ausreichende Belege fundiert, mithin die hebräische Bibel nicht einseitig anthropozentrisch orientiert ist.

Antwort zunächst: das Alte Testament ist primär am Menschen interessiert.

Wie sollte es anders sein, wenn richtig ist, daß die Schöpfungstheologie sich vom Erwählungsdenken her ableitet und nicht umgekehrt.

Aber durchgängige Anthropozentrik im Sinne ausschließlicher Konzentration auf das Heil und Wohl des Menschen, die das Eingebunden - und Aufeinanderange-

wiesensein aller Geschöpfe ignoriert, kann nur der dem Alten Testament beschei-
nigen, der als Kriterium die eben erst entdeckte Wichtigkeit ökologischen
Gleichgewichts zum Maßstab macht.
Ebenso irrig wäre eine wie auch immer geartete Natur - Mensch - Beziehung als
Voraussetzung, da, wie beschrieben, das Alte Testament die "Natur" als selbstän-
dige Größe nicht kennt.
Was also ist das Tier in der hebräischen Bibel?
Es ist Freund und bedrohlicher Feind, unentbehrliches Nutztier, als solches gequält,
mißhandelt und doch Medium zwischen Mensch und Gott, nämlich Opfer, vernunft-los
und doch Empfänger göttlicher Offenbarung, schuldlos, aber angeklagt und wie eine
Rechtsperson behandelt, fremd, doch in Schicksalsgemeinschaft mit dem Menschen
unter Gottes schrecklichem Gericht, mißverstanden, aber von Jahwe als Vorbild in
Erkenntnis und Lob gewürdigt, kein vollwertiges Gegenüber zum Menschen, doch
unentbehrliche Hilfe, teilhaftig des Segens, der Sabbatruhe und des eschatologischen
Friedens, schließlich beschrieben als selbständiges Wesen, weitgehend unabhängig
von des Menschen Anleitung zum Leben und Überleben.

Im letzten Teil dieser Untersuchung, den praktisch-theologischen Konsequenzen,
wird sich zeigen müssen, wie glaubwürdig und tragfähig die Mitgeschöpflichkeit des
Alten Testaments ist.
So wichtig Themen wie Obhut und Fürsorge von Gott und Mensch sein mögen: sie
sind nur ein Thema unter vielen.
Darum dürfen Fremdheit zwischen Mensch und Tier, menschliche Schuld, Versu-
chung zum Mißbrauch, Vergöttlichung und Dämonisierung, Bedrohung und
Schrecken nicht überhört werden.
Gerade das Aufmerken auf das Fremde, Störende und Bedrückende im Alten
Testament kann uns davor bewahren, in einer unnüchternen Einschätzung des
Tieres und menschlicher Möglichkeiten Schmerzliches in der Beziehung zu
verdrängen und aus der Theologie in eine Natur - Theosophie zu flüchten und das
Tiersein des Tieres erneut zu verfehlen.
Als Faszinosum und als Einladung zur Korrektur unserer Lebens -und Denkweise
bleibt genug.

75

Anmerkungen zu II.: Der alttestamentliche Befund

zu 2. Ebenbildlichkeit des Menschen im Kontext seiner
Erschaffung und der seiner Mitgeschöpfe (Gen 1,20ff)

1 In: Anthropologie des Alten Testaments, München 1984, S.234.

2 Wolff, a.a.O.S.235.

3 Das erste Buch Mose - Genesis (ATD), Göttingen 1953, S.45.

4 Ebd.

5 A.a.O., S.45 f.

6 Ebd.

Jörg Jeremias weist in seiner Bibelarbeit zu Gen 1-3 auf der Tagung der Landessynode der Ev.luth.Kirche in Bayern (in: Bewahrung der Schöpfung, München 1989, S.39 ff.) zu Recht auf die Zusammenfassung von Ebenbildlichkeit und Herrschaftsauftrag hin, wie sie der jüdische Philosoph Hans Jonas (in: Das Prinzip Verantwortung, 5 Frankfurt 1993) darlegt. Im letzten Abschnitt betont er sie unter der Überschrift "Um die Hütung des Ebenbildes" (S.392 f.) nocheinmal; s.Exkurs zu den Philosophen.

7 8 Göttingen 1969, S.111.

8 A.a.O. S. 44.

9 Die Konzentration auf das Wesentlichste erlaubt nur Hinweise auf weitere Beiträge, so auf H.Frey, Das Buch der Anfänge (4 Stuttgart 1950, S.27 f.) der dialektisch von dem "so Unerhörten" spricht, "Spiegel des Wesens Gottes zu sein" und zugleich von der "Hoheit des Staubes", der selbst nichts ist, aber sich "die Namenszüge des lebendigen Gottes" aufprägen ließ.

zu 3. Schöpfung und Schuld: Die Einheit von Gen 2 und 3
und die Relativierung der Anthropozentrik

1 Jörg Jeremias, a.a.O.S.44.

2 Jeremias nennt (a.a.O.S.46) die Deutung der Sündenfallgeschichte als „Gehorsamsprobe" ein „verheerendes Mißverständnis" und stimmt der als einer „Theodizee","eines Freispruches Gottes von der Urheberschaft aller Leid-und aller Vergeblichkeitserfahrung" zu.

3 Theologie des Alten Testaments I, a.a.O.S.143. R.Rendtorff greift das (in: Frieden in der Schöpfung, Gütersloh 1987, S.37 ff) unter Bezug auf v.Rads Vortrag „Das Problem des at.lichen Schöpfungsglaubens", 1936, auf, weist aber auch auf den vom „späteren" v.Rad zugestandenen „Selbsterweis der Ordnungen der Schöpfung" im Blick auf Ps. 19 oder entsprechende Aussagen in Hiob hin.

zu.4. Die Erschaffung des Menschen und die Erschaffung der Tiere

4.1. Die Erschaffung von Mensch und Tier in Gen 2

4.1.1. Die Beurteilung des unterschiedlichen Schöpfungsmodus

1 Das erste Buch Mose, ATD, a.a.O. S.61   2 a.a.O. S.62.

3 Genesis, a.a.O. S.6 f.

4 Ebd.

5 In: Gefährten und Feinde des Menschen, a.a.O. S. 28f.

6 M.L.Henry setzt sich mit der säkularen, in soziologische Richtung gehenden Interpretation auseinander, die dem biblischen Text nicht gerecht wird.

Sie konnte bei Abfassung ihrer Monographie nur ahnen, wie eine Inanspruchnahme des jahwistischen für eine zunehmend biologistische Sicht des Menschen oder aber auch seine Ignorierung und damit umso stärkere Betonung des" Tieres Mensch" in der gegenwärtigen Verhaltensforschung aussehen würde.

7 So v.Rad, a.a.O. S.58; Westermann, Genesis, a.a.O. S. 248, übersetzt "dachte" und gibt עָשָׂה mit "machen" wieder.

Luthers Übersetzung: "... die um ihn sei" unterstreicht m.E. die Hilfsbedürftigkeit, gewissermaßen "rundum", noch deutlicher und gibt, wenn auch nicht wörtlich genau, die Intention des Textes treffend wieder.

zu 4.2. Die Einsamkeit und Hilflosigkeit des Menschen (Gen 2,18

1   S.Gunkel z.St. oder die in „Gefährten und Feinde des Menschen" (Be. S.225 f) genannten Deutungen.

2 A.a.O.S.310 f.

3 Ebd.   Ähnlich W.Zimmerli, 1.Mose 1-11, a.a.O.S. 138 f.

4 ´v.Rad, ATD, a.a.O.S. 65.

5   A.a.O. S.30. M.L.Henry skizziert verschiedene Deutungen zum Text, die auch die Verlegenheit gegenüber der kühnen oder naiven Redeweise von J zeigen.

zu 4.3. Die Benennung der Tiere - Ausdruck der Macht
des Gegenübers zum Menschen? Gen 2,19 f

1 In: Gefährten u.Feinde..., a.a.O. S.26.

2 Ebd.

3 In: Gefährten u.Feinde....,a.a.O. S.92 .

4 Genesis, a.a.O. S. 11 .

5 A.a.O. S.12.

6 ATD, a.a.O. S.66.

7 Muß wohl heißen: lebensfördernden.. , sonst ändert sich der Sinn .

8 A..a.O. S.67.

9 M.L.Henry schließt Machtausübung grundsätzlich nicht aus; so kann durchaus Namensgebung auch eine Herrscherstellung dokumentieren. Doch verneint M.L.Henry diesen Sachverhalt an unserer Stelle,1) weil es sich hier um einen Versuch Gottes handelt, der feststellen möchte, wie es zur Annäherung des adam an die Tiere kommt; 2) hätte die Einleitung einer indirekten Frage (mit „oder") signalisieren müssen,"ob der Mensch überhaupt zur Namensgebung,also zur Ergreifung einer Machtstellung, schreiten werde" (a.a.O. S. 27).

10 In: Gefährten und Feinde..,a.a.O.S.132f .

11 Es würde lohnen, dem Phänomen Dialog mit den Tieren bzw. Namensgebung auf dem Hintergrund des biblischen Befundes einerseits und gegenwärtiger Praxis andererseits nachzugehen. Eigenwillig, aber bedenkenswert ist Calvins Auslegung (Genesis, a.a.O. S.36),daß aus den ursprünglich zahmen Tieren, denen adam ohne Furcht Namen geben konnte - ein Gehorsamsakt - durch die Auflehnung des Menschen unzähmbare, furchterregende Wesen wurden.

zu 4.4 Die Erschaffung der Tiere und des Menschen in Gen 1

1 In: Gefährten u.Feinde..., a.a.O. S.36.

2 M.L.Henry, a.a.O.S.35.

3 A.a.O. S.34 .

4 Das erste Buch Mose, a.a.O. S.44.

5 Ebd.

6 Genesis, a.a.O. S.196 .

7 A.a.O. S.189.

8 S.Westermann, a.a.O. S.196 . W.Zimmerli, 1.Mose 1-11, a.a.O. S. 71: "Die Tatsache, daß bei der Erneuerung des Schöpfungssegens nach der Flutkatastrophe in 8,17 der Segen ausdrücklich über Vögel und Landtiere wiederholt wird, zeigt, daß der priesterliche Zeuge auf jeden Fall nicht der Ansicht war, das Landgetier habe keinen solchen Segen empfangen".

9 S. z.B. bei M.L.Henry, a.a.O.S. 33 f, die" das Erwachen des rationalen Selbstbewußtseins" i.W. für die Scheidung von Mensch und Tier bei P verantwortlich macht; es bewirkt die sprachliche Abgrenzung; M.L.Henry kann auch den Interpretationen zum fehlenden Segen in V.28 (s.o.) nicht folgen.

10 In: Der Schöpfungsbericht vom Anfang der Bibel, a.a.O. S. 22. Daß R.Bartelmus (in: Gefährten ..., S.262) gerade in P trotz der dem Menschen eingeräumten Präferenz den Gedanken findet, "daß Mensch und Tier Wesen zwar unterschiedlicher Macht, aber nicht unterschiedlicher Qualität sind ", ist m.E. wenig einleuchtend.

zu 4.5. Die Nahrungsregelung von Gen 1,29

und die Bekleidung durch Jahwe, Gen 3,21

1   v.Rad i.ATD, a.a.O. S.47.

2   Die Frage stellen heißt zugleich, sich bewußt machen, wie weit unser Denken von dem in Gen 1 (und 2) vorherrschenden entfernt ist.

3   A.a.O. S. 47.

4   K.Barths Behandlung der Mensch-Tier-Beziehung , bes. im Blick auf die Nahrungsregelung, ist bedenkenswert, wird aber in der Theologiegeschichte angesprochen.

G.Liedke stellt (in: Ökologische Ethik, a.a.O. S.77) fest: "Die nachsintflutliche Fleischernährung des Menschen, von der wir alle normal ausgehen , wird von der Bibel unter dem Aspekt des Risses, unter den Aspekten von Gewalt und Schuld gesehen", um dann fortzusetzen, die Meinung sei nicht, "daß wir in der Lage seien, die gesamte Menschheit vegetarisch zu ernähren", wobei offen bleibt, wer dieser Meinung ist, die Bibel, ihre Interpreten oder..

W.Huber (in: Frieden in der Schöpfung, a.a.O., S. 242) betont, daß mit dem Recht, sich vom Fleisch der Tiere zu nähren," kein Verfügungsrecht über das außermenschliche Leben verbunden ist. Das ist eine biblische Regel der Gewalteindämmung , die in einer Zeit der hemmungslosen Zerstörung von Pflanzen-und Tierarten neue Aktualität gewinnt" .

5   Erstaunlich ist, daß sich hierzu auch keine Stellungnahme in dem informativen Sammelband "Gefährten und Feinde...", bei W.Pangritz oder E.Drewermann findet.

6   v.Rad zitiert D.Bonhoeffer: " Er nimmt die Menschen als die, die sie als Gefallene sind. Er stellt sie nicht in ihrer Nacktheit bloß, sondern er selbst verhüllt sie. Gottes Handeln geht mit den Menschen mit" (a.a.O .S. 78).

H.Gunkel: " Daß Gott es ist, der die Menschen bekleidet, würde hier, aus dem Zusammenhang verstanden, als ein letztes armes Almosen, als eine Ausstattung für das Elend zu fassen sein" (a.a.O. S.23),

7   W.Vischer: Das Christuszeugnis des Alten Testaments, a.a.O., .82.

W.Busch: Spuren zum Kreuz, a.a.O., S.7f.

An dieser Stelle nur so viel: ihr Beitrag muß nicht deshalb schon verdächtig sein, weil sie die hebräische Bibel unter dem Aspekt des NT interpretieren.

zu 4.6. Anmerkungen zum Herrschaftsbefehl Gen 1,28

1   Siehe unter Anstöße zu einer Tierethik in der Gegenwart, S.339.

2   Siehe u.a. unter II.2. und Anlässe zu dieser Arbeit.

3   In: Bewahrung der Schöpfung, Bibelarbeit auf der Landessynode der Ev.-Luth.Kirche i.Bayern, a.a.O. S.58.

zu II.5. Der Opfergedanke

1 W.Pangritz, a.a.O.S.25.

2 GläubigeJuden wundern sich bis in unsere Tage,wie schwer Christen sich oft mit Schuldbekenntnissen tun.

3 Pangritz, a.a.O.S.23.

4 Siehe Drewermanns und anderer Kritik an der Grausamkeit des AT gegen Tiere (s.u.).

5 v.Rad, Theologie des AT I, a.a.O.S.159.

6 Das dritte Buch Mose (ATD), a.a.O.S.23.

7 Diese schöne Auslegung von P.Volz (Bibl. Altertümer, a.a.O.S.137) setzt eine großzügig Übersetzung von אֲכַפְּרָה voraus, ist aber m.E. legitim; denn daß Jakob seines Bruders Gesicht (sic!)durch den Anblick der Geschenke versöhnt, d.h. „bedeckt", heißt ja, daß diese gewissermaßen zwischen die Rivalen treten.

8 Das dritte Buch Mose (ATD), a.a.O.S.107.

9 In: Spuren hebräischen Denkens, a.a.O.S.195.

10. Ebd.

11. Koch, a.a.O.S.196.

12. A.a.O.S.198 ff.

13. Das erste Buch Mose, a.a.O.S.100.

14. Ebd.

15. Vgl. Jes 1,11; Jer 6,2O; 7,22; Ps.4O, 7; 50,13; 51,18.

16. H.J.Kraus (Das Evangelium des unbekannten Propheten, a.a.O.S.246 f) vertritt die Exegese, es handle sich um Greuelopfer,also um eine Anklage gegen scheußliche und okkulte Praktiken.

17. Soweit ich sehe, ist dieser Frage (ausdrücklich) nicht nachgegangen worden.

zu II.6. Die Nähe von Mensch und Tier
  6.1. Im Bundesschluß: Gen 9,8ff und Hosea 2,18ff

1 R. Bartelmus in: Gefährten.... , a.a.O.S. 261.

2 Genesis, a.a.O. S. 620.

3 ATD 2/4 ,a.a.O. S.1O8 f. unter Zitierung von Procksch.

4 In: Gefährten.., a.a.O.S. 2O9.

5 So W.Zimmerli, 1.Mose 1-11, a.a.O.S. 323.
Er findet sie auch in Gen 1,28, wohingegen der Jahwist von Feindschaft zwischen Mensch und Tier redet (wie etwa Gen 3,15), vom Fluch Gottes über die Geschöpfe und von der Not des Unfriedens. P "sieht die Weltgeschichte ganz einseitig unter dem Gesichtspunkt der göttlichen Ordnung".

6 H.Gunkel (Genesis, a.a.O. S.15O) möchte wegen des fehlenden Bezugs zur Heilsgeschichte den "profanen" Bundessschluß auf die Rechnung einer Vorlage von P setzen.

J.Calvin (Genesis, a.a.O. S.118) , dem bei dieser Einbeziehung der Tiere offensichtlich nicht wohl ist, beschränkt die Gemeinsamkeit von Mensch und Tier auf dieselbe Luft, den Lebensodem und eben den Empfang göttlicher Güte, um dann den Wortempfang durch die Menschen herauszustellen und die Kindertaufe zu thematisieren: Kinder haben mit den Tieren gemeinsam den Mangel an Bewußtsein.

Eben, möchte man dem Reformator entgegenhalten: ist es doch nicht die Vernunft oder die bewußte Empfänglichkeit aufseiten der Lebewesen, die Gott zum Bundessschluß veranlassen.

7 Meine Diktion.

8 In: KAT , a..a.O. S. 80.

9 E.Sellin (Zwölfprophetenbuch, a.a.O.S.42), der auf Hi 5,23 (Bund mit den Sternen,Freundschaft mit den Tieren) hinweist, spricht vom „Bund mit der Natur".

M.Buber (Der Glaube der Propheten, a.a.O.S.161 f) ist mit einigen anderen Auslegern am Bund bzw. Abkommen mit den Tieren nicht interessiert,geht es doch um menschliche Sicherheit.

Die Unterstellung ,daß Tiere sprachlose, geistig unzugängliche Wesen sind, kann dafür kaum der Grund sein, wenn man von der Interpretation des Bundes als einseitiger Leistung Gottes bzw. als Zusage oder Verheißung ausgeht.

zu 6.2. Als Adressat der Weisung: die Sabbatruhe

1 Wolff, Anthropologiea.a.O. S. 125.

2 In: Gefährten.....a.a.O. S.74.

3 ATD 5 bzw. 8, a.a.O. S.131f bzw. S.42 .

4 v.Rad ebd.

5 Übersetzung von M.Noth , a.a.O.

6 Anthropologie, a.a.O. S. 2O5.

7 Der im Text keine Tierliebe erkennt ,zumal diese im antiken Raum ohnehin keinen Platz hat, sondern die bloße Tatsache, daß Tiere mit zur Schöpfung gehören.

Sicher ist zu beachten, daß eine tierfreundlich klingende Aussage durchaus anders motiviert sein kann.

8 A.a.O. S.206.

zu 6.3. Unter dem Gericht Gottes

1 Das Thema Tier als Rechtsperson und damit als Objekt der Strafverfolgung (Tiergerichte) bleibt auch im Folgenden unberücksichtigt, weil es zu wenig über Mitgeschöpflichkeit aussagt und einen zu weiten religionsgeschichtlichen Horizont eröffnet.

2 Das erste Buch Mose, Genesis, a.a.O.S.104.

3 Siehe H.W.Wolff, Joel (in: Dodekapropheton, a.a.O.S.3O) zu den Entwicklungsstadien der Heuschrecken.

4 Übersetzung H.W.Wolff, a.a.O. S.64.

5 Das würde spätestens dann deutlich, wenn wir bei den Katastrophenmeldungen unserer Tage feststellen würden, daß wir selten bis nie die Folgen für unsere Mitgeschöpfe bedenken (von weltweit bekanntgewordenen FS-Bildern ölverklebter Tiere abgesehen); und die Kritiker der mangelnden Barmherzigkeit und Fürsorge in der hebräischen Bibel täten gut daran, dieses Kapitel neben anderen übersehenen ernstzunehmen, um zu sachlicheren Urteilen über das Alte Testament zurückzufinden (s.o. Kritik an der Anthropozentrik und zu tierethischen Ansätzen der Gegenwart).

zu 6.4. Im Tod: Koh 3,18-22 (21)

1 In: Gefährten... a.a.O. S.6O.

2 Theologie des AT, Bd. 1, a.a.O. S.454 ff.

3 In: Gefährten..., a.a.O. S.268.

4 Zitiert von R.Bartelmus , a.a.O.; aber zu diesem Urteil geben auch die VV 29 u.3O, wenn man sie im Kontext liest, m.E. keinen Anlaß.

5 ATD 16,1 , a.a.O. S.177.

6 A.a.O. S.178.

7 Das Buch der Weisheit, a.a.O. S.64.

8 A.a.O.S.65 .

9 A.a.O.S.64.

10 A.a.O.S.178.

zu 6.5. In der Symbolik

1 Hunde allerdings kommen meist mit negativen Eigenschaften und darum in Beschimpfungen - ein religionsgeschichtlich nicht einhelliger Befund : in Ägypten treten Esel und Hase an seine Stelle; siehe Janowski /Neumann -Gorsolke in: Gefährten...., a.a.O. S.195.
Als Belege für die Beschimpfung "Hund": 1 Sam 17,43 ; 24,15 .

2 Sam 16,9; 2 Reg 8,13 .

2 Siehe Jes 31,4f (Löwe,Vögel); Ez 1,1O (Löwen,-Stier-und Adlergesicht); Dan 7,1-8.17-22 (Löwe, Bär, Panther und ein nicht beschreibbares Wesen); 8,22ff (Widder) ; Hos 5,14 (Löwe).

3 Prov 5,19 (Hindin und Gazelle); 6,5 (Gazelle,Vogel); 6,6ff (Ameise); Eccl 9,4 (Hund und Löwe); 1O,1 (Fliege] .

4 Helmut Tacke hat in seiner Aufsatzsammlung "Mit dem Müden zur rechten Zeit zu reden" (a.a.O. S.223 ff) Bilder genannt, die auf depressives Erleben des Beters- auch in der Gemeinschaft - schließen lassen. "Die vielleicht nur Wenigen, die den `Blick in den Abgrund` haben tun müssen, konnten mit ihren existentiell verantworteten Aussagen der 'Mund` aller `Mühseligen und Beladenen` werden" (S.236).

5 V.Dröscher," Und der Wal schleuderte Jona an Land" (2 München 1990), gibt (S.80) diesem Bild durch seine Beobachtung Leben; siehe auch zu Dröscher u. Alfons Rosenberg," Ursymbole und ihre Wandlung", Freiburg 1992, S.140: "Der Adler ist ein Gottessymbol und zugleich dessen Spiegelung im Menschen".

6 Siehe W.Pangritz, Das Tier in der Bibel, a.a.O. S.110.

7 Katzen z.B. und andere uns vertraute Tiere kommen nicht vor.

8 Daß wir Tiere und ihre Besonderheiten oder vorbildlichen Eigenschaften selten zum Vergleich verwenden, dafür aber häufig uns nahestehende und meist nützliche Tiere zur Beschimpfung und dann auch noch in der Regel gegen ihr besonderes Merkmal (dumme Gans, blöde Kuh, dämlicher Esel, mieses Schwein), offenbart unsere Distanz.

zu 6.6. Im eschatologischen Frieden

1 In: Gefährten..., a.a.O. S. 138.

2 H.Frey (HK zum Buch Jesaja,).a.a.O., S.244.

3 A.a.O. S.83 f .

4 Die er als "untheologisch" etikettiert (S.84).
M.Buber (Der Glaube der Propheten, a.a.O. S.188f.) interpretiert die Tiere als Symbol für die Nationen.
O.Kaiser (ATD, a.a.O. S.128) geht zwar davon aus, daß in der kommenden Heilszeit der Friede zwischen Menschen und Tieren wiederhergestellt wird, meint jedoch, daß im Vordergrund die Beseitigung des Schadens stehe, den diese bedeuten. Damit ergibt sich eine Parallele zu Ez 34,25 (s.o.), die m.E. fraglich ist. Denn diese Deutung ist nur möglich, wenn man V.9 als redaktionellen Zusatz ansieht, was Kaiser mit Duhm voraussetzt.

5 Kaiser deutet V. 20 so, "daß man die sonst im Stall gefütterten Zugtiere frei über die Felder laufen und weiden lassen kann" ; vgl. 30,23f .

6 So C.Westermann, ATD, a.a.O. S.324.

7 H.J.Kraus (Das Evangelium des unbekannten Propheten, a.a.O. S.242f) und C.Westermann (a.a.O. S.323) halten das für einen Einschub, der den Fluch aus Gen 3,14 als ewig geltend bezeichnen möchte.

8 Dieser Vers hat zusammen mit 65,17 Niederschlag gefunden in Apc21 ,- nur daß dort die Tiere nicht teilhaben werden am neuen Himmel und an der neuen Erde.

zu II.7. Das Tier als Freund und Helfer des Menschen

1 Siehe Dissertation von F.Schmitz-Kahmen, Geschöpfe Gottes unter Obhut des Menschen, Neukirchen 1997.

2 Hertzberg (ATD, a.a.O. S.45) : "Der hebräische Infinitivus absolutus ga`ó malt vortrefflich das Brüllen der Tiere".

Es ist wohl als Zeichen der Klage oder des Unmuts wegen der Trennung von den zu säugenden Jungtieren zu verstehen.

zu II.8. Das Tier vor Gott

8.1. Als Instrument pro und contra Israel

Die schöne, weil menschliche - nicht nur anthropomorphe -Begründung für die Bewahrung Daniels im Löwenzwinger:" Mein Gott sandte seinen Boten und hielt dem Löwen das Maul zu"(V.23) ist mehr als nur gemütvoll: sie bekundet ein schwer nachvollziehbares "Dreiecksverhältnis", wenn man es so nennen darf: Gott-Tier-Mensch.

2   K.Barth, völlig unverdächtig, was natürliche Theologie bzw. Offenbarungsquellen außerhalb des Wortes Gottes angeht, spricht, wie im Kapitel Theologiegeschichte zu zeigen ist, von einem besonderen Sein der Tiere mit Gott; und auch die Verhaltensforschung leistet Ambivalentes: parallel zu mehr Wissen über bestimmte Tierarten mehren sich zugleich die Rätsel, was eher positiv zu beurteilen als zu bedauern ist, stärkt es doch den Respekt vor dem Anders-sein der Kreatur um uns herum, d.h. vor dem Tiersein des Tieres.

3 Spätestens seit der BSE- Verbreitung und-angst mehren sich die Stimmen im "säkularen" (Medien) Bereich, die auf den längst verdrängten circulus vitiosus hinweisen : unser grenzenloser, schuldhafter Umgang mit den Mitgeschöpfen schlägt auf uns zurück.

Die hebräische Bibel würde ihn - nicht zuletzt wegen der o.gen. Dreierbeziehung und wegen des grundsätzlichen anderen Schöpfungsverständnisses - theologisch formulieren.

zu 8.2. Als Adressat der göttlichen Fürsorge

1 v.Rad, ATD, a.a.O. S.98.

Er, Gunkel u.a. gehen selbstverständlich davon aus, daß dieser Halbvers nicht zu P paßt, weswegen Gunkel ihn 8,1 / J zuordnet.

2 H.J.Kraus, Psalmen, a.a.O.S.957: "Das Krächzen der Raben wird als Bitten gehört, auf das Jahwe antwortet" .Sollte der Psalmist nicht bewußt das menschliche קרא gewählt haben?

3 Darauf macht R.Bartelmus in : Gefährten..., a.a.O. S.269 aufmerksam.

4   In: Gefährten..., a.a.O. S.39 ;   s.E.Lohse,"Kümmert sich Gott etwa um den Ochsen?", ZNW 88 (1997),314f.

zu 8.3. Als Lob des Schöpfers

1 G.Fohrer , Das Buch Hiob (KAT), a.a.O .S.245.

2 So übersetzt H.J.Kraus, Psalmen, a. a.O. S.963 ;   Gesenius, a.a.O. S. 884 : " Walfisch, Hai".

3 Kraus, a.a.O. S.963 .

84

zu II.9. Die Abhängigkeit des Tieres...

9.1....von der Fürsorge des Menschen

9.2...von der Nutzung durch den Menschen

9.3 ..vom Mißbrauch und der Grausamkeit des Menschen

1 Siehe E.Drewermann, Der tödliche Fortschritt, a.a.O. S.100:

"Die Bibel selbst enthält außer einer einzigen kümmerlichen Stelle, daß der Gerechte sich seines Viehs erbarmt, und dem Gebot, dem dreschenden Ochsen nicht das Maul zu verbinden, nicht einen einzigen Satz, wo von einem Recht der Tiere auf Schutz vor der Rohheit und Gier des Menschen oder gar Mitleid und Schonung in Not die Rede wäre ".

2 Siehe die bereits erwähnte Dissertation von F.Schmitz -Kahmen:"Gottes Geschöpfe unter der Obhut des Menschen".

3 Z.B. Ez 34, Ps. 23 u.a.

4 Sie nehmen bei Schmitz-Kahmen den größten Raum ein.

5 H.Weippert, zitiert bei B.Janowski u.U.Neumann-Gorsolke in: Gefährten...,a.a.O.S.17 .

6 Siehe" Die Spirale der Angst", a.a.O., S. 185 u.197 f.

zu 10. Die Distanz von Mensch und Tier

1. Die Verhaltensforschung könnte uns ein Stück weiterhelfen.

2 Während חַיָּה das Tier kollektiv und als einzelnes, Tiere aller Arten, Haus,-Last- Wassertiere bezeichnet, Tiere des Feldes bis zu wilden und reißenden, meint בְּהֵמָה das Vieh, Säugetier (in Abgrenzung zu Vögeln und Kriechtieren),zahmes Vieh, hier und auch da Tiere des Feldes, in der Regel mit dem Zusatz

Das Theolog. Begriffslexikon zum NT behandelt lediglich חַיָּה als hebräisches Pendant zu ϑηρίον, und verkürzt damit das Verständnis.

Ps. 78,50; 143,3; Hi 33,18.22.28.; 36,14 muß chaja mit "Leben" wiedergegeben werden.

Gen 37,20; Ps.68,31; Jes 35,9 meint chaja das wilde Tier.

Ps.104 ist das weniger eindeutig. Lev 37,20 werden die wilden Tiere ausdrücklich so bezeichnet.

Kompliziert wird es Ps 68,11, wo חַיָּתְךָ gelesen wird, was einige mit "Schar" (Zürcher) oder mit" Leibvolk" (Kraus) wiedergeben: Gesenius, a.a.O.S. 227, hält auch die Übersetzung mit "Tiere" für möglich.

Der Variantenreichtum - es sind nur einige Beispiele erwähnt worden- zeigt an, wie schwierig eine systematische, differenzierte Darstellung des Lebewesens Tier ist, jedenfalls vonseiten der Etymologie.

3 Schon die Wiedergabe " ein böses Tier hat ihn gefressen, ein reißendes Tier hat Josef zerrissen" ist signifikant.

4 Siehe Janowski / Neumann-Gorsolke in: Gefährten..., a.a.O. S.278.

5 Auch der Plural "Götter" (V.4) ist nicht eindeutig zu erklären.

Sollte auch hier eine verächtliche Haltung zum Ausdruck kommen: dieses Kalb also, Volk Israel, sind deine Götter ?

6 Übersetzung W.Zimmerli, Ezechiel, a.a.O. S.188.

zu 11. Das Schweigen zum Tierleid

1 Die Anführungszeichen sollen nicht besagen, daß die sakrale Funktion des Tieres beim Opfer in Frage gestellt wird, sondern daß der Mensch unserer Tage in dieser Art des Sterbens keine Würdigung erkennen kann.

2 Es ist nicht ersichtlich, warum M.L.Henry wiederholt von "Gottheit" redet,wenn sie den Gott des AT meint (z.B. S.43f).

3 M.L.Henry in: Gefährten..., a.a.O. S.43.

4 .A.a..O. S.44.

III. Der neutestamentliche Befund

Vorbemerkung

Weder der Vergleich mit der Hebräischen Bibel noch die Frage nach der Tierfreundlichkeit des Neuen Testaments bzw. die, ob Jesus ein Tierfreund war (s.o.) dürfen Prämissen für die Behandlung aussagefähiger Texte sein, sondern lediglich die unvoreingenommene, d.h. von tierethischen Erwägungen freie, Exegese unter Berücksichtigung des jeweiligen Kontextes.

III.1 Die Sonderstellung von Römer 8,18ff und Markus 1,13

1.1. Die Sonderstellung von Römer 8,18 ff.

Vieles scheint dagegen zu sprechen, ausgerechnet die paulinischen Aussagen über das sehnsüchtige Warten der Schöpfung (des Geschaffenen, Zürcher Bibel) und ihr Seufzen an den Anfang zu stellen und auf das Verständnis von "Mitgeschöpflichkeit" zu befragen, auch wenn, was noch zu zeigen ist, die Theologiegeschichte diesen Text als besonders relevant erweist.

Denn 1) bleibt die von G. Delling zum Begriff ἀποκαραδοκία gestellte Frage [1] offen, ob Paulus "aus der Not der Kreatur im Kampf von Geschöpf und Element untereinander und gegeneinander solch ängstliches Harren herausgefühlt" hat oder "der Satz nur theologische Konsequenz aus der Herrschaft der widergöttlichen Macht über diesen Äon infolge des Sündenfalls" ist; 2) der eschatologische Ausblick im Duktus des Kontextes nur sinnvoll erscheint, wenn er den verwendeten Gegensatzpaaren Gesetz Gottes (7,25) bzw. des Geistes (8,2) und Gesetz des Fleisches, Trachten des Geistes und Trachten des Fleisches (8,6) sowie Knechtschaft und Freiheit entspricht.

Der Apostel sieht die Sehnsucht des Geschaffenen durch die Erlösung an ihr Ende gekommen, wenn die Herrlichkeit der Söhne Gottes offenbar wird.

M.a.W.:in den bisherigen Gedankengang eingeordnet, wäre die κτίσις nicht das Gegenüber zum Menschen, also die Mitgeschöpfe, sondern die Schöpfung einschließlich des Menschen in ihrer Unerlöstheit.[2]

" Im allgemeinen wird heute meistens an die außermenschliche Schöpfung gedacht;

doch kann der nicht stringent widerlegt werden, der unter dem Begriff Schöpfung auch die Menschen wenigstens mitverstanden wissen möchte" [3].

Bindemann ist darin zuzustimmen, daß das schöpfungstheologische Thema " kein dominantes, sondern eigentlich nur ein Nebenthema ist" [4].

Damit ist bereits das dritte und erhebliche Bedenken genannt, nämlich, daß des Apostels Erwähnung der außermenschlichen Kreatur überrascht, weil es singulär in seinen Briefen ist.

Für A. Jülicher allerdings liegt die Erklärung darin, daß Paulus bei seinen Missionsreisen das Stöhnen und Klagen der rechtlosen Natur vernommen hat.[5]

Die Behandlung der Vorschrift aus Dt.25,4 :"Du sollst dem Ochsen ,der da drischt.." (in 1 Kor 9,9) bezeugt eher das Desinteresse des Apostels am Tier.

Was also veranlaßt die Einbeziehung der außermenschlichen Kreatur in die endzeitliche Befreiung ? Oder muß man mit W.Bindemann konstatieren, daß der Apostel zwar apokalyptische Motive aufgreift, "sie aber völlig neu interpretiert", nämlich so, daß die Gegenwart zum eschatologischen Prozeß wird ? [6]

Ob dem wirklich so ist oder Bindemann sich vielmehr von einer sozialethischen Prämisse leiten läßt, wird zu untersuchen sein.

Hier sollen zunächst die Argumente gegen eine Interpretation von κτίσις im Sinne der vor allem oder ausschließlich außermenschlichen Kreatur bedacht sein.

Zu ihnen könnte auch der Kontrast zwischen ἀποκαραδοκία und ἐλπίς gehören. Denn ersteres deutet Delling [7] als "unbestimmtes Abwarten", während die Hoffnung, mindestens bei Paulus, Grund und Ziel nennen kann. Aber ein Gegensatz ergibt sich nur dann, wenn auch hier der sarkische und pneumatische Mensch einander gegenübergestellt werden.

Gerade die Übersetzung als "unbestimmt" aber spricht für den Blick auf die Mitgeschöpfe, mehr jedoch die folgenden Gesichtspunkte:

1. In seiner Interpretation von κτίζω stellt Foerster [8] fest, daß die Fortpflanzung in Flora und Fauna einerseits ein unbegreifliches Wunder, aber zugleich auch ein "gigantischer Leerlauf' ist, da der ματαιότης und der φθορά unterworfen.

Sollte der Leerlauf in der permanenten Generationenabfolge bestehen, an deren Ende jeweils der Tod wartet, und nicht vielmehr in der Entwürdigung und Entrechtung durch den Menschen, wie es gemeint zu sein scheint, wenn Förster fortfährt: "Die

Deutung dieser Worte auf Adam hat wohl darum so viel Ablehnung erfahren, weil der Gedanke merkwürdig klingt, daß etwas Unschuldiges um des Schuldigen willen gestraft werden soll " [9] ?

Für diese Erklärung spricht u.a. die Parallele zu alttestamentlichen Aussagen, vor allem zur prophetischen Verkündigung, die die menschliche Schuld für Katastrophen in Flora und Fauna verantwortlich macht: so Gen 6,5-7.11-13; Dt 28,15 ; Jes 24,4-6; Jer 5,25; Joel 1,10-12.17 f ; Ez 14,13 ; Hos 4,2.

Es ist nicht verifizierbar, daß der Apostel an diese Konsequenz aus der Abkehr von Jahwe denkt, aber wahrscheinlich.

2. Foerster deutet ὑπετάγη auf Gott und nicht auf den Menschen (adam).

Was ihn veranlaßt, damit zugleich von "Schöpfung" auf "alles das, was um des Menschen willen der Vergänglichkeit unterworfen wurde (vorab der Mensch selbst) " [10] abzuzielen, ist nicht ersichtlich.

Nach O. Michel [11] beschreibt ὑπετάγη " den einmaligen Akt des Gerichts durch Gott". Der Gerichtsakt vollzieht sich nicht schuldhaft, sondern schicksalhaft. Die Schuld trifft ganz den Menschen; die Schöpfung dagegen ist an das Schicksal des Menschen gebunden".

Trotz dieser eindeutigen Schuldzuweisung interpretiert Michel auch ὑποτάξαντα als Akt Gottes: "Der Unterwerfende ist sicherlich weder Adam noch der Mensch schlechthin, auch nicht der Satan. Der Unterwerfende kann nur Gott selbst sein, dessen Name hier aus jüdischer Gottesscheu vermieden wird". [12]

Diese Begründung leuchtet bei ὑπετάγη ein, hier dagegen weniger, zumal E.Gräßer darauf aufmerksam macht, daß διά mit acc. "wohl den Beweggrund oder die Ursache, nicht aber den Verursacher" bezeichnen kann. [13]

K.Barth erkennt in seiner Auslegung des Römerbriefes den Menschen als Subjekt zu ὑπετάγη......:" Die Natur ist nicht an sich im Gegensatz zum Geist, ist nicht von Haus aus der Feind des Menschen, ein kaltes, unbekanntes Objekt. In Wahrheit ist sie die mit dem Menschen über den Triumph eines gemeinsamen Feindes trauernde Schwester....; wegen des Menschen ist sie ja der Nichtigkeit hingegeben. Der Mensch (sic!) ist´s, der sie dem ihr fremden unbefriedigenden Zustand ausgeliefert, untertan gemacht hat." [14]

Anders urteilt Barth in seiner kurzen Erklärung des Römerbriefes [15] , wo er Jesus

Christus als den Unterwerfenden bezeichnet, weswegen die Unterwerfung eine "auf Hoffnung" ist.

M.E. hat diese christologische Interpretation etwas Gewaltsames, wenn sie im Gesamten des systematischen Ansatzes auch konsequent ist.

Da expressis verbis von Schuld im Text nicht die Rede ist, hängt viel an der Deutung des ὑπετάγη. und des ὑποτάξαντα.

Ist Gott beide Male das Subjekt, kann man unter Berufung auf VV. 28ff zu einer deterministischen Auslegung kommen, wie A.Schlatter sie riskiert:

"Die Menschheit hat guten Grund, wenn sie am Gegenwärtigen kein Genügen hat; denn es bleibt alles nichtig, was wir machen. Die Zerstörung geht mit königlicher Macht über alle unsere Werke hin und durch unser ganzes Wesen hindurch...Eine in Nichtigkeit versenkte Kreatur, ein zum Vergehen bestimmtes göttliches Werk - das ist ein dunkles Rätsel. Unsere Versetzung in die leere, unfruchtbare Nichtigkeit entsteht aber nicht durch unsere Schuld. Sie ist die Lage, in die wir hineinversetzt sind, nicht erst durch unseren Willen; wir können es darum auch nicht ändern, sondern bloß warten, harren ,hoffen und in der Zukunft unseren Trost suchen". [16]

Schlatter unterscheidet zwischen dem Leid des Menschen und dem der Mitkreaturen, denen er künftige Freiheit und Herrlichkeit nicht zugesteht.

Da hier kein Raum zur Auseinandersetzung ist, muß es bei dem Hinweis bleiben, daß seine Auslegung in einer gewissen Spannung zu seinem Beitrag zur Mitgeschöpflichkeit steht,(s.IV)

G: Delling hält in seiner Kommentierung von ὑποτάσσεσθαι [17] eine Deutung der Passivform auf Gott für möglich, zumal ἐφ' ἐλπίδι nur von ihm her begründet ist, doch ist s .E. der Auslösende Adam, der ganze Geschehenszusammenhang dagegen "von Gott gesetzt".

Ist es unsachgemäß, auch hier eine Parallele zum Alten Testament zu vermuten: die nämlich zwischen וְכִבְשֻׁהָ וּרְדוּ in Gen 1,28, dem Herrschen, das durch die Sünde des Menschen pervertiert wird, und dem Terminus hier ?

U.Wilckens nennt in seinen Erläuterungen zum NT [18] Gen 3,17-19 und deutet entsprechend: "durch Adam".

"Auch die außermenschliche Schöpfung sieht Paulus mitleiden. Hunger und Kälte, Krankheit, Bedrohung, Überwältigung, Angst und Sterben teilen auch die Tiere mit den Menschen"[19].

Während G.Friedrich sich gegen K.Barths Deutung auf Christus als den Unterwerfer wehrt und, unter Berufung auf das Judentum, Adam verantwortlich macht, deutet er das passivum divinum so, daß der Mensch "höchstens die Ursache oder der Anlaß der Unterwerfung , nicht aber das Subjekt der Handlung" ist [20] .

E.Gräßer sieht das Dilemma in der Exegese auch von ὑποτάξαντα ;bei ὑπετάγη ist für ihn wegen des passivum divinum eindeutig Gott gemeint - darin, "daß Adam zwar der Grund für ὑποτάσσεσθαι , nicht aber selbst der ὑποτάξας ist". [21] Er schlußfolgert, daß der Text zwei erkennbare Aussagen macht: " Im Unterschied zur adamitischen Menschheit ist die außermenschliche Schöpfung schuldlos in die ματαιότης ..gebannt. Ihr Seufzen ist Klage und Anklage zugleich." [22]

Zum Andern:" Die Schöpfung war kein nichtiges Werk, sondern ursprünglich 'sehr gut'. Sie ist durch den ersten Adam nichtig geworden; sie wird durch den zweiten Adam wieder in ihren ursprünglichen Zustand gebracht" [23] .

Über die Konsequenzen aus dieser Glaubensaussage und die vielfach erörterte Problematik, wie eine eschatologische Perspektive ethisch relevante Korrekturen individuell und gesellschaftlich möglich machen kann, wird am Ende dieses Abschnitts und im abschließenden Fazit die Rede sein.

Hier zunächst noch einige Anmerkungen zu Luthers und Calvins Auslegung und zur o.behaupteten Prämisse bei W.Bindemann.

Luthers Urteil über Römer 8,19 ff, daß St.Paulus " mit seinen scharfen apostolischen Augen das liebe heilige Kreuz in allen Kreaturen" sieht [24] , geht zwar weit hinaus über das, was manche Ausleger erkennen, wirkt jedoch harmlos gegenüber Calvins in verschiedener Hinsicht überraschender Exegese:

"Selbst die unvernünftigen Lebewesen, ja, sogar die seelenlosen Geschöpfe bis herunter zu Holz und Steinen wissen ja mehr um ihre gegenwärtige Eitelkeit und schauen nach dem jüngsten Tag, dem Auferstehungstag aus, damit sie mit den Kindern Gottes von der Eitelkeit frei werden".[25]

Der Zusammenhang bei Calvin ist nicht eine Betrachtung über das Leid der Kreatur, sondern die Vermahnung, die Todesfurcht durch Erwartung der himmlischen Heimat zu überwinden. Immerhin ist ἡ κτίσις für ihn auch das außermenschlich Geschaffene. Anders in der Institutio II.1,5, wo er die Entfremdung des Adam für das Elend verantwortlich macht.

" Damit sie nun in ihrem Lauf nicht innerlich ermatten, gesellt der Apostel ihnen dabei alle Kreaturen als Mitgenossen zu.... Da nämlich Adam durch seinen Fall die unversehrte Ordnung der Natur zerstört hat, so ist auch für die Kreaturen die Knechtschaft, der sie um der Sünde willen unterworfen sind, beschwerlich und hart". Befremdlich Calvins Begründung: "...nicht weil sie mit irgend welchem Befinden ausgestattet wären, sondern weil sie von Natur aus nach dem unversehrten Zustand streben, aus dem sie herausgefallen sind." [26]

Im erwähnten systematischen Zusammenhang muß Calvin die Erklärung schuldig bleiben, was mit "von Natur" gemeint ist; erschreckend jedoch die wie selbstverständliche Voraussetzung, daß die außermenschliche Kreatur empfindungslos ist .

Da der Reformator die Vernunftbegabung hoch wertet - siehe Theologiegeschichte -, rückt er in bedenkliche Nähe zu Descartes' Einschätzung der tierischen Erlebens- und Leidensfähigkeit.

Anders Luther, dessen Formulierung " das liebe heilige Kreuz" nur von Rö 8,28 her richtig verstanden werden kann. Er versteht Paulus besser ,wenn er sagt "Ihr werdet also dann die besten Philosophen und die besten Naturforscher sein, wenn ihr vom Apostel lernt ,die Kreatur als eine harrende, seufzende, in Wehen liegende zu betrachten, d.h. als eine, die das, was ist, verabscheut... Wer lieber nach dem Wesen und dem Wirken der Dinge forscht, als auf ihr Seufzen und Harren achtgibt, der ist ohne Zweifel töricht und blind, da er nicht weiß, daß auch die Kreatur Kreatur ist. Das geht deutlich genug aus dieser Schriftstelle hervor." [27]

Von hier liegt es nahe, auf W.Bindemanns Ansatz und Auslegung einzugehen, zumal seine Dissertation eine ausführliche Behandlung dieses Textes ist.

Bereits die Intention," die Belastbarkeit des Textes" unter den Gesichtspunkten Geschichte, Anthropologie und Weltverständnis zu prüfen [28] , läßt fürchten, daß der Autor sich eben der Kritik stellen muß, die er auf den Plan gerufen sieht, wenn exegetische Arbeit systematisch-theologisch befrachtet wird.

Es wäre wünschenswert, wenn wir eine Theologie der Befreiung von Mensch und Natur- so der Titel- exegetisch begründen könnten, gerade weil es ein mehr als vernachlässigtes Thema und eine Neubesinnung geradezu lebensnotwendig geworden ist.

Bindemann ist - mit Einschränkung- zuzustimmen, wenn er feststellt:

"Die Interpretation von Texten ist müßig ,wenn sie nicht zur Interpretation der Welt, in der wir leben, beiträgt".[29]

Die Einschränkung hat die verschiedenartigen Texte, die unterschiedlichen Adressaten und den möglicherweise sich sperrenden Skopus vor Augen, wenn es um die so skizzierte Hermeneutik geht.

Der Frage, um welchen Preis ggf. ein Text interpretiert wird, müssen sich die an Tierethik Interessierten ebenso stellen wie Bindemann.

Dabei muß das Monitum im Ohr bleiben, daß die Ethik nicht die Systematik dominieren darf.

Es kann nicht sein, daß das Tierelend einerseits und die eben begonnene Wiederentdeckung der Mitgeschöpflichkeit andererseits das Vehikel der Exegese werden, wenn eine Aussage oder gar nur ein Terminus - siehe κτίσις - das Erwünschte nicht aussagen. [30]

Das aber ist m.E. bei Bindemann gegeben - allerdings nicht zugunsten der Mitgeschöpfe, sondern zugunsten der Solidarität mit den Leidenden ingesamt, wenn er a) von einer zweifelhaften Interpretation von ἡ κτίσις ausgeht;- er versteht darunter die Gesamtheit alles Geschaffenen mit besonderer Akzentuierung der Übersehenen, Ohnmächtigen und Leidenden unter den Menschen und ignoriert das Gegenüber von ἡ κτίσις und τῶν υἱῶν τοῦ θεοῦ bzw. τέκνων τοῦ θεοῦ besonders in den VV 21 u.23;

b.) des Apostels Kritik an der Apokalyptik überbewertet und damit die futurisch bestimmte Eschatologie abwertet;

c) zwar Käsemann zustimmt, daß der Begriff Natur "eine bemerkenswert geringe Rolle spielt, während er allen Nachdruck auf die Schöpfung als geschichtliches Phänomen legt"[31], ihn aber erstaunlich selbstverständlich verwendet, und zwar nicht nur im Titel;

d) dem an Käsemann kritisierten Engagement, das weitgehend die Exegese bestimme, selber verfällt, um das Ziel, den "vernünftigen Gottesdienst" nach Römer 12, eine Befreiung zugunsten einer Neuinterpretation von Welt und Solidarität, theologisch zu legitimieren[32] .

Mensch und Welt sollen sich als res sperans wiederfinden, "Natur und Menschen

...als Partner im Horizont der Schöpfung begriffen werden"[33]

Bindemanns Fazit, Römer 8,18ff sei der Beitrag für einen christologisch begründeten "Zusammenhang zwischen der Erwartung einer neuen Welt und der solidarischen Teilnahme am gegenwärtigen Elend der Schöpfung"[34], könnte Hilfe zum Verständnis der Mitgeschöpflichkeit sein, wenn es nicht das Defizit enthielte ,daß Mitgeschöpfe weder hier noch in der gesamten Abhandlung angemessene Erwähnung finden.

Selbst da, wo Bindemann A.Schweitzers Satz vom Leben inmitten von Leben zitiert, ist nur vom verantwortlichen Umgang mit Ressourcen und der "liebevollen Behandlung der uns umgebenden Natur" die Rede, von der Benennung (Gen 2,20) abgesehen.[35]

Das ist mehr als ein Schönheitsfehler, auch wenn man voraussetzen kann, daß Tiere impliziert sind.

M.E. ist die Chance vertan, Rö 8,18ff als die neutestamentliche Basis einer Tierethik zu beschreiben, wenn die Merkmale der sich ängstenden und seufzenden Kreatur einerseits und Kreuz und Auferstehung andererseits im Wesentlichen als Herausforderung zur Kritik an der Bedürfnisgesellschaft und zu einer Neudefinition von Soteriologie als Theologie der Befreiung dienen.[36]

Wie sieht ein Fazit zu Römer 8,18ff unter Absehung von Bindemanns Ansatz und Résumé aus?

1. Der Apostel vernimmt das Seufzen der Kreatur und gewichtet es derart, daß er sie einbezieht in die Erwartung der ganzheitlichen Befreiung sub specie aeternatitis.

Damit stellt er nicht nur die fatale Tendenz in Frage, menschliches und außermenschliches Leid zu verdrängen, sondern läßt die Kinder Gottes, alles Geschaffene, "im Advent verstehen"[37].

2. Das Elend der Mitgeschöpfe ist durch uns, Adam,verursacht.

Nur der Gottlose kann aus Schuld Schicksal machen oder in Perversion die Schuld vergrößern bzw., um mit Paulus zu reden, in der Sünde verharren wollen, um die Gnade zu vergrößern (Rö 6,1).

3. Des Paulus Gewißheit, daß πᾶσα ἡ κτίσις auf das Offenbarwerden der Doxa der Kinder Gottes wartet, beseelt die Mitwelt nicht nur,sondern stellt sie auch jenseits aller vom Menschen initiierten Solidarität bereits neben ihn aufgrund der gemeinsamen Hoffnung.

Die Intensität der Hoffnung ist zwar unterschiedlich bei Mensch und Mitgeschöpf, ebenso ihre Begründung, weil die Mitkreaturen von der Erlösung am Kreuz nichts wissen, aber daß diese vom Apostel so begründet wird, schafft eine beispiellose Beziehung beider.

Dabei ist m.E. mit C.Link[38] zum Einen zu bedenken, daß Paulus das Hören der Schmerzenslaute wohl weniger seinem sensiblen Ohr als vielmehr dem Evangelium, d.h. der Gewißheit einer gottgewirkten Zukunft, zuschreibt. So nimmt er mehr wahr,"als die aufgeklärteste Empirie ihn hätte lehren können"[39].

Zum Andern ist zu beachten - darin besteht zunächst Übereinstimmung mit W.Bindemann -, daß die Zukunft bereits in die Gegenwart hineinreicht, die Menschen jedoch nicht bloß in die Schöpfung solidarisch eingeordnet, sondern als Glaubende mit dem Geist als Angeld bedacht werden.

"Das zieht sie einerseits umso tiefer in das kreatürliche Leben hinein, zeichnet sie andererseits aber zugleich als Hoffnungsträger der gesamten Schöpfung aus"[40].

Es würde m.E.lohnen, in diesem Zusammenhang der nicht nur sprachlichen Parallele von συστενάζω in V. 22 und στεναγμός in V.26 nachzugehen, was m.W. espressis verbis in den zahlreichen Beiträgen zu diesem Text und auch in den neueren Arbeiten zur Theologie des Hl.Geistes [41] nicht geschieht.

Es muß bei Andeutungen bleiben: Das Stöhnen der Mitgeschöpfe (V.22), dem das menschliche Seufzen korrespondiert (V.23), wird vom Hl.Geist beantwortet: er hilft unserer Schwacheit auf und "tritt für uns ein", wiederum mit Seufzen.

Er ist unser Anwalt, so daß wir wiederum für die mitleidenden Kreaturen eintreten können; das beginnt damit, daß er uns die Ohren und die Augen öffnet, so daß wir hören und sehen können, was wir sonst so, d.h. ohne begründete Hoffnung für alle, nicht wahrnehmen oder falsch werten würden.

Daß Tierethik jenseits aller Theologie überzeugend vertreten wird, ist uns hinlänglich und beschämend bewußt geworden.

Mit des Apostels Hilfe aber lernen wir als Christen, das mitgeschöpfliche Elend neu zu gewichten und uns seiner anders als bisher anzunehmen.

Durch des Schöpfers und Erlösers Ankündigung, uns mit einander zu befreien und schon jetzt seinen Geist an uns wirken zu lassen, gewinnt das Leid um uns herum, und in besonderer Weise das tierische, eine solche Bedeutung, daß wir es nur noch schuldhaft übersehen oder verharmlosen können.

Wenn E.Gräßer mit seiner Analyse unserer Indifferenz der Mitwelt gegenüber Recht hat [42], - und es spricht m.E. nichts dagegen, sie "Verblendung" bzw. "Verstockung" zu nennen(s.o.) -,so bedarf es des göttlichen Handelns, d.h. der Gabe des uns vertretenden Geistes, um eine Umkehr und Änderung zu bewirken.

4. Mit W.Bindemann [43] ist festzuhalten,daß "das Mitleiden der Christen am Elend der Welt" It.Paulus "nicht bloß ein notwendiges Übel " ist, sondern "ein Element der Nachfolge des Gekreuzigten".

Das bedeutet nicht, daß Christus auch für die Tiere gestorben ist (s.o.), wenn man in der Schuld des Menschen und in der Liebe Gottes die Ursache der Heilstat sieht,wohl aber,daß das Kreuz Christi für die durch ihn Befreiten Anlaß wird, ihrerseits im Rahmen des Menschenmöglichen befreiend zu wirken bis zur "Annahme an Sohnes statt und zur Erlösung unseres Leibes" (V.23, Zürcher NT).

5. Da Rö 8,18ff der erste Anstoß zur Beschäftigung mit dem Verhältnis Mensch : Tier war, sollen die letzten Sätze einer Predigt zu diesem Text, also praktizierte Hermeneutik hin zur Ethik, hier den Abschluß bilden:

"Alles Geschaffene schaut die Jüngerinnen und Jünger Jesu Christi an, und diese müssen sich angeschaut wissen....Viele sagen, daß gerade in den Augen der Tiere so viel Trauer und Vertrauen liege..., so viel Wissen um die geheime Zusammengehörigkeit im Namen des einen Schöpfers...Die Christenheit hat sich schon unerhört vergangen gegen Mensch , Tier, Natur.

Verleitet, sich als das 'Besondere' zu fühlen, wo sie sich doch nur als das 'Solidarische', als das 'Fürsorgliche', als das 'Mütterliche', nicht als das 'Herrische'zu wissen hat, als die Avantgarde im Hoffen. Hoffen läßt lieben.

Der Ursprung aller Brutalität, jeglichen Zynismus' liegt in der Hoffnungslosigkeit....

Wenn ein Gott ist, ist er die Hoffnung" [44].

III 1.2.   Die Sonderstellung von Markus 1,13

Dieser Vers aus der Versuchungsgeschichte - Sondergut des Markus- wird von einigen Auslegern als geradezu programmatisch für das Verhältnis Jesu zur Tierwelt verstanden.

Zunächst eine Skizzierung solcher Exegesen, die den Text anders verstehen und im Zusammensein mit den wilden Tieren eher eine Verstärkung der Versuchung durch die Bedrohung und das Grauen erkennen.

-W.Foerster kommentiert zu θηρίον [1] :" Die Versuche, in diesen Worten Reste eines mythologischen Götterkampfes oder Andeutung der Rückkehr der Paradieseszeit zu finden, dürfte dem Text eine Last auflegen, die er nicht tragen kann. Wer in der Wüste Juda, wohin die Versuchung doch wohl zu verlegen ist, allein ist, lebt wirklich unter wilden Tieren; und zu dieser menschlichen Verlassenheit bildet der Dienst der Engel das Gegenstück".

- E.Lohmeyer [2] versteht die Wüste als Heimat des Teufels im Gegensatz zur heiligen Stadt und dem heiligen Volk.   ἐκβάλλει übersetzt er pointiert mit "stößt ihn hinaus", um die Versuchung zu verdeutlichen, die bei Markus im Unterschied zu den anderen Synoptikern nicht inhaltlich beschrieben wird.

Der Hinweis auf die Tiere- daß es wilde sind, darf man m.E. eher aus dem Ort schließen als aus dem Tatbestand, daß es eine Versuchung ist,- scheint nach Lohmeyer das Grauen zu verstärken, "das die Wüste als satanische Stätte ausatmet; denn die Tiere sind des Satans Verbündete... Im Gegensatz zu ihnen stehen die Engel Gottes; sie behüten Jesus nicht in Gefahren, wie es an den gleichen Stellen heißt, sondern sie stärken ihn mit Speis und Trank".[3]

Die Bezeichnung der Tiere als "Satans Verbündete" wird auch durch den Verweis auf Ps. 91,11 ff. nicht einleuchtender [4].

- J.Schniewind zitiert wie Lohmeyer Test.Naphtali (8,4), einen nicht eindeutigen Text, wegen seiner Parallele zu Mk 1 jedoch interessant:" Wenn ihr das Gute tut...., wird der Teufel von euch fliehen; und die wilden Tiere werden euch fürchten...".

Nachdem Schniewind [5] die Deutung auf "arge Tiere, böse Geister" unter Bezug auf Jes 13,21f.genannt hat -hier sind ebenfalls reale Tiere (neben den Feldteufeln) gemeint-, stellt er fest, daß auch die entgegengesetzte ihr Recht hat: "Die Tiere dienen ihm".

Er bezieht sich wie einige andere Ausleger dafür auf Hi 5,22; Jes 11,6 u.65,25, also auf Aussagen über das messianische Friedensreich.

Er läßt die Frage offen, ob die Erwähnung der Tiere eine Anspielung auf die

Paradiesesgeschichte ist. Daß aber Markus nachdrücklich den Sieg Jesu über den Satan bezeugt, und daß er der neue Adam ist, der die Versuchung bestanden hat, ist evident.

- W.Barclay [6] nimmt ebenfalls zunächst Bezug auf die herkömmliche Auslegung, wonach der Schrecken der Wüste durch die wilden Tiere veranschaulicht werden soll, nennt dann aber für die andere Deutung neben Jes 11,6ff auch Hos 2,2O, wonach der neue Bundesschluß auch die Tiere einbezieht [7]

" Vielleicht haben wir hier einen Vorgeschmack auf die Zeit, in der Menschen und Tiere in Frieden miteinander auskommen werden. Vielleicht haben wir hier das Bild vor uns, demzufolge die Tiere ihren Freund und König noch vor den Menschen erkannten".[8]

Man mag dieses für eine Überinterpretation halten, die sich nicht auf vergleichbare Texte berufen kann und eher G.Dehn zustimmen.

-Er stellt[9] den Gegensatz heraus:" Von Menschen ist er fern; aber die Kreatur Gottes umgibt ihn, so wie sie einst auch den ersten Adam umgeben hatte".

Da Dehn auf Gen 2,19 Bezug nimmt und nicht auf die Versuchung durch die Schlange, ist das friedliche Beisammensein zwischen dem Versuchten und den Tieren gemeint.

- A.Bengel läßt offen, ob diese Nähe zur Kreatur eine Abschattung des kommenden Reiches unter Bezug auf prophetische Verheißungen ist. Er stellt fest [10] , daß auch die wilden Tiere ihm kein Leid antun konnten: " Die Herrschaft über die Thiere, welche Adam sobald verloren"- eine Parallele zu Schniewind und Dehn- " übte Jesus schon in seiner tiefen Erniedrigung , wieviel mehr in seiner Erhöhung,Ps 8,8".

Von den an der Mitgeschöpflichkeit besonders Interessierten seien genannt:. M.Blanke, J.Bernhart, E.Drewermann, K.Nagorni und E.Gräßer.

-M.Blanke möchte in seinem Bemühen, Jesus nicht für den Tierschutz zu reklamieren oder ihn auch nur einen "Tierfreund" zu nennen, Mk 1,13 gegenüber ebenfalls redlich sein.

So nennt er [11] " K.Herbsts Versuch, den Aufenthalt Jesu' bei den Tieren'...und sein Wort vom 'Aufheben der Schlangen' (mit den Händen, Mk 16,18) als ganzheitliches Einfügen' des Menschen in die kosmische Ordnung zwischen Tier und Engel' zu deuten", einen weiteren sympathischen Rettungsversuch, den er nicht mitmachen kann. Jesus habe derartige Rettungsversuche nicht nötig. Er wolle Nachfolger, die die Freundlichkeit Gottes glaubwürdig vertreten.

-Ähnlich J.Bernhart [12], der nüchtern feststellt ,daß der Evangelist jeden Wink zur Erklärung versage, der aber dennoch einen Rückverweis auf das Alte Testament (Gen 2,19 u. Jes 11,6ff), d.h. auf den paradiesischen Menschen und den König der Endzeit ,macht. " Die altchristliche Kunst scheute sich nicht, Christus, den Lehrer und Erlöser der Völker, als Orpheus unter den Tieren darzustellen. So wird man das Markuswort nicht überlasten, wenn man ihm den Sinn beilegt: in die gute Schöpfung ist durch des Geschöpfes Schuld eingebrochen die 'arge Welt', das finstere Reich des Bösen in Person. Nur der Menschensohn kann sagen: an mir hat er keinen Teil... Zum Ende umringen die Tiere den Überwinder; und mit der unteren Schöpfung vereinigt sich zur Huldigung die obere: die Engel dienen ihm".[13]

- E.Drewermann sieht die Tiere im Markus-Evangelium als Symbol der menschlichen Seele [14]. Er stimmt zwar H.Gunkel zu, daß die Bilder des Tierfriedens auf die Zeit des Paradieses zurückgreifen, kritisiert aber , daß er "wie die gesamte exegetische Literatur der letzten 6 Jahrzehnte nach ihm bei der reinen Feststellung dieses Tatbestandes stehen" blieb, "ohne nach der psychologischen Herkunft und Bedeutung derartiger Vorstellungen zu fragen".[15]

Drewermann macht das anthropozentrische Weltbild der Bibel dafür verantwortlich, daß "aus dem Motiv des Tierfriedens niemals irgendeine ethische Ableitung getroffen" wurde, "die so etwas wie Rücksicht und Mitleid zum Schutz der Tiere begründen könnte...".[16]

Zur Kritik an der Anthropozentrik sei auf I.u.V.verwiesen.

Hier bleibt das Problem zu erörtern, weil gerade dieser Text es nahelegt, wie Drewermann u.a. erwarten können, daß sich aus einer im Wesentlichen tiefenpsychologischen Deutung tierethische Impulse ableiten lassen.

Gerade ein Tierethiker wie Drewermann kann nur unter der Prämisse, das Neue Testament wolle durchgängig psychologisch verstanden werden, davon absehen, daß mit Tieren, also auch Mk 1, wirkliche Lebewesen gemeint sind, wobei unterstellt sei, daß ihre Erwähnung mit Engeln zusammen an eine Metapher denken läßt.

Doch bleibt 1. ungeklärt, ob das "Animalische" letztlich überwunden werden mußnicht im Sinn der Wertung ,sondern als Vorstufe in der Entwicklung-, oder ob es im status quo mit dem Humanum eine Einheit bilden soll;

2. wie der Vorwurf der Anthropozentrik aufrecht erhalten werden kann, wenn das Tier nicht die Kreatur, sondern das Animalische in uns ist;

3. wie eine Ethik im Sinn des würdigen, gerechten und liebevollen Verhaltens einem echten Mitgeschöpf oder Partner gegenüber fundiert werden kann, wenn aus dem extra me ein in me ipso wird.

Hier ließe sich eher die Notwendigkeit einer Anthropologie ableiten als die einer Tierethik, wenn denn das "Tier" in den Menschen verlagert wird.

Drewermann bleibt schließlich den Nachweis schuldig, wo sich die Bibel über "den tiefen religionspsychologischen Zusammenhang" erhebt, "der zwischen der Kraft des Heilens und einer Weltsicht der Harmonie sowie der Achtung vor dem Recht allen Lebens besteht".

Wie kann die Bibel das "als sentimentale Kinderei" belächeln [17] , was ihr als Phänomen oder Problemanzeige nicht bekannt ist ?

- K.Nagorni [18] stellt der Repräsentation einer Tiefenschicht menschlicher Wirklichkeit die Tiere als das entgegen, was sie nach seinem Verständnis sind. Er möchte genau übersetzen: "mitten unter den Tieren".

" Für Jesus sind Tiere wirkliche Geschöpfe, die nicht nur sein Seelenleben bestimmt haben, sondern auch seinen konkreten Alltag".[19]

Nagorni beruft sich für dieses Fazit auf die Erwähnung von Tieren in Jesu Verkündigung, auf seine Gleichnisse und Metaphern, auf ihre Vorbildfunktion. " Sie stehen für die Würde der Schöpfung und deren Mißachtung... Sie sind Partner des Menschen und immer wieder auch seine Opfer".[20]

Diesen mehr systematischen als exegetischen Befund ergänzt Nagorni durch den Hinweis auf die schöpfungsmäßige Verbundenheit, wie sie etwa Koh 3,19ff zum Ausdruck kommt.

Er sieht Engel und Tiere als Boten Gottes am Anfang des Weges Jesu wie an seinem Ende. Der Hinweis auf Lk 22,43 in Verbindung mit der Aussage über Jesus als Lamm Gottes wirkt gewollt. Der Verweis auf die Raben dagegen, die Elia ernähren (1 Kö 17), ist dann sachgemäß, wenn die Tiere mit den Engeln zusammengesehen und als Gefährten in der Wüste verstanden werden.

Die mehr als sparsame Darstellung der Versuchung Jesu bei Markus verwehrt Überinterpretation und auch den Rückgriff auf synoptische Parallelen, läßt aber gerade auf diesem Hintergrund aufhorchen.

Insofern verdient die Deutung Beachtung ,daß sich der Satz in V.13 " an strategisch wichtiger Stelle" befindet, "am Ende der Versuchungsgeschichte, jener Phase im Leben Jesu, wo sich entscheidet, in welcher Richtung sein weiteres Leben verlaufen wird: Anpassung oder Widerstand" [21].

- In seiner Bibelarbeit z.St. auf dem Düsseldorfer Kirchentag (1985) [22] kommt E.Gräßer zu dem Ergebnis: "Jesus ist derjenige, der als zweiter Adam den verlorenen Paradiesesfrieden wieder herstellt... Der erste Adam will selbst sein wie Gott und zerreißt damit den Schöpfungsfrieden; er will seines Bruders Hüter nicht mehr sein (Gen 4,9). Der zweite Adam dagegen will den Menschen gleich sein (Phil 2,7), nimmt sich ihrer an, wohnt bei den wilden Tieren und stellt den Schöpfungsfrieden wieder her, alles im Himmel und auf Erden versöhnend (Kol 1,2O)".

Wenn " dieses und nicht weniger ...in den dürren Markus-Zeilen" steht,so Gräßer [23] , kommt diesem Text eine größere Aussagekraft zu, als man ihm in der Regel zubilligen wollte (will).

Das Fazit aus den unterschiedlichen Exegesen z.St. ist:

Auch bei durchgängiger Berücksichtigung der Warnung Foersters, dem Text mehr aufzubürden, als er tragen kann (s.o.), und der Forderung zur Redlichkeit scheint so viel gesichert:

-Markus meint wirkliche Tiere.

-Jesu Nähe zu ihnen (oder umgekehrt) hat programmatischen Charakter auch dann, wenn der Evangelist Markus diesen Ansatz nicht durchhält, weil sein theologisches Interesse dem Heil für die Menschen gilt.

-Tiere sind jedoch bei der Herstellung des eschatologischen Friedens ausdrücklich einbezogen.

Mit dem Kommen Jesu bricht das messianische Gottesreich an, das allen Kreaturen gilt.

2.   Exkurse: Markus 16,15 u. Matthäus 25,31ff (bes.VV 4O u.45)

2.1.   Markus 16,15

Ob "alle Kreatur" im unechten Markusschluß sämtliche Lebewesen betrifft, wie einige Ausleger [1] unter Hinweis auf πάση τῇ κτίσει meinen, ist mehr als fraglich, auch wenn die abweichend   eindeutige   Formulierung   bei   Matthäus πάντα τὰ ἔθνη aufhorchen läßt (28,19). Denn welchen Sinn könnte es haben ,dem außermenschlich Erschaffenen die Heilsbotschaft zu verkündigen ?

Schon der Kontext nach vorn verhindert dieses, wenn vom "gläubig und getauft werden" sowie von "begleitenden Zeichen" gesprochen wird .Eine Einbeziehung der Mitgeschöpfe könnte im Zweifelsfall dann vorausgesetzt werden, wenn von der eschatologischen Wende für die gesamte Schöpfung die Rede wäre und der t.t. eine solche Interpretation zuließe.

Lohmeyer, Schniewind, Dehn und Barclay [2] stellen daher die Frage gar nicht erst.

Daß Drewermann den Text übergeht, versteht sich von seinem Ansatz her.

Auch E.Gräßers Schweigen z.St. zeigt, daß der Respekt vor den Grenzen der Ethik stärker sein muß als der Wille, biblische Aussagen für ein wiederentdecktes Thema zu gewinnen.

A.Bengel kommentiert [3] , daß zwar in erster Linie Menschen gemeint seien, daß dem Fluch über der gesamten Schöpfung aber auch der weitreichende Segen entspreche. Seine Überzeugung, die Kreatur insgesamt sei durch den Sohn geschaffen" und gehöre in" sein Reich", verbindet ihn mit anderen Vätern des Pietismus (s.dort),hat aber am Missionsbefehl keinen Anhalt.

Foerster [4] interpretiert κτίσις mit "Menschheit". Eßer [5] unterstellt, daß "die ganze Schöpfung des Evangeliums von Christus bedürftig zu sein scheint".

O.Reinke [6] betont den Zusammenhang von Mk 1,13 und 16,15, bleibt aber die Antwort schuldig, ob Jesu Sein mit den Tieren nach seiner Heimkehr zum Vater von der Verkündigung des Evangeliums durch die Jünger abgelöst wird.

Fazit der knappen Behandlung des Themas: der Text ist kein Beleg für Mitgeschöpflichkeit. Andere jedoch sind beweisfähiger, wie vor allem die Bildworte Jesu zeigen.

2.2. Matthäus 25,31 ff., bes. VV 4O u.45

Anlaß, diesen Text zu erwähnen, ist nicht Jesu Bild von Schafen und Böcken, sondern seine wiederholte Inanspruchnahme für die Tiere als "die geringsten Schwestern und Brüder Jesu".[1] Dabei mag auch die Enttäuschung über die geringe Zahl von neutestamentlichen Belegen bzw. Äußerungen Jesu zu den Mitgeschöpfen eine Rolle spielen [2].

Der biblische Befund ist eindeutig: ἐλάχιστος kommt im Zusammenhang mit Lebewesen nur hier vor.

Ebenso klar sind Sprachgebrauch und Kontext: die sogenannten Werke der Barmherzigkeit wären nur begrenzt auf Tiere anwendbar, noch weniger Jesu Selbstidentifikation mit den Empfängern.

3   Gleichnisse und Bildworte Jesu

Vorbemerkung

Da Jesus Tiere in seiner Verkündigung nur zur Verdeutlichung eines Sachverhaltes nennt, bedarf es keiner ausführlichen Exegese.

Daß ihm aber- wie in den beiden folgenden Texten - das Verhältnis des Menschen zu den ihm anvertrauten Tieren als Abbild der Liebe Gottes dient ,verleiht den wenigen Beispielen Gewicht.

3.1. Das Gleichnis vom verlorenen Schaf:
       Matthäus 18,1O.12f. // Lukas 15,3-7

Das Gleichnis vom verlorenen Schaf ist im Unterschied zu dem vom verlorenen Groschen und vom verlorenen Sohn (vom wartenden Vater) kein Sondergut des Lukas.

Kontext und tertium comparationis bei Matthäus sind aber anders:

Ist das Gleichnis bei Lukas durch die Empörung der Pharisäer und Schriftgelehrten veranlaßt, so bei Matthäus durch die Mahnung an die Jünger, die Kleinen nicht gering zu achten.

Die Quintessenz bei beiden Evangelisten überrascht:

Bei Lk deshalb , weil keine Rückkehr , sondern eine Suchaktion erfolgt, so daß es - ohne Bild- um Buße nicht gehen kann im Unterschied zum Gleichnis vom Sohn bzw. Vater[1].

Bei Mt. ist die Verbindung von klein und verloren nicht ganz überzeugend, dafür aber die Rede vom Willen des Vaters[2] ,daß keines verlorengehe.

Auf Varianten und den jeweiligen Sitz im Leben muß hier nicht eingegangen werden, auch nicht auf die unterschiedlichen Adressaten [3] ,wohl aber auf das Bild und seinen Hintergrund.

Ist es nicht ungewöhnlich, daß ein Hirte eine Herde von 99 Tieren zurückläßt -bei Mt in den Bergen, bei Lk in der Wüste - um eines zu suchen, das weggelaufen ist und sich verirrt hat?

Man könnte sich mit der Auslegung helfen ,daß sich die Schafe in einem Pferch oder unter Aufsicht befunden haben. Aber einmal ist das eine Vermutung, und zum Andern würde die Wirkung, die Jesus mit der Gegenüberstellung 1:99 erzielen will- auch in dem unterschiedlich plazierten "mehr....als" (Mt 18,13 u. Lk 15,7) - ausbleiben.

Heißt das ,daß ähnlich wie in der ungewöhnlichen Relation der Schulden im Kontext bei Mt (V.21ff) das göttliche Verhalten bereits in der Bildhälfte dargestellt ,also die Realität im Hirtenalltag, verlassen wird?

Offensichtlich nicht, wie die Formulierung beider Evangelisten zeigt: "Welcher Mensch unter euch...." (Lk) bzw. "ein Mensch...." (Mt) .

"Das 1 = mehr als 99 ist natürlich an die Situation gebunden.Es stimmt nur im Augenblick des Wiederfindens bzw. Verlierens..."[4].

Jesus setzt, wie in der Bildrede Joh 1O , einen Hirten voraus, wie ihn die Herde und das einzelne Tier brauchen. Dieser hat ein liebevolles Verhältnis zum Schaf:

Es ist nicht eine Sache ,die man angesichts des beachtlichen Viehbestandes verschmerzen kann.

Man wird an Jesu Wort erinnert: "Wenn ihr ,die ihr böse seid, dennoch euren Kindern gute Gaben geben könnt...." (Mt 7,11), auch wenn es in einem anderen Zusammenhang steht und die familiäre Beziehung anspricht.

Immerhin ist Jesu Menschenbild alles andere als idealistisch ;und trotzdem setzt er ein ungewöhnliches Verhalten voraus-, eines, das zudem auch eine zusätzliche Gefährdung des Hirten darstellt und ihn, den durch Suche Ermüdeten, auch noch belastet, so jedenfalls bei Lukas.

3.2. Johannes 1O,1-16

Unmittelbar an das Bild vom verlorenen Schaf bei Matthäus und Lukas schließt sich inhaltlich das johanneische vom guten Hirten an, geht es doch auch in diesem mehr um das Verhalten des Hirten als das der Tiere, nur daß dort ein Gleichnis den Sachverhalt verdeutlicht, hier eine Bildrede.

Daß Jesus den Hirten einige Male - siehe auch Mt 9,36;Lk 12,32; Mk 14,27ff - und nur ihn als Abbild der Liebe des Vaters zu seinem Volk nennt, geschieht nicht ohne Bezug auf das Alte Testament und seine Aussagen über den rechten Herrscher, sprich: Hirten, so Gen 1,26ff oder Ps 78,2Off .

Wenn Jesus den guten Hirten dem Mietling gegenüberstellt und ausdrücklich betont, daß Ersterer flieht, weil ihm die Schafe nicht gehören, er also keinen Grund hat, sich für sie einzusetzen, so könnte man umgekehrt schließen, daß der Besitzer es auch nur tut, weil er seinen Besitzstand wahren will, er also sein Leben nicht uneigennützig aufs Spiel setzt.

Dagegen spricht, daß Jesus ihn einen ὁ ποιμὴν ὁ καλός nennt.

Bultmann hält es für ein Synonym zu ἀληθινός [1] .

Daß nicht dieses gebraucht wird, könnte damit zusammenhängen, "daß es als Charakteristik des Hirten angemessen und auch geläufig ist," wenn es auch als Gottesprädikat selten vorkommt.

In LXII steht καλός für טוב / יָפֶה und meint ἀγαθός

Ein weiterer Einwand gegen diesen Text als Hinweis auf das normalerweise liebevolle Verhältnis des Menschen zum Tier in der Sicht Jesu könnte sein, daß die zweimalige Selbstvorstellung Jesu-" Ich bin das Tor " (V.7) und " Ich bin der gute Hirte" vor der zweiten Bildhälfte steht, so daß sie bereits die Kennzeichnungen im Bild beeinflußt bzw. beeinträchtigt.

M.a.W.: den guten Hirten gibt es in der Realität nicht.

Dagegen spricht der o.gen.Bezug auf zahlreiche alttestamentliche Aussagen, in denen der bis zum Einsatz seines Lebens bereite Hirte vorausgesetzt wird.

Die dort gebrauchten Metaphern wären wirkungslos, wenn sie keinen Anhalt an Erfahrungen, auch der Adressaten, hätten.

Zu nennen sind Lob und Klage über Hirten wie Jesaja 40,11: "Er weidet seine Herde...,sammelt sie mit seinem Arm; die Lämmer trägt er an seinem Busen, die Mutterschafe leitet er sanft"- oder Jeremia 23,1ff, wo Klage über die Hirten geführt wird, die die Schafe verkommen lassen und nicht nach ihnen suchen, oder auch Ez 34, 2ff, die Weissagung gegen die Hirten, die die Tiere nur benutzen und schlachten, aber die Schwachen nicht stärken.

Im Unterschied zu Joh 10 fehlt hier allerdings die wechselseitige Beziehung, die durch γινώσκω αὐτά zum Ausdruck kommt.

Der Hirte wird in beeindruckender und z.T. noch heute zu beobachtender Verbundenheit mit seiner Herde beschrieben:

Er ruft sie einzeln und führt sie hinaus.

Sie hören seine Stimme und folgen ihm.

Er sorgt für ausreichende Weidefläche, ja bis zum Überfluß.

Er setzt sein Leben ein, wenn der Wolf kommt.

Dieses Verhalten ist nicht durch den Besitz motiviert; denn sein Leben könnte (müßte?) ihm wichtiger sein als das eines Schafes oder weniger Tiere. "Sachen" kann man ersetzen.

Daß die Grenze zwischen Bild- und Sachhälfte fließend ist, wird spätestens bei dem Versuch deutlich, ein weiteres Kennzeichen des guten Hirten innerhalb der Bildhälfte zu beschreiben: daß er auch Schafe aus einem Stall oder Gehege hinzuführt und selbst diese ihn kennen.

Bultmann [2] weist darauf hin, daß das Hirtenbild am klarsten in der mandäischen Literatur im Stil der Paränese hervortritt.

Im ersten Stück des Johannesbuches (45,11ff) heißt es dort: "Nicht springt ein Wolf in ihre Hürde, und vor einem grimmigen Löwen brauchen sie sich nicht zu ängstigen. Ein Dieb dringt nicht in ihre Hürde, und um ein eisernes Messer brauchen sie sich nicht zu kümmern".

In einer jüngeren Fassung wird der Hirte zum Schiffer, der die Schafe aus dem Wasser in ein rettendes Boot zieht, soweit sie seinen Ruf hören.

Das Vorkommen des Hirtenbildes in gnostischen oder gnostisierenden Kreisen führt Bultmann [3] auf Joh 1O zurück.

Von der Nähe zu alttestamentlichen Aussagen war bereits die Rede. Bultmann weist jedoch zugleich auf eine bedeutsame Differenz hin: der Hirte in Joh 1O ist nicht messianischer Herrscher. " Alle Züge einer königlichen Gestalt fehlen".[4]

Darauf einzugehen, erübrigt sich m.E. wegen des vorherrschenden Interesses an der Verwendung des Bildes selbst. Verwiesen sei jedoch auf das Hirtenbild in Mk 6,34 par in Anlehnung an Num 27,17.

Wichtig ist zudem die Erinnerung daran, daß Mose, David, Amos Hirten waren, bevor sie Führer, König und Prophet des Volkes wurden: Ex 3,2; 1 Sam 16,11; Amos 7,15 Die bereits dargestellte inhaltliche Nähe von König und Hirte ist hier realiter, d.h. in der "Biographie" der Genannten, aufzuzeigen.

3.3.   Anmerkungen zu Johannes 21,15-17

3.3.1. Johannes 21,15-17

Die Beauftragung des Petrus mit dem Hirtenamt im Rahmen der nachösterlichen Texte kann nur zögernd genannt werden; denn es handelt sich um eine Metapher, die von vornherein mehr Sache als Bild ist.

Sie soll trotzdem zur Sprache kommen, weil sie das o. beschriebene Verständnis vom "guten" Hirten unterstreicht.

Ein weiterer Grund liegt in dem andersartigen Auftrag:

Während Mt und Lk von einem Missionsbefehl sprechen, wird der Jünger hier mit dem ποίμαινε bzw. βόσκε beauftragt.

Der Wechsel der Verben ist vermutlich ohne besondere Bedeutung; interessant dagegen ist die Variationsbreite.

Nach W.Bauer [1] reicht sie von herrschen bis hüten, bewahren, pflegen und kommt damit dem wiederentdeckten Verständnis von רָדָה in Gen 1,26 nahe (s.dort)

Jesus vertraut seinem Jünger, der seine Bruderliebe bestätigt [2] ,die Menschen als leitungsbedürftige Schafe an. Dabei geht er - wieder - vom Bild des Hirten aus, wie es der beobachteten Realität entspricht.

3.3.2. Matthäus 15,24

Auch hier geht es um das Bildwort, so wichtig und herausfordernd Jesu Beschränkung auf "die verlorenen Schafe des Hauses Israel" auch ist.

Bei Markus fehlt das Bild, was nicht verwundert, weil er insgesamt nur zweimal von Hirte und Schafen spricht, während Mt es auch bei der Aussendung der Jünger verwendet (1O,6).

Ez 34 (11ff), wo Gott selbst nach seinen Schafen sieht, die Verirrten sucht und die Versprengten zurückholt (vgl.Lk 15,4-7), die Verletzten verbindet und die Schwachen stärkt, und 1 Kö 22,17, wo der Prophet Micha Israel zerstreut sieht wie Schafe, die keinen Hirten haben, mag Jesus im Sinn gehabt haben, als er die Syrophönizierin abweist.

Jesus sieht das Volk mit den Augen seines Vaters.

" Weder das Gesetz noch das Volk bestimmt hier... , was für Gott verloren ist; das weiß auch Er nur zu benennen und zu suchen...Er handelt, wie Gott handelt, mit seiner Macht und seinem Erbarmen" [1].

Auch hier ist das Abbild aussagestark genug, um auf Gottes Handeln und Liebe zu schließen: Die Schafe sind keine Sache.

3.4. Von der Fürsorge Gottes für die Tiere :
Matthäus 6,26 par. und Matthäus 1O,29 par.

3.4.1. Matthäus 6,26 // Lukas 12 ,22 ff.

Bestechend an dieser seelsorgerlich zu verstehenden Erinnerung an die Vögel ist das Selbstverständliche. Jesus sagt: so ist es.

Weder die Beziehung zwischen Nahrungssuche, also Leistung, und der bereits vorfindlichen "Ernte" wird reflektiert, noch eine Überlegung zum sola gratia angestellt. Jesus erinnert seine Hörer, die vergeßlich sind, an des himmlischen Vaters fürsorgliches Handeln.

Der Text unterscheidet sich von den vorher besprochenen: die Vögel dienen nicht als der Umwelt entnommenes Bild, sondern als Einladung zum Vertrauen mit der Schlußfolgerung a minori ad majorem.

U.Wilckens übersetzt οὐχ ὑμεῖς μᾶλλον διαφέρετε αὐτῶν; Matthäus 6,26 mit: " wieviel mehr bedeutet ihr ihm als sie ".[1] Der Satz aus der Bergpredigt scheint die Anthropozentrik zu bestätigen, weil Jesus dieses "mehr" nicht begründet.

In keiner der zugänglichen Auslegungen ist eine Begründung dieser" Höherwertigkeit" des Menschen zu finden; sie würde auch nicht der Verkündigung der Liebe Gottes durch Jesus entsprechen. Wiederum werden die Vögel auch nicht in ihrem Vorbildsein charakterisiert, geht es doch nicht um ihr Verhalten, sondern um das ihres Schöpfers und Erhalters.

" Man darf auch nicht sagen, das sei eine naive, optimistische Naturbetrachtung, die vom Kampf ums Dasein nichts weiß. Jesus kann auch Grausamkeit und Schrecken der Tiere zum Gleichnis prägen ".

Schniewind zitiert [2] als Belege Mt 7,6.15; 24,28; Joh 10,12 .

Zur - wenn auch eingeschränkten - Parallele verweist er auf einen aus dem Judentum stammenden, aber nicht lokalisierten, Text:

" Hast du je in deinem Leben Tiere und Vögel gesehen, die ein Handwerk haben? Und sie werden (dennoch) ohne Mühe ernährt. Und sie sind nicht nur geschaffen, um mir zu dienen. Und ich, der ich geschaffen bin, um meinem Schöpfer zu dienen, sollte ich nicht um so mehr ernährt werden ohne Mühe?" [3] Der Unterschied zwischen den Aussagen verdeutlicht das Bedingungslose in Jesu Verkündigung. [4]

Matthäus 6,26 nimmt keine hervorragende Stellung in unserem Fragekomplex ein und sagt zweifellos mehr über den Menschen als über das Tier aus; jedoch widerlegt er - im Verein mit anderen Aussagen - das vermeintliche Desinteresse Jesu am Mitgeschöpf.

Trotzdem gilt: die Problematik der gestörten Beziehung ist nicht sein Thema .

Bevor dieses mit Texten unterstrichen wird, die von der selbstverständlichen Nutzung von Tieren durch Jesus oder gar ihrer Vernichtung (Mk 5,1-20 parr.) sprechen, sollen noch andere Belege zur Sprache kommen.

3.4.2. Matthäus 1O,29 // Lukas 1,6f

Jesu Ermutigung der Jünger zur Sorglosigkeit mit Blick auf die zwei Spatzen, die nicht ohne ihres göttlichen Vaters Wissen und Willen vom Dach fallen, erfährt bei Lukas eine zusätzliche Betonung:" und nicht einer von ihnen ist vor Gott vergessen".

Die so billig gehandelten, nahezu wertlosen Tiere und die Jünger verbindet, daß sie von Gott nicht vergessen und nicht der Grausamkeit eines anonymen Geschicks preisgegeben sind, wenn auch die Menschen einen anderen " Wert" haben. [1]

Er liegt nicht in ihrer "Spezies" (s. auch das zum Speziezismus Gesagte), sondern in Gottes Zuwendung, die sie in ihrer Situation als Verfolgte besonders brauchen.

Eine zweifelsfreie Deutung vom Wortlaut des δια-φέρω her (Mt 1O,31) ist nicht möglich, da nach K. Weiß [2] der Begriff in der übertragenen Bedeutung, abgesehen von 1 Kor 15,41 (sich unterscheiden), nur Mt 1O,31 par und Mt. 12,12 (Heilung am Sabbat: ein Mensch ist mehr wert als ein Schaf) vorkommt, und zwar im Sinn von " besser sein als..".

Eine anthropologische Wertung, im Artgemäßen oder Moralischen, gibt der Text nicht her, zumal Jesus den sich Fürchtenden -wahrlich keine moralische Kategorie - die Nähe seines Vaters zuspricht. Eine Ableitung in anthropozentrischer Richtung oder zugunsten einer mitgeschöpflichen Gleichstellung verbietet sich ebenfalls.

Matthäus 6,26 par. ist expressis verbis allerdings der einzige Beleg für die Fürsorge Gottes gegenüber den Tieren aus Jesu Mund

3.5. Von der vorbildlichen Fürsorge im Tierreich:
    Matthäus 23,37 // Lukas 13,34

So selbstverständlich Jesus das Sorgen seines Vaters für die nahezu wertlosen Spatzen in der Bergpredigt verkündigt, so selbstverständlich setzt er den mütterlichen Schutz der Henne für ihre Küken voraus und vergleicht seine Sorge um Jerusalem (um Israel) damit.

Im parallelen Weheruf über die Pharisäer in Lukas 11 fehlt das Bild; es wird in 13,34 als selbständiges Logion überliefert.

Die Anklänge an Dt 32,11 - der Adler schwebt über seinen Jungen und trägt sie auf den Flügeln - vor allem an Ps 36,8 u.91,4 - die Flügel bieten Schatten und Zuflucht - sind deutlich.

J.Schniewind verweist [1] auf den Sprachgebrauch bei der Gewinnung eines Proselyten: man bettet ihn unter die Flügel der Schechina, d.h. in die Nähe Gottes. W.-Pangritz [2] bringt unseren Text mit der Erinnerung Jahwes an sein rettendes Handeln in Ägypten in Verbindung. Ex 19,4 heißt es: "Ihr habt selbst gesehen, was ich den Ägyptern getan, und wie ich euch auf Adlersflügeln getragen und euch hierher zu mir gebracht habe".

Das Bild ist nicht deckungsgleich ; doch das tertium comparationis im rettenden, bewahrenden Handeln des Muttertieres unter Einsatz seines Lebens ist es.

V.Dröscher berichtet [3] ,daß ein solches Verhalten bei einem Turmfalken in Deutschland und einige Jahre später sowohl in den USA als auch in Österreich bei Adlern beobachtet wurde .

Ein Adlerjunges, das fliegen lernt und zu Boden trudelt, wird von der Mutter gerettet, indem sie kurz vor dem tödlichen Sturz auf die Erde unter ihr Kind gleitet und es sicher auf den Boden oder in den Horst zurückbringt. Der hier beschriebene Steinadler, auch Goldadler genannt, kommt als einziger großer Greifvogel auch im Sinaigebirge vor.

Unser Text bedarf zwar keiner Apologetik mach dem Motto " und die Bibel hat doch recht", aber es ist nicht unwichtig, zu wissen: Altes wie Neues Testament - eben auch dieses! - gebrauchen nicht nur Bilder, sondern nehmen die Verdeutlichungen aus der Kenntnis mitgeschöpflichen Lebens.

Jesu Trauer, daß sich Jerusalem, sprich: Israel, sein Volk, nicht retten lassen will, vielmehr die warnenden Propheten tötet, wird durch dieses Bild noch eindrücklicher.

4. Nutzung der Tiere durch Jesus

    Vorbemerkung

Die sechs bzw. sieben Texte ,die von Jesu selbstverständlicher Nutzung der Tiere berichten, könnten trotz z.T. unterschiedlicher Skopoi summarisch behandelt werden. Wegen der differierenden Anlässe und Verwendung der Tiere jedoch seien jeweils knapp die Besonderheiten erwähnt.

4.1. Der Einzug in Jerusalem: Markus 11,1-10 parr.

Die Begebenheit, die selbst bei Johannes überliefert wird, besagt nichts über Jesu Beziehung zu den Tieren, hier: zur Eselin.

Jesus benutzt das Tier zwar nicht mit der Selbstverständlichkeit, die uns in den Texten begegnet, in denen er z.b. den Fischfang und -verzehr offensichtlich als Existenzgrundlage voraussetzt und nicht daran denkt, den bisherigen Beruf seiner Jünger kritisch zu hinterfragen.

Das Proprium der vorliegenden Perikope liegt in der Erfüllung alttestamentlicher Verheißungen, die Mk u.Lk. zwar nicht zitieren, dafür aber Mt u.Jh, wenn auch in abweichender Form.

Sacharja 9,9 spricht von dem Fohlen einer Eselin, weshalb man in der Mt.-Fassung - Eselin und Fohlen- wohl ein Mißverständnis sehen darf[1].

Mk und Lk fügen hinzu:" auf dem noch kein Mensch gesessen hat ".

Lohmeyer sieht [2] darin unter Bezug auf Num 19,2 und Dt 21,3 den Opfergedanken, der ein geweihtes bzw. reines Tier zwingend macht; dort ist von einer jungen Kuh die Rede.

Einleuchtender ist der Rückbezug auf Sacharja 9,9.

Merkwürdig nur, daß Lohmeyer und andere Ausleger nicht auf den Gegensatz beim Propheten eingehen, wonach der demütige König auf einem für den Kampf ungeeigneten Tier reitet und die " Streitwagen aus Ephraim und die Rosse aus Jerusalem" abschaffen und die Kriegsbogen zerbrechen wird.

.Provokativer läßt sich kaum reden, auch wenn Barclay [3] meint, daß Esel keine verachteten, sondern edle Tiere waren, die von Fürsten benutzt wurden, wenn sie in friedlicher Absicht kamen.

Beeindruckend formuliert G.Dehn:[4] :"Es war nicht die geringste Gemeinschaft vorhanden zwischen dem Reiter auf dem Esel und dem heilrufenden Volk. Es jauchzte einem ganz anderen Messias zu als dem, der dort saß, dem ja nicht einmal das Tier gehörte, auf dem er ritt..."

Noch einmal: aus der Begebenheit läßt sich keine thematisch weiterführende Aussage ableiten, es sei denn die Erkenntnis von einer subtilen Beziehung zwischen dem die Sünden tragenden und bald gekreuzigten Reiter und dem Tier, das schon damals und erst recht in der folgenden Kulturgeschichte zum Inbegriff des Lastenträgers neben dem Lamm als Symbol für klaglos und stellvertretend erduldetes Leiden geworden ist.

4.2. Das Gleichnis vom großen Abendmahl:
Matthäus 22,1-14 // Lukas 14,16-24

Das bei Mt und Lk überlieferte Gleichnis erwähnt nur in der erstgenannten Fassung,, daß beim Festmahl- hier eine Hochzeitsfeier des Königssohnes, dort ein "Großes Abendmahl"- Ochsen und Mastvieh geschlachtet wurden.

Trotz gewisser Differenzen sind sich die (mir zugänglichen) Auslegungen [1]darin einig, daß die überkommene Form die interpretierende Handschrift der Urgemeinde trägt, nämlich die allegorische Deutung auf einen Abriß der Heilsgeschichte mit paränetischem Anhang eines 2.Gleichnisses bei Mt. und Erweiterung der Urfassung um die zweite Einladung, also die Einbeziehung der Heiden in die Heilsabsicht Gottes, bei Lukas (Landstraßen = Synonym für die Heidenwelt).

Ob der Akzent auf dem Missionsbefehl liegt oder auf der Mahnung, sich auf die Einladung Gottes vorzubereiten, ob man das Urteil Jesu herausstellt:" sie waren es nicht wert,"ob man die Freude des Lukas über die Einbeziehung der Heidenwelt teilt: die ursprüngliche Intention ist erkennbar [2].

Gott lädt ein, und zwar großzügig, wie der Hinweis auf "meine" Ochsen und "mein" Mastvieh und auf die große Zahl Geladener wie die entsprechende Zahl von Knechten bei Matthäus und auf die Größe des Raumes bei Lukas zeigen - eine m.E. erlaubte und noch nicht in die Allegorese führende Interpretation .

Wenn das die tertia comparationis sind, ist die Erwähnung der Schlachttiere völlig sekundär, zwar nicht zu überhören, aber kaum aussagekräftig für eine Verhältnisbestimmung Mensch: Tier.

Fazit: Jesus hat die Nutzung der Tiere, auch zur Nahrung, als selbstverständlich angesehen, wie auch die folgenden Texte zeigen.

4.3. Das Gleichnis vom verlorenen Sohn bzw. wartenden Vater:

Lukas 15,11 ff.

Der Freude des Vaters über die Rückkehr des Sohnes entsprechen in diesem zweigipfligen Gleichnis Kleidung und Ring für den Heimkehrer und das Mastkalb beim Festessen.

Das" Milieu" wird unterschiedlich beurteilt: während M.Dibelius [1] in d e m Mastkalb Ausdruck für kleinbürgerliche Verhältnisse sieht, stellt K.H.Rengstorff [2] dagegen unter Berufung auf die zahlreichen Tagelöhner (V.17) gehobenes bürgerliches Milieu fest. J.Jeremias verweist darauf [3] , daß es üblich war, ein Mastkalb für alle Fälle bereit zu halten.

Welche Rolle bei dieser Wiedersehnsfeier das Mastkalb spielt, zeigt die dreimalige Erwähnung: im Befehl des Vaters,in der Auskunft des Knechtes und im Vorwurf des älteren Sohnes.

Nicht, daß das Essen wichtiger ist als die "Re-Investitur" [4] des verlorenen Sohnes vor allem durch den Ring.

Im Ring (= Vollmachtsübertragung),im Gewand (Heilszeit), in den Schuhen (Luxus und Kennzeichen des feinen Mannes) und im Festessen kommt die Verkündigung der frohen Botschaft gegenüber den Kritikern zum Ausdruck.

Auch diese Parabel hat einen eschatologischen Bezug und erinnert an alttestamentliche Bilder vom Fest am Ende der Tage; und das gemästete Kalb gehört dazu.

Auch Lukas 15,11ff. demonstriert den unreflektierten Umgang mit dem Nutztier.

4 4. Die Speisung der 5OOO und der 4OOO: Markus 6,35 parr.u.8,1ff

4.4.1. Die Speisung der 5OOO

Die Bedeutung des Speisewunders wird dadurch unterstrichen, daß alle Evangelisten es berichten, auch darin übereinstimmend, daß die Jünger -so die Synoptiker- bzw. ein Knabe -so Johannes - 5 Brote und 2 Fische bei sich haben.

Wenn die Zahl, wie Lohmeyer meint [1] ,zufällig ist, verwundert es, daß alle sie nennen. Ihm ist jedoch zuzustimmen, daß sie keine erkennbare Beziehung zur Zahl der

Gesättigten oder Jünger hat und die äußerst geringe Menge bezeichnet.

Daß das Brot das wichtigere Nahrungsmittel ist, zeigen die jeweiligen Schlüsse: nur Mk erwähnt, daß auch Fische übrigblieben.

Insofern trifft die Überschrift bei Lohmeyer," Das Brotwunder" [2] mindestens die Intention, obwohl Jesus bei den Synoptikern auch über den Fischen das in jüdischen Mahlfeiern übliche Dankgebet spricht. [3]

Diese Fische- nach Barclay sardinengroße Salzfische aus der Salzfischstadt Terichäa am See [4] - werden "als nahrhafte und pikante Beigaben zu den Brötchen", d.h. zu runden, vermutlich dünnen Fladen, [5] gegessen.

4.4.2. Die Speisung der 4000

Fische als Beigabe werden auch in der Speisung der 4000 -wahrscheinlich Dubletten zur Speisung der 5000 -, in Mk 8,1ff.// Mt. 15,29 ff.erwähnt. Dort ist von 7 Broten- ein Symbol? - und von ein paar kleinen Fischen(bei Mk) die Rede. [6] Alle Evangelisten stimmen darin überein, daß nach der Speisung der 5000 bzw. 4000 Menschen -bei Mk u.Mt nur Männer, Frauen und Kinder nicht mitgerechnet - zwölf Körbe mit κλασμάτων übrigbleiben.

Der t.t. scheint die Fische nicht einzuschließen .

Das Mahl als Zeichen für die angebrochene Heilszeit und die inhaltliche Nähe zum Abendmahl -Schniewind spricht vom Fortwirken der Tischgemeinschaften Jesu in die Überlieferung vom letzten Mahl, nicht umgekehrt - [7] verdeutlichen , daß keinerlei Interesse am Bericht über die Lebensweise der Menschen besteht.

Bei diesen Anmerkungen zu einem Text, der keine wesentlichen Aussagen zu unserm Thema macht, wohl aber zum Nachdenken auffordert, könnte es bleiben, gäbe es nicht die Gedanken von U.Bach [8] zum Speisungswunder, die zwar singulär, aber auch außerhalb des Kontextes, in dem sie stehen -" Heil und Heilung"- anregend sind. Auch wenn nur Markus von übrigbleibenden Fischen redet und das Brot im realen wie zeichenhaften Verständnis die Hauptsache ist: Bachs Überlegungen sind davon nicht abhängig:

" Der Friedensfürst, in dessen Reich weder Pflanzen noch Tiere Angst haben müssen vor einem himmlischen Freudenmahl, lädt zu Tisch (Speisung der 5000); die übrigen Brocken sind mehr, als es vorher die zur Verfügung stehenden Nahrungsmittel waren....5OOO Menschen wurden satt, aber weder tierische noch pflanzliche Ressourcen wurden weniger. Ein Wunder-bares Zeichen für ein künftiges Freudenmahl.. Wir werden alle satt; aber kein Fisch und keine Ähre muß Angst haben vor unserem Appetit. Ein herrliches 'Zeichen' für das, was uns verheißen ist. Aber heute gelten andere Regeln: Ein Säemann ging aus zu säen seinen Samen; werfet eure Netze aus :Gott will, daß wir heute in einer Welt leben, in der 'essen' notwendig mit "töten" verkoppelt ist.

Die Parallele sehe ich so: Ich glaube an den Herrn, in dessen zukünftigem Reich keine Mahlzeit mehr das Töten voraussetzt;(das weiß ich durch die Zeichen Jesu; und der gleiche Jesus leitet mich an, heute Fisch und Brot zu essen). Ich glaube an den Herrn, in dessen zukünftigem Reich es keine Krankheit und keine Behinderung geben wird; (das weiß ich durch die Zeichen Jesu); und der gleiche Jesus leitet mich an, heute das Heil auch da zu glauben, wo einer, wie in Mk 2, von vier Männern getragen wird".

Ergänzung: es gibt aber auch Zeichen für die Erwartung seines Reiches, die darin bestehen, sich nicht jedem vemeintlichen Zwang auszusetzen bzw. sogenannte Notwendigkeiten in Frage zu stellen, weil Er uns befreit hat.

4.5. Die Berufung bzw. der Fischzug des Petrus: Lukas 5,1-11

Schon die Überschrift zeigt an, wo der Akzent dieser Begebenheit -Sondergut des Lukas - liegt.

Die Parallelen zur Berufung bei Matthäus (4,18-22) und Markus (1,16-2O) können außer Betracht bleiben, weil sie wohl den Fischerberuf voraussetzen, aber nicht die Frage nach dem Verbleib der Fische nach einem so gewaltigen Fischzug wecken.

Sie ist für den Evangelisten offensichtlich ohne Belang, wie ja auch der Fischzug selbst unter den vom Evangelisten genannten Voraussetzungen nicht das Wunder ist, sondern die sofortige Berufung des Fischers gegen dessen Willen und Selbsteinschätzung.

Und doch ist eine kurze Betrachtung der Perikope m.E.sinnvoll.

Wenn sie nicht unter der Überschrift" Mißachtung der Tiere durch Jesus ?" (s.zu Mk 5,1ff) erfolgt, so versteht sich das aus der andersartigen Zielsetzung und dem wohl auch unterschiedlichen Ausgang des Geschehens.

Kommen dort die Schweine als unfreiwillige Dämonenträger um, so werden hier die Fische vermutlich nicht verderben, sondern genutzt. Doch verliert Lukas kein Wort darüber.

Welche Bedeutung haben die Fische angesichts der Sündenerkenntnis des Petrus und seiner Berufung zum Menschenfischer ?

Muß man im Desinteresse am Verbleib des Fangs ein Zeichen einseitiger Anthropozentrik sehen- siehe Barclays Gegenüberstellung zu Mk 5,1ff: Seelenheil und Tiertod - [1] , oder besteht möglicherweise umgekehrt die Gefahr, das Anliegen des Evangelisten durch ein unsachgemäßes, weil ihm fremdes, zu überlagern?

Der Text bestätigt jedenfalls die These von Jesu unreflektierter, mindestens aber nicht in Frage gestellter Tiernutzung.

4.6. Die Erscheinung des Auferstandenen am See von Tiberias:
Johannes 21,1 ff.

Auch dieser Text bedürfte keiner besonderen Erwähnung, zumal er mit Lk 5,1ff. verwandte Züge aufweist, wenn nicht der Kontext ein völlig anderer wäre und die Zahlensymbolik -153 Fische wurden gefangen - zu denken gäbe.

Die Unterschiede zu Lk.5,1 ff bestehen in der nachösterlichen Datierung, dem Anlaß, den Hunger zu stillen bzw. zum Brot auch Fisch zu essen, dem Einbringen des Fangs, der anschließenden Mahlzeit und der vermutlichen Deutung auf 's Herrenmahl (VV 12-14).

Auf Formgeschichte und Literarkritik kann verzichtet werden.

Daß der Abschnitt keine Einheit bildet, ergibt sich aus den verwirrenden Ungereimtheiten. Zu ihnen zählt, je nach Deutung der Frage Jesu nach dem Fisch zur Mahlzeit (V. 5), wie R.Bultmann [1] meint, daß der wunderbare Fischfang für die Mahlzeit nicht mehr erforderlich war, weil doch schon Brot vorhanden ist und die Jünger nach dem beachtlichen Fischzug feststellen müssen, daß bereits Fische auf dem Feuer liegen.

Zuzustimmen ist der Deutung der Begebenheit als Allegorie.

Daß die Zahl 153 die damals vorhandenen Fischgattungen und damit zugleich alle existierenden Menschengattungen repräsentiert [2] , ist nicht verifizierbar; ob aber Bultmanns Deutung auf die Zahl der Gläubigen wahrscheinlicher ist, läßt sich schwer sagen, zumal es keine Erklärung für die nicht runde Summe gibt [3].

Bedenkenswerter als die von R.Eisler geistreich analysierte Zahlensymolik - Σίμων = 76 und Ιχθύς = 77, Sa.153 - ist wohl der Hinweis von W.Pangritz [5] auf die Kabbala, in der die Zahl 153 das Passahlamm meint. Damit gewinnt das Mahl am See sakramentalen Charakter, nicht zuletzt durch die Formulierung in V.13: "Jesus trat zu ihnen, nahm das Brot und verteilte es unter sie, ebenso die Fische".

Auch Bultmann erkennt in diesem Essen ein Abbild des Herrenmahls [6].

Wenn die Deutung auf das Passahlamm in der Kabbala stichhaltig sein soll, müßte bereits in den Quellen zur Kabbala entsprechende Zahlensymbolik existieren ,die der Urgemeinde bekannt war.

Zur Unterstützung der Vermutung sei auf Apc 13,18 verwiesen.

Daß Jesus mit seinen Jüngern Fisch gegessen hat - Lk 24,41-43 zur Demonstration seiner Leibhaftigkeit nach der Auferstehung - unterstreicht wiederum seinen zweifelsfreien Umgang mit dem Tier als Nahrungsmittel. Da aber die Grenze zwischen Realität und zeichenhafter Bedeutung fließend ist -siehe auch das Weinwunder (Joh 2) und die Rede von sich als Brot des Lebens im Anschluß an die wunderbare Brotvermehrung (Joh 6,48) -, werden neutestamentliche Texte wie die hier besprochenen für unsere Fragestellung besonders aufschlußreich: denn die Verwendung von Bildern, Metaphern und Symbolen setzt eine mitgeschöpfliche Einbeziehung der Tiere in den Alltag wie in die Verkündigung Jesu voraus, die ihrer Pervertierung zur bloßen Sache widersteht.

4.7 Exkurs: Das Herrenmahl ein Passamahl ? Markus 14,12-26 parr.

Von den Einwänden gegen das Herrenmahl als Passamahl ist in unserem Zusammenhang nur der von Belang, der das Fehlen des Passalamms berücksichtigt, spielt es doch Ex 12,3ff eine große Rolle und soll auch im verheißenen Land auf die Frage der Kinder als " Opfer für den Herrn" (V.27) genannt werden.

Für J.Jeremias [1] erledigt sich der Einwand dadurch, daß Mk 14,22-24 " kultische Formel ist, die als solche nicht eine historische Beschreibung des letzten Mahls geben will, sondern die für die urchristliche Mahlfeier konstitutiven Momente nennt ".

Demnach ist das Passalamm kein wesentlicher Bestandtteil ?

Dazu verweist Jeremias auf den Mischnatraktat Pesahim, der zwar wohl das Passalamm als die Hauptsache ansieht, weswegen er Schlachtung und Zubereitung breit schildert, aber es im Festritual nur beiläufig erwähnt - und zwar im Rückblick. In den Vordergrund treten die Riten.

Für schwerwiegender dagegen hält Jeremias die ausdrückliche Erwähnung Lk 22,15 - nicht unbedingt einleuchtend, wenn πάσχα nicht zwingend das Lamm meint, im Gegensatz zu V.7.

Gewichtiger aber ist, daß Jesu Deutung "mein Leib, mein Blut" mit Brot und Wein verbunden wird und es offenbleibt, ob bei seiner Mahlfeier mit den Jüngern wirklich ein Lamm geschlachtet wurde.

Die geläufige Assoziation, wie das Blut der Lämmer an den Türpfosten in Ägypten die Israeliten rettet, so rettet "das Lamm Gottes" die Seinen, hat offensichtlich an den synoptischen Berichten von der Einsetzung des Abendmahls keine Stütze, zumal der Hinweis des Täufers, Joh 1,29, nicht mit dem Passaverständnis Jesu in Verbindung gebracht werden kann.

Merkwürdig, daß den Kommentatoren dieses Phänomen keine Schwierigkeiten bereitet, wie die fehlende Erwähnung zeigt.

Lohmeyer hilft sich mit der Feststellung, daß die Beziehungen zum Passamahl "unsicher und undeutlich "sind[2] .

Selbst wenn eine zeitliche Parallele zum jüdischen Passa besteht,so ist doch dieser Befund ohne Einfluß auf das Abendmahl.

Lohmeyer sieht in den deutenden Worten Jesu " Bräuche ..eines frommen jüdischen Hausvaters"[3].

Schniewind [4] geht davon aus, daß Jesus wirklich an die Passa-Sitte anknüpft, aber diese neu gestaltet wird. Der veränderten Gestaltung entspricht die veränderte Zeit, das Mahl zu feiern.   " Das Gedächtnis Jesu, von dem der Wiederholungsbefehl spricht   (Lk 22,19; 1 Kor 11,26f), meint die 'neue Ordnung' Gottes in Gegensatz zum Pascha, das (2 Mose 12,14; 13,9 ; 5 Mose 16,3) ein 'Gedächtnis' der Befreiuung aus Ägypten bedeutete" [5].

G.Dehn [6] sieht nicht im Passamahl den alttestamentlichen Prototyp, sondern eher im Bundessschluß zwischen Gott und Israel, Ex 24, zumal das Passaopfer ein Freuden- und Dankopfer, aber kein Sühnopfer war .

Barclay [7] schildert den Ablauf der Passafeier vom Becher des Kiddush bis zum Hallel bzw. den Schlußgebeten. Aber auch er geht auf das Fehlen des Lammschlachtens und - essens nicht ein.

Ob sich dieses daraus erklärt, daß die Opferung des Passalammes am Nachmittag vor der Passafeier erfolgte - ein grausames Geschehen, da nach Barclay- unter Berufung auf Josephus - mehr als 25OOOO Lämmer im Tempel getötet wurden?

W.Pangritz [8] und G.M.Teutsch [9] sind im Unterschied zu den Kommentatoren an der Frage interessiert, ob beim Abendmahl Jesu mit seinen Jüngern ein Passalamm gegessen worden ist und antworten mit Nein.

Die Gründe: Wenn das Johannesevangelium die zutreffende Datierung für die Kreuzigung, nämlich den 14.Nisan, nennt, dann fehlt das Lamm, das mit allen anderen zusammen erst an diesem Tag im Tempel geschlachtet worden wäre. Jesus hätte somit das letzte Mal mit seinen Jüngern um einen Tag vorverlegt.

Gegen die Datierung der Gerichtsverhandlung und der Kreuzigung durch die Synoptiker auf den 15. Nisan spricht, daß die Juden wohl kaum das Passafest auf diese Weise entweiht hätten.

J.Jeremias' umfassende und gründliche Untersuchung [10] der Einwände gegen den Charakter des Abendmahls als eines Passamahls und gegen die Datierung durch die Synoptiker, zeigt aber, wie schwer eine endgültige Beurteilung fällt.

Eindeutig jedoch ist, daß die Synoptiker ein Passalamm nicht erwähnen.

Aus den Berichten über das letzte Mahl Jesu mit seinen Jüngern läßt sich also nichts ableiten für sein Verhältnis zu den Tieren.

Es kann auch nicht darum gehen, Jesus für ein unblutiges, d.h. bewußt vegetarisches, Abschiedsessen in Anspruch zu nehmen. Dagegen sprechen schon die eindeutigen Belege für ein fleisch - bzw. fischhaltiges Essen in anderen Texten.

Wichtig ist vielmehr, ob Jesus Tieropfer bejaht oder ablehnt..

5   Sabbatheiligung oder Tierrettung ?   Eine Güterabwägung

Matthäus 12,11f. ;Lukas 14,5 und 13,15

5.1. Matthäus 12,11f: Das Schaf in der Grube

Wenn man von der Variante Lk 14,5 absieht, die aber wegen der Alternative Sohn oder Ochse gesondert behandelt wird, ist die Frage Jesu an die Menschen in der Synagoge Sondergut des Matthäus; denn die Fassung bei Mk (3,1-6) u.Lk (6,6-11) nennt nicht den Vergleich mit dem Schaf, das in die Grube gefallen ist.

Die Exegese des Textes ist nicht so eindeutig, wie es beim ersten Bedenken des Sachverhaltes scheinen könnte.

Daß Jesu Gegenfrage an die kritischen Beobachter in der Synagoge rhetorisch ist, weil sie ihm in der Sache recht geben müßten, liegt ebenso auf der Hand wie die Einschätzung, daß der Text keine tierfreundliche Aussage machen möchte. Zunächst ist auch deutlich, daß es sich um einen Vergleich a minori ad majorem handelt, was Jesus durch die Feststellung unterstreicht, der Mensch sei mehr wert als ein Schaf.

Daß er einen solchen Vergleich wählt, könnte überraschen, weil ja- anders als LK 14,5 - nicht ein Mensch am Sabbat in den Brunnen gefallen ist, m.a.W. die Heilung der Hand einen Tag Aufschub erlaubt hätte.

Aber nicht Jesu Haltung steht zur Diskussion, sondern die derer, die auf ihn achthaben.

A.Schlatter hält es für ein" krummes Urteil, das nicht auf Gottes Sinn achtet, sondern ihrem Eigennutz dient", wenn die Gesetzestreuen einem Schaf zu helfen für ihre Pflicht halten, in der Hilfe für einen Menschen aber Sünde sehen [1].

Ähnlich urteilt J.Schniewind [2].

Anders E.Lohmeyer , der voraussetzt, daß die Rettung des Tieres nicht ein von der rabbinischen Kasuistik erlaubter Fall, daher also ein Akt der Liebe und Erbarmung ist, zumal es sich um das einzige Tier eines armen Mannes handelt.[3]

So sehr der erste Teil der Begründung einleuchtet, um so weniger der zweite: da der Mann nur ein Schaf hat und als arm bezeichnet wird, braucht er es zu seiner Existenzsicherung; hätte er viele Tiere, könnte er ggf. auf eins verzichten; und dessen Bergung wäre als Indiz für Tierliebe glaubwürdiger.

Lohmeyer ist aber dessen ungeachtet zuzustimmen, daß sich die Frage der Pharisäer durch Jesus von einer rechtlichen zu einer religiösen verändert hat [4].

5.2. Lukas 14, 5 : Sohn (Esel) oder Rind (Ochse) im Brunnen

Im Unterschied zu Mt. 12,11f wartet Jesus die Antwort der Gäste im Haus des Pharisäers nicht ab, sondern heilt den Wassersüchtigen und stellt dann die Frage.

Das Nebeneinander von υἱός und βοῦς ist merkwürdig.

Andere Handschriften schlagen ὄνος vor; die lectio difficilior ist aber fraglos ὄνος und damit wahrscheinlicher; zudem verweist Grundmann [1] auf Ex 20,10 u. Dt 15,14; doch ist darin kaum eine Parallele zu erkennen; und er selbst hält einen Abschreibfehler (z.B. aus εἰς) für denkbar, zumal die Nähe zu 13,15 u Dt 22,4 offensichtlicher ist.

Entscheidet man sich für εἰς (wozu keine HS Anlaß gibt), oder ὄνος, . lautet der Tenor - wieder a minori ad majorem -: wenn ihr Tiere am Sabbat rettet, dann doch wohl erst recht...

Andernfalls verschiebt sich der Akzent vom Eigenen auf den Fremden: was ihr am eigenen Kind tut, werdet ihr doch wohl jedem Menschen auch tun.

Auch in dieser Heilungsgeschichte steht nicht die Tierliebe im Vordergrund, zumal der Ochse ein erhebliches Kapital darstellt.

5.3. Lukas 13,15: Tränken am Sabbat

Der Casus im vorliegenden Text ist insofern ein anderer, als hier wirklich Fürsorge für ein Tier die Rolle spielt -es sei denn, man unterstellt auch hier Egoismus: daß nämlich ein nicht getränkter Ochse oder Esel geschwächt und damit nicht mehr so leistungsfähig ist. Abwegig ist der Gedanke nicht [1].

P.van Boxel nennt [2] Parallelen zum biblischen Text, die zeigen, daß zwei Gesetze betroffen sind: das Verbot bzw. die Erlaubnis loszubinden und das Entsprechende für's Tränken.

Grundmann [3] spricht die Verschärfung durch die Damaskusschrift bzw. Erubin an, wonach man das Tier nicht weiter als 2000 Ellen vom Hof wegführen bzw. es nicht selber tränken darf.

Auch in diesen Versen relativiert der Kontext das Interesse am Tier, geht es doch um die gekrümmte Frau und ihre Heilung.

Grundmann: Jesu Erwiderung bekommt "den Charakter herrschaftlicher Verfügung, die dem Sabbatgebot seine Auslegung gibt" [4].

6. Mißachtung der Tiere durch Jesus?

Markus 5,1-20 // Matthäus 8,28ff // Lukas 8,26-39

" Man spürt dieser Geschichte noch heute an, mit welch einfältiger Freude die Christen diese große Machttat ihres Herrn in aller volkstümlichen Farbigkeit und Frische erzählt haben: als hervorragenden Sieg des Gottessohnes, dessen Macht auch über die vielfache Kraft einer Legion von Teufeln zu gebieten weiß. Das ist eine Geschichte ganz für das Auge. Hier soll und darf geschaut , gestaunt, erschrocken gefürchtet und erleichtert gejubelt werden.

Jesus Christus bezwingt auch die gesammelte Streitmacht des Bösen".

Daß U.Wilckens mit diesen Sätzen aus seinen Erläuterungen zum Neuen Testament [1] den Skopus des Textes zutreffend wiedergegeben hat, erschwert den Einwand, a) weil die Frage nach dem Schicksal der 2000 Schweine [2] als eine möglicherweise tierschützerisch motivierte an der Aussage vorbeigeht, weil b) auch die nach der Zukunft der arbeitslos gewordenen Hirten die Intention der Verkündigung nicht trifft und weil c) jeder denkbare Vorbehalt die Aussage zur dämonischen Macht und zur noch größeren Gewalt des mit Jesus anbrechenden Reiches Gottes relativiert.

Sich - ungeachtet des eigenen Standorts - mit der Auskunft zufrieden zu geben, Schweine seien für den judenchristlichen Erzähler (und die Mehrzahl seiner Hörer) unreine Tiere, oder "allzu große Bedenken" zeugten von " einzigartiger Blindheit" bzw. mangelndem Verständnis für Proportionen und für Jesu Sorge um das Heil des Besessenen [3] , erweist sich angesichts biblischer Aussagen zum eschatologischen Frieden - siehe u.a. Mk1,13 - und zu Jesu heilendem Handeln als bedenkliche Verkürzung.

E.Drewermann [4] hilft sich mit tiefenpsychologischer Deutung der Besessenheit

124

(Ohnmacht und Ausgeliefertsein), der Schweine (das Säuische in uns), des Wassers (das Meer des Unbewußten) und ist davon überzeugt, daß er damit dem biblischen Text eher gerecht wird als die historisch-kritische Methode [5].

E.Lohmeyer erkennt einen Gegensatz zwischen Judentum und Heidentum, auch zwischen dem "reinen und lieblichen Westufer und dem unreinen und düsteren Ostufer". Selbst die phantasievoll große Zahl offenbart die Distanz zum Heidentum: die heidnischen Bauern sind reich im Gegensatz zu den jüdischen .[6]

Alle Deutungsversuche, auch auf dem religionsgeschichtlichen Hintergrund, zeigen bei aller Übereinstimmung über den Aussagegehalt eine gewisse Verlegenheit, die für intellektuelle und theologische Redlichkeit spricht.

Die Hinweise auf Gemeindebildung, Lokalkolorit oder die Symbolbedeutung der Zahl sind eine gewisse Hilfe, aber keine Lösung.

Ihre Hilfe besteht darin, den Ausgang der Heilung nicht mit vermeintlicher Mißachtung der Tiere durch Jesus in Verbindung zu bringen, sondern das Erschrecken über die dämonischen Mächte und das Erstaunen über Jesus als Befreier bildhaft zu machen. Damit kann das Befremden über das Schweigen zum Tod der Tiere und zum Schicksal ihrer Hirten nicht zur zeitgenössischen Marginalie werden.

Die Perikope [7] zeigt aber als besonders eklatantes Beispiel, wie unzureichend tierethische Kriterien sind, und nötigt uns zur Achtung und vielleicht sogar zur Freude über ihre eigentliche Botschaft ,wie H.Merklein sie am Ende seines genannten Aufsatzes formuliert: "Was den Traum zur Hoffnung und die Hoffnung zur Tat werden läßt , ist der Glaube, daß in Jesus Christus alles bedrohende Chaos grundsätzlich überwunden ,die Zukunft der Welt also nicht mehr offen, sondern zugunsten einer von Gott beherrschten Welt entschieden ist. Die Hoffnung, daß Gott uns ein neues Herz geben und die Welt neu schaffen wird ,läßt uns die Herzen heilen und die Welt verändern"[8].

Eine solches eschatologisches Verständnis ,das die partielle Änderung im Blick hat, muß nicht einseitig zu Lasten der Mitwelt gehen, wie die Darstellung schöpfungstheo-logischer Aussagen in der Geschichte (des Pietismus, der Aufklärung, der Erweckungsbewegung)   und in der Gegenwart zu zeigen hat.

7. Das Opferverständnis im Neuen Testament

7.1. Die Tempelreinigung : Markus 11,15 ff

Die Tempelreinigung, von allen Evangelisten überliefert, wenn auch mit gewichtigen Unterschieden - die Belehrung ist, anders als bei Mt und Lk, ein getrennter Akt; bei Joh werden außer den Tauben auch Ochsen und Schafe genannt; ferner wird die Begebenheit an den Anfang der Wirksamkeit Jesu gestellt - bedeutet nicht eine Ablösung des Tieropfers.

Dafür könnte zwar das Zitat aus Jeremia 7,11 - bei Joh stattdessen Ps 69,10 - sprechen, kritisiert doch der Prophet die Berufung auf den Tempel, die hohl ist angesichts des gottlosen und ungerechten Handelns, und außerdem die Berufung auf die Opferpraxis, die sich nicht auf ein Gebot Jahwes stützen kann; aber die Bezeichnung des Tempels als Bethaus "für alle Völker" in Jes 56,7 setzt Brand-und Schlachtopfer voraus, die "wohlgefällig sind auf meinem Altar"(Zürcher Übersetzung).

Die Vertreibung der Geldwechsler und Taubenverkäufer vom Tempelplatz der Heiden ist wohl als eschatologische Handlung durch den von Gott Gesandten zu verstehen.

Daß Jesus die Barmherzigkeit wichtiger ist als das Opfer, wissen wir aus Mt 9,13, nicht aber, daß er es grundsätzlich abgelehnt hat.

Die Übersetzung von $\sigma\pi\acute{\eta}\lambda\alpha\iota o\nu\ \lambda\eta\sigma\tau\tilde{\omega}\nu.$ mit "Mördergrube" statt mit "Räuberhöhle" käme zwar diesem Verständnis entgegen, ist aber nicht gerechtfertigt [1].

Auch aus Jesu Aussagen über den Tempel andernorts ist nicht die grundsätzliche Infragestellung des Heiligtums und damit des Kultes einschließlich der Opfer abzuleiten - vgl. Mk 13,2; 14,58; Mt 12,6 .

Sie wollen verstanden werden als die Verkündigung des Messias, der etwas Anderes ist als ein neuer Prophet.

Möglicherweise ist die johanneische Überlieferung der Perikope " besser als die unsere" [2]. Die Begründung für die Annahme sieht Schniewind in der Plazierung am Anfang der Wirksamkeit Jesu .

" Jesus hätte dann mit einem offenen Angriff begonnen, der zugleich Bejahung und Verneinung des Gesetzes war" [3].

Aus den vier Überlieferungen zur Vertreibung der Händler im Tempel und Jesu

Begründung dafür ist wohl zu schließen, daß Opfer nicht unbedingt Bestandteil der Anbetung, eher überflüssig sind [4] , - aber mehr nicht, schon gar nicht eine radikale Kritik an der Tiertötung.

7.2. Das Opferverständnis bei den Synoptikern

Da der Opfergedanke des Alten Testaments in der Bundesordnung wurzelt, die Gabe an Gott also Ausdruck der Gemeinschaft zwischen ihm und den Menschen ist, wird verständlich, warum das Opfer in der Verkündigung Jesu zwar nicht grundsätzlich abgelehnt wird, aber auch keine wichtige Rolle mehr spielt, zumal der Mißbrauch und die Perversion in seine Zeit hineinreichen.

Jesus setzt die im Opfer zum Ausdruck kommende Gottesverehrung voraus ,wie u.a. Mt 5,23 u.23,18ff. zeigen.

Seine Worte über den Tempel und in diesem Zusammenhang über das Opfer - z.B. Mt 12,6f u.26,61 - verdeutlichen seine Einschätzung.

7.2.1. Markus 1,44

Jesus fordert den geheilten Aussätzigen auf, sich dem Priester zu zeigen und zur Reinigung Opfer darzubringen, wie das Ritual in Lev 14,2 ff vorschreibt.

Merkwürdig, daß der Heiland , der durch den Kontakt mit dem Leprösen das Gesetz gebrochen hat, sich nun den levitischen Bestimmungen unterwirft, obwohl die Befreiung vom Aussatz offensichtlich ist[1].

7.2.2. Matthäus 5,23

In der Aufforderung Jesu, sich vor dem Opferritus mit dem Bruder zu versöhnen, wird wohl gewichtet, aber die Gabe nicht abgelehnt.

Aus dem Begriff δῶρόν ist nicht zu schließen, um welche Art Opfer es sich handelt.

Lohmeyer[2] schließt aus dem Wesen der Speisopfer-" nur als Beigabe und höchstens von Frauen als selbständige Opfer dargebracht"-, daß ein Tieropfer gemeint ist; er hält aber auch für möglich, daß kein tatsächlicher Vorgang , sondern ein gleichnishaftes Beispiel von Jesus genannt ist.[3]

Eine Alternative - Aussöhnung statt Opfer - steht allerdings nicht zur Diskussion, weil a) Jesus auffordert :"dann komm und bringe..", und weil b) das Eine Dienst am Nächsten, das Andere Dienst vor Gott ist.

Schniewind [4] nennt Jesu Haltung im Unterschied zu der der Urgemeinde - siehe Hebr.1O,1ff u.a - konservativ. Bei ihm gilt noch nicht der Gegensatz zwischen Christi einmaligem Opfer und jedem wiederholbarem menschlichen.

Anders Schlatter: er erkennt [5] in der Bejahung des Opfers eine Gnade Gottes, daß er seinem Volk erlaubt, ihm Gaben darzubringen.

7.2.3 Matthäus 9,13

Der Kontext zu diesem bereits erwähnten Urteil Jesu ist die Berufung des Matthäus und das Bild vom Arzt und den Gesunden bzw. Kranken. Insofern kommt Jesu Zitierung von Hosea 6,6 bzw. 1 Sam 15,22 überraschend, d.h. nicht etwa ausgelöst durch eine Opferdebatte oder -handlung.

Auf die jeweiligen alttestamentlichen Kontexte muß hier nicht eingegangen werden, auch nicht auf Lohmeyers Gegenüberstellung von priesterlichem Dienst am Opferaltar und Jesu Mahl mit Deklassierten als dem wahren Gottesdienst.[6]

Angedeutet sei es aber, weil daran die Vergeistigung des Opfers abzulesen ist.

7.2.4. Matthäus 23,18-22

Der Sitz im Leben dieser Worte Jesu zum Schwur beim Opfer bzw. am Altar ist wieder eine Auseinandersetzung Jesu mit Schriftgelehrten und Pharisäern.

Jesus kritisiert die Auslegung, wonach das Schwören beim Opfer bindend ist, das am Altar dagegen nicht, als gegen das Gesetz (Ex 29,37). Der Altar, sagt er, ist der Hinweis auf den, der Opferstätte und - gabe heiligt.

Auch mit dieser Textstelle finden wir keine weiterführende Aussage über das Tieropfer, bestenfalls eine Bestätigung von Mt 5,18, wonach Jesus das Gesetz nicht auflöst, sondern erfüllt.

Dieses ἀλλὰ πληρῶσαι ist, wie die synoptische Überlieferung zeigt, eine radikale Verwirklichung, mithin das unausgesprochene Ende der bisherigen Opferpraxis als Erfüllung des göttlichen Willens.

7.2.5 Lukas 2,21ff

Die Perikope berichtet von der Beschneidung und Darbringung des Jesuskindes im Tempel durch seine Eltern und vom Vollzug des Reinigungsopfers nach der Vorschrift in Lev.12,1ff (s.o.).

Der Evangelist geht mit der Weisung unbefangen um; er stellt die Eltern Jesu als gesetzestreu dar.

7.2.6. Lukas 13,1f.

Hier geht es nicht um die Erfüllung oder Infragestellung der Opfervorschrift, sondern um den brutalen Mord an galiläischen Männern während einer Opferhandlung im Auftrag des Pilatus und um die im Neuen Testament immer wiederkehrende Frage nach einer besonderen Schuld als auslösender Ursache.

Auf die Vermischung tierischen und menschlichen Blutes geht Jesus ebenso wenig ein wie auf die ggf. auslösende Sünde der Getöteten und die frevelhafte Mißachtung einer Opferhandlung durch den römischen Statthalter.

Der Text wird trotzdem hier genannt, weil sich in Jesu Mahnung zur Umkehr ohne Erwähnung des Opfers - etwa als eines Zeichens für die Metanoia - die schon erwähnte Betonung des Gehorsams als der Gott wohlgefälligen Gabe zeigt.

Der geringen Zahl von Textbelegen zum Thema Opfer in den synoptischen Evangelien kommt eine ähnliche Aussagekraft zu wie dem Schweigen Jesu zu dessen grundsätzlicher Bedeutung (oder umgekehrt) [7].

7.3. Das Opferverständnis in der Apostelgeschichte

Von den vier Texten, die vom Opfer reden - 7,41; 14,13;21,26; 24,17 - sind m.E. nur zwei von Belang.

In der Rede des Stephanus (7,1ff.) fordert das Opfer für den Götzen die kritische Frage Gottes heraus, wann während der Wüstenwanderung ihm Tiere als Opfer dargebracht worden seien,- bei näherem Zusehen kein Plädoyer für den Opferkult. In Lystra (14,13) können Paulus und Barnabas kaum verhindern, daß ihnen wie Göttern nach heidnischem Ritus Ochsen geopfert werden.

21,26 berichtet, daß Paulus nach dem dringenden Rat der Ältesten in Jerusalem an die Judenchristen, kein Götzenopferfleisch, Blut und Ersticktes zu essen, sich weiht (ἁγνισθείς),in den Tempel geht und innerhalb der vorgeschriebenen Frist Opfer darbringt. Damit entspricht er z.t. den Vorschriften aus Num 6,1 ff.; auch dort ist wohl die Regelung für die Armen vorausgesetzt wie Lev. 5 u. 7 (s.zu Lk 1,24) [1].

Daß Paulus den Erwartungen der Judenchristen entspricht, sich der Reinigung unterzieht, das erwartete Opfer darbringt und wohl auch die Kosten für die Reinigungshandlungen übernimmt (V.24), zeigt, daß er im Verständnis des Verfassers der Apg. ähnlich wie Jesus nicht den Opferritus radikal in Frage stellt.

Das gilt auch für den letzten Text, 24,17.

Daß προσφορά. , die Paulus in seiner Verteidigungsrede vor dem Statthalter samt den Almosen erwähnt, Nasiräatsopfer wie 21,6 meint, ist unwahrscheinlich: wie sollte er voraussehen, daß diese- aufgrund welcher Verunreinigung ? - nötig sein würden ? Spitta u.a. gehen lt.Haenchen [2] von einem redaktionellen Zusatz aus.

A.Schlatter [3] hat mit der Erwähnung des Opfers keine Schwierigkeiten: „Paulus wußte, wie es in Jerusalem stand; und er mußte die Stadt meiden, wenn er nicht opfern wollte. Er hatte freilich bei seiner Reise zunächst die Christenheit und ihre Eintracht im Auge; diese förderte er aber gerade dadurch, daß er dem Tempel und Altar die Ehre gab, die ihm das Gesetz zusprach" [4].

7.4.   Das Opferverständnis in den paulinischen und anderen Briefen

7.4.1 Römer 12,1

Schon der Begriff τὴν λογικὴν λατρείαν   verdeutlicht, daß Paulus das bisherige Opferdenken überwunden hat. Dieser im Hellenismus bzw. im hellenistischen Judentum angesiedelte Sprachgebrauch, der das Dankgebet statt des Dankopfers meint ,wird inhaltlich noch verstärkt durch διὰ τῶν οἰκτιρμῶν :

Gottes Erbarmen ist die Voraussetzung, nicht die Folge des neuen "Opfers".

Es macht möglich, was nach altem Opferverständnis erst bewirkt wurde.

Die Leiber hinzugeben bedeutet etwas radikal Anderes, als ein Tier preiszugeben, auch wenn , ζῶσαν das Beiden gemeinsame versinnbildlicht: das Lebendige.

Distanziertes Opfern ist nicht mehr möglich aufgrund der seelsorgerlichen Mahnung in V.1 und des verpflichtenden Charakters der Charismata (V.6), die jedem verliehen sind.

In V. 9 ist von der ἀγάπη bzw. der φιλαδελφίᾳ die Rede: sie ermöglichen den Gemeindegliedern die veränderte Gemeinschaft.

7.4.2. Römer 15,14 ff.

Der Skopus in diesem Briefabschnitt ist derselbe.

Der Apostel nennt sich einen "priesterlichen Diener Christi", der das Evangelium verkündigt und die Heiden Gott zum Opfer darbringt, die geheiligt sind .

War in 12,1 von der λατρεία die Rede, so hier sinngemäß von λειτουργία bzw.

λειτουργός .Die Vergeistigung der Kultusbegriffe entspricht dem veränderten Opferverständnis, das die Hingabe des Lebens zur Heiligung durch Gott meint.

O.Michel [1] weist aber darauf hin, daß diese Spiritualisierung nicht im hellenistischen Sinn erfolgt, sondern die " heils-und endgeschichtliche Verwirklichung des Kultus" meint.

Vermutlich ist dem Apostel die Vision des Tritojesaja (66,20) bekannt, nach der die Brüder aus allen Völkern Jahwe als Opfergabe dargebracht werden.

7.4.3. 1.Korinther 5,7; 9,13 und 10,19 f

Im ersten Korintherbrief begegnet der Opfergedanke sehr unterschiedlich.

5,7 sind Sauerteig und neuer Teig Bilder für den alten bzw. erneuerten Menschen; das Passahlamm (πάσχα) ist Christus, der geopfert wurde.

Anlaß für die Mahnung an die Korinther ist das Vergehen der Blutschande in der Gemeinde. Für den Täter ist Rettung am" Tag des Herrn" zu erhoffen ,wenn er jetzt aus der Gemeinde entfernt wird. Aber die Gemeinde als ganze ist durch die Tat verunreinigt, d.h. "durchsäuert". Also muß der Sauerteig entfernt werden. Sühne kann nur der Opfertod Christi schaffen. Er bedeutet Befreiung, so wie damals der Tod der Tiere Israel in Ägypten rettete und das Passah zur Erinnerung gefeiert wurde. Darum die Aufforderung: ἑορτάζωμεν.

Ganz anders 9,13 und 10,19f.

Paulus benutzt den Rechtsanspruch des Priesters auf Opferfleisch - Num 18,31 u. Dt 18,1ff -, um die "Vergütung" an die Verkündiger des Evangeliums zu rechtfertigen und beruft sich zugleich auf zwei Herrenworte: Mt 10,10 u. Lk 10,7 .

Die Begründung einige Verse vorher (V.9) mit den dreschenden Ochsen hat vor allem wegen der Unterstellung oder mißverständlicher Auslegung, Gott kümmere sich nicht um sie , Widerspruch ausgelöst. Dieser Nachsatz kann als Geringachtung des Tieres verstanden werden, zumal er durch nichts veranlaßt wird, am wenigsten durch die Intention von Dt 25,4, wenn auch durch die Vorschrift dort; denn das Verbot, dem arbeitenden Tier das gedroschene Korn zu verweigern, hat tierfreundlichen Charakter[2].

In 9,13 finden wir eine Ablösung vom ursprünglichen Opfergedanken; 10,19 dagegen hat eine andere Veranlassung: Paulus wehrt sich gegen den Götzendienst unter Berufung auf die Gemeinschaft des Leibes Christi; diese schließt die Gemeinschaft mit Dämonen aus. Um diese aber handelt es sich beim heidnischen Opfermahl.

Als Elemente des Herrenmahls werden wieder Kelch und Brot genannt. Eine Verbindung beider Mahle ist für den Apostel ausgeschlossen. Sie stellt den Tod Christi auf's Spiel.

Bereits der Sprachgebrauch Τὸ ποτήριον τῆς ᾽εὐλογίας verdeutlicht die Absage an das bisherige Opferverständnis.

7.4.4.   Philipper 2,17 und 4,18

Hier ist es der Apostel selbst, der sich als "Trankopfer"(σπένδομαι) neben dem Opfer des Glaubens der Philipper versteht. Zugleich ist er aber auch der Priester, der die Kulthandlung vollzieht.

E.Lohmeyer [2]: " Wohl ist dieses Bild dadurch leise verschoben; aber es ist möglich durch den altgeheiligten Gedanken des Martyriums, nach der jeder Märtyrer für eine Gemeinschaft leidet und stirbt".

D.h. das Opfer setzt eine Gemeinschaft voraus, der es zugute kommt.

Eine dem Alten Testament unbekannte Freude über dieses von Gott gewollte Ende im Rahmen seines Heilsplans bestimmt die "Kultszene" des Apostels. Zu dieser Freude fordert er die Gemeinde gleich zweimal auf.

Sie bestimmt auch das letzte Kapitel, an dessen Ende sich Paulus für die durch Epaphroditus übergebene Sendung bedankt, ein θυσίαν δεκτήν.

Die Aussage, daß Gott ein Wohlgefallen an diesen Gaben hat, erinnert an Hebr 13,16 (dort lediglich die Verbform εὐαρεστεῖται).

Beide Texte nehmen die soziale Interpretation des Opfers durch die alttestamentlichen Propheten auf: Empfänger sind statt Gottes die Bedürftigen.

Damit ist das Opferverständnis radikal verändert.

7.4.5. Epheser 5,2

Christus ist das Opfer, jedoch, anders als Rö 8,32, nicht von Gott dahingegeben, sondern durch sich selbst dargebracht (παρέδωκεν ἑαυτὸν ὑπέρ).

Diese Aussage bündelt gewissermaßen die bisher herausgestellten Merkmale des neuen Opferverständnisses: den Sühnegedanken, die Barmherzigkeit anstelle des Opfers, die Gnade bzw. Liebe Gottes als Voraussetzung für die Identität von Priester und Gabe und den Glauben, der sich die Umkehrung gefallen läßt: nicht mehr der Mensch opfert, um die gestörte und zerstörte Verbindung wiederherzustellen.

Die Aussage über die Liebe Christi, die das Selbstopfer möglich macht, wird gefolgt von Mahnungen. Das paulinische Verhältnis von Indikativ und Imperativ findet sich auch hier, besonders V.8: Ihr seid....,darum wandelt.

Das Opfer als entschuldende Handlung des Menschen und das Tier als Gabe gehören vollends der Vergangenheit an.

7.4.6.   1 .Petrus 2,5

Die Vergeistigung hat im 1.Petrusbrief die Form angenommen, daß die Gemeinde (die Fremdlinge in der Diaspora) im Bild der Steine angesprochen wird, die zu einem . οἶκος πνευματικός   bzw. zu einem ἱεράτευμα verwendet werden.

Diese Priesterschaft bringt entsprechende Opfer dar. Wenn diese Gott gefallen, dann nur διὰ Ἰησοῦ Χριστοῦ.

Inhaltlich wird dieses διὰ durch die VV 7-1O gefüllt. Hier schließt ähnlich wie Eph 5 die Begründung die Paränese ein. Dadurch wird das Opfer interpretiert.

Der Akzent liegt zunächst noch mehr auf der Heiligung der Gemeinde als auf ihrem sozialen Verhalten; aber das ändert sich im 2.Teil des Kapitels, analog zu 1,22, wo die Bruderliebe angesprochen wird.

7.5. Das Opferverständnis im Hebräerbrief

Es entspricht dem Reden des Briefes von Christus als dem Hohenpriester, daß sich bei ihm am häufigsten der Opferbegriff findet, durchweg im selben Sinn gebraucht, nämlich als Selbstdarbringung.

"Diese Einheit von Opfer und Priester bewirkt die eschatologische Versöhnung, die dem bisherigen Priestertum wegen seiner menschlichen Fehlbarkeit und Schwäche nicht möglich war" [1].

Ausnahmen, aber nur vordergründig gesehen, sind 1O,1 und 13,16, vor allem 11,4.

Der Hohepriester, aus Menschen genommen und für die Menschen vor Gott handelnd, bringt δῶρά τε καὶ θυσίαι   dar. Dieser Sprachgebrauch wiederholt sich 8,3 und 9,9.

Ob es sich dabei um allgemeine Gaben und bestimmte Altaropfer handelt oder δῶρον. ein Oberbegriff ist - warum dann aber ein zusätzlicher terminus ? - kann nicht eindeutig geklärt werden.

O.Michel [2] hält, unter Bezug auf Lev 6,12ff und Ex 29,38ff bzw. Num 28,3ff, eine Verbindung von Speiseopfer und täglichem Brandopfer für möglich.

" Eine Entscheidung wird deshalb erschwert, weil Hb in den folgenden Kapiteln nicht so sehr vom Alten Testament her, sondern von der Exegese und Tradition der hellenistischen Synagoge bestimmt ist" [3].

Jedenfalls handelt es sich, wie auch der Textzusammenhang zeigt, um ein Sühnopfer.

9,11ff wird dem alttestamentlichen Opfern von Böcken, Stieren und einer jungen Kuh das Blut des makellosen Christus gegenübergestellt, das die Gewissen reinigt und zum Dienst vor Gott fähig macht. Kultort, Kultopfer, Kultvollzug und Kultwirkung machen das " Überbietende" aus [4] Dabei nennt der Hebräerbrief den neuen Bund(διαθήκη) als Grundlage :

Die Betonung ταύτης τῆς κτίσεως wertet dualistisch das Diesseitige ab:

" Diese Schöpfung gehört zu den 'erschütterbaren Dingen ', die einst den unerschütterbaren weichen müssen"[5].

V.23 spricht vom "besseren Opfer"; V.26 stellt der Notwendigkeit zu ständig wiederholten Opfern das ἅπαξ entgegen.

1O,1 ff. geht von dieser Notwendigkeit zunächst auch aus, um sodann die Wirkungslosigkeit der Opfer im Blick auf die Tilgung der Sünden zu betonen.

Ps 4O,7 und 51,18, wohl auch Mi 6,7 werden mit der Menschwerdung Christi -nicht ausdrücklich so genannt -in Verbindung gebracht.

Dabei wird aus der Begrenztheit des Opfers in Kap 9 eine deutliche Ablehnung.

Sie erklärt sich nicht nur aus der endgültigen Vergebung durch den Opfertod Christi (VV 12 u.18), sondern auch durch seine Teilnahme an der Regierung Gottes: ἐκάθισεν ἐν δεξιᾷ τῆς μεγαλωσύνης ἐν ὑψηλοῖς (1,3) .

Vergebung ist das Kennzeichen des Neuen Bundes; damit entfällt die Notwendigkeit zu opfern.

Dieses Zeugnis von der erworbenen Freiheit erinnert an Rö 5,1:aus Glauben gerecht gesprochen, haben wir Frieden mit Gott.

Wie Eph 5 folgt aus der Ermöglichung des Glaubens und der "Reinigung der Herzen" ein Leben in gegenseitiger Liebe und in guten Werken. Das sind, so 13,16, die Opfer, die Gott will. Kommt es trotzdem zum vorsätzlichen Sündigen (V.26), so rettet auch kein Sühnopfer mehr.

Kap. 11, das den Glauben der Väter bezeugt, begegnet ein merkwürdiges Opferverständnis (V.4): demnach hat Abel ein "besseres" Opfer (πλείονα θυσίαν) dargebracht als Kain.

Aus der Darstellung des Glaubensweges von Abel bis zu den Propheten fällt dieser Vergleich heraus. Könnte man das πλείονα auf den Vorzug des Tieropfers vor dem der Feldfrüchte beziehen -siehe zu Gen 4 -,so verbietet sich das durch den Nachsatz: δι' ἧς ἐμαρτυρήθη εἶναι δίκαιος d.h .nicht das Opfer, sondern Abels Glaube bewirkt die Annahme durch Gott.

So sagt auch Jesus (Mt 23,35) von Abel, daß er gerecht gewesen sei.

An Gen 4 hat diese Aussage keinen Anhalt, braucht sie aber auch nicht. Das strittige πλείονα ist keine Hilfe zum Verständnis, steht dem aber auch nicht so im Weg, wie einige Ausleger meinen, wenn man E.Gräßers Interpretation von "gerecht sein" folgt: " Wer sich opfernd Gott naht, der hält sich an den, den er nicht sieht, als sähe er ihn (11,27). Er hofft auf Gottes Gnade und Barmherzigkeit. Er vertraut darauf, daß Gott denen, die ihn suchen, ein gerechter Entlohner sein wird" [6].

7.6 Résümé

Unter Einbeziehung dieses Textes läßt sich feststellen, daß das Opferverständnis des Neuen Testaments - von den Synoptikern bis zum Hebräerbrief - eine Vergeistigung erfahren hat, die das Opfer, resp. das Tieropfer, unnötig macht, weil a) Gehorsam und Barmherzigkeit vor Gott zählen, nicht aber die dargebrachten Gaben, die eine innere Distanz ermöglichen, und weil b) - so vor allem in den Briefen - Jesus Christus selbst sich geopfert und Sühne geleistet hat.

Der Glaube an ihn und seinen stellvertretenden Tod bewirken Gerechtigkeit und neues Leben, das in der Gemeinschaft der Gemeinde und im Verhalten zum Anderen, also in der" Heiligung", Ausdruck findet .

Außer den knapp interpretierten Texten, die expressis verbis vom Opfer oder vom opfern sprechen, wären die zu nennen, in denen der Sachverhalt selbst zum Tragen kommt. Doch sind sie in Duktus und Skopus nicht anders einzuordnen.

8. Die Bedeutung von τὰ πάντα

8.1. Johannes 1,3

Daß für das Johannes-Evangelium "die natürliche Welt und Umwelt kein Thema" sind, wird man mit O.H.Steck [1] sagen müssen. Darüber können auch die Metaphern, einschließlich der besprochenen in Kap 1O, nicht hinweg täuschen. Vielmehr wird die Welt als die von Gott abgefallen gesehen, die er dennoch liebt, und der er seine Rettung anbietet.

Wenn trotzdem der Johannesprolog hier vorkommt, so deshalb, weil auch in ihm das. πάντα. erscheint und der Bezug auf Gen 1 und auf die alttestamentliche Weisheit - z.B. auf Prov 8,22- unverkennbar und das von Steck Festgestellte nur die eine Seite ist.

Die andere kommt in den Blick, wenn man A.Schlatter [2] zustimmen kann, die Mutterschaft des Worts sei darin begründet, "daß Gottes Werk entstehen soll, das ihn offenbart und die Fülle des Lebendigen vor ihn stellt".

Er verkennt nicht, daß für das 4.Evangelium die Welt gefallen, schuldbeladen und vom Tod gekennzeichnet ist, und daß die natürlichen Vorgänge nicht als Gottes Werk gedeutet werden, betont aber, daß die Verkündigung des Schöpfers "ein wesentlicher Teil des Evangeliums ist" und es keine Erkenntnis Gottes gibt, "die nicht in der Natur sein Werk sieht" [3].

Alles ist Gottes Werk, weil es sich dem Wort verdankt.

R.Bultmann begründet [4] die Verwendung von πάντα statt κόσμος mit dem Sprachgebrauch, der es liebt, durch Formen von πᾶς ein Gefühl für die Fülle dessen zu erwecken, was seinen Ursprung in Gott hat". [5]

ἐγένετο unterstreicht den Schöpfungsgedanken; eine Dualität von Licht und Finsternis ist ebenso ausgeschlossen wie eine Entstehungstheorie aus dem Zusammenstoß beider oder einer Korrelation von Stoff und Form.

Bultmann versteht πάντα unter -denkbarem -Einschluß des Teufels als Bestandteil der erschaffenen und gefallenen Welt und der Menschen, sieht aber dann , durch V.5 u.1O gerechtfertigt, die Menschen mit dem Kosmos vereint: ja, sie machen den Kosmos zum Kosmos.

Ob man ihm darin folgen muß, scheint fraglich, weil die Begründung, πάντα werde durch κόσμος in V.10 aufgenommen, nicht stichhaltig ist:

In V. 5 kommen οἱ ἄνθρωποι nicht vor.

V. 4f hat mit der Aussage vom Licht nur die Menschen im Blick; und da im Weiteren nur sie die Adressaten sind, bleiben die eingangs erwähnte Interpretation von Steck und die Feststellung Bultmanns gültig, daß darüber nicht reflektiert wird, welche Wesen πάντα umfaßt. [6]

Aus dem argumentum e silentio und durch die Verwandtschaft mit Gen 1 bzw. zu Prov 8 gilt aber mindestens für V. 3 der Rückschluß auf die Schöpfung insgesamt.

E.Büchsel hält für denkbar, daß die Zuspitzung in der verneinenden Form sich gegen die Behauptung einer Selbständigkeit der Materie richtet [7].

Wie dem auch sei: daß die Menschen den Kosmos zu dem gemacht haben, was er ist, daß die Finsternis das Licht nicht angenommen hat, die Welt ihn nicht kannte und die Seinen das menschgewordene Wort nicht aufnahmen, kann nicht hinfällig machen, daß Alles sein Leben Ihm verdankt und er als der Inkarnierte in seiner Schöpfung lebt.

Was diese Erkenntnis für eine Anthropologie im Blick auf die Mitgeschöpfe, auf die in das πάντα Miteingeschlossenen, besagt, ist eine Untersuchung wert, zumal sich eine Anthropozentrik par excellence auf den Johannes-Prolog nicht berufen kann .

8.2. 1 Korinther 8,6

Der Vers im vermutlich ältesten Text zum Schöpfungsmittler Christus steht zwar nicht im Zusammenhang mit einem Hymnus -Thema ist der Genuß von Götzenopferfleisch -, doch bildet er mit V. 5 ein Bekenntnis.

In ihm werden das All und die Menschen zusammengenommen und Christus als der gesehen, auf den Kosmos und Gemeinde zurückgehen.

τὰ πάντα klingt zwar hier wie in noch folgenden Texten neutral [8], wird aber von den Kommentatoren als "die Schöpfung" oder "der Kosmos" bzw. als "das All" übersetzt.

" Klar tritt hervor, wie Paulus hier das vorweltliche Dasein Christi und seine Mittlerschaft bei der Weltschöpfung lehrt.... Schöpfung und Gemeinde ('wir') stehen einander gegenüber als alte und neue Schöpfung; aber beide sind bezogen auf denselben Gott....und denselben Herrn, der für beide der Wirker und Mittler in göttlicher Macht ist" [9].

Wenn das Gewicht der Aussagen auch auf der durch Gott den Vater und den Sohn vermittelten Freiheit liegt und das τὰ πάντα fast formelhaften Charakter hat, so zeigt doch gerade dieses an, wie selbstverständlich die Schöpfungsmittlerschaft Christi gesehen wird.

Das wiederum bedeutet m.E.: die Beziehung der Gemeinde zur Schöpfung, auch zur Mitwelt, ist geprägt von der gesamten Verkündigung Jesu und seinem Verständnis von gekommenem und zukünftigem Reich. In diesen Kontext wären dann auch die wenigen Bilder einzuordnen, die von den Mitgeschöpfen sprechen.

Zum Andern: die überraschende Einbeziehung der leidenden Kreatur in die auf Befreiung Wartenden - Rö 8,19ff- ist dann kein Unikum mehr,- höchstens darin, daß. ἡ κτίσις dort die außermenschliche Kreatur betont.

Aber auch dazu bildet 1 Kor 8 eine gewisse Parallele, weil voneinander abgehoben formuliert wird: δι' ⌜οὖ τὰ πάντα καὶ ἡμεῖς δι' αὐτοῦ .

8.3. Epheser 1,1O:

Die VV 3-14 haben den Charakter des Lobpreises mit Kol 1,15ff und die Bedeutung Christi als Hauptes der Kirche und des Kosmos gemeinsam.

Die Aussage aber ist nicht so eindeutig wie im Kolosserbrief: die Schwierigkeit beginnt bereits bei der Bedeutung des ἀνακεφαλαιώσασθαι .

H.Schlier [10] übersetzt nach Abwägung möglicher Deutungen mit: "ein Haupt geben","aufrichten" oder "erheben" [11] je nachdem man den Anfang oder das Ende dieser "Behauptung" des Alls kennzeichnen will. Dabei ist der Kontext vor allem zu berücksichtigen.

Gott gibt dem All in Christus ein Haupt, und "die Kirche ist der Ort, wo dies bekannt und anerkannt wird und also Christi Hauptsein zur Auswirkung kommt" [12].

Bei Schlatter kommt weder der kosmologische Gedanke noch der vor allem Schlier wichtige ekklesiologische zum Tragen, vielmehr die in Christus ans Ziel gekommene Geschichte, vom Weg der alttestamentlichen Gemeinde über die Vergebung durch den Kreuzestod bis zur endgültigen Vollendung aller.[13]

J.Moltmann stellt umso deutlicher die kosmische Bedeutung Christi heraus ,bestätigt durch die ausdrückliche Erwähnung der Menschen im folgenden Vers [14].

Für diese Verse gilt wie für Kol 1 (s.u.) : die Mitgeschöpflichkeit ist kein Thema a se; doch verdienen beide Texte wie auch die übrigen von der Königsherrschaft Christi, die das All und nicht nur die Menschheit betreffen, Erwähnung, weil sie einem Dualismus und einer heilsgeschichtlichen Fokussierung auf den Menschen entgegenstehen.

8.4.   Kolosser 1,15 ff.

Dieser Briefabschnitt, dem lt. G.Friedrich ein urchristliches Lied zugrundeliegt, das Paulus durch " Zusätze im Sinne seiner Theologie interpretiert" [15] , soll, obwohl weniger kosmologisch als christologisch orientiert, hier genannt werden, weil vom Geschaffensein des Ganzen durch Christus und von seiner Versöhnung durch ihn die Rede ist.

Schließt τὰ πάντα die außermenschliche Kreatur mit ein ?

Friedrich erkennt bei Weglassung der paulinischen Zusätze die kosmische Bedeutung deutlicher, weil mit σῶμα ursprünglich nicht die Kirche, sondern das All gemeint ist [16]- vgl. Eph 1,10.

Dem stimmt Link zu: " Er hat nicht nur die Menschheit mit Gott versöhnt: er ist der Stifter eines kosmischen Friedens und weltumgreifender Versöhnung. Eine kosmische Christologie wird nun zum Welthorizont für die Erfahrung der Geschichte" [17].

Kaum anders Schlatter: " Weder am Anfang noch am Ende der Schöpfung, weder in der Stunde ihres Ursprungs noch in der ihrer Vollendung steht Gott ohne seinen Sohn vor seiner Kreatur,   sondern macht durch das, was er tut, den Sohn seiner Liebe offenbar"[18].

J.Moltmann, der eine trinitarische Schöpfungslehre vertritt und den christlichen Schöpfungsglauben nicht für eine Überbietung des israelischen hält, sondern für ein Bekenntnis zu diesem [19], formuliert noch pointierter : "Ist Christus der Grund des Heils für die ganze Schöpfung, für den sündigen Menschen und die 'geknechtete

Kreatur', dann ist er auch der Grund für die Existenz der ganzen Schöpfung, Mensch und Natur" [20].

Trinitarisch ist Moltmanns Schöpfungsverständnis darin, daß durch die Kräfte des Hl.Geistes eine neue Gegenwart Gottes - jüdisch: die Schechina[21] - erfahrbar wird. Der Geist ist kein anderer als der bei der Erschaffung der Welt wirksame. [22]

Daran anknüpfend, sagt Link [23] vom Schöpfer, er lasse sich auf seine Schöpfung ein " Er leidet an und mit seinen Geschöpfen, heilt ihre Gebrechen und führt sie zu dem verheißenen Ziel ihrer Vollendung".

Noch einmal: Sind damit die Glaubenden gemeint, die im Vertrauen auf die versöhnende Kraft des Kreuzes und die erlösende Macht der Auferstehung das Neusein erfahren?

Soweit es um die Erkenntnis dieses Heils und das lobpreisende Bekenntnis geht - VV 5ff sind ein Hymnus -, sicher nur sie; da aber wiederholt vom $\pi\acute{\alpha}\nu\tau\alpha$ der Schöpfung die Rede ist, auch im Zusammenhang mit der Versöhnung aller (V.19) und die Gemeinde der Erlösten ausdrücklich so bezeichnet wird, wenn nur sie gemeint ist, darf man davon ausgehen ,daß Paulus Kol 1 die außermenschliche Kreatur neben den V.16 Genannten ($\tau\grave{\alpha}$ $\acute{o}\rho\alpha\tau\grave{\alpha}$ $\kappa\alpha\grave{\iota}$ $\tau\grave{\alpha}$ $\acute{\alpha}\acute{o}\rho\alpha\tau\alpha,$ $\epsilon\check{\iota}\tau\epsilon$ $\theta\rho\acute{o}\nu\iota$ u.a.) miteinbezieht.

Dabei ist wohl nicht so bedeutsam, daß Kol 1,15ff wegen der schon jetzt vollzogenen universalen Erlösung von Act 17 oder Rö 8,19ff " durch Welten geschieden ist", wie Link [24] urteilt.

Wichtiger ist, daß Paulus Christus als $\epsilon\grave{\iota}\kappa\grave{\omega}\nu$ $\tau o\tilde{\upsilon}$ $\theta\epsilon o\tilde{\upsilon}$ bezeichnet- eine deutliche Absage an alle Versuche, im zuletzt erschaffenen Menschen die Krone der Schöpfung zu erkennen bzw. seine Ebenbildlichkeit für jede Form des Herrschens im Kosmos in Anspruch zu nehmen.

Entscheidende Aussage von Kol 1,15ff ist die Versöhnung mit allem, was lebt.

Wenn die Mitgeschöpfe auch nicht expressis verbis zur Sprache kommen, so stellen die Aussagen des Kolosserbriefes über die kosmische Bedeutung Christi doch die Basis dar für die Mensch - Mitkreatur - Beziehung. [25]

8.5. Hebräer 1,2; 2,8.1O

8.5.1. Hebräer 1,2

Dieser Vers ist in Zusammenhang mit 11,3 zu sehen. Auch ihn kann man nicht für eine dezidierte Schöpfungstheologie in Anspruch nehmen, gilt doch, daß a) der Hebräerbrief an der irdischen Welt weniger interessiert ist als an der himmlischen und der Exodus aus dem irdischen Lager(13,13) das "wahre Gottesvolk" ausmacht [26] und b.) der Brief die Sicht des gesamten Neuen Testaments teilt, wonach das Gemachte nicht eo ipso heilvoll, sondern dem Vergehen preisgegeben ist [27].

Wenn aber πάντα statt κόσμος nicht nur aus dem liturgischen Sprachgebrauch (s.o.) und aus der Kombination der griechisch sprechenden und der juden -bzw. heidenchristlichen Gemeinde zu erklären ist, sondern Gott und Sohn einander so zuordnet wie das Judentum Schöpfer und Schöpfungsmittler, und die Tendenz des Briefes die ist, die Würde des Kosmokrators zu unterstreichen [28], so ergibt sich daraus für unsere Themenstellung eine wichtige Aussage.

Sie läßt sich mit E.Gräßer so formulieren, daß diese Würde die Welt vor einem Rückfall ins Chaos bewahren soll[29].

Geschöpf und Mitgeschöpf sind somit intensiver verbunden, als ihnen bewußt ist und die bekenntnishafte Einleitung des Briefes zunächst erkennen läßt.

8.5.2. Hebräer 2,8 und 2,1O

Wieder begegnet das formelhaft wirkende τὰ πάντα im Rahmen einer Doxologie. Wenn es auch aus dem stoischen Pantheimus über das hellenistische Judentum in die frühchristliche Gemeinde gekommen ist [30]: der Kontext im Briefabschnitt, besonders der Bezug auf Psalm 8, macht die inhaltliche Veränderung deutlich.

Jener Psalm, der Gottes unbegreifliches Handeln am Menschen und damit seine engelähnliche Stellung besingt, was zu Fehlinterpretationen und zur hybriden Haltung führte, wird vom Verfasser des Hebräerbriefes, durch Ps.8,6 veranlaßt, auf den "Menschensohn" bezogen.

Jesus, der kurze Zeit Erniedrigte, wird seines Todesleidens wegen von Gott erhöht.

Sein Kreuzestod bewirkt unser Heil.

Erstaunlich die doppelte Formulierung: ὁρῶμεν und βλέπομεν

Einmal sehen wir, daß ihm noch nicht alles unterworfen ist (V.8); zum Andern aber sehen wir ihn gekrönt (V. 9).

Eine philologische Unterscheidung der beiden Vokabeln rechtfertigt nicht die Deutung auf sinnliche Wahrnehmung einerseits und geistliches Schauen andererseits, eher der Kontext.

D.h. der Widerspruch zwischen dem real Existierenden und dem Verkündigten verwehrt uns zu sehen, macht uns vielmehr die Unanschaulichkeit des Herrschaftswechsels bewußt; der Glaube "sieht" die Verherrlichung.

Die Theologie , die sich in diesem " Wir-Ecclesiasticum" [31] äußert, ist das m.E. für unser Thema Nachdenkenswerte:

Was sich unserer Wahrnehmung entzieht, sehen wir als die, die das Gehörte (2,1) ernstnehmen und annehmen; die Warnung und Sorge, das Heil zu mißachten, werden deutlich genug angesprochen.

M.a.W.: wir glauben, daß der "Menschensohn" der Pantokrator ist, auch wenn das Anschaubare dagegen spricht.

Die eschatologische Ausrichtung des Hebräerbriefs läßt ihn zwar von der οἰκουμένη reden ; aber die VV 1,2ff und ihre Interpretation von Ps 8, vor allem aber ihr Bekenntnis zu Christus als dem Herrn des Kosmos, sind eine deutliche Absage an ein anthropologisches Imago - Dei - Verständnis.

Handlungskriterien im Sinne einer Schöpfungsethik sind schon wegen des Dualismus nicht ableitbar, es sei denn, die auch in den folgenden Kapiteln betonte Erlösungsbedürftigkeit des Geschöpfes Mensch und seine Charakterisierung als auf dem Weg und die zukünftige Stadt Suchender (13,14) würden als Grundlage für ein verändertes Selbstverständnis und für eine neue Verantwortlichkeit gegenüber dem verstanden, dem als Einzigem Alles, also auch die Mitwelt, unterworfen ist.

Der Hebräerbrief lädt ein, das zu " sehen".

143

Anmerkung

Zu den ursprünglich vorgesehenen Einzelthemen gehörten "Rein und unrein" nach Act 1O,9ff u.11,5ff sowie "Gotteserkenntnis durch die Schöpfung und Vergötzung der Tiere" nach Rö 1,18 ff.

Aber ihre Behandlung wie auch die möglicherweise sonst aufschlußreicher Perikopen (argumenta e silentio) würden den Rahmen sprengen.

9. Das Tier in der Johannesapokalypse

Im letzten Buch der Bibel wird, bis auf 13,1 (ein Tier),13,2 (das 1.Tier),17,3 (scharlachrotes Tier) und 18,2 (alle unreinen Tiere) nur von "dem Tier" (θηρίον) gesprochen und häufig von "dem Lamm" (· ἀρνίον).

Dieser Befund bereits zeigt, daß nicht mehr zoologische Lebewesen gemeint sind.

Entsprechendes gilt für die übrige "Fauna" wie Löwe (5,5; 1O,3),Pferde (6,1ff),Adler (8,13) ,Heuschrecke (9,3ff) oder Schlange (12,9).

Der jüdischen Apokalyptik nahestehend (s.auch u.), verwendet der Seher Bilder, die nur z.T. "veranschaulichen," was den Hintergrund bildet ,nämlich das Bekenntnis zu dem, der gekreuzigt wurde, auferstand und die Herrschaft über Kosmos und Mächte antritt.

Umso deutlicher wird das Anliegen, den schwer bedrängten Gemeinden Kleinasiens die mutmachende Botschaft zu vermitteln, daß das Lamm den Sieg über den nicht genannten Cäsar davonträgt.

Das Tier aus dem Abgrund (11,7; 13,2 u.a.), vom Drachen mit Macht ausgestattet, ist der Feind und Mörder der Gemeinde, sofern sie es nicht anbetet, und damit auch Gegner des Lammes.

Seine Beschreibung macht deutlich, daß es kein Tier im eigentlichen Sinn ist: anzusehen wie ein Panther; seine Füße gleichen dem eines Bären, das Maul dem eines Löwen. Damit wird der Bezug auf Dan 7,4ff sichtbar.

Dieses Lebewesen verkörpert die Weltmacht, d.h. einen Menschen.

Nicht anders ist es mit dem 2.Tier in Apc 13.

Die Zahl 666 [1] in 13,18 setzt die jüdische wie griechische Praxis voraus,   die einzelnen Buchstaben durch einen Zahlenwert wiederzugeben. Die Deutung von 666 ist vielfältig.

E.Lohse [2] kommt zum Ergebnis, daß die Zahl das griechische θηρίον · ergibt ‚im Hebräischen "Neron Quesar", und verweist auf 9,11 u.16,18. " Der für die nächste Zeit erwartete Schreckenskaiser wird die Züge des Nero redivivus tragen. Aber sein Name wird unter einer nur den Eingeweihten verständlichen Andeutung verhüllt."[3]

Das" Lamm" ist einer der tragenden Begriffe in der Offenbarung Johannis.

Der Sprachgebrauch τὸ ἀρνίον findet sich nur hier:

In der Übertragung des Hirtenamts auf Petrus - Joh 21,15 -wird der Plural gebraucht.

Lk 10,3 werden die Jünger als ἄρνας unter die Wölfe geschickt; Joh 1,29 bezeichnet der Täufer Jesus als ὁ ἀμνὸς τοῦ θεοῦ.

Der Hofbeamte der Kandake liest vom πρόβατον (Act 8,32); der erste Petrusbrief verwendet ἀμνός, (1,19).Es bedeutet auch Widder, was zu veränderten inhaltlichen Aussagen führt: einerseits ist Jesus das Opferlamm, das durch sein Blut die Menschen erkauft; andererseits ist er, versehen mit sieben Hörnern und sieben Augen (Kap 5), der Herrscher.

R.Halver [3] hält für ungeklärt, "ob das messianische Bild des Lammes schon im Judentum bekannt war." Er weist darauf hin, daß die Doppelbedeutung des aramäischen talja (lt.Lohmeyer) als" Kind" und" Knecht" zur Fixierung des Bildes vom Lamm als Messiastitel geführt hat. " Darüber aber darf die Frage nicht übersehen werden, ob nicht die Gestalt des Lammes schon eine Vorgeschichte vor dem Christentum gehabt hat" [4].

Was die Offenbarung des Johannes veranlaßt hat, das Tier als Inbegriff für das Böse und die widergöttliche Macht zu verwenden, läßt sich vorwiegend mit dem Rückgriff auf die jüdische Apokalyptik, besonders auf Ezechiel und Daniel, erklären, also mit deren Tiersymbolik [5].

R.Bartelmus stellt dagegen [6] mit Bezug auf Dan 7,3 ff fest ‚daß im nachexilischen Judentum eine besondere Tiersymbolik abgelehnt wird, weil es in jener Zeit um "das pure Überleben in einer vor allem als feindlich empfundenen Umwelt" ging, so daß für Überlegungen über das Verhältnis zur natürlichen Umwelt kein Platz blieb.

Die These soll undiskutiert stehen bleiben und kurz auf die folgenden Kapitel eingegangen werden.

Die Verse 19,11ff verlassen die reine Symbolik: zum Einen werden die Pferde des "treu und wahrhaftig" Genannten (vgl. 3,14) und der Nachreitenden nicht negativ charakterisiert; zum Andern sind es Reittiere in ihrer ursprünglichen Funktion - ebenso die Vögel, die die Leichname fressen sollen. Symbolträchtig ist lediglich die Farbe der Pferde.

Hatten die Evangelisten - s.Mk 11,1 parr.- den demütig seinem Leiden entgegenreitenden Messias bezeugt, so sieht der Seher auf Patmos den Triumphierenden zu Pferd, der seine Gegner besiegt.

Das angebetete Pferd dagegen und der falsche Prophet wie die Widersacher sterben einen grausamen Tod.

Kap 20, das vom tausendjährigen Friedensreich spricht, schildert anschaulich den Untergang des Drachen, der unanschaulich "die alte Schlange"(ὁ ὄφις ὁ ἀρχαῖος   .) genannt wird, und bringt damit die Bilder von bedrohlichen, vergötterten Tieren zu Ende.

Nur noch das Lamm bleibt.

Und selbst dieses Bild verschwindet.

22,14 verzichtet auf die Metapher von den im Blut des Lammes gewaschenen Kleidern (vgl. 7,14). Stattdessen redet Jesus selbst und wird mit dem aramäischen Gebetsruf um sein Kommen gebeten.

R.Halver stellt [7] die naheliegende Frage, wie es zu diesem großen Aufgebot von Tieren in der Apokalypse kommt - Adler, Löwe, Heuschrecken, Frösche, Hunde, Rosse u.a.- von 5,5 (Löwe von Juda) angefangen, und gibt die Antwort:

" Der theriomorphe Zug ist ein Grundzug des Mythos. Wir werden hier auf eine frühe mythische Stufe der Menschheit (als die Tiere noch reden konnten- s.die Tierfabeln) zurückgeführt, in der der Mensch als Sammler und Jäger das rätselhafte Wesen seiner Mitgeschöpfe, der Tiere, nur verstehen konnte, wenn er ihnen übernatürliche Kräfte zusprach und sie als numinose Wesen verehrte".

Die Tatsache, daß es sich bei der Fülle von Tieren bzw. Lebewesen im letzten Buch der Bibel nicht um "Gefährten und Feinde des Menschen" in des Wortes eigentlicher Bedeutung handelt, also um Mitgeschöpfe, läßt eine bloße Skizzierung des Sachverhalts zu.

Die umgekehrte Frage, warum angesichts des bereits bekannten Befundes die

Apokalypse überhaupt behandelt wird, läßt sich mit dem Hinweis Halvers auf jene "mythische Stufe", also auch mit dem Phänomen Feind (verschiedene Tiere) und Retter (das Lamm) des Menschen beantworten: das Tier ist zwar nicht mehr anschaulich existent wie in der hebräischen Bibel und in einigen Texten des NT, aber selbst als Metapher, Symbol, Mythos noch im Bewußtsein und Glauben des Menschen - für die Gegenwart kaum vorstell -und nachvollziehbar.

10. Résümé zum neutestamentlichen Befund

Das Fazit der Aussagen neutestamentlicher Texte kann nicht sein, daß sie expressis verbis mitgeschöpflich orientiert sind.

Schon die Sonderstellung von Römer 8,18ff. und von Markus 1,13 spricht dagegen.

Aber auch die behandelten Gleichnisse und die in weiteren Belegen begegnende unreflektierte Nutzung der Tiere durch Jesus lassen keinen Rückschluß auf ein tierschützerisches Verhältnis zu .

Ablehnung bzw. Vergeistigung des Opfers haben andere Gründe als Schonung des Tieres oder Mitleid mit ihm.

τὰ πάντα schließt zwar in der Regel die Mitgeschöpfe ein; aber selbst Kolosser 1,15ff.mit seiner Absage an einseitige Anthropozentrik gibt keine Kriterien für schöpfungsethisches Verhalten her.

Am wenigsten aussagekräftig unter vorgegebener Fragestellung ist, wie gezeigt, die Johannes-Apokalypse.

Und doch: die Einbeziehung der außermenschlichen Kreatur in die Erlösungshoffnung bei Paulus (Rö 8) , das Sein Jesu mit den Tieren am Anfang des Markus-Evangeliums (1,13), Jesu Rede vom guten Hirten mit der selbstverständlichen Voraussetzung eines fürsorglichen Umgangs mit den anvertrauten Tieren, die gleiche Voraussetzung bei den Sabbathandlungen, Jesu Erinnerung an die Fürsorge Gottes für die Tiere (Mt 6 u. 10) und an das vorbildliche Verhalten der Glucke (Mt 23,37) sprechen eine deutliche Sprache.

Kriterium für die Beurteilung der Intensität mitgeschöpflichen Verständnisses im Neuen Testament kann nicht die gegenwärtige Erwartungshaltung eines Tierfreundes bzw. -schützers sein, auch nicht die Durchgängigkeit entsprechender Aussagen und schließlich nicht der Vergleich mit der hebräischen Bibel, sondern das Gewicht der Einzelaussage auf dem Hintergrund der Erkenntnis, daß Jesu Reden vom Reich Gottes und die Verkündigung in den Briefen eine Intention hatte, die besonderes Interesse an Mitgeschöpflichkeit zwar nicht ausschloß, aber nicht erforderlich machte. Der Befund jedoch hätte genügt, um das geringe Interesse von Kirche und Theologie an Fragen der Mitgeschöpflichkeit zu korrigieren.

Anmerkungen zu III: Der neutestamentliche Befund

zu.1.1. Die Sonderstellung von Römer 8,18ff.

1 ThWBNT I, a.a.O.S.392.

2 So versteht es Walter Bindemann in seiner Dissertation "Die Hoffnung der Schöpfung- Römer 8,18-27 und die Frage einer Befreiung von Mensch und Natur", Neukirchen 1983, S.73ff.

3... So Bindemann, a.a.O.S.73 unter Berufung auf O.Kuß, der Römerbrief, 1.u.2.Lfg., 2 Regensburg 1963.

4 A.a.O.s.73.

5 A.Jülicher, Der Brief an die Römer, SNT II, 2 Göttingen 1908. S.279, Anm.82....

6 Bindemann, a.a.O.S.81.

7 G.Delling, a.a.O.S.392.

8 ThWBNT III, a.a.O. S.1030.

9 Ebd.

10 Ebd.

11 Der Brief an die Römer, 11 Göttingen 1957, S.173.

12 Ebd.

13 In: Das Seufzen der Kreatur, a.a.O.S.106.

14 Der Römerbrief, Bern 1919, S.242 f.   Die unlösbare Verbindung von Mensch und Mitkreatur kommt kurz vorher noch deutlicher zur Sprache: "Hart auf uns selber zurückgeworfen durch das Weh dieser Übergangszeit, müssen wir nun erst recht wieder spähen und lauschen auf die Vorgänge da d r a u ß e n (Hervorhebung Barth) im Kosmos, mit dessen Sein und Nicht-Sein, Werden und Vergehen unser eigenes äußeres und inneres Dasein auf Gedeih und Verderben bis zur U n u n t e r – s c h e i d b a r k e i t (meine Hervorhebung) verbunden ist" (S.241).

15 2 München 1959, S.122.

16 Der Brief an die Römer 8 Stuttgart 1928, S.161 f.

17 ThWBNT VIII, a.a.O.S.41 Anm.

18 Das Neue Testament, übersetzt u.kommentiert , Hamburg 1982, S.67

19 Ebd.

20 Ebd.

21 In :Ökologie u.Bibel, a.a.O.S.67

22 A.a.O.S.107

23 Ebd.

24 WA 41,309

25 Institutio Christianae Religionis, III,9.5., a.a.O.S.465

26 III,25.2.

27 Zitiert nach O.Michel, a.a.O.S.172

28 A.a.O.S.11

29 A.a.O.S.149

30 Ein ähnliches Pänomen ist zu beobachten, wenn die unter dem Eindruck der Shoah geschärften Sinne der Exegeten auf Antisemitismen bei den Synoptikern aufmerksam machen, die bisher übersehen oder in ihrer Wirkung falsch eingeschätzt wurden, nun jedoch unsachgemäß befrachtet bzw. überinterpretiert werden.

31 A.a.O.S.75.

32 A.a.O.S.96ff.

33 A.a.O.S.156

34 A.a.O.S.149

35 A.a.O.S. 157

36 A.a.O.S.163ff.

37 E.Gräßer (in: Jahrb.f.Bibl.Theologie), a.a.O.S.105.

38 Schöpfung 7 / 2, a.a.O.S.387f.

39 A.a.O.S. 388.

40 A.a.O.S.390.

41 So H.Berkhof, Theologie des Hl.Geistes, 2 Neukirchen 1988 oder M.Welker,Gottes Geist, 2 Neukirchen 1993. Beide übergehen die parakletische Funktion des Geistes im Sinn von Vertretung oder / und Fürsprache.

42 E.Gräßer, a.a.O.s.114.

43 A.a.O.S.149f.

44 Rudolf Bösinger, Die Hoffnung, die alle und alles überspannt, in: Der Gerechte erbarmt sich seines Viehs, a.a.O. S.135 ; vgl. K.Barth,Der Römerbrief, a.a.O.S.245.

zu 1.2.. Die Sonderstellung von Markus 1,13

1 ThWBNT III, a.a.O. S.134.

2 Das Evangelium des Markus, a.a.O. S.27 f.

3 Ebd.

4 H.J.Kraus, Psalmen II, BKAT, a.a.O. S.638 f, erinnert in seiner Auslegung zu Ps 91 daran, "daß auf altorientalischen Abbildungen die Götter bisweilen als Überwinder schrecklicher Ungeheuer dargestellt werden; sie stehen auf dämonischen Untieren wie auf einem Postament" Deutlicher A.Weiser, ATD 14, a.a.O. S.403, der in den Tieren Bilder für Gefahren sieht.

5 Das Evangelium nach Markus (Siebenstern TB), a.a.O. S. 29 f

6 Das Markus-Evangelium, a.a.O.S.29 f.

7 Ebd.

8 Ebd.

9   Der Gottessohn -Eine Einführung in das Markus-Evgl., a.a.O.S. 37.

10 Gnomon, z.St., S.206.

11 In: " Leben ohne Seele?", a.a.O. S. 118.

12 "Die unbeweinte Kreatur", a.a.O. S. 56 f .

" Um beide Gestalten (d.h. um den paradiesischen Menschen u.den König der Endzeit) scharen sich sogleich die Gerechten der antiken Tierlegende und Apokalyptik und all die christlichen Heiligen, denen das Tier in unbegreiflicher Witterung der `Söhne Gottes' von sich selbst nahte"- eine Anspielung Bernharts auf Rö 8,19ff ?

13 Ebd.

14 Tiefenpsychologie u. Exegese, Bd.I,a.a.O.S.4OO; vgl. auch II,154.

Nach Drewermann setzt sich der Mensch mit seinem "tierischen Erbe" auseinander. Ist das Anliegen der Tobiaslegende " nicht der heroische Sieg über die Tiere, sondern die friedliche, geistige Aussöhnung, die Überwindung des Tierhaften im Menschen durch heiligmäßige Güte oder Tugendreinheit" und sind in der sanftmütigen Legende von Daniel in der Löwengrube (Dan 6) die Tiere dem Menschen dienstbar, so wird Jes 11,6ff wie Mk 1,13 die Mythologie zur geschichtlichen Eschatologie.

Der Mensch wird mit dem Animalischen, dem Unbewußtsein, eins.

15 A.a.O. S.4OO ; vgl. Bd II,S.154.

16 Ebd.

17 " Und war bei den Tieren" in: Das Tier als Mitgeschöpf, Herrenalber Protokolle, a.a.O. S.113 ff.

18 A.a.O. S.116.

19 A.a.O. S.117.

2O Ebd.

21 A.a.O. S.113.

22 Sonderdruck der AG Deutscher Tierschutz, Moers,1985, S.5.

Siehe auch E.Gräßer in BNZW (Festschrift f.H.Greeven), a.a.O.S.144-157.

23 Ebd.

zu 2. Exkurse: Markus 16,15 u.Matthäus 25,31 ff

2.1. Markus 16,15

1 Vor allem gesprächsweise, aber hier und da auch in Veröffentlichungen, wird auf diesen Text und auf die Betonung verwiesen.

2 Lohmeyer, a.a.O. S.362 f - Schniewind a.a.O. S. 216 - Dehn a.a.O.S.254 - Barclay a.a.O. S.334.

3 A.a.O. S.269 .

4 ThWBNT, Bd.III, S. 1O27.

5 Theol. Begriffslexikon Bd. 3, a.a.O. S.1O79.

6 "Tiere - Begleiter des Menschen", Neukirchen 1995, S.26 f.

2.2. Matthäus 25,31 ff.

1 z.b. durch A.Schweitzer, Was sollen wir tun? 12 Predigten über ethische Probleme,a.a.O. , etwa zu Spr. 12,1O (S.39ff).

2 siehe z.b. das Glauberger Schuldbekenntnis.

Für seinen Sprachgebrauch bedarf es aber nicht des Rückbezugs auf Matthäus 25; er kann sich auf verschiedene Texte des AT ,ferner auf das herausfordernde Leid der Tiere, auf Gottes Liebe zu seinen Geschöpfen insgesamt, auf Paulus (Rö 8) und nicht zuletzt auf die Bildworte Jesu wie sein generelles Eintreten für Schwache und zu kurz Gekommene berufen.

A.Schwarzer hat (mündlich) eine Hierarchie aufgezeigt, die unten bei den Tieren und den Fremden beginnt und über die Frau u.a. zum Mann führt.

zu 3. Gleichnisse und Bildworte Jesu

3.1. Das Gleichnis vom verlorenen Schaf

1 Ob deshalb J.Jeremias (Die Gleichnisse Jesu, a.a.O. S.25).

οἵτινες οὐ χρείαν ἔχουσιν μετανοίας übersetzt mit: "Die keine groben Sünden begangen haben", also weggelaufen sind wie das eine Schaf?

2 Jeremias, a.a.O., übersetzt τῶν μικρῶν τούτων : das allergeringste.

3 Jeremias ist davon überzeugt, daß Lukas die ursprüngliche Situation bewahrt, während Matthäus das Gleichnis auf die Jünger, sprich: auf die Gemeinde bezieht und es in den Rahmen der großen Gemeindeordnung stellt (a.a.O.S.26).

Nach J.Manek , "Und brachte Frucht" (Berlin, 1977, S.51), wird aus einem apologetischen Gleichnis ein paränetisches. Anders E.Linnemann, Gleichnisse Jesu, a.a.O.S.7Of: sie hält die Matthäus - Fassung für ursprünglich.

4 E.Linnemann, a.a.O.S.71 .

zu 3.2. Johannes 10,1-16

1 Das Evangelium des Johannes, 15 (1O), Göttingen 1957, S.277

2 A.a.O.S. 28O.

3 A.a.O S.281.

4 A.a.O. S.279.

zu 3.3 Anmerkungen zu Johannes 21,15-17 u. Matthäus 15,24

3.3.1. Johannes 21,15-17

1. WzNT, 5 Berlin 1958, Sp.1356.

2 Ob dem zweimaligen Gebrauch des ἀγαπᾷς in den Fragen Jesu und dem Wechsel zum φιλεῖς με ,einer Liebe also, zu der Petrus fähig ist -, keine Bedeutung zukommt, wie Bultmann

(a.a.O.S.551) meint, muß offen bleiben; denn gerade der Gebrauch von φιλέω in der dritten Frage könnte dafür sprechen, daß der theologisch so reflektierende 4.Evangelist das liebevolle Eingehen Jesu auf die menschlichen Grenzen seines Jüngers betonen möchte - nicht zuletzt in Parallele zur dreimaligen Verleugnung.

Bultmanns Begründung " Die Verleugnung, die Reue des Petrus müßten doch erwähnt sein" ,spricht nicht gegen, sondern für die Deutung (ebd.).

Die ausdrückliche Erinnerung widerspräche der Liebe Jesu; seine dreimalige Frage dagegen ist eher seelsorgerlich zu nennen ,wenn man psychologische Begrifflichkeit vermeiden will.

Auch Bultmanns Hinweis auf den (beliebigen) Wechsel von ἀγαπάω und φιλέω, 3.5.36 ; 13,23 u.19,26 (a.a.O.S.19O) ist nicht völlig überzeugend, weil dort kein Wechsel innerhalb einer Aussage bzw. eines Abschnitts erfolgt (siehe LA zu 11.5) .

zu 3.3.2. Matthäus15,24

1 E.Lohmeyer, a.a.O.S. 254.

zu 3.4 Von der Fürsorge Gottes für die Tiere:
     Matthäus 6,26par und Matthäus 10,29 par

3.4.1. Matthäus 6,26 par

1 a.a.O.S.37.

2 Das Evangelium nach Matthäus, a.a.O.S. 93.

3 Ebd.

4 A.Schlatter (Das Evangelium nach Matthäus, a.a.O. S.1O5):

" Was macht ihr, sagt Jesus, aus Gott für einen Narren, wenn ihr ihm ein Herz für die Vögel zutraut und keines für euch ?"

zu 3.4.2. Matthäus 10,29 par

1 H.Gollwitzer in seiner sonst beeindruckenden Auslegung des Lukas - Evangeliums (Die Freude Gottes, a.a.O. S.143) verläßt den Text, wenn er die Tiere der " Willkür der Natur" preisgegeben, die Gemeinde Gottes jedoch dem blinden Schicksal enthoben sieht: " Für das Auge des Zweifels mag es so scheinen, als könnten die feindlichen Weltmächte über die Gemeinde Gottes zu einem lächerlichen Preis verhandeln, wie man ein Geschäft mit Sperlingen macht, nach denen keiner fragt.." Das Auge des Glaubens " sieht vielmehr die Gemeinde Gottes herausgehen aus dem Spiel von Zufall und Macht; sie ist mehr".

2 ThWBNT, Bd. IX. a.a.O. S.65, 4a

W.Bauers Hinweis (Griech. -Dtsch.Wörterbuch, a.a.O.S 378) auf das Abs = "das, worauf es ankommt", übertragen auf unsere Textstellen, hieße : in dem, worauf es ankommt, unterscheidet ihr euch von den Tieren dadurch, daß....

zu 3.5. Von der vorbildlichen Fürsorge im Tierreich

Matthäus 23.37 // Lukas 13,34

1 NTD, a.a.O .S.237.

2 Das Tier in der Bibel, a.a.O. S.32.

3 In: " Der Wal schleuderte Jona an Land", a.a.O. S.8Off.

zu 4. Nutzung der Tiere durch Jesus

4.1.Der Einzug in Jerusalem: Markus 11,1-10 par

1 Anders O.Michel zu πῶλος , ThWBNT , Bd. 6, a.a.O., S.961 der von einem orientalischen Thronsitz über zwei Tieren spricht.

Gen 49,11 erwähnt in den Weissagungssprüchen Jakobs nebeneinander den Esel und das " Füllen seiner Eselin". Der Herrscher aus Juda, der seine Tiere an einen Weinstock anbindet, löst den im Löwen verkörperten König ab.

2 A.a.O. S.229.

3 A a.O. S.236 .

4 A.a.O. S.19O .

zu 4.2. Das Gleichnis vom großen Abendmahl:

Matthäus 22,1-14 // Lukas 14,16-24

1   Siehe die Abhandlungen von J.Jeremias,   E.Linnemann und G.Eichholz wie auch die Kommentare, jeweils a.a O.

2   Eichholz ist skeptisch, daß man durch ein Subtraktionsverfahren die ipsissima vox Christi zu Gehör bringt (a.a.O. S.145 ff.).

zu 4.3. Das Gleichnis vom verlorenen Sohn bzw. wartenden Vater:

Lukas 15,11 ff

1-3 Hinweis bei Eichholz, a.a.O.S.205

4   So der Titel einer Monographie von K.H.,Rengstorff, zitiert bei Eichholz, a.a.O.S.208.

zu 4 4. Die Speisung der 5000 und der 4000 : Markus 6,35 parr. u. 8,1ff

1 Das Evangelium des Markus, a.a.O. S.127.

2 a.a.O. S.123.

3 Anders Lohmeyer, der unter Hinweis auf Mk 14,22 und die nachhinkende Bemerkung Mk 6,43 ("und von den Fischen") auf einen Zusatz schließt und nicht für möglich hält, daß Jesus beides in die Hand genommen hat. Er könnte sich dafür nicht auf Bengel berufen, der es für das größere Wunder hält, daß auch Fische vermehrt wurden; " denn ein Fisch besteht aus sehr unterschiedlichen Stücken" (Gnomon a.a.O. S.227) - ein sonderbarer Gedanke.

4 Markus-Evangelium, a.a.O. S.144 .

5 so Lohmeyer a.a.O. S.125.

6 s.W.Bauer, Wörterbuch z .NT a.a.O. Sp.657 f.

7 Das Evangelium nach Markus, a.a.O. S. S. 87 f.

A.Schweitzer meint, es handle sich um ein Sakrament und wehrt sich deshalb gegen die Feststellung der vier Evangelisten :"und wurden alle satt " (zitiert nach Schniewind, a.a.O. S.88)

8 Aus: " Wie lange wollen wir noch fliehen ? Einspruch gegen die unheilvolle These vom `Heilungsauftrag'" in: Diakonie, Heft 6/93. D. U.Bach war Pastor in den Orthopädischen Anstalten Volmarstein und Dozent am Martineum Witten; er hatte einen Lehrauftrag an der Ruhruniversität Bochum, deren Ehrendoktor er ist.

Nach einer Kinderlähmung vor 45 Jahren bewegt er sich im Rollstuhl.

zu 4.5. Die Berufung bzw. der Fischzug des Petrus: Lukas 5,1-11

1 Markus-Evangelium, a.a.O., S.112 f.; Barclays Deutung geht m.e.durch eine falsche Alternative am Anliegen des Textes vorbei.

zu 4.6. Die Erscheinung des Auferstandenen am See von Tiberias:
Johannes 21,1,ff

1 a.a.O. S.549.

2 Bultmann (a.a.O.S. 549) zitiert diese Deutung.

3 Ebd.

4 Bultmann nennt für diese Auslegung R.Eisler, Orpheus -The fisher.

J.Büchsel, Das Evangelium nach Johannes, Göttingen 1934, S.182, hat keine Deutung für die Zahl, ist auch den übrigen Interpretationen wie der vom nicht reißenden Netz gegenüber skeptisch.

A.Schlatter, Der Evangelist Johannes, a.a.O. S.368, sieht dagegen in der Zahl 153 nur den Kontrast zu dem einen, den Jesus herbeigebracht hat (Bultmann bestreitet a.a.O.S.548, daß es nur einer war; sonst wäre hen erforderlich):

" Der Fischfang verbürgt den Jüngern die fruchtbare Größe ihres apostolischen Werks" (ebd.).

5 Das Tier in der Bibel, a.a.O. S.76.

6 A.a.O. S.549 f.

zu 4.7. Exkurs: Das Herrenmahl ein Passamahl? Markus 14,12-26 parr.

1 Die Abendmahlsworte Jesu, a.a.O. S.61 f.

s. auch seine Abhandlung zu πάσχα im ThWBNT , Bd.V, Sp.898 ff.

2 A.a.O. S.309.

3 A.a.O. S.310.

4 A.a.O. S.183 f.

5 A.a.O .S.188.

6 A.a.O. S.228.

7 A.a.O. S.302 ff.

8 A.a.O. S. 42ff.

9 Soziologie und Ethik der Lebewesen, a.a.O. S.205 f. Pangritz und Teutsch nennen E.Stauffers Erklärung (in: Jesus, Gestalt und Geschichte, S.86)," daß die jüdischen Ketzergesetze einem Abtrünnigen, zumal einem Abfallprediger, als den man den Herrn Jesus ja ansah, verboten, vom Passahlamm zu essen, ihm aber erlaubten, bei einem privaten häuslichen Festmahl ungesäuerte Brote und Bitterkräuter zu genießen".

10 Die Abendmahlsworte Jesu, a.a.O. S.35-77.

zu 5. Sabbatheilung oder Tierrettung? Eine Güterabwägung.

5.1.   Matthäus 12,11f :Das Schaf in der Grube

1 Das Evangelium nach Matthäus, a.a.O. S.192.

2 Das Evangelium nach Matthäus , (NTD), a.a.O. S.157.

3 Das Evangelium des Matthäus, a.a.O. S.185.

4 Ebd.

zu 5.2. Lukas 14,5 Sohn (Esel) oder Rind (Ochse) im Brunnen

1 Das Evangelium nach Lukas, a.a.O. S. 292.

zu 5.3. Lukas 13,15: Tränken am Sabbat

1. Bengel geht (im Gnomon) so weit, wenn er alle Handlungen so versteht, daß sie die Sache als ein Geschäft darstellen wollen (a.a.O.S.303).

2 A.a.O.S.66.

3 A.a.O.280.

4 Ebd.

zu 6. Mißachtung der Tiere durch Jesus?

Markus 5,1-20 // Matthäus 8,28 ff // Lukas 8,26-39

1 a.a.O. S.146.

2 in den Parallelen bei Mt u.Lk wird keine Zahl genannt.

3 so Barclay, a.a.O.S. 113 .

4 Tiefenpsychologie und Exegese, BD.II, a.a.O. S. 247.

5 Ein gutes Beispiel für die historisch-kritische Exegese ist der Vortrag des Bonner Neutestamentlers Helmut Merklein an der Uni Wuppertal (am 18.11.93),veröffentlicht unter dem Titel "Die Heilung des Besessenen von Gerasa (Mk 5,-20). Ein Fallbeispiel für die tiefenpsychologische Deutung E.

Drewermanns u .die historisch-kritische Exegese in : The Four Gospels , Festschrift für A.Neirynck; Leuven 1992,S.1O17-1O37, in dem er sich mit dem Ansatz und der Auslegung Drewermanns auseinandersetzt.

6   A..a.O. S.99.

7   M.W. findet der Text in der Literatur zur Tierethik oder zum Tier in der Bibel - aus verständlichen Gründen - keine Berücksichtigung.

8   A.a.O. S.1O37 (Fußnote 5).

zu 7. Das Opferverständnis im Neuen Testament

7.1. Die Tempelreinigung: Markus 11,15 ff

1 W.Barclay, a.a.O. S.243f., schildert anschaulich und informativ, was die Bezeichnung veranlaßt. So wurden arme Pilger von den Angestellten der Familie des Hohenpriesters Hanna durch die Nötigung zum Kauf teurer Tauben -Lev. 12,8;14,22;15,14 sprechen nur von Turteltauben oder gewöhnlichen Tauben - häufig übervorteilt und ausgenommen.

2   J.Schniewind, a.a.O. S.149.

3   Ebd.; s.auch Bultmann, a.a.O.S. 85 f. und A.Schlatter, Der Evangelist Johannes, a.a.O.S.76.

4   Siehe zum Befund im folgenden Abschnitt.

zu 7.2. Das Opferverständnis bei den Synoptikern

1 Sollte Lohmeyer (a.a.O. S.48) Recht haben, wenn er ein vormarkinisches Traditionsstück " mit Keimen johanneischer Theologie" vermutet, zumal nicht berichtet wird, ob sich der Geheilte an die Anordnung Jesu gehalten hat ?

2   Das Evgl. des Matthäus, a.a.O. S.122.

3   Ebd.

4   Das Evangelium nach Matthäus (NTD), a.a.O.S. 61.

5   Das Evangelium nach Matthäus, a.a.O. S.69.

6   A.a.O. S.173.

7 Einige Texte wie Mk 7,9-11 (die Korban-Regelung) oder Mk 9,49 (Opfergabe und Salz) werden nicht angesprochen, weil sie für unsere Fragestellung irrelevant sind.

zu 7.3. Das Opferverständnis in der Apostelgeschichte

1 In Auseinandersetzung mit Billerbeck von E.Haenchen, a.a.O.S.541, ausführlich dargestellt.

2   A.a.O. S.583.

3   Die Apostelgeschichte, a.a.O. S.287.

4   Ebd.

zu 7.4. Das Opferverständnis in den paulinischen und anderen Briefen

1 A.a.O.S.328.

2 Die Briefe an die Philipper,Kolosser und an Philemon, (KEKzNT), a.a.O. S.113

zu 7.5. Das Opferverständnis im Hebräerbrief

1 E.Gräßer, An die Hebäer (EKK), XVII, 2, a.a.O. S.67

2 Der Brief an die Hebräer, a.a.O.S. 129 f.

3 A.a.O.S.130.

4 E.Gräßer, a.a.O. S.145.

5 E.Gräßer, a.a.O. S.146.

6 E.Gräßer, Bd. 3, S.111 f.

zu 8. Die Bedeutung von τὰ πάντα

1 Welt und Umwelt, a.a.O. S.180.

2 Der Evangelist Johannes, a.a.O. S.4 .

3 Ebd.

4 Das Evangelium des Johannes, a.a.O. S.19.

5 A.a.O.S.20.

6 Ebd.

7 Das Evangelium nach Johannes (NTD), a.a.O. S.29.

8 E.Gräßer in der Exegese zu Hebr 1,1-4, a.a.O. S.62ff.

9. H.D.Wendland, Die Briefe an die Korinther NTD), a.a.O. S.50.

10 Der Brief an die Epheser, a.a.O. S.65.

11 obwohl er das Verb von κεφάλαιον und nicht von κεφάλή ableitet; so auch in ThWBNT : " Aber es ist wahrscheinlich, daß der Sachverhalt, der mit der Bezeichnung Christi als κεφάλή gemeint ist, den Verfasser.des Epheserbriefes veranlaßt hat, diesen relativ seltenen, aber vielfältigen und seiner Intention entsprechenden Begriff zu wählen" (Bd.III, S .682).

12 A.a.O. S.65.

13 Die Briefe an die Galater, Epheser, Kolosser und Philemon, a.a.O.S.159.

14 Gott in der Schöpfung, a.a.O. S.179.

15 Ökologie und Bibel, a.a.O. S.57.

16 A.a.O. S.60.

17 Schöpfung (Handbuch f. System.Theologie) ,a.a.O. S. 537.

18 An die Galater ,Epheser..., a.a.O. S.257.

19 Gott in der Schöpfung, a.a.O.S.106.

20 Moltmann zitiert a.a.O. Fr.Mußner, Schöpfung in Christus.

21 Vgl. die Ausführungen zu Moltmann im Kapitel Ansätze zu einer Tierethik .

22 A.a.O. S.108.

23 A.a.O. S. 537.

24 A.a.O. S.538.

25 " Durch die Wendungen des Liedes 'In ihm', 'Durch ihn', 'Auf ihn hin' und 'Alles hat in ihm Bestand' kommt der unauflösbare Zusammenhang von Schöpfung und Christus klar zum Ausdruck", so G.Friedrich a.a.O. S. 62.

26 E.Gräßer, An die Hebräer, Bd 1,a.a.O. S.60.

27 Gräßer zitiert Theißen, a.a.O. S.63.

28 Gräßer ,ebd. und S.64.

29 Ebd.

30 Gräßer, a.a.O. S.127.

31 A.a.O. S.120.

zu. 9. Das Tier in der Johannesapokalypse

1 Andere HS lesen 616; aber der Text ist gut belegt.

Uwe Topper, Das letzte Buch, München 1993, S.310 f, hält für möglich, daß die "glatte" Zahl 666 eine spätere Korrektur ist, weil der Codex A auch andere "wohlgemeinte" Berichtigungen enthält.

2 Die Offenbarung des Johannes (NTD), a.a.O .S.32.

3 Der Mythos im letzten Buch der Bibel - Eine Untersuchung zur Bildersprache der Johannesapokalypse, Hamburg 1964, S.94.

4 Ebd.

5 M.E. ist es fragwürdig, vom Menschen zwischen Gott und Tier zu sprechen, auch wenn W.Pangritz (a.a.O.S.135) differenziert und mit dem Tierischen im Menschen , das es zu überwinden gilt, nicht das zoologische Wesen meint, das uns unter mancherlei Aspekten überlegen ist, sondern die mit dem Teufel verbundene Kreatur, die erlöst werden muß (2 Kor 5,17), wobei er dann Tier in Anführungszeichen setzt. Aber die These vom "Tier in uns" kann sich m.E. nicht auf die Johannes - Apokalypse berufen, da der sich selbst überhebende Mensch in Gestalt des Imperators nicht identisch ist mit der in uns liegenden Neigung zum Bösen und Widergöttlichen.

Der bei Pangritz festzustellende Respekt vor dem Tier in seiner Eigenart und die Bereitschaft zur Differenzierung fällt letztlich doch dem genannten Sprachgebrauch zum Opfer im Sinn einer ethischen Evolution.

Allerdings zitiert auch R.Halver (a.a.O. S.93) in ähnlicher Weise E. Äppli (Der Traum u. seine Deutung, Zürich 1943): "Das Tier ist zum Symbol geworden für das Bezähmte und das Wilde in uns, für das Einfache und das scheinbar Unbegreifliche in unserer Natur. Der Mitgenosse unseres Erdendaseins, das Tier, und sein Bild wohnen, vielleicht vertrieben aus der persönlichen, bewußten Welt, .doch unvertreibbar in uns".

Pangritz stellt unter Berufung auf den Zoologen A.Portmann (Zoologie und das neue Bild vom

Menschen, 1956, S.112) dem Kulturoptimismus, der nicht nur eine biologische Aufwärtsentwicklung vertritt, sondern auch eine moralische ,die nüchterne Erkenntnis entgegen, daß der Mensch" zum sittlichen Heroismus ebenso fähig ist wie zur grausamsten Dämonie", a.a.O. S.131

Trotz aller Zurückhaltung gegenüber diesen (auch an Drewermann erinnernden) Deutungsversuchen: sie unterstreichen auf eine unerwartete Weise die Mitgeschöpflichkeit von Mensch und Tier. Dem auch in Bildern der Johannes-Apokalypse nachzugehen, ist sicher lohnend; nur sprengt es hier den Rahmen.

6   In: Gefährten und Feinde..., a.a.O.S.294f.

7   A.a.O.S. 93.

IV. Mensch und Mitgeschöpf in der Theologiegeschichte
seit der Reformation

IV.1.   Die Reformatoren

1.1.   Johannes Calvin

In Calvins Institutio Christianae Religionis [1] suchen wir vergeblich nach Aussagen über die Mitgeschöpfe um ihrer selbst willen oder auf ihre Besonderheit eingehend. Dies muß nicht befremden, berücksichtigt man den Anlaß zu des Reformators Unterrichtung über den christlichen Glauben und vergleicht ihn mit andern Reformatoren (bis auf Luther).

Die Rechtfertigung als zentrale Aussage und als Antwort auf die herrschende römisch-katholische Lehre und die Irrlehren z.Zt. Calvins lassen keinen Raum, zumal das Neue Testament, wie wir sahen, nicht anregend in dieser Hinsicht ist. Umso ergiebiger zeigte sich die hebräische Bibel (s. auch unten).

Aber das überrascht bei Calvin: Er beginnt mit der Schöpfungslehre – sie macht zwar nur einen vom Umfang her bescheidenen Teil aus [2] –, geht zunächst auf die Relation von Gottes- und –selbsterkentnnis ein, um sich dann im 14. und 15. Kapitel dem Werk der sechs Schöpfungstage und im folgenden der Erhaltung der Welt zuzuwenden und in den beiden letzten Kapiteln von der Anwendung der Lehre und der Dienstbarmachung auch der Gottlosen zu sprechen.

I /14,2 schickt er voraus, "daß Gottes Werk nicht in einem Augenblick, sondern in 6 Tagen vollendet worden sei. Denn auch dadurch werden wir von allen erdichteten Göttern weg zu dem einigen Gott gewiesen, der in sechs Tagen sein Werk durchführte, damit es uns nicht beschwerlich falle, unser ganzes Leben lang dieses Wort zu betrachten. Gewiß, wohin auch unser Auge sich richtet, stets wird es genötigt, beim Anblick der Werke Gottes zu verweilen". [3]

Der Reformator selbst aber verweilt dort nicht, sondern spricht ausführlich von Engeln und Teufeln; denn er habe ja bereits ausführlich die Werke des Schöpfers betrachtet. In den avisierten Abschnitten (I /5,1 ff.) nennt er die Geheimnisse göttlicher Weisheit und den Menschen als Mikrokosmos. Er bezeichnet die Menschheit als klaren Spiegel des Schöpferhandelns, spricht aber sogleich von der Trübung durch die mensch-

liche Undankbarkeit und die Vergötzung der Natur [4] . Alle, die die reine Gottesverehrung verfälschen, sind von Gott abgefallen.

Fehlt bisher die eingehende bewundernde Betrachtung der Schöpfungswerke – Flora
wie Fauna –, obgleich die Schöpfungszeugnisse der Priesterschrift und des Jahwisten dazu einladen würden, die Segnung der Vögel und Fische nicht minder als die
Erschaffung der Landtiere zusammen mit dem Menschen am 6. Tag oder die Benennung der Tiere durch den Adam, so nimmt es nicht wunder, daß jene in I/16,5 zum
ersten Mal als Empfänger der Fürsorge (der junge Rabe nach Psalm 147,9) und als
Opfer von Mangel genannt werden . [5]

Im 2. Buch – Von der Erkenntnis Gottes als des Erlösers in Christo – begegnen wir
der übrigen Kreatur wieder in der Unterscheidung zum Menschen [6] .

Calvin spricht vom Adel des Geschlechts [7] , der durch Trägheit bedroht ist. Dieser
Adel fehlt den Tieren. Ja, Calvin kann von ihnen sagen, es sei ein Beweis für ihre
"rohen und vernunftlosen Sinne", daß ihnen eine gewisse Erkenntnisfähigkeit des
Verstandes fehle, der zur Wahrheitsliebe führe.

Warum Calvin die Bewertung der übrigen Kreatur an der Wahrheitsfindung oder gar –
liebe festmacht, ist deshalb unverständlich, weil er sich wiederholt sehr kritisch mit
den Möglichkeiten der Vernunft auseinandersetzt. Im genannten Zusammenhang (S.
151) nimmt er Bezug auf Augustin, der die natürlichen Gaben durch die Sünde verderbt, die übernatürlichen sogar für völlig ausgetilgt hält.

Calvin stimmt zu und erklärt auch den Willen des Menschen für verkehrt. Da jedoch
die Vernunft, die zwischen gut und böse zu unterscheiden versteht, eine natürliche
Gabe ist, konnte sie nicht ganz und gar zerstört werden. Als Schriftbeweis sieht er
Johannes 1,5 an ("Das Licht scheint in der Finsternis, aber die Finsternis hat´s nicht
begriffen") und interpretiert m.E. gegen die Textaussage – "daß in der verkehrten und
entarteten Natur des Menschen immer noch Fünklein glimmen, die zeigen, daß er ein
vernünftiges Wesen ist und sich von dem Tiere unterscheidet, weil er ja mit Verstand
begabt ist. Aber andererseits wird auch gesagt: dieses Licht wird von der furchtbar
dichten Finsternis derart erstickt, daß es nicht wirksam erstrahlen kann" (ebd.) [8].

Wenn die Vernunft als Medium zum Verstehen der Offenbarung und des göttlichen
Willens so gut wie unbrauchbar ist, warum definiert gerade sie den Unterschied zwischen Mensch und Tier? Eine Antwort für viele: die Vernunft ist eine gute Gabe Got-

tes. Wiederum räumt Calvin ein, daß Vernunftsbesitz nicht bereits den Willen zum Guten impliziert – nein, der Mensch "folgt wie die Tiere ohne Vernunft, ohne rechten Plan der natürlichen Neigung. Der freie Wille erfordert, daß er aufgrund richtiger und vernünftiger Überlegung das Gute erkennt, sich für das richtig Erkannte entscheidet und diese Entscheidung auch ausführt" [9].

In seinen Ausführungen zu den göttlichen Verheißungen setzt Calvin das Wort als Urgrund des Glaubens voraus. Der Glaubende erkennt in Christus die Freundlichkeit und Liebe Gottes. Die Gottlosen dagegen bedenken nicht die göttliche Güte.

Sie können aus den göttlichen Gaben "ebenso wenig eine Belehrung über Gottes Barmherzigkeit empfangen wie die unvernünftigen Tiere, die ja auch je nach ihren Lebensverhältnissen die gleiche Frucht göttlicher Freigebigkeit empfangen und doch nicht darauf achten" [10].

Im Kapitel über das Trachten nach dem zukünftigen Leben geht Calvin auf die unsinnige Liebe zu dieser Welt ein, nachdem er vor der Verachtung des gegenwärtigen Lebens gewarnt hat und entlarvt den Anschein, wir sehnten uns nach der himmlischen Unsterblichkeit. "Wir schämen uns, die unvernünftigen Tiere in keiner Hinsicht zu übertreffen; und deren Zustand wäre tatsächlich keineswegs geringer als der unsere". [11]

Calvins Argumentation überrascht, weil wiederholt da von Vernunft die Rede ist, wo m.E. Gehorsam zu erwarten wäre.

Wenn – wie o. vermerkt – die Vernunft ein untaugliches Mittel zur Empfänglichkeit für Gottes Offenbarung ist, das Hören bzw. Gehorchen aber, durch Gottes Geist bewirkt, die einzig angemessene Antwort auf Sein Tun ist, müßte Calvin dessen Fehlen als das gewichtige Defizit im animalischen Leben festhalten. Dieses tut er nicht.

Gerade weil er den Zweck der Schöpfung in der Erkenntnis und Verehrung des mächtigen u. gnädigen Gottes sieht und, wenn das Lob ausbleibt, die Naturordnung für umgestürzt hält, legt sich der Verweis auf die Natur nahe, die durch ihre pure Existenz ein Lob des Schöpfers und ein natürlich ungewolltes Vorbild für den Menschen, ja, somit auch seine Anklägerin ist [12].

Die Funktion der anderen Kreaturen besteht für Calvin tatsächlich darin, ein "Liederbuch" für uns zu sein, "in dem man Noten zum Singen sieht. Das Buch selber ist stumm; es kennt die Kunst der Musik nicht, aber uns dient's zum Singen..." [13].

Ja, Gott selber, der uns zu essen gibt, die Sonne scheinen läßt, die Kreatur zur Be-
nützung überläßt, stimmt gewissermaßen ein Lied an, "um uns zum Singen seines
Lobs zu bringen".

Calvin korrigiert das Bild vom stumm bleibenden Buch, indem er fortfährt, es sei das
Amt der Kreaturen anzustimmen. Wir hätten ihnen zu folgen.

Hatte er eben noch festgestellt, die anderen Geschöpfe seien gefühllos und nur uns
zum Gebrauch verordnet, so scheint damit unvereinbar das ihnen übertragene Amt
zu loben.[14] Unter Bezug auf Psalm 19 sagt Calvin nämlich, alle Kreaturen kündeten
laut und deutlich das Lob Gottes. Ja , er bescheinigt ihnen, daß sie Zeugen gegen
uns sind, uns verdammen, wenn wir das Lob verweigern. "Wir aber denken nicht daran, unseres Amtes zu walten, obwohl wir sogar die stumpfen Tiere es uns vormachen
sehen. Denn obwohl sie keine Worte, kein Unterscheidungs- noch Begriffsvermögen
haben, so besteht doch unter ihnen die Ordnung, die Gott aufgerichtet hat; sie führen
sich, wie es ihrer Natur entspricht..... Kühe, Esel, Pferde, all die tun mehr ihre natürliche Pflicht als die Menschen." Calvin zitiert Jesaja 1,3. [15]

Als wollte er die unterschiedlichen Aussagen miteinander versöhnen, verbindet er
den Gedanken, die Tiere seien uns zur Ernährung, Kleidung, zum Reiten gegeben,
mit dem anderen, sie forderten unser Lob heraus: Gott gibt unerschöpflich viel Güte
durch sie. M.a.W.; sie loben durch ihr Dasein und durch ihren Nutzen für den Menschen.

Den Gehorsam der Tiere mahnt der Reformator nicht an, weil er weiß, daß die Mitkreatur nicht schuldig werden kann, vielmehr gehorsam auf seinen Wink wartet. [16]

Als – vielleicht unzureichendes – Fazit der knappen Darstellung ergibt sich: Die Tiere dienen Calvin eher als argumentum via negatonis: Sie halten dem Menschen vor,
er verweigere Gott die Ehre und den Gehorsam und unterscheide sich dadurch bzw.,
soweit dieses gilt, nicht von der stumpfen Kreatur. Dabei bleibt das Tiersein des Tieres, d.h. seine eigene ihm von Gott zugesprochene Welt, unabhängig vom Menschen, - von Würde gar nicht zu reden – unberücksichtigt.

Karl Barth beruft sich auf Calvins Verständnis von des Menschen Erfüllung: sie besteht in der Verherrlichung Gottes, in einem "vivre selon Dieu". Dieses zu verfehlen,
wäre mein größtes Unglück: "Pource que sans cela nostre condition est plus mal-
heureuse que celle des bèstes brutes" [17] – ein anthromorphes Reden von den Mit-

kreaturen, das ihnen unterstellt, ihnen fehle das Wesentliche zum erfüllten Dasein. Nicht ganz unerwähnt bleibt, daß ihr Unglück, von der Grausamkeit innerhalb der Natur abgesehen, durch die Gottlosigkeit des Menschen entsteht; jedenfalls durch den Sündenfall. So bezieht Calvin die Tiere auch mit ein in die Sehnsucht nach Erneuerung:

"Da nämlich Adam durch seinen Fall die unversehrte Ordnung der Natur zerstört hat, so ist auch für die Kreaturen die Knechtschaft, der sie um der Sünde willen unterworfen sind, beschwerlich und hart; nicht weil sie mit irgendwelchem Empfinden ausgestattet wären, sondern weil sie von Natur nach dem unversehrten Zustand streben, aus dem sie herausgefallen sind" [18].

Calvins Charakterisierung der anderen Kreaturen als empfindungslos erinnert an Descartes. Dem Apostel konzediert er, daß er vom Seufzen und von Geburtswehen spricht (Rö.8, 18 ff.), übernimmt aber weder den Sprachgebrauch noch dessen Sicht, sondern benutzt die Mitgeschöpfe als Spiegel. Sie sollen uns beschämen, in unserer Verkehrtheit weiter zu leben "und es nicht wenigstens den toten Elementen nachzumachen, die die Strafe für fremde Sünde leiden" [19].

Einen solchen Widerspruch hätte Calvin vermeiden können, wenn er sich die biblische Sicht von den Mitgeschöpfen zu eigen gemacht oder sich durch des Apostels Sehweise hätte beeinflussen lassen [20].

Riskant scheint mir ferner, daß von der mangelnden Ebenbildlichkeit der Tiere (s.o.) bzw. aus des Menschen drohender und auch faktischer Verfehlung des Schöpferwillens auf das Unglück jener geschlossen wird.

Diese Folgerung steht in Spannung zur Aussage, daß Gott zu Fischen und Vögeln gesprochen habe, als er sie segnete, und daß sein Wort "in der Natur dieser Wesen Wurzeln geschlagen" habe [21]. Gerade die Anrede Gottes an die Tiere, die lt. Calvin Wirkung hatte, und die sie ja im Unterschied zum Menschen nicht negieren oder vertreten können (s.o.), hätte ein Axiom in der Wertung der Fauna sein können.

Dabei ist unterstellt, daß Calvin die tierethische Problemstellung unbekannt und, wenn vertraut, war, vielleicht eine quantité négligeable sein mußte.

Das erklärt aber nur unzureichend, warum der Reformator, in einer beredten Tradition von Gedanken zum Tier-Dasein und seiner Widerspiegelung der großartigen Schöpfung stehend, den Begleitern des Menschen kaum Raum im Denken und Glauben gewährt und ungewollt der späteren Einschätzung der Tiere als einer Sache Vorschub geleistet hat.

Möglicherweise ist auch die Ablehnung einer selbständigen natürlichen Offenbarung bzw. die Bedeutung von Natur, Religion und Geschichte lediglich als Explikation der Offenbarung in der Schrift des Alten und Neuen Testaments [22] eine Ursache für Calvins geringe Beachtung der Mitgeschöpfe.

Sein Schüler [23] Karl Barth ist es, der immerhin unter Berufung auf Calvin – festhält: "Daß der Mensch durch Gottes Anrede zu einer Entscheidung aufgerufen ist, das macht die Erfüllung des Willens Gottes zu einer Offenbarung der F r e i h e i t, die das Geheimnis der dem Geschöpf zugewendeten Gnade ist: zu einer Offenbarung, der das Tier nur als passiver, aber nicht als aktiv beteiligter Zeuge beiwohnen kann. Und daß der Mensch ungehorsam sein ´kann´, das ist doch die düstere Kehrseite der unermeßlichen Auszeichnung, daß er gehorsam zu sein bestimmt ist, wo das Tier, eigentlich gesprochen, doch nur fügsam sein kann. In dieser Richtung dürfte auch der sachliche Unterschied zwischen der Segnung des Menschen und der Gen 1, 22 berichteten Segnung der Fische und Vögel zu suchen sein. Mit allen ihren Vorteilen und Nachteilen ist diese nun doch, bedeutsam genug, das erste besondere Handeln Gottes *mit* seinem Geschöpf – man dürfte wohl sagen: das Vorspiel der auf die ganze Schöpfung sich begründenden Geschichte – der Akt, in dem sich Gott zum ersten Mal dem Geschöpf verpflichtet als ein treuer Gott."[24]

1.2.   Martin Luther

Luthers Beziehung zu den Mitgeschöpfen läßt sich im Wesentlichen an seiner Auslegung des 1.Artikels von der Schöpfung im Kleinen Katechismus, „Ich gläube ,daß
mich Gott geschaffen hat sampt allen Kreaturn" [1] , den   Auslegungen zu Römer
8,18ff, in seinen diversen Römerbrief- Vorlesungen [2] und denen zu 1.Korinther 15
ablesen.

Der Gedanke, daß die Kreaturen geschaffen sind ,damit wir an ihnen Gott zu erkennen und fürchten lernten bzw. der, daß alle Werke und Kreaturen Gottes Worte sind
[3] , begegnet häufig und ist nicht singulär in der Kirchengeschichte, bei Luther aber
zunächst erstaunlich.

Er ist weder als natürliche Theologie noch als Ruf zu einer Theologie der Natur im
gegenwärtigen Sinn zu verstehen. Luther wiederholt vielmehr Aussagen, wie wir sie
aus Psalm 8, 104, Hiob 38 ff. u.a. kennen. Es darf dabei nicht unterstellt werden, daß
die Bewunderung für die unfaßbare Schöpfung Erkenntnisse über das Wesen Gottes,
besonders seinen Erlöserwillen, ermöglicht .

Wie noch zu zeigen ist, spielt die Barmherzigkeit Gottes in der Tierethik eine Rolle -
trotz der Proteste (nicht nur Schopenhauers) gegen diesen anthroprozentrischen, d.h.
als Herablassung interpretierten, Gedanken.

Luthers eigene Schlußfolgerung könnte der Begründung für Tierschutz Vorschub leisten, die die Gefühllosigkeit weniger als Schaden für die Tiere denn als Schaden für
des Menschen "Sittlichkeit" sieht.

Positiv verstanden, signalisiert aber die befürchtete Wirkung auf den Menschen eine
enge Verbundenheit alles Lebendigen, um nicht zu sagen: Beseelten und eine Wechselwirkung, der m.E. nicht genug Aufmerksamkeit gewidmet werden kann [4] .

Ein beredtes Zeugnis ist die Klageschrift der Vögel [5] , die eigentlich ebenso wenig
einer Erklärung oder einer kontextlichen Einordnung bedarf wie die ähnliche Bittschrift
des parforcegejagten Hirschen bei M. Claudius:

Klageschrift der Vögel an Lutherum

über seinen Diener Wolfgang Sieberger.

Unserem günstigen Herrn, Doctori Martino Luther,

Prediger zu Wittenberg.

Wir Drosseln, Amseln, Finken, Hänflinge, Stieglitzen sammt andern frommen, ehrbaren Vögeln, so diesen Herbst über Wittenberg reisen sollen, fügen Eurer Liebe zu wissen, wie wir glaublich berichtet werden, daß einer, genannt Wolfgang Sieberger, Euer Diener, sich unterstanden habe einen großen, freventlichen Thurst und etliche alte, verdorbene Netze aus großem Zorn und Haß über uns theuer gekauft, damit einen Finkenheerd anzurichten, und nicht allein unserm lieben Freunden und Finken, sondern auch uns allen die Freiheit, zu fliegen in der Luft und auf Erden Körnlein zu lesen, von Gott uns gegeben, zu wehren vornimmt, dazu uns nach unserm Leib und Leben stellt, so wir doch gegen ihn gar nichts verschuldet, noch solche ernstliche und geschwinde Thurst um ihn verdient..."

Die Fortsetzung nimmt die bis in die Gegenwart etwas willkürlich bzw. aus menschlicher Sicht getroffene Unterscheidung in nützlich und schädlich vor, findet aber einen versöhnlichen und anscheinend alle einbeziehenden Abschluß: [6]

"Warum braucht er solchen Zorn und Ernst nicht wider die Sperlinge, Schwalben, Elstern, Dohlen, Raben, Mäuse und Ratten? Welche den Häusern Korn, Hafer, Malz, Gerste u.s.w. enttragen; welches wir nicht thun, sondern allein das kleine Bröcklein und einzelne verfallne Körnlein suchen. Wir stellen solch unsre Sache auf rechtmäßige Vernunft, ob uns von ihm nicht mit Unrecht so hart wird nachgestellt. Wir hoffen aber zu Gott, weil unserer Brüder und Freunde so viel in diesem Herbst vor ihm blieben und entflohen sind, wir wollen auch seinen losen, faulen Netzen, so wir gestern gesehen, entfliehen. - Gegeben in unserm himmlischen Sitz unter den Bäumen, unter unserm gewöhnlichen Siegel und Federn.

Sehet die Vögel unter dem Himmel an, sie säen nicht, sie ernten nicht, sie sammeln nicht in die Scheuern, und euer himmlischer Vater nährt sie doch. Seid ihr denn nicht viel mehr, denn sie? Matth, 6,26."

Daß der himmlische Vater die Mitkreaturen nicht nur versorgt, sondern mit uns auch wieder zum Leben erweckt, ist für Luther nicht zweifelhaft:

„Item: Wenn Christus am jüngsten Tag mit der Posaune blasen wird, alsdann werden sie alle hervorwischen und auferstehen wie Fliegen, so im Winter todt da liegen, gegen dem Sommer aber, wenn die Sonne kommt, so werden sie wieder lebendig, desgleichen werden die Vögel so den Winter über in Nestern und Steinklüften, und in

Ritzen, als der Kuckuck, Schwalben und andere, in den hohlen Ufern am Wasser todt, gegen den Lenzen wieder lebendig werden, wie die Erfahrung zeiget" [7].

So wenig hier die Unsterblichkeit bzw. Auferstehung der gesamten Kreatur am Ende der Tage angesprochen scheint, vielmehr das ewige Stirb und Werde in der Natur, das der Reformator als Hinweis auf die einstige Neuschöpfung versteht, ,so eindeutig ist die Aussage in Luthers Abhandlung "Von der Auferstehung der Toten - Das 15. Kapitel des 1.Briefes an die Korinther" zu V.24, wo er über den Apostel hinausgeht:

„Es soll nicht heimlich ,noch in einem Winkel geschehen, daß hier einer und dort einer aufstehe, sondern ein öffentlich Wesen sein vor aller Welt ,da beide, Tod, Sünde und all Unglück, ab sein wird und eitel Leben und Freude ,dazu unser Leiber samt allen Kreaturen neue Klarheit haben werden, wie er verheißen hat" [8].

Für die Einbeziehung der Mitgeschöpfe nennt Luther keine Begründung. Sie scheint sich für ihn aus der Vernichtung jeder arche, jeder exousia und jeder dynamis zu ergeben.

Unter Bezug auf 1. Kor.15,40 ff. und die unterschiedliche Beschaffenheit bzw. den unterschiedlichen Glanz des Erschaffenen auf Erden wie im Himmel (!) nimmt Luther selbstverständlich die Existenz aller "in jenem Leben" an, wenn auch in unterschiedlicher Klarheit und Herrlichkeit.

Der, der "geistlich in Gott lebet", wird im kommenden Leben "mit Sonne und Mond und allen Creaturen spielen" [9].

In den Tischreden finden wir seine Antwort auf die Frage, ob in jenem Leben und Himmelreich Hunde und andere Tiere sein werden:

„Ja freilich; denn die Erde wird nicht so leer ,wüste und einödig sein, sintemal St.Petrus 2, Ep. 3,13 heißt den jüngsten Tag einen Tag der Restitution aller Dinge, da Himmel und Erde verwandelt werden und wie sonst anderswo klarer gesagt wird: Gott wird ein neu Erdreich und einen neuen Himmel schaffen,wird auch neue Pelverlein und Hundlein schaffen,welcher Haut wird gülden sein. Da wird keiner den anderen fressen, wie Kröten Schlangen..." [10].

Mehr Anlaß, von der Zukunft, auch der Mitkreaturen, in Gottes kommendem Reich zu sprechen, bietet Römer 8, 18 ff.

Daß Luther immer wieder - von 1515/16 bis 1544/45 - über diesen Text gepredigt hat, zeigt nicht nur seine Ausrichtung auf Eschatologie, sondern charakterisiert auch sein

Schöpfungsverständnis.

In der Römerbrief-Vorlesung von 1515/16 sagt er:

"Anders philosophiert und denkt der Apostel über die Dinge als die Philosophen und Metaphysiker.... Er wendet unsere Augen weg von der Betrachtung der Dinge, wie sie gegenwärtig sind, weg von dem, was sie ihrem Namen (essentia) nach sind,und was zu ihren zufälligen Eigenschaften (accidentia) gehört. Er läßt uns vielmehr auf sie achten im Blick auf das, was sie künftig sein werden". Darum gilt es, "die Kreatur als eine anzusehen, die wartet... die das, was sie ist, verabscheut, und nach dem verlangt, was sie dereinst sein wird und darum noch nicht ist". [11]

Die Mitkreaturen leiden unter des Menschen Sünde und ihrem Mißbrauch der Schöpfung und werden die Gottlosen "anklagen des Tyrannen, welchem sie haben müssen unterworfen sein wider alles Recht und Billigkeit" [12].

Luther gibt den Kreaturen - der Sonne, dem Ochsen, den Pferden - Stimme. Sie werden zu Märtyrern. Hier und da gelingt der Kreatur ein Protest gegen die Tyrannei: der Elbe, dem Hagel, den Tieren. Bis zum Gerichtstag, an dem sie Recht bekommt gegen den Menschen, soll sie nach dem Willen des Schöpfers Geduld bewahren.

Auffällig ist, daß bei Luther und den lutherischen Bekenntnisschriften eine ausdrückliche Lehre von der Schöpfung fehlt - siehe zu Calvin -, von der Auslegung des 1.Artikels in den Katechismen abgesehen.

"So scheint von vornherein nahezuliegen,von einer Vernachlässigung... zu sprechen, die umso mehr gegenüber der Ausführlichkeit auffällt, mit der in immer neuen Darlegungen das Verhältnis von Sünde und Gnade, Gesetz und Evangelium präzisiert wird" [13].

Schlink hält dieses für keinen Mangel; denn inzwischen wird eine "Theologie der Schöpfung ... in großzügigster Weise vorgenommen" [14]. Zum andern ist eine Gleichsetzung von Bekenntnis und doctrina evangelii notwendig [15].

Ja, Schlink fragt kritisch,ob ein Mehr in der Schöpfungslehre nicht am Verständnis des Evangeliums vorbeigeht.

Im Großen Katechismus lehrt Luther, das Leben mit Leib, Seele, Vernunft, Essen, Kleidung, Familie, Gesinde, Gestirnen,Luft, Feuer,Wasser, Erde, Friede und Sicherheit als Gottes Schöpferhandeln und Erhalten zu begreifen. Dazwischen kommen "Vogel, Fisch, Tier, Getreide und allerlei Gewächs" vor, Gottes Liebe und Güte sind ebenso ablesbar am Schutz vor Übel und Unglück.

Fast übereinstimmend mit Calvin schließt er aus Gottes Handeln auf den schuldigen Dank und das Lob und beklagt mit ihm, daß wir uns stattdessen alles Genannten brüsten und "in Blindheit ersoffen" sind.

"Doch haben die Christen den Vorteil, daß sie sich des schuldig bekennen, ihm dafür zu danken und gehorsam zu sein" [16].

Im Beschluß zum ersten Artikel lesen wir den erstaunlichen Satz: "... wie sich der Vater uns gegeben hat sampt allen Kreaturen".

Daß der Vater sich "gegeben" hat, ist ungleich mehr als dies, daß der Schöpfer uns mit Gaben versorgt; und daß die Mitkreaturen dieser Selbstmitteilung Gottes teilhaftig werden, ist kaum um des Parallelismus´ willen formuliert.

Die daraus resultierende Frage, ob aus den Werken der Schöpfung Gott zu erkennen ist, beantwortet Luther wie Calvin mit Nein.

Denn die Sünde macht Gotteserkenntnis unmöglich.

Möglich ist nur Offenbarung durch das Wort und Erkennen im Glauben.

"Aber die Welt nach dem Fall Adams kennt weder Gott, ihren Schöpfer, noch seine Creaturen, lebt ärger dahin denn ein Vieh, ehrt und rühmt Gott nicht. Ach, wie würde ein Mensch, wenn Adam nicht gesündigt hätte, Gott in allen Creaturen erkannt, gelobt, geliebt und gepriesen haben, also, daß er auch in dem kleinsten Blümlein Gottes Allmacht, Weisheit und Güte bedacht und gesehen hätte".

Daneben gibt es jedoch - in Auseinandersetzung mit Erasmus - die Feststellung: "Wir aber beginnen von Gottes Gnaden seine herrlichen Werke und Wunder aus dem Blümlein zu erkennen, wenn wir bedenken, wie allmächtig und gütig Gott sei; darum loben und preisen wir ihn und danken ihm" - mit der erstaunlichen Fortsetzung: "In seinen Creaturen erkennen wir die Macht des Worts" (sic!), "wie gewaltig das sei" [17].

Luther beklagt nicht nur, daß der Weg zu Gott versperrt ist, sondern auch unsere Beziehungen zu den Mitgeschöpfen, Menschen offensichtlich eingeschlossen, gestört sind.

Andererseits sind uns die Tiere zur Nutzung gegeben, wie aus der Erklärung zum 1. Artikel und aus den Tischreden hervorgeht.

Dieser nüchternen Sicht entspricht, daß in der Erklärung zum 5. Gebot die Mitkreaturen nicht als schonenswert genannt werden - "... daß wir essen, trinken und fröhlich sind, aller Creaturen gebrauchen; denn darum hat er sie alle geschaffen" [18] - auch keinem etwa übermäßigen Töten gewehrt wird, das über das zum Leben Notwendige hinausgeht..

Umso erstaunlicher, daß die Tiere für den Reformator nicht nur Lebensmittel oder gar Sachen sind, sondern, wie dargelegt, des künftigen Lebens, wenn auch in anderer Weise teilhaftig.

Welche Freude der Reformator an den Mitgeschöpfen hat, ist seinem Brief aus Coburg an die Tischgenossen in Wittenberg 1530 zu entnehmen. Er beobachtet Dohlen und Krähen auf ihrem "Reichstag" und versteht sie allegorisch und zugleich als Vorbild. Während seine Freunde nach Augsburg weiterreisen, bleibt Luther auf Anraten des Kurfürsten auf der Veste und übersetzt dort an einem "überaus reizenden und für die Studien geeigneten Ort" Aesopsche Fabeln. [19]

Die eschatologische Perspektive in Luthers Theologie - s. auch Auslegung zu Rö. 8,18 ff - ist kein Freibrief für unethisches Verhalten bis zum Ende der Welt; im Gegenteil: Schöpfung und Neuschöpfung gehören zusammen. Der Mensch ist Werkzeug und Mitarbeiter Gottes. C. Link urteilt [20] :

"Luthers Schöpfungslehre ließe sich leicht als eine theologische Interpretation dieser in seinem Werk vielfach beschriebenen Erfahrung... entfalten. Man geht jedenfalls kaum fehl, wenn man den formalen Grundzug, der sie vielleicht am schärfsten von der mittelalterlichen Dogmatik unterscheidet, auf diese gleichsam empirische Wurzel zurückführt: Ihr Interesse haftet nicht an dem Schöpfungsvorgang ´im Anfang´, sondern an dem Schöpfungswerk, das sich ´täglich´, inmitten des Auf und Ab, der Zusammenbrüche und Aufstiege unserer gegenwärtigen Welt, vor unser aller Augen vollzieht."

Sollte die Verbindung von Erfahrung und theologischer Interpretation zutreffen - sie behauptet ja keine Gotteserkenntnis qua ratio oder eine Offenbarung primär durch die Schöpfungswerke - so markiert sie m.E. den Unterschied zwischen Luther und Calvin in der Beurteilung der Mitgeschöpfe.

Für den Genfer Reformator scheint a priori festzustehen, daß es sich nicht nur um unvernünftige Wesen handelt - ein Urteil, das, wie wir sahen, Luther im Wesentlichen teilt- , sondern auch um gefühllose, was jeder Beobachtung und Erfahrung, auch zur Zeit Calvins, widerspricht.

Die Schöpfung ist für ihn nur sehr eingeschränkt ein Lehrbuch, das Erkenntnisse vermitteln kann.

Für Luther dagegen sind Mitgeschöpfe par excellence Demonstration der täglichen Fürsorge Gottes und Hinweise auf ihn.

Aber sie sind nicht nur das, sondern haben als die Ersterschaffenen ihren Wert dadurch, daß sie aus Gottes Hand kommen.

A. Peters [21] zitiert Luthers Kritik an einer Gebetsanweisung, die Thales von Milet zugeschrieben wird, wonach der Beter dankt, daß er als Mensch und nicht als Tier, als Mann und nicht als Frau etc. zur Welt gekommen ist; denn damit werde - siehe Ps. 148 - der Schöpfer gepriesen, seine Werke aber zugleich geschmäht: "Was heißts, Gott darum danken, darum daß du ein Mensch bist, gerade als wären andere Tiere "(sic!)" nicht auch Gottes Geschöpf, oder daß du ein Jude bist, gerade als wär Gott nicht auch ein Gott der Heiden. Das gieng wohl hin, daß man Gott lobete, daß er ein sonderliche Gnade gegeben hat; aber daß man andere Kreatur mit will einziehen zur Schmache, das soll nicht sein" [22].

Peters weist [23] mit Recht darauf hin, daß die strenge Christozentrik, die sich auch in Luthers Auslegung zu Ps. 104, Ps. 8 oder 19 niederschlägt, wenig Raum für die "eigene Stimme der Schöpfung" läßt, legt aber auch eine Differenzierung nahe: Das Zentrum ist das Kreuz; die dort offenbarte Liebe erschließt die Erkenntnis Gottes aus der Natur.

In der Katechismus-Auslegung ist das solus Christus der hermeneutische Schlüssel; doch ist nicht zu übersehen, daß Luther mit dem Schöpfer beginnt, und daß das "sehr gut" als sein Urteil über die Schöpfung erhalten geblieben ist trotz Sünde und Tod.

Peters spricht von einer Spannung "zwischen Gott als hoheitlichem Schöpfer aller Kreaturen und gnädigem Vater der Gotteskinder" [24]

Kann es anders sein?

Etwas später gibt er die Antwort, daß nach Luther der wahre Christ das miteinander vereinen wird, "was man seit Friedrich Nietzsche gegeneinander auszuspielen sucht: die Treue zur Erde und das Hineilen zur Ewigkeit, die Kreaturverbundenheit und das freie Hindurchgehen. Daß beides zutiefst zusammengehört, vermag wohl nur derjenige zu erfassen, der ein Ohr und Herz gewinnt für das Seufzen der Kreatur und ihr sehnsüchtiges Ausschauhalten nach der endgültigen Befreiung" [25].

Allerdings macht Peters auf eine Aporie aufmerksam: Unter Verweis auf Jes. 11,6 ff
und auf die nt.lichen Aussagen (Hebr. 11,21 ff, Offb 22,1) , vor allem aber auf Jesus -
"seine Bildworte und Gleichnisse belassen Pflanzen und Tiere doch unter dem Geschick des Sterbens und Vergehens" [26] - meint Peters beim Reformator eine Korrektur des AT durch das NT zu sehen. Die Tiere müssen nicht den 2.Tod und das folgende Gericht erdulden; aber ihnen ist nicht die Kindschaft verheißen. "Sie sterben
und vergehen fern vom ewigen Vaterhaus" [27]

Sicher ist eine deutliche Grenze zwischen Mensch und Tier darin gezogen, daß letztere nicht Gottes Bundespartner, Geschwister des Sohnes und Wohnstätten des Hl.
Geistes sind.

Die Erklärung dafür ist m.E. bereits in der unterschiedlichen Erschaffung, in einem
anders gearteten Gegenüber - vgl. das zur Ebenbildlichkeit Gesagte - und nicht zuletzt in der nur vom Menschen vollzogenen Trennung von Gott und damit in seiner
Heilsbedürftigkeit zu suchen [28].

Der Hinweis auf die bereits im AT indirekt angedeutete Grenze überzeugt nicht. Mag
sein, daß v. Rad mit seiner Interpretation zu Ps .104,21 soweit Recht hat, daß der
Sprachgebrauch "el" beabsichtigt ist[29] doch er selbst mahnt: "Im Ganzen ist überall da
Zurückhaltung geboten, wo wir die Gründe des Wechsels nicht deutlich erkennen"[30]

Sollte die These, "daß die Tiere kein Verhältnis zu Jahwe, dem Gott der Offenbarung,
haben" [31] generell, also nicht nur auf diesen Psalm, bezogen sein, ist dem unter Bezug auf verschiedene Textstellen zu widersprechen. Sie trifft m.E. aber nicht einmal
für Ps. 104 zu, wie VV. 27 f. zeigen.

Der gleichzeitige Verweis auf Hi 38,41 kann wegen des gar nicht nur auf die Tiere
bezogenen Wechsels des Sprachgebrauchs im Gesamtzusammenhang noch weniger
überzeugen: im gesamten 38. Kapitel wird ohnehin nur einmal der Schöpfer und Erhalter genannt. Kap. 39 kommt im Blick auf die wunderbare Erschaffung und Gestaltung der Tierwelt zwar (v.17) der Terminus el vor,aber ebenso im Dialog zwischen
Jahwe und Hiob (v. 31-35), wo nicht von den Geschöpfen die Rede ist, sondern el in
der Mahnung erscheint: "Der Gott zurechtwies, gebe darauf Antwort" (Übers. Zürcher) [32].

Beide Texte sind nicht aussagekräftig genug, vor allem angesichts vieler anderslau-
tender, um von ihnen her die Aporie bei Luther zu erklären.

Das Fazit "Die Welt der Tiere versinkt im Abgrund des Nichtenden; für die Pflanzen scheint dies nicht so eindeutig zu sein" [33], kann sich nicht auf WA 41 [34] berufen, da Luther von der "ganzen Creatur mit uns" redet und ist vor allem aufgrund der genannten Aussagen in den Tischreden, in der Abhandlung zu1. Kor 15 und in der Römerbrief-Vorlesung von 1515/16 u.a. unbegründet.

P. Althaus zitiert [35] neben Rö. 8 auch 2 Petr. 3,10.13, Jes. 65,17 und dazu Luther (WA 41,307ff-45,229 ff - 49,503 ff), wonach Gott die Kreatur "ineinander stoßen und um der Auserwählten willen sie wiederum ... reinigen und verneuen" will. Und was für die Sonne gilt, daß Gott sie reinigt und ausfegt, damit sie hell und klar wird wie am Anfang, gilt für alle Kreatur.

"Das ewige Leben ist also für Luther nicht weltlos. Das Schauen Gottes und die Freude an Gott schließt in jenem Leben so wenig wie in diesem die Freude an der Kreatur aus, sondern ein. Wie der Mensch sich in dieser Welt der Kreatur freut, so erst recht in jener...: Alle Kreaturen werden Lust, Liebe und Freude haben und mit dir lachen und du hingegen mit ihnen, auch dem Leibe nach" [36].

Nach Althaus folgen die Lutheraner des 16. Jhdts dem Reformator in der Erwartung einer verwandelten statt einer vernichteten Welt im Unterschied zur Dogmatik des 17.Jhdts.

Es ist Peters zuzustimmen, daß wir es bei Luther mit einer Aporie zu tun haben, und daß der Reformator in dieser schwierigen Materie nicht systematisch war; es käme auch einer Überinterpretation gleich, wollte man bei ihm eine Tierethik in Ansätzen erkennen.

Doch gilt auch für ihn wie für einige Theologen der nachfolgenden Generation: hätte man seine Stimme gehört, wäre es um die Würde von Mensch und Tier besser bestellt.

2. Pietismus und Aufklärung

2.1. Johann Arnd(t) (1555-1621)

Johann Arnd(t) [1] , von großem Einfluß auf die orthodoxe Reformbewegung [2] , auf den Pietismus und damit auf Spener, auf die lutherische Frömmigkeit, auf das Gesangbuch [3] und die Gebetsliteratur, z.T. der Mystik zugeordnet [4] , ist auch an naturwissenschaftlichen Fragen interessiert, mit "gewissen rationalen Zügen in seiner Theologie" [5].

Die besondere Beachtung der Schöpfung kommt bereits in der Vorrede zum 3. Buch seines grundlegenden Werks "Vier Bücher vom wahren Christenthum" [6] zum Ausdruck: "Das vierte Buch aber habe ich darum hinzuthun wollen, daß man sehe, wie die Schrift, Christus, Mensch und die ganze Natur übereinstimme, und wie alles in einem einigen, ewigen, lebendigen Ursprung, welcher Gott selbst ist, wieder einfließe und zu demselben leite" [7] .

Dem scheint zu widersprechen, daß er alle Welt- und Creaturliebe als hinderlich auf dem Weg der Vereinigung Gottes mit der Seele ansieht und die Reinigung des Herzens von den Creaturen als notwendige Folge der Selbstübereignung an den Willen Gottes versteht.

Die, die den wahren Grund in Gottes Licht und Wesen finden, "werden die allerlieblichsten Menschen, kommen auch über die Natur; denn sie kleben nicht mehr an den Creaturen wie die natürlichen Menschen...Wer nun eine solche Seele sehen könnte, der sähe die allerschönste Creatur, und das göttliche Licht in ihr leuchten" [8].

Der vermeintliche Widerspruch löst sich auf, wenn man, vor allem im 4. Buch, Arnds Gedankengängen folgt, wonach nur der Mensch eine Beziehung zu seinem Schöpfer und Herrn hat und nur ihm in Liebe und Verehrung verbunden ist. Die väterliche Güte gilt zwar auch den anderen Geschöpfen, doch sind sie nur Medium der göttlichen Fürsorge und darum keines Dankes wert. Sie haben dem Menschen zu dienen.

Unter Bezug auf Psalm 119, 118 und 50 und Erwähnung anderer biblischer Texte versteht Arnd Gottes Freundlichkeit, Liebe und Güte als täglichen Anreiz zum Lobe Gottes. Des Menschen Sünde hätte anderes verdient.

Auch an den Creaturen lesen wir seine Freundlichkeit ab, nicht minder an den Elementen und der Gesundheit unseres Leibes. Gottes größere Werke aber sind Erlösung und Heiligung.

"Sonne, Mond und Sterne loben Gott mit ihrem Licht. Es muß ein großer Gott sein, der sie gemacht hat, Sirach 43,5. Die Erde lobt Gott, wenn sie grünet und blühet. Und in Summa, alle Creaturen loben Gott, indem sie seine Befehle ausrichten, Psalm

148,1. Alle Creaturen reden mit uns durch ihre von Gott eingepflanzte Kraft und offenbaren uns den Schöpfer und mahnen uns, denselben zu loben.

Weil aber Gott keiner Creatur so große Barmherzigkeit erzeigt, als den Menschen, so ist er auch schuldig, Gott öfter und mehr zu loben, denn alle Creaturen" [9].

Von diesen Aussagen im 2. Buch her wäre eine Wertung der Mitgeschöpfe zu erwarten, die ihrem Wesen als Ausdruck der göttlichen Güte und damit als ein Mittel der Offenbarung, als Vorbild für den Menschen (s. AT) , als sein ständiger Mahner und als sein Gegenüber adaequat ist.

Sie, die von Gott als Medium bestimmt sind, müßten nach dem Gesagten eine eigene Würde haben und des Schutzes, der Fürsorge und Zuwendung sicher sein können.

Vor allem würde ihr Charakter als Träger (begrenzter) Offenbarung eine uneingeschränkte Anthroprozentrik unmöglich machen.

Und gerade sie wird von Arnd in m.E. erschreckender Weise vertreten.

Zunächst ist festzuhalten, daß Arnd (im 3. Buch) eine Offenbarung in der oder durch die Natur verneint, ja radikal das "natürliche Licht", manifestiert in der Vernunft, im Willen und in den sinnlichen Kräften, als todgeweiht versteht, soll das Gnadenlicht scheinen und wirken. Dieses erleuchtet nicht nur die Seele um ihrer selbst willen, sondern veranlaßt zu christlichen Tugenden und Werken.

Als Übergang zum 4. Buch dichtet Arnd ein Lob auf die Werke der Natur, die den o. prosaisch formulierten Offenbarungs-Charakter bestätigen.

Arnd nennt das 4. Buch "liber naturae" und gibt ihm den Untertitel "Wie auch alle Menschen Gott zu lieben durch die Creaturen gereizet und durch ihr eigen Herz überzeugt werden".[10]

Er geht den sechs Tagewerken Gottes nach, beschreibt zwar breit das Meer und seine Tiere, besonders den Wal, die Ursache für die Bewegung (Gezeiten), allegorisiert das Meer, aber übergeht den gemeinsamen Segen.

Der 6. Schöpfungstag gibt noch einmal Anlaß, die Tiere als Lehrmeister (s. Hiob 12,7) zu nennen und zur Sorglosigkeit aufzurufen, weil die Güte Gottes auch die Kreaturen versorgt.

Alle - ausführlich dargestellte - Schönheit der Kreaturen [11] tritt hinter der des menschlichen Leibes und seiner Seele zurück: "Der Mensch ist die edelste Creatur". Begründung "...weil alle Creaturen dem Menschen zu dienen geschaffen sind" [12].

Nach Arnd ruft die gesamte Kreatur, vom Himmel bis zum Fisch, dem Menschen zu, sich ihrer zu bedienen - jedoch mit der Aufforderung, dem Schöpfer für sie zu danken.

Diese Sicht hat zwar in Summa, wenn auch nicht immer wörtlich, die hebräische Bibel für sich; die folgende allerdings ist fragwürdig, weil sie Gen. 1 u . 2 vom 3. Kapitel trennt: "Unter allen Creaturen der Welt hat Gott den Menschen am höchsten geliebet, dieweil er alle Creaturen um des Menschen willen geschaffen hat; daraus denn folget, daß Gott den Menschen einig und allein in der Welt geliebet hat".[13]

Das merkwürdige Verhältnis von These und Begründung steht nicht zur Diskussion, wohl aber die weitere Schlußfolgerung, daß die Kreaturen alle Liebe und Güte nach dem Gebot Gottes dem Menschen geben. Weil sie es ohne Arg und Täuschung tun, hat der Mensch Gott reine Liebe ohne Heuchelei zu bezeugen.

Diesen Dienst der Kreaturen - Arnd spricht vermutlich deshalb nicht von Mitgeschöpfen, weil sie auf andere Art ins Leben treten als der Mensch - muß der Mensch nicht belohnen; er ist ihnen keinen Dank oder gar Liebe schuldig; denn Gott der Schöpfer hat sie dazu verpflichtet. Ihm gelten Dank und Liebe.

Nocheinmal: Alle anderen Geschöpfe leben darum, "daß sie dem Menschen dienen; also lebet der Mensch darum, daß er Gott diene".[14]

Dieser Zuordnung entspricht die Ordnung innerhalb der kreatürlichen Welt. Der Hierarchie gemäß ahmet eine Kreatur Gott mehr nach als die andere, von der geringsten bis zur edelsten. Oben steht der Mensch als Ebenbild Gottes. Gen. 1,26 wird im Sinne dieser nach oben wachsenden Ähnlichkeit bis zum ursprünglich vollkommenen Menschen verstanden.

Die Interpretation der imago Dei als Antwort geben, auch im Verhalten gegenüber seiner Schöpfung in Flora und Fauna , gibt es bei Arnd nicht.

Somit ist auch der Herrschaftsauftrag V. 28 nur eingeschränkt durch die Souveränität Gottes, nicht durch des Menschen Selbstverständnis als Mandatar, dem die "Untertanen" anvertraut sind.

Arnd spricht zwar von herrlicher Kreatur, jedoch nur auf das göttliche Gebot bezogen, dem Menschen als Ebenbild Gottes zu dienen.

"Und wärest du nicht nach Gottes Gebilde geschaffen, so denke nur nicht, daß dir eine Kreatur dienen würde".[15]

Zur Unterstreichung: von irgendwelchen Verpflichtungen den Mitgeschöpfen gegenüber, aus ihrem Dienst am Menschen und vor Gott abgeleitet, ist nicht die Rede.

Das 5. und 6. Buch behandeln eine andere Thematik.

Auch wenn man die Intention der 6 Bücher vom wahren Christentum möglichst streng beachtet, nämlich Erbauungsliteratur im guten Sinn des Wortes sein zu wollen, an die liebenden Taten Gottes, vor allem in der Erlösung, zu erinnern, Glauben zu wecken und zu bewahren, sowie Liebe zu Gott und dem Nächsten anzumahnen, so ist angesichts der breit angelegten Rede vom Dienst der Kreaturen, auch unter Hintanstellung gewisser Erwartungen an tierfreundliche, biblisch orientierte Aussagen und schließlich bei Berücksichtigung der Zeit (um nicht zu sagen: des Zeitgeistes), der theologische Tenor bei Arnd enttäuschend.

Ein Vergleich mit Descartes, 40 Jahre später geboren, ist unter einem Kriterium statthaft, wenn auch die Ansätze grundverschieden sind: unter dem der Überbetonung der Anthropozentrik, dort sich ableitend vom cogito ergo sum, hier aus der über die Bibel hinausgehenden Deutung der Ebenbildlichkeit.

Von Mißachtung der Kreaturen oder auch nur einer sie disqualfizierenden Diktion kann allerdings keine Rede sei.

Aber die ausschließliche Ableitung ihres Wertes aus ihrem Dienst am Menschen und damit aus ihrem lobenden Hinweis auf den Schöpfer öffnet - sicher ohne Zustimmung Arnds - dem willkürlichen, gedankenlosen und auch gefühllosen Gebrauch die Tür, nicht minder einem nur durch die Demut vor Gott eingeschränkten menschlichen Egoismus.

Verwunderlich ist schließlich, daß Arnd, der die Tiere als Prediger und Mittel zu Gottes Lob sieht - darin expressis verbis deutlicher als viele seiner Zeitgenossen - aus begreiflicher Angst vor Kreaturen-Verehrung nicht wenigstens Achtung und Fürsorge angemahnt hat; Achtung wegen des ihnen verliehenen Amtes, Gottes Schöpfer- und Erhalter-Güte zu demonstrieren, und Fürsorge, weil sie des Menschen Begleiter sind.

So hat Arnd einen kurzen Weg ermöglicht von frommer und faszinierter Betrachtung bzw. Verwunderung zur nicht mehr verantworteten Nutzung.

2.2. Jakob Böhme (1575-1624)

Der Görlitzer Schuhmachermeister und spätere Händler, immer auf's Neue befaßt mit dem Verhältnis von Gott und Natur, ist darin typisch für Mystik und Pietismus mit Einfluß auf einige seiner Repräsentanten, so auf G. Arnold, J.C. Dippel, F. Oetinger und F. von Baader, daß er betont individualistisch denkt und mit seinem Urteil über die Kirche den Separatismus stärkt.

K.L. Schmidt ordnet ihn dem schwärmerischen Flügel des Pietismus zu [1]. Er tritt, auch darin kennzeichnend, für eine ernsthafte Wiedergeburt ein. Der Gefahr, durch seine Harmonisierung von Gottes Offenbarung in Wort und Natur, Pantheist zu werden, ist er nicht erlegen.

"Gott offenbart sich in der Natur mit zwei Willen, dem 'feurigen Liebeswillen' und dem finsteren 'Zorneswillen'. Dieser Gegensatz liegt allem Leben zugrunde und macht es erst möglich" [2].

Heilsgeschichte und kosmische Entwicklung sind verbunden. Um die Natur zu erkennen, muß sie in ihren Äußerungen und Lebewesen geschaut, nicht berechnet werden.

Böhme kann formulieren, daß jedes Ding seinen "Mund zur Offenbarung" habe.[3] "Denn ich sage, die innere Welt ist der Himmel, darinnen Gott wohnt, und die äußere Welt ist aus der inneren ausgesprochen, und hat nur einen anderen Anfang als die innere... Die geistliche Welt im Innern hat einen ewigen Anfang, und die äußere einen zeitlichen; eine jede hat ihre Geburt in sich; aber das ewig-sprechende Wort herrschet durch alles"[4].

Die Erde und der Himmel bilden einen Leib; Gott ist der Leib. Daß wir ihn nicht gänzlich erkennen, ist in unserer Sünde begründet; wenn wir aber im Geist durch den Tod des Leibes (des Fleisches) durchbrechen, werden wir des verborgenen Gottes ansichtig.

Die Herrschaft der Menschen über die Kreaturen setzt die höhere Macht voraus: Der Mensch ist ein Bild der "ganzen Kreation", ein Bild Gottes. Ihm blies der Schöpfer den lebendigen Odem ein, die "wahre Seele aller drei Prinzipien in der Temperatur[5].

Alle Kreaturen lassen an Trieb, Begierde, Hall, Stimme und Sprache den verborgenen Geist erkennen[6].

Aus den nicht immer deutlichen Bildern und der eigenwilligen Diktion geht m.E. so viel hervor, daß Böhme an einer Sonderstellung des Menschen festhält - s.o. das zum Odem Gesagte im Gegensatz zum tierischen Leben " aus der Scientz der Kreatur"[7] -, sieht aber auch die Mitkreaturen als beseelt und Medium der Offenbarung an.

Das Mißverständnis, er sei Pantheist, wehrt er durch die Feststellung ab, daß nicht die Natur a se Gott sei, sondern daß Gott allem Leben Kraft gebe. Er spricht vom "Mysterium der ewigen Gebärung", von Gottes Wohnen in allen Dingen, "doch das Ding weiß nichts von Gott"[8].

Solange das Erschaffene in der "Konkordanz" bleibt, ist es nicht böse.[9] Wenn Böhme von der "Selbsterhebung und Ausgehung aus der Gleichheit " redet[10], kann er nur das menschliche Wesen meinen, da es in Flora und Fauna keine solche Selbstverherrlichung oder einen solchen Abfall gibt.[11]

Die bisherigen Skizzierungen lassen noch nicht den Schluß zu, Böhme vertrete geradezu eine Theologie der Mitgeschöpflichkeit; doch öffnet er mit seinem nicht auf den Menschen allein bezogenen Reden vom "Mund zur Offenbarung" und mit seiner Voraussetzung, daß die Ewigkeit in alle Wesen (Dinge) eingeht - Böhme: "in sie einbildet" - den Zugang zu ihr.

Den sogenannten tierischen Leib, der offensichtlich nicht in Gegensatz gesetzt ist zum menschlichen, sondern zum "animalischen Leib", welcher mit Gott inqualieret, "der nur , einem Wetterleuchten gleich, vom Licht der Erkenntnis Gottes berührt ist, den dürstet lt. Böhme immer wieder nach der "Süßigkeit Gottes" [12] . Das scheint den Menschen und den Mitgeschöpfen gemeinsam zu sein. Damit ist eine streng anthropozentrische Sicht überwunden.

2.3. Anmerkungen zum reformierten Pietismus, zu Tersteegen und Neander

"Die pietistische Indifferenz oder Verwerfung im Verhältnis zur Schöpfung machte eine groß angelegte Saekularisierung des Natürlichen möglich".So urteilt Martin Schmidt.[1]

Otto Seel [2] hingegen hält für möglich, die Symbolik und Allegorik des "Physiologus" in die Naturinterpretation des Pietismus zu transponieren - offensichtlich nicht, um dem gerade zitierten Defizit aufzuhelfen, sondern weil er eine Empfänglichkeit voraussetzt.

Folgt man dem ersten Fazit, so genügt eine kurze Benennung weniger exzeptioneller Vertreter der Frömmigkeitsbewegung, um dann zur Aufklärung überzugehen. Fast alle Charakterisierungen des Pietismus geben der Sicht einer durchgängigen Naturfeindlichkeit recht: Überbetonung des Subjektivismus durch Akzentuierung der persönlichen Heilsvergewisserung und -aneignung und, daraus resultierend, der Heiligung, der praxis pietatis und der geschwisterlichen Gemeinschaft in Konventikeln, die Konzentration auf Bezeugung der Heilsbotschaft und auf Mission, ein mystischer Ethizismus, auf Taten der Liebe gerichtet, Ablehnung der Welt und ihrer Gefahren, besonders einer Kreatur-Verehrung.

Mit einem Satz: eine übergewichtige Anthropozentrik zugunsten einer auf Rechtfertigung des Sünders zielenden Theozentrik mit dem Leitgedanken, dem Urchristentum nachzueifern und es möglichst wiederherzustellen.

So riskant diese Verkürzungen sein mögen; sie sind jedoch eingeschränkt zu verteidigen durch die notwendige Skizzierung des theologischen Umfeldes unserer Thematik in dieser Epoche der Kirchengeschichte.

Ob die Kritik am bloß intellektuellen Wissen, die Betonung der Emotion und des Indivualismus, die Absage an die Orthodoxie und die Herausstellung der geistlichen Erkenntnis, schließlich auch die Wahrnehmung sozialer und pädagogischer Aufgaben dem Interesse einzelner an den Mitgeschöpfen förderlich waren oder dieses eher ausnahmsweise zufällig oder der jeweiligen Frömmigkeit und dem Schöpfungsverständnis entsprang, muß -auch im Blick auf die Frucht des Pietismus in der Erweckungsbewegung - jeweils untersucht werden.

Generell läßt sich vorweg feststellen, daß der Pietismus reformierter Prägung an schöpfungstheologischen Fragen unter Einbeziehung der übrigen Kreatur sehr viel weniger interessiert war als der lutherische.
Bei Comenius, Coccejus, Voetius (Präzisismus), Labadie und Tersteegen jedenfalls finden wir so gut wie keine Äußerungen.
Gerhard Tersteegen z.b. ist Inbegriff der kindlichen, anbetenden und lobpreisenden, asketischen Frömmigkeit mit Distanz zu Welt und Kirche und einer Tendenz zum Quietismus . Vor allem seine Anbetungslieder bekunden sein Lebensziel, den großen Gott zu verherrlichen. Tersteegen versteht sich als Prediger, Mahner, Seelsorger, beauftragt, die Erweckten zu stärken, Glauben zu wecken und die Menschwerdung Gottes im Fleisch zu einer Inkarnation im Herzen der Angesprochenen werden zu lassen.
Nur in einem Lied [3] besingt Tersteegen die Schöpfung und lädt durch die Bewunderung der Frühlingspracht in Blume, Blatt, Himmel und Vögeln zum Lob des Schöpfers ein. [4]
Joachim Neander gibt der Schöpfung mehr Raum, vor allem dort, wo er Psalmen nachdichtet. Unter Bezug auf Psalm 136,1-9 - die Geschichte Gottes mit seinem Volk bleibt hier unberücksichtigt - dichtet er "Himmel, Erde, Luft und Meer zeugen von des Schöpfers Ehr". (EG 5O4) Die Gestirne jauchzen Gott; Wälder und Felder wie auch das Vieh weisen auf Gottes Finger. Im Vogel, Wetter und im Wind hat der Schöpfer seine Diener (s.J.Arnd). Das Wasser preist den Herrn. Neander überschreibt das Lied : "Der in Gottes Geschöpfen sich Erlustigende - Gott hat sich nicht unbezeugt gelassen durch Guht tun" und vermerkt - in Klammern - "Ist auch ein Reiselied zu Land und Wasser". [5]
Den Frühling begrüßt er mit der Bitte an Gottes Macht, ihn, mit Blick auf das Land, die Tulpen, die Sonne, zur Verkündigung und zum Lob zu erwecken.
Ähnlich unter Hinweis auf Psalm 104,24, wo er der Sommer- und Herbstfreude Ausdruck gibt, und zu Psalm 146,16 f, betitelt er "Winter-Gedancken im Hause", mit der Bitte an Gott, ihn zu erhören, mit der Selbstvermahnung, dem Beherrscher nachzufolgen und mit der Willenserklärung, in der Wintereinsamkeit ihn zu preisen.
In "Wunderbarer König" (EG 327) werden mit Worten des 150. Psalms die Schöpferwerke und die eigene Seele zum Lob aufgefordert.

Auch sein bekanntestes Lied "Lobe den Herren, den mächtigen König der Ehren"[6] bleibt beim wunderbar gestalteten Menschen und des Allmächtigen segensreichem Walten.

Der Tenor ist trotz deutlicher Freude an den Schöpfergaben ein ähnlicher wie bei Tersteegen. Eine Beziehung zu den Mitgeschöpfen, ein Mitfühlen mit ihrem auch bedrückenden Erleben fehlen.

Umso eindrucksvoller ist die Bitte "Drücke tief in meinen Sinn, was du bist und was ich bin" (in: „Himmel,Erde,Luft und Meer), womit J. Neander nicht nur den abgründigen Unterschied zwischen Schöpfer und Geschöpf meint, sondern, wenn man seine weiteren Lieder mitberücksichtigt, [7] auch den Abstand zwischen dem Weltenrichter und dem Sünder.

So versteht er den Bund zwischen Gott und Mensch als eine gnadenvolle Herablassung ("Sieh, hier bin ich, Ehrenkönig") zum geringen Geschöpf,das "Asche und Thon" ist - vgl. G.Tersteegen: " mit dem ich Wurm geliebet ward".

Vielleicht ist es dem Einfluß durch Johann Scheffler (Angelus Silesius) zuzuschreiben, daß die Lieder Neanders, die er z.T. auch vertont hat, zunächst in die lutherischen pietistischen Gesangbücher (Luppius 1692) und dann erst in die reformierten ("nach dem Lobwasser-Psalter als 2.Teil") [8] aufgenommen wurden. Oder sollte es ein Indiz dafür sein, daß nach reformiertem Verständnis die Schöpfung bereits einen zu breiten Raum im Liedgut einnahm?

J. Neander, der nach Undereykes und Speners Vorbild collegia pietatis gründete (s. Einleitung), mußte aufgrund separatistischer Neigungen sein Predigtamt aufgeben. Der kurz danach, mit 30 Jahren, in Bremen Verstorbene schickt seinen Bundes- und Psalmliedern das Vorwort voraus , "daß ich die obgenandte Glaub- und Liebes-Übung zu meiner und anderer Auffmunterung habe drucken lassen". [9]

J. Neander ist deshalb relativ ausführlich zu Wort gekommen, weil an ihm gewissermaßen exemplarisch ablesbar ist, was über einen langen Zeitraum der Kirchengeschichte - um nicht zu sagen: bis heute - bei allen z.T. gravierenden Unterschieden - theologische Lehrmeinung war: Lob des Schöpfers? Ja.

Wunder in Flora und Fauna als Bezeugung des Allmächtigen und seiner Liebe auch; aber Beachtung der Mitgeschöpfe im Sinne aktiven Einsatzes für sie oder gar Liebe zu ihnen und stellvertretende Anwaltschaft für sie nur in Ausnahmen.

Eine solche Ausnahme bildet, wenigstens ansatzweise, der "Vater des Pietismus",

2.4. Philipp Jakob Spener (1635-17O5)

Seine "pia desideria" (1675) zielen auf die Reform der Kirche und ihrer Pfarrer auf der Basis der Wiedergeburt, der theologische Terminus des Pietismus. Dieses Hauptwerk und seine anderen Schriften lassen nicht vermuten, daß Spener - als einziger Theologe - in einer Katechismus-Erklärung den Tieren Raum gewährt. Seine Auslegung des 5. Gebots[11] , die sich über 30 Fragen und Antworten erstreckt, beschließt er mit der überraschenden Frage: "Geht dieses Gebot auch andere Kreaturen an?" und antwortet:

"Es geht eigentlich nur die Menschen an; aber in gewisser Weise erstreckt es sich auch auf andere Kreaturen. Wie wir gegen die Menschen gütig und barmherzig sein sollen und hingegen alle Grausamkeit gegen sie verboten ist, ebenso ist es auch nicht recht, an unvernünftigen Tieren, die ja auch unseres Gottes Geschöpfe sind, Grausamkeiten zu verüben, sie aus Mutwillen zu verderben oder sie anders als zum notwendigen Gebrauch, zu dem sie uns gegeben sind, zu gebrauchen" (238). Spener beruft sich auf Sprüche 12,10 u. Römer 8,20 u. 22 [12] .

Der zweite Schriftverweis ist umso erstaunlicher, als er in der Regel, wie wir sahen, nicht auf die Mitgeschöpfe bezogen und der Text insgesamt vorwiegend futurisch und damit entschuldigend bzw. als ausschließlich dem kommenden Reich vorbehalten verstanden wurde. Der durchgängige Sprachgebrauch "unvernünftige" Tiere wird von Spener nicht im Sinne von gefühllos interpretiert.

Allerdings formuliert er vorsichtig: "es ist nicht recht.." und vermeidet, mit Berücksichtigung der biblischen Aussagen, die Wiederholung "es ist verboten". Auch seine Einschränkung "anders als zum notwendigen Gebrauch" setzt nicht nur die übliche Nutzung, sondern auch den Fleischverzehr voraus.

A. Schweitzer ist m.E. nicht zuzustimmen, wenn er Spener attestiert, er gehe weiter als der fast zaghafte Luther [13] Sicher würde sich Spener wehren, wenn man die vorangehenden Einzelfragen und -antworten in Summa auf die Tiere anwenden würde; doch dürfte es in seinem Sinn sein, vor allem Frage 233 - "Was bin ich meinem Nächsten nach diesem Gebot schuldig?" i.A. auch auf die Tiere zu beziehen, zeigt doch gerade der Verweis auf Sprüche 12, daß es ihm um die Barmherzigkeit geht, die ja nicht darin allein bestehen kann, auf Grausamkeit und Tötung zu verzichten.

Sinnvoll scheint mir, auf seine Deutung der Ebenbildlichkeit aufmerksam zu machen. Sie hat den Menschen als die "vornehmste" [14] Kreatur befähigt, Gutes zu tun, in vollkommener Glückseligkeit zu leben und die "untere Welt" zu beherrschen. Mit dem durch den Ungehorsam gegen Gottes Gebot hervorgerufenen Verlust dieser Ebenbildlichkeit ist die Unfähigkeit verbunden,das göttliche Gesetz zu halten.

Die Erbsünde als Folge bedeutet, daß wir dem bösen Feind ähnlich geworden sind, "an Verstand und Willen verdorben und daher dem Tod und allem Elend unterworfen" [15]. Geblieben ist ein "geringes Licht der Erkenntnis Gottes und des Guten". Sollte nach Speners Verständnis zu folgern sein, daß mit dem Verlust der Ebenbildlichkeit - von ihm wohl nicht als Antwort geben und Verantwortung wahrnehmen verstanden - auch der Schöpfungsauftrag, wenn schon nicht hinfällig geworden, so doch nur noch bruchstückhaft, wahrgenommen werden kann?

In 533 heißt es "Gott erhält nicht nur die Kreaturen, die leblosen und die lebendigen, sondern er regiert sie auch. Was sie tun, kommt aus seiner Verordnung her" [16].

Ebenso wichtig wie die Deutung des 5. Gebots zu Gunsten der Tiere scheint mir Speners Auslegung zur Frage 537: "Wie soll uns die Schöpfung und Erhaltung zur Gottseligkeit treiben?"

"Ihm müssen wir alle unsere Wege befehlen und alle Sorge auf ihn werfen, da wir mit unserem Sorgen ohnehin nichts vermögen. Auch sollen wir allezeit ein festes Vertrauen auf ihn setzen. Hingegen sollen wir weder unsere Kräfte und Glieder noch andere Kreaturen gegen ihn zur Sünde mißbrauchen, da sie alle seine Geschöpfe sind und daher allein zu seinem Wohlgefallen und zu seiner Ehre angewendet werden sollen" [17].

Hier ist zwar keine tierschützerische Intention zu vermuten, da Kreaturen in diesem Zusammenhang vor allem als Gegenstand der Vergötzung - siehe J. Arnd - verstanden werden; doch zeigt der Hinweis auf das göttliche Wohlgefallen, daß jede Form des Mißbrauchs gegen den Schöpferwillen gerichtet ist.

Ob eine darüber hinausgehende Betrachtung und Auslegung at.licher Texte einer breiteren Erörterung des christlichen Mandats gegenüber den Mitgeschöpfen zugutegekommen wäre, ist angesichts der theologischen Zielrichtung fraglich.

Denn die Betrachtung der Natur und der Geschöpfe sowie die naturwissenschaftliche Naturkunde haben vorwiegend erbaulichen Wert; und zwischen Natur und Gnade besteht eine erhebliche Diskrepanz.

Ethik ist im Wesentlichen Gesinnungsethik.

Andererseits gibt Spener trotz seiner Betonung der natürlichen Offenbarung dem Naturrecht eine positive Bedeutung und ist in seiner Ethik offen "für die neuzeitliche Erfahrungswissenschaft" [18]. D.h. ansatzweise vertritt er eine geschichtliche Situationsethik.

Darum, bzw. weil ihm "wesentliche Einsichten der refomatorischen Theologie verlorengegangen" seien, spricht Rüttgardt [19] von Aporien.

M. Schmidt stellt sich die Frage, "ob die pietistische Verkürzung des Schöpfungsge-
dankens im Gesamtkonzept der Theologie zugunsten des negativen Weltbegriffs eine
Abwendung vom Alten Testament zur Folge gehabt hat".Vielleicht ist es ebenso sinnvoll, umgekehrt nach dem Grund für die geringere Beachtung at.licher Texte und
demzufolge für ein Zurücktreten der Schöpfungstheologie zu forschen.[20]

2.5. Christian Scriver (1629- 1693)

Der nur bei M.H. Jung mit zwei Schriftauszügen [1] genannte Pfarrer und Erbauungs-
schriftsteller, in Rendsburg geboren und als Oberhofprediger in Quedlinburg gestorben, ist sicher kein Vertreter einer Tierethik auch nur im Ansatz, wohl aber ein dezi-
dierter Befürworter des Tierschutzes ohne die Konsequenz wie bei Dann und Knapp.
In seinem "Seelenschatz" [2] , der des Menschen Adel und Würdigkeit, aber auch seinen "kläglichen Sündenfall" und das daraus entstandene verderbliche Elend beschreibt, nehmen Anleitungen, Mahnungen und abschreckende Beispiele einen breiten Raum ein; doch selbst da, wo Scriver zur Vorbereitung auf das Ende anleitet und
Barmherzigkeit wie Nächstenliebe, Genügsamkeit und Bescheidenheit als das vom
Schöpfer, Vater und himmlischen Richter geforderte in extenso vor Augen stellt,
kommen Mitgeschöpfe eher en passant vor, dafür aber in wünschenswerter Deutlichkeit.
Der erstaunliche und bisher m.E. einmalige Befund , daß Scriver in seiner ersten
Predigt bereits den Menschen "den anderen Thieren" gegenüberstellt - unter Bezug
auf Gen. 1,20 und 24 -, kann nicht darüber hinwegtäuschen, daß er J. Arndts Position
teilt: "Gott hat den Menschen, spricht ein gottseliger Lehrer, rein, lauter unbefleckt
erschaffen, mit allen Leibes- und Seelenkräften, daß man Gottes Bild in ihm sehen
sollte, nicht zwar als einen todten Schatten im Spiegel, sondern als ein wahrhaftiges
lebendiges Ebenbild und Gleichnis des unsichtbaren Gottes ..." [3] .
Er betont entsprechend den "großen Vorzug vor allen anderen Thieren" [4] und macht
unter Hinweis auf Dt. 12,20 dem rechtschaffenen, ja erneuerten Menschen ein gutes
Gewissen, wenn er mit Genuß Fleisch ißt [5]. Im Zusammenhang mit seiner 19. Predigt über "Der gläubigen Seele Barmherzigkeit und Milde" [6] will er diese auch auf das
Vieh und die "unvernünftigen Thiere" angewandt wissen. Dazu zitiert Scriver Prov.
12,10; Ex. 23,4 f.; Dt. 22,3 ff. auch noch einmal 12,20, jetzt allerdings mit dem wichtigen Zusatz, daß der Gläubige dem Tier vor dem Schlachten alle unnütze Qual er-

spart und sich wünschen wird, daß es im Leben und Tod kein Essen und "Würgen" mehr geben wird .[7] Der Autor nennt nicht nur Gottes Gebot, sondern auch des Allmächtigen Beispiel, der Mensch und Tier hilft: Ps. 36; 104; 147 u.a. Erstaunlicherweise zitiert er auch Jona 4, 1 ff., wonach die Tiere in die Rettung Ninives einbezogen sind.

Auch Scriver erinnert an Rö. 8,22 und unterstellt, daß ein gläubiges Herz "weiß, daß man auch an einem unvernünftigen Thier sich versündigen kann, wenn man im unzeitigen, halbrasenden Eifer es übel behandelt, wie auch, daß man der Grausamkeit und Unbarmherzigkeit an den Thieren gewohnt wird und hernach an dem nächsten sie auch zu bezeigen kein Bedenken trägt " [8].

Über Tertulian, den er nennt, und andere hinausgehend, sieht er aber nicht nur den pädagogischen Wert der auch die Tiere einschließenden Barmherzigkeit für den Menschen oder umgekehrt dessen Grausamkeit als Einbuße an Würde, sondern erwartet ein dem Wort Gottes gehorsames Verhalten um der Tiere selbst willen. Dazu führt er Beispiele aus der sogenannten Heidenwelt an, in denen Menschen für ihre Tierquälerei hart bestraft wurden, und sieht darin ein Strafgericht des barmherzigen Gottes.

Scriver verweist auch auf die Vorbildfunktion der Tiere in ihrer Sorglosigkeit und erweist sich als nicht nur guter, sondern auch liebevoller Beobachter, wenn er etwa die unterschiedliche Nestbauweise von Vogelarten beschreibt oder die Lebensweise eines Vogels als Hinweis auf die Beschaffenheit unseres Herzens gegenüber Gottes Walten [9].

2.6. Kaspar Neumann (1648 - 1715)

Dem in Breslau geborenen und 1715 dort verstorbenen Theologen, der deutlich von dem Naturwissenschaftler Erhard Weigel beeinflußt war, wird cartesianisches Denken bescheinigt.

Ob man damit seinem naturwissenschaftlichen Interesse und seiner Sicht der besonderen Offenbarung Gottes in der Natur, seiner Ablehnung von Dogmen, Konfessionen und pietistischen Drängen auf Entscheidung und Betonung der Wiedergeburt gerecht wird, ist fraglich. Neumanns Betonung der Erfahrung, der Offenbarung Gottes in seinen Werken und ihrer Aufforderung zum Lob des Schöpfers, läßt die Einordnung seiner Theologie durch Hildegard Zimmermann [1]einleuchtender erscheinen: Sie nennt sie "Theologia naturalis a posteriori, "eine Theologie, die die Offenbarung in den natürlichen Erfahrungen bestätigt findet".

Damit grenzt sie sie sowohl gegen eine "natürliche Theologie" wie gegen eine nackte Theologia naturalis ab. Sie wäre somit eine Absage an ein mechanistisches Verständnis etwa der Mitgeschöpfe bei Descartes und bezeichnend für eine Richtung, die nicht nur in Neumann einen Wortführer hat, die sogenannte Physiko-Theologie. Ansätze dazu finden wir auch bei einigen der Pietisten, ohne dort ausdrücklich genannt zu sein [2].

Bezeichnend für Neumann die Aufforderung an den Predigthörer: "Ein Christ soll auf alles / was er sieht und höret / Achtung geben und dem, was ihm oder anderen begegnet / nachdencken, so fleißig als er kan / so wird er erfahren, daß alles in der Wahrheit so sey / wie es Gott in seinen Worten lässet... Ist es doch Gott selber / der nach und nach alle unseren Glauben verwandelt in das Schauen / und selber will / und es so gemacht hat / daß unser Glaube durch die Erfahrung soll in die Hände kommen" [3].

Eine automatische Maschine à la Descartes, der es an Empfindungen und Sinnhaftigkeit fehlt, kann nicht zur Ehre Gottes beitragen oder sie sogar predigen, wie Neumann dieses aus dem Betrachten der Kreaturen ableitet. "Er leuchtet durch alle Creaturen durch / wie ein schön Angesicht durch einen Flor. Und weil die ganze Welt in Gott lebet / webet / und ist/ wie sollte ich diese Welt betrachten / .... und die weisen Einrichtungen/ die darinnen sind / die wunderbarliche Ab- und Eintheilung des Guten und Bösen in dem menschlichen Leben" - das Böse wird nicht auf die gesamte Kreatur bezogen - "recht vernunfftig erwegen und nicht Gott darinnen sehen...." [4].

Die Bibel ist für Neumann das, worin wir sein Wort finden, doch hat Gott sein Wort auch in die Welt gelegt, ja einen großen Brief an die Menschen geschrieben; und wenn ein Ackermann oder ein Hirte kein andres Buch haben als dieses, so werden sie am Jüngsten Tag verurteilt, wenn sie nicht hineingesehen und Gottes gedacht und ihn gesucht und erkannt haben. [5]

Mit dieser Bejahung beider Offenbarungsquellen hat Neumann weder die persönliche, biblisch begründete Frömmigkeit abgelehnt-seine Erwartung an den Christen war: "non vitium pietas, sed pietismus habet" [6] - noch die Gerechtigkeit aus Glauben in Frage gestellt.

2.7. Friedrich Christian Lesser (1692-1754)

Daß weder die Testaceotheologie noch die verbreitetere Physicotheologie auch nur als Begriffe, geschweige denn ihrer Intention nach, in gängigen theologischen Nachschlagewerken vorkommen [1], läßt mehrere Schlüsse zu:

1. Sie werden in ihrer kirchengeschichtlichen Bedeutung als minimal bis Null eingeschätzt.
2. Ihr Wesen ist nicht nur zu ihrer Zeit, sondern vor allem in unserem naturwissenschaftlichen oder theologischen Verständnis als derart absonderlich empfunden, daß eine Behandlung nicht lohnt.

1 und 2 können auch zusammengehen.

Schließlich ist uns die wiederholt angetroffene Kombination von naturwissenschaftlichem und theologischem Interesse fremd .[2] Lesser soll gewissermaßen als pars pro toto genannt werden, ist er doch gerade in seinem doppelten Eifer, in seiner Doxatheologie und der deutlichen Unterscheidung vom Reflex der Herrlichkeit Gottes im Geschaffenen und der Offenbarung der Liebe Gottes am Kreuz Christi ein befremdlicher wie faszinierender Vertreter der Physicotheologie zugleich. Pfarrer in Nordhausen, vertrat er gleich drei Unterabteilungen der Physico-Theologie,eine Litho- ,Testaceo- [3] und Insektotheologie.Repräsentanten der Aufklärung nahmen diese Form der wissenschaftlichen Beschäftigung nicht ernst.

Nach Lesser hat sich Gott zweifach offenbart: Im Buch der Heiligen Schrift und im Buch der Natur. Ersteres reicht zwar, um Gottes Eigenschaften und den Weg zum Heil zu erkennen. Aber der Schöpfer wollte sich auch in den Werken der Natur zeigen und zum Lobpreis ermuntern. Lesser nennt die Natur einen Katechismus bzw. eine Schule.

Sie sagt uns aber nichts vom Erlösungswerk durch Christus.

"Eine jegliche Kreatur ist gleichsam eine Leiter, auf deren Sprossen wir immer weiter zu göttlichen Dingen aufsteigen". Vergleichbar dem Tempel in Jerusalem mit Vorhof, Heiligem und Allerheiligstem, ist die Natur wie ein Vorhof [4].

Während stumme Bilder von Menschenhand oftmals "Lehrmeister der Eitelkeit und Lügen" sind, sind die Geschöpfe aus Gottes Hand "Führer zu den göttlichen Werken" [5].Jedem Menschen ist es zwar nützlich, im Buch der Natur zu lesen, für den Theologen hingegen ist es unerläßlich, weil er mit ihm den atheistischem Spöttern begegnen kann.

Selbst aus den Steinen leuchtet die Größe Gottes hervor.

Lesser versteht sich als Mittler zu Gottes Ehre und räumt ein, daß es ihm nicht immer gelinge, das wolle man seiner Schwachheit anlasten. Er spricht von einem "geringen Hebopfer" [6].

Unter Berufung auf Hiob 11, 5 f; Ps. 114, 4 f; Ps. 18, 8 f; 104,32 und Nahum 1,5 f nennt er die Berge als Indizien für das Wirken Gottes [7]. In seiner Testaceo-Theologie [8] geht er auf die Schönheit der steinschaligen Tiere, der Schnecken, ein. Er erwähnt fast beiläufig ihren Zweck, sich zu vermehren oder als Speise zu dienen. Von der Schönheit dieser Kreaturen ausgehend, betrachtet er die Schönheit Gottes [9].

"So denn irdische Schönheit, die doch nur ein Tröpflein gegen die Schönheit Gottes ist, uns zur Liebe Gottes reizen kann, wieviel mehr sollten wir Gott lieben von ganzem Herzen, von ganzer Seele und von allem Vermögen (5. Mose 6,5), da bei ihm alle Vollkommenheit und Unendlichkeit der Schönheit zu finden ist... Gefällt dir trotzdem das holde Schmeicheln ihrer Schönheit, so lenke doch vielmehr deine Liebe auf ihren Meister" [10].

Die Schönheit gehört nicht zum Wesen der Tiere. Das hat der Mensch anderen Tieren (sic!) voraus, obgleich er durch seine Sünde den Schöpfer beleidigt. Ihre Schönheit übertrifft aber die der Menschen.

Da die Tiere den Schöpfer mit ihren Zungen nicht loben können, muß der Mensch zum "Hohen Priester" der stummen Kreatur werden [11].

Lesser mahnt darüber hinaus, die innere Schönheit der anderen ebenbürtig sein zu lassen. Da der Mensch aus eigener Kraft dieses Ziel nicht erreicht, bedarf es des "Seelenbräutigams" [12], d.h.der zurechnenden Gerechtigkeit.

Lesser redet im folgenden christozentrisch und zitiert 1. Kor. 1,30; Eph. 3,17; 2. Kor. 3, 18 u. 2. Kor. 5,21.

Schön werden wir m.a. W. durch Erneuerung und Heiligung. In seiner Conclusio a minori ad majorem kommt er zu der Gewißheit, daß Gott, der sich um ein sterbliches Tier kümmert, erst recht den Anfang zur Schönheit der Seele machen und den Menschen zur vollkommenen Erkenntnis führen will.

Unter Berufung auf 1. Kor. 15, 41 tröstet er den Betrübten, der den Verlust seines schönen Leibeshauses beklagt, mit der Verwandlung.

So befremdlich diese Theologie, vor allem durch Verwendung des kreatürlichen und spirituellen Schönheitsbegriffs sein mag, sie verdient nicht das Etikett "natürliche Theologie".

In ihrer mehr als ausführlichen Exkursion in das Reich der Mineralien, Tiere u.a. will sie zum Staunen und Lob Gottes einladen.

Daraus läßt sich unmittelbar keine Schöpfungsethik ableiten, mittelbar schon, erst recht, wenn diese Sicht kirchliches Gemeingut wird. Ob Lesser über die bewundernde und ehrfürchtige Beobachtung und Anschauung hinaus auch zu einem verantwortlichen Handeln den Mitgeschöpfen gegenüber aufgerufen hat, entzieht sich meiner Kenntnis.

K.D. Schmidt stellt [13] im Blick auf ihn und die Verfasser sogenannter Lichtlieder, daher der Name Aufklärung (von Enlightment) - fest: "Das ganze ist aber zu verstehen als eine durch die neue Naturmechanik existentiell notwendig gewordene Gegenbewegung, als Abwehr des durch sie ausgelösten nihilistischen Schockes, des kosmischen Nihilismus, in dem sich der Mensch verloren glaubte".

2.8. Hermann Samuel Reimarus (1694-1768)

"Cartesius geriet auf den Einfall, man könne alle Handlungen der Thiere aus dem bloßen Mechanismo erklären, ohne daß man ihnen eine Seele, Leben, Empfindung oder Vorstellung zueignen dürfe..... Je widersinniger diese Hypothese war, desto mehr gefiel sie anfangs denen, welche ihren Witz dabey sehen lassen konnten" [1]. Der Verfasser dieser heftigen Kritik an Descartes, selbst Philosoph und Theologe, in Hamburg geboren und dort gestorben, Vertreter einer natürlichen Theologie, um das Summarium zu gebrauchen, vor allem Verfechter einer Ehe von Vernunft und Glaube, ist im Zeitalter der theologischen Aufklärung einer ihrer überzeugendsten Repräsentanten unter dem Aspekt der vorliegenden Themenstellung [2], ähnlich wie C.M. Wieland, G.Ch. Storr, Ch.F. von Ammon, 40 bis 100 Jahre später.

Reimarus vertritt die These von einer vollkommenen Schöpfung und von Handlungsspielräumen der Tiere - gegen Descartes Behauptung von instinktiv festgelegten Reaktionen.

Seine Absage an Erb-Sünde, Erb-Moral, Zurechnung fremder Gerechtigkeit und an ihrer Stelle statt dessen die Behauptung eines natürlichen Menschen mit gesunder Vernunft und ihrem richtigen Gebrauch, sein Protest gegen eine übernatürliche Gnade und damit gegen den Verlust alles Menschlichen zugunsten einer "gesäuberten Religion" der "vernünftigen Verehrer Gottes" [3] führen zu einem Verständnis von Natur und Kreatur, das auch den Mitgeschöpfen zugute kommt.

In seiner Abhandlung "Die vornehmsten Wahrheiten der natürlichen Religion" [4] widmet er den göttlichen Absichten und seinen besonderen Absichten mit den Tieren einen ungewöhnlich breiten Raum.

Daß Tiere eine Seele haben, ist nicht ex argumento analogiae zu schließen, sondern aus der Tatsache, daß die Werkzeuge der Sinne um der Empfindung willen existieren. Empfindung ist für Reimarus Seele [5]. Ausführlich setzt sich der Verfasser mit seinen Gegnern bzw. denen auseinander, die aus der wunderbaren Beschaffenheit der Mitkreaturen nicht die richtige Folgerung ableiten.

Die staunenswerten Fähigkeiten und Pläne der Tiere, z.B. in der exakten Vorbereitung auf den Winter, erlauben nur den Rückschluß auf einen göttlichen Werkmeister. Wie ein König seine Absichten durch Gesetze, Verordnungen, Befehle, durch seine Mannschaft und Anlage von Festungen kundtut, so bezeugt die Natur die göttlichen [6] Pläne. Dinge der Natur werden "auch dem Einfältigsten eine leserliche Schrift" · · Dabei sind gütigste Absicht und Weisheit von vornherein vorauszusetzen. Auch die Triebe der unvernünftigen Tiere zeige, daß ein unendlicher Verstand zum Wohl jeder Art des Lebendigen am Werk ist [7].

Aber nicht nur das : Die Natur "lehret mich Gott, die Welt und mich selbst besser erkennen und solche Erkenntnis zu meiner Glückseligkeit anwenden. In dieser Naturgeschichte sind keine leeren Wörter, Einbildungen, Hirngeburten, oder bloße Muthmaßungen, wie in menschlichen Lehrgebäuden der Weltweisheit und Naturwissenschaft; sondern hier sieht man die Wahrheit in ihrer Wirklichkeit klar vor Augen, daß man sie mit Händen greifen kann" [8].

Anders als bei den Menschen sind bei den Tieren die Seelen vollkommen ausgebildet: Bei uns müssen sie sich erst durch Erfahrung und lange Übung entwickeln [9].

Dagegen fehlt den Tieren die Vernunft mit ihren Vorteilen, während sie Sinne, Einbildungskraft und Gedächtnis "einigermaßen mit uns gemeinsam" [10] haben.

Ausführlich beschäftigt sich Reimarus mit den stark ausgebildeten Trieben, so etwa dem Nahrungstrieb oder dem zum Nest-, Waben-, Höhlenbau. Er bewundert die Spinnen und das "Weben" ihres Netzes. Doch bleibt er nicht bei staunender Beobachtung, sondern kommt immer wieder zum Schöpfer, "zum unendlich weisen Werkmeister" [11] zurück.

In der 7. Abhandlung vergleicht er Mensch und Tier und setzt sich auch hier mit den Hypothesen verschiedener Denker, u.a. mit Rousseau, auseinander.

Wir teilen mit den Tieren die Sinnlichkeit, müssen im Unterschied zu ihnen Fertigkeiten entwickeln, unserem Mangel abzuhelfen. Zudem gibt uns der Verstand die Möglichkeit, uns an dem zu erfreuen, was den Tieren verborgen bleibt: An Natur und [12] Kunst, Wahrheit und Wissenschaft, Geschichte und Erfahrung, Gespräch und Witz. Wichtiger noch: Wir haben Erkenntnis von Gott und Religion, mithin Unsterblichkeit. Menschliche Glückseligkeit, ausgelöst durch die Überzeugung, daß von Gott nur Gutes kommt, läßt dem Zweifel letztlich keinen Raum.

Das Sehnen der Menschen nach einem dauerhaften und besseren Leben entspringt seinem Verstand und Willen (!).

Noch einmal zum Vergleich mit den Mitkreaturen: Sie kennen den Urheber ihres Wesens und ihres Glückes nicht.

In diesem Zusammenhang bezeichnet Reimarus die Menschen, die Gott nicht kennen und keinen Gebrauch von ihren Gemütskräften machen und kein Glück empfinden, als "Mittelthiere". [13]. Die Religion allein macht das Leben erträglich, getrost, glückselig.

Reimarus vertritt weder eine akzeptable Naturtheologie - wohl eine natürliche Theologie -, noch gibt sein Denken die Basis für einen gezielten Schutz des Tieres oder gar mehr; und doch könnten sein Staunen über die wunderbare Schöpfung und die Bezeugung des Schöpfers durch die Mitkreatur eine Herausforderung zum Weiterdenken und zu einer neuen Einbeziehung biblischen Denkens vom Tier sein.

2.9. Friedrich Christoph Oetinger (1702-1782)

Der in Göppingen geborene und in Murrhardt gestorbene, als typisch für den württembergischen Pietismus angesehene Repetent, Pfarrer, Dekan und Prälat, bringt, vor allem beeinflußt von Leibniz, Jakob Böhme, Johann Amos Comenius und der Kabbala, empirische Naturforschung - besonders Chemie und Medizin - Pansophie bzw. Theosophie und Mystik zusammen und damit Voraussetzungen auch für ein Interesse am Ergehen der Mitgeschöpfe mit [1].

Er begegnete mystischen Spiritualisten in Berleburg, A.H. Francke, Freylinghausen, Bengel und spät Swedenborg und wirkte seinerseits auf Hegel, Schelling , R. Rothe und die Anthroposophie.

Er entwickelte "ein System der Weltweisheit als Gottesweisheit......, eine philosophia sacra, die die Welt aus Gott begreifen wollte...... Sachlich meinte er, daß alles, was von Gott ausgegangen sei, auch in ihn zurückkehren müsse. Gott aber dachte er sich geistleiblich, denn es gibt nichts Geistiges ohne Materielles.

"Leiblichkeit ist das Ende der Werke Gottes" [2]. Gott als die unüberbietbare Manifestation des Lebens hat das Universum nicht als fertiges Haus übergeben; er erfüllt es ständig mit Lebenskräften; es ist ein stetiger Gestaltwandel zu beobachten.

Dieses gilt für den Makrokosmos wie für den Mikrokosmos.

Damit widerspricht Oetinger dem mechanistischen oder materialistischen Verständnis, wie es etwa bei Descartes im Blick auf die vernunftlose und seelenlose Kreatur seinen verheerenden Niederschlag gefunden hat.

"Weil nun jede Creatur einen lebendigen feurigen Geist zum Zeuger hat, so muß sie auch eine receptive Kraft oder Mutter haben, nemlich Wasser. Dabei muß jeder zeugende Geist noch viele andere Gestaltungskräfte in sich und unter sich haben, welche zusammen ins Ganze mitwirken. Aus allem diesem folgt, daß das Lebens-Feuer, durch dessen Wirksamkeit ein Geist gebildet wird, müsse ein Geist sein. Denn kein Leib als Leib kann wieder einen Leib hervorbringen, und ohne seinen Lebens-Geist im Geringsten etwas gestalten" [3].

Oetinger sieht sich in seiner Definition von Geist und Körper, Materie und Leben, Herrlichkeit Gottes, Seele, Geist und Leib in Übereinstimmung mit Swedenborg.

Daß er sich, vor allem in der Eschatologie und Erlösungslehre, später von ihm distanzierte, sei nur angemerkt.

"Um Christi Menschheit willen hat Gott die Anordnung der Elemente so gemacht, wie sie sind" [4].

Mechanische Ordnung und Umgestaltungskraft stehen nicht im Widerstreit. Mit Pascal hält Oetinger daran fest, daß "in einem Atomo...... die ganze Welt liegt" [5].

Wenn auch jede Kreatur eine geistige Kraft, auch zur Umgestaltung, in sich trägt, so gibt es doch Geschöpfe unterschiedlicher "Würde", allerdings unter der Voraussetzung einer Analogie:

"Die Seele ist das lebende Wesen, anderer Natur als des Leibes (man halte solche, so man will, inzwischen für unmateriell), wovon doch die Unterhaltung des leiblichen Lebens gänzlich abhangt. Will man nun die Unterhaltung oder Bewirkung des leiblichen Lebens durch die Seele einigermassen, da ihr Wesen selbst so unbekannt ist, begreifen lernen, so muß solches unfehlbar von der Analogie der übrigen lebenden Creaturen von geringerer Würde, so viel von uns nemlich davon mit äußeren Sinnen und mit Verstand erforschlich ist, abgenommen werden" [6].

Oetinger attestiert den Tieren "in einer höheren Lebens-Sphäre" eine "innere Einbildung", wodurch sich die Geschlechter unterscheiden. Die regierende Vernunft als Verstandeslicht ist jedoch dem Menschen vorbehalten.

In seinem "Denkbekenntnis" [7] heißt es:

"Ich suche nach Prinzipien ohne Sekte zu handeln, wenn ich anders kann, und die Heilige Schrift nicht ohne die Werke Gottes zu erklären......In heiligen Dingen muß eine Panharmonie sein, in der Natur auch; alsdann gibt sich der nervus propandi bald. Die Wahrheit Gottes in der Natur und Schrift bei so skeptischer Zeit ist mein Grund."

Die vorausgesetzte Panharmonie ist ein Grund, warum Oetinger, vermutlich indirekt, jedenfalls ohne ausdrückliche tierethische Maxime oder Forderungen, Dann u.a. beeinflußte: Ein Eingriff in diese Harmonie durch Mißbrauch oder Leidzufügung ist ein Vergehen an Gottes Schöpfung und eine Verdunkelung der Offenbarung aus den Werken, zumal Gott mehr daran liegt, die Kreaturen seine Güte erleben zu lassen, als seine Weisheit kundzutun und ihm das kleinste Lebewesen nicht gleichgültig ist: "Sagt Jemand, es kümmere sich Gott nicht darum, wieviele Flöhe entstehen und vergehen, so setze er statt Flöhe Sperlinge, und er wird sich schämen, dem Heilande zu widersprechen" [8].

Noch deutlicher als o. heißt es in "Die Philosophie der Alten, wiederkommend in der güldenen Zeit" (1762) [9]: "Die Erde ist voll der Güte des Herrn. Nun ist nicht zu leugnen, daß die Geschöpfe eine der sich selbst überlassenen Natur unerforschliche Tiefe haben: quaerit se Natura, non invenit. Unausspürlich ist Gott...aber bei aller dieser Dunkelheit des Innersten der Natur hat sich die Weisheit dennoch allen Menschen öffentlich vor die Augen gestellt und durch die Spuren des Notwendigsten und Nützlichsten und Einfältigsten will sie sich fühlen und finden lassen, als die nicht ferne ist von einem jeden unter uns, weil wir dieser himmlischen Mutter sehr nahe verwandt und der Seele nach göttlichen Geschlechtes sind, Act. 17, 29; Jak. 1, 17...... Man muß staunen, daß auch in dem Kleinsten etwas Unendliches sei, welches so große Weisheit in sich faßt wie die größten Weltkörper, und wenn wir weiter gehen, die Kleinigkeiten der Geschöpfe also zu besehen in den Würmern, Ungeziefern, Spinnen, Wespen, Bienen, Mücken, Schnecken, Vögeln, Tieren, Blumen, Kräutern, so erschrecken und staunen wir vor der Majestät Gottes" [10].

Es bleibt nicht bei der Beobachtung und dem Staunen. Wer vom Betrachten zur Verehrung und zur Selbsterkenntnis kommt, der wird an den Anfang zu Gen. 1 geführt. Doch dem Verstand ist nichts dunkler als das Leben.

Wer jedoch dem Gefühl folgt und auf das Nützlichste und Einfachste Acht hat, der wird die göttliche Vorsehung entdecken und ihren Triumph erkennen. Es bleibt aber bei dem großen Vorrang des Menschen vor den übrigen Geschöpfen: Ihm ist der Odem eingeblasen; er ist Herr des Erdkreises; die Engel sind seine Begleiter; er kann sich der Erlösung durch den Sohn Gottes freuen; er hat teil an der göttlichen Natur und erkennt den Schöpfer [11].

In der Behandlung des Zustandes nach dem Tode (§ 208) [12] bezieht er sich u.a. auf Koh 3, 19 - 21, hält sich zunächst auch an den Text, um dann Vers 21 so zu interpretieren, daß der Mensch geistlich den Tieren voraushabe, daß sein Geist in die Höhe steige, der des Tieres dagegen hinuntergehe, nachdem er zunächst Übereinstimmung im fleischlichen Verfall festgestellt hat. Damit ignoriert Oetinger die Frage des Kohelet, mit der er die Sicherheit oder den Hochmut zurechtweist: "Wer weiß, ob..."

Auch Oetinger kennt das Seufzen der Kreatur, ohne Paulus direkt zu zitieren.
Ausgehend von der bereits erwähnten These, daß der Leib unzerstörbar und das Ende der Werke Gottes ist und von Christus, daß die Unzerstörbarkeit in Christus kör-
perlich ist und leiblich wie geistlich von ihm aus in alle Gläubigen geht und die ganze
Kreatur durchdringt, konstatiert er, daß diese sich nach ihrem ersten Ursprung sehnt
- eine Sehnsucht, "die nicht umsonst sein kann, denn es ist die Ewigkeit, die das
Wort in den Menschen gelegt hat (Pred. 3, 11) und in jedes, was lebt und Odem
hat"[13].

In der Auslegung zu Kolosser 1, 13 ff verbindet Oetinger Vers 15, Römer 8, 19 ff -
ohne diesen Text zu nennen - und Psalm 150,6: "Jeder kleinste Materie-Theil, Alles
was Odem hat, wird den Herrn loben....., und dann wird es offenbar werden, daß der
Sohn der Erstgeborenen ist aller Creaturen.

Weiter wird er auch der Anfang genannt, weil der durch den logos,zugleich mit Her-
absetzung der Creaturen (!), erschaffene Anfang nach einer Seite hin im logos
Selbst wurzelt, daher auch gesagt wird, daß alles zu ihm erschaffen und er selbst der
Anfang der Kreatur sei, Offenbarung 3, 14 "[14].

Bis dahin aber soll uns vor Augen sein und uns munter und fröhlich machen, daß wir
den Willen Gottes "mit allen Geschöpfen Himmels und der Erde" tun[15].

Die Frage, wie weit bei Oetinger Mitgeschöpflichkeit bzw. Ansätze zu einer Tierethik
zu finden ist, läßt sich in nuce mit dem Gebet am Mittwoch morgen beantworten, weil
es nicht nur die Geschöpfe in die Bitte einschließt, sondern auch den biblischen Auftrag zum Herrscher sein als Bewahrung vor dem Mißbrauch der Schöpfung versteht
und das Herrsein des Menschen auf dem Hintergrund der Sünde gegenüber Gott von
dem Herrschersein Christi ableitet: "Gib mir, daß ich Deiner Geschöpfe nicht miß-
brauche - sondern gedencke, wie Du mich in meinem Vater Adam zum Beherrscher
der Geschöpfe gemacht und nach dem schröcklichen Fall wieder darein gebracht -
daß ich in Jesu Christo solle mit Ihm und in Ihm - und er mit mir und durch mich" herrschen[16].

2.10.   Johann Georg Hamann (1730- 1788)

Dem "Magus des Nordens" , in Königsberg geboren und in Münster im Kreis der Familie der Fürstin Gallitzin gestorben, vom Pietismus beeinflußt, mit unterschiedlichen
Berufen - Hauslehrer, Sekretär eines Handelshauses, später einer Anwaltskanzlei -,
1758 in London durch intensives Bibelstudium bekehrt, seinerseits von Einfluß auf

Herder, Goethe, Jacobi, sogar auf Kierkegaard, wird von G.M. Teutsch [1] bescheinigt, daß er die Denkrichtung von Reimarus fortsetzt, wonach den Tieren "innerhalb eines begrenzten Rahmens viele Handlungsmöglichkeiten gegeben sind" [2], aber ebenso wenig wie Schleiermacher oder Herder systematisch das Material für eine Schöpfungsethik fortsetzt.

A. Schlatter nennt Hamanns Kritik an der Aufklärung einen Besitz, der "in der Hülle seiner Individualität verschlossen blieb".[3] Sein Verständnis von Gottes Menschwerdung als Akkomodation und Demut und der Wirklichkeit als "trinitarische Herablassung Gottes in der Welt", Natur, Menschenleben und Bild als Chiffre und Symbol seiner Selbstdarstellung [4], bietet einen Ansatz zu einer veränderten Sicht der Natur; doch wird letztere relativ knapp abgehandelt: Hamann mißtraut ihrer Aussagefähigkeit; denn "durch den Polytheismus wurde der Tempel der Natur und durch die Mysterien der Tempel des Leibes zum Grabmal oder Mördergrube des Dings...." [5].

Das Schwergewicht liegt bei Hamann auf der Offenbarung durch das Wort, da das Denken des Menschen sich in Widersprüchen bewegt und ihm die ursprüngliche Unschuld verlorengegangen ist, so daß er die von Gott geschaffene Einheit nicht erkennt.

"Die Natur ist herrlich; wer kann sie übersehen? Wer versteht ihre Sprache? Sie ist stumm, sie ist leblos für den natürlichen Menschen. Die Schrift, Gottes Wort ist herrlicher, ist vollkommen, ist die Amme, die uns erst die Speise gibt, und uns stark macht, allmählich auf unseren eigenen Füßen zu gehen".[6]

Hamann nimmt die Ironie zu Hilfe, um den vermeintlich geringen Unterschied zwischen natürlicher und geoffenbarter Religion darzulegen. Erstere gleicht dem Auge, das ein Gemälde sieht, ohne das Geringste zu verstehen, letztere dem Auge eines Malers. Andererseits betont er, daß unsere Seele nicht ein bloßes Dasein seines Wortes, sondern auch ein solches seines Hauches hat [7].

Bevor die Kreatur gegen ihren Willen der Eitelkeit und Knechtschaft des vergänglichen Systems unterworfen war, worunter sie jetzt seufzt und verstummt - auch hier wieder das paulinische "Gehör" - war alles, was der Mensch sah und betastete, "lebendiges Wort" [8].

So sehr Hamann den Menschen als imago Dei preisen kann, so deutlich hebt er hervor, daß seine Würde das Geschenk "höherer Wahl" ist [9], nicht abhängig von Verstand, Willen und Tätigkeit, nicht angeboren, sondern erworben, aber nicht selbst erworben, sondern abhängig.

Wiederum kann er sagen: "Nicht das Seyn, sondern das Bewußtseyn ist die Quelle alles Elends"[10], was nicht im Widerspruch zum oben Gesagten stehen muß, wenn

Bewußtsein interpretiert wird im Sinne von Bewußtsein der Macht, der grenzenlosen Möglichkeiten seiner selbst .[11] Hamann preist umso mehr das Wunder der Erlösung, je weniger die Natur als ungetrübte Offenbarungsquelle in Frage kommt - enthält sie doch nur Chiffren und Metaphern. Recht verstanden, d.h. mit Hilfe der Schrift, lädt auch sie zur Verehrung ein. "Den allein weisen Gott in der Natur bloß bewundern, ist vielleicht eine ähnliche Beleidigung mit dem Schimpf, den man einem vernünftigen Mann erweist, dessen Werth nach seinem Rock der Pöbel schätzet" [12].
Er weiß aber auch, daß die Schöpfung, sprich: die Mitgeschöpfe bisweilen reden; dazu verweist er auf Bileams Eselin - mit dem bemerkenswerten Zusatz: "Philosophen wundern sich nicht, daß Tiere reden, so dumm ihnen ihre Sprache auch vorkommt"[13]

Die bisherigen Äußerungen allein würden eine Behandlung des Sterndeuters [14] aus Königsberg kaum rechtfertigen, wären da nicht wiederholte Hinweise auf Rö. 8,19 ff (s.o.), von denen die deutlichste nicht nur auf das Schicksal der Tiere zwischen "Schlachtopfer" und "Götze" abhebt, sondern auf den Urzustand, auf die Analogie zwischen Schöpfer und Beauftragtem und - andeutungsweise - auf des Menschen Antwort im Sinn von Gen. 1,26 ff. Die Kreatur "tut ihr Bestes, eurer Tyrraney zu entwischen, und sehnt sich unter den brünstigsten Umarmungen nach derjenigen Freyheit, womit die Thiere Adam huldigten, da Gott sie zu den Menschen brachte, daß er sähe, wie er sie nennte.... Diese Analogie des Menschen zum Schöpfer ertheilt allen Kreaturen ihr Gehalt und ihr Gepräge, von dem Treue und Glauben in der ganzen Natur abhängt.... Jeder Eindruck der Natur in den Menschen ist nicht nur ein Andenken, sondern ein Unterpfand der Grundwahrheit: Wer der Herr ist. Jede Gegenwürkung des Menschen in die Kreatur ist Brief und Siegel von unserem Antheil an der göttlichen Natur, und daß wir seines Geschlechts sind" [15].
In seinem "Versuch einer Sibylle über die Ehe" scheint Hamann eine unverständliche und fast unerträgliche Anthropozentrik zu vertreten, wenn er den Menschen einen "Gott der Erde" nennt, dessen Bestimmung im Selbsterhalten und immer-Vermehren besteht, und den er rügt, weil er sich der Gleichheit mit Gott schämt.
Man wird den Kontext und die Intention bemühen müssen:
Es geht dem Verfasser um die Imitatio Dei im Nachvollziehen der Schöpfung.
Daß der Mensch über Gut und Böse Bescheid weiß, macht ihn - wiederum - zum Herrn der Schöpfung; doch läßt sich dieses nicht konstatieren ohne die Antithese, daß der Mensch versklavt, blind, töricht, durch die Schuld zum Sterben bestimmt und auf Erlösung angewiesen ist. Die Selbstkundgabe Gottes ist dementsprechend eine ganze. Hamann wehrt sich gegen die Vergöttlichung der Vernunft bei Kant. Vernunft

hat ihren Sinn im Vernehmen und muß, als Teil der Schöpfung, sich ihrer Kreatürlichkeit bewußt bleiben.

"Unsere Vernunft muß warten und hoffen - Dienerin, nicht Gastgeberin der Natur sein wollen" [16]. Wenn die Vernunft die Alleinherrschaft hat, wird Gott eine Idee.

Dem setzt Hamann entgegen: "Wenn ich nicht einem Gott glaubte, ohne dessen Willen kein Sperling vom Dache fällt, der unsere Thränen uns versprochen hat selbst abzutrocknen, wie würde ich ohne diesen Glauben fortkommen? Ich würde hundert thörichte Dinge anfangen, mich irremachen und dem großen Haufen auf der Straße nachlaufen. Jetzt bin ich ruhig, erwarte, was mir Gott noch auflegen will und hoffe, daß er mir die Last jedes Tages noch tragen helfe" [17].

Dieses Bekenntnis als Standortbestimmung, erwachsen aus der "Höllenfahrt der Selbsterkenntnis[18]" in Verbindung mit der Bejahung des Natürlichen und des Mandates des Menschen, ist eine gute Voraussetzung für den Umgang mit der eigenen Kreatürlichkeit und der des Gegenübers.

2.11. Johann Caspar Lavater (1741-1801)

Ob der 1741 in Zürich geborene Schweizer Prediger und Schriftsteller - zunächst an der Waisenhauskirche, später Diaconus an St. Peter - hier richtig plaziert ist oder er der Aufklärung zuzuordnen ist, wird unterschiedlich beurteilt [1].

Trotz seiner persönlichen Nähe zu Jung-Stilling und zum Zentrum pietistischer Frömmigkeit stößt ihn die Enge und das Konventicelwesen vieler Zeitgenossen ab.

Er kritisiert die ängstliche orthodoxe Frömmigkeit in ihrem Festhalten an Begrifflichkeiten und ihrer Ablehnung des Lebensbejahenden und des geistigen Genusses.

" Ich mag es leiden, daß man mir alle theologische Rechtgläubigkeit abspreche, wenn man mir nur die biblische läßt. Ich werde es nie vor Gott zu verantworten haben, daß ich nicht dachte wie Calvin und Athanasius, weil ich keine Gründe sehe, diese Männer für geistliche Autoritäten zu halten". [2]

A. Ritschl bescheinigt Lavater einen "Zug der Verweltlichung"[3] , was ihm neben einer Tendenz zum Synkretismus im Rahmen pietistischer Theologie und neben seiner Ablehnung der Prädestination u.a. die Zuordnung zur Aufklärung eingebracht hat.

Für uns ist letztlich interessant sein Verständnis von Schöpfung und Mitgeschöpflichkeit.

In seinen "Aussichten in die Ewigkeit," 1768 - 1773 ,[4] versucht Lavater, seine Erkenntnisse im Stil von Briefen über naturphilosophische Spekulationen mit Bezug auf biblische Aussagen wiederzugeben. Er beruft sich dabei auf den Genfer Charles Bonnet und sein Werk "Contemplation de la Nature", das eine ununterbrochene Kette vom niedersten Naturwesen bis zum höchsten Geistwesen voraussetzt.

In seinem zwölften Brief an Johann Georg Zimmermann "Von der Erhöhung der physischen Kräfte" schreibt Lavater [5] : "Was würden Sie nun aber sagen, mein Liebster, wenn ich vermuthe, daß es in der zukünftigen Welt in unserem Vermögen stehen werde, Pflanzen, Thiere, Menschen, Weltcörper, ganze Weltsysteme zu bilden und zu organisieren? Eine sehr gewagte Vermutung, denken Sie vielleicht? Eine sehr natürliche, sehr wahrscheinliche, denke ich, mein lieber Freund!"

Um einem Mißverständnis vorzubeugen, hält Lavater an dem Unterschied zwischen dem Gott vorbehaltenen Schöpfungsakt und unserem Vermögen zum Verändern fest, das aber eben nicht auf denkerische oder moralische Akte beschränkt ist, sondern physische Kräfte einschließt.

Als biblische "Beweise" nennt er Act. 3,1 ff; 9,40; 20,9 ff und verweist auf den Zustand der Verklärung nach dem Tod sowie auf Gottes Allmacht, die auch im Wunder der "Stiftung des Christenthums", die durch Menschen zustandekam, wirksam war.

Aber der Abstand zwischen unserer Erkenntnis und der Gottes bleibt unendlich, woraus folgen könnte, daß auch der Abstand zwischen dem Menschen als dem so von Gott Befähigten und der übrigen begrenzteren, des Heiligen Geistes z.B. nicht teilhaften und darum nicht schöpferisch Tätigen, Creatur unendlich, d.h. unüberbrückbar ist. Das ist es zwar, aber die Erlösung gilt allen. [6]

In seinem letzten, dem 25. Brief, kommt Lavater unter Berufung auf Rö. 8,19 ff zu dem Schluß:

"Wenn die Herrlichkeit der Kinder Gottes offenbar werden wird, wird jeder Menschen- und Thier- und Insecten- und Pflanzenkeim.... sich entwickeln, belebt und neu belebt auf seine Weise den preisen, der alle Dinge lebendig macht. Jedes Element wird sich zu seinem Element, jeder Atom zu dem ihm ähnlichsten, jede Kraft zu der ihr homogenen gesellen, alles Licht, Leben, Unsterblichkeit seyn, alles Harmonie und Ordnung.... Wie in Adam alle (Menschen und Thiere und Pflanzen) sterben, so wird durch Christus alles lebendig gemacht werden". [7]

Lavater projiziert unsere Fähigkeit zu leben jedoch nicht ausschließlich in die zukünftige Welt, sondern sieht auch einen Auftrag zu "Beleben".

Die Ebenbildlichkeit des Menschen versetzt ihn dazu in die Lage; sie drückt sich bewunderungswürdig in seiner Gestalt, in seiner Physiognomik, in seiner Göttlichkeit aus.

Er hat Verstand, Willen, Kraft; seinem Äußeren entspricht sein Inwendiges; körperliche und moralische Schönheit entsprechen einander, sowie in der Regel körperliche und moralische Häßlichkeit korrespondieren. Der Mensch kann sich von dieser göttlichen Voraussetzung entfernen, also fallen als auch zurücksteigen [8].

Aber selbst eine "Menschheit in allen Verzerrungen ist immer noch bewundernswürdige Menschheit" [9]. Ausführlich erläutert Lavater seine, von Matthias Claudius heftig kritisierte Lehre von der Physiognomik, die hier unbeachtet bleiben darf. Er vergleicht menschliche und tierische Physiognomien und kommt zum Resultat, daß kein Mensch aufhört, Mensch zu sein, und daß es keine Rückentwicklung zum Tier gibt; denn ihm bleiben Verstand, Willkür und Wahl - Fähigkeiten, die dem Tier abgehen. Beides ist unbeschreiblich: "Die Verderblichkeit und die Vervollkommlichkeit des Menschen" [10].

Auch die erstere läßt nicht an der Ebenbildlichkeit der Gottheit zweifeln.

Die Physiognomik ist Bürgschaft "für die ewige Huld Gottes gegen die Menschen" [11].

Auch in seiner enthusiastischen Eloge auf den Genius Mensch behält Lavater jedoch im Blick, daß er ein gefallenes, erlösungsbedürftiges Geschöpf ist und das Genie sich lediglich seiner gottgewollten Ebenbildlichkeit verdankt und Sünder bleibt.

In seinen Betrachtungen zu ecce homo [12] läßt er keinen Zweifel daran, daß sich in dem Erniedrigten und Mißhandelten, im Messias selbst, alle Höhen und Tiefen des Menschen vereinigen, die "Krone der Natur" [13]. Vergeblich sucht man in den bisher genannten Schriften die immerhin auch zu politischen Ereignissen, zu Ungerechtigkeiten, Unruhen, Deportationen, Inhaftierungen u.a. Stellung nehmen, Hinweise auf einen verantwortlichen Umgang mit den Kreaturen oder, abgesehen von der bereits zitierten Erwartung der Erlösung aller, Auslegungen biblischer Texte unter Berücksichtigung der tierischen Begleiter des Menschen. Predigten, Lieder, Gedichte erwähnen sie nicht.

Wohl findet sich in den kleineren prosaischen Schriften - aus den Jahren 1763 - 83 - der wiederholt erwähnte Gedanke, daß Tierquälerei kriminelle Neigung fördert; es ist also ein pädagogischer Ansatz.

Als Grund für die erstaunliche Zurückhaltung des Züricher Predigers wird man seine Interpretation der Imago Dei zugunsten einer Verherrlichung des Menschseins als eines psychosomatisch ursprünglich vollkommenen Wesens sehen können, die lediglich einen Einbruch durch dessen Sündhaftigkeit und eschatologische Erlösungsbedürftigkeit erfährt. Die naturwissenschaftlich-spekulative Neigung Lavaters in Verbindung mit seinen Enthusiasmen und seiner Jesus-Liebe, aber auch seine Selbstverpflichtung zu ethischen Anweisungen, hätten einen anderen Ansatz möglich gemacht.

2.12. Johann Michael Sailer (1751- 1832)

Der Name des katholischen Dogmatikers, Ethikers und späteren Bischofs von Regensburg erscheint in Arbeiten über Dogmengeschichte, Schöpfungstheologie oder gar Tierethik so gut wie nicht [1], wohl aber im Zusammenhang mit Oekumene und spiritueller Erneuerung.

Ursprünglich der katholischen Aufklärung nahestehend, entfernte er sich später von ihr durch seine Betonung der Innerlichkeit und Demut als Voraussetzung für Erlösung [2].

Daß er an dieser Stelle erwähnt wird, hat seinen Grund darin, daß Sailer in seinem dreibändigen Handbuch der christlichen Moral [3] unter der Hauptüberschrift "Selbstvervollkommnung" und da wieder unter dem Thema "Der Glückseligkeitstrieb sey stets dem Gewissenstriebe untergeordnet" dem "Verhalten gegen die Thiere" einige Seiten widmet.

Ohne eine Grundlegung im Sinne von Theologie der Natur, Mitgeschöpflichkeit oder etwa Dankbarkeit für Gottes Werke um uns herum ordnet Sailer das Verhältnis zu Tieren dem vernunftgemäßen Umgang mit der gesamten Natur zu.

Kriterium ist die Zweckmäßigkeit; daher schließt er auch Pflichten gegen die Natur aus und sieht - wie etwa Kant - in Peinigung und mutwilliger Zerstörung der Schönheiten ein den Menschen entehrendes Handeln. Pflichten hat der Mensch nur gegen sich selbst.

Anhänglichkeit an Tiere, ob Schoßhund, Reitpferd, als Gesellschafter des Kranken sind ebenso vertretbar wie reinliche Haltung des Singvogels, sachgemäße Fütterung, freundschaftlicher Umgang mit Katze und Lamm.

Übertriebene Zuwendung, die den Wert der Tiere (!) übersteigt, ist wegen der Entehrung des Menschen und Nahrungsentzuges gegenüber dem Darbenden abzulehnen.

Mißbrauch von Tieren zur Stillung der Lust zeigt den Verfall des Menschen; grausame Behandlung, einschließlich Überanstrengung, ist ebenso sündhaft wie Habsucht oder Zorn als deren Ursache.

Tiergefechte beleidigen das Mitgefühl; Parforce-Jagden verfallen dem Urteil, wie es Matthias Claudius (s. dort) gefällt hat.

Dem Herrschaftsrecht entspricht ein mildes Regiment; dem treuen Haustier gebührt das "Invalidenbrod". [4]

Sailer verweist zur theologischen Begründung auf die Texte Exodus 23, 10 - 12, Deuteronomium 22, 6 f. bzw. 25,4 und setzt Einsicht in das Unsittliche grausamer Behandlung und unnötiger Bedrückung der Tiere voraus: Der Mensch verliert seine Vernunft und wird gefühllos gegen seine Mitmenschen - , eine wiederholt erörterte

Begründung.

Sailer zitiert aber auch Prov. 12,10 und schließt seine kurze Abhandlung mit der Erinnerung an Jona 4:

"Wohltuend ist das Wort Jehovas an den Propheten Jonas, der traurig ward, daß Ninive Gnade fand: Dich jammert des Kürbis, der in einer Nacht ward und in einer Nacht verdarb; und mich sollte nicht jammern Ninive, dieser großen Stadt, in der mehr als 120000 Menschen sind, die nicht zwischen Rechts noch Links zu unterscheiden wissen und d a z u a u c h s o v i e l V i e h (Jona IV, 10, 11.) ? " [5] Sailers Forderung eines Tierschutzes in nuce verdient deshalb Erwähnung, weil sie, wie wir sahen, in jener Zeit eine Ausnahme bildet, von Dann, von Amon und Knapp abgesehen.

2.13   Benedikt Franz Xaver von Baader (1765 - 1841)

Der katholische Bergrat und Religionsphilosoph, in München geboren und dort gestorben, von Johann Michael Sailer (s.o.) beeinflußt, in Verbindung mit Herder und Lavater, setzt sich mit dem Idealismus auseinander, öffnet sich der mystisch-theosophischen Tradition in Gestalt der Kabbala, Eckharts und Oetingers und wendet sich vom Pietismus ab.

Seine Erkenntnislehre entsteht aus der Auseinandersetzung mit Kants Kritik.

Nach P.C. Mayer-Tasch [1] " wird er zum Kronzeugen einer tatsächlich politischen Ökologie".

Das allein würde seine Erwähnung hier noch nicht rechtfertigen, hätte er nicht - im Unterschied zu vielen heutigen Ökologen (s.u.) - die Mitwelt umfassend, d.h. unter Einbeziehung der Tiere , expressis verbis und biblischen Gedanken folgend, mit einbezogen.

"So wie die Liebe Gottes zum Menschen sich herabläßt (amor descendit) und diesen, falls er sein Herz ihr öffnet, zu sich emporhebt, so breitet sich die Liebe horizontal als Liebe der Gleichen (Bruder-oder Menschenliebe) aus und steigt abwärts als die unter den Menschen seiende (nicht intelligente) Natur und Creatur zu sich erhebend" [2].

Cultus, Humanität und Cultur sind für ihn drei Liebes-Weisen, die einander korrespondieren. "Wer Gott nicht liebt, liebt auch die Natur nicht, und, wer diese nicht liebt, liebt weder Gott noch den Menschen. Der Gerechte, sagt die Schrift, erbarmt sich seines Viehs, und unter der Hand des Ruchlosen, sagt der Bauer, gedeiht das Vieh nicht" [3].

Von Baader definiert die Cultur als die lebendige, organische Natur, also besonders Mutter Erde. Die Entfremdung des Menschen kann z.T. wieder aufgehoben werden durch erneute Zuwendung zu Gott.

Baader spricht von einem ursprünglichen "Hörigkeitsverhältnis zum Menschen" , ohne dabei der Herrschaft im Sinne des mißverstandenen Befehls aus Genesis 1, 28 das Wort zu reden.

Die natürlichen und persönlichen Bande zur Erde sind durch die sogenannte rationelle Landwirtschaft bzw. Geldwirtschaft verlorengegangen und einer Gleichgültigkeit gewichen. "Mit dem Credo verschwand der Credit" [4] .

Baader macht vor allem Descartes für die geistlose Auffassung der Natur verantwortlich und stellt dem subjektivistischen "cogito ergo sum" das theonome Erkenntnisprinzip "cogitor, ergo cogitans sum" [5] , der natur-machine die esprit-machine entgegen [6].

Die Trennung von Gott hatte zur Folge, daß der Mensch seine Funktion als "Copula der intelligenten und der nicht-intelligenten Naturen" aufgab [7].

Übrigens weiß auch die Schrift des alten und des neuen Bundes so wenig von einer solchen Abwesenheit Gottes in bezug auf die geschöpfliche, nicht intelligente Natur als einer solchen in bezug auf die intelligente Natur. Wenn es z.B. heißt, daß "Gott an einem Menschen mehr liege als an vielen Sperlingen, so wird doch wieder gesagt, daß kein Sperling ohne des Vaters Willen vom Dach falle, und daß ihm also an den Sperlingen keineswegs nichts liege, so wie gesagt wird, daß der himmlische Vater die in der Wüste nach Speise schreienden jungen Raben versorge, daß er die Lilien auf dem Felde kleide, und das Gedeihen der Saat gebe oder schaffe" [8].

A.Schlatter ist m.E. zu widersprechen,wenn er [9] v. Baaders Theologie anthropozentrisch nennt, allerdings mit der Einschränkung,daß der „innere Lebensprozeß..mit der Natur in fester Verbundenheit" steht,und daß das Wissen von Gott uns zugleich die Natur erschließt.

Denn v.Baader betont in wünschenswerter Deutlichkeit, daß nur der mit Gott versöhnte Mensch auch mit seinem Nebenmenschen und selbst mit der niedrigeren ihm ursprünglich (sic!) gehörigen Natur versöhnt und hiemit befreundet oder heimlich (heimatlich) wird". So trägt v.Baader dazu bei - auch Schlatter bescheinigt ihm deutliche Nachwirkungen-[10] ,daß Mitgeschöpflichkeit verstanden wird als Jasagen dazu, in die nichtmenschliche Natur eingebunden zu sein und daraus Konsequenzen ziehen zu können.

Vielleicht darf man sogar von „Partnerschaftsmodell zwischen Natur und Mensch"[11] sprechen ,das theologisch umso überzeugender ist, als v.Baader das Verhältnis zur Erde vom Verhältnis zu Gott ableitet.[12]

2.14. Johann Heinrich Eichholz

1805 erscheint in Mannheim eine Schrift "Einige Winke über Aufklärung und Humanität nebst einer kleinen Abhandlung über die Bestimmungen und über die Pflichten gegen Thiere", also 17 Jahre nach Danns "Bitte der armen Thiere..."
Der Verfasser ist Doktor der Philosophie und Redakteur in Elberfeld [1].
Seine Name ist nur wenigen geläufig [2]; in theologischen Nachschlagewerken bzw. Abhandlungen fehlt er völlig [3]. Lt. "Das Gelehrte Teutschland" hat er einige Arbeiten veröffentlicht.
Über seine Biographie ist nur so viel bekannt, daß er in Halle/Saale und Marburg (1794 u. 96) studiert und in Elberfeld nicht nur als Redakteur gewirkt hat; er war auch Sekretär des "Elberfelder Frauen Vereins", dem die Linderung der Kriegsnot am Herzen lag, und daß er sich im "Bergisch-Märkischen Griechen-Verein" engagierte, der den griechischen Freiheitskampf gegen das Osmanische Reich unterstützte. Er könnte 1795 (wo?) geboren sein. Datum u. Ort seines Todes sind unbekannt.
Voraussetzung für eine angemessene Behandlung des Themas "Pflichten gegen Tiere" sind: eine Moralität, eine höhere Bildung bzw. die Bereitschaft , das "eigene liebe Selbst aufzuheben" [4].
Er geht mit den Philosophen ins Gericht, die die These vertreten, der Mensch sei der alleinige Zweck der Schöpfung und stellt ihr seine eigene ärgerliche entgegen, es gebe noch weit höhere und vollkommenere Wesen, nicht theologisch gesehen, sondern, was die sinnlichen Fähigkeiten betrifft.
Eichholz geht davon aus, daß die Schöpfung sich einem weisen und mächtigen Urheber verdankt, und daß die vollkommen gebildeten außermenschlichen Geschöpfe ihre Daseinsberechtigung nicht nur darin haben können, uns zur Nahrung zu dienen. Er zitiert Baco von Verulam:: "natura a Deo abducit; profunde exhausto, ad Deum reducit". Diese vielleicht etwas oberflächliche Naturerkenntnis sage immerhin a priori etwas über die Bestimmung der Tiere aus.

Der Weisheit des lebenschaffenden Wesens wäre es angemessener, eine Entwicklung niederer Gattung zu einer höheren anzunehmen [5].

"Wenn also der Mensch aus Unwissenheit in diese Ordnung des Weltschöpfers eingreift und die Pläne desselben zu zerstören droht oder ihnen entgegenarbeitet, dadurch, daß er sich der Herrschaft über die Thiere bemächtigt, und oft ganze Gattungen derselben auszurotten sucht, so ist dies freylich eine Art von Zulassung von Seiten des höchsten Wesens, beweißt aber keineswegs die Rechtmäßigkeit unseres Verfahrens.

Diese Gewalt oder diese Herrschaft, die wir uns über die Thiere anmaßen, indem wir nach freier Willkür mit ihnen schalten und walten, ist vor der Hand, bis wir vielleicht über das ganze Universum höhere, aufgeklärtere Begriffe haben werden, nur als eine Usurpation anzusehen " [6].

Heißt das: zunehmende Erkenntnis bedeutet ggf. Legitimation eines solchen Tuns? Eichholz beantwortet diese Frage - zunächst - nicht, sondern beschreibt die Kunstfertigkeit verschiedener Tiere und spricht vielen von ihnen "Raisonnement" [7] zu, um dann die "Veredelung" von Gattungen zu behandeln.

Er hat die Idee, ursprünglich seien Tiere und Menschen eine Familie gewesen. Im Laufe der Entwicklung haben sich die Tiere von den Menschen entfernt, veranlaßt wahrscheinlich durch deren Grausamkeiten und Mißhandlungen.

Der Weg des Menschen aus der Natur hin zur Zivilisation hatte im Gefolge Ausschweifungen und Laster, während das Tier in seinem Naturzustand blieb. Den Tieren sind z.B. Übermaß des Genusses oder sexuelle Verirrung fremd.

Auf der Suche nach den Ursachen für menschliche Grausamkeit stößt Eichholz auf die verfehlte Erziehung, die u.a. zahlreiche Tiere als Feinde darstellt bzw. Vorurteile gegen sie nährt, etwa, daß die Katze falsch sei.

Mit wachsendem Alter nimmt die Grausamkeit zu, wird "studierter", "durchdachter", "leidenschaftlicher" [8]. Bestimmte Formen der Jagd lassen den Schluß zu, daß der Anblick von Todesqualen ein unterhaltsames Spiel ist.

Einseitig beurteilt Eichholz den Metzger, auch unter Berufung auf englisches Gesetz, wonach dieser nicht als Geschworener zugelassen wird, weil er an das Töten gewöhnt ist.

Das Unverständnis gegenüber Tierquälerei ist bei Eichholz umso größer, je mehr man von der Voraussetzung ausgeht, daß der Körper aller Lebewesen dieselbe Struktur hat und die Schmerzempfindlichkeit die gleiche ist.

Er zitiert Plutarch: "Je mehr unsere Gewalt über die untergeordneten Thiere unumschränkt ist, desto mehr erfordet es die Menschlichkeit von uns, sie mit Nachsicht und Güte zu behandeln " [9]

Der besonderen Schmerzempfindlichkeit bei Tieren korrespondiert nach Eichholz die Anlage zu Fürsorge und Zärtlichkeit, etwa bei Tiermüttern.

Er bescheinigt ihnen eine uns verlorengegangene Sprachform und Verständigungsfähigkeit. Würden wir die Tiere verstehen, würden wir ihre Klage über ihr Leid hören.

Einer Theodizee oder einem ethischen Gottesbeweis ähnlich vermutet Eichholz, daß es ein zukünftiges Leben für die Tiere geben müsse, schon als Ausgleich für die ihnen angetane Härte und Grausamkeit, ist doch das höchste Wesen ein solches der Liebe.

Auch er beruft sich auf Römer 8,21 und findet die Interpretation, es müsse sich bei der Aussage zur ktisis um die Tiere handeln, durch V. 23 bestätigt. [10]

Sogleich nennt Eichholz seine Vermutungen "zu gewagt", um dann fortzufahren: "vielleicht kommt einst eine Zeit, wo dergleichen zu behaupten oder zu glauben, nicht mehr auffallend seyn dürfte" [11].

Daß die Zeit noch nicht reif ist, macht der Autor am Verhältnis Mensch : Haustier bzw. Nutztier deutlich. Er begreift nicht, warum wir es, statt für seinen Dienst dankbar zu sein, mißhandeln.

Nachsicht und Zureden würden mehr bewirken und dem Tier gerecht werden. Mit einigen Tieren kann man wie mit einem Menschen sprechen.

Eichholz nennt im folgenden Verhaltensregeln und geht auf die Notwendigkeit ein, Tiere schlachten zu müssen. Ob es aber gestattet ist, ein Tier zu töten, wenn es nichts mehr leisten kann, bezweifelt er.

Einen fühlenden Menschen muß es belasten, wenn er sich durch die stille Anklage der Kreatur ins Unrecht gesetzt sieht.

Eichholz ´ Abhandlung bedarf keines Kommentars, höchstens der Feststellung, daß seine Vermutung einer tierischen Zukunft nach dem Tod immer noch "auffallend" ist.

Seine Wirkung wird relativ gering gewesen sein - entsprechend dem Bekanntheitsgrad des Autors.

Die Bedeutung seiner Schrift ist unüberholt und in nahezu allen Bereichen erschreckend aktuell.

2.15. Johann Tobias Beck (1804-1878)

Drei sehr unterschiedliche Theologen stellen an dem Württemberger Pfarrer und späteren Professor in Basel (1836) und Tübingen (ab 1843), dort gestorben, begreiflicherweise die Charakteristika heraus, die ihnen wichtig bzw. vorbildlich erscheinen:

Wolfgang Trillhaas [1] , daß er die Natur nicht diskreditiert habe,

Karl Barth [2] vor allem, daß er eine "zornig strenge Gottesfurcht", gläubige Gnosis und die reinigende Rechtfertigung durch Christus als Spitze des Offenbarungs-Organismus lehrte, und schließlich

Adolf Köberle [3] , daß er das Reich Gottes als eine "reale übersinnliche Wirklichkeit" verstand, "die sich in unsere Welt einsenkt ,und an dem der Glaubende durch Gehorsam in der Nachfolge Christi teilhat".

Keines dieser Merkmale kann für sich gesehen werden.

Barth, Köberle und Trillhaas stimmen darin überein, daß Becks Offenbarungs-Verständnis in das "Geschichtsleben der Menschheit, ja auch in das Naturleben" [4] hineinwirkt.

Köberle spricht von wachstümlicher Progression des Gottesreiches, die "am Ende aller Tage als Christokratie sichtbar in Erscheinung treten wird" [5] .

Aus dieser Skizze bereits wird deutlich , daß Beck keine spezielle Offenbarung in der Natur bzw. durch sie vertritt, obwohl er sie in seiner ethischen Abhandlung neben das Gewissen und das Leben als Darlegungen Gottes stellt . [6] Der Terminus "Natur" erscheint bei ihm unterschiedlich: Als Inbegriff für das Werk Gottes und Hinweis auf Gottes Gedanken wie in der hebräischen Bibel, resp. den Psalmen, so daß er aufrufen kann, sie so zu betrachten, statt sie zu "zerfasern" durch naturwissenschaftliche Analyse [7].

"Um was hat man uns gebracht. Um all den lebendigen Gott in der Natur und Geschichte. Die Krone hat man uns genommen und giebt uns Flittergold. Wir thun nicht Buße, erkennen die Abwege nicht und meiden sie nicht" [8]. Beck kann sogar vom "heiligen Kern" der Natur sprechen [9] .

Sodann ist die Natur Sitz der Unreinheit und Weltlust, die aber durch die Kraft Gottes zum Ort der göttlichen Herrlichkeit werden kann [10] .

"Creatur leben", "Personen dieser Erde" können zu Synonymen für Natur werden, wo der Begriff selbst nicht erscheint [11] , oder für Naturgaben, die zu Schöpfungen bzw. Neuerungen und Verbesserungen führen.

"Die Welt hat in ihrer Natur keinen höheren Stoff als die Menschennatur auch".[12] Vernunft und Natur können austauschbar werden, wenn sie zur Selbstbestätigung dienen, als Versucher auftreten.

Beck macht jedoch die Vernunft nicht a priori zum Antipoden des Glaubens. Der Glaube wird nicht dadurch geehrt, daß der Vernunft eine passive Rolle zugewiesen wird; Sie ist vielmehr rezeptiv und übt dadurch, daß der Glaube sie trägt, eine reproduzierende Tätigkeit aus - eindeutiger: wenn der Glaube sie trägt, denn sie hat auch versöhnende Wirkung.

Zurück zur Natur: Der Supranaturalismus machte lt. Beck aus dem Christentum eine Summe von Lehren und Erkenntnissen, weil es ihm um die Offenbarung übernatürlicher Wahrheiten ging [13].

Schließlich ist die Natur, was aus dem Gesagten folgt, nicht in der Lage, den Cultus oder den Willen zu ändern [14], aber "hinter und über der Natur ist Einer, das ist der Herr".[15]

Beck wehrt sich gegen die Trennung von Gott und Welt und dagegen, die Natur als ein Leben für sich und aus sich anzusehen - wie ein künstliches Uhrwerk oder eine Maschine - und betont demgegenüber "Himmel und Erde, Thiere und Menschen als ein Reich".

"Ja, es ist ein allmächtiger, allweiser, ewiger Geist, der innen ist in dem wundervollen Naturlauf, und darum ist der Segen der Natur eben die Güte und Wohltat dieses Geistes in der Natur; die Regel und Ordnung im Naturlauf ist das gerechte Gesetz dieses alles beherrschenden Geistes.[16] Übertretung der Naturgesetze, Unfleiß und Unmäßigkeit sind nach Beck die gerechte Vergeltung dieses Geistes, "der sein nicht spotten läßt" [17]. Menschen, die nur einem Naturtrieb oder Zwang folgen, sind wie Tiere.

Beck beklagt das Überhandnehmen der Gottlosigkeit.

Zu den Ordnungen des Schöpfers und Erlösers gehört die Über- und Unterordnung. Er nennt die Ordnung in einer Predigt am ersten Advent einen Lebensverband mit dem Sohne Gottes und dadurch mit Gott selbst.

Es ist für ihn auch nicht fraglich, daß das Tier dem Menschen zum Nutzen dient. Ebensowenig, daß die "Creatur", die keinen eigenen Willen hat, also die leblose Natur um uns herum, am Tag des Herrn befreit wird von Vergänglichkeit und Verwesen. Becks Sicht der Mitgeschöpfe als leblose Natur läßt eigentlich keine Erwartung von Befreiung zu, jedenfalls keine Theologie der Ehrfurcht oder der Mitgeschöpflichkeit. In seiner Ethik kommen die Mitkreaturen nicht als Adressaten von Güte und Liebe vor.

Um seiner Sicht willen, jedoch, dass Himmel und Erde, Tiere und Menschen ein Reich bilden und wegen des eben genannten überraschenden Gedankens, der sich an Paulus anlehnt, daß es zu einer Befreiung der gesamten Creatur kommen wird, verdient Beck hier diese Erwähnung.

2.16. Hans Lassen Martensen (1808 - 1884)

In seiner mystisch-theosophischen Theologie verbindet der in Flensburg geborene und in Kopenhagen gestorbene Professor für systematische Theologie und spätere Hofprediger und Bischof von Zeeland Schrift, Kirchenlehre und Spekulation. Er ist von Hegel, Baader und Böhme beeinflußt.

Für ihn bedeutet Christus als Gottmensch im Sinne der Kenosis "Haupt und Mitte der Menschheit" [1].

In schöpfungstheologischem Zusammenhang wird er lediglich von G.M. Teutsch erwähnt [2]. Er zitiert aus der christlichen Ethik [3] von 1866 unter der Überschrift "Die Liebe zur unpersönlichen Creatur". Martensen geht offensichtlich von Gen. 1, 26 ff aus und interpretiert den Text nicht nur als Herrschaftsauftrag, sondern als Pflicht, "die Natur in Übereinstimmung mit dem Schöpfergedanken zu behandeln". Diese hat die sittlichen Aufgaben des Menschen im Blick. Willkür, Verderben, Zerstören sind verwerflich.

Zunächst finden wir Kants Gedankengut wieder, wenn Martensen diese Handlungsweise mit der Würde des Menschen begründet; er geht aber über den Königsberger Philosophen hinaus, wenn er die natürliche Beschaffenheit jeder Kreatur und ihre schöpfungsgemäße Bestimmung avisiert.

Ebenbildlichkeit versteht Martensen als Widerspiegelung der Gerechtigkeit und Güte Gottes - ein entscheidender Gedanke, wenn man sich die z.T. bis in die Personhaftigkeit bzw. körperliche Beschaffenheit führende Debatte vergegenwärtigt, die dann entsprechende Ableitungen hervorbrachte.

"Denn Gott hat kein Gefallen an dem Tode und Untergang dessen, was da lebt, sondern gönnet von Herzen jedem der lebenden Wesen das kurze Leben, die kurze Freude und Erquickung, für welches es empfänglich ist, und das mitten unter all diesem Sterben und Vergehen, unter all dieser gegenwärtigen Quälerei und Zerstörung, welcher die Natur unterworfen ist - einem Fluche, der nicht eher kann hinweggenommen werden, als nachdem das Reich Gottes vollendet und die herrliche Freiheit der Kinder Gottes geoffenbart sein wird (Rö. 8,18 ff)" [4].

Wie J. Bentham geht Martensen von der Empfindungsfähigkeit der Tiere aus. Er setzt Recht und Pflicht voraus, sie zu töten, teils aus Notwehr, teils zur Befriedigung der Bedürfnisse.

Abzulehnen dagegen sind Rücksichtslosigkeit, Grausamkeit, Tierquälerei, Überanstrengung. Martensen erwähnt die Gründung von Tierschutzgremien, verweist aber auf das mosaische Gesetz und die durchgängig im Alten Testament anzutreffende

Humanität und Milde. Exemplarisch nennt er Prov. 12,10 und Jona 4,10 f.

Leibniz dient ihm als Vorbild, der lange und sorgfältig ein Insekt beobachtet, es dann aber behutsam auf sein Blatt zurückgetragen habe.

Forschen in der Natur bejaht Martensen ausdrücklich, auch als Selbstzweck.

"Leibniz in seinem Optimismus war sich sogar bewußt, von diesem Insecte eine Wohltat empfangen zu haben, sofern er durch dasselbe belehrt worden war" [5].

Bemerkenswert bei Martensen sind einige wesentliche Kriterien für eine Tierethik:

1. Die Ebenbildlichkeit als Verantwortung gegenüber den Mitkreaturen.

2. Biblische Aussagen über Gottes Güte und Gerechtigkeit, auch gegen Tiere.

3. Die Betonung der Empfindungsfähigkeit und damit verbunden

4. das Mitleid.

5. Absage an einen einseitig anthropozentrisch ausgerichteten Würdebegriff.

3.. Erweckungsbewegung und Neopietismus

3.1. Christian Adam Dann (1758- 1837)

Der in Tübingen geborene und dort verstorbene Theologe, nach seiner "Verweisung" von 1812-1824 in Öschingen und Mössingen, die folgenden 13 Jahre Stadtpfarrer an St. Leonhard, Leiter der Herrnhuter Predigerkonferenz, wird als "eine der kraftvollsten Predigergestalten Württembergs" und als "geistlicher Vater der landeskirchlich-pietistischen Kreise, führend in der Jugendseelsorge" charakterisiert [1], auch sonst als typischer Vertreter des württembergischen Pietismus und beeindruckender Verkündiger bezeichnet, doch nur vereinzelt als Wegbereiter des Tierschutzes im heutigen Verständnis, obgleich weder in seiner Darstellung des Tierelends in verschiedenen Bereichen noch in seinen Forderungen überholt, wie noch zu zeigen sein wird.

Dieses Schweigen dokumentiert möglicherweise die Kritik der Zeitgenossen an seiner unverhältnismäßigen Beachtung der Tierwelt - als argumentum e silentio - oder (und) kennzeichnet die Einschätzung von Mitgeschöpflichkeit durch Biographien der Gegenwart. Dankenswerterweise haben Albert Schweitzer [2], Erich Gräßer [3], Gotthard M. Teutsch [4], Harald Steffahn [5] und , in größerer Ausführlichkeit, Martin H. Jung [6] die Bedeutung Danns gewürdigt.

1822, also noch während der Dorfpfarrer-Zeit in Mössingen, erscheint in Tübingen eine ungewöhnlich betitelte Schrift: "Bitte der armen Thiere, der unvernünftigen Geschöpfe, an ihre vernünftigen Mitgeschöpfe und Herrn, die Menschen" [7] Der Titel erinnert an Luthers und Claudius` den Tieren in den Mund gelegte Bitte, nur daß der Text Danns ungleich einfühlsamer, konkreter und theologisch begründeter ist. Danach ist die Position der Tiere mehr als schwach, sowohl was ihre Abhängigkeit von ihren Herren als auch den Mangel an Vernunft angeht. Auslösendes Ereignis im Erleben Danns ist die Tötung eines Storchen durch einen Unbekannten. Grund für das Plädoyer zugunsten dieses umgebrachten Tieres und der leidenden Kreatur überhaupt sind das Mitgefühl mit den Leidenden, die Beobachtung wiederholter Quälereien und die eindeutigen biblischen Aussagen. Dann nennt die Psalmen 36 (V,7), 145 (V.9), 147 (V.9), Prov. 12,10 und Sirach 7,24 als Bezeugungen der Barmherzigkeit Gottes und der Erwartung zu entsprechendem Handeln an den Menschen. Er macht sich expressis verbis zum Mund der vermeintlich stummen Kreatur und nennt Motive für das herzlose Handeln von Menschen: Gedankenlosigkeit, Unwissenheit, Leichtsinn und Bosheit.

Er spricht den Täter persönlich - und typisch für den Pietismus - auf seine wünschenswerte Bekehrung an. Damit zeigt er ein seelsorgerliches Element wie auch ein Verständnis vom Menschen, dessen Tun er nicht isoliert, sondern als Ausfluß einer grundverkehrten Haltung versteht :"Wer du nun und wo du auch seyn magst, der du dieß gethan hast..Gott kennt dich, der Gott, der seine Sonne scheinen läßt über Gute und Böse (Matth. 5,45). Eben um dieses meines Gottes willen bin ich dir nicht feind, ob du gleich eines meiner Geschöpfe mit grausamer Hand und aus bloßem Muthwillen hingerichtet (!) hast. Ich wünsche dir vielmehr das Allerbeste, das nehmlich, daß Gott dir die Augen öffnen und dich zu einer tiefen gründlichen Selbsterkenntnis führen möchte. Dann würdest du nicht nur diese eine Sünde [8] , sondern auch unzählig viele andere, bisher unerkannte Sünden in deinem Herzen als in einer Quelle unvernünftiger, leichtsinniger, schlechter, unnützer, feindseliger, arger Gedanken, Begierden, Worte und Werke aufdecken. Das könnte dir dann den Weg dazu bahnen, daß du dich wahrhaft bekehrtest und du von nun an ein ganz anderer, ein vernünftiger, gesetzter, liebreicher, mitleidiger, rechtschaffener Mensch würdest. Mit heißen Thränen würdest du dann deine Rohheit und Gefühllosigkeit dem abbitten, der das Schreien der jungen Raben (vgl. Rö. 8,22) an sein treues Herz kommen läßt, und dem auch das Winseln, die Ängste und die Todesschmerzen des von dir gemordeten unschuldigen Geschöpfes nicht unbekannt geblieben sind." [9] .

Die ausführliche Zitierung könnte das Bild eines beatus possidens im Sinne der Heilsgewißheit und die entsprechend hochmütige überzogene Attacke auf einen unbekannten Unbekehrten entstehen lassen, von dem er noch nicht einmal weiß, ob es nicht gedankenloses Erlegen, neugieriges Spiel mit dem Tod war. Dann selber unterstellt, daß möglicherweise kein böser Vorsatz oder Herzensverhärtung die Triebfeder waren.

Warum dann diese auch rhetorisch überfrachtete, dramatische Anklage? Mehrere Erklärungen legen sich nahe: die eine ergibt sich aus der Fortsetzung des Textes: Störche sind Vorbilder in ihrer Liebe, oben auf dem Nest zu beobachten, in ihrer Keuschheit und ihrem Verhalten gegenüber den Jungen [10].

Die zweite erhellt aus dem Kontext und der Absicht des Verfassers: Es geht nicht nur um den einen Storch, sondern exemplarisch um das Leiden der Kreatur, ja um unser ethisches Verhalten überhaupt. Hier und andernorts zitiert Dann Rö. 8, 19 ff, die Zentralstelle schlechthin. Sie ist in ihrem Bezug auf die kommende Erlösung für die gesamte Ktisis nicht nur ein Trost oder gar eine Entlastung [11], sondern im Gegenteil, Bekundung unserer Sünde und damit Einladung zur Umkehr und zum Handeln. Im Blick auf die Tiere heißt das: Minderung ihrer Leiden bis zur endgültigen Erlösung.

Ferner stellt sich Dann selbstkritisch die Frage - er hört ja die Einwände, ausgesprochen oder vor seinem geistigen Ohr - ob der Einsatz für Tiere zu rechtfertigen sei. Antwort: zwischen Tier- und Menschenliebe besteht nicht nur ein Zusammenhang; es ist vielmehr von der Tierquälerei bis zur Tat am Menschen nur ein Schritt, weil, wie die Anrede an den Täter zeigt, aus dem Herzen beides kommt [12].

Dann betont, "ihn bewege die ganz seufzende, kämpfende Creatur, das Wimmern der Geborenen, die Beängstigung der Gebärenden, das Röcheln der Sterbenden und die zahllosen Opfer der grausamen Kriege" [13].

Alle uns heute en masse tangierenden Quälereien werden bereits von Dann genannt: der grausame Umgang mit Nutztieren, die Transporte, die Schlachtung, die Haustierhaltung, die Jagd, die Tierversuche. Bei letzteren fordert er Einschränkung insoweit, als nur der Gewinn neuer Erkenntnisse Motiv sein darf.

Dann legt noch kein Programm vor, appelliert aber an die Bereitschaft der Zeitgenossen, aufmerksam zu sein. [14]

Der bereits erwähnte Bezug auf Rö. 8, 19 ff hat die Mitchristen im Blick: Ihre Erwartung des kommenden Reiches kann nicht egoistisch nur auf sie selbst bezogen sein: "Die neue Welt sollte nach Dann das größtmögliche Glück für alle Geschöpfe, die Tiere eingeschlossen bringen, womit er einen Gedanken vertritt, der an die ethischen und gesellschaftlichen Zielvorstellungen des Utilitarismus erinnert" [15]. Eschatologie ist für Dann wie für viele Vertreter des Pietismus proleptischer Natur. 1833 folgt eine

214

zweite Tierschutzschrift, ein "Nothgedrungener durch viele Beispiele erleuchteter Aufruf an alle Menschen von Nachdenken und Gefühl und gemeinschaftlicher Beherzigung und Linderung der unsäglichen Leiden der in unserer Umgebung leidenden Thiere" [16].

Dann konfrontiert die Barmherzigkeit Gottes mit dem Verhalten des Menschen auf den Straßen der Stadt und in ländlichen Gegenden, aber auch die Ebenbildlichkeit des Menschen lt. Gen.1,26 mit der Pervertierung des Herrschaftsauftrags (V.27), die beide, Mensch und Schöpfung, ins Verderben reißt. Er berichtet, daß ihm die Berufung auf Gottes Befehl, sich die Erde untertan zu machen, als Argument und als Entschuldigung für tierquälerisches Verhalten begegne: "Welch kläglicher Irrthum, welch heillose Verwirrung der Begriffe in solch verdüstern Köpfen" [17].

In seiner 2. Schrift systematisiert der Verfasser die Tierarten: Nutz- und Haustiere, Wild, Tiere zum Zeitvertreib und, angeregt durch die Erweiterung der Tierquälereien seit seiner 1. Schrift, gibt er zahlreiche Beispiele, so auch das Gänsestopfen und die Vivisektion. Dann erwartet keine vegetarische Lebensweise, verurteilt aber die maßlose Fleisch-Erzeugung.

Neben die ethische Argumentation stellt er jetzt auch gesundheitliche und ökonomische Bedenken. Er erwähnt die durch Todesangst erzeugte typhusähnliche Erkrankung und das dadurch ungesunde Fleisch.

Ökonomie ist im Spiel, wenn der Bauer z.B. seinen Ochsen mißhandelt und dadurch schwächt. Die bereits zitierte Verrohung des Menschen - vgl. Kant u.a. - bedeutet Schaden am und für den Menschen. Unter Bezug auf Rö.1,21f.; Rö.8,2; Joh.8,32 und Gal. 5 beklagt Dann die Verdunkelung der Wahrheit durch Zunahme der Abgötterei und des Aberglaubens [18].

Eine Erziehung bzw. Umerziehung der Menschen ist nur durch die Predigt des Evangeliums möglich, denn sie beanspruchen, zivilisiert und kultiviert zu sein. Dann geht so weit, Gottes Gericht an Tierquälern bereits jetzt feststellen zu können: sie werden oft Opfer ihrer eigenen Maßnahmen; und bisweilen ereilt sie das Schicksal der von ihnen mißhandelten Tiere, von Gewissensqualen und Schaden an Geld, Gut und Gesundheit abgesehen [19].

Diese Kausalität erinnert an prophetische Verkündigung. Erneut verteidigt sich der Verfasser gegen den Vorwurf der Einseitigkeit im Eintreten für die Tierwelt und stellt wiederum den Zusammenhang zwischen Barmherzigkeit und Güte gegen die Tierwelt und dem Verhalten zum Nächsten heraus. Sein eigenes Leben erhärtet die These von der Unteilbarkeit der Ethik: Dann gründet einen Armenverein, entwickelt Arbeitsbeschaffungsprogramme - auch darin vielen Zeitgenossen voraus - und schafft Suppenküchen für Mittellose. [20]

Auf der Suche nach den Anstößen zu Danns einfühlsamem, aber nicht introvertiertem, vielmehr gesellschaftlich anregendem Tierverständnis oder gar nach der prima causa legt es sich nahe, Paul Gerhardt, Christian Scriver, Friedrich G. Klopstock, Johann Heß, Matthias Claudius u.a., vor allem aber seinen geistigen Ziehvater, Gottlob Christian Storr [21], zu nennen, also die Vertreter eines spezifischen Naturverständnisses bzw. einer Harmonie von Vernunft und Offenbarung.

M. Jung nennt ferner T. Hobbes, J.Bentham - s. dort - die Philosophen Schopenhauer, G.F.Meier, J.F. Jacobi und G.Herder, aber auch den "inzwischen fast vergessenen" J.H. Eichholz aus Elberfeld, der hier gesondert behandelt wird. [22] Verschiedene Gesangbücher, nicht zuletzt das verschiedentlich zitierte Lied aus dem Biberacher, waren Dann vertraut, nicht minder die geistlichen Väter Ph.J.Spener, Christian Gerber und J.C.Lavater.

Vor ihm gibt es auch vereinzelte Dokumentationen des Tierschutz-Gedankens; aber nicht eine Schöpfungstheologie, die sowohl die Güte Gottes den Mitgeschöpfen gegenüber betont, als auch aus ihr den Impetus zu einer Ethik gewinnt, die das geglaubte und bezeugte kommende Reich Gottes in dieser Weise antizipiert. Während Spener - s.o. - in die Güte Gottes die Fauna einbezieht, durch uns ihr entgegengebracht, aber nicht die Mitgeschöpflichkeit besonders thematisiert, nimmt diese bei Dann einen breiten Raum ein.

Er selbst bestätigt auch den Einfluß J.A. Bengels und F.Ch.Oetingers auf seinen geistig-geistlichen Werdegang.

Jung weist [23] darauf hin, daß Dann den "seligen Prälaten Bengel" ausdrücklich zitiert, "und zwar im Zusammenhang mit der Erwartung der endzeitlichen Befreiung der Kreatur".

Er resümiert: "Die proleptische Eschatologie führte zu dem Versuch einer Welterneuerung durch Menschen - Erneuerung, angetrieben von der Hoffnung auf eine zukünftige, von Gott geschenkte Vollendung. Das Beispiel Danns zeigt, wie stark der Impuls zur Weltveränderung im Württembergischen Pietismus noch in der 1. Hälfte des 19. Jahrhunderts war, und wie sich pietistische Theologie und Frömmigkeit mit Gedanken der Aufklärung verbinden konnten" [24] .

So wenig Letzteres fraglich ist, so scheint die Charakterisierung "Impulse zur Weltveränderung" als generelle Kennzeichnung württembergischer Frömmigkeit in dieser Zeit gewagt [25] ; doch muß dem nicht weiter nachgegangen werden. Verdienstvoll ist M. Jungs Veröffentlichung, weil sie Dann in einer m.W. so bisher nicht vorliegenden komprimierten Darstellung als Wegbereiter des Tierschutz-Gedankens, mehr noch: einer Ethik der Mitgeschöpflichkeit mit nahezu all ihren Wesensmerkmalen - s. Fazit am Schluß dieser Arbeit - vorstellt und verdeutlicht, daß die Sorge des Menschen um sein persönliches Heil die Einbeziehung der leidenden Kreatur, jedenfalls im eschatologischen Kontext, notwendig macht.

Das ist mehr als nur: nicht verhindert. Dadurch ergibt sich zugleich ein sachgerechtes Bild des Pietismus.

3.2. Albert Knapp (1798-1864)

Der Württembergische Theologe, zuletzt Pfarrer in Stuttgart, der "geistliche Klopstock des 19. Jahrhunderts" genannt [1] , bisweilen Kritiker der Predigten Danns, weil sie wiederholt vom vorgegebenen Text bzw. Thema zugunsten der leidenden Kreatur abwichen[2] , führt konsequent und realistisch das Werk Danns fort.

Deshalb wird er, obgleich chronologisch anders einzuordnen, unmittelbar anschließend an jenen behandelt.

Knapp ist in die Kirchen- und Literaturgeschichte eingegangen als Wegbereiter unseres Gesangbuchs, als Gegner der Aufklärung und Verfasser von über 1200 Liedern und Gedichten.

Als Initiator und Gründer des ersten Deutschen Tierschutz-Vereins findet er dagegen weder in entsprechenden Organisationen noch in theologischen Nachschlagewerken Erwähnung [3] .

Ein Grund dafür mag in der Tatsache liegen, daß sich in seinen eigenen Liedern kaum je ein Bezug zur Schöpfung findet. Während einige Frühlingslieder sie thematisieren, spiritualisieren die Morgen- und Abendlieder die Sonnenauf- und –untergänge bzw. die Tageszeiten (s.u.).

Selbst sein Sohn, Herausgeber des Evangelischen Liederschatzes in der 3. und 4. Auflage [4] , übergeht seines Vaters Tierliebe und die Gründung des Tierschutzvereins. Sieht man demnach Knapps Engagement als ein eher peinliches Adiaphoron in seiner Biographie und Theologie? Wenn ja und zu recht, bleibt die Frage, woher der Einsatz für die leidende Kreatur rührt.

M. Jung [5] weiß zu berichten, daß Dann mehrfach den Wunsch geäußert habe, einen "Verein zur Verminderung der Thierquälerei" zu gründen und Knapp selber Zeuge eines letzten Seufzers auf dem Sterbebett geworden sei, der der Erlösung der Tiere galt.

Knapp erzählt von einer großen Gesellschaft von Männern weltlichen wie geistlichen Standes, die im Dezember 1837 zusammengekommen sei, um über die Minderung des Tierleids wie auch über gesetzliche Bestimmungen mit diesem Ziel zu beraten. So entsteht der erste Tierschutz-Verein.

Erste Initiativen waren die Neuherausgabe der Schriften Danns, der Appell, weitere Vereine zu gründen und Einfluß auf die geplanten Gesetzgebungsverfahren zu nehmen.

Diese Ziele ließen sich weitgehend realisieren: exponierte Bürger bzw. Amtsinhaber wurden Mitglied und in den Folgejahren Vereine in Hamburg, Berlin, Frankfurt, München gegründet.

Es kam zu Gesetzgebungen in Sachsen (1838), in Württemberg (1839) und in Preußen (1851).

Die Frage nach der Wertigkeit, auch in der theologischen Beurteilung durch Knapp selbst, beantwortet Jung [6] indirekt so:

"Bemerkenswert ist, daß Knapp seinen langen Aufruf, der sich an die Allgemeinheit und nicht an ein besonders von christlichen Überzeugungen geprägtes Publikum wendete und deshalb auch nicht theologisch argumentierte, mit einem religiösen Gedanken schloß, der zeigt, wie auch bei Knapp sein praktisches Engagement für die Tiere in der großen eschatologischen Hoffnung wurzelt, die wir bei Dann kennengelernt haben: ... Wo der Gerechte seines Glaubens lebt, da findet auch das ängstliche Harren der Kreatur schon hier seine möglichste Befriedigung, bis auch sie selber ihren Anteil empfängt in der herrlichen Freiheit der Kinder Gottes" [7] .

G. Gilch stellt in seinem Aufsatz "Gotteslob und Tierliebe" [8] fest, daß Knapp "bewußt vom geistlichen Standort aus für das so oft und in aller Welt mißachtete Recht der Tiere eintrat" [9] . Der Autor möchte beides zusammen sehen: sein Engagement für das Lied und für das Tier, "Notenblatt" und "Flugblatt". Auch für Knapp wird Rö. 8,18 ff. zum entscheidenden Anstoß [10]. Er, der mit Paulus das Seufzen der Kreatur hört, schämt sich für die schweigenden, tatenlos zusehenden Christen, die sich im Blick auf das Tierelend nicht von den sogenannten Heiden unterscheiden.

Es ist nicht nur das "schauerliche Brandmal" auf ihren Stirnen, das ihm angesichts des bevorstehenden Weltgerichts durch den himmlischen König zu schaffen macht, sondern auch das unbegreifliche Unberührtsein von dem doch allen sichtbaren Leid der Mitgeschöpfe.

Knapp nennt Beispiele: Das Gießen siedenden Essigs in die Kehlen der Enten, die Arbeit der Pferde unter Tage, das Parforce-Jagen, den Vogelmord, das Los der Maultiere, die Stiere in Spanien und die Postpferde in Rußland.

"Wer will dieses Meer der Sünden erschöpfen? Wer zählt die Seufzer der entweihten, mißbrauchten, geängsteten, geschändeten Kreatur? ... Er wird sein Gedenkbuch, worin die Seufzer der Kreatur stehen, wider dich auftun" [11].

Eindringlich stellt er die vor ihm seltenere, nach ihm jedoch immer wieder geäußerte Frage nach dem Sinn der Schöpfung auf dem Hintergrund der Vergänglichkeit und vor allem der ausschließlich in Abhängigkeit verbrachten kurzen Lebenszeit unter der qualvollen Herrschaft des Menschen.

Knapp hält es für undenkbar, daß die tierischen Mitgeschöpfe nur der Spielball des Menschen sein sollen und "unverstanden und bedeutungslos auf ewig vor uns verschwinden sollen... Die Vernichtung wäre ein kalter Hohn hinter dem Elende her. Gott aber verhöhnt seine Geschöpfe nicht" [12].

Er gibt sich und seinen Zeitgenossen die Antwort: "Jedes aus Gottes Hand entsprungene Geschöpf hat eine göttliche Bedeutsamkeit und bildet einen wesentlich fortklingenden Ton im großen Schöpfungskonzerte" [13].

Uns möglicherweise befremdend, mindestens unbekannt oder vergessen, stellt Knapp die leidenden, versklavten und hingeschlachteten Menschen und Tiere nebeneinander und bezieht letztere mit ein in die Osterhoffnung. Dabei kann er sich, wie wir gesehen haben, auf Jes. 11 und 65,17 berufen. Er selbst nennt auch Offb. 5,13.

Sein Verständnis von Theodizee sowohl als auch die geistige Verwandtschaft mit Dann in der Interpretation von Rö. 8,18 ff. als Prolepsis hindern ihn daran, einem bloßen Wunschdenken zu erliegen, wenn er seinen Glauben formuliert: "Wahrlich, es wäre doch schwer zu begreifen, warum der getreue und gütige Gott ein herrliches Pferd nur darum geschaffen hätte, um von einem tollen Edelmann oder einem entmenschten Karrner zu Tode geplagt zu werden. Hier und in unzähligen Fällen dieser Art erscheint es offenbar Seiner würdiger, den schuldlosen Tod durch ein besseres Leben und durch einen aus seiner Fülle strömenden Einsatz zu vergüten" [14].

Der Mißdeutung sich bewußt, daß diese Sicht zu einer vermeintlich aus Sachzwängen diktierten Passivität gerade vonseiten der Christen und zu einer Projektion unerfüllter Wünsche in ein besseres Jenseits (Feuerbach) führen kann, deutet er die Verheißung und Vorwegnahme im Sinne des menschlich Realisierbaren. Es geht also nicht darum, nur das vom Apostel u.a. verkündete kommende Reich der Erlösung zu verstehen; sondern man muß "dieselbe in der Tat und Wahrheit, durch schonende Liebe und mitleidende Pflege voraus erfüllen, damit für die geängstete Kreatur das Morgenrot aus unseren Menschenherzen empordämmere, bis Jesus auch ihr als die befreiende Sonne des Lebens im Namen seines himmlischen Vaters erscheint" [15].
Eine kühne Vision und zugleich ein wirksamer Impuls für die Gründung des Tierschutzvereins.

Nach diesen eindrücklichen und anklagenden Zitaten scheint mir die Frage nach dem theologischen Stellenwert der Tierethik bei Knapp beantwortet. Sie ist kein Adiaphoron, sondern hat ihre Begründung in seiner die gesamte Schöpfung beachtenden Sicht aufgrund biblischer Aussagen.

Damit ist aber nicht geklärt, warum Knapps ungewöhnliche Sensibilität für die Tiere und seine Einbeziehung der Mitgeschöpfe in die endzeitliche Befreiung keinen Niederschlag in seinem Liedgut gefunden haben.

Als Liederdichter und Hymnologe wußte er um die Wirkung gesungener Verkündigung.

Bei Durchsicht der von ihm selbst verfaßten oder übersetzten Lieder, soweit sie sich in seinem Liederschatz finden [16], und bei Beachtung der thematischen Schwerpunkte ergibt sich, daß die Schöpfung nur mit wenigen Liedern vertreten ist. Das eigentliche Interesse gilt der Erlösung, der Wortverkündigung [17] und den Sakramenten [18], der Heiligung, der Ordnung des Christenlebens und dem Ausblick auf das Kommende bzw. den Kommenden.

Wo Natur, Tages- und Jahreszeiten angesprochen werden, dienen Pflanzen, Gestirne, Gezeiten fast ausschließlich als Metapher für geistliches Erblühen, der Morgen und der Abend als Ruf zum innerlichen Erwachen bzw. zum Hinweis auf das nahe Ende.

Die o. erwähnte und z.T. zitierte geradezu missionarische Erinnerung an das Weltgericht, auch über die Tierquäler und Gefühllosen, hätte erwarten lassen, daß unser Verhältnis zu den Mitgeschöpfen unter Umkehr und Erneuerung, mindestens aber sub specie aeternitatis, genannt und auch im Lied in die Auferstehung der Toten einbezogen würden.

Dieses Schweigen betrifft nicht nur Knapps Lieder, sondern weitgehend auch seine

Predigten [19] und muß ohne befriedigende Deutung bleiben [20] . Es schmälert Knapps Bedeutung für eine veränderte Sicht der Mitkreaturen, für Tierschutz und –ethik kaum.

Die wesentlichere Frage haben Theologie und Kirche zu beantworten, warum sie Albert Knapp unter dem zu verhandelnden Aspekt ignoriert, vielleicht auch ihrerseits zu einem Adiaphoron bzw. zu einem württembergisch-pietistischen Sondergut oder einem subjektiv bedingten gemacht haben.

3.3.. Adolf Schlatter (1852-1938)

"Sowohl wenn wir Schutz gegen die Vermengung von Natur und Geist bedürfen, als wenn wir uns vor ihrer Entzweiung zu bewahren haben, ist der kanonische Wert der Bibel und im besonderen des Christus aufs dankbarste anzuerkennen. Die Schrift bleibt ebenso weit von der Naturanbetung wie von der Naturwidrigkeit entfernt. Ein Versinken in den Naturprozeß, bei dem wir nur noch das Tierische an uns ehren, ist schriftwidrig, ebensosehr aber eine Geistigkeit, die der Natur die Würde der Kreatur Gottes nimmt" [1] .

Diese als programmatisch anzusehende Positionsbeschreibung, verbunden mit der wiederholt betonten Ablehnung eines Gegensatzes von Schöpfung und Erlösung, Natur und Gnade, Vernunft und Offenbarung, Geist und Natur, Personalität und Leiblichkeit, könnte Basis sein für eine Schöpfungstheologie unter Einbeziehung einer Tierethik, zumal der in St. Gallen geborene, in Tübingen gestorbene, umfassend gebildete und ebenso disziplinübergreifend lehrende und schreibende Theologe von sich selbst berichtet, ihm sei die frühe Begegnung mit der Natur ein prägendes Erlebnis geworden.

Schlatter beschreibt den Raum in seinem Elternhaus, der eine Art Hauskapelle darstellte: "Die Wände zeigten Mineralien und Tiere, ausgestopfte und plastische Abbildungen. Einige biblische Bilder erinnerten an die Heilige Schrift. Natur und Schrift sollten vereint als Gottes Offenbarung zu uns reden" [2] .

Nimmt man das Schlüsselerlebnis der literarischen Begegnung mit Franz von Baader hinzu und ebenso die Kontroverse mit Karl Barth, in der es nicht zuletzt um das eben genannte sowohl als auch ging, so wird es nicht zuletzt dank der hervorragenden und ungewöhnlich umfangreichen Darstellung von W. Neuber, erklärlich, daß A. Schlatter zu einer Theologie der Schöpfung gekommen ist. Und dieses trotz gewichtiger Vorbehalte gegen von Baaders idealistische Tendenz und spekulative Naturtheologie, wie er sie einschätzte. Schlatter selbst muß sich der Kritik stellen, er vertrete eine natürliche Theologie. Die These scheint dadurch erhärtet zu werden, daß er in seinem Entwurf zum Konfirmandenunterrricht nicht mit der Gottesoffenbarung beginnt, sondern mit Gotteslehre, Schöpfungslehre und Anthropologie; zum andern durch seine Antrittsvorlesungen zum Alten Testament, im zweiten Semester zur Genesis, wo er in 1,26 f. die Grundlegung zu einer Anthropologie sieht. Zum dritten durch seine Absicht, eine konkrete Ethik zu entwerfen, die die Schöpfung wie das Heilshandeln Gottes unterstreicht. Auch seine Erkenntnis, "daß alles Seiende zu Gott in Beziehung stehe und irgendwie seine Kraft und seinen Willen versichtbare" [4] und seine Bejahung des Naturrechtsgedankens scheinen der Kritik recht zu geben. In einem Brief an seinen Sohn Theodor beklagt Schlatter, daß der von ihm als Prediger durchweg geschätzte Karl Heim "das ungeteilte Ja zu Gottes Schöpfung vermissen" lasse [5]. Um so überraschender ist, daß bei dem die gesamte Schöpfung so bejahenden, aus ihr die Herrlichkeit Gottes ablesenden, ja sogar eine Offenbarung in ihr erkennenden Theologen die Mitgeschöpfe und ihr Leiden nicht deutlicher thematisiert werden - s. Schweitzers Bild von der frisch gereinigten Stube der Ethik.

Auch in seiner Auslegung zu Rö 8., 19 ff, einem Zentralwort für nahezu alle pietistischen Vertreter der Mitgeschöpflichkeit, wie wir sahen, begegnet die anthropozentrisch klingende Feststellung: "Wollten wir darob das Hoffen, Harren und Seufzen der Menschen überhören, so würde aus jenem Mitgefühl mit der Natur eine Phantasterei" [6]. Weder Bäume noch Tiere werden die Freiheit und Herrlichkeit erlangen, die den Menschen zuteil wird; denn sie sind ja nicht "Person" [7].

So sehr man Schlatter recht geben mag, wenn er sich gegen einen Entwicklungsgedanken wehrt, demzufolge das Höhere zugunsten des Niederen geleugnet wird, um dann "nur das verschleierte Untere zu sein" [8], so merkwürdig berührt das apodiktische Urteil, daß pflanzliches und tierisches Leben keine Unsterblichkeit habe, sondern das Leben von "Anfang an auf das Sterben angelegt" ist.[9] Denn dieses wird man, rein biologisch, zunächst auch vom menschlichen Leben sagen müssen, dem a priori keine Unsterblichkeit eignet, indes die Glaubenden mit einer Auferweckung des Leibes rechnen. Wieso ist Schlatter sicher, daß von diesem göttlichen Akt alles übrige Leben ausgeschlossen ist?

Wie verhält sich dazu die Auffassung, daß mit der Gegenwart des Christus keine Verwandlung der Natur geschehe, wohl aber wir mit unserem auch schmerzlichen Erleben und unserer Sterblichkeitserfahrung unter die Gewißheit gestellt werden, "die uns von Christus gegeben wird?" [10]

Und was besagen die biblischen Aussagen von der neuen Schöpfung?

Eine Erklärung für die Gebrochenheit der Beziehung zu den Mitkreaturen könnte - neben Schlatters Ablehnung einer Vereinerleiung von Geist und Natur [11] - im Verständnis der Gottebenbildlichkeit liegen: Er sieht sie ontologisch: Sie ist eine wesenhafte Gottähnlichkeit, die durch den Sündenfall nicht verlorengegangen ist, sondern auch dem empirischen Menschen anhaftet.[12] Damit interpretiert Schlatter die Imago Dei unter Absehung vom Herrschaftsauftrag, d.h. nicht als Antwort geben, Verantwortung wahrnehmen gegenüber den Mitkreaturen, also nicht ausschließlich aus dem Mandat [13]. Neuer sieht unter Berufung auf K. Bockmühl und W. Trillhaas [14] in Adolf Schlatter und Johann Tobias Beck (s. dort) die Ausnahmen bei der Kritik, der neuzeitliche Protestantismus zeige tendentiell Naturfeindlichkeit; ja, er nimmt Schlatter für eine oekologische Ethik in Anspruch.

Ihm bzw. W. Lütgert ist sicher recht zu geben, daß die Ausschaltung der Natur als Offenbarungsquelle auf Kant und seine Epigonen zurückzuführen ist.

Die evangelische Theologie beschränkte sich in der Regel vor allem auf einen persönlichen Schöpfungsglauben [15]. Biblische Belege für Gottes Kraft, Gottheit, Herrlichkeit, Weisheit, Güte und Liebe widersprechen der Erklärung für das Ausklammern der Natur mit einer gewissen "Arbeitsteilung", die mit dem Aufkommen der Naturwissenschaft notwendig geworden sei. [16]

Selbst wenn dem so wäre: Die Theologie muß an der Frage interessiert sein, ob und wieweit die Natur fähig ist, uns Gott zu bezeugen.

Bringt sie dagegen die Natur in Gegensatz zur Gewißheit Gottes, macht sie nach Schlatter "den ganzen konkreten Inhalt des Lebens religiös wertlos" [17].

"Es gibt keine Bewegung zu Gott, die uns von dem schiede, was sich uns als Gottes Werk zeigt. Die doppelte Richtung unsres Blicks, die ihn zur Welt und zu Gott hinwendet, ist uns unaufhebbar aufgegeben.... Denn wir können weder Gott von seinen Werken noch seine Werke von Gott trennen, weshalb wir die Liebe, die uns zur Welt wendet, mit der Liebe empfangen, die auf Gott gerichtet ist" [18].

Schwierigkeiten im Verständnis ergeben sich m.E. aus dem selbstverständlichen Nebeneinander von Natur als Objekt theologischen Erkennens und als Träger göttlicher Offenbarung, wobei vielleicht offenbleiben darf, wieweit dieses Ineinander auf Schlatter selbst oder seine Interpreten zurückgeht.

Einleuchtend scheint mir dagegen, daß die Kritik an der Vernachlässigung der Natur bzw. deren nahezu breiter Ablehnung durch die Theologie der sogenannten Neuzeit noch erheblich verstärkt wird, wenn man bedenkt, daß - lt. Schlatter - die Kirche "bloß eine Lehre von der Sünde hatte, dagegen keine Lehre von dem uns aufgetragenen

Werk und über der Bemühung, das Denken des Menschen durch die Bindung an die Lehrnorm zu ordnen, vergessen hatte, daß er einen Willen besitzt" [19].

Ob die letztere Kritik so zutrifft, mag bezweifelt werden, weniger dagegen, daß die Ethik, soweit man von ihr sprechen kann, eine bloße Gesinnungsethik war.

Neuer verweist auf Schlatters Genesisvorlesung [20] und die von ihm vertretene Synthese von Schöpfungscredo und (altisraelitischer) Naturerkenntnis, wobei, wie bereits angedeutet, der Mandatsgedanke im Sinne herrschaftlicher Fürsorge gegenüber den Untertanen (s. Auslegung zu Gen. 1,26 ff) expressis verbis unberücksichtigt bleibt. Er selbst betont aber, daß der aus dem skizzierten Naturverständnis abgeleitete Umgang mit der Natur außer acht ließ, "daß die Natur womöglich eine gottgegebene Würde besitzt, die dem menschlichen Handeln Grenzen setzt".[21] Für Schlatters Sonderstellung innerhalb der 150jährigen Theologiegeschichte spricht lt. Verfasser zunächst einmal der breite Raum, den die Schöpfung in seiner Dogmatik einnimmt, vor allem jedoch das Gewicht entsprechender Aussagen, die die Schöpfung ontologisch verstehen, ferner das Verständnis von Natur als Gegenstand der Ehrfurcht [22] und des Wohlgefallens Gottes, sodann sein Einspruch gegen die Entseelung bzw. Rationalisierung der Natur. Diese wird so konsequent durchgeführt, "daß nicht nur der Pflanze, sondern auch dem Tier qualitativ nichts anderes zugestanden wird als z.B. einer Uhr" [23].

Neuer nennt als weiteres Kriterium für eine Naturtheologie bei Schlatter den Grundsatz "Jedem das Seine", der jeglicher Egalisierung widerspricht. Überzeugend ist vor allem die Bejahung Gottes des Schöpfers in dem Sinn, daß jede Berührung mit ihr, der Natur, eine Begegnung mit ihm, dem Schöpfer, bedeutet.

Eine alleinige Berufung auf sie würde eine Rechtfertigung aller Begierden bedeuten; kennen wir jedoch "Gott als den Schöpfer der Natur und als den Lenker unserer Geschichte und in Jesus als unseren Versöhner", "gehorchen wir ihm dadurch, daß wir uns der Weisung der Natur unterwerfen, unseren Ort in der menschlichen Gemeinschaft finden und uns vom Werk Jesu bewegen lassen".[24]

Die Reihenfolge, d.h. die Rangordnung, ist für Schlatter eindeutig: "Wir erkennen also Gottes Willen dann, wenn wir aus der Schrift lernen, wie wir mit Jesus verbunden bleiben und durch die Achtsamkeit auf unsere Umgebung und auf die Natur wahrnehmen, wohin uns die Natur und die Geschichte tragen"[25].

Er spricht von der "liebenden Einigung mit der Natur", die ein Geschenk Jesu, des Versöhners ist [26].

Damit ist auch die Gefahr abgewendet, die aus der Natur droht: Angleichung an das Tier, willenlose Gemeinschaft der Herde, widerstandslose Folgsamkeit gegen die

Brunst, Stärke der Muskeln etc.[27] . Ebenso brauchen wir Jesu Nähe, um aus der Betrachtung der Geschichte nicht zu falschen Schlußfolgerungen zu kommen: Verachtung oder Verehrung des Menschen.

Bei einer ausschließlichen Bindung an die Schrift übersehen wir seine Werke und werden zu religiösen Separatisten [28] .

Gewichtig sind die Konsequenzen aus Schlatters Naturverständnis. Es vermeidet eine naturalistische Ethik wie eine personalistische [29]. Damit ist auch einem Pantheismus gewehrt, der das grundlegende Anderssein von Schöpfer und Kreatur preisgibt.

Neuer nennt [30] fünf Merkmale in Schlatters Naturtheologie, die s.E. bedeutsam für eine oekologische Ethik sind:

1. Die Ehrfurcht gegenüber der natürlichen Wirklichkeit als Gabe Gottes,

2. die ontische Vielfalt und Eigentümlichkeit der Natur,

3. ein christologisches bzw. soterologisches Verständnis von Unterordnung der Natur,

4. ein Ernstnehmen der postlapsarischen Versehrtheit, die eine Idealisierung der Natur vermeidet und

5. ein konsequentes Verständnis von Natur als Kreatur, die eine Vergötzung unmöglich macht.

Es ist redlich, festzustellen, daß Forderungen oekologischer Ethik wie artgemäße Tierhaltung, Erhaltung der Artenvielfalt, Rücksichtnahme auf oekologische Systeme von Schlatters Ansatz her "plausibel" sind [31] . Mehr darf wohl nicht gefolgert werden. Denn Schlatters Zurückhaltung bis Schweigen zur Schuld des Menschen gegenüber den Mitgeschöpfen, zu ihrem Leid - nicht nur aufgrund eines mechanistischen Naturverständnisses, sondern auch verursacht durch Ignorieren biblischer Aussagen und eines mehr oder weniger frommen Egoismus , seine Auslegung von Rö. 8,19 f. , auch Mk. 1,13, die m.E. mangelnde Berücksichtigung vor allem alttestamentlicher Texte zur Nähe von Mensch und Tier, lassen nicht zu, die "liebende Einigung mit der Natur" zugunsten eines veränderten Verhältnisses zu interpretieren.

Sonst hätten Vorbildcharakter der Tiere, ihr stellvertretendes Lob Gottes, das Staunen und die Freude über die wunderbare Mitwelt, aber auch das Mitleiden deutlichere Berücksichtigung in Dogmatik und Ethik gefunden.

Sollte die Präponderanz des Willens dem im Wege gestanden haben?

Daß Schlatter bei der nicht seltenen Erwähnung der Tiere meist in Abgrenzung redet, gibt ebenso zu denken wie die Selbstverständlichkeit, mit der er ihnen seelisches Erleben nicht zuspricht und uns Sensibilität im Umgang mit ihnen nicht abfordert. Die Voraussetzung, daß es für sie keine neuen paradiesischen Zustände gibt (s.o.) [32] , rückt ihn an diesem Punkt wider Willen in die Nähe Descartes und zugleich in die Nachbarschaft vor allem frommer Kreise, die eine Egalisierung fürchten. Das Tiersein des Tieres zu unterstreichen, entspricht dagegen durchaus den Forderungen der Verhaltensforschung Ähnliches gilt für die Gefahr anthropomorphen Denkens und Handelns.

Diese kritischen Anmerkungen mindern Adolf Schlatters Verdienst um eine Korrektur unbiblischen Naturverständnisses und um Wegbereitung für eine legitime Naturtheologie nicht. Hätte man hier A. Schlatter ernsthafter berücksichtigt, wären verhängnisvolle Tendenzen in Theologie und Kirche vielleicht kritischer beobachtet worden. Nachdenklich macht, daß zwei so verschiedene Theologen wie Schlatter und Barth für ein neues Verständnis von Natur und Mitgeschöpflichkeit unverzichtbare Repräsentanten sind [33].

4. Albert Schweitzer

Albert Schweitzers Theologie und Ethik würden selbst in der Konzentration auf das vorgegebene Thema eine breite Untersuchung veranlassen; andererseits ist die knappe theologisch wie biographisch bedingte Maxime ,,Ehrfurcht vor dem Leben" so ärgerlich eindeutig, daß sie - wie etwa Jesu Antwort auf des Schriftgelehrten Frage nach dem Weg zum ewigen Leben, "tue das, so wirst du leben"- entweder zur Nachfolge oder aber zur Infragestellung bzw. Verweigerung führt.

Letzteres ist aber nur sekundär Grund für eine etwas ausführlichere Erörterung; primär ist es Schweitzers Einschätzung einer Tierethik und die daraus resultierende Rückfrage an die Theologie.

Es würde auch den Rahmen sprengen, zu untersuchen, ob Mystik und Ethik die Bedeutung von Ursache und Wirkung haben, wie Schweitzer interpretiert, oder ob die Mystik nicht geradezu Ethik erschwerende oder gar verhindernde Züge hat.

E.Gräßer ist zuzustimmen, daß wichtiger die Zuordnung von Indikativ und Imperativ bzw. im Sprachgebrauch des Elsäßer Theologen die von "Erlösung und Ethik" ist. [1]

Diese Feststellung enthebt den gegenwärtigen Interpreten nicht der Kritik, daß A.Schweitzer darin ein Gefolgsmann des Liberalismus ist, daß er etwa von einer Idee überzeitlicher Geltung sprechen kann oder bei ihm aus der paulinischen Gesetzesfreiheit eine Haltung wird, die die Freiheit der Religion durchzusetzen gewillt ist. [2]

Schweitzer leitet aus der paulinischen Mystik eine absolute Ethik ab. Ewiges und Ethisches oder: Metaphysisches und geistig-Ethisches bilden eine Einheit.

Und so wie der Eiferer für die Wahrheit (s.o.) die Ehrfurcht vor dieser vertritt, so wird er zum Verkünder der Ehrfurcht vor dem Leben.[3]
Die eschatologisch orientierten Verse Römer 8,18-24 werden zu einem Schlüssel. Zwar hat das Urchristentum das baldige Weltende erwartet und daher den Tag nahegesehen, da alle Kreatur von ihrem Leid erlöst wird - daher keine Fürsorge für die Tiere -, aber wir, die wir nicht mehr mit dem baldigen Aus für den Kosmos rechnen, also unseren Glauben von der praesentischen Eschatologie bestimmen lassen, sind umso mehr der Ethik aus Ehrfurcht vor dem Leben verpflichtet. An anderer Stelle sagt Schweitzer: "Die Weltanschauung der Ehrfurcht vor dem Leben ist ethische Mystik".[4]

Die Ehrfurcht vor dem Leben

Bei einer Maxime wie dieser nimmt es nicht wunder, daß sie autobiographisch geprägt ist. A.Schweitzer nennt [5] unterschiedliche Erlebnisse: das Schießen auf Vögel, ein dezidiertes Verständnis des 5. Gebots, die Entstehung der Tierschutzbewegung, Nietzsches Herrenmoral mit ihrer Absage an die Liebe zu Schutzbedürftigen, Tolstois anders orientierte Ethik, die Enttäuschung über das Versagen von Religion und Philosophie gegenüber Nietzsche, die Auseinandersetzung mit einer ,,zur Ruhe gekommenen" Ethik, den Beginn einer eigenen Konzeption zum Titel ,,Kultur und Ethik" und die Fahrt zur Missionsstation N' Gômô auf dem Ogowefluß im September 1915.
"Am Abend des 3.Tages,als wir uns bei Sonnenuntergang in der Nähe des Dorfes Igendja befanden, mußten wir an einer Insel in dem über einen Kilometer breiten Fluß entlangfahren..."A.Schweitzer entdeckt Nilpferde mit ihren Jungen. „Da kam ich in meiner großen Müdigkeit und Verzagtheit plötzlich auf das Wort Ehrfurcht vor dem Leben ,das ich, so viel ich weiß, nie gehört und nie gelesen hatte. Alsbald begriff ich, daß es die Lösung des Problems, mit dem ich mich abquälte, in sich trug. Es ging mir auf, daß die Ethik , die nur mit unserem Verhältnis zum anderen Menschen zu tun hat, unvollständig ist und darum nicht die völlige Energie besitzen kann".[6] Dem Urwaldarzt wird bewußt, daß eine so weit gefaßte Ethik nicht nur eine andere Lebendigkeit besitzt, sondern uns in ein ,,geistiges Verhältnis zum Universum" versetzt.[7]
Neu inspiriert, beginnt A. Schweitzer sein geplantes Werk über Kultur und Ethik. Skopos des Ganzen wird die Erkenntnis: ,,Ich bin Leben, das leben will, inmitten von Leben, das leben will".[8]
Es bedeutet, daß fremdem Leben die gleiche Ehrfurcht entgegenzubringen ist wie dem eigenen, zugleich aber die bedrückende Erkenntnis, daß wir unser Leben nur auf Kosten anderen Lebens erhalten können - eine Realität, die A.Schweitzer nie mehr losgelassen hat.

Statt sich jedoch, defaitistisch auf naturgegebene Gesetzmäßigkeiten oder gar theologisch begründete entsprechende Aussagen zu berufen, steht für den ,,Entdecker" der ethischen Maxime fest, daß wir als ethische Wesen nicht nur dieser schlimmen Zwanghaftigkeit zu entrinnen trachten, sondern danach ,,dürsten", für Humanität einzutreten und Erlösung von Leiden zu bringen. [9] Schweitzer spricht von einer ,,neuen Renaissance", die darin besteht, daß die Menschheit vom genannten Wirklichkeitssinn, den er ,,armselig" nennt, zur Ehrfurcht vor dem Leben gelangt. Wiederholt wird er darauf angesprochen, daß seine Botschaft eine Wiederbelebung derjenigen des Franz von Assisi sei.

Zu den bestätigenden Erfahrungen gehören für den Arzt in Lambarene nicht nur das Echo auf Vorlesungen, sondern auch die Begegnung mit Kindern - wie etwa in Hannover-, die unter dem Einfluß ihrer Rektorin Ehrfurcht vor dem Leben auch als Veränderung an sich selbst erfahren: "Sie hatten alles Kindische abgelegt." [10]

Parallel zu solch mutmachenden Reaktionen verdichtet sich bei Schweitzer das Fazit, daß unsere Inhumanität größer ist als die früherer Generationen, und zwar nicht gegen Tiere allein. Daraus resultieren Abhandlungen über Frieden, Krieg und Völkermord, atomare Bewaffnung und Judenverfolgung (Antwort an Rolf Hochhuth), ein Grußwort an einen Ärztekongreß in Tokio, die christliche Friedenskonferenz in Prag und - ein Jahr vor seinem Tod - an einen Parteitag der CDU.

In seiner Straßburger Predigt vom Februar 1919 geht Schweitzer auf die Gesetzmäßigkeiten in der Natur ein. In ihr existiert keine Ehrfurcht vor dem Leben. So wie sie tausendfach Leben hervorbringt, so zerstört sie es auch in ebensolchem Ausmaß. Sie kennt wohl den Willen zum Leben, aber nicht die Fähigkeit zum Miterleben. [11] Es gibt Leiden, aber kein Mitleiden.

"Die Natur ist schön und großartig, von außen betrachtet; aber in ihrem Buch zu lesen, ist schaurig. Und ihre Grausamkeit ist so sinnlos!" [12]

Sie lehrt Egoismus und bringt zugleich Selbstaufopferung - etwa der Tiermutter für ihr Junges - hervor, kennt jedoch kein Mitleid.

In einer Welt, die einem finsteren Tal gleicht, darf nur der Mensch das Licht schauen. Ähnlich wie Reinhold Schneider, der in seiner letzten Lebensphase extrem unter der Grausamkeit in der Natur leidet (s.Exkurs), fragt Schweitzer nach dem Rätselhaften. Es besteht nicht nur im Auseinanderfallen von Natur- und Sittengesetz, sondern auch in der Unmöglichkeit, qua Vernunft die Äußerung der Natur einfach zu rezipieren. Stattdessen muß sie andere Gesetze entdecken als die, die in der Welt regieren.

Theologisch betrachtet, wird die Zerrissenheit noch unerträglicher: "Warum ist der Gott, der sich in der Natur offenbart, die Verneinung von allem, was wir als sittlich

empfinden, nämlich zugleich sinnvoll Leben aufbauende und sinnlos Leben zerstö-
rende Kraft? Wie bringen wir Gott, die Naturkraft, in eins mit Gott, dem sittlichen Willen, dem Gott der Liebe, wie wir ihn uns vorstellen müssen, wenn wir uns zu höherem
Wissen vom Leben, zur Ehrfurcht vor dem Leben, zum Miterleben und Mitleiden erhoben haben?"[13] Dieses Sicherheben wird dadurch erschwert, daß wir unsere Sittlichkeit nicht in einer geschlossenen Weltanschauung unterbringen können, sondern
sie - im Gegenteil- gegen Widersprüche aus eben der Weltanschauung schützen,
daß wir einen Damm aufrichten müssen. Der andere Feind, der unseren Willen zur
Ehrfurcht erschwert und schwächt, ist die Überlegung, es nütze nichts. Die Proportionen von Leben erhalten und Leben vernichten sind deprimierend ungleich.

Eine weitere Erschwernis ist die Nötigung zum Leiden[14] , die es unmöglich macht, so
glücklich zu sein, wie der Mensch es sich wünscht.

Schweitzer nennt diese zu überwindenden Widerstände mit Recht ,,die drei grossen
Versuchungen" [15] und gibt ihnen damit das Gewicht, das sie tatsächlich haben. Weil
sie, so oder anders analysiert und begrifflich gefaßt, immer wieder zur Rechtfertigung
des status quo, zur Ignorierung einer Tierethik im Ansatz oder zu einer Ablehnung
derselben geführt haben, weshalb Schöpfungstheologien auch ohne Abhandlung der
Mitgeschöpflichkeit bzw.ohne Darstellung des tierischen Leids und unseres Auftrags
ihnen gegenüber auskommen, und weil Schweitzers Maxime als naiv oder idealistisch
bzw. als beides oder aber lediglich ad personam und nicht generell realisierbar bzw.
vertretbar verstanden wurden (s.u.), darum wird gerade dieser Abhandlung hier mehr
Raum gegeben.

Der Autor bleibt die Antworten auf die Versuchungen nicht schuldig:

Die Herausforderungen sind zu meistern:

"Der ersten begegne, indem du dir sagst, das Mitleiden und Mithelfen ist für dich eine
innere Notwendigkeit. Alles, was du tun kannst, wird in Anschauung dessen, was
getan werden sollte, immer nur ein Tropfen statt eines Stromes sein; aber es gibt deinem Leben den einzigen Sinn, den es haben kann und macht es wertvoll. Wo du bist,
soll, soviel an dir ist, Erlösung sein, Erlösung von dem Elend, das der in sich ent-
zweite Wille zum Leben in die Welt gebracht hat, Erlösung, wie sie nur der wissende
Mensch bringen kann. Das Wenige, das du tun kannst, ist viel - wenn du nur irgendwo Schmerz und Weh und Angst von einem Wesen nimmst, sei es Mensch, sei es
irgendeine Kreatur" [16].

Und Schweitzer wagt nun doch vom Glück, wenn auch eingeschränkt, zu sprechen:
,,Leben erhalten ist das einzige Glück" [17].

Aus dieser Sicht leiten sich die weiteren Antworten ab: mit dem Mitleiden ist das Mitfreuen gekoppelt; durch es bzw. das Glück allein wird das Leben erträglich. Schweitzer bestreitet das Recht, für sich selbst zu beanspruchen: ich will so oder so sein. Der Mensch muß ein wahrer Wissender sein, unabhängig davon, ob damit die gängige Auffassung vom Glück konform geht.

So enthält diese Predigt, die sich in ihrem Verständnis des Evangeliums Jesu und vom durch E.Gräßer angemahnten Verhältnis von Indikativ und Imperativ auch in ihrem Ineinander von Wissen und Glauben hinterfragen läßt, das Monitum, wach zu bleiben; es geht um die Seele.

Schweitzer selbst unterstellt in einer weiteren Abhandlung, man könne das Wort Ehrfurcht vor dem Leben als "unlebendig" [18] verstehen, um dem gleich entgegenzuhalten, daß es sich mit Enthusiasmus, rastloser Lebendigkeit und heilsamer Unruhe paart.

Außerdem sei mit dieser Ethik das Streben nach Selbstvervollkommnung [19] verbunden [20] - und merkwürdig in dieser Kombination - eine ,,tiefe Lebensbejahung der Resignation" , die zum Freisein von der Welt führt.

Schweitzer erläutert: "Resignation ist die Halle, durch die wir in die Ethik eintreten". [21] Das gute Gewissen dagegen ist für ihn eine Erfindung des Teufels.

Der Wille zur Ehrfurcht vor dem Leben - das korrespondiert mit dem Streben nach Vollkommenheit - ist an allen wirklichen Fortschritten interessiert. Dazu gehört vornehmlich die Möglichkeit zur Umgestaltung des modernen Staates in einen Kulturstaat. [22]

Es zeigt sich, daß für Schweitzer Ehrfurcht vor dem Leben mehr meint als die Einbeziehung der Flora und Fauna in ethisches Denken, mehr also als nur Absage an die Anthropozentrik, obgleich das schon entscheidend wäre. Folgerichtig setzt er sich mit der gegenwärtigen Krise der Kultur und ihren Ursachen auseinander. Termini wie "Vervollkommnung" und "Heroisierung" könnten den Ansatz in der Mystik, wie Schweitzer sie versteht, vergessen lassen. Aber er beruft sich auf die Seligpreisung der Sanftmütigen durch Jesus, wenn er von Läuterung und Idealismus in Einem spricht. Er vertraut darauf, "daß Wahrheit, Liebe, Friedfertigkeit, Sanftmut und Gütigkeit die Gewalt sind, die über aller Gewalt ist". [23]

Seine Ethik, dessen ist er sicher, ist Leben im Geist Jesu Christi. Religiöse Mystik lebt vom messianischen Glauben und empfängt den Odem des Lebens. Glaube an das Reich Gottes zielt nicht auf eine "naturhafte Umgestaltung der Verhältnisse dieser Welt", sondern nimmt Übel und Leiden als auferlegtes hin, unterwirft sich dem Willen Gottes und rechnet mit dem Wunder des Geistes, der das Reich kommen läßt. [24]

Der Geist macht Überirdisches sichtbar. Der Geist Jesu kommt in uns zur Wirkung als ethischer Geist und „ist identisch mit dem Geist, der das ewige Leben verleiht". [25] So müssen wir des unerbittlichen Gesetzes eingedenk sein, "daß wir nur so viel Reich Gottes in die Welt bringen können, als wir in uns tragen".[26]

Nach dem theologisch und biographisch Dargestellten ist es nur folgerichtig und eine Konkretisierung, wenn der Theologe, Philosoph und Arzt sich mit der Tierschutzbewegung beschäftigt, und zwar in einem 1950 als Privatdruck verbreiteten Aufsatz.[27]

Tierschutz und Tieretik

Die europäische Philosophie hat lt. Schweitzer die Tierschutzbewegung nicht unterstützt. Er macht dafür die Einschätzung des Bemühens um die Tiere als Sentimentalität, die Sicht der Tiere als Maschinen (Descartes) und die Neigung der Philosophen verantwortlich, "die Ethik als ein wohlgeordnetes System von wohl durchführbaren Pflichten und Geboten vorzustellen"[28].

Sie weigert sich zudem, das Prinzip der Liebe auf andere Geschöpfe auszudehnen und möchte stattdessen Ethik in vernünftigen Geboten gegenüber Menschen und Gesellschaft fassen.

Sofern Mitleid mit Tieren oder gar Güte angezeigt sind, dienen sie entweder zur Übung im humanitären Bereich oder sollen den Praktizierenden vor Verrohung bewahren, so Bentham, ähnlich Kant.

Schopenhauer, den Schweitzer als Ethiker schätzt, wird in diesem Zusammenhang nicht erwähnt. Anders das asiatische Denken, das sich im Unterschied zur europäischen Philosophie und Theologie nicht scheut, das Empfinden der Tiere dem des Menschen nahezurücken, ja den Mitgeschöpfen eine eigenwertige Existenz zuzuschreiben.

In seinem Aufsatz „Das Problem des Ethischen in der Entwicklung des menschlichen Denkens" (1952)[29] unterstreicht Schweitzer, daß die Tiere in ihrer Sehnsucht, in ihrem Glück, in ihrer Angst, ihrem Leiden und in ihrer Furcht vor Vernichtung unseresgleichen sind.

Die Sittlichkeit erreicht durch das Mitgefühl allem Lebendigen gegenüber letzte Vollkommenheit. Vor allem läßt sich die Wahrheit, "daß der Mensch sich nicht als Herr, sondern als Bruder anzusehen habe", nicht mehr aufhalten. So vier Jahre vor seinem Tod (1965) in einem Beitrag zum Thema „Humanität"[30].

Jahrzehnte früher nennt Schweitzer[31] als das Hindernis auf dem Weg zu einer grenzenlosen Ethik der Ehrfurcht den gravierenden Unterschied „zwischen höherem und niederem, wertvollem und weniger wertvollem Leben"[32].

Er erwähnt zwar im Kontext nicht Theologie und Kirche als die, die besonders hartnäckig den Unterschied betonen, speziell etwa unter dem Aspekt der persönlichen Beziehung zu Gott, zur Heilsfähigkeit und der erleuchteten Vernunft, wird sie aber – trotz der u. genannten Theologen als Wegbereiter - im Blick haben, zumal er ein anderes Argument anführt, die Befürchtung, er verfalle dem Pantheismus.

Schweitzer kann diese Bedenken nicht teilen, auch wenn er das lebendige Christentum im ,,Urgrund alles Seins" angesiedelt findet, weil der Gott der Liebe nicht in der Natur zu finden ist, sondern in seiner Kundgabe der Liebe im Menschen.

In seiner Predigt über Sprüche 12,10 vom März 1919 zu St. Nicolai in Straßburg bringt er - siehe oben - ebenso die Grausamkeit in der Natur, die zwangsläufige Folge von Mitleiden und eigenem Leiden und die Verzweiflung über geringe Hilfsmöglichkeit zur Sprache.[33]

Er geht auf die Geschichte des Mitleids mit Tieren ein, beginnend im Altertum, weiter im Alten Testament und kommt zum bereits erwähnten Text Römer 8,19ff .

Dieser Abriß bildet aber nur die Folie, von der sich Gedankenlosigkeit und Rohheit, gerade unter Christen, besonders dunkel abhebt.

Das Christentum hat die Menschen bis tief ins Mittelalter hinein nicht zu Wissenden gemacht. ,,Erst mit dem erwachenden Denken kommt Besinnung darüber auf, was wir an der armen Kreatur sündigen" [34].

Schweitzer erwähnt die fast "zaghafte Weise" bei Luther - s.dort -, zitiert Spener und nennt C.A.Dann als Initiator der Tierschutzbewegung .[35] So sehr auch gilt, daß der Tierschutz in Gang gebracht wurde und nicht mehr zur Ruhe kam, das Gewissen der Menschheit wurde nicht geweckt. ,,Das wahre Verhältnis zur Kreatur ist uns nicht selbstverständlich geworden."[36]

Schweitzer stellt - zwei Jahrzehnte vor der Verhaltensforschung im engeren Sinn - die Frage nach der Grenze des bewußten, fühlenden Lebens und beantwortet sie mit einer als Frage gekleideten These: ,,Ist nicht jeder Lebensvorgang bis herab zur chemischen Verbindung zweier Elemente, mit etwas wie Fühlen und Empfinden verbunden? Dann muß uns jedes Sein heilig sein" [37].

Dem Fragesteller ist bewußt, daß Leben erhalten und vernichten Hand in Hand gehen und illustriert dieses [38] am Beispiel des Jungen der Webervögel und dem raubenden Habicht, den er tötet bzw. am schlafenden Kaiman, der am Leben bleibt, obwohl er verheerend unter den Füchsen wütet: er hat ihn nicht auf frischer Tat ertappt.

Schweitzer stellt die scheinbar simple Maxime auf: ,,Wenn du nur nach Verantwortung und Gewissen handelst und nicht nach Gedankenlosigkeit, bist du im Rechte".[39] Dabei bleibt das Kriterium nützlich oder nutzlos zu Recht draußen vor.

Auch das arme Insekt bedarf der Rettung. Doch dann folgt das Résümé,an dem sich die Geister scheiden: ,,Und wenn es sich dann die Flügel putzt, so wisse, es ist dir etwas Wunderbares widerfahren, das Glück, Leben gerettet zu haben – im Auftrag und in der Machtvollkommenheit Gottes gehandelt zu haben".[40]

Als höre er die lautstarken Einwände, schließt er an: ,,Habe keine Angst, lächerlich zu sein, sondern handle". [41]

Das bezieht auch den Sprachgebrauch ,,die Geringsten" nach Matthäus 25 mit ein.

In der folgenden Predigt ist von der großen Dankesschuld die Rede, die wir der Kreatur, auch im Gedanken an Medikamente , die in Tierversuchen getestet wurden, abzutragen haben (als wenn wir das könnten!).

Die weiteren Predigten müssen unberücksichtigt bleiben ,auch da, wo sie sich mit Ehrfurcht vor dem Leben, der Versuchung zum Selbstmord, dem Recht, einen Menschen ins Leben treten zu lassen, der Euthanasie, befassen.

Wesentlich ist jedoch

Das einfache und darum anstößige Prinzip

Die Jesus- und Paulusmystik, neben Kindheitseindrücken und der "zufälligen", d.h. nicht theologisch initiierten, sondern von afrikanischen Eindrücken inspirierten Erkenntnis als Patin des Prinzips ,,Ehrfurcht vor dem Leben" , soll im Fazit nur noch gestreift werden.

Kann man darin so sicher sein, daß aus „konsequenter eschatologischer Auffassung" „radikale Enteschatologisierung" [42] geworden ist? Ob Schweitzers Gottdenken in „bewußter Schwebe zwischen Theismus und Pantheismus" zu sehen ist [43] ,mag ebenfalls offenbleiben. Weniger fraglich scheint mir die auch von Karl Stürmer geteilte Meinung [44] ,daß Schweitzer religionsphilosophisch Agnostiker sei [45].

Die häufig beanstandete Einseitigkeit hat sich in der ethischen Grundlegung als vorwiegend positiv erwiesen. ,,Ehrfurcht vor dem Leben" ist nicht nur Prinzip, geschweige denn Nomenklatur, sondern tragfägige Basis, an der sich Kritiker und Befürworter scheiden mögen, und ohne die eine Ethik insgesamt wie Tierethik speziell undenkbar geworden ist und bleiben muß.

E.Gräßer zitiert A. Schweitzer: "Vieles, was an Sanftmut,Gütigkeit, Kraft zum Verzeihen, Wahrhaftigkeit, Treue, Ergebung in Leid unser geworden ist, verdanken wir Menschen, an denen wir solches erlebt haben. Ich glaube nicht, daß man in einen Menschen Gedanken hineinbringen kann, die nicht in ihm sind. Gewöhnlich sind in den Menschen alle guten Gedanken als Brennstoffe vorhanden. Aber vieles von diesem Brennstoff entzündet sich erst, wenn eine Flamme oder ein Flämmchen von draußen, von einem andern Menschen her, in ihn hineinschlägt. Manchmal auch will unser Licht erlöschen und wird durch ein Erlebnis an einem Menschen wieder neu entfacht" [46].

Darin zunächst mag eine der Ursachen für die weitestgehende Ablehnung Schweitzers als theologischem Ethiker liegen, daß diese Flamme noch nicht entzündet wurde. Ein weiterer liegt fraglos - jedenfalls vonseiten der Theologen – im bereits erwähnten ,,Agnostizismus", im Verdacht des Pantheismus – mindestens einer natürlichen Theologie-, ferner in der i. E. unvertretbaren Verkürzung der Botschaft Jesu und Pauli auf einen ethischen Skopos , in der ärgerlichen Betonung nicht nur praesentischer Eschatologie, sondern der ,,Enteschatologisierung" (s.o.) und schließlich in der Überbewertung des Mitgeschöpfs.

In der Kritik am Letztgenannten erweisen sich die Theologen unterschiedlicher Generationen als immer noch am Vernunftprinzip orientiert, auch wo sie andere Argumente wie etwa die Rechtfertigung oder die unsterbliche Seele bzw. Wiedererweckung am Jüngsten Tag nennen.

Der "gesunde Menschenverstand" jenseits von Philosophie und Theologie nimmt aus anderen, naheliegenden Gründen, Anstoß an Schweitzers Tierethik: sie widerspricht den Naturgegebenheiten, dem Utilitarismus gleich welcher Art, auch unserem menschlichen Selbstverständnis und wird - in vermeintlicher Anleihe bei der Verhaltensforschung - dem Tiersein des Tieres nicht gerecht. Zudem entbehrt sie in letzter Konsequenz jeder Realisierbarkeit, auch bei Berücksichtigung der von Schweitzer eingeräumten Spannung zwischen Anspruch und Wirklichkeit.

Daß die Ehrfurcht vor dem Leben im radikalen Sinn menschlichem Egoismus und der seit Jahrhunderten bei allen Variationen grundsätzlich gleichgebliebenen Lebensweise widerspricht, bedarf nur am Rande der Erwähnung.

Schweitzers Bedeutung für eine Tierethik

sei summarisch nocheinmal genannt:
Sie geht von der Achtung alles Lebendigen ohne Wertung aus, fordert das Mitleiden um des Geschöpfseins und um der Abhängigkeit willen, nennt aber zugleich das Glück durch Solidarität, mehr noch: Liebe und Rettung Gefährdeter, setzt Empfindsamkeit und Erlebensfähigkeit in nahezu allen vergleichbaren Situationen voraus und hat als Triebfeder das Ergriffensein von der Liebe Jesu.

Damit ist jeder Form gedankenloser Ausnutzung bis Quälerei abgesagt. Das Erleuchtetsein als Voraussetzung für Hingabe und Einsatz ist nicht an den christlichen Glauben gebunden.

Möglicherweise würde Albert Schweitzer sich freuen, daß inzwischen, d.h. in der gegenwärtigen theologischen Ethik, doch schon "Tiere herumlaufen", entsprechend dem Bild vom Hund in der frisch gescheuerten Stube.

Bleibt zu klären, ob der Hund nicht nur zufällig oder nur ausnahmsweise, sondern mit ausdrücklicher Genehmigung sich dort aufhält.

H. Steffahns gutes Bild soll am Schluß stehen: "Aus dem Paradies des selbstgenügsamen Philosophierens, das nur menschenbezogen war, hat er, die Vorarbeit anderer vollendend, uns unwiderruflich vertrieben. Kein Weg führt dahin allein zurück."[47]

5. Die Dialektische Theologie

5.1. Karl Barth

"Man kann jeden Satz über das Verhältnis von Gott und Mensch bzw. Gott und Welt daran auf seine Legitimität erproben, ob er auch als Interpretation der in Jesus Christus geschaffenen und aufrecht erhaltenen Beziehung und Gemeinschaft verstanden werden, ob er es ertragen kann, an den Grunderkenntnissen der Kirche über die Person und das Werk Christi als an der analogia fidei gemessen zu werden, oder ob er diesem fremd und selbständig gegenübersteht" [1] . Von dieser theologischen Maxime ausgehend, scheint in der Systematik des konsequent christologisch und offenbarungsgeschichtlich denkenden Karl Barth kein Raum für erhellende oder gar Impulse setzende tierethische Ansätze zu sein. Umso überraschender sind die bisher vor allem von Theologen nur unzureichend wahrgenommenen Aussagen über das Verhältnis von "äußerem"und "innerem Kreis" der Geschöpfe, der eigenen Weise des tierischen Seins mit Gott, ihrer Teilhabe an Bund und Verheißung, um nur wenige Themenkreise vorweg zu nennen. Inwiefern sie die Mensch-Tier-Beziehung maßgeblich beeinflussen und Grundlage einer Tierethik sein könnten und müßten, soll zum Schluß skizziert werden.

Inkarnation und Christologie als Erkenntnisgrundlage
für die Mensch-Tier-Beziehung

Gottes Menschwerdung bedeutet für Karl Barth nicht nur, daß der Schöpfer ein Gegenüber für die Menschen, sondern ein solches auch für die anderen Geschöpfe wird. Dem Zusammensein des Menschen mit Jesus und so auch mit Gott entspricht aber kein Zusammensein der anderen Geschöpfe mit ihrem Erschaffer in der umfassenden Bedeutung. Umfassende Bedeutung besagt Wiederholung und Darstellung der Einzigkeit Gottes, ja, Identität zwischen Schöpfer und Geschöpf. Sie auf die übrige Kreatur zu übertragen, hält Barth für verboten. Merkwürdig berührt zunächst die Aussage, daß "dasselbe" (nämlich das Zusammensein) auch für sie gelte, "indem"(von mir hervorgehoben) der Mensch mit Jesus... zusammen sei - nicht: wie. Das würde den Gedanken erhärten, der Mensch sei "primus inter pares" , mehr noch: Herold seines Kommens, besser: Mandatar. K.Barth begründet die Exklusivität der menschlichen Existenz mit Gott in der Inkarnation:

"Gott brauchte nicht Tier, nicht Pflanze, nicht Stein zu werden, weil damit, daß er Mensch wurde, auch für das konkrete Zusammensein von Tier, Pflanze und Stein mit ihm als ihrem Schöpfer alles Nötige geschehen ist. Wie und inwiefern? Darauf können wir im Blick auf Tier, Pflanze und Stein allerdings keine Antwort geben" [2].

Die Zurückhaltung Barths wirkt auf dem Hintergrund der obigen These vom Zusammensein der sonstigen Geschöpfe mit Gott befremdlich, andererseits im Blick auf die real existierende Distanz von Mensch und Tier bestenfalls visionär, wenn nicht utopisch.

Doch hat jene Zurückhaltung ihren Grund im Offenbarungsverständnis Barths und damit in der Inkarnation Jesu.

Weil wir seine "Nachbarn, Genossen und Brüder" sind, leben wir im direkten Gegenüber. Für die anderen Geschöpfe gilt das indirekt, mittelbar. Somit sind wir die Mittler - erster ethischer Ansatz.

"Wie immer auch sie mit Jesus und so mit Gott zusammen sein mögen, sie sind es für sich, ganz uneingesehen von außen, nämlich von uns her" [3].

Unser Sein dagegen ist, weil Jesus Mensch wurde, offenbar. Mit Recht stellt Karl Barth sich und uns die Frage, ob es nicht Hochmut sei, so von der Besonderheit des Menschen zu reden - nur zu deutlich hören wir uns und andere von der "Krone der Schöpfung" reden, andererseits nicht wenige Tierfreunde von einer unangemessenen Anthropozentrik - und gibt die Antwort, es sei ein Akt der Demut gegenüber dem Geheimnis und der Offenbarung Gottes, Geheimnis, soweit es den außermenschlichen Bereich betreffe, Offenbarung im Blick auf das Humanum.

Das führt konsequenterweise zu den bereits erwähnten Kreisen.

.   Der innere und äußere Kreis der Geschöpfe

Der oekologischen Diskussion weit voraus, wagt K.Barth die Frage, "ob es sich wirklich so verhält, daß der äußere Kreis der anderen Geschöpfe nur um des inneren, nur um des Menschen willen da ist? Was wissen wir, ob es sich nicht gerade umgekehrt verhält? Was wissen wir, ob nicht beide Kreise, der äußere und der innere, je ihre eigene Selbständigkeit und Würde, je ihre besondere Art des Seins mit Gott, haben? Was besagt ihre Verschiedenheit gegenüber der Tatsache, daß der Mensch Jesus als geschöpfliches Wesen beider Kreise Mittelpunkt ist?" [4]

Mit Selbständigkeit und Würde ist ein weiterer Aspekt der Tierethik angesagt: Doch bleibt zu betonen, daß daran Karl Barth nicht liegt, behandelt er doch das Thema unter dem Titel "Der Mensch als Gottes Geschöpf - der wirkliche Mensch". Demzufolge ist nun auch, nachdem der Hochmut zurückgewiesen wurde, von der besonderen Gnade die Rede, die dem Menschen zugewandt ist. Sie macht die Sonderstellung aus. Man ist geneigt zu unterstreichen: nur sie.

Denn Offenbarung, dem Tier gegenüber nicht nur nicht geschehen, sondern auch nicht lebens- und heilsnotwendig (so nicht K.Barth), führt zur Selbsterkenntnis - ein zoologisch nur im Sinn des Selbstbewußtseins bei wenigen Primaten bekannter Begriff.

Ungeachtet der Sonderstellung des Menschen müßte die Frage Barths, wenn sie von Theologie und Kirche ernstgenommen und nicht nur als systematisches Gedankenspiel verstanden würde, die Mensch-Tier-Beziehung ebenso verändern wie seine nun folgende Aussage über die Teilhabe an Bund und Verheißung.

Bund und Verheißung

Der Mensch ist dazu erschaffen worden, daß Gott mit ihm redet, er darauf hört, antwortet und ihm dankt. Er erfährt Gottes Güte und Erbarmen. Des Menschen Reagieren bedeutet, den Schöpfer zu ehren. Der hat ihm offenbart, wie er regiert. Signum dieses Regierens ist die Liebe.

Von dieser Liebe wird auch der Kosmos beleuchtet. Er nimmt teil, nicht nur passiv. Er wird vielmehr geradezu Zeuge, sogar Mitwirkender am Werk Gottes. Als pars pro toto empfängt der Mensch die Güte des Schöpfers. Deswegen bedarf es keiner besonderen Lehre vom All. Die Anthropologie schließt die gesamte Geschöpflichkeit ein.

So verstanden führt sie m.E. nicht zwangsläufig zur Anthropozentrik im dargelegten exklusiven Sinn. Denn der Kosmos nimmt teil am Bundesschluß Gottes. "Daß es eine solche gottähnliche, zur Vaterschaft und Sohnschaft bestimmte und im Verhältnis von Vaterschaft und Sohnschaft fortexistierende Kreatur geben soll: nicht im Streit gegen ihn, sondern im Frieden mit ihm, nicht in Ohnmacht, sondern in Macht, aber nicht in eigener Willkür und Kraft, sondern auf Grund seines Segens, seiner Autorisierung und Verheißung, lebendig und tätig in fruchtbarer Zeugung, daß Gott sich gerade dieser Kreatur in Güte und Treue zuwenden will, indem gerade diese Kreatur das Ziel seiner Schöpfung gewesen ist - das ist`s, was hier n o c h als Element der Schöpfungsgeschichte s c h o n als Element der Bundesgeschichte offenbar wird". [5]

Unter dem Leitthema "Die Schöpfung als äußerer Grund des Bundes" entfaltet Barth ausführlich die Bedeutung des Segens, der über Fischen und Vögeln gesprochen wurde. Er nennt sie Partner Gottes mit kreatürlichem Eigenleben und den Segensakt ein Handeln des Schöpfers mit seinem Geschöpf.

Daß gerade Fische und Vögel gesegnet werden, begründet Barth u.a. mit der dem Menschen nicht ohne weiteres zugänglichen, eher als bedrohlich empfundenen Sphäre, in der sie leben [6].

Wichtiger als die Argumentation - ausführlich und unter Bezug auf Calvin angelegt - ist die folgende Überlegung zum Verhältnis Mensch : Tier: Der Mensch ist zwar der Abschluß des Schöpfungsaktes und gilt als "edler" [7], was Barth einschränkend einleitet: "wenn es wahr ist..." ,und was er eher von dem ihm verliehenen Adel ableitet als aus seiner puren Existenz "sui generis" - aber der Vortritt der Tiere wird nicht nur "chronologisch" konstatiert, sondern auch wertend interpretiert: der Mensch bedarf der animalischen Kreatur, sie aber nicht seiner.

Theologisch gewichtet heißt das: sie "geht dem Menschen voran in selbstverständlichem Lob seines Schöpfers". [8]

Dabei wird nicht abgehoben auf entsprechende Aussagen in Psalm-und anderen-Texten (s.at.licher Teil), sondern auf den Vorgang der geschöpflichen Betätigung, d.h. der natürlichen Erfüllung ihrer Bestimmung:

Das ist ein dritter Ansatz für Tierethik.

Damit tritt zu den genannten Aspekten ein weiterer:

Das Tier als Gefährte

Dieser Aspekt kam zwar implicit in den Seinsmerkmalen zur Sprache, bedarf aber der Erwähnung expressis verbis. Was die Geschöpfe verbindet, ist u.a. dieses: Das Tier erinnert den Menschen in seinem Angewiesensein auf die Lichter des Tages und der Nacht und auf den ihm von Gott "gedeckten Tisch" an dessen eigene Bedürftigkeit.

Doch gemahnt es den Menschen auch an seine Verantwortung, die sich aus seiner Herrschaft wie aus seiner damit verbundenen Würde ergibt. Die aus dem Segen erwachsende Zeugungskraft wird ein "stummes, aber beredtes Vorbild dessen, was als Geheimnis der Vaterschaft und Sohnschaft das Thema der menschlichen Geschichte bilden wird " [9].

Das Tier ist zwar insgesamt das geringere Wesen, weil es nicht Ebenbild Gottes ist und ihm die Freiheit zum Hören und Gehorchen fehlt, damit auch die Partnerschaft im Gnadenbund und somit schließlich auch eine selbständige Geschichte, aber es ist in allem des Menschen Gefährte [10].

Karl Barth versteht das in einem so von kaum einem vor oder nach ihm ausgesprochen konzentrierten Sinn:

"Die Tiere sind auch da noch Zeugen, wo andere schweigen.sie sind Gefährten im Leben u. im Tod, in Heil und Unheil, im Wohl und Wehe, in Verheißung und Fluch. Ja, sie warten mit Angst wie der Mensch auf die Erfüllung" [11].

K. Barth greift damit die von den Propheten z.T. bedrängend geschilderte Weggenossenschaft der Mitgeschöpfe, ihre Teilhabe an des Menschen Schuld und Verirrung auf. Er geht noch über deren Sicht hinaus, indem er nicht nur die Erniedrigung, das Getötet- und Geschlachtetwerden nennt, sondern in ihr, d.h. in der extremsten Form, den Hinweis auf die heilvolle Dahingabe des Sohnes durch den Vater erkennt.

Für diese Typologie, die zunächst in ihrer Direktheit befremden mag, hat Barth sowohl einige at.liche Bilder als auch den nt.lichen Hinweis auf das "Lamm Gottes" und die entsprechenden Lieder bzw. liturgischen Texte als Kronzeugen für sich.

Daß Theologie und Kirche den Zusammenhang verdrängt oder verschwiegen haben, mindert nicht die Bedeutung dieser schöpfungstheologischen Aussagen. Mit dem Gefährtesein ergibt sich ein 4. Aspekt für die Tierethik.

Das Tiersein des Tieres

ist ein nach meiner Sicht für die Ethik bedenkenswertes Phänomen. Es hat mit der Würde des Tieres zu tun und impliziert die Abwehr anthropomorpher Tendenzen. Nicht nur für den Verhaltensforscher ist die Vermenschlichung des Tieres ein verbotener Eingriff in dessen Lebensvollzug, so wenig er de facto völlig auszuschließen bzw. zu vermeiden ist, sondern auch für den an biblischen Aussagen Orientierten. (Mit dieser Feststellung muß nichts zurückgenommen werden von dem zum Vorbild Gesagten).

Das Tier lebt seiner Bestimmung entsprechend, während der Mensch seine Bestimmung verfehlen kann und immer wieder verfehlt.

Mit Recht negiert K. Barth die populäre Redeweise " wie ein Tier", indem er dagegen hält, der Mensch könne nicht werden wie die Tiere, sondern nur unter sie fallen. "Er kann nur Mensch sein oder eben nichts sein" [12].

Daß das Tier seiner Bestimmung getreu lebt oder anders: "dem Gesetz treu bleibt", nennt Barth Verherrlichung Gottes, Lob des Schöpfers. Es verleitet ihn jedoch nicht, die Wertung des Menschen vom abusus her zu mindern; nein,der Mensch steht über dem Tier; denn Gott hat ihn dazu gemacht, daß er seinen Schöpfer verherrliche. "Wir haben als das, wozu wir von Gott geschaffen sind, keine andere Wahl" [13] - und zwar nicht als Instinktbegabte oder als Vollstrecker des in uns gelegten Gesetzes, sondern als die dem offenbarten Wort Gehorsamen - und nur als diese.

Das ist das Höchste und Einzigartige. Und da es sich ableitet aus der unwandelbaren Treue Gottes und seiner bleibenden Offenbarung, ist der Theologe davor gefeit, dem Ruf "zurück zur Natur" sein Ohr zu leihen oder eine Naturrechts-Philosophie zugunsten der Gleichwertigkeit alles Geschaffenen zu propagieren oder zeitgenössischen Tendenzen zu folgen, die von einer Theologie der Natur eine Erneuerung der Pflanze-Tier-Mensch-Relation erwarten [14].

Wiederum ist erstaunlich, daß K.Barth auch denen nicht Argumentationshilfe gibt, die den gravierenden Abstand von Mensch und Tier an der Heilsbedürftigkeit des Menschen wie auch vor allem an seiner Entscheidungsfähigkeit im Kontext der Rechtfertigung des Sünders festmachen möchten.

Gerade Christen reagieren empört auf den leicht mißverständlichen Hinweis auf die Verwandtschaft von Mensch und Tier und argwöhnen Gleichmachung. Karl Barth interpretiert eindeutig die Rechtfertigung als ausschließlich göttliches Tun und ist daher wach gegenüber der mehr oder weniger subtilen Neigung, aus der Heiligung ein opus operandi zu machen, was den Menschen wohltuend vom Tier abheben würde.

Das Tier ist - eine unbewußte - Demonstration dessen, wie der Schöpfer die Kreatur gewollt hat, ein weiterer Aspekt für Tierethik. Ein Symptom für dieses naturgesetzliche Verhalten ist die Anhänglichkeit der Tierjungen gegenüber den Eltern (einem Elternteil) - zwar keine Ehrung Gottes im Sinne des Gebots, vielmehr Äußerung eines Triebs, aber "viel ausdrucksvoller als in der Menschenwelt", wenn K. Barth auch einräumt, daß sich diese Anhänglichkeit mit den Jahren „zu verdünnen und zu verlieren pflegt".[15]

.   Lebensodem und Tod

sind die zwei eindrucksvollsten Gemeinsamkeiten von Mensch und Tier. Was selbstverständlich vorausgesetzt und daher selten reflektiert wird, ist das nahezu übereinstimmende Werden und Vergehen des Lebens. Die hebräische Bibel gibt beidem ein ungewöhnliches Gewicht - sub specie Dei. Karl Barth sieht zwar - in Übereinstimmung mit den Kommentatoren - in der Belebung einen gravierenden Unterschied [16]; aber daß beide den Geist (Atem) haben, bedeutet auch für das Tier, daß es ein "lebendes Wesen" ist. "Nach dem Alten Testament kann also auch den Tieren nicht nur die Seele, sondern auch der Geist nicht einfach abgesprochen werden" [17].

Die Belebung ist allerdings nicht als ein Akt besonderer Zuwendung beschrieben.

Dieser Geist ist an Gottes Freiheit gebunden; daher kann er jederzeit das lebens-
schaffende und -erhaltende Element zurücknehmen. Darin erkennt Barth das göttliche Gericht, unter das die lebendige Seele als Kreatur gestellt ist. Aber Geist haben
heißt vor allem "Seele sein dürfen" [18] Die in der KD folgenden vier Abgrenzungen
dürfen hier unberücksichtigt bleiben. Entscheidend dagegen ist die andere Gemeinsamkeit von Mensch und Tier: Sie müssen sterben, wenn Gott seinen Odem zurück-
nimmt. K. Barth gibt der weisheitlichen Sicht Recht: "Das Geschick der Menschenkin-
der ist gleich dem Geschick des Tieres; e i n Geschick haben sie beide. Wie dieses
stirbt, so sterben auch jene; und einen Odem haben sie alle" (Koh 3,19).

Und das anschließende Résümé :"Der Mensch hat vor dem Tier keinen Vorzug" teilt
Barth, weil er die Frage des Kohelet offenlassen muß, ob etwa der Odem der Men-
schenkinder emporsteige, während der des Tieres zur Erde hinabfahre. Das Wissen
beschränkt sich auf's Sterbenmüssen.

K. Barth widersteht der Versuchung, jedenfalls an dieser Stelle, die fast defaitistisch
anmutende "Weltanschauung" des Predigers sub specie aeternitatis zu korrigieren
bzw. vom Auferstehungsglauben her zu erweitern [19] . Die Erlösungsbedürftigkeit und
-fähigkeit des Menschen bleibt unerwähnt (vgl. das o. zur Heilserwartung Gesagte),
ebenso auch das Fazit in Kohelet, der Mensch möge sich freuen an seinen Werken,
da ihm die Zukunftsschau verwehrt ist.

Die angesprochene Gemeinsamkeit in Leben und Tod kann zur Relativierung oder,
positiv, zur heilsamen Selbsterkenntnis führen. Sie kann auch Gedanken in Richtung
Tierethik freisetzen. Ob und wieweit das geschehen ist, muß untersucht werden.

Nicht unerwähnt bleiben dürfen die gewichtigen Unterschiede. Obwohl die Belebung
beider ähnlich ist - sie sind näphäsch- gilt, daß wir nicht wissen, wie das Tier Seele
ist. Daß das Tier "Seele eines Leibes" ist, muß Vermutung bleiben.

Vom Menschen läßt sich sagen, daß die Zusammengehörigkeit von Seele und Leib
damit gegeben ist, "daß die Seele das durch den Geist erweckte Belebende, der Leib
das durch dieses Belebende Belebte und Lebende des Menschen ist". Vom Tier gilt:
"Wir wissen ja nicht um das Besondere des selbständigen Lebens des Tieres. Wir
wissen nicht, wie das zugeht, wenn das Tier ein sich selbst Belebendes ist..." [20].

Ob und wie vielleicht auch das Tier Seele und Leib ist, das ist uns verborgen [21] , weil
wir uns weder in das Tier versetzen und den Sachverhalt von innen anschauen und
begreifen, noch mit dem Tier einen solchen Verkehr pflegen können, in welchem es
uns darüber von sich aus Aufschlüsse geben würde [22] . Karl Barths auch hier zu beobachtende Zurückhaltung respektiert das Proprium und damit zugleich die Würde
des Animalischen. Dieses kann allerdings auch das "Geringere" sein (s.o.)

So spricht er in seiner Darlegung zur Erschaffung der Frau, die, anders als das Tier, ein echtes Gegenüber zum Mann, eine Partnerin.ist, von der Vollendung des Erschaffenen "an der Tierwelt vorbei". "Es war die Humanität des Menschen im Unterschied zu aller bloßen Animalität" [23].

Aber das Geringere ist nicht das Minderwertige, wie aus der Abhandlung über die Triebe deutlich wird. K. Barth attestiert dem Menschen, daß er mit seinen Trieben entweder menschlich oder "närrisch" umgeht.

Tiere bleiben tierisch. "Man sollte den Vergleich mit ihnen aus dem Spiel lassen, wenn man von den menschlichen Unordnungen auf diesem Gebiet redet" [24].

Wenn auch für Mensch und Tier gilt, daß ihnen die Beziehung Geist : Leben und also Geist-Seele-Leib eignet als conditio sine qua non, so macht die "2. Geistbestimmung", die aber die primäre und eigentliche ist, nämlich die Taufe, den gewichtigen Unterschied aus. Der Mensch allein ist "Genosse der Gnade seines Bundes" [25].

Von daher bleibt uns im Blick auf die Tiere nur die Ahnung. Ähnliches muß gesagt werden vom Leben in der Zeit.

"Weil wir selbst in der Zeit sind, so schließen oder vermuten wir, daß die Zeit auch seine Existenzform, die Existenzform alles Geschaffenen sei" [26].

Unzählige Analogien erhärten die Vermutung, auch die Bibel scheint sie nahezulegen. Doch bleibt im Blick auf die Mitgeschöpfe fraglich, ob Sein in der Zeit für sie "wesentlich und unveräußerlich ist" [27].

Die in gebotener Kürze skizzierten Gemeinsamkeiten und Unterschiede von Mensch und Tier würden ein Fazit nahelegen, das noch einmal die Gravamina auflistet . Stattdessen möchte ich K. Barth noch einmal zitieren, was die theologische Ethik betrifft, um danach die bedrängendste Problematik gesondert zu behandeln, nämlich die Tiertötung und mit ihr die Bilanz für eineTierethik im Ansatz zu ziehen.

Theologische Ethik

Sie hat mit dem menschlichen Handeln zu tun. Dabei wird nicht die Nachbarschaft zur tierischen Existenz ignoriert, wie deutlich geworden ist. Es ist aufgrund des biblischen Zeugnisses am Rande mitzubedenken. Jedoch läßt sich nach K. Barth aus pflanzlichem und tierischem Leben keine Belehrung darüber erwarten, wie ein Leben unter dem Gebot Gottes aussieht.

Dieser These ist nichts entgegenzuhalten.

Gottes Anrede sowohl als auch die Bereitschaft zu Antwort und Gehorsam hat ihren Grund in seiner Zuwendung, wie wir sahen. Aber in dieser Antwort, im verantwortlichen Lebensvollzug, haben Tiere ihren Platz. Sie können sogar zu einem Kriterium unter anderen werden für den Ernst meines Gehorsams, wenn auch nicht zum status confessionis, wie es sich einige Tierethiker wünschen. Der Ernst des Gehorsams ist mit dem Thema Tiertötung angekündigt.

Tiertötung

Karl Barth widmet diesem umstrittenen casus einen verhältnismäßig breiten Raum. Noch einmal stellt er die Verwandtschaft, die mehr ist als Nachbarschaft, voran, unterstreichend, daß der Analogieschluß kühn sei. Die Ehrfurcht vor dem Leben läßt die Frage nach einem entsprechenden Gebot entstehen, wenn auch eine "Ethik im Ganzen" (s.o.) abzulehnen ist. Wir sind aber mindestens vor das Problem der Ethik gestellt.

Aus den Stimmen von A.Schweitzer, Franz v.Assisi, F.Th.Vischer, J.V. Widman, Carl Spitteler u.a. hört K. Barth nicht nur „Bizarres", „ja, Wildes"[28] , heraus, sondern auch den Aufschrei, den Ruf zur Ordnung. Gerade auf dem Hintergrund des Segenswortes in Gen. 9,1 mit verhängnisvollen Auswirkungen (V.2.) wird die Verantwortlichkeit unüberhörbar.

Denn Herrschaft bedeutet nicht Herr über die Erde zu sein, sondern auf ihr. Sie ist verbunden mit Anerkennung der göttlichen Ehre, Barmherzigkeit und Macht.

Ist pflanzliche Nahrung auch nicht Vernichtung der Vegetation, sondern sinnvoller Gebrauch des Überflusses - in den Schranken, die des Menschen Vernunft und sein Verhältnis zu Gott und Mitmenschen setzen - so stellt sich beim Tier die Frage, ob des Menschen Freiheit das Recht einschließt, ihm das Leben zu nehmen.

Einen Baum fällen und ein Tier töten ist nicht wesensgleich; denn die Ernte setzt ständige Erneuerung voraus, während hier eine Individualität beseitigt, also der Schöpfungsfriede bedroht wird.

K. Barth sieht in den ersten Kapiteln der Genesis "eine unmißverständliche Warnung"[29].

Gen.1,29 f. spricht von pflanzlicher Nahrung, und beim Jahwisten sind Tiertötung, Kampf ums Dasein Folgen des Sündenfalls - siehe Gen. 3,15;4,4. Gen. 9,2 ff. spricht von der Ermächtigung des Menschen.

"Es ist nach diesem Befund klar, daß wir es mit einer im Verhältnis zu dem Schöpfungsfrieden von Gen.1 u.2. a n d e r e n n e u e n Ordnung zu tun haben, wenn die Tiertötung von nun an erlaubt, ja geboten (?) erscheint. Noch nicht in dem prähistorischen Bereich des Werdens der Kreatur durch Gottes Wort, sondern erst in dem historischen Bereich des sündigen Menschen, dem Gott doch gnädig ist und bleibt, erst in dem Bereich der gefährdeten und nun dennoch durch Gottes Güte erhaltenen und

geretteten Kreatur wird jene möglich und wirklich"[30].
K. Barth betont indes, daß diese veränderte Ordnung nicht dem ursprünglichen
Schöpferwillen Gottes entspricht. Daher redet das Alte Testament auch von einer
Endzeit, wo weder Kampf ums Dasein noch das Töten zwischen Mensch und Tier
sein werden. In der Zwischenzeit bedroht das Tier den Menschen und nimmt dieser ihm das Leben. Aber sie ist die Zeit des Gnadenbundes, der Treue und Geduld Gottes. Die in ihr
mögliche und gebotene Tiertötung dient jedoch nicht primär dem menschlichen Nut-
zen, sondern dem Opfer, das mit seiner Schuld ursächlich verbunden ist und ihn mit
der Versöhnung rechnen läßt. Tiertötung bedeutet doppelte Verantwortlichkeit und ist
nicht ohne Nötigung denkbar, ja auch nicht ohne Erschrecken.
Sie impliziert die Rückfrage:
"Wer bist denn du der Mensch, der du jetzt zur Erhaltung, Pflege, Bereicherung und
Verschönerung deines Lebens auch noch dieses wagen zu müssen behauptest?.....
Es geht dabei nicht ab ohne die Erinnerung an die Verkehrung, unter der das ganze
geschichtliche Dasein der Kreatur leidet... Tiertötung bedeutet ja zweifellos das Ge-
brauchmachen von dem Angebot eines fremden, eines unschuldigen Opfers, die Inanspruchnahme seines Lebens für das unsrige" [31] . K.Barths Frage löst zwangsläufig
die nächste aus, wer oder was denn den Menschen zum Töten ermächtige, vom
at.lichen Opferverständnis abgesehen. Antwort: die Erkenntnis der Treue und Güte
Gottes, "der ihn trotz und in seiner Schuld nicht fallen läßt" [32]. Barth hat wohl den
stillen Einwand herausgehört, der eine zu eilige und vor allem pauschalisierende Erlaubnis wittert, wenn er die Ermächtigung nicht nur betont gegen die Selbsterlaubnis
stellt, sondern auch unterstreicht, daß Gott gehört, was er tötet.
"Tiertötung ist im Gehorsam nur möglich als ein im tiefsten ehrerbietiger Akt der Buße, der Danksagung, des Lobpreises des begnadigten Sünders gegenüber dem, der
der Schöpfer und Herr des Menschen und des Tieres ist.
Tiertötung ist, wenn mit der Erlaubnis und unter dem Gebot Gottes vollzogen, ein
priesterlicher Akt von eschatologischem Charakter: mit gutem Gewissen nur vollzieh-
bar im Rückblick und Ausblick auf Schöpfung und Vollendung als die Grenzen des
Bereichs, in welchem die Nötigung dazu überhaupt in Frage kommt- im Gedanken an
die Versöhnung des Menschen durch den für ihn und damit für die ganze Kreatur
eintretenden Menschen, in welchem Gott selber die Versöhnung der Welt mit sich
selber vollzogen hat" [33] .
Karl Barth ist sich der Tragweite - hier muß man sagen: der begrenzten Tragweite -
einer solchen These und des Hiatus zwischen theologischem Anspruch und Realität,

auch unter denkbar positiven Voraussetzungen, bewußt.

Denn er wünscht sich die paulinischen Worte aus Römer 8,19f [34] über Jagdhütte, Schlachthof und Vivisektionsraum geschrieben, wo sie zwar keine hemmende, aber mindestens warnende und auch zu Scheu und Sorgfalt aufrufende Funktion haben sollen. Hier ist seines Erachtens auch der Ort für Tierschutz, Tierpflege und Tierfreundschaft; ja, er hält es für geboten, daß prinzipieller Protest die Mahnung begleitet.

Doch hält er den Vegetarianismus (sic!) für eine fragwürdige Antizipation des neuen Äon à la Jes.11 u. Rö.8 und kritisiert "unvermeidliche Inkonsequenzen", "Sentimentalität" und "Fanatismus" [35].

Andererseits befürchtet er, daß sich die Gegner dieser Bewegung durch eigene Gedankenlosigkeit und Herzenshärtigkeit selber ins Unrecht setzen könnten [36].

Hier ist allerdings Widerspruch, zumindest aber Rückfrage geboten, und das mehrfach.

Die Unzulänglichkeit der Barthschen Thesen zur eingeschränkten Tiertötung.

Mir scheint, daß Barth das ursprünglich nur für den Opferritus Geltende- unter Berücksichtigung aller Merkmale im hebräischen Denken und hier auch nur für eine bestimmte Epoche in der Geschichte Israels zutreffend - undifferenziert auch auf andere Akte der Tiertötung übertragen und diese damit theologisch legitimiert hat. Daran ändert auch das glaubwürdige Monitum nichts.

Es ist zwar beizubehalten und sollte jeder individuellen Tiertötung vorangehen; wie sollte es aber übertragbar u. anwendbar sein auf entsprechende, etwa die Existenz ganzer Völker sichernde Berufe? Es ist auch aus verschiedenen Gründen ungeeignet für Schlachtung, Jagd und Vivisektion, nicht zuletzt deshalb, weil gerade der eschatologische Charakter von Römer 8 einer Sanktionierung des Tuns Vorschub leisten kann.

Die "geringere" Schöpfung

Auch wenn Barth, wie dargestellt, das Geringersein der sonstigen Kreatur nicht als Minderbewertung verstanden wissen wollte und keine Hand dazu reicht, Tiere, wie bis vor wenigen Jahren üblich, als "Sache" im juristischen Sinn zu interpretieren und entsprechend zu vermarkten, so ist in obigem Kontext doch zu fragen, ob er nicht ungewollt denen Argumentationshilfe leistet, die a priori den Menschen und zwar als species sui generis, höher einstufen [37]. Dieses kann beim nächsten Kritikpunkt nicht zutreffen, weil Barth hier expressis verbis Vorhaltungen macht.

Die von Barth kritisierte "Antizipation"

Sein Vorwurf der Inkonsequenz, zwar als "unvermeidlich" eingeschränkt, den Vegeta-
rianern vorgeworfen, fällt auf ihn zurück.

Denn der eschatologische Charakter einer Aussage ,einer Hoffnung oder eines Aktes
schließt, wenn man an bestimmte Prophetenworte oder an paulinische Ethik. bzw.
apostolische Mahnung denkt [38], das zeichenhafte Tun - etwa Fleischverzicht - nicht
aus. Andernorts würde Barth ohne weiteres zustimmen, daß gerade die Parusie-
Erwartung die soziale Tat hervorgebracht hat, wie Blumhardts,Wichern, Bodelschwingh u.a. zeigen. Immerhin traut er ja einer auf das kommende Reich und seine
Erlösung zielenden Inschrift an Stätten des Todes verändernde Wirkung zu. Daher
scheint es mir bedenklich, von "Vorwegnahme" zu sprechen. Wahrscheinlich hat er
eine vegetarische Bewegung vor Augen, die ideologisch ausgerichtet ist; er nennt sie
ja -im Unterschied zum heutigen Sprachgebrauch - "Vegetarianismus". Andererseits
spricht er ihr die Fähigkeit nicht ab, die Christen herauszufordern. Welche reservatio
mentalis ist also im Spiel?

Diese Rückfragen mindern nicht K.Barths großes Verdienst, in seiner Schöpfungslehre dem Verhältnis Mensch : Tier und den Mitgeschöpfen selbst einen so großen
Raum in seiner Dogmatik gewidmet, den Christen und der Kirche Konsequenzen aus
biblischen Aussagen vor Augen gehalten zu haben, die zu einer radikalen Neubesinnung über die Bedeutung der Mitgeschöpfe führen und das Verhalten der Christen zu
ihnen verändern müssen [39].

. Konsequenzen für eine Tierethik

1. Die Inkarnation Gottes macht die Tiere zu Verwandten und eröffnet ein eigenes,
uns unbekanntes Sein mit Gott, das uns zur Ehrfurcht vor diesem Leben und zur Demut nötigt,

2. Die Beziehung von äußerem und innerem Kreis der Geschöpfe bedeutet das Ende
einer Anthropozentrik zu Lasten der übrigen Kreatur ebenso, wie sie die Verantwortung des Menschen verstärkt.

3. Teilhabe am Bundesschluß, an der Verheißung und am Segen gibt den Tieren eine
Bedeutung jenseits ihres Gefährteseins, das sie uns

4. vor allem durch gemeinsame Gefährdung und Angst näherückt. Belebung und Tod
teilen wir mit ihnen.

5. Sie sind beseelter Leib und vom Geist angerührt, wenn auch auf unzugängliche
Weise.

6. Das Verbot, ohne Ermächtigung (individuell) zu töten,unterstreicht die den Tieren

eigene Würde, die schon im respektvoll anerkannten Tiersein des Tieres zur Sprache kam. Beides verbietet eine Versachlichung mit dem Ziel uneingeschränkter Nutzung.

5.2. Emil Brunner

Emil Brunners theologische Anthropologie, besonders in "Gott und sein Rebell" [1] , seine Ablehnung einer anthropozentrischen subjektiven Erlebnisfrömmigkeit [2] , verbunden mit einem besonderen Interesse an der Ethik und die Kritik an der Emanzipation der Vernunft wie an der sittlichen Personwürde, seine Beachtung der biblischen Schöpfungslehre und der Offenbarung Gottes in der "Zwischenwirklichkeit" der Welt[3] könnten Grundlage einer Ethik sein, in der die Tiere nicht nur Platz haben, sondern Gegenstand der Reflexion werden.

Daß dem expressis verbis so nicht ist, sei vorangestellt, ebenso aber dieses, daß sich aus Brunners Theologie Kriterien ableiten lassen, die zu einer Erneuerung der Beziehung Mensch : Tier beitragen können.

In Abgrenzung zum Menschenbild, das von Darwin, Marx, Nietzsche und Freud geprägt ist, betont Brunner die Verantwortlichkeit als die Substanz des Menschseins. Sie macht auch wesentlich seine Ebenbildlichkeit aus, wenn auch nicht nur (s.u.). Sie unterscheidet ihn von aller sonstigen Kreatur. Doch weiß der Mensch ohne göttliche Offenbarung nicht von seiner Verantwortlichkeit; das zeigt die Moral als Substitut. Glaube ist das Wiedererkennen des verlorenen Ursprungs.

"Gott mußte Mensch werden, um dem Menschen das ewige Sein und Wissen, die Verantwortlichkeit wiederzugeben. Es geht wirklich um nichts anderes als um dieses: Lasset uns ihn lieben, denn er hat uns zuerst geliebt (I. Joh 4, 19)... Verantwortlichkeit ist das Sein im Wort Gottes als ein von dorther -Sein und ein dorthin-Sein" [4].

Der Mensch ist das theologisch zu verstehende Wesen; das gilt für die Gläubigen wie für die Gottlosen; das schließt seine Größe und sein Elend, seine Schuld und seine Möglichkeiten ein. Was über des Menschen biologische, psychische oder vernünftige Natur zu sagen ist, wird von diesem Ansatz aus zu sagen sein.

Sinn seiner Verantwortlichkeit ist die Liebe. Er kann nicht unabhängig werden von Gott, auch dann nicht, wenn er unverantwortlich lebt.

"Darum ist der Mensch das Wesen oberhalb und zugleich unterhalb der übrigen Kreatur, die wir kennen; oberhalb durch seine Verantwortlichkeit, unterhalb durch deren Leugnung und sein Zuwiderhandeln" [5] .

Bei allen Unterschieden zur übrigen Kreatur: er teilt mit ihnen das Geschaffen sein, das unselbständige Sein. Kreatur ist nicht einfach als Welt zu definieren, sondern als Welt aus Gott. Die Besonderheit des Menschen macht aus, daß er nicht nur durch Gott geschaffen wurde, sondern auch zu Gott. Brunner interpretiert das "ins Dasein rufen" nach Genesis 1, Rö 4,17 und 2. Kor. 4,6 im doppelten Sinn: der Mensch kann antworten. Während die Mitgeschöpfe aus Gottes Hand fertig entlassen werden, bleibt der Mensch in des Schöpfers Hand.

In diesem Zusammenhang ist von der vernunftlosen Kreatur die Rede [6].

Aber auch der Mensch ist nicht von seiner Vernunft her verständlich, sondern allein aus dem Wort Gottes. "Die Vernunft ist nur das Organ der Gottesbeziehung."

Brunner lehnt einen naturalistischen Determinismus um der menschlichen Freiheit und Verantwortlichkeit willen ab, ebenso aber den Geist als das wirksame Prinzip im Gestalten des Noch-nicht-Seienden (im Idealismus), was besagt, daß die Entwicklung vom Nullpunkt über die Spontaneität des höher organisierten Tieres bis zur menschlichen Freiheit führt.

Dem hält Brunner entgegen, daß es nur eine Bewegung von oben nach unten, also von Freiheit über Verminderung derselben zur Unfreiheit gibt, d.h., daß das Tier nur vom Menschen her verstanden werden kann, nicht umgekehrt.

Das ist eine Absage an Schelling, Schleiermacher und, in Variation, m.E. auch an den Biologismus.

Das Seelische ist aber vom Natursein nicht abgehoben; der Trieb ist die Basis für den Willen; unser Denken ist vom sinnlichen Wahrnehmen geleitet; unserem Gefühl liegen Lust- und Unlustempfindung zugrunde; das haben wir mit höheren Tieren gemeinsam.

Die Gefahr besteht daher, sich von der geistigen Bestimmung zu lösen und ins Tierisch-Naturhafte zurückzufallen [8].

Geist ist Tätigkeit, Materie Trägheit [9]. Brunner leitet aus dieser Feststellung jedoch nicht eine bewußte Abgrenzung von den Mitkreaturen ab, sondern betont, daß uns mit ihnen nicht nur das Empfinden verbindet, sondern sich eine Beziehung "sympathetisch-instinktiver Art" [10] ereignet.

Denn das bewußt Seelische ist nur die Spitze des Eisbergs; der weitaus größere Teil liegt verborgen; es ist "der vom Ich erhellte Teil der gesamten Seele" [11].

Wir lassen uns darüber hinwegtäuschen, daß wir Seele von Seele und nicht nur Erde von Erde sind, ja, Leben vom Leben.

Was Brunner anschließend über das Eingesenktsein des Menschen in die Kreaturwelt und über die nur ihm mögliche Rückgabe des geistig Verarbeiteten an die Mitkreaturen sagt, klingt wie ein Auftrag im Sinne bewußter Mitgeschöpflichkeit, vor allem in der folgenden Formulierung: "Hier in diesen unbewußten Gründen sollte der menschliche Schöpfergeist einen unerschöpflichen Vorrat der Gesichte und Ahnungen haben, sollte er heimlich lauschen dem Geheimnis des göttlichen Schöpfungswerkes, gleichsam hineinschauen in Gottes Werkstatt, um selbst ein wenig als Gottes Lehrling an Gottes Arbeitsweise sein eigenes Schaffen zu üben (Rö.1, 19). Er sollte mit den unbewußten Wurzeln seiner Seele da hinabreichen, dieses Dunkel in geistige Helle erheben und frei in Erkenntnis, Bild, Werk und Dienst gestalten" [12].

Eine solche Denk-und Redeweise kann nicht ohne Protest und den Verdacht einer der natürlichen Theologie nahestehenden oder diese gar verkörpernden Position bleiben, erst recht, wenn auch der mißverständliche Begriff des "Anknüpfungspunktes" (s.u.) gebraucht wird.

Hier scheint mir wichtiger, daß Brunner sich mit dem wiederholt gedeuteten, als verhängnisvoll wirkend bezeichneten Text Gen.1.28, dem Herrschaftsauftrag, beschäftigt und ihn in Verbindung bringt mit der Benennung der Tiere, und daß er die "innige Verbundenheit zwischen Mensch und Kreatur" gegen die Deutung als "Traum kulturübersättigter, vom Leben enttäuschter Romantiker" [13] als Schöpferbestimmung bezeichnet. Er bestätigt die düstere Sicht des Häuptlings von Seattle, wonach der Mensch geistig Schaden leidet, wenn diese Bestimmung verleugnet wird.Unter der Überschrift "Natur und Schöpfung" kommt Brunner noch einmal auf die Gottebenbildlichkeit zurück, weil die "körperliche" Seite der imago Dei als symbolischer Ausdruck des AT zu werten ist [14].

Mir scheint es nicht überzeugend, auf die völlige Andersartigkeit des Menschen bei aller Ähnlichkeit mit dem Affen - gerade unter Berufung auf Gen.1,26- zu verweisen. Denn einerseits wird Brunner der at.lichen Redeweise nicht gerecht, wenn er von der symbolischen Bedeutung des Leibes gegenüber dem abstrakten hellenistischen Denken spricht, zum Andern nicht der eigenen Interpretation der imago Dei im Sinne von Verantwortlichkeit (= Antwort geben), wenn er nun die somatische Andersartigkeit betont. Doch muß diese vermeintliche oder wirkliche Widersprüchlichkeit nicht vertieft werden. Denn Brunner lenkt unsere Aufmerksamkeit noch auf einen anderen Unterschied: Alle Kreatur ist vom Tod bedroht und gezeichnet; aber nur der Mensch kann aufgrund der Freiheit des Geistes und damit einer entsprechenden Spontaneität sein Leben zersetzen, mit sich selbst in Widerspruch geraten, seine Freiheit mißbrauchen und vor Gott schuldig werden [15] · Die Sünde ist dem Tod verschwistert in der Verkehrung der Gaben [16].

In seinen Abhandlungen über den Glauben folgt Brunner dem Aufbau des Apostolikums. Er setzt nicht - wie Barth - mit der Christologie ein, sondern mit der Schöpfung, aber mit der Betonung, daß es nicht um eine Deutung des Weltursprungs geht, sondern um den Anspruch: ich bin dein Schöpfer und um die Verkündigung ewiger Erwählung.

Die Anthropologie, auch vorher schon in nuce behandelt, rückt unter dem Titel "Das Menschengeheimnis" deutlicher in den Blick und zwar zunächst in Abgrenzung vom Tier. Dieses hat wohl Verstand, aber keine Vernunft (s.o.); es spielt, hat aber keine Kunst, lebt wohl in einer Herde, hat aber keine Gemeinschaft [17], es kennt wohl die Überlegenheit des Menschen, es weiß aber nichts vom Herrn der Welt.

Brunner stellt die Frage, ob der Mensch etwa Gott sei, weil er kein Tier ist. Antwort: er ist Geschöpf, aber anders Geschöpf als Pflanze und Tier, nämlich Ebenbild Gottes.

Dadurch, daß ihm Gott seinen Geist einhaucht, er eine lebendige Seele wird, hat er Anteil an Gottes Gedanken.

Hinzu kommt, daß die übrigen Kreaturen durch sein Wort erschaffen wurden, der Mensch zusätzlich f ü r sein Wort.

"Das ist Vernunft im eigentlichen Sinn. Erst da, wo der Mensch etwas von Gott vernimmt, ist er wirklich Mensch" [18].

Der Mensch ist nicht selbstverständlich Mensch, sondern nur, wenn er auf Gottes Wort antwortet. Andernfalls ist er Un-Mensch.

Das ist in der übrigen Schöpfung nicht möglich: Es gibt keine "Un-Füchse"; denn der Fuchs kommt fertig aus Gottes Hand (s.o.). Der Mensch dagegen kann Ja oder Nein sagen zu seiner Bestimmung.

Dem eben angedeuteten Menschengeheimnis entspricht das andere, hier nicht näher zu erörternde, daß Gott selbst Mensch wird, um uns zu erlösen.

Wenn wir nicht einmal wissen, wie es zugeht, daß etwas Lebendiges, daß ein Mensch wird, wieviel mehr bleibt es ein Geheimnis, daß Gott menschlich zu uns kommt. Wissen und freuen können wir uns, daß er darin seine Liebe offenbart.

Sachgemäß läßt sich hier Brunners Auseinandersetzung mit der "Offenbarung und dem Problem der Vernunft" anschließen. Die wahre Wirklichkeit ist - so die Antwort an Idealismus und Realismus - keine objektivierbare. Brunner behauptet, daß das ganze Vernunftleben nicht nur geistige Befreiung, sondern "zugleich Vertiefung einer dem geschichtlichen Menschen innewohnenden Verkehrtheit" ist. "Es ist nicht bloß Emanzipation von dumpfer Naturgebundenheit, sondern zugleich Emanzipation von Gott" [19].

Die Bibel weiß im Unterschied zum rationalen Realismus nur von einer Wirklichkeit Gottes, von einer Welt, die offen ist für die persönliche Wirksamkeit des Schöpfers.

So hat der Glaube auch keine Theorie über die Welt; er versteht das Wort Gottes als Antwort auf Fragen der Erkenntnis und des persönlichen Lebens.

Anders als die vom Bios, von der Psyche oder von der Kultur ausgehende Ethik hat die biblisch orientierte Ethik nicht mit der Selbstachtung zu tun, sondern setzt das Sündersein des Menschen, seinen Widerspruch gegen den göttlichen Willen, und Gottes Anrede an ihn voraus.

"Konkret ethisch handeln hieße: leben im Glauben, der zugleich Gehorsam und im Gehorsam, der zugleich Glaube ist. Der Gerechte wird seines Glaubens leben" [20].Die neue Ethik ist das Ethos der Liebe. Sie ist kein Prinzip, sondern Bewegung auf die göttliche Gnade und darum auch Aufhebung aller Ethik.

Sie ist nicht denkbar ohne Gotteserkenntnis; und diese ist wie die Offenbarung glaubwürdig, aber nicht ohne Widerspruch und Ärgernis.

Das größte Rätsel ist der Mensch selbst, schwankend zwischen Erkennen und Nichterkennen. Auch seine Gottähnlichkeit ist nicht ohne Widergöttlichkeit. Die Welt ist zwar ein Spiegel des göttlichen Geistes, aber auch Verhüllung Gottes, somit ein zerschlagener Spiegel.

Und der Mensch in ihr ist ohne Glaube unfähig, sich selbst zu sehen, wie er ist. Es bedarf der Mittlerschaft Jesu.

Dem so beschriebenen Menschen attestiert Brunner, daß er Anknüpfungspunkt der Offenbarung ist. Er apostrophiert aber seine Anlage, weil er nur das Bewußtsein von sich selbst als "Humanis" hat; ebenso verfährt er mit der vielfach kritisierten Anknüpfung.

Unmißverständlicher wäre sicher, vom Empfänger der Offenbarung zu sprechen und weniger widersprüchlich - etwa zu Aussagen in "Unser Glaube" u.a.o.-, wenn er nicht das "religiöse Bewußtsein", auch angesichts der Zwiespältigkeit im "natürlichen" Menschen, voraussetzte.

Andererseits bestreitet Brunner, daß mit dem Begriff "Individualität" etwas typisch Menschliches ausgedrückt ist. Es ist der terminus der Natur.

Zwischen der Individualität Platons etwa und dem eines Vogels ist "nur ein Grad-, nicht ein Wesensunterschied" [21].

Weil der Mensch im Widerspruch lebt und, theologisch gesehen, das geistige Erwachen ein Erkennen der Erlösungsbedürftigkeit ist, kann alle Ethik nur Interimsethik sein, zumal der Mensch ein homo viator ist.

Merkwürdigerweise findet sich in den drei genannten Schriften mehr über Gemeinsames und Differierendes von Mensch und Tier als in Brunners Abhandlung über "Schöpfung und Erlösung". Hier setzt er sich mit der Lehre von der analogia entis, mit der Gottebenbildlichkeit, vermeintlicher und wirklicher Anthropozentrik und mit dem s.E. legitimen Reden vom Menschen als der "Krone der Schöpfung" auseinander: "Er i s t es - nicht nur, weil er in der Reihenfolge, die eine Stufenfolge ist, zuletzt kommt, sondern weil er seinem Wesen nach das Ziel ist. Denn im Menschen erst kann Gott sich wahrhaft verherrlichen und mitteilen, weil hier erst seine Liebe in Gegenliebe aufgenommen werden, weil ihm hier erst in freier Antwort auf sein Wort geantwortet werden kann. Es ist töricht, zu meinen, daß die Größe des Universums ein Gegenargument gegen diese 'kindlich anthroprozentrische' Denkweise darstelle. Was hat das Quantum mit der Quale zu tun! Der Mensch, der vermöge seines Geistes das Universum denken, seine Gesetze zu erforschen und seine Maße zu errechnen vermag, ist größer als das Universum. Dieser idealistischen These ist von der Bibel her nicht zu widersprechen, sie ist nur zu modifizieren" [22].

Hier ist nicht der Ort, Brunners spezifisches Verständnis von Anthropozentrik und seine Modifizierung der nicht nur idealistisch, sondern prometheisch anmutenden Anthropologie zu analysieren - er redet deutlich (s.auch o.) von des Menschen Sünde und seiner Erlösungsbedürftigkeit, teilt i.W. den christologischen Ansatz einer Lehre von der Schöpfung -, sondern nur der Anlaß, nach dem Grund zu fragen, warum er in einer Lehre von der Schöpfung nichts über Mitgeschöpflichkeit, über Nähe und Distanz im Verhältnis von Mensch und Tier zu sagen weiß.

Die o. gen. Voraussetzungen zu einer Tierethik im Ansatz müssen eher als argumenta via negationis denn als ausdrückliche Ermutigung durch E. Brunner verstanden werden - eine Überraschung, wenn man das Nein K. Barths bedenkt, das doch wohl dem Verdacht "natürlicher Theologie" galt.

6. Dietrich Bonhoeffer

"Nicht was der Mensch an sich ist, sondern was der Mensch in diesem Geschehnis ist, gibt uns Aufschluß über das christliche Leben" [1].

Dieses Geschehnis ist nach Bonhoeffer die Rechtfertigung des Sünders allein aus Gnaden.

Der angenommene, durch die Vergebung befreite, Mensch ist frei für Gott und die Brüder und erkennt sich "als Glied einer Gemeinde und einer Schöpfung, die das Lob des dreieinigen Gottes singt" [2].

Von dieser Prämisse aus ergibt sich die Unterscheidung von Letztem und Vorletztem. Ist die Rechtfertigung das Letzte und das rechtfertigende Wort das letzte Wort, so stellt sich die Frage, wie der Mensch im Vorletzten lebt.

Bonhoeffer beschreibt zwei Lösungen, das Verhältnis von Letztem und Vorletztem anzugehen: Die radikale, die die Welt als reif für das Gericht ansieht und Christus als Feind des Vorletzten versteht, und den Kompromiß, bei dem das letzte Wort von allem Vorletzten prinzipiell getrennt wird und das Vorletzte sein Recht in sich behält. Während der Radikalismus dem Haß gegen das Bestehende entspringt, entsteht der Kompromiß aus dem Haß gegen das Letzte.

Jedoch geht das Vorletzte dem Letzten voraus: Es ist wegbereitend für das Wort. Der Einzug der Gnade ist das Letzte, das Kommen des Herrn erst die Erfüllung des Menschseins.

"Aber vom kommenden Herrn her fällt schon ein Licht auf das Menschsein und das Gutsein, wie es zur rechten Bereitschaft und Erwartung gefordert wird" [3].

Was ist von einer solchen - wenn auch nur bruchstückhaft skizzierten - theologischen Grundlegung der Ethik für das Verhältnis zur Schöpfung und möglichst auch zu den Mitgeschöpfen zu erwarten?

Bonhoeffer möchte das Natürliche, das in der evangelischen Ethik aus verschiedenen Gründen - etwa durch Betonung der totalen Sündhaftigkeit oder umgekehrt durch die Akzentuierung der Urgeschichtlichkeit - verlorengegangen ist, vom Evangelium her wiedergewinnen.

"Wir sprechen vom Natürlichen im Unterschied zum Geschöpflichen, um die Tatsache des Sündenfalles mit einzuschließen, wir sprechen vom Natürlichen im Unterschied zum Sündhaften, um das Geschöpfliche mit einzuschließen" [4].

Das Natürliche richtet sich nach dem Fall auf das Kommen Jesu Christi aus.

Bonhoeffer leitet den Begriff von nasci - natura ab und möchte ihn abgrenzen gegen das Kreatürliche, das mit creare - creatura verbunden ist, auch um die Eigenständigkeit zu wahren. Durch den Fall wird aus Kreatur Natur.

"Aus der Gottunmittelbarkeit der Kreatur wird die relative Freiheit des kreatürlichen Lebens" [5].

Was aber "natürlich" ist, entscheidet keine Instanz. Es ist bereits gesetzt und entschieden.

"Die Vernunft erkennt das Natürliche als allgemein Gesetztes" [6].

Bonhoeffer traut dem Natürlichen trotz des Sündenfalls Schutz des Lebens und Widerstand gegen das Unnatürliche zu. Natürliches Leben ist gestaltetes Leben und bewegt sich zwischen zwei Extremen: Dem Vitalismus und der Mechanisierung.

Die Dankbarkeit für das Leben, die sich in Ehrfurcht und im Dienst gegenüber dem Schöpfer bekundet, wird da zerstört, wo Rechte und Pflichten geleugnet werden.

Das suum cuique ist trotz der ihm gesetzten Grenzen regulativ und als Instrument der Vernunft Gegner eines Sozialeudämonismus, der in Überschätzung der Macht des Willens zum Voluntarismus neigt.[7].

Das Recht des natürlichen Lebens schließt willkürliche Tötung unschuldigen Lebens aus, wobei Bonhoeffer nur menschliches Leben avisiert, obwohl er als unschuldiges Leben das definiert, "das nicht einen bewußten Angriff auf andere Leben unternimmt"[8].Er nennt dabei aber die Mitkreaturen nicht.

Auch unter dem Titel "Die Struktur des verantwortlichen Lebens", in der Abhandlung unserer geschöpflichen Begrenztheit, wird er der Tiere nicht ansichtig; selbst da nicht, wo er den Mandatsbegriff abhandelt, obwohl er deutlich herausstellt, daß das Herrsein dadurch begründet ist, daß der Herr selbst einen Herrn hat. [9]

Woher rührt das Schweigen zur Mitgeschöpflichkeit?

Vermutlich aus der weniger als Engführung denn als Vorzug zu verstehenden Konzentration auf die Rechtfertigung, die zur Definition der Natur als der von Gott erhaltenen Gestalt des Lebens führt. Sie wiederum ist "auf die Rechtfertigung, Erlösung und Erneuerung durch Christus ausgerichtet" [10].

Damit kommt es zu der bereits skizzierten Differenzierung von Natur und Kreatur.

In "Schöpfung und Fall" [11] werden die Mitgeschöpfe genannt, zwangsläufig möchte man meinen. Doch geht Bonhoeffer über das zu Erwartende hinaus, wenn er in Auslegung zu Gen. 2, 18 ff. , speziell im Blick auf den Beistand für den adam, feststellt, daß die Tiere "Brüder des ersterschaffenen Menschen seien: Denn das sind sie doch, die Tiere, die mit ihm gleichen Ursprungs sind" [12].

Kaum ein Theologe hat die Mitkreaturen so bezeichnet; und das gleich mehrfach. Und kaum einer - oder keiner? - hat der trotz dieser Brüderlichkeit gleich zu Beginn der Schöpfung entstehenden (und bleibenden) Fremdheit in dieser Weise Ausdruck verliehen: "Da sitzt der kluge Adam, der alle Tiere sogleich beim Namen nennt, und läßt sie an sich vorüberziehen, die brüderliche Welt der Tiere, die mit ihm vom selben Boden genommen war. Es ist sein erster Schmerz gewesen, daß diese Brüder, die er liebte, ihm doch nicht seine eigene Erwartung erfüllten; es bleibt ihm fremde Welt; ja, es bleibt für ihn in aller Bruderschaft unterworfene Kreatur, die er benennt, über die er herrscht. Er bleibt allein. Es ist meines Wissens nirgends in der Geschichte der Religionen in solch bedeutsamem Zusammenhang vom Tier geredet worden. Dort, wo Gott die Hilfe, die er selbst ist, dem Menschen in Gestalt eines anderen Geschöpfes schaffen will, dort wird zuerst das Tier erschaffen und genannt und an seinen Ort gestellt"[13].

Die Entfremdung wird durch den Fall verstärkt und wesensmäßig eine andere, weil das Gottesverhältnis des Menschen unter das Gesetz von Fluch und Verheißung getreten ist.Der Acker, nun verflucht, bringt dem Menschen Sorge und Mühsal.

Und dem vermeintlich Gottähnlichen versagt sich die übrige Kreatur; sie wird "stumm, rätselhaft, unfruchtbar". [14] Und weil die Kreatur herrenlos ist, wird sie die sich empörende und die verzweifelte Natur.

Neben dem Fluch aber steht die Verheißung; die Welt, die von der Entzweiung gekennzeichnet ist, ist von Gott nicht verlassen.

Bonhoeffer läßt keinen Zweifel daran, daß die Erde um so mehr des Menschen Erde ist, je mehr er sie beherrscht, aber es ist die von Gottes Wort verliehene Autorität, die ihn zu dem macht, was er sein soll.

Doch, wir werden beherrscht, weil wir die Herrschaft an uns gerissen haben, und das aus "sentimentaler Scheu vor der Herrschaft" [15].

Selbst wenn man Bonhoeffer in dieser Interpretation nicht folgen kann, zumal sie auch unvermittelt erscheint ,sodann die Definition von "Freisein ....von der Kreatur in seiner Herrschaft über sie" [16] als Ebenbildlichkeit zunächst fremd erscheint, und schließlich nicht weniger die These, die Kirche sehe den Anfang nur vom Ende her, die Schöpfungsgeschichte also von Christus her [17] : die Darstellung von Nähe und Fremde gegenüber den Mitgeschöpfen muß in Erinnerung bleiben, wenn der Beitrag der Verhaltensforschung zur Sprache kommt.

Noch ein Anderes wirft ein neues Licht auf die Mitgeschöpflichkeit, das nicht unbedingt an Bonhoeffers Interpretation anknüpfen muß, aber durch seine dezidierte Formulierung provoziert wird : das Gutsein der Schöpfung.

„Wenn keiner gut ist als der alleinige Gott, so wird Gott allein die Ehre gegeben, und eben darin besteht das Gutsein - nun aber das wirkliche Gutsein - der Kreatur ,daß sie den Schöpfer als den alleinigen Herrn gut sein läßt, von seinem Wort allein ihr Gutsein empfängt und dieses Wort als das alleinige Gute weiß"[18].

M.a.W.:die Mißachtung der Mitgeschöpfe, ein willkürlicher Umgang mit ihnen, eine Verweigerung der Mitgeschöpflichkeit durch den Menschen negiert das Gutsein aller Kreaturen und stellt den Schöpfer und seine Beurteilung des Geschaffenen in Frage.

Das Schuldigwerden zeigt sich somit nicht nur in Willkür und Grausamkeit, sondern besteht in einer Variante zu dem „Sollte Gott gesagt haben...?" - weniger im Bewußten als im praktischen Vollzug.

D.Bonhoeffers Akzentuierung ist es zu danken, daß dieser Aspekt der Mitgeschöpflichkeit, die ja eher eine Auszeichnung als eine vom Menschen immer wieder hochmütig beantwortete Relativierung darstellt, so zur Sprache kommt.

Hilfreich für eine Deutung von Mitgeschöpflichkeit im Sinne von Verantwortlichkeit ist schließlich das Verständnis von Ebenbildlichkeit im Sinne von analogia relationis anstelle der analogia entis[19].

Anmerkungen zu IV. Mensch und Mitgeschöpf
in der Theologiegeschichte seit der Reformation

zu IV.1.1. Johannes Calvin

1 Nach der letzten Ausgabe übersetzt u. bearbeitet von O.Weber, Neukirchen 1955.

2 Dazu fand ich bei Paul Jacobs, Theologie reformierter Bekenntnisschriften, Neukirchen 1959, die Erklärung ,es entspreche dem Willen dieser Schriften, "sich in den Aussagen zum 1. Artikel auf die frühchristlichen Bekenntnisse zu berufen und diese für sich in Anspruch zu nehmen, um sich hierin vor Kaiser und Reich als rechtgläubig zu bekennen" (S.83).

3 A.a.O.S.80.

4 Calvin scheut sich nicht, bei der Verwechslung von Schöpfer und Geschöpf als von einem "Schweinestall" zu sprechen und Lucretius einen "schmutzigen Hund" zu nennen (I/5,5).

5 In verschiedenen Abschnitten findet sie ihren Niederschlag, allerdings in mehr pauschaler Erwähnung der Wohltaten.

6 Siehe I/3,3 im Hinweis auf Plutarch, wonach der Mensch ohne alle Religion schlechter dran ist als die "unvernünftigen" Tiere.

7 I/15,3 deutlicher von seiner Ebenbildlichkeit (imago, hervorragende Stellung). Lt. Niesel (a.a.O. S. 65f.) bezeichnete Ebenbildlichkeit die Haltung gegenüber Gott. Calvin leitet aus der Wiederherstellung des Ebenbildes ab, worin es bestanden hat. In diesen Zusammenhang gehört Calvins Aussage über die Unsterblichkeit. Im Leben der (wiedererweckten) Seele über den Tod hinaus erkennt der Reformator den gravierenden Unterschied zwischen dem Menschen und den übrigen Geschöpfen: "Wenn Gott den Menschen nicht das Leben erhalten würde, das er ihnen gegeben hat, dann wäre der Tod eines Menschen und eines Pferdes oder Hundes völlig gleich; es wäre da kein Unterschied; denn wir sind keineswegs edler oder würdiger (!), sondern alles verdanken wir dem, daß es Gott gefallen hat, uns diesen besonderen Vorzug zu geben" (Corpus reformatorum, Calvini opera 53,61).

8 Vgl. auch I/15,2 u. 3 – I/15,6 – II/1,1 – II/2,12 u.a.

9 I/2,26.

10 III/2,32 (S.367).

11 III/9,1 (S. 462).

12 Siehe entspr. Texte im at.lichen Teil; hier seien i.A. genannt: Num. 22.26 ff   1.Sam.6,7 ff –

Psalm 148,7 ff – Prov. 6,6 ff u. 30,24 – Jer. 8,7.

13 Aus: "Der Psalter auf der Kanzel Calvins – Bisher unbekannte Psalmenpredigten, Neukirchen

1959, S. 113.

14 A.a.O. S. 114 .

15 Ebd.

16 Inst. I/16,3.

17 Zitiert bei K. Barth, KD III/2, S.219.

18 Inst. III/25,2.

19 Ebd.

20 Christian Link (Schöpfung, Handbuch System. Theologie 7 / 1, Gütersloh 1991, S. 143) hält Rö.

8,19 ff. auch bei Calvin für einen "hermeneutischen Schlüssel", kann dabei aber auch nicht überse-

hen, daß der Reformator zwar von des Menschen "Mitgenossen" redet, zugleich jedoch von

"verunstalteten Trümmern", und ihnen – ausgerechnet in diesem Zusammenhang – Empfindungslo-

sigkeit bescheinigt

21 Zitiert bei K. Barth, KD III/1, S.195 .

22 Siehe B.Klappert „Die Rezeption der Theologie Calvins in Karl Barths Kirchlicher Dogamatik, in:

H.Scholl (Hg.), Karl Barth u.Johannes Calvin,Neukirchen.

1995 , S.46ff, bes.S.56ff .

23 S.das zu Barth als „Calvinist" bzw. „Schüler" Gesagte in: „Die Rezeption..",a.a.O.S. 73..

24 KD III/1, S. 195 .

zu IV.1.2. Martin Luther

1 Bekenntnisschriften der Ev.luth.Kirche,, 3 Göttingen 1956, S.510.

2 Z.B. WA 56 (s.u.).

3 Z.B. WA 7,650,27-28.

4 Siehe dazu auch das zu M.L.Henry im Exkurs Dichter Gesagte.

5 WA 38,292 .

6 Ebd.

7 Martin Luthers sämtliche Schriften hrg.von J.G.Walch, Bd 22, 1321:

(Sonntag Cantate 1544) = WA 49, 14

8   22. So.n.Trinitatis, 1532, WA 36, S.567.

9   2. So.n.Epiphanias, 19.1.1533, WA 36, S.660.

10 Tischreden Bd 2, (Walch 22, 1325, Nr.9).

11 WA 56, 371,2-6 (Übers.).

12 WA 41,308, 15.

13 E.Schlink, Theologie der Luth.Bekenntnisschriften, 3 München 1948, S.67.

14 A.a.O.S.68; er konnte nicht wissen,wie umfangreich die Bibliothek zu diesem Thema werden würde.

15 Für mich ist nicht ersichtlich ,warum sie gegen eine ,wenn auch eingegrenzte, Lehre von der Schöpfung spricht. C.Link , a.a.O.S.22, stellt ebenfalls eine geringe Betonung der Schöpfung fest, aber zugleich den Kontrast zu der Bedeutung, die Luther selbst ihr beigemessen hat;er hielt die Schöpfung für den höchsten Artikel des Glaubens.

16 Bekenntnisschriften der Ev.luth.Kirche, S.648 f.

17 Ideo ipsum laudamus,benedicimus et ei gratias agimus et in ipsius creaturis cognoscimus potentiam verbi ipsius Dixi et facta sunt, Tischreden I, 1160.

18 Großer Katechismus,a.a.O.S. 648: „dazu alle Creatur zu Nutz und Notdurft dienen" .

19 Entnommen: Michael Meisner, Martin Luther, Lübeck 1981, S.221.

Diese „Biographie" aus der Feder des (kath.) früheren Bürgermeisters von Würzburg, inzwischen verstorben, war einer der faszinierendsten Beiträge zum Lutherjahr .

20 „Schöpfung", HST 7/1, S. 33 .

21 „ Ein Kirschkern kann uns Mores lehren" ,a.a.O.S.147f.

22 WA 45, 15.16-21.

23 A.a.O.S.148ff.

24 A:a.O.S. 152

25 A.a.O.S.158 - von mir durch Übergehen vorheriger Gedankengänge zwangsläufig verkürzt wiedergegeben .Nicht erst Nietzsche hat Beides auseinandergerissen, wie der kirchengeschichtliche Abriß- Pietismus und Aufklärung-zeigt.

26 A.a.O.S..

27 A.a.O.S.162.

28 Vgl z.B. das zu A.Schlatter über die postlapsarische Situation Gesagte.

29 Theologie des AT, I., a.a.O.S.188.

30 Ebd.

31 v.Rad, ebd.

32 Fohrer erwähnt in seinem Kommentar zu Hiob, a.a.O.S.5210f., den Sprachgebrauch nicht einmal, sondern exegesiert im Kontext.

33 Peters a.a.O.S.163.

34 314,11.

35 In „Die letzten Dinge", a.a.O.S.338 f.

36 Althaus, a.a.O.S.338.

zu 2   Pietismus und Aufklärung

2.1. Johann Arnd(t)

1 Im folgenden nur Arnd geschrieben .

2 Deshalb auch hier und da noch der Orthodoxie zugeordnet.

3 Er wird aber merkwürdigerweise in Albert Knapps Evang. Liederschatz (4. Aufl. 1891) nicht erwähnt; auch hat keines seiner Lieder Aufnahme ins Gesangbuch gefunden.

4 Bei Gerhard Ruhbach: in: "Christl. Mystik", Texte aus 2 Jahrtausenden (hg. mit J. Sudbrack), München 1989, S. 324, bleibt offen, ob Arnd selbst Mystiker war "oder nur gebildeter Kompilator einer
reichen christl. Überlieferung". Er nimmt aber Texte von ihm auf.

5 So F.Latt in RGG, Tübingen 1986, Bd.I ,Sp.629.

6 Später um 2 Kap. erweitert; 1.Buch 1606.

7 „Johann Arnds sechs Bücher vom Wahren Christenthum nebst dessen Paradiesgärtlein", Stuttgart
1930 .

8 Zitiert nach Ruhbach / Sudbrack, Christl.Mystik, a.a.O.S.328 .

9 „Sechs Bücher vom Wahren Christenthum...", a.a.O., Buch 2, S.365 f.

10 3. Buch, a..a.O. zw.S. 511 u. 512.

11 Die Aufzählung erinnert an das Lied "Schönster Herr Jesu", vielleicht hat es hier seinen Ursprung.

12 A.a.O. S. 583 .

13 A.a.O. S. 597 .

14 A..a.O. S. 608 .

15 A.a.O. S. 609.

zu 2.2. Jakob Böhme

1 Kirchengeschichte 9 , 1990, S. 428.

2 So H. Bornkamm in RGG 3, 1986, Sp. 1341.

3 In: Naturdenken", Bd. 2, a.a.O. S. .64 .

4 A.a.O. S. 65.

5 Gemeint sind: äußere Natur wie Sterne, vier Elemente u. geistliche Welt .

6 A.a.O. S. 69.

7 In: "Natur denken", . S. 69, vgl. G. Ruhbachs Urteil in : "Christliche Mystik",a.a.O. 339,

8 A.a.O. S. 71 .

9 A a.O. S. 73.

10 Ebd.

11 Auch der Sprachgebrauch zeigt das an: Böhme wechselt den Artikel: er nennt zunächst die Kreatur und spricht dann von "seiner Selbsterhebung".

12 In: "Der Protestantismus des 17. Jahrhunderts" (Klassiker des Protestantismus), a.a.O S. 200 f.

zu 2.3. Anmerkungen zum reformierten Pietismus u.zu 2.4. Ph.J.Spener

1 In RGG I, Bd. 5, Sp. 377.

2 Im Nachwort zum Physiogolus, a.a.O. S. 89.

3 Lt. Albert Knapp, Evangelischer Liederschatz, Stuttgart 1891, existieren 111.

4 Reinhard Deichgräber, "Gott ist genug", 2 Göttingen 1997, betitelt es "Gott in seinen Geschöpfen lieben" zitiert die 1. Strophe anders

5 Nach Joachim Neander, Bundeslieder und Dankpsalmen von 1680, hg. von O.G. Blarr (Schriftenreihe des Vereins f. Rhein. Kirchengeschichte, Bd. 79), Köln 1984, S. 10.

6 M. Schmidt. a.a. O. S. 43 : "Antithese zum nihilistischen Schock".

7 Knapp hat 19 der insgesamt 71 aufgenommen.

8 So Otto Brodde in EKL II, a.a.O.Sp.1539.

9 A.a.O.S.16.

10 Matthias Jorissen, geb. 1739 in Wesel, und Johann Heinrich Jung, gen. Stilling, 1740 in Grund geboren, werden hier nicht behandelt.

Begründung: M. Jorissen, der das Alte Testament nicht ausführlich behandelt, vertritt keine Schöpfungstheologie, sondern ist so stark christologisch ausgerichtet, daß man ihm „Christolatrie" vorwarf (nach F.A.Henn, M.Jorissen, 2.Aufl.Neukirchen 1964, S.99).

Bei Jung Stilling, dem ihm geistverwandten Jorissen auch freundschaftlich verbunden, finden sich keine weiterführenden Gedanken zur Beschäftigung mit der außermenschlichen Kreatur, so etwa in der von Freund Goethe veranlaßten Lebensgeschichte (Neuauflage München 1968). Anders als die württembergischen Pietisten interpretiert Jung das eschatologisch-apokalyptische Motiv nicht im Sinne einer Ethik sub specie aeternitatis, etwa unter Berücksichtigung von Rö 8,19ff, obgleich ihm ein „Sinn für praktisch-christliche Arbeit"und ein Bestreben attestiert wird, „das Volk christlich zu beeinflussen", so M.Geiger in RGG, Bd. 3,a.a.O.Sp.1071.

11 Speners Katechismus-Erklärung, Neubearbeitung 1984, Lahr-Dinglingen / Bielefeld 1984, S.81.

12 Ebd.

13 In seiner Predigt zu Sprüche 12,10 in: "Was sollen wir tun?",Heidelberg, 1986, S.43.

14 Katechismus-Erklärung. a.a.O. S. 176.

15 A.a.O. S. 177..

16 A.a.O. S. 180.

17 A.a.O. S. 181 f.

18 Jan Olaf Rüttgardt, "Heiliges Leben in der Welt", Bielefeld 1978, S. 189.

19 A.a.O. S. 180.

20 In:"Pietismus und Bibel", (Arbeiten zur Geschichte des Pietismus, Bd. 9), Witten 1970, S. 21.

zu 2.5. Christian Scriver

1 A.a.O. S.18 und 20.

2 „M.Christian Scrivers Seelenschatz in drei Bänden", Berlin 1852 und 1853

3 Bd. I, a.a.O.S.6.

4 A.a.O.S.20.

5 Bd.III, S.805. Bd. II, S.310-12.

7 A.a.O.S.311.

8 Ebd

9 So dient ihm das Feldhuhn als Monitum, nicht erst in Ausweglosigkeit uns gen Himmel zu erheben, a.a.O. Bd. II, S. 1055.

zu 2.6. Caspar Neumann

1 "Caspar Neumann und die Entstehung der Frühaufklärung" in "Arbeiten zur Geschichte des Pietismus", Bd. 4, Witten 1969, S. 55

2 Gerade die Physiko-Theologen macht G. Schnurr "Und lieben lernt ich unter Blumen - Zur Naturentfremdung neuzeitlicher Philosophie und Theologie" in "Frieden in der Schöpfung", Gütersloh 1987, S. 185 f) für die Entfremdung zwischen Mensch und Mitgeschöpf verantwortlich. „Die Welt wird hier verstanden als eine ganze, vollkommene, in ingenieuser Kunstfertigkeit konstruierte und somit automatisch, fehlerlos - reibungslos funktionierende Maschine. Die Kreaturen in ihr sind dementsprechend selbstverständlich ebenso fehlerlos - reibungslos laufende Apparaturen. Der Mensch, in seiner leiblichen Struktur ein ebensolcher Apparat, entdeckt und analysiert als Geist staunend die Vollkommenheit dieser mechanischen Automatik und darf andächtig in Ehrfurcht versinken vor dem allweisen Künstler-Konstrukteur dieser Weltmaschine und ihrer Apparaturen, die ja letztentscheidend sinnreich zum Gebrauch und Nutzen des Geistwesens Mensch - darin offenbart sich insbesondere die Güte dieses Ingenieur-Künstlers - konstruiert sind".

M.E. ist der Eindruck nicht von der Hand zu weisen, daß Schnurr den Betriff Physiko-Theologie unter dem verheerenden Eindruck der Gegenwart überinterpretiert hat.

3 Bei Zimmermann, a.a.O. S.54 f.

4 A.a.O. S.56.

5 Ebd.

6   Zitiert bei H.Zimmermann, a.a.O. S.79

zu 2.7.   Friedrich Christian Lesser

1   Ausnahmen bilden die Sammlung „Protestantische Klassiker", hier: Das Zeitalter der Aufklärung, hg. von W.Philipp, Wuppertal 1988 und die Kirchengeschichte von K.D. Schmidt, a.a.O. S. 444.

2   Einer ihrer letzten Vertreter (oder der letzte?) war Karl Heim.

3   Von testaceus = tönern.

4   Zitiert in: "Protestantische Klassiker", Bd. Das Zeitalter der Aufklärung, a.a.O. S. 81.

5   A.a.O. S. 82.

6   A.a.O. S. 85.

7   A.a.O. S. 86.

8   Hier nur in knappen Auszügen.

9. Vgl. das Lied "Schönster Herr Jesu" (Münster, 1677 bzw. Strophe 2: Hoffmann von Fallersleben, 1842).

10 A.a.O. S. 90 f.

11 .A.a.O. S. 92.

12 Ebd.

13 Kirchengeschichte, S.445.

zu 2.8.   Hermann Samuel Reimarus

1   "Allgemeine Betrachtungen über die Triebe der Tiere", Hamburg, 4. Aufl. 1758.

2   K.D. Schmitz´ Urteil (in: Grundriß der Kirchengeschichte, 9. Aufl. 1990, S. 446), daß er Offenbarung völlig bestreite und das Christentum auf Betrug zurückführe, wird ähnlich radikal von H. Hohlwein (in RGG 3. Aufl. 1986, Bd. 5, Sp. 937 f) geteilt, wenn er ihm auch persönliche Frömmigkeit und Zugehörigkeit zur Kirche bescheinigt.

3   Zitiert. nach "Das Zeitalter der Aufklärung", hg von W. Philipp in "Klassiker des Protestantismus", Wuppertal 1988, S. 254 f.

4   Hg. G. Gawlick, Faksimile-Nachdruck, Göttingen 1980, Bd. I und II.

5   Bd. II, S. 229 .

6   A.a.O. S. 245 .

7   S. 311 .

8   S. 313.

9   S. 336 .

10 S. 345 .

11 S. 430 .

12 Bd. II, S. 549 f.

13 A.a.O. S. 732.

zu 2.9. Friedrich Christoph Oetinger

1 Trotzdem findet er weder bei G.M. Teutsch noch bei H. Steffahn oder J. Bernhart Erwähnung. Lediglich Jung berichtet von seinem Einfluß auf C.A.Dann (a.a.O. S. 21) Wolfgang Schoberth legt in seiner Habilitationsschrift „Geschöpflichkeit in der Dialektik der Aufklärung. Zur Logik der Schöpfungstheologie bei F.C.Oetinger und J.G.Hamann" (Neukirchen 1994) den Akzent auf die sogenannte „Emblematische Theologie" beim Erstgenannten, bei Hamann auf die Ästhetische Schöpfungslehre. Daher ist es nicht so gravierend,daß ich erst nach der Beschäftigung mit beiden Theologen auf diese Arbeit stieß.

2 K.D. Schmidt, Kirchengeschichte, a.a.O., S. 426.

3 F.C. Oetinger, Sämtliche Schriften, 2. Abt., 2. Bd. (Svedenborg), Stuttgart 1977, S. 129 .

4 A.a.O. S. 128 .

5 Ebd.

6 A.a.O. S. 317 f .

7 Abdr. n. K.C.E. Ehmann, "Oetingers Leben und Briefe", 1859 (S. 563 f.).

8 In: "Die Theologie aus der Idee des Lebens", Stuttgart, 1852, S. 142.

9 A a.a.O. S. 157, wiedergegeben in "Oetingers Leben und Briefen".

10 In: "Das Zeitalter des Pietismus" (Hrs. M. Schmidt und W. Jannasch) - Klassiker des Protestantismus, Neuaufl. Wuppertal 1988, S. 218.

11 „Theologie aus der Idee des Lebens", S. 186. siehe auch S. 355:

Oetinger gesteht den Tieren nicht nur Empfindungen zu, sondern auch die Erahnung von Krieg und Seestürmen; aber der Mensch allein hat einen Sinn für die ewige Kraft und Gottheit.

12 A.a.O. S. 397 f.

13 A a.a.O. S. 233.

14 Theologie aus der Idee..., S. 180.

15 "Die Psalmen Davids nach den 7 Bitten des Gebets des Herrn", Heilbronn 1756.

16 A.a.O. S. 640.

zu 2.10. Johann Georg Hamann

1 In: "Soziologie und Ethik der Lebewesen", a.a.O. S. 167.

2 Zitat von Narr, ebd.

3 In: "Die philosophische Arbeit seit Descartes", a.a.O. S. 96.

4 So Martin Seils in RGG, 3. Aufl. Tübingen, Bd. 3, Sp. 42 f.

5 "Christliche Bekenntnisse und Zeugnisse von J.G. Hamann, Münster 1826, S. 93.

6 A.a.O. S. 129.

7 A.a.O. S. 61,

8 A.a.O. S. 161, auch andernorts.

9 Also auch nicht des ethischen Verhandelns, d.h. der Verantwortung für die Schöpfung.

10 A.a.O. S. 177.

11 So klingt es in der Charakterisierung unserer Lage an: "Die Unmöglichkeit, uns selbst zu kennen" (a.a.O. S. 178).

12 Johann Georg Hamann - eine Auswahl aus seinen Schriften", Hg M. Seils, 2. Aufl. Wuppertal 1987, S. 264.

13 A.a.O. S. 103.

14 So ist wohl der "Magus" zu interpretieren, dazu Hamann selbst: "Meine gegenwärtigen Gedanken werden dort zu stehen kommen, wo das Kindlein war.... Zu dessen Huldigung die Magier aus Morgenland.... nach Bethlehem eilen... So mag es mir erlaubt sein, im Andenken der Weisen aus dem Morgenland einige Weihrauchkörner sokratischer Einfälle anzuzünden", zit. nach J.G. Hamann "Wahrheit, die im Verborgenen liegt" (Hg. J. Herzog) Berlin 1927, S. 82.

15 In: "Auswahl aus seinen Schriften", (Hg. M. Seils), a.a.O. S. 332, dazu "Gegenwirkung" kann m.E. nur heißen: Antwort geben, d.h. das Mandat im Sinne von Gen. 1, 26 wahrnehmen. Die Deutung von Rö. 8,29 und Act. 17,27 ist sehr eigenwillig.

16 A.a.O. S. 420 f.

17 "Johann Georg Hamanns Leben und Schriften" (Hg. Ch.Gildemeister, zit. nach . F:Blanke "Johann Georg Hamann als Theologe", Tübingen 1928, S. 19).

18 In "J.G. Hamann, Auswahl aus seinen Briefen und Schriften", (Hg. F. Arnold), Gotha, 1888 S. 41.

zu 2.11. Johann Caspar Lavater

1 Nach K. Kupisch, RGG 3. Aufl. , Bd. 4, gehört er "mit seiner innigen, biblisch-spiritualistischen Frömmigkeit zum Bild der Aufklärung" (Sp. 243). Für A. Ritschl "Geschichte des Pietismus in der reformierten Kirche", Bonn, 1880, Bd. 1, S.494 ff, ist er ein Vertreter des mitteldeutschen Pietismus.

2 Zitiert nach Ritschl, a.a.O. S. 503: Briefwechsel.

3 A.a.O. S. 522.

4 Wiedergegeben in: "Johann C. Lavaters ausgewählte Werke", hg von E. Staehlin, 1. Bd., Zürich 1943, S. 97 ff.

5 A.a.O. S. 161.

6 So nicht expressis verbis ausgeführt.

7 Ausgewählte Werke, a.a.O. S. 204 f.

8 Ausgewählte Werke, Bd. 2, a.a.O. S. 145.

9 A.a.O. S. 165.

10 A.a.O. s. 187.

11 Ebd.

12 Ausgewählte Werke, Bd. 3 (über Jesus Messias), S. 135 ff.

13 A.a.O. S. 142.

zu 2.12. Johann Michael Sailer

1 Abgesehen von einem Hinweis bei Teutsch, "Soziologie und Ethik der Lebewesen", a.a.O. S. 167. Dort findet sich die irrtümliche Feststellung, daß erst in der Zeit des frühen 19. Jahrhunderts "die Fülle der Schöpfung auch von der pietistischen Frömmigkeit entdeckt" wird. Die bisher skizzierten Verfechter eines veränderten Verhältnisses zu den Tieren unter den typischen Vertretern des Pietismus werden dabei übersehen, es sei denn, Teutsch verstehe unter "Fülle der Schöpfung" bereits eine explizite Tierethik. Dieser Erwartung aber entsprechen weder Dann noch Sailer.

2 In die Darstellung evangelischer und katholischer Mystiker aus zwei Jahrtausenden, herausgegeben von Ruhbach und Sudbrack, München 1985, wurde er nicht aufgenommen.

3 Erschienen bei Ignatz Josef Lentner, München, 1817 .

4 A.a.O. S. 249 ; alle anderen hier wiedergegebenen Darlegungen s.S. 247 - 249.

5. Hervorhebung von Sailer!

zu 2.13 Benedikt Franz Xaver von Baader

1 „Natur denken - Eine Genealogie der ökologischen Idee" (Hg. P.C. Mayer-Tasch)   Frankfurt 1991, Bd. 2, S. 124.

2 A.a.O. S. 125.

3 Ebd.; vgl. das Württembergisch-Pietistische Sprichwort: "Wenn der Bauer sich bekehrt, merkt es auch das Vieh im Stall" (mündl. überliefert).

4 A.a.O. S. 127.

5 So F. Lieb in RGG 3 Bd. 1, Sp. 804 f.

6 A.a.O. S. 129.

7 S. 128 .

8 S. 129.

9 In: „Die philosophische Arbeit seit Descartes", a.a.O.S. 171.

10 A..a..O.S.171.

11 So Gotthard Fuchs in: „ Mensch und Natur", Frankfurt 1989, S.2O5, allerdings nicht mit Blick auf v.Baader, sondern als grundsätzlichen Beitrag zur Mitgeschöpflichkeit.

12 Gesammelte Schriften zur Societätsphilosophie (Hrsg.von Franz Hoffmann) Bd.I, Neudruck der Ausgabe Leipzig 1854 - Aalen 1963 Bd. 5, S.31O ff .

zu 2.14. Johann Heinrich Eichholz

1 Verlag Schwan und Götz in Mannheim .

2 So G.M. Teutsch in: "Die Würde der Kreatur", Bern 1995, S.7, und M.H. Jung in einer Vorlesung an der Ges.hochschule/Uni Wuppertal, a.a.O. (s. Dann u. Knapp) und neuerdings in: Zeitschrift des Bergischen Geschichtsvereins, 97. Jahrgg., 1997 (Neustadt/Aisch), S. 109 ff.

3 Ebenso in den zugänglichen Lexika.

4 A.a.O.S.60.

5 S. 66.

6 S. 68.

7 A.a.O.S.75.

8 A.a.O.S.104.

9 A.a.O.S.113.

10 A.a.O.S. 102 .

zu 2.15. Johann Tobias Beck

1 Ethik 3, Berlin 1970, S. 187.

2 "Die protestantische Theologie im 19. Jahrh.", 6 1994, S.562 f.

3 In RGG I, Sp. .

4 Barth, a.a.O. S. 567

5 A.a.O.

6 Bd. 3, S. 66 .

7 So in: "Briefe und Kernworte", Gütersloh 1885, S. 227.

8 Ebd.

9 A.a.O. S. 226.

10 "Christliche Reden", 6. Sammlung, a.a.O., S. 408 f.

11 3. Sammlung S. 567.

12 6. Sammlung, S. 410 .

13 Briefe .... S. 106 f.

14 A.a.O. S. 175.

15 A.a.O. S. 157

16 "Christliche Reden" 6, S. 39 .

17 Ebd.

Zu 2.16. Hans Lassen Martensen

1 So H. Hohlbein in RGG 4, Sp. 777.

2 Im Literaturverzeichnis des Lexikons zur Tierschutzethik und in "Da Tiere eine Seele haben" und in den EZW-Texten, VII, 1986.

3 In: "Da Tiere eine Seele haben", S. 215.

4 A.a.O. S. 216.

5 A.a.O. S. 217.

zu 3.1. Christian Adam Dann

1 E.H. Pöltz in RGG, Bd 2, a.a.O.Sp.32.

2 Predigt zu Spr. 12,10 in: "Was sollen wir tun?", a.a.O.S.44f.

3 In versch. Beiträgen.

4 In: Lexikon der Tierschutz-Ethik u. in Soziologie u. Ethik der Lebewesen a.a.O.

5 In: "Menschlichkeit beginnt beim Tier".

6 Vor allem in einem maschinenschriftlichen Beitrag „Die Anfänge der deutschen Tierschutzbewegung im 19.Jahrh.", 1996 a.a.O.

7 Erschienen Tübingen 1822, im Besitz der Württembergischen Landesbibliothek Stuttgart, Signatur Theol.vet.946 .

8 Wer hat vor Dann die Vergehen gegen Tiere, wenn überhaupt benannt, so qualifiziert?

9 Zitiert nach Martin H.Jung, a.a.O.S.5 f.

10 Vgl. die Allegorik im Physiologus u.a.o.

11 Wiederholt war von faktischer Entschuldigung unter Berufung auf das kommende Reich Gottes die Rede (s. zu entspr. Theologien).

12 Wir würden heute sagen: Ethik ist unteilbar.

13 In: Bitte...., S. 31.

14 "Bitte..." a.a.O.S.23 .

15 M.H.Jung, a.a.O.S.10 .

16 3.Aufl.Tübinger Univ.-Bibliothek 1871 .

17 Ebd., S.7.

18 A.a.O.S. 49.

19 Ebd.S.69.

20 M.H.Jung verweist auf Karl Pfaff, Die neuere Geschichte der Stadt Stuttgart vom Jahre 1651-1845, Stuttgart 1846 .

21 dessen Einfluß Jung, a.a.O.S.19, besonders betont.

22 und dem er bei einer Gastvorlesung im Mai 1996 in Wuppertal besondere Aufmerksamkeit widmete.

23 A.a.O. S.22.

24 Ebd.

25 Auch wenn man E. Troeltschs Beurteilung des Pietismus insgesamt nicht folgt (In: Die Soziallehren der Christl. Kirchen u. Gruppen, Tübingen 1912, S. 830 f) wonach dieser nicht daran dachte, die Gesellschaftsordnung zu christianisieren und die Grundlagen des Gegebenen nicht antastete.

Zu 3.2. Albert Knapp

1 So zitiert die RGG; Bd. 3, Sp. 1679 (K.Dienst).

2 Nachzulesen bei M.Jung, a.a.O.S.24.

3 Das EKL erwähnt ihn gar nicht.

4 4. Aufl. Stuttgart 1891 mit 4154 Liedern.

5 A.a.O.S.25.

6 A.a.O.S.31.

7 Ebd.

8 In: Deutsches Pfarrerblatt 18, 1978.

9 A a..O.S.549.

10 1837 erscheint ein Flugblatt, in dem er zur Gründung eines Tierschutzvereins aufruft; 1843 veröffentlicht er "Das ängstliche Harren der Kreatur" (Rö.8, 18 ff).

11 Zitiert nach G.Gilch, „Gotteslob u.Tierliebe" (s. zu 8)

12 In: „Das ängstliche Harren"   .

13 Ebd.

14 In: "Das ängstliche Harren der Kreatur", a.a.O.

15 Ebd.

16 Immerhin 220!

17 Mit einem erheblichen Anteil an Missionsliedern, darunter mehr als fragwürdige "Missionslieder für Israel".

18 Die meisten Tauf- sowie Taufbund - Erneuerungslieder in seiner Liedersammlung stammen aus der Feder Knapps.

19 Vgl. Knapps Kritik an Danns Predigten (o.) .

20 Auch in seiner Darstellung des Lebens und Wirkens Ludwig Hofackers mit einer Auswahl von Liedern, 4 Heidelberg 1872, kommen die Mitgeschöpfe nicht vor.

zu 3.3. Adolf Schlatter

1 Adolf Schlatter, "Das christliche Dogma", 3. Aufl., Stuttgart 1977, S. 48 f.

2 Zitiert bei Werner Neuer, "Adolf Schlatter - ein Leben für Theologie und Kirche", Stuttgart 1996, S. 21.

3 "Rückblick auf meine Lebensarbeit", 2. Aufl. Stuttgart 1977, S. 134 f.

4 "Das christliche Dogma", S. 13.

5 Bei Neuer, S. 711.

6 "Der Brief an die Römer", 8. Aufl., Stuttgart 1928, S. 162; vgl. dazu die erwähnte Kritik von Karl Barth. Neuer verweist auf seinen Aufsatz "Naturtheologie als Basis einer oekologischen Ethik", 1991.

7 A.a.O. S. 163.

8 "Das christliche Dogma", a.a.O. S. 46.

9 A.a.O. S. 247.

10 A.a.O. S. 455.

11 A.a.O. S. 44.

12 So in der Genesis-Vorlesung nach Neuer, a.a.O. S. 169.

13 Siehe z.St.

14 S. seinen Aufsatz "Naturtheologie als Basis einer oekologischen Ethik, a.a.O.

15 S a.a.O. S. 244 unter Berufung auf J. Moltmann.

16 Texte wie Rö. 1,9; Jes. 6,3; Ps. 104,24; 33,5, 119, 64; Mt. 5,45.

17 "Die philosophische Arbeit seit Descartes", 4. Aufl. Stuttgart 1959.

18 Aus:"Rückblick auf meine Lebensarbeit", Stuttgart, 2. Aufl. 1977, S. 224.

19 In:"Die philosophische Arbeit seit Descartes", a.a.O. S. 129.

20 A.a.O S. 245.

21 A.a.O S. 246.

22 A.a.O.S. 252.

23 "Die philosophische Arbeit....", S. 44.

24 "Die christliche Ethik", 5. Aufl. Stuttgart 1986, S. 83.

25 Ebd.

26 Ebd.

27 Ebd.

28 A.a.O S. 85.

29 Neuer, a.a.O. S. 153.

30 A.a.O.S. 254 f.

31 A.a.O.S. 252 f.

32 Um nicht von Unsterblichkeit zu reden.

33 Link zitiert sie nebeneinander (.a.a.O., Bd. 1, S. 281), weil Barth sich auf Schlatter darin beruht, daß wir keinen schöpferischen Akt sehen und begreifen können, da wir selbst nicht Schöpfer sind. Andererseits ist Schlatters bissige Bemerkung nicht zu überhören, der von der Reformation geprägte Theologe bzw. Dogmatiker (allgemein) spreche vom Menschen und der Natur so, "als ob er sie nie sähe, sondern einzig durch die Sprüche der Schrift von ihnen hörte" (Dogmatik S. 556).

zu 4. Albert Schweitzer

1 Erich Gräßer, Albert Schweitzer als Theologe, a.a.O.S.192.

2 A.a.O.S.194.

3 In: „Die Ehrfurcht vor dem Leben",Grundtexte aus 5 Jahrz.,München 1991, S.98.

4 A.a.O.S.159.

5 A.a.O.S.13ff.

6 Ehrfurcht . S.2O.

7 A.a.O.S.21.

8 Ebd.

9 A.a.O.S.22.

10 A.a.O.S. 3O.

11 A.a.O.S. 32.

12 A.a.O.S.33.

13 A.a.O.S.34.

14 Siehe Stefan Zweig: Bloßes Mitleid ist Ungeduld des Herzens.

15 A.a.O.S.36.

16 Ebd.

17 Ebd.

18 A.a.O.S.38.

19 A.a.O.S.39.

20 Man hört hier den energischen Widerspruch all derer, die die Rechtfertigung allein aus Glauben gefährdet sehen.

21 A.a.O.S.39.

22 A.a.O.S .55.

23 A.a.O.S. 8O.

24 A.a.O.S.85 .

25 A.a.O.S.87.

26 A.a.O.S.90.

27 In: „Die Ehrfurcht..." , a.a.O.S.92-98.

28 A.a.O.S.96.

29 A.a.O.S. 99ff.

30 A.a.O.S.129ff.

31 In: „Aus meinem Leben und Denken" (1931), HH 1952, S,189ff.

32 Ebd., S.157.

33 In: „Was sollen wir tun?", a.a.O.S.39ff.

34 A.a.O.S. 42.

35 Vgl.die Anmerkung, a.a.O..S.44, auch zu A.Knapp.

36 A.a.O.S.47.

37 A.a.O.S.48.

38 A.a.O.S.53.

39 Ebd.

40 A.a.O.S.55; vgl. dazu Rudolf Bösinger in: „Bruder Esel-Tiere,die uns anvertraut", Lahn-Verlag, Limburg 1980,der die Rettung einer Spinne aus der Badewanne in Verbindung bringt mit dem „hohen Gerichtshof", von dem er Rettung und Gnade erwartet.

41 A.a.O.S.56.

42 So Grabs in RGG 3, Tübingen 1986, Bd. 5, Sp. 1607.

43 Ebd.

44 In EKL, Göttingen 1959, Bd. 3, Sp. 9883.

45 Ich möchte dem- auch unter Berufung auf sein Reden vom kommenden Reich und vom Wunder des Geistes - vorläufig widersprechen.

46 In: „Albert Schweitzer als Theologe", a.a.O.S. 266f.

47 In: „Menschlichkeit beginnt beim Tier", a.a.O.S. 136.

zu 5.1. Karl Barth

1 In KD II,1 (Zürich 1958), S. 360.

2 KD III, 2, S. 165.

3 Ebd.

4 Ebd.

5 KD III, 1, S. 190.

6 Ebd.

7 A.a.O. S. 198.

8 KD III 1, S. 198.

9 A.a.O. S. 198.

10 A.a.O. S. 199 .

11 Siehe Römer 8,19 ff.

12 KD III,2,S. 219.

13 A.a.O. S. 218.

14 Im Briefwechsel mit Carl Zuckmayer (in "Späte Freundschaft.." , Zürich 1977, S. 54). Karl Barth hält es für möglich, "daß die Natur objektiv einen von uns Menschen übersehenen oder mißverstandenen Gottesbeweis führt", was aber nicht für die Naturwissenschaft gilt.

15 KD III,4,S. 281.

16 KD III,1,S. 268: Der Mensch wird Seele "in dieser höchst direkten, höchst persönlichen, höchst besonderen Aktion".

17 KD III,2,S. 434 .

18 A.a.O. S. 435.

19 A.a.O. S.434 (f).

20 KD III,473 .

21 Die Infragestellung des DASS macht mich ratlos, nachdem K. Barth meinte, dem Tier Seele und Geist nicht absprechen zu können. Sollte er an ds.St. - unter der Überschrift "Seele u. Leib in ihrer Besonderheit" - die Seele als ein im Tier liegendes agens ablehnen, während Seele und Geist die ihm von Gott verliehenen sind? III,2,S. 431 sieht er den Unterschied in der besonderen Zuwendung und Absicht, in der Gott dem Menschen durch Geist das Leben gibt.

22 Darin würde K. Lorenz ihm zustimmen.

23 KD III, 1, S. 371.

24 KD III,4,S. 392.

25 KD III,2,S. 432 .

26 KD III,2,628.

27 Ebd. Vielleicht muß man positiv vermerken, daß das Tiersein wesentlich davon geprägt ist, daß es kein Zeitbewußtsein hat.

28 KD III,4,S. 398.

29 A.a.O. S. 401.

30 A.a.O. S. 402.

31 KD III,4,S. 403.

32 Ebd.

33 Ebd.(S.403 f).

34 die er mit Recht gegen A. Schlatter auch auf die außermenschliche Schöpfung bezieht (KD III,4,S. 404).

35 Ebd.

36 Ebd.

37 Oder sollte Jesu Sprachgebrauch von den Kleinen bzw. Geringen übernommen worden sein? (Hinweis von Prof.Fangmeier).

38 Siehe Zimmerli, "Die Botschaft der Propheten heute" (St. gart 1961), S. 28, auch 2. Kor. 4,6 u Petrus 3,15 oder ein Kalenderzitat (ohne Verfasser-Angabe): "Je mehr einer für den Himmel begeistert ist, umso mehr muß er Hand anlegen, um hier auf der Erde Gerechtigkeit zu vermitteln"

39 Herrn Prof. Dr.J. Fangmeier verdanke ich die Erklärung für Karl Barths ungewöhnlich breite wie tiefe Beschäftigung mit dem Phänomen Mitgeschöpflichkeit, die ja auch weitgehend unberücksichtigt geblieben ist: Der Baseler Professor wollte einen sterbenskranken Theologiestudenten besuchen und mußte erleben, daß dieser sich beim Eintreten des Besuchers zur Wand drehte. Von Barth befragt, warum er von ihm nichts wissen wolle, erklärte er sinngemäß: mit einer Theologie und Kirche, die das Elend der Tiere ignoriere, möchte er nichts zu tun haben. Daß Barth ein persönliches Erlebnis wie dieses und die zunächst subjektive Wertung eines Defizits in Glauben und Gemeinde in seiner Schöpfungslehre in dieser Weise berücksichtigt, zeigt menschliche Größe sowohl als auch eine Offenheit der Forschung, die Schule machen müßte.

Zu 5.2 Emil Brunner

1 rowohlts deutsche enzyklopädie, Hamburg 1958.
Der folgenden Darstellung sind außer dieser theologischen Anthropologie zugrundegelegt: "Unser Glaube", Zürich 17, 1992, "Die christliche Lehre von Schöpfung und Erlösung", 3. Aufl. Zürich 1972 (Dogmatik II) und "Religionsphilosophie evangelischer Theologie", München / Berlin 1927 (Sonderausgabe aus dem Handbuch der Philosophie) .

2 Wie etwa bei Schleiermacher (s. dort). .

3 "Der Mittler", Zürich 1928.

4 "Gott und sein Rebell, S. 16.

5 A.a.O. S.20.

6 "Gott und sein Rebell", S. 26.

7 A.a.O. S.23.

8 S. 92.

9 Ebd.

10 Ebd. .

11 S. 93.

12 Ebd.

13 S. 94.

14 S. 101.

15 Vgl. D. Bonhoeffer .

273

16. A.a.O. 125 f.

17 Daß Brunner hier irrt, zeigen die Ergebnisse der Verhaltensforschung zur Sozialisation verschiedener Tierarten.

18 In: Unser Glaube, a.a.O. S. 39 .

19 In: Religionsphilosophie, S. 39.

20 Ebd. S. 46 .

21 A.a.O. S. 69

22 A.a.O., S. 79.

zu 6 Dietrich Bonhoeffer

1 „Ethik", 3 München 1956, S.75.

2 Ebd.

3 A a.O.S.93.

4 A.a.O.S.93 .

5 A.a.O.S. 94.

6 Bonhoeffer setzt sich mit dem katholischen Verständnis der Vernunft auseinander, a.a.O. S.95

7 Ob damit Bonhoeffer etwa Bentham gerecht wird ?

8 A.a.O.S. 105 .

9 A.a.O.S.224.

10 A.a.O.S. 94.

11 München 1989 (Dietrich Bonhoeffer Werke, Hg. Eberhard Bethge u.a., Bd. 3.

12 .A.O.S. 90.

13 Ebd.

14 A.a.O.S.125.

15 A.a.O.63 .

16 A.a.O.S. 63.

17 A.a.O.S. 22.

18 A.a.O.S. 55.

19 A.a. O.S.60f.

V. Schöpfungstheologische Aussagen der Gegenwart

V.1. Gründe gegen und für eine spezielle Tierethik

V.1.1. Vorbemerkung

Schöpfungstheologische Aussagen stellen noch keine Tierethik dar, können aber die Basis dafür bieten.

Da eine Tierethik überhaupt in Frage steht, sollen zunächst Gründe für und gegen sie vorangestellt werden, damit ersichtlich wird, warum die folgenden Namen und Beiträge erscheinen.

Dabei scheint mir nicht ausschlaggebend, wie viele der genannten Kriterien jeweils in den knapp dargestellten schöpfungstheologischen Aussagen vorkommen, sondern daß einzelne Merkmale herausgestellt werden.

V.1.2. Denkbare bzw. vorgebrachte Gründe, warum Tiere kein Gegenstand der Ethik sind

1.2.1 Tiere, soweit sie zu den sogenannten höher entwickelten gehören, haben zwar Verstand, sind aber nicht vernunftbegabt.

1.2.2 Gegenstand der Sozialethik ist der socius bzw. die socia; Tiere sind aber kein personhaftes Gegenüber oder gar Persönlichkeit.

1.2.3. Instinktfähigkeit zur Grundlage bzw. zur Voraussetzung zu machen, würde bedeuten, eine zwar wichtige, aber nicht gleichwertige, das Gegenüber auszeichnenden Anlage der Vernunft beizuordnen. Menschen mit einem geistigen Mangel oder einer Behinderung stellen eine Person dar und sind den nicht erkennbar mit einer Behinderung Lebenden wesensgleich (s. zu P.Singer und der Bioethik - Diskussion).

1.2.4 Das Tier ist aufgrund mangelnder Vernunft weder entscheidungs- noch handlungsfähig im Sinne einer vorausschauenden Planung und Aktion.

1.2.5 Es ist weder frei noch spontan.

1.2.6 Es kann aufgrund der genannten fehlenden Voraussetzungen keine Verantwortung übernehmen(s. unter 1.2.8.). Dieses trifft zwar auch für die unter 1.2.3 bezeichneten Einschränkungen zu; doch während jene nur in Ausnahmefällen - unabhängig von der Quantität - gegeben sind, gilt das ab-esse für die Tiere generell.

1.2.7 Unsere trotz der Verhaltensforschung nur partielle Kenntnis vom Tier, unsere dadurch bedingte Unsicherheit und Fremdheit ihm gegenüber sind ein grundlegendes Merkmal der Beziehung zwischen Mensch und Tier und daher hinderlich für eine ausgeprägte Ethik.

1.2.8 Theologisch gesehen bedeutet der Mangel an Verantwortungsbewußtsein und - wille einen gravierenden Unterschied im Blick auf das Verhältnis zu Gott.

Dem Tier fehlt mithin die Ebenbildlichkeit und damit die Herausforderung zur Antwort auf das schöpferische und erhaltende Handeln Gottes.

1.2.9 Seine Schuldlosigkeit, zunächst eine positive Prämisse, bedeutet das Fehlen einer, theologisch betrachtet, wesentlichen Notwendigkeit, mit dem Schöpfer in Verbindung zu treten und dessen Zuwendung zum Geschöpf anzunehmen.

1.2.10 Dem Mangel an Heilsbedürftigkeit entspricht der Mangel an Glaube. Das Tier lebt, um zu leben und / oder nützlich zu sein.

1.2.11 Naturgegebenheiten und -gesetzmäßigkeiten, anders: das tierische Leben in Übereinstimmung mit der Natur, stellen eine so wesentlich andere Lebenswelt dar und bedingen ein so anderes Verhalten, daß eine Tierethik bedeuten würde, die gravierenden Unterschiede zu ignorieren und daher dem Tiersein des Tieres Gewalt anzutun.

1.2.12. In letzter Konsequenz könnte das Absehen von den entscheidenden Differenzen zwischen Mensch und Tier zum Biologismus führen oder umgekehrt: Die Sicht des Menschen als des höchstentwickelten Tieres würde eine Anthropologie und Sozialethik letztlich ad absurdum führen und das einzigartige Personsein des Menschen fragwürdig machen.

V.1.3. Gründe, warum Tiere Gegenstand der Ethik sind.

Zunächst werden Kriterien genannt, die sich jenseits der theologischen Aspekte - auch aus der geschichtlichen Entwicklung und den Erkenntnissen der Verhaltensforschung - ergeben.

1. Die Nähe des Tieres zum Menschen, die , erhellend oder nicht, mittlerweile auch quantitativ formuliert wurde - etwa 98 % Übereinstimmung zwischen hochentwickelten

Säugetieren und dem Menschen - bedeutet als Erkenntnis:

Daß a) Tiere in beeindruckender Weise ihren Gefühlen Ausdruck geben können: In Freude, Trauer, Angst, Enttäuschung, in Teilnahme, Sympathie und Liebe;

daß b) Tiere Leid und Schmerz in einem in der Regel über das menschliche Empfinden hinausgehenden Maß erleben, weil sie es nicht reflektieren, einordnen, mitteilen und damit ggf. relativieren können;

daß c) Tiere anders und stärker als bisher angenommen und untersucht, fähig sind, Ursache und Wirkung eines Geschehens oder Erlebens in einem bestimmten Maß einzuschätzen; und

daß d) instinktives Verhalten in vielen Tierarten mehr bedeutet als ein gentechnisch oder mechanistisch festgelegtes Zusammenspiel verschiedener Funktionen und Reaktionen.

Daß gewissermaßen "idealtypisch" höher entwickelte Tiere vorausgesetzt sind, bedeutet keine Einschränkung der genannten Merkmale.

2. Das Tiersein des Tieres , d.h. seine Andersartigkeit, nötigt zum respektvollen Umgang mit ihm.

Dieses Argument, vor allem als Warnung der Wissenschaft, auch der Tierpsychologie, vor Anthropomorphismen gedacht, widerspricht nicht dem unter 1 Gesagten, sondern ist das nötige Komplement.

3. Die verstärkte Beschäftigung mit dem Tier, die sorgfältige Beobachtung sowohl als auch die Versuche, mit bestimmten Tierarten über einen langen Zeitraum zusammenzuleben, unterstreichen die Würde des Mitgeschöpfs, d.h. die Achtung vor seinem Sosein mit Fähigkeiten, Besonderheiten und Eigenschaften.

Das Faszinosum, die Schönheit - nicht nur im ästhetischen Sinn - , das Erregende und Unbegreifliche nötigen zum Schutz und zur Erhaltung, gerade wegen des physiologischen und psychosomatischen Andersseins.

4. Die Würde eines Lebewesens ist jedoch nicht abhängig von seinen anerkannten Merkmalen, sondern von seiner Existenz.

Es ist mithin um seiner selbst willen zu bewahren.

Ehrfurcht vor dem Leben im Sinne Schweitzers : "Ich lebe inmitten von Leben, das leben will" muß nicht theologisch begründet werden.

5. Die Kultur- und Zivilisationsgeschichte zeigt, in welchem Maß der Mensch seine Lebenswelt dem Tier verdankt. Der Dank an die Tiere kann nicht auf Nutz- und Haustiere beschränkt sein;- s. Christian Morgenstern: "Ganze Weltalter voll Liebe werden notwendig sein, um den Tieren ihre Dienste und Verdienste an uns Menschen zu vergelten" - , will man nicht das eben Festgestellte (4) widerrufen.

6. Nicht weniger gewichtig als der Nutzen der Mitgeschöpfe ist ihre Freundschaft, mindestens jedoch ihre Existenz als Beitrag für Freude und Sinnerfüllung menschlichen Lebens.

Dieser anthroprozentrische Aspekt allein ist fragwürdig, im Verbund mit anderen jedoch legitim und sinnvoll.

7. Die Schutzbedürftigkeit des Tieres, im gegenwärtigen Ausmaß der mißverstandenen Herrschaftsausübung des Menschen, zuzuschreiben, ihre Unfähigkeit, sich selbst Freiraum und Rechte zu verschaffen, erfordert das Mandat des Menschen.

Der an sich angemessene Begriff der Barmherzigkeit - s. die Kritik von Schopenhauer (dort) - schränkt den Anspruch auf diese stellvertretende Wahrnehmung durch den Menschen nur vermeintlich ein.

8. Die Würde des Menschen ist mit diesem Auftrag - anders als von Kant u.a. gemeint - verknüpft; d.h. der Mensch stellt sich selbst in Frage, wenn er diesen Aspekt seines Selbstverständnisses und seiner Freiheit (biblisch: seiner Ebenbildlichkeit) verleugnet.

Aus diesem Kriterium entspringt eine sachgemäße Anthroprozentrik. Mit ihm ergibt sich der Brückenschlag zu den theologischen Gründen für eine Tierethik.

9. Die Ebenbildlichkeit bedeutet im Zusammenhang mit dem Herrschaftsauftrag nach Gen. 1,26 ff: Wahrnehmung der vom Schöpfer und Erhalter des Lebens übertragenen Verantwortung.

10. Die der hebräischen Bibel entnommenen Kriterien für die Nähe des Menschen zum Tier seien hier noch einmal genannt:

a) Mensch und Mitgeschöpf kommen aus der Hand Gottes - ein Glaubensbekenntnis, das durch die Erkenntnisse der Evolutionstheorie nicht in Frage gestellt werden kann.

b) Beide stehen unter dem Segen Gottes, wenn auch nur Vögel, Fische und andre Seetiere ausdrücklich genannt werden.

c) Die Namengebung betont zeichenhaft das vertraute Miteinander und dokumentiert nicht nur die Macht über die Geschöpfe.

d) Tiere nehmen an den gesetzlich verankerten Schutzbestimmungen, wie dargestellt, teil: Recht auf Leben, Bewahrung vor Überforderung, Teilhabe an der Ruhe des Sabbats.

e) Die Opfervorschriften dokumentieren - s.o. - weniger einen uneingeschränkten Zugriff auf das tierische Leben als vielmehr eine Würdigung des Tieres als Mittler und Gabe zwischen Mensch und Gott.

f) Das Tier nimmt nicht nur an den Schutzbestimmungen teil, sondern auch an des Menschen Schuld und Bestrafung - ein Ausdruck besonderer Schicksalsverflechtung (s. bes. die prophetische Verkündigung).

11. Tiere dienen dem Menschen in biblischen Aussagen immer wieder als Lehrmeister und Vorbilder - etwa im Erkennen des göttlichen Willens, in ihrer Sorglosigkeit und in ihrem selbstverständlichen Lob des Schöpfers.

12. Der eschatologische Ausblick - von den Propheten bis zu Paulus - bezieht die Tiere in den verlorengegangenen und am Ende der Tage von Gott wiederhergestellten paradiesischen Frieden mit ein.

In den aufgelisteten Kriterien für eine Tierethik mag der eine oder andere Aspekt fehlen; einzelne wie Vernunftfähigkeit und Sprache, das Gleichheits- und Ungleichheitsprinzip, Tierrecht, Brüderlichkeit und Solidarität kommen unter anderen Begrifflichkeiten und Merkmalen vor.

V.2. Darstellung schöpfungstheologischer Aussagen der Gegenwart

Vorbemerkung

Nur solche Entwürfe einer Schöpfungstheologie kommen hier zur Sprache, die tierethisch relevant sind. Dabei erweist sich als schwierig, mehrere mit anderen gemeinsame Kriterien in den Ansätzen zugleich vorzustellen, sind doch sowohl die Intention als auch der jeweilige kontextuelle Zusammenhang unterschiedlich. Bei nur wenigen Ansätzen zu einer Schöpfungstheologie ist von vornherein die Absicht , Mitgeschöpflichkeit zu thematisieren. Trotzdem ist m.E. keiner entbehrlich, weil jeder mindestens ein bedenkenswertes Element zu einer Tierethik enthält. Den Anfang, auch zeitgeschichtlich, machen Max Huber, Marie Louise Henry und Fritz Blanke. Letztgenannter hat den Begriff der "Mitgeschöpflichkeit" als erster verwendet; darum wird er, obwohl chronologisch hinter Huber und Henry, zunächst skizziert.

2.1. Fritz Blanke

Der in der Schweiz geborene Theologe, Dozent für Kirchengeschichte in Königsberg, dann Professor für Kirchen- und Dogmengeschichte in Zürich, greift auf den Sprachgebrauch des Pietismus zurück ,bei dem vorwiegend von "Mitgeschöpfen" die Rede war.

Für F. Blanke verbindet sich damit ein tierschützerischer Gedanke, wonach Menschlichkeit sich nicht auf den Umgang mit seinesgleichen beschränken kann.

In dem 1959 erschienenen Beitrag "Unsere Verantwortlichkeit gegenüber derSchöpfung"[1] heißt es programmatisch: "Alles ,was da lebt , ist vom Schöpfergeist durchwaltet. Wir sind, ob Mensch oder nicht Mensch, Glieder einer großen- F a m i - l i e[2]. Diese Mitgeschöpflichkeit (als Gegenstück zur Mitmenschlichkeit) verpflichtet. Sie auferlegt uns Verantwortung für die anderen <Familienmitglieder>.

Wir sollen uns teilnehmend um sie kümmern, uns ihnen in brüderlicher Gesinnung zuwenden"[3]

Blanke bestreitet nicht, daß christliche Ethik mit der "Ich-Du-und der Ich- Welt-Beziehung" zu tun hat, und daß der Mensch zum Herrn der Natur berufen wurde; aber er benennt den Mißbrauch und die Herrenmoral, die sich daraus entwickelt haben und die von der Fragestellung ausgingen:

Was ist mir die Natur schuldig?

"Die Idee der Herrschaft des Menschen über die Erde muß ergänzt werden ,nämlich durch den Gedanken ,daß der Mensch zum Verwalter, Helfer, Fürsorger der Natur berufen sei" [4]

Die Umerziehung, die sich für den Autor aus dem Wandel im Denken ergibt, geht vor allem die christliche Gemeinde und in ihr auch die Jugend an.

H.Steffahn [5] stellt Blanke neben Albert Schweitzer,kennzeichnet aber auch den Unterschied zwischen beiden: "Blanke.dachte bei der >Mitgeschöpflichkeit< anders als Schweitzer 1915 bei der >Ehrfurcht vor dem Leben< schon nicht mehr vor- ökologisch, sondern sah uns in unserer absoluten Herrschaft über die Natur bereits ernstlich selbst gefährdet. Sein Bemühen fiel demnach schon in die Zeitumstände der >erzwungenen Ethik<".

Zugleich macht er darauf aufmerksam ,daß der ethische Brückenschlag heute über sehr viel größere Distanz erfolgt und trotz der möglicherweise erhalten gebliebenen Überzeugung, daß der Schöpfer seine Welt nicht völlig preisgebe, die Herausforderung an unser Handeln deutlicher sei. Blankes längere Zeit unbeachtet gebliebene Betonung der Mitgeschöpflichkeit [6] impliziert nahezu alle angesprochenen Merkmale einer daraus abzuleitenden Ethik: Den gemeinsamen Ursprung im Schöpferwillen, die Wesensverwandtschaft, die Abhängigkeit, um nicht zu sagen: Beziehung auf den Creator, die Hilfe in Wechselwirkung, das Ineinander von Gleichheit und Verschiedenheit (Utilitarismus), die je eigene Würde, die Verantwortung der geistig Überlegenen für die auf Interessen -(Rechte-) Wahrnehmung Angewiesenen, auch als Antwort auf die vielfältigen Dienste des geistig weniger Entwickelten, das Recht auf lebenswertes Leben. Selbst das Lebensziel ist angedeutet: der gemeinsame Ursprung löst zwangsläufig auch die Frage nach dem Wohin aus ,wenn auch nur durch den Menschen, aber im Blick auf das Tier stellvertretend zu beantworten.

Blankes im Umfang knapper Beitrag ist im doppelten Sinn zum Anstoß geworden.

2.2. Max Huber

Was den ebenfalls aus der Schweiz stammenden Völkerrechtler (geb. 1874, gest. 1960), Präsident des ständigen Internationalen Gerichtshofes und des Internationalen

Roten Kreuzes, veranlaßt hat, sich mit Hilfe der Bibel dem Tier und unserem Verhältnis zu ihm zuzuwenden [1], erklärt er im Vorwort: "Ein Tierfreund sucht in der Heiligen Schrift nach Antwort für das Ganze des Lebens" [2].

Nun sind weder die Erwartungen jenes Mannes noch die Darlegungen des Autors ein gewollter Beitrag zur Tierethik, die Betrachtungen des Autors in dieser Konzentration gleichwohl eine Hilfe zur Formulierung tierethischer Leitsätze.

Ausgehend von Joh. 1,3 und dem Gedanken, daß Belebtes und Unbelebtes eine Beziehung zu Gott hat, ist der Mensch gewiesen, Zusammenhang und Verantwortung zugleich zu erkennen.

Die Wortlosigkeit der Tiere stellt einen Abgrund dar, aber ein persönliches Verhältnis zu ihnen ist aufgrund des Seelischen und der Fähigkeit , ihm Ausdruck zu geben, möglich.

Huber stellt - 1950 - fest, daß die Theologie sich mit diesem Teil der Schöpfung, K. Barth ausgenommen, wenig beschäftigt hat. Gründe, die er vermutet, sind: Angst vor Verwischung des Unterschieds , vor Pantheismus und mangelnde Liebe zur stummen Kreatur - und das, obgleich in der Geschichte des christlichen Lebens die Tiere von der "Heiligung des Menschen berührt" [3] sind.

Das vermeintlich spärliche Reden der Bibel wird durch den Befund widerlegt, auch im N.T., wie die Vergleiche mit Tieren zeigen, erst recht aber durch Texte des Alten Testamentes wie Ps. 104, 42; 103 und Hiob 38 f.

Doch die Vergleiche sagen wenig über das Verhältnis Gottes und damit des Menschen zur Tierwelt. Die Konzentration auf den Menschen ist nicht mehr aufrecht zu erhalten, wenn man den Zusammenhang des Handelns Gottes berücksichtigt.

Unmittelbar Gegenstand des göttlichen Wirkens ist das Tier nur in der Schöpfung; In der Folge ist sein Schicksal mit dem des Menschen eng verbunden. Das Schlüsselwort ist wohl Rö. 8,18 ff.

Alttestamentlicher Segen ist nach Huber "eine dauernde, auf Bewahrung und Fruchtbarkeit gerichtete Betreuung, ein ausstrahlendes Verhältnis des Schöpfers zu den Geschöpfen" [4] Damit ist auch die Herrschaft des Menschen über die Mitkreaturen charakterisiert als eine nicht souveräne und unbeschränkte, sondern als eine "verliehene und darum verantwortliche" [5].

Zur Begründung der Herrschaft des Menschen nach der großen Flut, d.h. für die "furchtbare Ordnung", findet der Autor in den Kommentaren keine Erklärung. Sollte der Grund im konstatierenden und nicht spekulativen Reden der Genesis liegen? [6] Aber gewichtiger ist das Problem, daß aus dem Schrecken und der Flucht der Tiere vor dem Menschen die Flucht des Menschen vor dem Menschen mit Verdrängung ganzer Völker, Dezimierung primitiver Völker, Bombenangriffen und der derzeitige Zustand des Schreckens geworden ist. [7] "In dieses düstere Bild fällt ein, wenn auch mattes, Licht hinein, dem Regenbogen vergleichbar" [8] : Der Bund als Zeichen der Treue Gottes.

M. Huber kennzeichnet das Wesen der Gesetzestexte, geht auf die wenigen Aussagen des Neuen Testamentes ein, ausführlich auf Markus 1,13, stellt Passahmahl und Tieropfer im Alten Testament einander gegenüber und spricht von Texten zum kommenden Frieden.

Rö. 8,19 wird - s.o. - ausführlich gedeutet.

Das christologische Verständnis der Schöpfung wird zwar, so Huber, von der Naturerkenntnis in Frage gestellt, denn der gegenseitige Kampf ums Dasein ist dem biblischen Schöpfungszeugnis voraus, aber der Bibel geht es nicht um einen Abriß, sondern um Einsicht in Wesen und Sinn der Schöpfung. Dem dient auch die Tiersymbolik im Alten und Neuen Testament.

In einem letzten Kapitel ist von des Menschen Beziehung zu seinem Nächsten und zu seinen Mitgeschöpfen unter einem anderen Aspekt die Rede. Die Liebe zu Gott ist Widerschein der göttlichen Zuwendung. Das Liebesgebot gilt nur dem, der als Mensch im gleichen Verhältnis zu Gott steht; es meint keine vage kosmische Liebe [9], auch nicht die Flucht zum Tier aus Enttäuschung über den Menschen.

Aber der Abglanz göttlicher Liebe umfaßt auch die Mitkreaturen. Die Antwort des Menschen besteht in Dank, Lobpreis, Anbetung.

Die Ehrfurcht als weitere Reaktion entspringt der Betrachtung der Schöpferwerke, Damit sind Ausrottung aus Habgier oder Modebedarf und Quälerei eine Beleidigung des Schöpfers. Forschung kann nur in Verantwortung gegenüber dem Schöpfer geschehen, so daß das Tier nicht als bloßes Objekt, sondern als individuelles Wesen gesehen wird. Liebebetontes Interesse geht über das biologische und medizinische hinaus und bringt die Tierpsychologie ins Blickfeld.

Offenheit für die Erkenntnis darf nicht durch das Gefühl der Überlegenheit unmöglich werden.

Für M. Huber ist unbegreiflich, daß nicht nur führende Denker, sondern auch die kirchliche Lehre das Tier als seelenlosen Mechanismus betrachtet haben. "Selbst wenn das Tier keine Seele hätte, wäre es nicht weniger Teil der Schöpfung, für die der Mensch, dem es in die Hand gegeben, dem Schöpfer verantwortlich ist".[10] .

Da dem Tier das menschliche Ausdrucksvermögen fehlt, obwohl es durch Lautgebung sein Empfinden wiedergeben kann, hat Gott ihm das Auge gegeben.

Es kann nicht übersehen werden, daß die noachitische Ordnung uns vor ein unlösbares Rätsel gestellt hat [11] , und daß der Stärkere auf Kosten des Schwächeren lebt, daß der Mensch zum Leid durch Züchtung und Schlachtung beiträgt.

Gegenseitiges Vernichten in der Natur ist nur in größerem Zusammenhang sinnvoll, ein Lebensprozeß; für den Menschen aber sind unnötige Tötung, Mißhandlung "eine Verletzung der dem Menschen geschuldeten Ehrfurcht und Liebe".[12]

"Selbst da, wo Tötung als notwendig gerechtfertigt erscheint, läßt sie eine Spannung in uns zurück" [13] . "Wenn wir unser Verhältnis zu Gott im Licht persönlicher Erfahrung mit den Tieren, die uns nahestehen, vergleichen, so können wir oft genug dieses nur mit einem Gefühl der Beschämung tun" [14] .

Hubers biblische Betrachtung darf man in einem Kontext mit F.Blanke, Wilhelm u. Lukas Vischer (s.dort) ,der neueren Veröffentlichung des Züricher A.Bondolfi [15] , um die Beiträge aus der Schweiz zunächst zu nennen, sowie M.L.Henry sehen. Gemeinsam stellen sie einen wesentlichen Beitrag zur Tierethik dar.

M.Huber hat bereits 1951 Kriterien angesprochen, die später weitgehend nur vereinzelt begegnen: die Ganzheit des geschöpflichen Lebens, die Ehrfurcht vor und die Liebe zu den Mitkreaturen, den Bundesschluß, das paradiesische Sein mit den Tieren nach Mk 1,13, die eschatologische Erwartung von Rö 8,18ff wie auch das Problem noachitischer Ordnung.

2.3 . Marie Louise Henry

Die ehemalige Professorin für Altes Testament in Leipzig, Wien und Hamburg ,1912 in Brüssel geboren, ist m.E. die erste unter den Lehrstuhlinhabern/innen für Theologie, die sich des Themas Tier in der hebräischen Bibel angenommen hat [1] . Daß sie in den letzen Jahren vor allem das Judentum behandelt und den christlich-jüdischen Dialog in ihrer Heimatstadt gefördert hat [2], ohne damit in einen gravierenden Konflikt zu geraten, zeigt, daß die intensive Beschäftigung mit tierethisch relevanten Texten nicht zu einer antijudaistischen Haltung führen muß[3]

Einer ihrer einleitenden Sätze könnte als Präambel für Leitsätze einer Tierethik bzw. für die theologische, gottesdienstliche und gemeindliche Praxis gelten:

"Ist des Menschen Verhältnis zur Natur , zunächst sehr allgemein gefaßt, ein Gradmesser seiner Ehrfurcht vor dem Leben schlechthin, so muß es auch in irgendeiner Weise sinnenfällige und wesenhafte Merkmale seines Gottesverhältnisses umschließen" [4].

M.L. Henry wehrt dem Mißverständnis, als seien die reichlich vorhandenen Tiermotive nur "verzierendes Beiwerk" [5]

Die Betonung enger Wesensgemeinschaft von Mensch und Tier kann nicht darüber hinwegsehen lassen, daß das unsagbare Leid im A.T. verschwiegen wird, das durch Stellvertretung und Opferpraxis über die Tiere gekommen ist [6] .

Die Verfasserin stellt fest, daß im Bereich der Religionen des Vorderen Orients nur biblische Aussagen ein eigenes Gottesverhältnis der Tiere benennen und verweist dafür besonders auf Ps. 104, wo der Terminus bakasch. bzw.auf Joel 1,20 , wo arag dieses belegt.

Dem entspricht auch ein besonderes Wissen - so Num. 22,20 ff-, "das in eine Dimension reicht, die der menschlichen Vernunft, dem rauhen Intellekt, nicht zugänglich ist."

Daß das Tier als Vorbild dient, ist bereits o. dargelegt worden [7] , sollte aber unter dem Aspekt tierethischer Überlegungen noch einmal erwähnt werden.

M.L. Henry resümiert ihren Beitrag so, daß sie aus dem Verhältnis zum Tier die Abstufungen des religiösen Weltgefühls des alttestamentlichen Menschen abliest. Der neuzeitliche Mensch steht diesem Phänomen hilflos gegenüber.

"Von den religiösen Hintergründen des Lebens gelöst, hat er die Aufnahmefähigkeit für alle Erscheinungen, welche das Irrationale, die übersinnliche Welt des Göttlichen betreffen, weithin verloren.

Er umfaßt die Wunder der Schöpfung bestenfalls als religiöser Theoretiker oder theologischer Denker, aber nur selten führen sie ihn noch in die innersten Bezirke der Anbetung und Ehrfurcht [8].

Wenn der Mensch der Gegenwart dieses erkennt, so empfindet er möglicherweise eine Armut. Diese könnte ein "Begehren" wecken.

"Auf solchem Begehren aber muß die Verheißung ruhen, daß es auch eine Erlösung aus der Welt des Vielerlei gibt, eine Heimkehr zu der Welt der Einheit, deren der Mensch ein Teil ist gleich allen anderen Kreaturen [9].

Gibt es eine Brücke aus dieser Sicht zu Ansätzen einer Tierethik?

Wenn ja, müßte sie, um im Bild zu bleiben, folgende Pfeiler haben:

1. Erneute oder erstmalige intensive Lektüre biblischer Texte einschl. der uns befremdlichen und vermeintlich tierfeindlichen.

2. Neubedenken einer uns völlig entrückten Welt, der Opfervorstellung, in der das Tier , wenn auch mit schlimmen Konsequenzen, Mittler zwischen Gott und Mensch ist.

3. den Willen, empathisch dem Mitgeschöpf näher zu kommen und zugleich die Andersartigkeit um der Tierwürde willen zu ertragen.

4. Die Bereitschaft, Aussagen zu hören mit der Erwartung, daß sie zur Anrede werden, die uns das Leid der Tiere und zugleich Wege offenbaren, diesem Leid wenigstens partiell abzuhelfen und eine Ethik zu entwickeln, die der Freundschaft und Hilfe durch die Tiere wie auch der Dankbarkeit für den Reichtum unseres Lebens durch sie entspricht und der Ehrfurcht vor dem anderen Leben.

2.4 Walter Pangritz

Das 1963 erschienene Buch "Das Tier in der Bibel" [1] , schon wegen seines Erscheinungsdatums ein Standardwerk, würde es ebenso nahelegen, den Autor in der neueren Theologiegeschichte zu berücksichtigen. Wenn dieses nun hier geschieht, so deshalb, weil die umfassende und gründliche Arbeit nicht nur Altes und Neues Testament für das Thema erschließt, sondern auch Anstöße zum Umdenken, d.h. für einen verantwortlichen und aus einem tieferen Verständnis sich ergebenden Umgang mit den Tieren, gibt. Da das "Kompendium" nahezu alle Fragen anspricht, werden im folgenden nur die tierethischen Aspekte genannt.

Pangritz begründet, warum er vom "Bruder Tier"- in Anlehnung an Franz von Assisi - redet: Segen, Namensgebung, der gleiche Stoff, aus dem Mensch und Tier gemacht sind, Bundespartner, gesetzliche Verpflichtungen, schicksalhafte Verbundenheit, paradiesischer Friede im Eschaton, gemeinsames Gotteslob drücken die tiefe Verbundenheit aus [2].

Herrschaft aus der Sonderstellung des Menschen, Besitzrecht einerseits und Zuneigung andererseits schließen einander nicht aus. Für letztere legen Texte wie 2. Sam. 12; Ps. 78,70; Jer. 23,1 ff; Joh. 10,3 ff u.a. Zeugnis ab.

Gott wird uns, so meint Pangritz unter Verweis auf Reinhold Schneider, nach unseren Brüdern fragen, wie er Kain auf Abel angesprochen hat [3]. "Der Mensch im Spiegel der Tierwelt" [4], d.h. das symbolische Reden, unterstreicht mit seinen zahllosen Belegen die geschwisterliche Verbundenheit.

Der Autor verschweigt allerdings auch nicht den Abstand zwischen Mensch und Mitgeschöpf: er findet in fließenden Übergängen wie in der Doppeldeutigkeit des Begriffes Tier seinen Niederschlag.

Das Tiersein des Tieres und das Menschsein des Menschen charakterisieren den tiefen Graben zwischen beiden.

Der Autor spricht aber auch vom Tiersein des Menschen.

Die Menschlichkeit kann nur durch den Mensch gewordenen Gott wiedergewonnen werden.

Diese Hoffnung bedeutet nicht eine Rückkehr zur Anthropozentrik: Denn die Erlösung des Menschen vom bedrohlichen Tiersein in sich selbst zur Menschlichkeit kommt dem Tier zugute.

„Die Geburt des Menschensohns läßt über aller Kreatur ein Freudenlicht aufstrahlen. Die Lindigkeit, die die Herzen der Gläubigen füllt, möchte nicht nur allen Menschen, sondern auch den Tieren kund werden" [5].

Mit dieser Erwartung verläßt Pangritz zwar den biblischen Boden, weil Phil. 4,5 ausdrücklich nur die Menschen als Empfänger unserer Freundlichkeit nennt, aber der

Verfasser zitiert ein Gebet der orthodoxen Kirche:

"Oh Herr, unser Gott, der du uns Menschen zu Gehilfen auch der Tiere geschaffen und ihnen eine lebendige Seele, die Schmerz und Freude empfindet, gegeben hast, wir gedenken vor Dir auch dieser Deiner bescheidenen Geschöpfe, die mit uns die Bürde und Hitze des Tages tragen und ihr Leben dem Wohl der Menschen opfern müssen" [6].

Einige zentrale biblische Aussagen sind für den Autor Anlaß, die Tiere zum Inhalt theologischer Ethik zu machen; so Prov. 12,10: "Das Wissen um die Seele des Tieres, die Kenntnis seiner Lebensbedürfnisse und Wünsche verpflichtet den Gerechten, den Menschen, der nach dem Willen Gottes leben möchte, dem Tier, das ihm dient, brüderlich zu helfen, sich seiner zu erbarmen...." [7].

Texte wie 1 Sam. 6,12, Num. 22, 21 ff; PS. 147,9; 148,10;Hiob 38,41; Jes. 43,20 und Rö. 8,19 ff lassen den Autor, z.T. mit Hilfe einer exegetischen Überfrachtung der Aussagen, fragen, ob das Tier nicht eine geheime Gottesbeziehung und - Sehnsucht habe, ja sagen, ob es nicht sein könne, "daß das Tier eine unmittelbarere Beziehung zu Gott hat als der Mensch, der sie im Sündenfall willentlich zerrissen hat?" [8]

Selbst wenn man Pangritz so weit nicht folgen möchte: Schon Prov. 12,10 und die Unterstellung, daß es eine besondere Beziehung des Tieres zu seinem Schöpfer gibt - eine Ansicht, die wie wir sahen, Karl Barth teilt, - würden bei Ernstnehmen der Konsequenzen aus der Exegese zu einem radikal anderen Verhalten zum Tier führen: Von Gott angesprochenes und mit ihm kommunizierendes Lebewesen kann, darf nicht so gehalten, gemästet, transportiert, getötet, zu Versuchen mißbraucht, mit einem Satz: entwürdigt werden.

Pangritz, in der Nähe M. Hubers, M.L.Henrys, J.Bernharts, E.Gräßers u.a. zu sehen, hat entscheidende Elemente genannt, die Voraussetzung und Bestandteil einer Tierethik sind: die Wiederentdeckung der Geschwisterlichkeit, die Erlösung des Menschen und das Wissen um das Wesen, die Seele des Tieres.

2.5   Joseph Bernhart

" Die unbeweinte Kreatur" betitelt der 1881 in Schwaben geborene und 1969 gestorbene katholische Seelsorger, Schriftsteller und Honorarprofessor für mittelalterliche

Geistesgeschichte (1952 in München) seine ausführlichen und tiefgründigen "Reflexionen über das Tier" [1].

Im Register bzw. im Text selbst sucht man, bis auf wenige Andeutungen en passant[2] vergeblich nach den naheliegenden Ursachen für das Leid der Mitgeschöpfe wie Haltung, Transport, Tötung, Versuche u.a. Angeregt wurde die Arbeit durch einen bayerischen Pfarrer, dem das winterliche Leiden und Sterben des Wildes im Wald zu schaffen macht, und der sich deshalb an J. Bernhart wegen eines "lösenden Wortes" wandte [3].

Den Verfasser selber bewegte schon seit Jahren "der Fragenkreis seiner Erlösung" [4] - ein terminologisch wie theologisch ungewöhnliches Thema, mindestens zu jener Zeit (1. Aufl. 1961!).

Und so erarbeitet Bernhart eine Abhandlung, die zu den wesentlichen Beiträgen einer Tierethik gehört, wenn man nicht zurückhaltender wie der Autor selber formulieren möchte.

Jedoch : diese Reflexionen als theologische Aufgabe beider Kirchen mit entsprechendem Echo in Gemeinden und Öffentlichkeit wäre ein willkommenes Hindernis auf dem Weg zu den von Bernhart unerwähnten Perversionen und Verbrechen an den Mitkreaturen geworden.

Eine breite Grundlegung der Beziehung Mensch : Tier in der Bibel führt über "Das Reich der anima" [5] , "Sinn und Grenzen der Tierliebe", "Heilige und Tiere" zu einer vergleichsweise intensiven Behandlung "über das Tierleiden" [6] .

Bereits die Terminologie "Natur" statt Schöpfung signalisiert für Bernhart die Tendenz zur Eigenherrlichkeit des menschlichen Subjekts und zur Entartung. Er spricht vom "tragischen Amt", das die moderne Naturwissenschaft zu verwalten hat und zitiert W. Heisenberg, wonach "zum ersten Mal im Lauf der Geschichte der Mensch auf dieser Erde nur noch sich selbst gegenübersteht" [7]

Doch der Mensch bleibt durch die "Tatsache Tier" gefragt [8] Die biblische Benennung der Tiere ist für Bernhart der Ausdruck, mit dem der eben erschaffene Mensch seinen Eindruck von ihnen beschreibt.

Näphäsch und ruach symbolisieren Nähe und Unterschied zugleich.

Er geht auf die Zeichenhaftigkeit der Tiere ein, auf das Miteinander von Offenbarung und "göttlicher Zoologie" [9] , beschreibt den theologischen Ort des Tieres, seine Dämonie und kommt mit der Reflexion der anima auf Augustinus und Descartes [10].

Das Verhältnis von Art und Individuum bestimmt nicht nur das Wesen des Menschen, sondern auch das des Tieres, weswegen die Metaphysik auch mit letzterem zu tun hat [11].

Der Zitierung und Auslegung biblischer Texte, sowohl des Alten als auch des Neuen Testaments, folgen Betrachtungen über Sympathie und Antipathie, Grausamkeit und sympathetische Fühlung.

Bernhart wagt nicht nur den Begriff "Weltseele" auch auf die Tiere auszudehnen, sondern er rechtfertigt bzw. begründet ihn auch.

"Aber nicht Erkenntnis und Wille, sondern der instinktive Vorgriff in die Zukunft bewegt das Tier, und er ist ihm vom göttlichen Verstand gegeben. Dadurch steht es, obwohl nicht Ebenbild, sondern nur Spur (vestigium) seines Schöpfers, in einer Art Unmittelbarkeit zu Gott" [12].

Die Kapitel "Sinn und Grenzen der Tierliebe" wie auch "Heilige und Tiere" (s.o.) dürfen unberücksichtigt bleiben, nicht jedoch die in- und extensive Behandlung tierischen Leides.

Soweit bekannt, hat kein Zeitgenosse Bernharts die Leiden der Kreatur ins Gebet des Herrn mit einzubeziehen sich getraut. Er dagegen möchte sie sowohl bei der Bitte "et ne nos inducas in tentationem" als auch bei der letzten einbezogen wissen: "sed libera nos a malo".

Der Grund: Mit dem eingangs erwähnten bayerischen Pfarrer ist er der Meinung , „daß die Finsternis der Tierleiden unseren Glauben an den liebenden Gott, ja an einen Schöpfer überhaupt verfinstert ". [13]

Bernhart wundert sich, daß selbst die Heiligen, die eine zärtliche Sorge mit dem Tier verband, die Gefahr des Anstoßnehmens am liebenden Schöpfer nicht kannten.

"Also mit dem Glauben für das Tier - nicht mit dem Tier gegen den Glauben!" [14]

Dieses Postulat zu verwirklichen, ist umso schwerer, als das "arme Vieh" beim theologiegeschichtlichen Weg vom Glauben zum Denken auf der Strecke geblieben ist [15].

Das gilt für Thomas und für Augustin, die dem Tier den Himmel nicht aufgetan haben [16].

Die heutige Metaphysik darf nicht aprioristisch verfahren, sondern muß im Einvernehmen mit der Naturwissenschaft operieren [17].

Versteht sich die Metaphysik aber als "praeam: bula fidei", überzeugt von der Kompetenz der Offenbarung, so hat diese das entscheidende Wort [18]

Wird in ihr auch nichts Entscheidendes über das tierische Leiden gesagt, so läßt sich aus "festen Sätzen über die Heilslehre" [19] Wichtiges folgern. Bernhart zitiert entsprechend Ps. 146,9; Gen. 8,21; Gen. 9,16, 2. Petr. 2, 5 (!); Hebr. 11, Hiob 38-41 und behandelt breit Bileams Eselin (Num. 22) [20].

Mit der Entstehung der Tierwelt ist allerdings gegenseitiges Auffressen gegeben; und die heilige Schrift zwingt uns nicht zur Annahme eines Paradieses ohne Tierleiden [21].

"Einen lieben Gott nach unseren Maßen herauszubekommen, ist nicht tapfer und nicht ehrlich" [22].

Es gab die Tendenz, die Defekte, also auch das Tierleiden, kleinzumachen, um die Theologie zu retten [23].

Vielmehr liegt die Schöpfung in Wehen; die Neugeburt der Welt steht aus.

Auf die gens quaerens faciem Dei kommt es an; m.a.W. auf das Ernstnehmen der Bergpredigt [24].

Aber auch auf die Erkenntnis, daß die Natur ein offenes System geworden ist, "das über sich hinausweist" [25].

In Pflicht genommen sind wir jedoch durch das Wort Gottes.

Der Blick auf das Lamm, der Glaube an das ewige Heilandsamt Christi entläßt nicht in die Tatenlosigkeit: Die Überzeugung vom Paradies vor dem Fall und dem Paradies danach bedeutet Übertragung des Heilandsamtes auch auf uns. Das ist die Basis für eine Tierethik.

2.6. Gerhard Gilch

Dreimal in relativ geringen Abständen hat sich der früh verstorbene Württemberger Theologe im Deutschen Pfarrerblatt zum Thema Mitgeschöpflichkeit geäußert, 1975 mit dem herausfordernden Programm: "Für Gerechtigkeit und Heil im tierischen Leben" und dem nahezu häretisch anmutenden Untertitel "Wider den Irrtum vom menschlichen Heilsmonopolismus" [1], zwei Jahre später mit der offensichtlich vor allem der Zielgruppe unangenehmen und in der Regel unverständlichen Frage "Warum töten Christen Tiere?" [2] und wieder ein Jahr später mit einem besonders für Tierschutzorganisationen ärgerlichen Beitrag: "Gotteslob und Tierliebe" [3].

Denn dort wird Albert Knapps Initiative zur Gründung der ersten Tierschutzvereine geschildert.

1975 heißt es: "Das gebrochene Verhältnis zum außermenschlichen Leben, also zum Tier, ist in der christlichen Tradition derart integriert, daß es in der Fragenflut der Gegenwart weder zum weltanschaulichen Problem noch zur religiösen Frage, die diskutiert werden müßte, geworden ist [4].

Gilch sieht die Anthropozentrik in dem Phänomen begründet, daß das menschliche Leben "etwas Monadenhaftes" ist [5] und macht die Paradoxie unseres Verhaltens gegenüber Tieren vor allem an der Begehung der christlichen Feiertage sinnfällig.

Ein entscheidender Grund liegt in der auch in Kirche und Theologie praktizierten biologischen Reihenfolge, wonach das Tier weit unter dem Menschen rangiert, wohingegen schon einiges gewonnen wäre, wenn es als das lediglich außermenschliche Leben beschrieben würde.

Gilch stimmt D. Sölle zu, die in anderem Zusammenhang von "elitären Privilegien" spricht [6].

S.E. würde zu einer veränderten Sicht schon beitragen, wenn man eine innere Zusammengehörigkeit unter dem "verbindenden Geist" erkennen bzw. anerkennen würde. Zu ihm gehören Erbinformation, Formen, Strukturen, geistige Potenzen u.a. Umfassendes Leben im außermenschlichen Bereich wahrzunehmen, würde den aus der Anthropozentrik abgeleiteten "Heilsmonopolismus" als Fremdkörper entlarven [7].

Theologen wie M. Mezger, R. Bultmann H.Braun verstehen Leben im eigentlichen Sinn als auf das Gegenüber von Mensch und Mensch beschränkt. In dieser Sicht ist kein Raum für eine Ethik, die nach dem außermenschlichen Leben fragt, wie dieses bei A. Schweitzer geschieht, den Gilch mit der These zitiert: "Durch die Ethik der Ehrfurcht vor dem Leben gelangen wir in ein geistiges Verhältnis zum Universum" [8].

Er konstatiert, daß es Macht über anderes Leben , absolut verstanden, in einer christlichen Ethik nicht geben kann [9]. Und so versteht er auch Gen. 1,28 ff als einen Teil des Segens, mit dem der Mensch in des Schöpfers Welt entlassen wird.

In Übereinstimmung mit bereits vorgestellten Theologen verweist Gilch auf den Sprachgebrauch von Herrschaft im Königsritual, zitiert aber auch Gen. 9,2 ff als Niederschlag schmerzlicher Erfahrung mit dem gestörten und zur Tötung führenden Verhältnis zum Tier.

Außerchristliche bzw. außerjüdische Religionen und Kulturen reden in diesem Zusammenhang von Schuld [10]; doch signalisiert auch Lev. 17,4 ein Empfinden von der Unnatürlichkeit, Tiere zu töten.

Selbst wenn man dem nicht zustimmen kann: Sabbatruhe, Brachjahr, Suche nach dem Verirrten, Aufrichten des Gestürzten, Rücksichtnahme auf das arbeitende Tiere werden in der hebräischen Bibel belegt.

Unter Berufung auf Rö. 10,4 (2.Kor. 5,17) meint Gilch mit dem Neuen Testament auch die tierethische Tradition als abgebrochen sehen zu müssen; mit Christus ist aber der neue Kosmos nicht zur Vollendung gekommen, weil die Urgemeinde primär am Evangelium und am Menschen interessiert ist; selbst sekundär ist das außermenschliche Leben ethisch nicht erfaßt worden.

"Und dies, obwohl das Evangelium seinem ganzen Wesen nach auf keinen Fall mit der Welt des Menschen endet" [11]. Demgegenüber ist das Thema der Gegenwart bzw. des modernen Weltbildes die Einheit des Lebens.

Romano Guardinis Urteil "Jesu ganzes Dasein ist Übersetzung der Macht in Demut" bedeutet im Blick auf die außermenschliche Kreatur: Es gibt für die Christen keine absolute Macht über anderes Leben [12].

Direkter noch Reinhold Schneider: "Wie Kain nach Abel gefragt wurde, so werden wir nach unsren Brüdern, den Tieren, gefragt werden" [13].

Gilch erhofft mit R. Schneider, daß das Evangelium begriffen wird als alles Leben umfassend; so bezieht er die außermenschliche Kreatur sowohl in die Liebestat des barmherzigen Samariters (Lk. 10,25 ff) als auch in die Makarismen Jesu (Mt. 5,3 ff) und in die Hoffnung für die Gebundenen - Jes. 61,1- mit ein.

So bedenklich man dieses finden kann, Rö. 8,19 ff ist fraglos die gesamte Schöpfung im Blick [14], vermutlich auch Offbg. 5,13. [15].

G. Gilch wendet die Stellvertretung als Ausdruck des Glaubens auch auf die Mitgeschöpfe an. Biologische Kategorien genügen jedenfalls nicht, um die unerhörten Leiden und Schmerzen der gedemütigten und geschundenen Kreatur zu erfassen.

Praktiziert bedeutet dieses Verständnis, über Alternativen zu unserem maßlosen Fleischverzehr - u.a. um des angeblich wichtigen tierischen Eiweißes willen - ernsthaft nachzudenken, etwa über synthetische Produktion.

Theologisch beruft sich der Autor auf K. Barth: "Die Nähe des Tieres zum Menschen bringt es unweigerlich mit sich, daß der Mensch mit seiner Tötung etwas tut, was der Menschentötung mindestens sehr ähnlich ist" [16] und auf dessen Betonung versöhnender Gnade, an die bei unserem schrecklichen Tun appelliert werden muß.

Prov. 3,21; Gen. 1,22; Gen. 7;Jes. 11 u.a. Belege führen zu der Frage, ob Heil nur dem Menschen gilt, wenn doch die außermenschliche Kreatur eine Gottesbeziehung hat, so verborgen sie auch sein mag.

Immerhin geben Ps. 147,9; Hiob 38, 41; Ps. 104,21 Anlaß zu dieser Annahme.

Ps. 36,7 u.a. rechtfertigen es lt. G. Gilch, Gerechtigkeit und Heil auch für die Mitgeschöpfe vorauszusetzen und zu erwarten.

"Angesichts unserer unermeßlichen Schuld gegenüber dem tierischen Leben und im Hinblick auf unsere Pflichten, einzustehen für Recht und Gerechtigkeit im außermenschlichen Leben, das auf seine Weise so Gott unmittelbar ist wie wir selbst, ist es höchste Zeit, dafür in unserem Leben als Christen Signale zu setzen" [17].

Seit diesem Appell sind 20 Jahre vergangen. Es war nicht G. Gilchs Aufgabe, die genannten Erkenntnisse und biblischen Sachverhalte in ethische Handlungsmodelle zu übertragen. Es ist unser Auftrag.

2.7   Carl Anders Skriver

Ohne die von Gilch genannten Kriterien seinerseits zur Sprache zu bringen, würde Skriver (1903-1983) ihnen zustimmen, sie jedoch verschärfen; denn unter den Tierethikern der Gegenwart ist der Autor vieler Schriften und Bücher, (mit dem Thema "Die Idee der Schöpfung in den Veden" promovierter Pfarrer in Nordfriesland und Mitglied des Nazoräer-Ordens) vermutlich der radikalste und in nahezu jeder Beziehung unkonventionellste .

Hier wird auf die beiden Arbeiten "Der Verrat der Kirchen an den Tieren" [1] und "Die vergessenen Anfänge der Schöpfung und des Christentums" [2] Bezug genommen.

Das "mit Herzblut geschriebene" [3] erste Buch beginnt mit der provokanten These, daß die Christen mit ihren Gedanken "immer nur da landen..., wo die Gottlosen auch ohne Gott ankommen" [4].

Der geschichtliche Abriß, der neben eigenwillig interpretierte Texte wie 1. Joh. 2,15; Jes. 11,9; 1. Joh. 1,5 - nach Skriver Gnosis - und verkürzte alttestamentliche Aussagen über einen wütenden Gott die verlorengegangene Urbotschaft Jesu stellt, räumt mit der zu selbstverständlichen Voraussetzung auf, daß wir Tiere töten dürfen.

In einem folgenden Aufsatz stellt der Autor die Frage, ob der Mensch, der Furcht und Schrecken über die Mitkreaturen bringt, noch Ebenbild Gottes ist und ruft zu einem gründlichen und umfassenden Schutz auf. Tiere sind keine zurückgebliebenen Menschen.

"Sie haben individuelle Physiognomien und Schicksale. Niemand möchte tauschen mit dem Schicksal, ein Tier zu sein.

Darum laßt uns staunen vor diesen Rätselwesen, ihnen edel und hilfreich begegnen und sie gut behandeln" [5].

Ein weiterer Beitrag behandelt die Verantwortung des Menschen und Persönlichkeiten, die sie wahrgenommen haben, für die Skriver Namen wie Wilhelm Brockhaus, Julie Schlosser, Rousseau, Lessing, Bacon, Schopenhauer und M. Kyber benennt, sowie die grausame Situation: Schlachthäuser, Pelztierjagd, Vivisektion, Tierversuche. Sie kann sich nicht auf Jes. 11 oder Jes. 66, auf Mk. 16,15; 1,13 oder auf Rö. 8,19 ff berufen. Mit einem harten Briefwechsel und der Berufung auf namhafte Dichter und ihr Verhältnis zum Tier schließt das herausfordernde kleine Buch.

Das zweite hat einen anderen Ansatz und Aufbau; Es beginnt mit der ungewöhnlichen, wenn auch nicht einfach nur gewollten Frage, welche Rolle der Vegetarismus im Christentum spielt [6].Immerhin ist sie mit den Anfängen der Schöpfung verbunden.

"Mythologische Begründung des Ur-Vegetarismus" lautet der Titel des 1. Kapitels.

Der These vom Urknall setzt Skriver den Johannes-Prolog entgegen, spricht vom vegetarischen Adam, bestreitet die creatio ex nihilo , nennt statt dessen den Dualismus von Geist und Urwassern und verweist auf religionsgeschichtlich verwandte Aussagen [7]. Tiere sind Urverwandte, wie die Genesis und Zeugnisse anderer Religionen aufzeigen. Den Herrschaftsbefehl nennt Skriver "verhängnisvoll" [8], weil er zu Ausbeutung und Gewalt führte.

Dagegen gilt: "Der Weg der Erlösung, der Heiligung und Vollendung des Menschen, das Tao Laotses , der Pfad Buddhas und der Weg und die Wahrheit und das Leben Jesu war gerade die Umkehr und Abkehr vom Weg der Weltgewinnung und des Verderbens" [9].

Skriver räumt aber ein, daß an Tierquälerei und grausamer Schlachtung (Opferung) alle Rassen und Religionen beteiligt sind.

Gewissermaßen exemplarisch wird an dem verzweifelten Versuch, Gen. 3,21, d.h. die Tötung durch Gott um der Felle für Adam und Eva willen, zugunsten einer einhelligen positiven Stellung zum Tier und Vegetarismus zu retten, deutlich, wie Skriver sein Ziel erreichen möchte.

Er erträgt die spannungsvollen und belastenden Aussagen der hebräischen Bibel nicht und deutet sie im Sinne seines Vorverständnisses. So wird Abel zum Tiermörder, Kain dagegen ist nicht Mörder, sondern Totschläger, der in einem "erregten Zustand moralischer Entrüstung" [10] handelt. Entsprechend ist das Opfer eine priesterliche Erfindung, gewissermaßen das "älteste Attentat auf Gott, den Menschen und das Tier - der älteste Irrtum und Wahn des ´frommen Menschen" [11] . Die Darstellung des gerechten Abel ist ein falscher Mythos, die prinzipielle Weltverschlechterung ein Trauerspiel, Noahs Handlungen sind Sündenfälle.: Der erste ist die Entscheidung, alle Tiere mit in die Arche zu nehmen, der zweite das Opfer; und mit der Machtergreifung der Elohim gegen Jahwe [12] setzt sich das Verderben fort. Die Elohim sind entlarvt als Dämonen. Den ersten beiden Sündenfällen Noahs folgen weitere.

Skriver schildert andere Sintflutsagen, um dann den Protest der Propheten "gegen die Tieropfer und gegen die falsche Welt" [13] , die Prophezeiung eines kommenden Welterneuerers [14] und die Essäer als "Wegbereiter des vegetarischen und pazifistischen Christentums" [15] zu behandeln. Die Nazoräer sind ihnen verwandt [16] .

Jesus ist der große Erneuerer der Menschheit, sowohl, was das Denken als auch das Handeln angeht [17] .

Ein 7. Kapitel behandelt die vegetarischen Säulen der Urgemeinde, ein achtes die Zeugnisse der Historiker.

Der urchristliche Vegetarismus hat Nachahmer gefunden, die Skriver z.T. benennt.

Mit seinen Textwiedergaben im Sinne einer Klage über das Ist und der Hoffnung auf eine bessere Zukunft (so etwa Grillparzer und Rosegger) schließt Skriver sein zweites Buch.

Die Wirkung seiner Arbeit ist schwer zu beurteilen. Die Leidenschaft seines Eintretens für die gequälte und seufzende Kreatur allerdings ist m.e. mindestens so sehr zu berücksichtigen wie seine z.T. fragwürdige Anleihe bei verschiedenen Zeugen und seine Uminterpretationen biblischer Texte.

Bleibt zu hoffen, daß sein grundsätzlicher Beitrag zu einer Tierethik, das Eintreten für das Tier in seiner beseelten Lebendigkeit und Bedeutung und damit in seiner Schutzbedürftigkeit, seine Forderung nach Konsequenzen aus dieser Erkenntnis und schließlich das Umdenken des Menschen aufgrund seiner Ebenbildlichkeit Beachtung finden.

2.8.   Günter Altner

Anders als bei Skriver und in den anderen vorher skizzierten Ansätzen liegt der Akzent bei Altner weniger auf der Mitgeschöpflichkeit als auf der Ganzheit der Natur.

Der in Koblenz lehrende Biologe und Theologe analysiert [1] die zerstörerischen Kräfte in Flora und Fauna und ihre Ursachen und leitet aus der Erfahrung mit der Unverfügbarkeit menschlicher Geschichte - s. G. Picht - die Forderung einer Weltverantwortung im Sinne biblischen Herrschaftsauftrags ab. Sie ist gleichbedeutend mit Umkehr und für Altner, darin von Picht unterschieden, nur möglich im Vertrauen auf die antizipatorische Kraft des Kreuzes Christi.

" Wer im Kreuz die Zusage des Lebens in einem letzten umfassenden Sinne durch den Schöpfer vorweggenommen und verbürgt sieht, der kann sich auf die Verantwortung des Ganzen von Natur und Geschichte einlassen; denn das Ganze wird nun nicht durch ihn garantiert, sondern wird durch Gottes unverfügbares Geschichtshandeln herbeigeführt" [2].

Vom Zwang zur Vollkommenheit und Totalität befreit, nimmt der Mensch Verantwortung wahr, d.h. handelt im Blick auf die Welt ethisch. Das bedeutet Absage an den Anthropozentrismus und Mitmenschlichkeit gegenüber den Mitkreaturen.

Umweltethik besagt u.a.: Beschreibung von Lebensqualität unter Einbeziehung der Mitgeschöpfe, Umsetzung der Erfahrung von gegenseitigem Empfangen und Geben zwischen Mensch und Natur, Verzicht auf Ausbeutung.

Das christliche Proprium besteht nicht in der Besonderheit einzelner Forderungen, sondern im "Augenmaß für die unabgeschlossene Vieldimensionalität des Lebens, wie es durch die Einstellungen von Glaube, Hoffnung und Liebe garantiert wird" [3].

Altner definiert: Glaube ist Gewißheit des Lebens, Liebe Solidarität, Hoffnung Offenheit.

Glaube ist zugleich Absage an die "Verabsolutierung meßbaren Fortschritts" [4].

Die Botschaft des Kreuzes als Zusage von Leben bedeutet nicht Garantie rettender Umweltsanierung und schließt das Leiden und Seufzen der Kreatur mit ein.

Da Altner im Zusammenhang des Redens von Antizipation die "Kategorien von Prophetie und Eschatologie" nennt, wäre es weniger mißverständlich, wenn er vom Kreuz auch in den Kategorien von Schuld und Umkehr spräche und damit die Fehldeutung vermiede, das Leiden Christi und das der gemarterten Kreatur stehe in ursächlichem Zusammenhang oder in gewisser Parallelität.

In den Vorschlägen zur Umwelterziehung sieht der Verfasser das kirchliche Engagement in einer biblischen Mittelstellung zwischen Natur und Geschichte und damit in ideologiekritischer Position.

Die oekologische Weltverantwortung des Christen kann sich in Verzicht und Askese zugunsten der nichtmenschlichen Kreatur äußern.

Eine Soziologie der Mensch - Tier - Beziehung hat die Ergebnisse der Verhaltensforschung zu berücksichtigen, darf aber nicht einer Engführung erliegen, weil sie die Umwelt - Ökonomie außer Acht läßt.

Eine Tierethik hat Konsequenzen für die Ausbildung von Religionslehrern, Pfarrern und Theologen.

"Das Bild des auferweckten und kommenden Christus müßte Zeichen und Ansporn für eine Versöhnung sein, die nur in der Immanenz gegenwärtiger Bemühungen als Erreichung einer zukünftigen Einheit erhofft werden kann" [5].

Befriedung und Befreiung der Natur ist allerdings nur denkbar, wenn persönliches wie gesellschaftliches Wohlbefinden der Menschen nicht mehr Maßstab sind.

Als weiterer Bestandteil der Umwelt- bzw. Mitweltethik - Altner hat im Laufe der Zeit mehr von "Bioethik" [6] gesprochen - nennt er in seinem Beitrag "Bewahrung der Schöpfung und Weltende" [7] : die Empathie, die "Einfühlung in das Schöpfungsgeheimnis der Welt und die mit ihm verbundenen Pflichten".

Umkehr, Vertrauen in die korrigierende und verändernde Kraft des Kreuzes, und daraus abgeleitet Versöhnung mit und in der Natur ,das Denken in Kategorien der hebräischen Bibel und Empathie sind unverzichtbare Elemente für eine Tierethik

2.9 Odil Hannes Steck

Auch der in Zürich lehrende Alttestamentler hat die Umwelt insgesamt im Blick.
Der "unterschiedlichen Ausgangslage im Alten Testament und in der Moderne" bewußt, versucht er in seiner bereits 1978 geschriebenen Abhandlung "Welt und Umwelt" [1] , die biblische Orientierung für die Gegenwart und ihre ökologischen Herausforderungen sichtbar und transportabel zu machen.
Er verwendet die Begriffe "Mitgeschöpflichkeit" bzw. "Mitkreatürlichkeit und ihre Inhalte", macht aber zugleich deutlich, daß sie weder Verhaltensmaxime im engeren Sinn darstellen noch die Sonderstellung des Menschen zum Ausdruck bringen [2] .
Exegetisch problematischer sind s.E. Termini wie "Partnerschaft" oder "Kooperation" von Mensch und Natur, die in der heutigen Diskussion gern verwendet werden [3] , weil sie an den biblischen Sachverhalten vorbeigehen und "einer Pseudopersonalisierung der Mensch-Natur-Relation Vorschub leisten und nicht ohne Seitenblick auf Plausibilität in einer atheistischen Welt negieren, daß es im biblisch bezeugten Schöpfungsrahmen nur eine bestimmende, Verantwortung setzende und leitende Personalbeziehung für den Menschen gibt, die zu Jahwe, seinem und alles Lebendigen Schöpfer" [4] .
Nach dieser Eingrenzung nennt Steck die Möglichkeiten einer Übertragung.
Das Alte Testament bietet klare Bestimmungen, ermächtigt den Menschen, seine Lebenswelt zu gestalten und zeigt ihm seine Verantwortung, die nur er für sich und die Nachwelt übernehmen kann, weil nur er von Jahwe als Schöpfer des Ganzen weiß [5] .
Zugleich kritisiert die Bibel die Tendenz, in der der Mensch autonom sich selbst zum Rahmen macht.

"Da Bedrohungen der Lebenswelt in der entdämonisierten Welt der alttestamentlichen Zeugnisse nicht mehr von numinosen Gegenmächten, sondern nur noch vom Lebendigen selbst, vorab vom Menschen, verursacht werden, wird der Mensch das entscheidende Problem für Bestand, Gestalt und Verwirklichung der Schöpfungswelt".[6] Die Lebens- bzw. Gestaltungswelt sieht nach Steck so aus, daß der Mensch neben Feldbestellung, Errichtung von Verkehrs- und Bewässerungssystemen, Gewinnung von Bodenschätzen auch Tiere züchtet, abrichtet, ihre Produkte nutzt, sie zu Nahrungszwecken tötet, in summa: daß er arbeitet.

Das ist sicher keine neue Erkenntnis, wohl aber eine Darstellung der Realität, die nicht die Würde des Tieres durch diese Maßnahmen in Frage gestellt sieht.

Steck meint, daß auch Technik und Industrialisierung "durchaus in der Fluchtlinie biblischer Schöpfungsaussagen" liegen [7].

Das Proprium biblischer Schöpfungs- und Erhaltungstheologie liegt darin, daß der Antrieb nicht Perfektionierung als Ziel hat; daß nicht Maßstab ist, was der Mensch kann und will.

Und obwohl Bändigung der Tiergefahr z.B. , tierische Nahrung (Gen. 9,1 ff) und Lebensfreude legitimiert sind, gilt die Einschränkung auf den elementaren Lebensbedarf und die Abwehr von Gefahr für Leib und Leben.

Steck bestreitet nicht eine gewisse anthropozentrische Ausrichtung, aber sie ist dem theozentrischen zu- und dem geozentrischen nebengeordnet [8].

Er exemplifiziert dieses u.a. an Ps. 104, wo dem Menschen kein Vorrang oder eine Höherwertigkeit zuerkannt wird. "Sein Leben ist Leben neben anderem Leben, und sein Bereich ist einer unter anderen Lebensbereichen für andere Lebewesen im Rahmen eines Vorgangs göttlichen Wirkens, der keineswegs nur für den Menschen oder nur auf ihn hin, sondern zugunsten alles Lebendigen geschieht" [9].

Auch Ps. 8, der gern einseitig für die anthropozentrische Sicht der Bibel in Anspruch genommen wird, hat nach Steck eine doppelte Relation: Das totale Angewiesensein auf Gott und seine Königsstellung gegenüber der Tierwelt [10]. Er hält es für abwegig, Gen. 1,28 f für die Beherrschung und Ausbeutung der Natur in der Neuzeit verantwortlich zu machen.

Gegenerfahrungen könnten dazu verleiten, die biblischen Schöpfungssaussagen für spekulativ zu halten.

Diese weisen vielmehr eine nach wie vor gültige Schöpfungsverantwortung auf, wenn man sie nicht zugunsten einer "aktuellen Orientierung" isoliert .

Steck sieht das Neue Testament nicht in einem Bruch mit der überkommenen alttestamentlichen Schöpfungstheologie; denn die "natürliche Welt und Umwelt und alles Lebendige in ihr gehört als Schöpfungswelt für das Neue Testament nicht zu den überwundenen, sinnentleerten und gleichgültigen Daseinsbereichen, sondern unter verschiedenen Aspekten gerade zu den notwendigen, von Gott gewährleisteten Voraussetzungen des Evangeliums, bis Gott sein Reich umfassend heraufführen wird".[12]

Nicht die Sonderstellung des Menschen im Naturzusammenhang ist Verursacher der von Zerstörung bedrohten gegenwärtigen Lebensgrundlage, sondern seine Sünde, die im menschlichen Wahn und in der Verwerfung Gottes als der Orientierung manifest wird.

Das Kreuz Christi deckt diese Situation auf [13].

Durch Christi Auferstehung gibt es Sinnzukunft für die Schöpfungswelt.

Mit ihr ist der Resignation und Weltverzweiflung gewehrt.

Der Glaubende wird ermutigt zu Leiden und Mitleiden, zum Denken, zur Liebe und Phantasie, aber auch zu Verzicht, Opferbereitschaft und zum Einsatz [14].

Schöpfungsqualität und Heilsziel Gottes sind auch in der außermenschlichen Schöpfung wahrzunehmen. Steck spricht von Ausstattung der elementaren Lebenswelt anderer, auch wenn das Neue Testament "für die unbelebte Natur keine und für das tierische Leben kaum ausdrückliche Aussagen bringt" [15].

Das Wirken der Christen - in Kooperation mit saekularen Bemühungen - wird im Aufrichten von Schöpfungszeichen für Leben, individuell und in kleinen Gruppen, im Ansprechen der Menschen, in der Stützung von Grundwerten und Perspektiven, im kritischen Aufdecken von Gefährdungen und im "Anbieten des Heils" geschehen [16].

Die Ausführungen Stecks bringen neben den bereits dargestellten in toto keine wesentlich neuen Erkenntnisse, sind aber in der deutlich charakterisierten "Sonderstellung" des Menschen als einer durch seine Einbindung ins Schöpfungsgeschehen eingegrenzten Anthropozentrik - und die ist bestimmt durch des Schöpfers Ruf zur Verantwortung - hilfreich.

Die Konkretion in alle tierschützerisch wichtigen Bereiche hinein, wahrscheinlich auch die Zuspitzung einiger Aussagen, z.B. zur Nutzung und Tötung von Tieren, bleibt dem

Leser ebenso überlassen wie die Ergänzungen i.p. Tierwürde.

2.10. Gerhard Liedke

Auch für Liedke geht es um das Ganze der Natur, eindeutiger: der Schöpfung ; die Differenzierung (gegenüber Altner z.B.) ist wichtig.

"Wieso hätten Theologien und Kirchen klarer sehen sollen, daß auch der Mensch ein Teil der Natur ist und ökologisch betrachtet werden muß? Sie hätten in der Tat einen speziellen Grund gehabt, den andere so nicht haben: Für sie mußte die Natur mehr als Natur, sie mußte Schöpfung sein. Und geschaffen von Gott sind Mensch und außermenschliche Schöpfung gleichermaßen; der Mensch ist Teil der Schöpfung".

Von dieser Prämisse ausgehend, behandelt der 1937 geborene Theologe und früher Umweltbeauftragte der badischen Landeskirche in seiner schon zum Klassiker gewordenen Arbeit "Im Bauch des Fisches" [1] nahezu alle relevanten umweltgewichtigen Themen. In den fast 20 Jahren seit Erscheinen ist das Problem eher dringender als geringer geworden. Das gilt besonders für "die außermenschliche Schöpfung als untermenschliches Material des Lebens". [2] In der Behandlung des dominium terrae kommen die Mitgeschöpfe besonders in den Blick und damit auch namhafte Theologen, denen der aggressive Charakter der Naturwissenschaft verborgen blieb: Schleiermacher, Ritschl, Naumann, Tillich, Lilje.

Liedke räumt ein, daß die Zitatenauswahl ungerecht ist, doch sei es ihm nicht gelungen, andere Stimmen beizubringen [3].

Er nennt aber auch Ansätze zum Umdenken sowohl in der Theologie als auch der Philosophie und Naturwissenschaft [4], geht auf das Schöpfungsverständnis im Alten Testament ein, das er "ökologisch" auslegt [5], behandelt die Befreiung der Schöpfung im Neuen Testament [6] - mit einem eigenen Kapitel zum Seufzen der Kreatur und ihrer Befreiung - ‚das Verhältnis von Schöpfung und Mensch als Solidarität im Konflikt [7], und macht sich auf die "Suche nach einem neuen Umgang mit der alten Erde" [8].

Dabei wird Liedke so konkret, daß er ein Umweltspiel erfindet, in dem er zahlreiche nicht nur denkbare, sondern auch real existierende Ereignisse - die Tiere und ihre Lage allerdings nicht - berücksichtigt.

Die abschließende Meditation, überschrieben mit dem Titel des Buches, läßt ebenfalls die Mitgeschöpfe draußen vor.

Nicht so die im Anhang wiedergegebenen biblischen Texte wie Ps. 104, der priesterliche und der jahwistische Schöpfungsbericht, Gen. 9, 1-7; Ps. 8; Jes. 11, 1-9; Offbg. 21 f.; Kol. 1, 15 ff.; Rö. 8, 18 und Jon. 2.

Aber auch der Autor selbst ignoriert sie nicht, wenn man den Kontext beachtet und die Tiere in das Reden von der Schöpfung einschließt, wie er dieses offensichtlich will.

Das vermeintliche Manko wird durch das ansonsten ungewöhnlich konkrete, zum Handeln und Verändern anregende Reden ausgeglichen, durch die deutliche Bezugnahme auf die Verheißungen des Endgeschehens, die den Tierfrieden avisieren und die Inanspruchnahme biblischer Aussagen für ein verändertes Verhältnis zur Schöpfung im Ganzen.

In seinem Aufsatz "Schöpfungsethik im Konflikt zwischen sozialer und ökologischer Verpflichtung" [9] wird der Wechselzusammenhang aller Geschöpfe mit seinen tierethischen Implikationen deutlich angesprochen.

Der durch Gen. 9, 1 ff bezeichnete , bis dahin nicht existierende Konflikt, ausgedrückt im Töten, sprich: In der Fleischnahrung, gibt zunächst nur den biblischen Befund wieder, ist aber mehr als das: Es geht um das Minimum an Gewalt.

Wenn einerseits dieser Konflikt auch als unvermeidbar dargestellt wird, so ist doch andererseits zu beachten, daß Gen. 2,15 im Zusammenhang mit der Herrschaft des Menschen vom Bebauen und Bewahren des Gartens die Rede ist [10].

Auch die Charakterisierung des Menschen als imago Dei wird durch den Einbruch der Gewalt nicht in Frage gestellt.

Lt. Kol. 3,10 wird das Bild des Menschen durch Christus erneuert.

Die "Kategorien der Konflikttheorie" sind zwar als menschliche Sprache der biblischen Sicht nicht angemessen und diese nicht einfach abbildbar, doch bleibt die Herausforderung zu Machtverzicht und Solidarisierung. Und weil die Schöpfung nur "seufzen" kann, ist es an uns, die Not der außermenschlichen Kreatur zu artikulieren [11].

Die Frage stellt sich, ob nicht angesichts der gewaltigen Aufgabe Resignation droht.

Antwort: Gen. 9 ist "nicht das letzte Wort der Bibel", sondern die Hoffnung aufgrund der Verheißungen. Eschatologie wie in Rö. 8,21 , Jes. 11 u.a. bedeutet: Wir Christen

sind in dieses Geschehen einbezogen; somit ist Solidarität "kein uns ständig überfor-
derndes Postulat" [12]. "Für uns, auch für uns Christen, stand so lange der Mensch
und nur der Mensch absolut im Vordergrund, daß die Restzeit unseres Jahrhunderts
mit einiger Radikalität der Symmetrisierung des ökologischen Konfliktes gewidmet
werden muß" [13].

2.11. Erich Gräßer

"Ein wie viel besseres Los wäre ihnen in den letzten 2000 Jahren gefallen, wenn die
biblische Sicht der Tiere als Geschöpfe Gottes, ja als Miterben der Erlösung, durch
ein entschiedenes Jesuswort, ein Gleichnis oder einen Bericht stärker im Bewußtsein
der Christenheit verankert worden wäre".

Wenn diese Einschätzung aus einem Aufsatz [1] des schon zu Anfang genannten
Neutestamentlers [2], zuletzt in Bonn, an den Anfang seiner Bedeutung für die Tierethik
gestellt wird, so aus mehreren Gründen:

Wie viele, mindestens biblisch orientierte, Tierschützer mögen ihrer Erwartung an
Jesus und zugleich ihrer Enttäuschung über ihn und das Neue Testament insgesamt,
schon in dieser oder ähnlicher Weise Ausdruck gegeben haben. Es zeugt für ihr Mit-
Leiden mit der Kreatur.

Zum andern: Der Verfasser läßt uns wissen, daß der Mangel schon früh empfunden
und durch eine Legende in den Apokryphen z.T. beantwortet wird, die er deutet - ein
Anreiz, nach weiteren Belegen der frühen Kirche zu suchen.

Zum Dritten: E. Gräßer selbst gibt dem unbekannt gebliebenen Autor Recht, wenn
dieser Jesu grundsätzlich vorausgesetzte tierfreundliche Haltung erzählend unterstreicht: Er verweist nämlich auf das Gleichnis vom guten Hirten. Der Menschen- und
Gottessohn ist mithin doch nicht völlig stumm, was die Mitgeschöpfe angeht, sondern
setzt voraus, daß seine Hörer - bis in die Gegenwart - sein anschauliches Bild vom
besorgten und das Leben riskierenden Schäfer nicht nur als Veranschaulichung einer
Botschaft verstanden, auch wenn es primär so gemeint ist.

So entsteht die Frage - nicht nur im Blick auf Joh 10, sondern auch auf andere Bilder
Jesu, auf Markus 1,13 und die z.T. in der Exegese behandelten sonstigen neutesta-

mentlichen Aussagen: Warum haben Christen und Gemeinden, warum haben die Theologen nicht mitgehört, was ihr Herr als selbstverständlich voraussetzt, daß die Mitgeschöpfe nämlich zu ihrem Leben gehören, ihres Schutzes und ihrer Fürsorge bedürfen, daß sie wie die Menschen von Gottes Liebe leben und ohne seinen Willen nicht umkommen? [3]

Diese Frage bezieht sich jedoch nicht nur auf die wenigen die Tiere einbeziehenden Belege, sondern auf Jesu Verkündigung insgesamt: Wie hat sie seit seinem Kommen im mitmenschlichen Verhalten, in der Feindesliebe, im Umgang mit den Schwachen und Verachteten u.v.m. Niederschlag gefunden? Daher ist die Erwartung E. Gräßers, daß ein deutlicheres tierfreundliches Reden Jesu eine verhängnisvolle Entwicklung verhindert hätte, zu hinterfragen.

So wie unser persönlicher und gesellschaftlicher Egoismus wie vermeintliche Sachzwänge und wie unser Selbsterhaltungstrieb viele Umsetzungen verhindert haben, so hätte ein ethischer Naturalismus oder ein anthropozentrischer Humanismus [4] auch einen Einzug der Tierethik in unser Denken und Handeln erschwert bzw. unmöglich gemacht.

Beredter als das Neue Testament bzw. die Evangelien ist die hebräische Bibel, wie der Verweis von Gräßer auf Gen. 8, 15 ff; Pred. 3,19 deutlich macht. Umso bedrükkender, "daß in der Schöpfungstheologie eine so breite Kluft zwischen Mensch und Tier befestigt wurde. Sie es hätte verhindern müssen, daß man zwischen Leben und Leben , zwischen Schmerz und Schmerz unterscheidet. Sie hätte es verhindern müssen, daß man die Tiere, unsere Mitgeschöpfe, zu bloßen Sachen zurückstuft..." [5] .

Gräßer hat als einer der ersten evangelischen Theologen auf vielfältige Weise - in Vorträgen, schriftlichen Beiträgen und Symposien - seine Stimme erhoben, die verhängnisvolle Entwicklung und das Schweigen der Kirche kritisiert, aber auch das vorhandene theologische Fundament einer Ethik der Mitgeschöpflichkeit gewissermaßen "freigelegt": Die alttestamentlichen Aussagen.

Sie, die gründliche Beschäftigung mit A. Schweitzer [7] und die bedrückenden Zustände waren der Anlaß. Daß er sich dabei einem weitgehenden Unverständnis lehrender Kollegen ausgesetzt hat und ihm auf adäquate Weise begegnet ist, wird mit dazu beigetragen haben, daß Interesse, neuerdings vor allem einiger Alttestamentler, am Thema geweckt wurde [8]

Unter Berufung auf Rö. 8, 19 ff formuliert Gräßer [9] auf dem Hintergrund der Feststellung, daß die Bibel weit davon entfernt ist, "eine Theologie der Natur zu entwerfen", und daß das Paulus-Wort funktionalen Charakter hat, nämlich das Heilsvertrauen der Christen zu stärken, programmatisch: "Aber das mindert nicht ihren Wert. Im Gegenteil: das damit inhaltlich Ausgesagte - auch die Schöpfung seufzt, aber nicht hoffnungslos; auch ihrer wartet Befreiung - muß gültige Wahrheit sein, etwas, was die Erfahrung lehrt und was alle angeht, sonst könnte es nicht als Beweismittel dienen. Ist es aber gültige Wahrheit, ist diese kosmologische Eschatologie ein legitimes Kapitel paulinischer Soteriologie, dann darf nicht nur, dann muß nach der ihr gemäßen Ethik gefragt werden. Denn eine Schöpfungstheologie ohne die ihr entsprechende Schöpfungsethik wäre eine nicht zu verantwortende Rumpf-Theologie" [10].

Wie kein anderer nennt Gräßer als Grund für das dennoch kontinuierliche und erst seit absehbarer Zeit gebrochene Schweigen eine biblische Wertung: Verstockung [11].

"Wenn die Solidargemeinschaft der Leidenden und Hoffenden nach Rö. 8 die Mitgeschöpfe einschließt, dann heißt das, daß die Christen die Verpflichtung haben, die Tiere so zu behandeln, daß daran zeichenhaft etwas sichtbar wird von der künftigen Freizeit, zu der beide befreit werden sollen" [12].

Als solche Zeichen nennt Gräßer: Die Freilassung der Nutztiere aus den Tier-KZ´s, den Verzicht auf schmerzhafte Tierversuche, das Stoppen des kontinuierlich wachsenden Artentodes.

Mit Sentimentalität haben dieses Anteilnehmen und diese Forderungen nichts zu tun; sie sind Ausdruck einer Tiergerechtigkeit.

Daß Ehrfurcht vor dem Schöpfer allerdings mit Härte gegen das Geschöpf zu tun haben kann, daß nicht das Unvermeidbare, sondern das Vermeidbare Ziel der Tierethik ist, räumt der Autor unter Berufung auf K. Barth ein [13].

Zu den Grundlagen einer solchen Ethik gehört neben dem Gesagten das vollkommene Gesetz der Freiheit, das die Barmherzigkeit gegen die Mitgeschöpfe einschließt. [14]

In einem mündlichen Beitrag [15] hat E. Gräßer Micha 6,8 zitiert "Es ist dir gesagt, Mensch, was Gott von dir fordert, nämlich Gottes Wort halten, Liebe üben und demütig sein vor deinem Gott".

Er hat nicht behauptet, daß Micha dabei die Mitgeschöpfe im Blick habe, wohl aber, daß theologische Ethik nach dem Tun des Gebotes fragt.

Wenn Demut ein Kennzeichen ethischen Verhaltens ist, müßte sie in den Kriterien-
katalog mit aufgenommen werden.

Folgt man der Übersetzung von H.W. Wolff zu dem Prophetenwort, so wird die Forderung eher noch dringlicher: "Es ist dir gesagt Mensch, was gut ist und was der Herr
bei dir sucht: Recht üben, Gemeinschaftssinn lieben und wachsam leben mit deinem
Gott" [16].

2.12. Gerhard Friedrich

"Weil die Schöpfung nicht für sich existiert, sondern in das menschliche Geschehen
hineingezogen ist, kann die Abwehr der sie bedrohenden Gefahr nicht durch irgend-
welche Manipulationen erreicht werden. Paulus fordert nicht zu konkreten Maßnahmen des Umweltschutzes auf. Sein Auge sieht, daß die Not der außermenschlichen
Kreatur tiefer verankert ist... Die Quelle, aus der das Unglück kommt, muß verstopft
werden. Der Mensch als Kern der Welt muß ein anderer werden, wenn die Welt anders werden soll. Diese wartet mit ungestümem Verlangen auf die Befreiung aus dem
Zustand der Angst und Qual, den vergewaltigenden Zwängen. Wie durch den sündigen Menschen eine totale Pervertierung der ganzen Schöpfung eingetreten ist, so
vollzieht sich Heilung und Gesundung, Befreiung und Verherrlichung der Schöpfung
durch die Rückkehr des Menschen in Glauben und Gehorsam zu Gott".

Dieses der Erkenntnis einiger Theologen des Pietismus, C.F. von Weizsäckers und
A.M. Klaus Müllers (s. dort) gleichende Fazit aus Rö. 8, 19 ff , das der zuletzt in Kiel
lehrende Neutestamentler (geb. 1908) zu seiner eigenen Beurteilung des ökologischen Unglücks und zu seiner Sicht einer Lösung bzw. Erlösung macht, findet sich in
der Schrift "Ökologie und Bibel" [1].

Erneuerung der Schöpfung ist verbunden mit der Rechtfertigung des Menschen, mit
dessen Antwort auf die Heilstat und mit seiner eschatologischen Verherrlichung.

G. Friedrich folgt der biblischen Aussage über die Veränderungen in der Natur durch
die Schuld des Menschen, und über die Folgen des Segens für sie. Er schildert die
Konsequenzen aus dem Cartesianischen Naturverständnis, aus der Stellung der
Natur und der außermenschlichen Kreatur in Dogmatiken und Ethiken sowie in der

neutestamentlichen Forschung, geht der Wortgruppe "Schöpfung" im N.T. , der Bedeutung der Rechtfertigung für ein verändertes Verhältnis des Menschen zu Gott und seinen Mitmenschen und der kosmologischen Wirkung der Versöhnung durch Christus nach, um dann im Kapitel "Das Seufzen der Kreatur" [2] das oben zitierte Résümé zu ziehen.

Ihm ist wichtig, daß in apokalyptischen Aussagen "nicht nur vom neuen Menschen, sondern auch vom neuen Himmel und der neuen Erde" gesprochen wird. [3] Er geht der Frage nach, wie die Kontinuität des irdischen Menschen mit dem Auferweckten zu denken ist und formuliert sowohl Aufgaben der Kirche als auch die der Theologie: "In der christlichen Botschaft von der Erlösung muß ein mächtiges Ja zur Schöpfung Gottes vernehmbar sein... Ist Christus der Schöpfer und Versöhner des Universums, der die Welt innerlich zusammenhält, dann erwächst dem Christen aus seinem Glauben an Christus die Aufgabe, mit der Welt fürsorgend, bewahrend und erhaltend umzugehen... Es gibt nicht nur eine Mitmenschlichkeit, sondern auch eine Mitgeschöpflichkeit... Wie der Mensch seine Mitmenschen als seine Nächsten zu Linken hat, so soll er seine Mitkreaturen behüten und bewahren, Tier und Pflanze, Wasser und Stein als Gottes Eigentum achten, das Gott ihm zur Verfügung gestellt hat". [4]

Das mag zu thetisch und zu undifferenziert formuliert erscheinen, d.h. ohne Benennung der spannungsreichen Güterabwägung zwischen dem Wohl des Menschen und dem des Tieres etwa, der Grenzen von Mitgeschöpflichkeit, ohne Berücksichtigung des Problems von Nähe und Entfremdung zwischen Mensch und Mitgeschöpf, von naturwissenschaftlichen Argumenten und Einwänden, von Sachzwängen durch Gesellschaft, Völkergemeinschaft und Interessen; bei genauem Hinhören jedoch enthalten die Schlußsätze bei G. Friedrich beträchtliche Herausforderungen zur Umsetzung: Die Absage an Anthropozentrik und an einen Spezies-Egoismus durch die ungewöhnliche Gleichsetzung von Mitmenschlichkeit und Mitgeschöpflichkeit und durch die Charakterisierung der Kreaturen als Gottes Eigentum und als Ausdruck des mächtigen Jas zur Schöpfung bedeuten revolutionäre Änderungen in Beziehung zu den Tieren im Labor, in den Ställen, bei Transporten, in der Vermarktung bis hin zum Konsum. Daß der Schöpfer uns dieses Eigentum zur Verfügung gestellt hat, öffnet nicht mehr die Tür zur Ausbeutung.

2.13. Eugen Drewermann

Was Friedrich und Drewermann verbindet, ist das gründliche   Eruieren der Ursachen für die Abkehr von Mitgeschöpflichkeit und die Erwartung einer an die Substanz gehenden Veränderung. Aber Drewermann ist skeptischer, was die Wende mit Hilfe biblischer Erkenntnis angeht.

Dem Paderborner katholischen Theologen und Psychoanalytiker bzw. Psychotherapeuten annähernd gerecht zu werden, ist aus mehreren Gründen schwierig: Er ist unbestritten einer der engagiertesten Tierschützer und -ethiker und gilt zu Recht als Sprecher eines radikalen Umdenkens im Zusammenleben mit den Mitgeschöpfen und eines veränderten Lebensstils unter Wahrung der Würde der leidenden Kreatur. Zugleich ist er einer der unerbittlichsten Kritiker der Naturfeindlichkeit in Theologie und Kirche, dem man um des genannten Zieles willen gerne folgen würde, wäre dieses ohne gedankliche Gewaltanwendung gegenüber Bibel, Kirchengeschichte und Judentum möglich.

Wohlverstanden, es geht nicht um Rettung des hebräischen Denkens oder neutestamentlicher Texte wider intellektuelle und existentielle Redlichkeit, auch nicht um Scheu auf dem Hintergrund der Shoa - obwohl diese keiner weiteren Begründung bedürfte - , sondern gerade um diese intellektuelle Redlichkeit. Schließlich wirken sich erschwerend die Fülle des Stoffs und die Widersprüchlichkeiten in den Aussagen selbst aus. In der Beurteilung der Lage kann es kaum Widerspruch geben: Daß wir "in Jahrzehnten Verhaltensweisen ändern" müssen, "die sich im Verlauf von Jahrmillionen aufgebaut haben", daß "die Reste einer noch intakten Natur vor jedem Zugriff des Menschen" geschützt werden müssen, daß eine neue Geschwisterlichkeit mit all unseren Mitgeschöpfen entstehen muß und wir sowohl neue Wahrheiten entdecken werden als auch entsprechende Entscheidungen treffen müssen" [1] .

Doch: worauf gründet sich die Erwartung, daß die Geschwisterlichkeit, die Drewermann mit den eindrücklichen Worten Kazantzakis beschreibt, eine Form von Religion heraufführen wird, "in welcher Natur und Geschichte, Oekologie und Oekonomie, Welt und Mensch, Unbewußtes und Bewußtes, Gefühl und Verstand, Frau und Mann, Leib und Seele eine Einheit bilden könnte" [2] ?

Vergißt der Autor, daß es schon vor ihm warnende Propheten gegeben hat, nicht nur alttestamentliche und christliche, sondern auch "säkulare", die nicht weniger beredt waren und doch nur vorübergehend aufschrecken, aber eine Entwicklung ins Verheerende nicht verhindern konnten? Warum sollte man gerade auf ihn hören? Was führt zur Metanoia? Und schließlich: was ist das für eine Religion, die alles in sich vereint und der Drewermann zutraut, daß sie evtl. weniger aggressive Menschen hervorbringt? [3]

Hier und auch in seiner späteren Veröffentlichung, "Die Spirale der Angst" [4] zeigt sich durchgängig als Problem und als Ursache von Widersprüchen und illusorischen Hoffnungen, daß Drewermann den biblischen Begriff Schöpfung - und nicht nur den Begriff - verläßt, um von Natur zu reden, daß er der hebräischen Bibel Natur- und Tierfeindlichkeit anlastet und Texte seiner Prämisse, sprich: seinem antijudaistischen Vorverständnis opfert.

So charakterisiert er den biblischen Schöpfergott als "absoluten Patriarchen" [5], reduziert den Lobpreis der Schöpfung auf Ps. 104 - und der ist auch noch eine Nachdichtung des Sonnengesangs des Pharao Echn-aton [6] - und behauptet eine einlinige Anthropozentrik bis zu Paulus. Auch Rö. 8,19 ist ein radikaler Ausdruck dieser Anthropozentrik. Drewermann beschränkt die Aussagen über die Schutzbedürftigkeit des Tieres vor Rohheit und Gier auf Prov. 12,10 bzw. Dt. 25,4 [7]. Daß dabei gesetzliche Vorschriften einschließlich des Sabbatgebotes, Aussagen über den Schutz Gottes für Tiere, über die Nähe von Mensch und Tier neben den Aussagen über das Fremde und Feindliche übergangen werden, hängt mit der Focussierung auf dieses Thema zusammen.

Gesetzestexte allein bekunden zwar noch nicht die Integration oder Nichtintegration des Tieres in das menschliche Leben und theologische Denken; aber selbst das merkwürdige Schweigen der Mehrzahl von Texten zu tierischem Leid (s.o.) sind als Indiz nicht ausreichend, wenn auch belastend genug. Drewermann schränkt seine Kritik am fatalen Gebot Gen. 1,28, bei dem er die Wirkung mit der Ursache vertauscht, d.h. die verhängnisvollen Konsequenzen nicht den Interpreten, sondern dem Text und damit dem hebräischen Denken anlastet, insofern ein, als er den Redaktor positiv dafür verantwortlich macht, eine andere Stimme eingefügt zu haben: die des Jahwisten [8].

Aus dem Einschub von Fragmenten in die Schöpfungsgeschichte wird immerhin eine platzgreifende Theologie im Alten Testament, der Drewermann zugesteht, daß sie am Anfang der hebräischen Geschichtsschreibung steht, und eine andere Sicht als P. hat: "Auch der Jahwist stellt den Menschen im gewissen Sinn in den Mittelpunkt der Schöpfung Gottes, aber anders als die Priesterschrift: Nicht um zu herrschen und sich auszubreiten, steht der Mensch im Zentrum der Welt, sondern um die Welt, die in der Einheit mit Gott wie ein Paradies sein kann, zu bedienen und zu bewahren" [9].

So sachgemäß die Beurteilung ist, so unverständlich und an der biblischen Intention vorbei lautet die Fortsetzung: "Nicht im Sieg über die Schöpfung wie über einen Feind, sondern in einer Art Gehorsam gegenüber der Natur sieht der Jahwist den Auftrag des Menschen" [10]. Wieder einmal gerät eine der Bibel fremde, aus der gegenwärtigen Diskussion entnommene Terminologie in die Darstellung; denn Gehorsam gegen die Natur gibt es im hebräischen Denken nicht, wohl aber Gehorsam gegenüber dem Schöpfer [11].

Es würde den Rahmen sprengen, an den Ausführungen Drewermanns in beiden Veröffentlichungen entlangzugehen. Doch drängt sich die Frage auf, ob eine verständliche Enttäuschung über Natur- und Tierfeindlichkeit der Bibel zu einer grundsätzlichen Antihaltung und schließlich zu Feindbildern führen muß; denn prophetische Texte über das durch den Menschen verursachte Leid, Aussagen über die Vorbildfunktion der Mitgeschöpfe u.v.a. bis hin zu Bildreden Jesu werden dabei ignoriert. Drewermann nimmt bei seiner Pauschalkritik an den christlichen Dogmatikern schöpfungstheologische Veröffentlichungen, die anderes aussagen, nicht ernst - ebensowenig Ansätze zu einer Tierethik, wie sie hier vorgestellt werden.

Er hat Recht:"Für die Bibel ist die Naturgeschichte nicht das umgreifende Terrain der Menschengeschichte, sondern umgekehrt: Die Geschichte Gottes mit den Menschen bzw. die Geschichte Gottes mit einem einzigen Volk unter den Menschen ist der Horizont, innerhalb dessen die Naturgeschichte zum entgötterten Ort des Machtanspruches Jahwes erklärt wird" [12].

Ähnlich, wenn auch mit anderen Worten wie Bund, Erwählung, Heilsgeschichte sagen es die theologischen Kollegen; nur daß sie sich nicht das Urteil anmaßen, damit sei eine verhängnisvolle Geschichte - von wem auch immer - in Gang gebracht worden und ihre Kritik daran, wenn überhaupt, weniger an den Urheber als an die Adressaten göttlichen Handelns richten.

Drewermann könnte einwenden, das sei nur zu verständlich, gehe es doch bei dem Vorrang der Heils- vor der Schöpfungsgeschichte immerhin um die Befriedigung der anthropozentrischen, sprich: egoistischen, auf die Erlösung bedachten Sehnsucht.

Eine Wertung des Beitrags von Drewermann zu einer Tierethik bleibt in der Aporie: Die eingangs getroffene Feststellung, es sei schwierig, dem Autor annähernd gerecht zu werden, könnte sich als nicht redlich erweisen: Der Versuch zur Annäherung sei nicht gemacht, statt dessen die Darlegung kontinuierlich in Frage gestellt worden.

Entgegnung: Nicht nur der erwähnte Einsatz des Theologen für die Mitkreaturen, sondern auch sein Bemühen, ihnen durch ständige Verweise auf andere Religionen, auf Philosophen wie Schopenhauer [13] , auf Dichter wie M. Claudius, F. Novalis oder Francis Jammes [14] gerecht zu werden, sein Bemühen , tiefenpsychologisch Phänomene zu deuten und Lösungsansätze von daher zu bieten, vor allem seine offensichtliche Liebe zu den Tieren nötigen mehr als nur Respekt ab. Sie rechtfertigen es, E. Drewermanns herausfordernde Veröffentlichungen als Denkanstöße für eine ethische Umsetzung zu behandeln. Trotzdem müssen noch einige Kritikpunkte zum Schluß benannt werden:

Seine Absage an ein Schöpfungsverständnis und Menschenbild wie das der hebräischen Bibel und des Christentums zu Lasten der Natur und seine Forderung, die Lehren des Christentums "von den tiefen Schichten der menschlichen Psyche her zu begründen und darin zu verwurzeln" [15] , führen in letzter Konsequenz zum Ende biblischer Schöpfungstheologie. Noch verheerender ist das Ergebnis seiner Kritik an der semitischen Gewaltbereitschaft und deren Niederschlag im Alten Testament: Es ist unverhohlener Antijudaismus, weniger ein Antisemitismus. Daß die hebräische Bibel voll von Grausamkeiten in Kriegen ist, kann man nur mit Erschrecken feststellen; es gibt m.E. auch keine Rechtfertigung, etwa durch die Charakterisierung als "gerechte oder heilige Kriege". Man darf und muß seine Betroffenheit m. E. öffentlich äußern dürfen.

Doch, wo bleibt die Redlichkeit, wenn nicht die Fülle anderer Texte, vom Pentateuch über die Weisheitsliteratur bis hin zu den späten Propheten, zur Sprache kommen? In "Die Spirale der Angst" [16] , die vor allem die Wirkung von Judentum und Christentum auf Aggressions- und Kriegsbereitschaft untersucht, aber im Zusammenhang steht mit der maßlosen Enttäuschung über Naturfeindlichkeit und Gefühllosigkeit gegen Mitgeschöpfe, spricht Drewermann vom kriegerischen Erbe der semitischen Religion in der Bibel. [17] , vom "außerordentlich gewalttätigen und rücksichtslosen Charakter" des Christentums "aufgrund seiner spezifisch-semitischen jüdischen Geistesart" [18] und von der "Kluft zwischen der rohen Aggressivität des A.T. und den Forderungen der Bergpredigt" [19] .

"Gewalttätigkeit gegenüber der Natur ist gewissermaßen nur die Außenseite der Gewalttätigkeit gegen sich selbst" [20] .

Konkreten Niederschlag findet Drewermanns Beurteilung des semitischen Menschenbildes und Naturverständnisses in seinen Reden zum Ausbruch des Golfkrieges [21] .

Die Überwältigung durch die Naturkatastrophen und vor allem durch das unsagbare Leid der Tiere kann und muß , gerade auf dem Hintergrund biblischen Redens von Gott, zur Theodizee-Frage führen.

Führt sie aber zu den genannten Analysen und Ansätzen wie bei Drewermann, so bewirkt sie genau das, was sie bekämpfte: Feindlichkeit und Aggressivität und bestätigt des Autors These: Zwischen der Grausamkeit gegen Tiere und der gegen Menschen besteht eine ursächliche Beziehung.

Es kann aber nicht im Sinne Drewermanns sein, wenn aus der Verurteilung der Erstgenannten eine wie auch immer untermauerte gegen die Angehörigen der verantwortlichen Religion (en) wird. Ungeachtet dessen bleibt E. Drewermanns Name mit dem Aufbruch zu neuer Mitgeschöpflichkeit und tierethischer Verantwortung verbunden.

V.2.14. Christa und Michael Blanke

Drewermann unter verschiedenen Aspekten - Beurteilung des biblischen Befundes, Schuldanerkennung ,Veranstaltungen, u.a. -nahestehend, ist das Pfarrerehepaar im hessischen Glauberg durch diverse Veröffentlichungen wie auch durch Aktionen als Ausdruck praktizierter Tierethik bekannt geworden.

Das Glauberger Schuldbekenntnis, der Arbeitskreis Kirche und Tiere - AKUT - mit seinem vor einigen Jahren zugeordneten theologischen Beirat und mehrere Gottes-

314

dienste mit Tieren, z.T. durch das Fernsehen ausgestrahlt, gehen auf die Initiative Blankes zurück. Dazu gesellen sich persönliche Rettungsmaßnahmen, für die der Pfarrhof Zeugnis ablegt.

Die jüngste herausfordernde größere Publikation trägt den Titel "Da krähte der Hahn - Kirche für Tiere? Eine Streitschrift"[1].

Streit hatten schon frühere Äußerungen und Aktivitäten ausgelöst, erst recht dann das Schuldbekenntnis.

Neben strittigen Formulierungen wie "unseren geringsten Brüdern, den Tieren" und "Tieren in unseren Kirchen und Gemeinden Raum zu geben" war es die kirchenge-schichtlich einmalige provozierende Titulierung "Schuldbekenntnis" gegenüber Tieren, die Widerspruch hervorrief.

Damit wird nicht nur die Jahrhunderte gelehrte und praktizierte Anthropozentrik in Frage gestellt, sondern vorausgesetzt, daß Tiere Würde und Rechte haben, die von Kirche und Theologie ignoriert wurden - ja, daß diese Lebewesen dem Menschen als Brüder und Schwestern nahestehen, weil sie Gottes Geschöpfe sind.

Die Tatsache, daß namhafte Theologinnen und Theologen im In- und Ausland zu den Unterzeichnern zählen, ist nach Meinung von Kritikern vermutlich mit schlechtem Gewissen, Verkennung naturwissenschaftlicher Ergebnisse, einer auch sonst zu beobachtenden Naturphilosophie bzw. -romantik oder auch mit unsachlicher, auf rein biologistischer Anschauung basierender Gleichmacherei, vielleicht sogar mit dem Verdacht einer Rückkehr zur natürlichen Theologie zu erklären.

M.E. ist im genannten Schuldbekenntnis ein mutiger Schritt nach vorn zu erkennen, ein radikales Ernstnehmen biblischer Aussagen über die Mitgeschöpflichkeit und ein "Befreiungsschlag" angesichts permanent relativierender und selbstberuhigender Verlautbarungen, vor allem aber ein überfälliges Komplement zu allen von der Kirche einhellig begrüßten Umweltaktionen, bei denen Tiere so gut wie nicht vorkommen.

Der Text ist nicht zuletzt eine Decouvrierung des menschlichen Egoismus und der leicht handhabbaren Spezies-Argumentation.

Kritisch ist anzumerken, daß einigen Veröffentlichungen im Umfeld von Akut Mängel anhaften, die, kirchengeschichtlich gesehen, meist mit Erneuerungen und Reformbe-wegungen Hand in Hand gehen - bis hin zu Häresien, die häufig unterschiedliche Aufbrüche flankierten [2]

Das gilt für Lied- und Gebetstexte aus Tiergottesdiensten und vor allem für die genannte Veröffentlichung, wäre es nicht ein im besten Sinn des Wortes von Herzen kommendes und auf Emotion wie Verstand abzielendes Buch mit einer geradezu missionarischen Tendenz.

Ungeachtet einiger Anfragen zur vermeintlichen Selbstgerechtigkeit, zum einlinig erscheinenden ethischen Anspruch und zur z.T.eigenwilligen Interpretation biblischer Texte ist festzuhalten,daß ohne das Ehepaar Blanke mit seinen auch andernorts veröffentlichen Beiträgen, seinen Aktionen gegen tierquälerische Haltung, Transporte, Vermarktung, mit seiner Öffnung der Kirche für Tiere - im buchstäblichen wie übertragenen Sinn - Öffentlichkeit, Kirche und Theologie nicht zum Aufhorchen und Umdenken herausgefordert worden und auch die im Anhang wiedergegebene Beschlußfassung der Kirche von Hessen - Nassau kaum denkbar wären. Die Forderung nach einem sachlich wie stilistisch moderaten Vorgehen verkennt, daß Ausbeutung und Mißhandlung der Mitgeschöpfe Zorn wecken.

Die Frage, ob Jesus Tierschützer war [3], beantwortet M. Blanke mit einem deutlichen Nein und verweist dazu auf entsprechende neutestamentliche Texte. Es spricht für ihn, daß er zwei Versuche, Jesus doch für den Tierschutz in Anspruch zu nehmen, um der Redlichkeit willen ablehnt. Fragwürdig ist dagegen, daß er a) das Alte Testament für eher tierfeindlich als -freundlich hält und dabei gewichtige Aussagen übergeht wie auch Texte von seinem Vorverständnis her exegesiert, daß er b) sich des tiefenpsychologischen Interpretaments (von Hanna Wolf u.a.) bedient [4], Jesus als Menschen mit schattenhafter Begrenzung deutet und somit als einen, der lernbedürftig ist.

In der Tat: Jesus bedarf unseres Rettungsversuches nicht, wohl aber bedürfen wir theologisch und intellektuell redlicher, den Kontext und die Intention der Verkündigung berücksichtigender Exegese, im Alten wie im Neuen Testament, und der Bereitschaft, Spannungen, Widersprüche und in unser Jesusbild nicht passende Textpassagen auszuhalten.

Dabei zeigt sich, daß wir gut beraten sind, wenn wir die biblische Sicht der Mitgeschöpfe ernst und in unsere Schöpfungsethik wie Praxis aufnehmen.

Das Glauberger Schuldbekenntnis mit seiner theologischen, seelsorgerlichen, oekumenischen und politischen Begründung ist ein wesentlicher Schritt hin zu einer neu-

316

en Sicht von Mitgeschöpflichkeit und eine unüberhörbare Anfrage an Kirche und Theologie. Es stellt einen wesentlichen Beitrag zu einer Tierethik dar.

2.15 Otfried Reinke

Unmittelbare Beziehung zwischen den Initiatoren des Glauberger Schuldbekenntnisses und dem seit einigen Jahren emeritierten Hamburger Pastoren gibt es nicht, wohl aber mittelbare, in der Erwartung nämlich, daß wir Repräsentanten der Tiere sind und als solche herausgefordert, Zeichen zu setzen.

Die Abhandlung von O.Reinke mit dem knappen Titel "Tiere" und dem Zusatz "Begleiter des Menschen in Tradition und Gegenwart" [1] gehört in das Kapitel Tierethik weniger wegen seines Abrisses über die Mensch-Mitgeschöpf-Beziehung in Geschichte und Gegenwart mit dem Schwerpunkt Tierbild [2] als wegen seines Ausblicks. Reinke charakterisiert die Ambivalenz: "Seltsame Verhaltenheit liegt über unserer Beziehung zu Tieren. Unausgewogen existieren nebeneinander innige Gemeinschaft zwischen einzelnen Menschen und Tieren und rationale abgeschnürte Verwendung von Vieh" [3] .

Der Millstätter Physiologus, dem er viel Raum widmet, ist ein buchstäblich anschauliches Beispiel für die tiefe Verwandtschaft zwischen Mensch und Mitgeschöpf und zugleich für die Andersartigkeit und hat seine Bedeutung auch in der visionären Erkenntnis und durch den Hinweis auf die "Transzendenz-Beziehung im Tier" [4] .

Es geht um das "Ergriffensein durch etwas, was uns unbedingt angeht", wie Reinke P. Tillich zur Definition des Glaubens zitiert [5] und damit auch um das Entgegenkommen Gottes.

Anknüpfend an Ambrosius , wonach Gott "im Naturleben eine Menge von Analogien zur Heilsgeschichte vorausgehen ließ", spricht der Autor, auch unter Berufung auf Luther, von der Einwohnung des Heiligen Geistes.

Sie ist die "Voraussetzung allen kontinuierlichen Daseins überhaupt, sie ist auch die Voraussetzung für alle vestigia Dei, alle Spuren Gottes in der Schöpfung" [6] .

Hier finden wir eine der erstaunlich seltenen [7] Aussagen über den Heiligen Geist als hermeneutischen Schlüssel auch für ein Schöpfungs- und damit Tier-Verständnis.

"Menschen und Tiere unterwegs" ist das letzte, auf die Begleitung abhebende Kapitel des bemerkenswerten Buches.

Es geht den Motiven tierschützerischen Verhaltens und den Aufgaben des Menschen gegenüber den Tieren und in einem ausführlicheren Beitrag dem Leiden aller Kreatur und ihrer Erlösung nach, nennt besonders Karl Heim und Reinhold Schneider als zwei unter der gegenwärtigen Lebensstruktur Leidenden. Von Partizipation und Antizipation ist die Rede.

Erstere ist nach Reinke "Teil des messianischen Auftrags der Christen" [8] .

Letztere bedeutet nicht Verwandlung der Schöpfung, wohl aber das Aufrichten von Zeichen.

"Weil wir von Gott die Erfüllung der Verheißung erwarten, brauchen wir nicht zu resignieren angesichts dessen, daß wir nicht mehr können, als Zeichen zu setzen.Aber diese sind uns aufgetragen. Und das ist im Hinblick auf unsere Mitgeschöpfe ein weites Feld.

Unser messianischer Auftrag [9] verlangt von uns, 'auch unter Opfern und Verzichten` [10] , so viel wie möglich für die Tiere zu erreichen" [11] .

Ebenbild Gottes sein heißt für Reinke, den Tieren gegenüber Repräsentant Gottes zu sein.

"Jedes Tier, dem wir Schmerzen lindern, das wir seinen Verfolgern entreißen, dem wir artgemäßen Lebensraum verschaffen, dem wir Gemeinschaft und Liebe schenken, bedeutet einen Vorgriff auf den Lobpreis aller Geschöpfe (Offbg. 5,13), der 'nach diesem` [12] ökonomisch und ökologisch geordneten Leiden erklingen wird.
Im Jüngsten Gericht, so lesen wir im slawischen Henoch-Buch, werden nur die Menschenseelen gerichtet, aber die Tierseelen sind unter ihren Verklägern. Noch wichtiger aber als ihr Klagen und Verklagen scheint mir zu sein, daß sie dort sein werden".
[13]

Wenn man diesen Ausblick sub specie aeternitatis nicht als pathetisch abtun will, ist er im Spannungsfeld des vielzitierten "jetzt schon und noch nicht" , vor allem unter Beachtung des Pneumas in der Schöpfung und des antizipatorischen Zeichens - auch das läßt sich nur dialektisch sagen - ein Monitum für tierethisches Handeln.

2.16 . Wolf Rüdiger Schmidt

Der Beitrag des Theologen und Redaktionsleiters beim ZDF zur Tierethik besteht mehr noch als in seinen beiden pubilizistischen Arbeiten[1] in seiner Initiative zu kritischen Sendungen über das Elend der Mitgeschöpfe, z.B. in Schlachttiertransporten, die bis heute anhält. Er hat auch die Übertragung der Fernsehgottesdienste mit Tieren aus Glauberg -siehe zu C.und M.Blanke - veranlaßt.

Mit ihm zusammen ist der Journalist und Kameraman Manfred Karremann zu nennen, der wiederholt unter Einsatz seines Lebens durch erregende Dokumente über Transporte, Haltung und Vermarktung von Tieren weite Kreise der Bevölkerung und zunehmend auch Politiker mobilisiert.

Da Medienbeiträge hier jedoch nur genannt, aber weder theologisch noch in ihrer gesellschaftlichen Relevanz und schon gar nicht in ihrer kaum redlich einschätzbaren Wirkung für eine Veränderung im Verhältnis Mensch: Mitgeschöpf gewertet werden können, seien die literarisch-theologischen Anstöße skizziert.

In der erstgenannten Publikation kommt W.R.Schmidt von der Beschreibung der gegenwärtigen Realität über die Feststellung vom "kompletten Ausfall der Ethik gegenüber dem mitmenschlichen Leben"[2] zum biblischen Sachverhalt.

Der Autor findet in der hebräischen Bibel - anders als etwa Drewermann- den Tatbestand,daß "Gott in, mit und unter den Geschöpfen...ist"[3].

Wie verheerend sich das, auch durch den Beitrag der Dogmatik, geändert hat, schildert Schmidt. Er nennt aber auch die Neuaufbrüche durch F.Blanke und vor allem G.M.Teutsch- Schweitzer und Drewermann hatte er schon ausführlicher besprochen- und schließt nach Darstellung der "zwiespältigen Praxis - das alltägliche Fleisch" mit dem Mysterium Tier

"Könnte es sein....,daß ein mystisches Verhältnis zur Schöpfung eine Wirklichkeitswahrnehmung fördert,die mehr sieht, als es die alltägliche Sprache zuläßt? Daß der fromme Mensch vom ´Mysterium Tier` mehr erkennt als der andere? Nicht der Fromme im Sinne der Lehre,der Moral,der priesterlichen Befolgung des Gebotenen,der Rechtgläubigkeit: fromm eher im Sinne der mystischen Verdichtung des Schöpfers und seiner Schöpfung, des Sehens mit dem ´dritten Auge´"[4].

Merkwürdig, daß wieder ein Autor [5] im Spirituellen, um es abgekürzt zu nennen, die Ermöglichung eines Neuaufbruchs sieht.

In seinem zweiten Buch gipfelt Schmidts Aufsatz in sieben Leitsätzen zu einer Tierethik. Da Tiere eine eigene Würde und eigene Lebensrechte haben - der Autor fordert m.w. kein Tierrecht im bis dato schwer greifbaren und realisierbaren Sinn der Tierrechtsbewegung - ,hat der Mensch dem durch Förderung, Pflege und Respekt Rechnung zu tragen.

Vernünftigkeit allein kann kein Kriterium bei der Beurteilung und Eingrenzung, vor allem aber nicht in der Legitimierung von Tierversuchen sein, vielmehr das Ziel der Leidminderung. Es muß auch die Schlachtpraxis - vor allem die meist unzureichende Betäubung - radikal ändern.

Konkretionen des Tierschutzgesetzes sind unter dem Aspekt der Mitgeschöpflichkeit zu überprüfen und ggf. auch als Täuschung zu entlarven.

Die auch wissenschaftlich unterstrichene Nähe von Mensch und Tier bedeutet, daß Nutztiere nur begrenzt zur Verfügung stehen, und daß der Bewertung der Tiere als Sache entgegenzuwirken ist.

Die Tierhaltung bedarf strengster Auflagen. Tiertransporte sind auf den nächsten Schlachthof hin zu orientieren, alle übrigen zu verbieten.

Wenn schon nicht vegetarische Lebensweise, so doch eine drastische Reduzierung des Fleischverbrauchs ergeben sich aus dem Leitsatz "Ehrfurcht vor dem Leben".

In einer komplexen Industriegesellschaft sind die Vergehen am Tier publik zu machen, damit durch Erschrecken und Bedenken der Nähe zum Tier wieder die "Unerklärlichkeit des Lebens" [6] ins Blickfeld rückt- auch um des Menschen willen.

Zum Schluß fragt W.R.Schmidt: "Gehen wir wirklich zu weit, wenn wir die `Kategorie des Heiligen`(Hans Jonas) wieder auf die Welt der Tiere beziehen? Wer die prinzipielle Heiligkeit auch des Tierlebens nicht achtet, könnte am Ende auch den Menschen und sich selbst in seiner Würde und seinen eigenen Rechten nicht verstehen... Es wäre in der Tendenz das Ende einer artübergreifenden Humanität"[7] .

Schmidts Beitrag mag den Rahmen "schöpfungstheologischer Aussagen der Gegenwart" verlassen, fraglos basieren jedoch seine Konsequenzen auf solchen, die im einzelnen zu eruieren hier nicht sinnvoll schien.

2.17. Katholische Theologen:

2.17.1. Vorbemerkung

Obwohl J.Bernhart und E.Drewermann bereits behandelt wurden und sich bei den folgenden Theologen nicht jeweils konfessionell - Spezifisches ergibt, sollen die vier Genannten wegen der zeitlichen Nähe ihrer Veröffentlichungen nacheinander dargestellt werden, auch um deutlich zu machen,daß Mitgeschöpflichkeit keine protestantische Wiederendeckung ist.

2.17.2 Hubertus Halbfas

"Wenn der Mensch nun seine Verwandtschaft mit allen Lebewesen- und letztlich die eigene Leiblichkeit verdrängt, verdrängt er auch seine Kreatürlichkeit und zugleich seine Endlichkeit.

Er verliert jene fromme Demut, die ihn solidarisch macht mit dem Schicksal von Pflanze und Tier. Zumal mit dem Schicksal jenes Lebens, das beendet wird, damit er leben kann."

So der in Reutlingen emeritierte Religionspädagoge in dem Lehrerhandbuch 2 unter der Überschrift "mit Kindern die Natur erleben"[1] .

Er hat sich mit einer Reihe religionspädagogischer Arbeiten auch im evangelischen Raum einen Namen gemacht und ist als ein mit der Mitgeschöpflichkeit Befaßter fast ein Unikum unter den religionspädagogischen Kollegen, was umso befremdlicher wirkt, wenn man Halbfas und auch Egon Spiegel [2] zustimmt, daß Kinder ein unmittel- bares Verhältnis zu den Mitgeschöpfen auszeichnet.

Halbfas macht für dieses Phänomen - und das ist als erstes bedenkenswert - u.a. Form und Inhalt des gängigen Biologieunterrichts verantwortlich, der der Warnung landwirtschaftlicher Interessenverbände zu folgen scheint, wonach keinesfalls "Liebe zur Natur" Ziel und Gehalt ausmachen darf; vielmehr sei die Behandlung wirtschaftlicher und technischer Probleme vorrangig [3].

Demgegenüber lauten die pädagogischen Ratschläge von H. Halbfas: "Lehre weniger Sachwissen und teile mehr von deinen Gefühlen mit" und "Nimm alle Empfindungen der Kinder positiv auf". [4]

Vorrangig sind Sehen, Fühlen, Riechen; und wichtiger als das Ergebnis ist der Prozeß.

Schließlich: "Aller Umgang mit Pflanzen und Tieren soll von Freude geprägt sein".

Der Autor [5] schätzt allerdings die Tatsache, daß Kinder in ländlichen Gegenden wie selbstverständlich mit Tieren groß werden, in ihrer Bedeutung für einen liebevollen Umgang mit anderen Kreaturen realistisch ein: Vermarktung eines Tieres ist trotz langjähriger Freundschaft weitgehend selbstverständlich.

Weil andererseits das Kind bei Tieren Abhängigkeit und Schwäche erlebt und es selbst lange Zeit in der gleichen Position ist, findet schneller eine Identifikation statt als bei Erwachsenen - ein weiterer Baustein für Tierethik. Ein dritter könnte sein, daß ein Kind das Tier ursprünglich als "beseelt" erlebt [6].

"Es versteht intuitiv , daß sie dem Menschen verwandt sind, daß sie leben wollen und Schmerz und Freude, Angst und Trauer empfinden".[7]

Mit B. Brockmann, der Verfasserin des eben besprochenen Kapitels, teilt Halbfas das Urteil, daß objektivierende Betrachtung zur distanzierten Haltung führen kann und damit emotionaler Verbundenheit und subjektivem Erleben im Wege steht. Am Ende des Beitrages wird auf Reinhold Schneider - "wie Kain nach seinem Bruder Abel gefragt wurde, so werden wir nach unserem Bruder Tier gefragt werden" - und auf Franz von Assisi verwiesen: "Tue den Mund auf für die Stummen" [8].

Der eher beziehungstheologischen und didaktischen Erörterung folgt nach der Behandlung anderer emotional erfaßbarer Erlebnissphären [9] eine schöpfungstheologische Erörterung der Beziehung Mensch und Tier.

Auf dem Hintergrund frühgeschichtlicher Verbundenheit und der heute noch gelebten Beziehung in anderen Religionen fällt Halbfas´ Urteil über den jüdischen Beitrag, besonders den priesterschriftlichen, ähnlich negativ aus wie bei E. Drewermann[10]. Er folgt - m.E. vorschnell - dessen Verdikt über das nahezu völlige Fehlen tierschützender oder fürsorglicher Aussagen, bleibt skeptisch gegenüber einer die Verantwortung betonenden Exegese von Gen. 1,28, betont die totale Profanisierung der Natur im

Alten Testament und die Mißachtung des Tieres in der Christentumsgeschichte gegenüber einer Tierliebe im indianischen und östlichen Zeugnis, um dann - zu Recht - die Entwürdigung des Tieres in Käfighaltung und Vivisektion anzugreifen. [11]

Halbfas kommt jedoch auf das "Fragment" über Adam und die Tiere, Gen. 2,19 f, die Rettung in der Arche und den Bund mit allen lebenden Geschöpfen zurück, um dann Beispiele der Bildenden Kunst zu nennen.

Für einen tierethischen Ansatz sind außer den o.g. Bausteinen wichtig: Die Namensgebung beim Jahwisten als ein sensibles Erfassen des Gegenübers [12] und der Bundesschluß zwischen dem Herrn aller Kreatur und dieser in ihrer Gesamtheit.

" Wer hätte gedacht, daß diese alte Erzählung noch einmal als Sinnbild unserer heutigen und zukünftigen Verantwortung für das gemeinsame Überleben wieder vor uns auferstehen würde?" [13]

Fragen werden zugleich zu Maßstäben des Handelns: Wird der gegenwärtige Mensch "ein neuer Noach sein, der mit seiner Familie den Tieren dienen und die lebendige Schöpfung im Geist der Arche erneuern will?" Die Arche zeigt den Menschen "die alte und doch wohl stets neu zu ergreifende Wahrheit, daß die Tiere nicht nur für den Menschen geschaffen sind, sondern der Mensch auch für die Tiere!" [14]

Franz von Assisi steht für andere Heilige, die im Laufe der Kirchengeschichte mit Tieren dargestellt wurden - in Kirchen als gemalte oder gemeißelte Botschaft - , und die Legenden um Jäger und Hirsch sind auch als pars pro toto zu sehen: Die Hubertus-Legende [15] bearbeitet nicht ein Berufsproblem.

"Wer die Symbolsprache ... zu lesen versteht, weiß, daß hier weder unverbindliche Poesie noch fromme Naturschwärmerei vorliegen, sondern einer der wenigen kostbaren Versuche, die Mitte des Evangeliums und die gesamte kreatürliche Schöpfung miteinander zu verbinden" . [16]

H. Halbfas bezieht sich auf die legendäre Frage des Christus: "Oh Hubertus, warum verfolgst du mich? ich leide auch in diesen Tieren, deren Not du mißachtest"

Die Wichtigkeit des Beitrags von Halbfas zu einer Tierethik kann nicht überschätzt werden, wenn man die Multiplikation des Lehrerhandbuches bedenkt und die Bereitschaft der Lernenden zum Umdenken i.p. Mitgeschöpflichkeit voraussetzt.

2.17.3. Hans Kessler

"Das Stöhnen der Natur - Plädoyer für eine Schöpfungsspiritualität und Schöpfungsethik" hat der Systematische Theologe in Frankfurt sein 1990 erschienenes Buch [1] betitelt.

Die Mitgeschöpfe werden dabei unter verschiedenen Einzelaspekten - Solidarität des Geschaffenen, Sonderstellung des Menschen, eigene Würde, Entdeckung Gottes in allen Kreaturen, Gottes Fühlen in den Geschöpfen, das Harren der ganzen Schöpfung und Konkretionen - thematisiert.

Der Beitrag enthält keine wesentlich neuen Gedanken gegenüber vergleichbaren Veröffentlichungen der letzten Jahre, ist aber insofern erwähnenswert, als er zur Überwindung der Trennung von geistig, geistlich und sinnlich beitragen und die Zusammengehörigkeit von Kontemplation und Aktion, Mystik und Politik,"die Vollgestalt einer religiösen und Glaubenskultur", [2] unterstreichen möchte.

Kessler nimmt Bezug auf die Weltversammlung für Gerechtigkeit, Frieden und Bewahrung der Schöpfung 1990 in Seoul und deren Einleitung des Vorbereitungsdokuments:

"Wir leben zwischen Sintflut und Regenbogen, zwischen den Bedrohungen des Lebens auf der einen Seite und Gottes Verheißung einer neuen Erde und eines neuen Himmels auf der anderen" [3].

Den bisher weniger vorgekommenen Gedanken soll nachgegangen werden:

Der Autor nennt den grundlegenden Unterschied zwischen Gott und Welt, Gott und Mensch heilsam, befreiend und wohltuend. "Denn nichts in der Welt braucht dann mehr vergöttlicht und bedingungslos verehrt zu werden, auch nicht der Mensch oder die Natur. Der Mensch darf froh und dankbar dieser endliche Mensch sein, der sich nicht selbst fundamental begründen und seinen Sinn erst erstellen muß, weil er fundamental begründet ist und einen Sinn schon hat" [4].

Aus der Solidarität von Mensch und Tier, aus der Verwandtschaft vor Gott und beider Nähe zu ihm ergibt sich, daß der Schöpfer sie nicht nur liebt, sondern leidet, wo sie umkommen, sagt Kessler unter Berufung auf Jona 4,10 f. [5].

Der Gedanke, daß Gott unter dem Leid der Tiere leide, findet sich verhältnismäßig selten, ebenso die Begrifflichkeit der Notordnung, die mit der Sintflut wegen des Menschen Bosheit in Kraft tritt.

In der Deutung der Ebenbildlichkeit des Menschen zitiert Kessler den litauisch-jüdischen Philosophen Emmanuel Lévinas, daß nicht nur aus dem Antlitz des Mitmenschen ein Blick und Anruf den Menschen erreicht, sondern daß auch andre Geschöpfe mich anblicken und "mich auf meine Aufgabe ´ansprechen´ können." Ebenbildlichkeit bedeutet nämlich, in ein besonderes Verhältnis zu Gott gerufen zu sein [6] ; und sie tritt am nacktesten hervor in unserem Verhältnis zu den Armen, Unwissenden, Macht- und Mittellosen [7] .

Die Idee vom Menschen ist abhängig von der Frage, welches Gottes Abbild der Mensch ist. Der schöpferische Geist Gottes, der creator spiritus, wohnt in radikaler Immanenz, die der radikalen Transzendenz des ganz anderen entspricht, in jedem Geschöpf, so daß ein Vergehen gegen ein Geschöpf ein Vergehen gegen den Schöpfer ist. Weil Gott in den Kreaturen präsent ist, müssen seine Spuren dort entdeckt, gehört , muß er in ihnen gelobt, geliebt und verehrt werden.

Franziskus lobt den Schöpfer für und durch alle seine Geschöpfe; d.h. sie sind Anlaß und Helfer beim Gotteslob.

Diese Sicht erkennt in den Tieren nicht nur die Nützlichkeit, deretwegen sie Gott lobt - wie etwa B.H.Brockes und zahlreiche   Repräsentanten der rationalistisch-aufklärerischen Volksfrömmigkeit des 18. Jahrhunderts, für die z.B. der Balg des Wolfes nützlich für den Frost und seine Glieder ebenso nützlich für die Arznei sind [8] .

Vielmehr gilt nach Kessler Mt. 25,31 ff., die Rede Christi im Weltgericht, auch im Blick auf die Mitgeschöpfe. Gott hält an seinen Kreaturen um ihrer selbst, nicht um des Menschen willen fest, bis es zur Befreiung nach Rö. 8,19 ff. kommt. Nach Kessler ist eine neue Pädagogik notwendig, in der zum Stillwerden, Einfühlen, Staunen und damit zu neuer Demut, zur Ehrfurcht vor allem Leben, zur Einübung in Freude, Dankbarkeit und neuer Bescheidenheit in der Lebenshaltung, zur Erinnerung und Wahrheit und zur Verantwortung und beharrlichem Tun des Notwendigen erzogen wird [9] .

Diese Aufgaben betreffen Familien, Gruppen und Gemeinden. Zu ihnen gehört auch die Wiederentdeckung des Sabbats.

Kessler stellt nebeneinander die anthropozentrische Umweltethik, den pathozentrischen Ansatz (von pathein = fühlen, leiden), die biozentrische Ethik [10] , die holistische (von holon = das Ganze: jeder Teil hat eine Position und Aufgabe) und die biblische

Schöpfungsethik. "Eine christliche Schöpfungsethik hat zur Grundlage die von Jesus erbrachte Vorgabe und seine Ethik der Barmherzigkeit gegen alles, was lebt und leidet (gerade das Geringste). Sie sprengt die Begrenzungen jedes rein anthropozentrischen Konzeptes, vertritt (mit dem pathozentrischen Ansatz) advokatorisch die Interessen der leidensfähigen Tiere, macht aber darüber hinaus (mit dem biozentrischen Ansatz) - in gestufter, keineswegs gleichmacherischer Weise - die verantwortliche Achtung, Schonung und Erhaltung allen Lebens in seiner je eigenen Würde und Schönheit zur Pflicht und zielt (holistisch) auf die Achtung, Schonung und Erhaltung der Erde und Natur als der geliebten Schöpfung Gottes überhaupt" [11].

Kessler gibt mit diesen einander ergänzenden Ansätzen, mit seiner sonst kaum anzutreffenden Interpretation von Ebenbildlichkeit, der Solidarität von Mensch und Tier und der eschatologischen Ausrichtung wesentliche Anregungen für eine überzeugende Tierethik.

2.17.4. Egon Spiegel

"Ich bin selbst in früheren Beiträgen zu tierethischen Fragestellungen die einzelnen Problemfelder (Industrielle Massentierhaltung, Tierversuche usw.) unter schöpfungstheologischen Gesichtspunkten angegangen, aber vielleicht deshalb nicht über denselben appellativen Stil hinausgekommen, der viele tierschützerische Beiträge kennzeichnet".

So der katholische Religionspädagoge an der Universität Münster in seinem Beitrag "Da Tiere eine Seele haben? Beziehungstheologische Grundlegung einer tierethisch akzentuierten Öko-Pädagogik" [1]

Weil Spiegel den schöpfungstheologischen Ansatz verläßt, die damit in der Regel verbundenen Imperative in Frage stellt - sind sie wirklich zwangsläufig? - und selbst einen anderen vorstellt, wird sein Ansatz hier skizziert. Als Religionspädagoge nimmt er zunächst Bezug auf den fast selbstverständlichen Umgang von Kindern mit Tieren- s.H.Halbfas- und auf deren therapeutische Wirkung - nicht nur auf Kinder.

Er leugnet nicht die Gefahr einer zu anthropomorphen Deutung tierischen Verhaltens. "Die Vereinnahmung des Tieres als sozialer Ersatzpartner geht dann zu Lasten des

Tieres" [2].

Noch aber spielt die Thematik Tierverbundenheit und -liebe in Religionsbüchern keine Rolle, mit Ausnahme von Hubertus Halbfas [3].

Das menschliche Bedürfnis nach Nähe und Geborgenheit begünstigt die intensivere Verbindung mit dem Tier, doch ist fraglich, ob dem tierischen Einfühlungsvermögen ein adäquates des Menschen entspricht. Mythen, Märchen, Romane und Heiligenlegenden, aber auch Tierpsychologie, Tiersoziologie u.a. geben Zeugnis von der Anlage und Bereitschaft der Mitgeschöpfe zur Kommunikation.

Wenn die menschliche Empathie auch unter- oder unentwickelt ist[4], so ist damit eine Beziehung von "du-evidenter Qualität" [5] doch nicht in Frage gestellt, wie Aussagen von M. Buber [6] und das Verhältnis von Heiligen zu Tieren zeigen.

Spiegel beruft sich für seinen beziehungstheologischen Ansatz nicht nur auf Texte wie Prov. 12,10; Ex. 20,10 oder Jes. 11,6, sondern auch auf Rö. 8,19 ff und Jesu "Beziehungshandeln" - s. Mt. 5,45 bzw. 5,5 -, das mit seinem Gewaltverzicht Modell sein kann: Es geht darum, "ob und inwieweit die göttliche Lebenskraft zu- und eingelassen wird". Auch A. Schweitzer ist hier einzuordnen, denn seine Maxime für verantwortliches Handeln "Ich bin Leben inmitten von Leben, das leben will", hat seinen Ursprung nicht in der gemeinsamen Erschaffung von Mensch und Tier, sondern in der Erfahrung.

Nach Spiegels Verständnis gehören Mensch und Tier zu einer Schöpfungsgemeinschaft; doch hat die Hervorhebung der Gottebenbildlichkeit eher zur Trennung und Unterschiedenheit geführt: Mensch und Tier existieren nebeneinander. Die "lebendige Erfahrung geglückter Mensch -Tier - Beziehung" [8] dagegen hat größere Überzeugungskraft als das Bewußtsein gemeinsamer Unsterblichkeit - so Drewermann.

Spiegel erinnert an einen Beichtspiegel aus Kindertagen, in dem auch nach der Behandlung bzw. Mißhandlung von Tieren gefragt wurde und verweist sowohl auf ähnliches im "Gotteslob" [9] als auch auf das Glauberger Schuldbekenntnis [10].

Eine Tierschutzerziehung, die den Zusammenhang von Fleischkonsum und Welthunger verdeutlicht, ist wie die Bewußtseinmachung der Nächstenliebe anthropozentrisch orientiert.

Spiegel geht es - unter Berufung auf Franz von Assisi [11] und Martin Buber - um Geschwisterlichkeit. Aus dem Staunen bei solch geschwisterlichem Umgang mit Tieren

wird ein Erkennen der göttlichen Quelle des Lebens und somit aus dem Beziehungs-
verhalten ein Beziehungshandeln.

Dieses nimmt den Freiraum des Tieres, sein Wesen und sein Freud- wie Schmerzempfinden ernst. Das Vertrauen in die geheimnisvolle göttliche "force vitale" [12] führt
zu einer neuen Mensch-Tier-Beziehung , die Spiegel in einer Skizze veranschaulicht.
Er listet eine Fülle von Themen für Kindergarten, Primarstufe, die beiden Sekundar-
stufen und für die Erwachsenenbildung auf. Der Tendenz, über dem Tierschutz Men-
schenrechte zu vernachlässigen, ist weniger durch das Wissen um eine Schicksalsgemeinschaft als durch das der "Allbeziehung" zu begegnen [13].

Spiegels Betonung einer beziehungstheologischen Grundlegung macht auf ein meist
übersehenes wichtiges Element der Tierethik aufmerksam

2.17.5. Waldemar Molinski

Der Wuppertaler Theologe, Hochschullehrer und Jesuit hat 1995 einen Beitrag über
"Die Stellung der Tiere in der Schöpfungsordnung" veröffentlicht [1]

Der Gedanke, daß es bis dato bei der Umweltdiskussion vorwiegend um unsere
"eigenen Gefährdungen" [2] ging, ist nicht neu, wird aber selten so deutlich formuliert
und hat vor allem in kirchlichen Gremien kaum Resonanz gefunden.

Der Verfasser stellt der anthropozentrischen und der biozentrischen Begründung für
einen verantwortlichen Umgang mit der Schöpfung den theozentrischen entgegen,
ohne den immer noch von der Würde des Menschen bestimmten Ansatz im Katholischen Katechismus (von 1993) infragezustellen.

Die Sonderstellung des Menschen läßt ihn vielmehr in den "im Einzelnen näher zu
bestimmenden echt menschlichen Bedürfnissen" [3] das Kriterium für die Nutzung der
außermenschlichen Schöpfung sehen und vom Eigenwert "der restlichen Schöpfung"
sprechen - ein weder durch Gen. 1, 26 ff noch durch andere Aussagen der hebräischen Bibel gedeckter Ansatz.

Wäre dieses der durchgehaltene Tenor des Aufsatzes, würde Molinskis Sicht keinen
Platz in Ansätzen einer Tierethik haben. Da er aber im Folgenden die Urgeschichte
vom Erfahrungshorizont der nachsintflutlichen Situation her versteht, die Sünde der

Menschen für das Leid und den Tod auch der nicht menschlichen Kreatur verantwortlich macht und den Schöpfungsbericht als einen "Ausdruck des Glaubens an die Güte Gottes" bezeichnet [4] und den Eigenwert aller Geschöpfe vom göttlichen Eigentum ableitet und anschließend zu recht den genannten Katechismus zitiert, der vom gottgewollten Eigensein jedes Geschöpfes spricht und vom Widerspiegeln der unendlichen Weisheit und Güte Gottes [5], entsteht ein Beitrag zur Tierethik.

Molinski geht so weit - unter Berufung auf Ex 20,8-11 par.; 23, 11f.; Lev. 25,7 u. Dtn. 25,4 -, die Tiere als "Wesen eigenen Rechts und eigener Würde" zu definieren [6], damit m.E. über den Aussagegehalt der Texte hinausgehend. Er relativiert diese These allerdings bzw. nimmt sie faktisch zurück, indem er die Respektierung des gewissen Eigenwerts der außermenschlichen Schöpfung einschränkt auf das, was mit der menschenwürdigen "Erhaltung und Entfaltung" vereinbar ist [7].

Dabei bleibt die Tierheit des Tieres biologisch wie theologisch auf der Strecke - oder doch nicht? Denn wenig später besteht für Molinski die Verantwortung des Menschen darin, "daß er der gesamten Schöpfung Gerechtigkeit widerfahren lassen soll und deshalb Gleiches gleich und Ungleiches seiner Eigenart entsprechend und somit unterschiedlich behandeln soll" [8].

Neben dem Prinzip der Liebe und Gerechtigkeit kommt nun auch die Barmherzigkeit ins Spiel. Molinski verweist auf die Eschatologie in Jes. 11,6 ff und die Erlaubnis des Fleischgenusses nach der Flut bzw. im Bund Gottes mit Noah.

Auch Rö. 8,18 ff wird genannt.

In concreto verlangt der theologisch begründete Eigenwert der Mitgeschöpfe Güterabwägung und Wertpräferenzen.

Auch darin ist Molinski zuzustimmen, selbst wenn der Grundsatz akzeptiert wird, der Einsatz sittlich falscher Mittel zur Erreichung eines sittlichen richtigen Ziels sei nicht zu rechtfertigen. Problematisch ist m.E. aber die Einschätzung, ein Consens sei zu erreichen, und "pragmatische Gegensätze bei entsprechendem Sachverstand der um notwendige Entscheidung Bemühten" ließen sich verhältnismäßig leicht überbrücken.

Dem stehen im Weg die Unvereinbarkeit von Aussagen des Kath. Katechismus [9], die eindeutig anthropozentrisch sind und die z.T. zitierten des Alten Testaments, eine zu positive Beurteilung des derzeitig gültigen Tierschutz-Gesetzes und die Erwartung, daß "Rechtsansprüche" der Tiere auf schonende Nutzung anerkannt werden könnten.

So sympathisch letztgenannter terminus zunächst berührt: ihm wird der Definition und der Realisierung wegen weitestgehend auch von Tierethikern widersprochen. Umorientierung ist dringend geboten [10]; sie müßte jedoch in einer konsequenten und damit überzeugenderen Vertretung des Gedankens der je eigenen Würde aufgrund der liebevollen Zuwendung des Schöpfers, des Beseeltseins der Mitgeschöpfe im Sinn der näphäsch und des Gefährte- und Freundseins der Tiere bestehen. Solange die Mitgeschöpflichkeit nur ein Begriff im Grundsatz des Tierschutzgesetzes ist und Tierschutz bzw. -ethik nicht im Grundgesetz verankert werden kann, ist das Reden von Rechtsansprüchen illusorisch.

Der Beitrag W. Molinskis zu einer Tierethik besteht darin, solche Ansprüche in Verbindung mit der eigenen Würde des Tieres avisiert, eine "absolute Leidensbegrenzung" [11] und die Bereitschaft zum Risiko bei Krankheit und Unfall gefordert und vom "Band der Zusammengehörigkeit aller Geschöpfe" gesprochen zu haben [12].

Es rächt sich aber, daß Molinski von den "Eigenrechten" der Mitgeschöpfe, ja sogar von "Rechtsanspruch" [13] zwar redet, aber im Sinn des Postulats, ohne sie theologisch überzeugend zu begründen, andererseits sie den Tieren abspricht, weil sie mit den Menschen "nicht gleichrangig in Kommunikation treten u. kooperieren können" [14].

Wo bleibt die Ableitung vom Mandat des Menschen als eines Ebenbildes Gottes, also von seinem Auftrag, für die Würde der Mitkreatur einzutreten und die Rechte stellvertretend "einzuklagen"?

Es bleibt in der Tat eine Spannung zwischen der Verpflichtung des Menschen sich selbst gegenüber und der Wahrnehmung jenes Mandats; sie darf aber nicht dem Versuch einer Harmonisierung geopfert werden.

Der Preis sind eine Verharmlosung des tierischen Leids - vor allem in dem Beitrag "Auch Tiere sind Geschöpfe Gottes - Überlegungen zum Tierschutz" [15] -, eine entsprechend ungenaue oder auch untheologische Diktion wie "unzweckmäßige Tierversuche" oder "in vernünftigen Grenzen sittlich zulässig" oder eine widersprüchliche wie "Tierschutz statt Tierrechte" [16], ferner eine Infragestellung einseitig "gesinnungsethischer Gesichtspunkte" und demzufolge die Etikettierung gewaltsamer Tierbefreiung und persönlicher Belästigung von Forschern als z.T. "verwerflich" [17].

Dieses Urteil ist nur dann akzeptabel, wenn ihm ein adaequates zu den täglich millionenfachen Grausamkeiten gegenübersteht. Andernfalls verliert das Reden von Würde und Recht noch mehr an Glaubwürdigkeit.

Es steht aber nicht nur Terminologie auf dem Spiel, sondern die Konsequenz aus biblischen Erkenntnissen, die m.E.nicht gewichtig genug dem Appell an den Sachverstand und an eine vom Selbstbewußtsein und von der Selbstentfaltung des Menschen geprägten Anthropozentrik gegenüber stehen.

Das geforderte Umdenken an den Anfang gestellt, d.h. als Kriterium für ethisch verantwortbares Handeln, hätte den Beitrag Molinskis noch überzeugender gemacht.

Der Gedanke, daß der Geist des Nichtverletzens und der Sanftmut zurückzugewinnen ist ,stellt neben den biblischen Aussagen ein überzeugendes Theologumenon dar.

2. 18. Beiträge von Nichttheologen:

2. 18.1. Vorbemerkung

Der Beitrag eines Nichttheologen wurde bereits dargestellt: der des Schweizer Völkerrechtlers Max Huber; Grund: es war eine ausschließlich an biblischen Aussagen entlang gehende Abhandlung.

Die im Folgenden skizzierten sind jeweils anders geartet.

2. 18.2. Carl Amery

"Wenn wir zum Abschluß unserer schmerzlichen Bilanz eine neue ethische Orientierung der Menschheit, zumindest ihres aktivsten und aggressivsten Teils, fordern, dann haben wir von der Tatsache auszugehen, daß noch nie die moralischen und ethischen Werte der Zeitgenossen so weit von den objektiven Anforderungen ihrer Epoche entfernt waren wie heute" [1] .

Eine solch radikale Analyse unseres Vergehens an Um- und Mitwelt ist ebenso wenig ein Beitrag zur Tierethik in nuce wie das entsprechende Postulat.

Und doch scheint mir die Erwähnung des "linkskatholischen" [2] Schriftstellers und seiner mehrfach aufgelegten Auseinandersetzung mit den Folgen des sich selbst mißverstehenden Christentums , der selten und wenn, dann eher ablehnend in der Literatur zur Mitgeschöpflichkeit genannt wird, [3] gerechtfertigt.

Die Gründe:

1. Im zitierten , z.T. polemischen Angriff auf die umweltzerstörenden Konsequenzen aus einem falsch verstandenen christlichen und kirchlichen Selbstbewußtsein läßt Amery einen Bartenwal an einer Konferenz der Paulusgesellschaft (in Marienbad) teilnehmen. Das Tier wird, zwischen Hoffnung und Entsetzen schwankend, Zeuge der theologischen Selbstdarstellung und der Verteidigung evolutionär notwendiger Prozesse. [4] Via negationis gibt der Verfasser seine Sicht fataler Anthroprozentrik zu verstehen.

2. Vor die "politischen Aussichten" stellt er den ethischen Ausblick.[5]

In ihm skizziert er nicht nur die Beiträge des Protestantismus, die devotio moderna mit ihrer Bedeutung für die Beteiligung der "kleinen Leute" am Heilsplan Gottes [6] , die Rolle von Leistungsethik und Konsumenten moral und die s.e. zu hohe Erwartung an eine religiöse Erweckung [7] , sondern spricht auch von einer "Ethik der planetarischen Verantwortung" [8] , der Chance einer totalen Krise und kollektiven Gemütserkrankung, der Bedeutung weltlicher Askese (= Training) in Verbindung mit Einübung verantwortbarer Existenzformen.

Dabei verläßt er zwar die biblisch-theologische Plattform und läßt auch die Mitgeschöpfe draußen vor; doch verstehe ich diesen Abschnitt in C. Amerys Buch als Hinführung zum abschließenden "Wort des abwesenden Gottes" [9].

3. Dieses geht über die Klage hinaus und wird zu einer Anklage.

Dabei bleibt es jedoch nicht, sondern wird zu einer Einladung, die Inkarnation Gottes neu zu verstehen als Beispiel und Vorbild, d.h. als Ruf zur Umkehr.

Umkehr aber beinhaltet Abkehr vom Glücksegoismus des Menschen und neue Hinwendung zur außermenschlichen Kreatur als den göttlich erschaffenen Geschwistern: "Geh hin, gib deine Untertanen frei und diene, wie ER gedient hat: Diene Deinen Brüdern und Schwestern Sonne, Mond, Ochs, Esel, Schimpansen, Ameisen, Bäumen, Regen, Tau" [10] .

Tierethik ist ohne Demut mithin nicht denkbar:

" Gedenke, daß Du Staub bist und zu Staub zurückkehrst; dann - kannst Du Mein Sohn sein" [11] .

332

Bleibt die Frage, ob diese Umkehr ohne die von Amery bezweifelte "Erweckung" nicht ein bloßes Postulat ist.

2.18.3. A.M. Klaus Müller

Wenn ein Physiker an dieser Stelle erscheint, so deshalb, weil sich seine Träume von der Wissenschaft verhältnismäßig mühelos und doch redlich in Leitsätze verwandeln lassen. Der Braunschweiger Autor von "Das unbekannte Land - Konfliktfall Natur" [1] (1931-1995) behandelt in seinem letzten großen Opus [2] zunächst die Beziehung Natur und Mensch, dann die von Ökologie und Ökosymbiose, ferner den Konfliktfall Natur und schließlich "die Schwelle", d.h. vor allem den Traum von der Wissenschaft. Etwa die Hälfte des Buches beschäftigt sich mit der "Abgründigkeit der Welt und dem Kreuz Christi".

Eine für ein verändertes Verhältnis zur Mitgeschöpflichkeit wichtige Erkenntnis scheint mir zu sein, "daß die narrative Form der biblischen Geschichten dem Leben gerechter wird und der biblischen Botschaft näher ist als der Begriffshimmel der Erkenntnisförmigkeit" [3].

Das Narrative, vor allem der hebräischen Bibel, würde die für eine Ethik unerläßliche Empathie - parallel zu den gegenwärtigen Beiträgen der audio-visuellen Medien - und damit das Verständnis für die Mitkreaturen fördern.

So verstehe ich auch K. Müllers Kritik an Bultmanns Entmythologisierung, die er mit G. Picht teilt.

Denn die vermeintliche Objektivität ist sowohl für den Kosmos der Physik als auch für die Existenz der Lebewesen "durch die Ganzheitsphänomene der modernen Physik und die ungelösten Rätsel einer letzten Einheit, eines 'zeitlichen Nichts' ... aufgehoben worden" [4]. Mit Jesu Kommen und Kreuzestod ist nach Müller die Vermischung von Heiligem und Profanem in der Welt ausgelöst worden; beseitigt aber ist nicht das Dunkel, das Grauen, die Gewalttätigkeiten. K. Müller fühlt sich Machovec mit dessen Herausarbeitung der "Nachtseite des Evangeliums" [5] näher als den Versuchen der Theologie, den historischen Jesus und den Messias bzw. den Auferstandenen identisch zu sehen.

Aber bei diesem Ja zur Nichtidentität, auch in seinem persönlichen Leben, bleibt der Autor nicht stehen.

Der Geist, der mit dem Ineinander von Leben und Tod zu tun hat, der läßt einen die Nichtidentität auch in der eigenen Biographie ertragen.

Müller: "Diese Nichtidentität ist kein Zeichen, daß es an 'Jesu Wind' mangelt, sondern sie ist eine Frucht dieses Windes" [6].

Der Wind, Geist Jesu, könnte die Antwort auf die Verlassenheit und die Trauer des modernen Menschen und die des Kosmos sein.

Der Autor gibt eine Antwort C.F. von Weizsäckers auf die Frage wieder, wie der Friede verwirklicht werden könne: Durch eine Erweckung [7].

Naheliegend, daß K. Müller den Pietismus mit seiner Betonung der Bekehrung nicht nur als eine historische Erscheinung meint.

Mit dem Lied von Bob Dylan, von Marlene Dietrich gesungen: "The answer my friend is blowing in the wind" gibt der Autor die Antwort auf die Frage, wie der Trauer und Verlassenheit des modernen Menschen zu begegnen ist. Er beruft sich dabei auf das Gespräch Jesu mit Nikodemus. [8] Demnach ist der Weg bis zu den eingangs erwähnten Träumen nicht so weit.

Aus dem Skizzierten läßt sich ein wesentliches Kriterium für Tierethik ableiten, dieses Mal focussiert auf den Umgang der Wissenschaft mit der zur Sache gewordenen Kreatur: "Ich träume von einer Wissenschaft, die in ihren Forschungsgegenständen nicht allein Nützlichkeit, Sicherheit der Erkenntnis und Verfügbarkeit, sondern zugleich Schönheit erblickt, und der es auch wissenschaftliches Ziel ist, Schönheit zu bewahren und zu vertiefen..." [9].

"Ich träume von einem Forscher, der die Geschöpfe der Natur in ihrer lebensgeschichtlichen Besonderheit und biographischen Unvertretbarkeit zu erfassen trachtet, der Wissenschaft als Kunst des dem Leben Gerechtwerdens betreibt, weil anders sie eine Lüge ist...." [10]

"Ich träume von einer Wissenschaft, der verstehende Teilhabe am Leben auch des kleinsten und unscheinbarsten Lebewesens mehr wert ist als seminaristische Gelehrsamkeit in distanzierter Isolierung vom Naturgeschehen" [11].

"Ich träume von einem Forscher, der so sehr Mensch ist, daß er vor sich selber erschrickt, wenn er die präparierende Methode des Erkennens wehrlosen Lebewesen aufzwingt, der in der Natur Elend zu erblicken vermag und den das Elend der gesamten Schöpfung nicht minder anrührt als das Elend des Menschen" [12].

Die Träume von K. Müller sind deshalb ausführlich zitiert worden, weil aus ihnen Handlungsmodelle für ethisch verantwortbaren Umgang mit den Mitkreaturen abzuleiten sind.

2.18.4. Mathias Schreiber

"Der Gerechte erbarmt sich seines Viehs" sind Überschrift und Tenor eines Beitrages des Hamburger Journalisten für ein Buch gleichen Titels [1]. Ausgehend von dem tierischen Talent "zur absoluten Nähe und Präsenz" [2], das dem Menschen wegen des stets gegenwärtigen Todesgedankens nicht zu eigen ist, und von zwei Zentralstellen zur gottgewollten Beziehung zum Tier, nämlich Ex. 20,10 und Prov. 12,10, [3] interpretiert M. Schreiber den Tierschutz unter Berufung auf den noachitischen Bund, in den die Mitgeschöpfe einbezogen sind.

Gottes Verhältnis zur Schöpfung korrespondierend, soll sich der Mensch anschauend, sagend, segnend, barmherzig und gerecht verhalten; das impliziert das verhängnisvoll mißverstandene "herrschen".

"Die menschliche Würde wird durch die geschöpfliche Würde, die der Mensch zu hüten hat, unendlich bereichert und geadelt - sofern er auch wirklich den Gestus göttlicher Fürsorge abbildlich nachvollzieht" [4].

Wie einen Scopus der Tierethik schlechthin formuliert Schreiber: "Die Tiere schützen zu dürfen ist ein Menschenrecht" [5].

Mit dieser Sicht des Tierschutzes als Erlaubnis verliert dieser den - nicht nur von E. Spiegel - kritisierten appellativen Charakter und wird einladend wie überzeugend.

An M. Huber illustriert der Autor, was "potentielle Partnerschaft" bzw. das "Du-sagen" bedeutet [6], an Karl Barth, was tierische Verborgenheit des Seins mit Gott bzw., ungleich herausfordernder, die Relation von innerem und äußerem Kreis der Schöpfung besagt [7].

Schreiber schätzt zwar die Chance, den Schritt vom Tier als Empfänger fürsorglicher Barmherzigkeit hin zum Mysterium gesetzlich zu verankern, als nicht gegeben ein, weil "reine Glaubenssache" [8], aber so gesehen hätte dieser Schritt m.E. einen Platz im theologischen Denken und kirchlichen Handeln.

Der Autor teilt mit Halbfas und Spiegel die Sicht, daß Kinder wissen, welch "herrlicher Kosmos von Gestalten, Gebärden, Lauten, Verhaltensweisen, Farben, Bildern, Geschichten" [9] die Tierwelt darstellt.

Der positiven Einschätzung des Tierschutzgesetzes von 1986 ist m.E. zu widersprechen, dagegen ist gerade die theologische Wertung des Mitgeschöpfs bei Schreiber eine Aufforderung an die Kirche zur Kurskorrektur und Erarbeitung einer entsprechenden Vorlage für gesetzgebende Organe. Oder ob es erst einer Katastrophe bzw. eines noch himmelschreienderen Unrechts bedarf, bis es zu einem Erwachen kommt?

Merkmale wie die skizzierten, nämlich der in der hebräischen Bibel überlieferte verbindende Bundesschluß im Verein mit der Einladung zu neuem Anschauen, Segen, barmherzigen Verhalten und Dankbarkeit für gemeinsamen Segen und nicht zuletzt ein neues Verständnis von Tierschutz als Erlaubnis, sind wichtigere Aspekte für Tierethik als das abschließende Urteil Schreibers über die verhängnisvolle Wirkung gegenwärtiger Agrarfabriken, es sei denn, sie wären heilsam schockierend: "Sie ersetzen des Menschen besten Trost gegen menschliches und geschichtliches Leid, das Naturbild, durch lauter Horrorszenen des Züchtens, Mästens, Schlachtens und Verwertens. Was das für die Seele des Menschen, für ihre schöpferischen Möglichkeiten wie für ihre Fähigkeiten zur Harmonie, auf die Dauer bedeutet, ist nicht abzusehen". [10]

2.18.5. Claus Eurich und die Schöpfungsgemeinschaft e.V.

Dem Anliegen und Ansatz von Matthew Fox ähnlich, [1] ist das leicht mißverständlich formulierte Buch "Aufruf zu einem neuen Orden" [2] des 1950 geborenen, in Dortmund

Journalistik und Kommunikationswissenschaften lehrenden Mitglieds einer ökumenischen Gemeinschaft zu sehen.

Der Untertitel "Gemeinsam für die Schöpfung - gegen die Ohnmacht und Resignation" ist deutlicher[3] ; denn es geht primär nicht um Werbung für eine Art Tertiärorden, sondern um Einladung zu Umkehr und Neuaufbruch im spirituellen Sinn und praktischen Lebensvollzug.

Einzelne Überschriften bringen das zum Ausruck: "Es gibt keine Rettung - nur ein Hindurch"[4] , "Kultur des Verzichts", "Widerstand als Bauen am Neuen" oder "Gott finden in allen Dingen".

Überzeugt vom Kairos, einmal im Sinn des Evangeliums vom großen Abendmahl (Luk. 14,16 ff), zum Andern als Absage an das Verschieben ins "leere Später"[5] , kann Eurich von der "Auferstehung der Kirchen" sprechen und dabei auch den für protestantische Ohren [6]ungewohnten Terminus "Kirche als Mutter" gebrauchen.

Unter Berufung auf Jesaja 30, 15 - "In Stille und Vertrauen liegt eure Kraft", - sagt der Autor in Übereinstimmung mit den Zielen und Praktiken der Ordensgemeinschaft ausdrücklich Ja zur Kontemplation , aber ebenso überzeugt Nein zur bloßen Innerlichkeit: "Maria Kontemplativa und Martha Aktiva" gehören zusammen[7] .

Das Urteil über die gegenwärtige Kirche ist hart: Sie ist unwesentlich geworden, weil sie sich eingerichtet und Entscheidendes verdrängt, aber nicht eingemischt hat. Ihre Bundesgenossin ist die billige Gnade.

"Erst in dem Streben nach teurer Gnade wird aus dem Evangelium mehr als eine reine Trostbotschaft und aus Kirche mehr als ein Verein zur Pflege religiöser Folklore"[8] .

Ihrem derzeitigen Charakter entspricht ihre "anthroprozentrische Blickstarre"[9].

Weil Gott lt. Eurich "Paar ist", die Schöpfung also männlich und weiblich, wird die Kirche ganzheitliche Schöpfungskirche sein.

"Gegenüber der Schöpfungsganzheit, dem Mysterium unseres und allen Seins, kann es nur Bewunderung und Dankbarkeit geben, tiefe Verbundenheit von Mensch und Mitgeschöpf, wahrhafte Schöpfungssolidarität. Auch das Leid der Kreatur gilt es empfindsam ernst zu nehmen; denn in früheren Phasen unseres Werdens hin zum Menschen war es unser eigenes Leid".[10]

Aufgabe unserer Generation ist es daher, neu mit der Erde leben zu lernen und für Harmonie wie Überlebensfähigkeit und Vielfalt einzutreten.

"Sicher ist es jetzt an der Zeit, daß wir die Bibel aus der Perspektive der Vögel, des Wassers, der Luft, der Bäume und der Berge, die in unserer Zeit die Ärmsten der Armen auf der Erde darstellen, neu lesen müssen"[11]

Hier ist m.E., um mit Eurichs Begriff zu reden, vor Blickstarre zu warnen und daran zu erinnern, daß Ethik unteilbar und das Elend nicht auf die außermenschliche Welt im derzeitigen Ausmaß konzentriert ist.

Eine prophetische Kirche wird auf die gute Nachricht und auf den Ruf in das verheißene Land hören, sich dem Aufruf aussetzen, im Glauben stärken und die Herzen trösten und festigen lassen für den Weg dorthin. Prophetisches Wirken ist also nicht historisch zu verstehen.

Daß Liturgie wiederum mit "geformtem Lebensrhythmus des Glaubens" [12] zu tun hat und nicht zu bloßem Hinnehmen verführt[13],wird sich bis in ethische, also auch tierethische Fragen hinein zeigen (s.u.).

Zum Leben des Erkannten bedarf es der Gemeinschaft, soll Liturgie zum Tragen kommen .Mit ihr beschäftigen sich die letzten drei Kapitel des Buches von Eurich.

Zu den sieben Regeln für die Gemeinschaft der interkonfessionell, zölibatär oder ehelich lebenden Mitglieder gehören neben der Hinwendung zur Schöpfung ,Einfachheit im persönlichen Lebensstil, Hören auf die Stimme Gottes, Geschwisterlichkeit Nicht verletzen einschließlich obligatorischem Fleischverzicht

Dieser Aufbruch mit seinen Konsequenzen für den eigenen Lebensvollzug und in nuce für unsere Gesellschaft ist ein wichtiger und hoffnungsvoller Bestandteil einer Tierethik

338

2.19. Anstöße zu einer Tierethik

2.19.1. Vorbemerkung

Die hier knapp behandelten Beiträge hätten auch in der Reihe schöpfungstheologischer Aussagen erscheinen können; da jedoch i.w. nur einige Gedanken oder ein spezieller Begriff zur Sprache kommen, sind sie an dieser Stelle m.E. richtiger plaziert.

2.19.2. Helmut Thielicke

Thielickes später und wenig beachteter Beitrag unter der Überschrift:"Wie stehen wir zu den Tieren?" [1] ist ein Beispiel, um mit E. Spiegel zu reden (s. dort), für den eher beziehungstheologischen als den schöpfungstheologischen Ansatz und im Kontext vorwiegend seelsorgerlicher Beiträge zugleich der Versuch, den Christen das Tier in seiner Bedeutung und mit seinen Empfindungen nahezubringen.

Bedenkenswert ist vor allem, daß Thielicke aus der Überlegenheit des Menschen seine Verantwortung für die übrige Kreatur ableitet, die er das "anvertraute Pfund" nennt [2], daß er aus der Benennung der Tiere (Gen. 2,19) vor allem das Rufen mit Namen, als Ausdruck von Gemeinschaft und Beauftragung mit Fürsorge und Liebe betont, ferner, daß er das Seufzen der Kreatur ambivalent versteht: Als Teilnahme des Tieres an menschlichem Leid wie auch als Ausdruck eigenen schmerzlichen und schmerzhaften Erlebens, schließlich, daß er das Töten und Experimentieren nur als mit Scham verbunden vertreten kann [3]. Thielicke stellt - wie viele inzwischen mit dem Verhältnis Mensch und Tier befaßte Theologen oder Verhaltensforscher - menschliches und tierisches Leid einander gegenüber.

"Wir Menschen können unserem Leiden einen Sinn geben. Und auch dann, wenn wir es nicht verstehen - ein Unterschied etwa zum Märtyrer, der gewürdigt ist, sein Leiden verstehen zu dürfen - wird uns der Schmerz doch eine Schule, in der wir den ´höheren Gedanken´ Gottes vertrauen lernen. Das Tier aber leidet, ohne durch Verstehen und Vertrauen getröstet zu werden" [4].

Die Erwartung, daß Thielicke aus dieser Erkenntnis oder gar Empathie Folgerungen für eine veränderte Beziehung, vielleicht sogar Abkehr von falsch verstandenen

Zwangsläufigkeiten oder gesellschaftlich bedingten Gesetzmäßigkeiten ableitet, wird enttäuscht.

Die Charakterisierung des tierischen Leids macht aber seine Erwähnung sinnvoll.

2.19.3. Jörg Zink

Der württembergische Theologe, Bibelübersetzer, Verfasser einer Fülle von Schriften und Büchern, Mitunterzeichner des Glauberger Schuldbekenntnisses [1], hat sich zur Mitgeschöpflichkeit wiederholt geäußert, am deutlichsten in "Kostbare Erde - biblische Reden über unseren Umgang mit der Schöpfung" [2].

Bereits mit dem Titel des Kapitels "Der Karfreitag der Tiere", den theologischen Geschmack vieler Christen verletzend, geht er über den Mystiker Friedrich von Spee hinaus, der den Mitgeschöpfen ein Mittrauern mit dem angefochtenen und leidenden Christus attestiert, indem er auf die Darstellung eines Pferdekopfes auf dem Leib des Gekreuzigten während des Kirchentages in Düsseldorf verweist. Er ordnet - unter Zitierung von Konrad Barner - die millionenfache Qual der Tiere theologisch der Passion Christi zu.

Die Projektion unserer eigenen menschlichen Konflikte auf die Tiere wird exemplarisch deutlich im Stierkampf.

"Wer je in Frankreich oder Spanien dem 'Fest' beiwohnte...., für den war der Karfreitag beklemmend nahe: Jener Tag, an dem der eine, der ein Mensch war, zugrunde ging, während die Spaziergänger sich an seinen Qualen weideten, jener Tag, der nicht aus feierlichen Reden und Gesängen bestand, sondern aus Schmutz, Elend, Gemeinheit, Qual und Tod" [3].

J.Zinks Rekurs auf Gen 22 und das Phänomen des Tieropfers bleibt unberücksichtigt.

Die bedrückende Erkenntnis, daß wir leben, weil andere Lebewesen für uns sterben, der Schöpfung gewissermaßen "eingestiftet" [4], bedeutet aber keine hinzunehmende Zwangsläufigkeit.- vgl. das zu Thielicke Gesagte -,vielmehr ist nach Wegen zu suchen, das Töten auf ein Minimum zu reduzieren, zumal es ohnehin nicht das Überleben einer hungernden Menschheit garantieren kann; und da die Bibel nicht von der

Welt als einer Gott los gewordenen redet, sondern von dem im Geschöpf anwesen-
den Gott, führt das Bewußtsein, in vielerlei Schuld an der Kreatur verstrickt zu sein,
den Christen dazu, unter der Last zu leiden, die er anderen ist, vor der Hand liegende
Aufgaben und Verantwortung wahrzunehmen, die Kraft einzusetzen, die vom Trost
durch die Liebe Gottes ausgeht, sich Selbstbeschränkung aufzuerlegen, mit Mut neue
helfende Gedanken und schöpferische Phantasie zu entwickeln und die Bereitschaft
aufzubringen, Sackgassen zu verlassen, die unangemessene Schuld bedeuten. [5]

Konsequenzen hat auch das Nachdenken über die biblische Namensgebung (Gen
2,15); sie ist als die Grundlage einer veränderten Beziehung zu sehen: Sie beinhaltet
den Respekt vor dem Anderssein der Mitkreaturen, das Zugeständnis eines Eigenle-
bens und einer Bewegungsfreiheit [6].

Zink geht darin über Thielicke hinaus, daß er nach den Konsequenzen von Erkenntnissen und biblischen Aussagen für unsere Beziehung zu den Mitgeschöpfen fragt .

2.19.4. Jürgen Moltmann

Ps. 104,29 f. ist für Moltmann die biblische Grundlage für ein Verständnis von
Schöpfung im Geist.

" Aus dem ständigen Zufluß des göttlichen Geistes (ruah) werden die Geschöpfe
´geschaffen ´ (bara), im Geist existieren sie, und durch den Geist werden sie
´erneuert ´(hadash)" [1]

Prov. 8,22-31 und Joh. Calvin versteht er in diesem Sinn.

"Ist der Heilige Geist auf die ganze Schöpfung ´ausgegossen´, dann schafft er die
Gemeinschaft aller Geschöpfe mit Gott und untereinander zu jener Schöpfungsgemeinschaft, in der alle Geschöpfe auf ihre je eigene Weise miteinander und mit Gott
kommunizieren" [2] .

Die biblischen Zeugnisse zeigen, daß der Mensch das letzte Geschöpf und insofern
das höchste ist, aber nicht "Krone der Schöpfung"; das ist der Sabbat.

Mit den Tieren verbindet ihn beseelte Leiblichkeit, vegetarische Nahrung und der
Segen der Fruchtbarkeit. Das Unterscheidende ist: der Mensch benennt die Mitgeschöpfe - damit entsteht eine Sprachgemeinschaft - , und er ist auf ihre Hilfe angewiesen.[3]

wiesen.[3]

Der Mensch ist "imago mundi"; und als Mikrokosmos repräsentiert er so den Makro-kosmos.; er ist priesterliches Geschöpfe und ein eucharistisches Wesen".[4]

Wird mit dieser Sicht Moltmanns nicht einer eben in Frage gestellten Anthropozentrik neu Vorschub geleistet, zumal die Menschen als imago Dei Gottes Herrlichkeit und Willen vertreten und vor der Schöpfungsgemeinschaft für Gott eintreten, also Stell-vertreter Gottes auf Erden sind?

Antwort: Der Mensch darf weder in der Schöpfungsgemeinschaft verschwinden, noch aus ihr herausgelöst werden. Er ist zugleich imago mundi und imago Dei [5].

Wenn diese Doppelfunktion als Antwort auf den Einwand nicht befriedigt, so ist doch m.E. die Interpretation "zu seinem Bild" statt "nach seinem Bild" die Unterstreichung, daß Christus als der Erstgeborene die imago vermittelt.

Die Wiederherstellung bzw. Neuschöpfung der Gottebenbildlichkeit, die Moltmann nicht nur an den Herrschaftsauftrag binden, sondern in dem er auch eine Erschei-nungsweise Gottes erkennen möchte, "ereignet sich in der Gemeinschaft der Glau-benden mit Christus". Sie werden imago durch Erwählung, Berufung, Rechtfertigung und Verherrlichung [6]. Der Sünder erfährt die Rechtfertigung und erwartet die Ver-herrlichung. Der Weg dazwischen ist von der Heiligung bestimmt, die der Rechtferti-gung folgt.

"Auch die Bestimmung zur Herrschaft über die Tiere und die Erde erscheint im mes-sianischen Licht des Evangeliums als das Mit-Christus-Herrschen der Glaubenden" [7]. Begründung: Ihm ist alle Macht gegeben (Matth. 28). So definiert sich das dominium terrae. Das imago Dei-sein hat mit der Gegenwart des Schöpfers zu tun. Als Kinder Gottes dagegen leben die Menschen von der Gegenwart der Gnade [8]. So ist es nur konsequent, wenn Moltmann von sozialer Gottebenbildlichkeit [9] spricht. Auf den Sab-bat als Fest der Schöpfung zurückkommend [10], definiert er ihn nicht nur als letztes Werk der Schöpfung - wie oben - , sondern als Annahme der Schöpfung durch Gott. Sie ist seine Umwelt; er ruht nicht nur von seinen Werken, sondern in ihnen. Er seg-net diesen Tag und macht ihn damit für alle seine Geschöpfe zum Segen.

Mit Jesus und seiner Auferstehung wird der gesamten Schöpfung ein ökologischer Ruhetag geschenkt [11].

Für eine Tierethik scheint mir aus dem mehr als knapp Skizzierten wichtig zu sein: Die Gemeinsamkeit von Mensch und Mitgeschöpf in der beseelten Leiblichkeit und im Segen Gottes, der den Sabbat als wesentliches Merkmal hat, die abgeleitete und damit soziale Gottebenbildlichkeit des vorletzten Schöpfungswerkes, das Verständnis des dominium terrae im Blick auf Christus als <u>der</u> imago Dei, die Definition des imago-Dei-Seins des Menschen aus seinem Wesen als Sünder und Gerechtfertigter, dessen Heiligung sich im Umgang mit der gesamten Schöpfung zeigt. Das Mit-Christus-Herrschen bedeutet in Verbindung mit diesen Merkmalen ein radikal anderes Verhältnis zur Mitwelt.

2.19.5. Klaus Koch

Auch für den emeritierten Hamburger Alttestamentler gilt, daß er keine Tierethik bewußt verfaßt hat, wohl aber bringt sein Aufsatz "Gestaltet die Erde doch heget das Leben - einige Klarstellungen zum dominium terrae in Gen. 1" [1] einige wichtige Aspekte zum Tragen.

Denn seine Exegese zu Gen. 1,28, d.h. seine Interpretation von רָדָה und כָּבַשׁ kann zu einer veränderten Sicht des Mensch-Tier-Verhältnisses verhelfen.

Koch stellt - mit den "kritischen unter den historischen Exegeten" [2] - fest, daß die gängige Auslegung im Sinne des mehr oder weniger brutalen Beherrschens der Tiere nicht zur V. 29 f folgenden Speiseverordnung passen will, die sowohl bei Menschen wie Tieren vegetarische Nahrung nennt. [3]

Sich des Problems der Spannung zwischen Auftrag und Lebensweise dadurch zu entledigen, daß man die V. 26-28 literarkritisch ausscheidet oder überlieferungsgeschichtlich von später verkoppelten "ursprünglich allogenen Traditionen" spricht [4], setzt einen Widerspruch voraus. Ist dieser aber gegeben?

Hier ist nicht der Ort, dem exegetischen procedere von K. Koch in toto nachzugehen. Das Fazit in einigen Sätzen mag genügen.

Neben dem Befehl רְדוּ כְבָשֻׁהָ; die beiden termini meinen Unterschiedliches, nämlich "gewaltsames Handeln", "aber allein gegenüber dem unlebendigen Boden" [5], hingegen רָדָה in der Regel "leiten", "herrschen" im Zusammenhang mit der Hirtentätigkeit.

Wichtig ist ferner,daß letztgenanntes sonst nirgendwo die menschlich-tierische Beziehung bezeichnet.

"Bei einem so reflektierten und auf jedes einzelne Wort bedachten Werk wie P. kann das kein Zufall sein". [6]

Entscheidender jedoch: Welchen Sinn macht die Übersetzung mit "niedertreten", wenn, wie o. festgestellt, alle Kreaturen zu vegetarischer Lebensweise angehalten werden? So reicht lt. Koch auch die abschwächende Interpretation durch H.W.Wolff nicht aus, daß sich das Beherrschen wesentlich im Züchten und Zähmen äußert. Denn einmal machen die zu domestizierenden Haustiere nur einen geringen Teil der Fauna aus; andererseits kann kaum an die Zähmung von Wildtieren und Fischen gedacht sein.

Fazit: "Wie immer man es wendet, רָדָה will sich nicht in die Zwangsjacke 'niedertreten' einfügen, welche die Exegeten über den Text stülpen". [7]

Bringt man nun das Ergebnis der Überlegung mit dem Kontext V. 29 f, also mit dem Nahrungsgebot, zusammen, ergibt sich für die Deutung ein neuer Inhalt: רָדָה würde darin bestehen, "für die Nahrung der Tiere zu sorgen und ihren Lebensraum zu sichern - eine Anordnung , die im Nahen Osten besonders einleuchtet, weil der Gegensatz zum Kulturland nicht die Wildnis, sondern die Wüste ist, also auch die 'wilden' Tiere im Umkreis des ersten sich normalerweise aufhalten". [8]

Was folgt aus diesem Exkurs in die Exegese der termini und ihres Kontextes für die Tierethik? Wenn Mensch und Tier dem gleichen Bund angehören - der Noah-Bund nennt die Mitgeschöpfe nicht beiläufig, sondern fünfmal (V. 10, 12, 15-17) [9] in V. 10, so spricht dieses für eine Schicksalsgemeinschaft, ja Lebenseinheit.

Daraus ist abzuleiten, daß eine Beliebigkeit im Umgang mit den Tieren ausgeschlossen, vielmehr solidarisches Verhalten gefordert ist, eine Bundesgenossenschaft, die von צְדָקָה und חֶסֶד geprägt wird.

"Durch den Bund nach der Flut erhalten die Tierklassen einen Eigenwert, der niemals im Nutzwert für die menschliche Gesellschaft aufgehen kann und der über ihre den Menschen zugeordnete Stellung in Gen. 1 sichtlich hinausreicht". [10]

2.19.6. Adam Weyer

Zunächst Generalsekretär der evangelischen Schülerarbeit, dann Professor an der Universität/GH Duisburg, hat der 1995 Verstorbene m.W. zur Schöpfungstheologie wenig veröffentlicht. Die beiden vorliegenden Beiträge, ein Referat zu "Schöpfung und Vollendung" [1] und eine Bibelarbeit zu Ps. 104 auf der Landessynode der evangelischen Kirche im Rheinland (1991) rechtfertigen jedoch seine Nennung unter dem Titel "Tierethik".

In letztgenannter betont er das für Zeitgenossen Fremde: Die Einladung zum Lob Gottes nicht trotz der Bedrohung der Schöpfung durch Urgewalten und den Menschen, sondern auf dem Hintergrund dieses Wissens.

Der Psalmist lädt ein zu neuer Begegnung mit der Welt im Sinn der Wunder in Flora und Fauna und fordert uns heraus, in ähnlicher Weise wie er selbst "mit den Pflanzen und Tieren fürsorglich, liebend und zärtlich" [2] umzugehen und uns für Erhaltung und Bewahrung einzusetzen [3].

Ethisch relevant und hilfreich ist Adam Weyers Bild vom "großen Haus, das Gott für sich und für alle Schöpfung gebaut hat" [4].

Er hält diese Metapher durch und spricht von "Hausgemeinschaft" und "Hausordnung" [5].

Intakte Hausgemeinschaft ist nur durch Leben mit- und voneinander möglich.

Romantische Idylle aber ist dem Psalmisten fern; d.h. er weiß, daß Leben auf Kosten anderen Lebens ermöglicht wird - Hinweis auf Vers 21 -; das ist insoweit mit der Hausordnung vereinbar, als das Töten nur im Rahmen des bloßen Hungerstillens erfolgt.

Wesentliches Element einer Ethik ist m.E. die realistische und das heißt biblische Einschätzung des Menschen, m.a.W.: die Erkenntnis von der Versuchlichkeit zu Frevel und Sünde; daher das harte Urteil am Ende des Psalms über die Zerstörer der Schöpfung.

Haus, Hausgemeinschaft und Beachtung der Hausordnung sind Begriffe, die der anthropozentrischen Deutung und einem Verfügungsdenken wehren, somit Basis für eine Tierethik, die ein Leben der Geschöpfe mit ihrem Schöpfer und untereinander ernst nimmt.

Über die tödlichen Folgen des Verfügungsdenkens spricht Weyer in o.g. Referat, nachdem er die drei Wurzeln jener Weltsicht genannt hat: Vermeintlich grenzenlose Machbarkeit, die Anleitung zum Handeln ausschließlich durch die Ratio und die Fehlinterpretation des Herrschaftsauftrags.

Ohne das Bild vom Haus zu nennen, betont er das eigene Recht der nichtmenschlichen Welt [6] . Dabei geht er allerdings nicht auf die Problematik eines speziellen Tierrechtes ein. Zunächst einmal hat die Natur ein solches Recht, das die Naturwissenschaft ihr um so weniger streitig machen kann, als sie nicht die "ganze Wahrheit über die Natur" [7] aussagen kann. Weyer beruft sich auf K. Meyer-Abichs Forderung, natürliche Verhältnisse zu erhalten bzw. wieder herzustellen.

Die Änderung des Denkens schlägt sich in der Nomenklatur nieder: Immer noch reden wir von "Umwelt" statt von "Mitwelt" - ein verräterisches Symptom nicht überwundener Anthropozentrik [8] .

Weyer geht über das gebrauchte Bild hinaus, wenn er die Mitwelt als die / den "Nächsten" bezeichnet, "den wir lieben wie uns selbst" [9] - ein Kriterium konsequenter Tierethik.

Der Autor macht die Fehldeutung der Ebenbildlichkeit des Menschen im Sinne der Soteriologie als Vorzeichen vor der Schöpfungstheologie für die Entwicklung zu unbiblischer Anthropozentrik verantwortlich.

Die Schöpfungszeugnisse sind nämlich nicht Lehre, sondern Erzählung und darum offen für eine freiheitliche, d.h. nicht fundamentalistische und damit wissenschaftsfeindliche Hermeneutik [10] in unserer Zeit.

Wenn das Geschaffene Bruder und Schwester ist, erledigt sich das Reden von der "Krone der Schöpfung" von selbst, da die Auszeichnung des Menschen als imago Dei unlöslich verbunden ist mit der Verpflichtung zu geschwisterlichem Umgang. A. Weyer wendet des Paulus Bild vom Leiden aller Glieder (1. Kor. 12) auf die Mitgeschöpfe an - ein ebenso kühner Gedanke wie der, daß von Schöpfung reden heißt, "die Sakralität der geschaffenen Welt respektieren" [11] - neue Aspekte für eine Tierethik.

2.19.7. Martin Honecker

Als erster Systematiker bzw. Ethiker würdigt der Bonner Theologe die Tiere eines eigenen Kapitels [1] und sieht sie als Thema der Ethik. Honecker stellt die Frage, ob Tiere Rechte haben, ob es Unterschiede zwischen denen des Menschen und denen der Tiere gibt und antwortet: Das Tier ist ein "Tertium", also weder Sache noch Person, sondern "ein Lebewesen, das Schmerz empfindet und der Angst fähig ist". [2] Auf den Tierversuch angewandt, bedeutet das: einerseits ist der legitime Versuchszweck zu sehen, andererseits das empfindende Geschöpf. Fazit: Güterabwägung ist geboten.

Strittig ist, ob Tiere Rechtssubjekte, d.h. moralische Subjekte, sein können [3] Da der Personbegriff dem Menschen vorbehalten bleibt, der Unterschied zwischen Mensch und Tier nicht aufgehoben werden kann und eine "quasi-Personalisierung" ethisch fragwürdig ist, muß geklärt werden, " wer als Treuhänder der Rechtskreatur Tier legitimiert ist, wer für es handeln und klagen darf". [4] Ausführlicher geht Honecker auf die Tierversuche ein. Er benennt das Problem: "Haben vernunftbegabte Lebewesen ein sittliches Recht, mit Hilfe der nicht vernunftbegabten Lebewesen ihre eigene medizinische Situation zu verbessern? [5]

Antwort: "In der Ethik ist eine gewisse Anthropozentrik unausweichlich" [6] Ihr wird aber die Einschränkung beigesellt: Daß eine Reduzierung auf das "unumgängliche Maß" geboten ist.

Der Einwand stellt sich zwangsläufig ein: Wer kontrolliert dieses Minimum, wenn doch vorher konstatiert wurde, daß die Minderung menschlicher Krankheit und die Erhaltung menschlichen Lebens das höhere Rechtsgut gegenüber dem Leben des Tieres darstellt? [7] Zum Schluß benennt Honecker einen Dissens, der s.E. einem Glaubensstreit gleichkommt; er betrifft nicht nur das Pro und Contra Tierversuch, sondern den Gegensatz von ökonomisch-materialistischer Wertung des Tieres und emotionaler Verbundenheit mit allem Leben. [8]

Damit entläßt er den Leser mit dem Eindruck einer Aporie, die sich nicht nur bei dieser Einzelfrage, sondern bei allen angesprochenen Themen der Tierethik ergibt. Das ist intellektuell und auch existentiell redlich, aber wenig hilfreich.

Bedenkenswert ist ,daß Honecker - erneut- die Rechtsfrage stellt und auch im Blick auf Tierversuche nicht ohne weiteres ein höheres Interesse einklagt.

2.19.8. Lukas Vischer

Der Titel bereits "Mit den Tieren sein" [1] indiziert, welche Intention der Schweizer Theologe mit seinem Beitrag zur Tierethik verfolgt.

Dabei ignoriert er nicht, wie problematisch eine Übertragung der biblischen, resp. der hebräischen, Sicht der Gemeinschaft von Mensch und Tier in die Gegenwart mit erheblich anderen Fragehorizonten ist.

Denn zum Einen wirft das Alte Testament die Fragen nach Schmerzen, Grenzen der Tierquälerei, nach Tierhaltung und Tierversuchen nicht auf, zum Andern ist ihm das Tier als "Gegenstand der Wissenschaftlichen Erkenntnis, der Manipulation, vor allem aber der menschlichen Produktion und des Handelns" fremd [2].

Ist es daher nicht nahezu hoffnungslos, zu den biblischen Aussagen zurückkehren zu wollen, um Maximen für ethisch verantwortlichen Umgang mit den Mitgeschöpfen zu gewinnen?

Andererseits wird die Frage immer drängender, welcher Weg aus dem gegenwärtigen Desaster begehbar ist.

Korrekturen reichen nicht aus.

Daher stellt Vischer die Frage, ob eine neue Inspiration aufgrund der biblischen Sicht zu erwarten ist [3].

Damit begibt er sich in die Nachbarschaft einiger Vertreter des Pietismus oder auch des verstorbenen Braunschweiger Physikers Klaus Müller (s. dort) [4]. Wichtiger als die an sich begrüßenswerte Verhinderung äußerster Exzesse und als mildernde Maßnahmen im Sinne des Tierschutzes sind Reduzierung menschlicher Ansprüche, Respekt vor den Mitgeschöpfen und Minimierung der Gewalt ihnen gegenüber.

1.ist jede Anstrengung fördernswert, die Auffassung zu korrigieren, Tiere seien Objekte; 2. ist neu in den Blick zu nehmen, welche Opfer sie für uns bringen - und zwar nicht nur als Haustiere - und ihren Tod unseretwegen unmittelbar wahrzunehmen.

Das würde

3. ein echtes Erbarmen wecken [5].

4. "Die Rechte der Tiere können nur gewahrt werden, wenn der Mensch sich Zurückhaltung auferlegt und seine Ansprüche auf die Schöpfung reduziert" [6].

L. Vischer zitiert Basilius d. Gr. mit seinem Rat, in der "Armut wahrer Autarkie" zu
leben [7] und stellt die Frage nach der vegetarischen oder zumindest fleischärmeren
Lebensweise als einem Zeichen.

Das Fasten als Ausdruck des Friedens und der Dankbarkeit für das Opfer Christi
gehört mit dazu [8].

5. Schließlich ist der Auftrag der gesamten Schöpfung zu nennen, Gott zu preisen.
Vischer verweist auf Ps. 148: "Das Lob, das in diesem Psalm beschrieben wird, ist ja
das Lob einer Gemeinschaft von Geschöpfen, die um zu leben, aufeinander angewiesen sind. Sie preisen den Namen des Herrn im Bewußtsein, daß sie vergehen und im
Vergehen neuem Leben Raum geben. Auch der Mensch kann Gott nicht preisen,
ohne das Opfer in Erinnerung zu rufen, das in der Schöpfung gebracht wird" [9].

Damit kommt 6. ein Aspekt zum Tragen, der m.E. ein wesentliches Element für Tierethik ist: Das Sicht-bewußt-Machen, voneinander zu leben. Im Tischgebet wird dieses, wie Vischer meint, besonders deutlich. Er nennt auch die Elemente des Abendmahls. Dieser Gedanke verdiente, wenn er auch liturgisch zum Tragen kommen soll,
allerdings eine Vertiefung.

Abkehr vom Objektdenken, Bewußtmachung der Opferfunktion der Tiere, Erbarmen,
neue Lebensweise - bis zur Askese - , Lobpreis des Schöpfers, Lebensgemeinschaft
mit den Mitgeschöpfen sind wesentliche Elemente, die eine wenn auch verkürzte
Darstellung des Beitrags von L. Vischer nötig machen.

2.19.9. Alberto Bondolfi

"Mensch und Tier. Ethische Dimensionen ihres Verhältnisses" betitelt der Zürcher
Theologe, Präsident der Schweizerischen Gesellschaft für biomedizinische Ethik
seine Textsammlung zu den geschichtlichen Wurzeln, zu Tierrechten und Tierversuchen, zur philosophischen und theologischen Tradition und schließlich zur gegenwärtigen Diskussion.[1]

Daß wieder ein Schweizer zu Wort kommt, ist kein Zufall, zeigen doch Namen wie W.Vischer (s.Exkurs Gesangbuch), F.Blanke, K.Barth und der am Schluß genannte L.Vischer wie auch die Schweizerischen Tierschutzbestimmungen wie - bestrebungen, daß dort länger schon und zielbewußter tierethische Fragen behandelt werden.

Bondolfis Beitrag zur Mitgeschöpflichkeit besteht einmal in der Textvermittlung und der entsprechenden Literatursammlung selbst, zum Andern in der Erklärung wichtiger ethischer Grundhaltungen.

I.p. biblischer Befund sind die Nennung der Hirtenmetapher, der Segenstexte, der Kategorie des Bundes und der Stellvertretung sowie des messianischen Textes Mk 1,13 erwähnenswert.

Als einen Text von epochaler Bedeutung bezeichnet Bondolfi die Ausführungen Benthams zur Leidensfähigkeit der Tiere:

"Der Tag mag kommen, an dem der Rest der belebten Schöpfung jene Rechte erwerben wird, die ihm nur von der Hand der Tyrannei vorenthalten werden konnten"[2].

Aus den Richtlinien der Schweizerischen Akademie der Medizinischen Wissenschaft zu Tierversuchen seien zwei Sätze zitiert:

"Das Ethos der Humanität erwächst entscheidend aus dem Solidaritätsgefühl mit allen Kreaturen,die leiden" und "Das Recht, das der Mensch sich nimmt, Tiere zu nutzen, ist aber gekoppelt mit der Pflicht, den Mißbrauch dieses Rechtes zu vermeiden"[3].

Da Bondolfi seiner Textsammlung den Wunsch voranschickt,daß sie "einen bescheidenen Beitrag zur Verbesserung unserer Beziehung zur Tierwelt und zur Natur insgesamt leisten" möge[4] , mag der Hinweis auf sein Buch insgesamt als auf wichtige Erkenntnisse zur Mitgeschöpflichkeit genügen.

2.19.10.   Peter Beier

Die Predigt des 1996 verstorbenen Präses der evangelischen Kirche im Rheinland zu Psalm 148 auf dem Symposion "Mitgeschöpflichkeit - Tage für Tiere" in Wuppertal (1993) [1] wird, auf einige zentrale Aussagen verkürzt , kommentarlos - als Vermächtnis - wiedergegeben, ist sie doch die Verkündigung, die dem Wesen und Leiden der Tiere angemessen ist, und die in den letzten Jahrhunderten kaum zu hören war..

"Unter der Hölle der Menschen - die Hölle der Tiere".

Der Satz Max Horkheimers bedarf keiner Prüfung. Er ist wahr.

Legehennenbatterien, Schweinetransport von Warschau nach Mailand, Robbentotschlag, Tierversuche en gros, Waljagd, ein Hund, den man bei Antritt der Ferienreise auf der Autobahn aussetzt, der Elefant, ein Tonnenkadaver, irgendwo im afrikanischen Busch

Unter der Hölle der Menschen - die Hölle der Tiere. Da bedingt wohl eine Hölle die andere. Beide Höllen sind durch ein Wirrsal von Stollen und Gängen unterirdisch verbunden.

Das hängt zweifelsfrei miteinander zusammen: Kinder verstümmeln und Tiere ausrotten.......

"Sie sollen loben den Namen des Herrn, denn sein Name ist erhaben allein."

Aus beider Höllen Schlund stinkt das Hallelujah zum Himmel. Ich kann es nicht singen. Jedenfalls nicht so und nicht ohne weiteres. Denn die Ordnung, die Liste einer dem Menschen aus der Natur erkennbaren Schöpfungssystematik existiert womöglich nur in den Köpfen derer, die gegen Erfahrung und Augenschein und bei wohlständiger Gesundheit diese Welt immer noch für die beste aller denkbaren halten.

Während wir Hallelujah singen, tobt das Chaos, dessen kleiner, irrsinniger König der Mensch ist. Die Erde dampft stündlich, stündlich vom Blut der Tiere und Menschen. Wir sind Henker und Opfer in einem.

Es gibt nur einen Weg. Einen Ausweg. Jedenfalls für Christen. Jedenfalls für den Glauben. Den beschreibe ich so: Nimm den Psalm 148, nimm das große Hallelujah und die Erfahrung der Hölle und krieche zu Kreuz, krieche zum Kreuz, rette den Psalm und dich nach Golgatha, hefte das Psalmwort ans Holz und warte, was geschieht.

Der geschundene, zuschanden gemachte, ermordete Sohn, dein Bruder und der Bruder aller Mitgeschöpfe, der den Schrei der Kreatur schreit: Mein Gott, mein Gott, warum hast du mich verlassen - er spricht das Hallelujah für dich, er sagt das "Lobt ihn, ihr Himmel, lobe ihn Erde", stellvertretend für die Kreatur, deren Stimme im Blut und Tränen erstickt. Er ist in der Tiefe und hält dort Gott für uns fest.

Fortan ist die Tiefe, ist das Chaos nicht bodenlos, ist das letzte Wort über Schöpfung und Geschöpf noch nicht gesprochen. An der Seite des Gekreuzigten macht der Satz Sinn, der so unsinnig erscheint: "Wir warten eines neuen Himmels und einer neuen Erde, in denen Gerechtigkeit wohnt" . Der Gekreuzigte löst die Welträtsel nicht.

Aber er hebt sie zu sich ans Kreuz. Er hebt sie auf und nimmt die Last der Verzweiflung von unseren Stirnen. Der Schrei, den du schreist mit den Tieren, ist längst geschrien und soll - unvorstellbar und groß - in Lob verwandelt werden.

Das Stöhnen der Kreatur dauert fort. Aber dem Stöhnen ist Ziel und Ende gesetzt.

Das Ziel der Hoffnung, so wahr unser Bruder als Erster leibhaftig am anderen Ufer steht.

Wenn Auferstehung - dann Auferstehung der Leiber, was sonst?

Wenn Erlösung, dann Erlösung der Kreatur

Wer so in das Gotteslob einstimmt, singt nicht Falsett. Das Lob hat Konsequenz.

Laßt mich dazu im Themenrahmen dieses Symposiums etwas sagen:

1. Was allenthalben dem Fleisch angetan wird, wird Gott selbst angetan.

2. Wir sterben, wenn die Tiere sterben und die Bäume stürzen.

3. Staub, Materie, ist unendlich kostbar und von Gott geheiligt.

4. Das Quälen von Tieren und das Quälen von Menschen bedingen einander.

5. Wer den Bios zerstückelt, die eine Welt teilt, reißt sich selber mitten entzwei.

6. Gott der Herr wird in Jesu Namen das Lamm neben dem Tiger weiden lassen.

7 Es gibt Hoffnung.

2.19.11.   Zusammenfassung

"Die Tragödie des neuzeitlichen Menschen scheint zu sein, daß er das Fenster ,durch das ihm die Rettung zuteil werden könnte, ängstlich verschlossen hält, um sich ganz dem weiteren Ausbau seiner Welt zu widmen".

Wenn diese Charakterisierung v.Lüpkes[1] zutreffend ist, so darf man es als Verdienst der hier aufgeführten Theologen bezeichnen, daß sie das Fenster jeweils einen Spalt weit geöffnet haben. Die Summa der Aussagen bedeutet sogar: es ist ausreichend offen.

352

V. Anmerkungen zu schöpfungstheologischen Aussagen der Gegenwart

zu 2.1. Fritz Blanke

1 In: "Der Auftrag der Kirche in der modernen Welt". Festgabe zum 70.Geburtstag von Emil Brunner, Zürich u .Stuttgart 1959, S. 193 ff.

2 Hervorhebung von mir.

3 A.a.O.S. S.198.

4 Zitiert nach G.M.Teutsch, Soziologie u.Ethik der Lebewesen, Frankfurt 1975, S.,175.

5 A.a.O.S.140.

6 In neueren Schöpfungstheologien wird F.Blanke nicht erwähnt. M.Honecker nennt ihn allerdings in seinem Kapitel "Das Tier als Thema der Ethik", in: Grundriß der Sozialethik, a.a.O.S.268 u.271.

zu 2.2. Max Huber

1 "Mensch und Tier-Biblische Betrachtung", Zürich 1951.

2 A.a.O.S.3.

3 A.a.O.S.10.

4 A.a.O.S. 21.

5 . A.aO: S. 23.

6 A.a.O.S. 32 .

7 . A.aO.S.34.

8 Ebd.   .

9 A.a.O.S 73 .

10 A.a.O.S.82.

11 Vgl. dazu Skrivers Lösungsversuch (unten).

12 A.a.O.S.85.

13 Ebd.

14 A.a.O.S. 92

15 "Mensch und Tier .Ethische Dimensionen ihres Verhältnisses", Freiburg / Schweiz 1994.

zu 2.3. Marie Louise Henry

1 " Das Tier im religiösen Bewußtsein des alttestamentlichen Menschen", Tübingen 1958; neu aufgelegt im Sammelband "Gefährten und Feinde des Menschen", Neukirchen 1993; danach wird auch hier zitiert.

2 Vgl. ihre Veröffentlichungen: "Der jüdische Bruder und seine hebräische Bibel", "Die mit Tränen säen" und "Hüte dein Denken und Wollen", jeweils Neukirchen 1988,1992 u.1990.

3 Wie E. Drewermann, F. Alt u.a.

4 A.a.O. S. 20.

5 A.a.O. S. 21.

6 A.a.O.S.43.

7 Im Kap. "Der alttestamentliche Befund".

8 A.a.O. S. 61.

9 Ebd.

zu 2.4. Walter Pangritz

1 Verlag E. Reinhardt, München/Basel.

2 A.a.O. S. 53 ff.

3 A.a.O. S. 88 .

4 A.a.O. S. 95 ff.

5 A.a.O. S. 139.

6 Ebd.

7 A.a.O. S. 133.

8 A.a.O. S. 124.

zu 2.5. Joseph Bernhart

1 Weißenhorn 1987. Seine beiden anderen Arbeiten, "Das Leiden der Tiere in theologischer Sicht" (Universitas 13. Jhgg.) und "Heilige und Tiere" (München 1959) bleiben hier unberücksichtigt.

2 So etwa zur Vivisektion, S. 194.

3 Siehe Vorwort.

4 A.a.O. S. 12.

5 A.a.O. S. 63-119.

6 A.a.O. S. 191-230.

7 A.a.O. S. 19.

8 Ebd.

9 A.a.O. S. 42 .

10 So auch ein Aufsatz, Milano 1937.

11 A.a.O. S. 88.

12 A.a.O. S. 140 (vgl. K. Barth).

13 A.a.O. S. 193.

14 A.a.O. S. 194.

15 Ebd.

16 S. 196 f.

17 S. 199.

18 S. 200.

19 S. 202.

2O S. 207. ff

21 S. 215.

22 S. 216.

23 Ebd.

24 S. 218.

25 S. 222.

zu 2.6. Gerhard Gilch

1 Deutsches Pfarrerblatt, 15/16 (August) 1975, S. 493 ff.

2 Deutsches Pfarrerblatt, 22/77, S. 668 ff.

3 Deutsches Pfarrerblatt, 18/78, S. 549 f.

4 Deutsches Pfarrerblatt, 15/85, S. 493.

5 Ebd.

6 A.a.O. S 494.

7 A.a.O. S. 495.

8 Ebd..

9 Ebd.

10 So die abessinischen Waita-Jäger.

11 A.a.O. S. 496.

12 Ebd.

13 Ebd.

14 Siehe z.St.

15 A.a.O. S. 497.

16 Zit. S. 497.

17 A.a.O. S. 499.

18 Die beiden anderen genannten Aufsätze können unberücksichtigt bleiben.

zu 2.7. Carl Anders Skriver

1 2. Aufl. Lütjensee 1986 (1. Aufl. 1967) .

2　Selbstverlag 1979.

3　So die Tochter von Skriver im Vorwort zur 2. Aufl. , S. 3.

4　A.a.O. S. 4.

5　A.a.O. S. 57.

6　A.a.O. S. 9.

7　A.a.O. S. 16.

8　A.a.O. S. 26 .

9　A.a.O. S. 28.

10 A.a.O. S. 45.

11 A.a.O. S. 46.

12 Skrivers geradezu spannende Darstellung des Kontrastes: Jahwe gegen Elohim und je ein Paar
von Tieren gegen sieben Paare (reine Tiere sind Vegetarier, unreine Fleischfresser) kann hier nicht
in vollem Umfang wiedergegeben werden.

13 A.a.O. S. 68 ff .

14 A.a.O. S. 80 ff.

15 A.a.O. S. 86 ff.

16 A.a.O. S. 92 ff.

17 A.a.O. S. 94 ff.

zu 2.8.　Günter Altner

1　In: "Schöpfung am Abgrund", Neukirchen 1974.

2　A.a.O. S. 161..

3　A.a.O. S. 180.

4　Ebd.

5　A.a.O. S. 206.

6　Zwischenzeitlich durch den umstrittenen Entwurf der Bioethik-Kommission des Europa-Parlaments
und auch durch die Auseinandersetzung mit Peter Singer (s. dort) ohne das Verschulden Altners eher
problematisch als hilfreich geworden.

7　In: "Ökologische Theologie" (Hg. G. Altner), Stuttgart 1989, S. 409 ff.

zu 2.9.　Odil Hannes Steck

1　Stuttgart /Berlin /Köln /Mainz (Kohlhammer).

2　A.a.O. S. 150

3　So z.B. Drewermann.

4　Ebd.

5 A.a.O. S. 151.

6 A.a.O. S. 153   .

7 A.a.O. S. 146.

8 A.a.O. S. 149   .

9 A. a.O. S. 69.

10 A.a.O. S. 149.

11 A.a.O. S. 171

12 A.a.O. S. 203 f

13 A.a.O. S. 217

14 A.a.O. S. 222 f

15 A.a.O. S. 224

16 A.a.O. S. 225

zu 2.10.   Gerhard Liedke

1 5. Aufl. Stuttgart 1988 (1. Aufl. 1979).

2 A.a.O. S. 35.

3 A.a.O. S. 70.

4 A.a.O. S. 85 ff.

5 A.a.O. S. 109 ff.

6 A.a.O. S. 153 ff.

7 A.a.O. S. 165 ff.

8 A.a.O. S. 179 ff.

9 In: Ökologische Theologie", Stuttgart 1989, S. 300 ff.

10 A.a.O. S. 319.

11 A.a.O. S. 320.

12 Ebd .

13 Ebd .

zu 2.11.   Erich Gräßer

1 "Kirche und Tierschutz - eine Anklage" in: "Tierschutz - Testfall unserer Menschlichkeit" (Hg. Ursula Händel) 2. Aufl., Frankfurt 1984, S. 59 ff.

2 Unter III, 5.

3 Auch wenn sie nach Matth. 10,29 weniger wert sind als die Menschen.

4 Siehe zu G.M. Teutsch.

5 A.a.O. S. 65.

6 Wiederholt im Deutschen Pfarrerblatt.

7 Wenn auch in seiner Abhandlung, von der bereits die Rede war, das Schwergewicht auf dessen theologischer Bedeutung liegt.

8 Von Systematikern und ihrer zurückhaltenden Bewertung war bereits die Rede.

9. "Ehrfurcht vor dem Leben" in: "Der Gerechte erbarmt sich seines Viehs", Neukirchen-Vluyn 1992, S. 100.

10 Ebd.

11Das wäre auch die angemessene Begrifflichkeit angesichts der nicht zu erwartenden positiven Reaktion auf ein erwünschtes deutlicheres Reden Jesu (s.o.).

12 A.a.O. S. 100 f

13 A.a.O. S. 101

14 Ebd.

15 Auf dem Symposion "Mitgeschöpflichkeit - Tage für Tiere" am 13./14.3.93, das schon erwähnt wurde (maschinenschriftliche Niederschrift nach einer Tonbandaufzeichnung).

16 "Mit Micha reden", München 1978, S. 204 f.

2.12. Gerhard Friedrich

1 Stuttgart/Berlin/Köln/Mainz 1982, S. 69

2 A.a.O. S. 63 ff

3 A.a.O. S. 70

4 A.a.O. S. 89

zu 2.13.   Eugen Drewermann

1 In: "Der tödliche Fortschritt - von der Zerstörung der Erde und des Menschen im Erbe des Christentums", Regensburg 6 1981.

2 A.a.O. S. 406.

3 Ebd.

4 2. Aufl. Freiburg 1951.

5 "Der tödliche Fortschritt", S. 72.

6 A.a.O. S. 73 .

7 A.a.O. S. 100.

8 "Der tödliche Fortschritt", S. 101.

9 A.a.O. S. 103 .

10 Ebd.

11 Siehe. dazu auch O.H. Steck in "Welt und Umwelt", Stuttgart 1978, S. 142 und besonders S. 150 f.

12 A.a.O. S. 190.

13 A.a.O. S. 101.

14 A.a.O. S. 178.

15 In: "Der tödliche Fortschritt", S. 144.

16 2 Freiburg/ Basel / Wien 1991.

17 A.a.O. S. 198.

18 A.a.O. S. 185.

19 A.a.O. S. 197.

20 A.a.O. S. 185.

21 Im Anhang zu "Die Spirale der Angst", S. 418 ff.

Von Drewermann angeregt, schreibt Franz Alt acht Jahre nach Erscheinen des ersten genannten Buches seine endgültige Absage an die Alttestamentliche Gesetzesreligion, seine Zustimmung zu einem gewaltfreien, der jüdischen Vergangenheit entkleideten Jesus und ruft zu einer Ethik auf, die frei ist von jüdisch-patriarchalischen Zügen: "Jesus der erste neue Mann", 5. Aufl. München 1990. Der Fernsehjournalist ist kein Tierethiker, aber geprägt vom Antijudaismus Drewermanns, C.G. Jungs und von der Tiefenpsychologie. Er muß mit genannt werden, weil beide Autoren, der eine als populärer Theologe, der andere als bekannt kritischer Medienvertreter, von großem Einfluß sind und breite Zustimmung gefunden haben.

Die Antwort auf diese nur als geist-, theologie- und maßlos zu bezeichnende Position eines verdienstvollen Gesellschaftskritikers schrieb der Heidelberger Pädagogik-Professor Micha Brumlik: "Der Anti-Alt", Frankfurt 1991.

Was ist von einer Ethik zu halten, die durch einen weitgehend unsachlichen und manipulierenden Umgang mit biblischen Texten und einer Diskriminierung des Judentums in Geschichte und z.T. Gegenwart gewonnen wird?

zu 2.14. Christa und Michael Blanke

1 Verfasserin Christa Blanke, Eschbach 1995.

2 Z.B. : "Wann immer ein Auto über den zerdrückten Vogelkörper rollt, wird jedesmal Gott plattgemacht" oder daß Tiere Fürbitte bei Gott leisten.

3 So in: W.R.Schmidt "Leben ohne Seele?", Gütersloh 1991, S.108 ff.

4 Ungenannt auch bei Eugen Drewermann.

zu 2.15. Otfried Reinke

1 Neukirchen-Vluyn 1995.

2   In Beirut, Ravenna, bes. Millstatt, Doberan, Hamburg, Hildesheim u.a.

3   A.a.O. S. 11.

4   A.a.O. S. 89.

5   A.a.O. S. 90 .

6   A.a.O. S. 92 f.

7   Siehe. auch die neueren Abhandlungen zur Pneumatologie, z.B. H.Berkhof, Theologie des Hl.Geistes, 2 Neukirchen 1988 u.m.Welker, Gottes Geist, 2 Neukirchen 1993.

8   A.a.O. S. 102.

9   Was ist das, falls nicht Christus als Messias der Beauftragende ist?

10 So Forderung Albert Schweitzers (s.o.) .

11 A.a.O. S. 113.

12 Reinke verweist auf Off. 4,1.

13 A.a.O. S 113.

zu 2.16. Wolf Rüdiger Schmidt

1   "Leben ohne Seele? - Tier-Religion-Ethik", Gütersloh 1991 und "Geliebte und andere Tiere im Judentum,Christentum und Islam", Gütersloh 1996 , in beiden Arbeiten Hg.und Autor.

2   "Leben ohne Seele?", a.a.O.S.18.

3   A.a.O. S. 22.

4   A.a.O.S. 52.

5   A.a.aO. S.54 f.

6   In: "Geliebte und andere Tiere", a.a.O.S.61. Man muß wohl formulieren: Nach den Repräsentanten des Pietismus und der Erweckungsbewegung, nach Eurich,Fox, A.M.Müller u.a.

7   Ebd.

zu 2.17.2. Hubertus Halbfas

1   Düsseldorf / Zürich 1984, S.58.

2   Zu Egon Spiegel s.dort.

3   A.a.O.S.59.

4   Ebd.

5   Bzw. die Verfasserin des betreffenden Kapitels, Brigitta Brockmann, Paderborn

6   S.65.

7   Ebd.

8   S.66; dieses Wort stammt aus Prov. 31,8.

9   "Mit Kindern die Stille erleben", " Mit Kindern gemeinsam handeln",

"Mit Kindern gemeinsam feiern".

10 Siehe dort; wer von wem beeinflußt ist, mag offen bleiben.

11 "Fest steht, daß eine Wissenschaft, die in ihrer sogenannten Grundlagenforschung die Grundlagen des Ethos in Frage stellt und mißachtet, letztlich auch den Menschen nicht dient.", S.168.

12 S.173.

13 S. 178.

14 S.179.

15 Für Hubertus Halbfas eine persönliche Herausforderung.

16 S.19O.

zu 2.17.3. Hans Kessler

1 Bei Patmos, Düsseldorf.

2 A.a.O. S. 9.

3 A.a.O. S. 11.

4 A.a.O. S. 52.

5 A.a.O. S. 55.

6 A.a.O. S. 61

7 Ebd.

8 A a. O. S. 99.

9 A.a.O. S. 107. f

10 Siehe G. Altner.

11 A.a.O. S. 114.

zu 2.17.4. Egon Spiegel

1 In: "Religionspädagogische Beiträge" 31/93.

2 A.a.O. S. 3.

3 Siehe Literaturhinweis auf S. 4 und die Darstellung seines Ansatzes einer Tierethik.

4 Meine Diktion.

5 Spiegel, a.a.O. S. 5.

6 Ebd.

7 A.a.O. S. 8.

8 A.a.O. S. 10 u. Hinweis auf W.R. Schmidt.

9 Dort heißt es unter 66,6 "Wir sind nicht nur für die Menschen verantwortlich, sondern auch für die Tiere, Pflanzen und Dinge. Die ganze Schöpfung kann nur dann dem Menschen helfen und ihm Freude machen, wenn er damit umgeht, wenn er Naturkräfte, Maschinen und Werkzeuge nicht zum

Vernichten, sondern zum Aufbau verwendet, wenn er für eine gerechte Verteilung der Güter dieser Welt sorgt". Entsprechend unter der Überschrift "Überlege": Wie behandelst du Pflanzen? wie gehst du mit Tieren um? und später unter "Prüfe dich": Habe ich Tiere vernachlässigt oder gequält?

10 A.a.O. S. 11

11 Bei gleichzeitigem Verweis auf die Gefahr der Überbetonung tierfreundlichen Verhaltens bei dem Heiligen durch Sigismund Verhey, a.a.O. S. 13.

12 A a.a.O. S. 14.

13 A.a.O. S. 15 f.

zu 2.17.5. Waldemar Molinski

1 In: Schriftenreihe "Praktische Psychologie", Bd. XVII, Bochum 1955, identisch mit dem Beitrag 1997 "Das sittlich richtige Verhältnis zwischen Mensch und Tier in theologischer Sicht" (aus: E. Lade, Christliches ABC heute und morgen).

2 A.a.O. S. 17.

3 A.a.O. S. 20 .

4 A.a.O. S. 21 f.

5 A.a.O. S. 23.

6 A.a.O. S. 24.

7 Ebd.

8 A.a.O. S. 25.

9 Schwer verständlich ist die zustimmende Zitierung des Kath. Katechismus von 1993 im Zusammenhang mit Tierversuchen (S. 30): Danach sind sie "in vernünftigen Grenzen sittlich zulässig, weil sie dazu beitragen, menschliches Leben zu heilen und zu retten". Die Begründung ist einseitig anthropozentrisch, wie die termini "Herrschaft", "Würde", "Nutzen" zeigen; sie geht von einem biblisch unhaltbaren Verständnis von Gottebenbildlichkeit aus, gebraucht den wiederholt kritisierten , weil schillernden Begriff "vernünftig" des TSG und nimmt weder die Würde der Mitkreaturen noch ihre Leidensfähigkeit letztlich ernst. Unbegreiflich ist § 2418.

10 Siehe Molinski S. 29 .

11 S. 31.

12 Ebd.

13 In: "Menschen, Tiere, Pflanzen", S. 29.

14 In: "Auch Tiere sind Geschöpfe Gottes", a.a.O. S. 10   (in: Kirche und Gesellschaft Nr. 244, Köln 1997) .

15 S.o.

16 In: "Menschen, Tiere, Pflanzen", S. 130; in "Auch Tiere sind Geschöpfe Gottes", a.a.O. S. 12 nennt er sie "unnötig"; dort S. 10: "Tierschutz statt Tierrechte".

17 In: "Auch Tiere...", S. 14 und in: "Menschen, Tiere, Pflanzen", S. 27.

zu 2.18.2. Carl Amery

1 In: "Das Ende der Vorsehung - Die gnadenlosen Folgen des Christentums" [3] Hamburg 1980, S. 221.

2 Ebd. im Impressum.

3 So bei Hans Kessler, "Das Stöhnen der Natur", Düsseldorf 1990 S. 32 f. Er verweist aber auch auf den neueren Beitrag von Amery "Vom Ende der Natur - aktuelle apokalyptische Visionen", 1989. Die Aufsatzsammlung von Amery "Bileams Eselin", München 1991, bringt keine über "Das Ende der Vorsehung" hinausgehende Erkenntnis i.p. Mitgeschöpflichkeit. Hinzuweisen ist auf seine Abhandlung über "Natur, Naturschutz und Kunst" (S. 250 ff).

4 In: "Das Ende der Vorsehung", S. 217 - 220.

5 A.a.O. S. 221 ff .

6 A.a.O. S. 223.

7 Siehe Beiträge des Pietismus und C.F. v. Weizsäckers Antwort an A.M. Klaus Müller (s.dort).

8 A.a.O. S 231.

9 A.a.o.S. 252 .f

10. S.254.

11 Ebd.

zu 2.18.3. A.M.Klaus Müller

1 Stuttgart 1987.

2 Das erste war "Die präparierte Zeit", Stuttgart 1972; danach sind zahlreiche zeitkritische Beiträge, gerade auch zum Thema Geschöpflichkeit, erschienen.

3 A.a.O. S. 426.

4 A.a.O. S. 471.

5 A.a.O. S.481

6 A.a.O. S. 49.

7 A.a.O. S. 486.

8 A.a.O. S. 428 .

9 A.a.O. S. 524   .

10 A.a.O. S. 525.

11 Ebd.

12 A.a.O. S. 526.

zu 2.18.4.   Mathias Schreiber

1   Neukirchen 1992 S. 9 ff, ursprünglich in der FAZ veröffentlicht. Jetzt ist M. Schreiber Redakteur beim "Spiegel".

2   A a.a.O. S. 9.

3   A.a.O. S. 10 f.

4   A.a.O. S. 11.

5   Ebd.

6   A.a.O. S. 12.

7   A.a.O. S. 13 u. s. zu Karl Barth.

8   A.a.O. S. 13 .

9   A.a.O. S. 15 f .

10 A.a.O. S. 16 (vgl. auch die Prognose des Häuptlings Seattle).

zu 2.18.5.   Claus Eurich und die Schöpfungsgemeinschaft e.V.

1   Der 1940 geborene amerikanische Dominikanerpater und Direktor des Institute in Culture und Creation Spirituality am Holy Names College in Oakland / Kalifornien betitelt die beiden Kapitel seiner "Schöpfungsspiritualität -Heilung und Befreiuung für die erste Welt": " Geschenke der Ehrfurcht" und "Geschenke der Befreiung". Damit kennzeichnet er sein Anliegen: Die Erde erneut aus der Hand des Schöpfers entgegenzunehmen und nach seinem Willen auf ihr und mit den Geschöpfen zu leben. Mitgefühl ist nach Fox nicht Sentimentalität, sondern Kampf um Gerechtigkeit und Mystik,d.h. Erleben von Ehrfurcht ,Staunen und Freude .Ohne Gerechtigkeit gegenüber der Erde und ihren Geschöpfen gibt es keine echte Gemeinschaft zwischen Menschen.

2   Stuttgart 1993

3   Der Autor äußerte sich als selbst nicht ganz glücklich über den Titel des Buches.

4   Titel des 1. Kapitels, S. 21 ff.

5   So Karl Rahmer, zitiert a.a.O. S. 40.

6   Er selbst ist evangelisch.

7   A.a.O. S. 41

8   A.a.O.S .47

9   A.a.O. S. 48

10 A.a.O. S .57

11 A.a.O. S. 58   M.Fox setzt dem Cartesianischen Cogito,ergo sum im Sinne der Schöpfungsspiritualität entgegen: Die Schöpfung bringt hervor,also sind wir .

12 So Henning Schroer, zitiert a.a.O. S. 66.

13 M.Fox: Der Gottesdienst ist Ort der Erlösung ,

zu 2.19.2. Helmut Thielicke

1 Zunächst in: "Der Christ im Ernstfall", Herder, Freiburg 1977; später erneut veröffentlicht in der Aufsatzsammlung " Das Schweigen Gottes-Glauben im Ernstfall" Stuttgart 1988; daraus wird hier zitiert.

2 Die Bereitschaft zur Scham wird m.E. von Thielicke überschätzt; vgl. auch Barths Empfehlung zu Inschriften über Schlachthöfen (s.dort).

3 A.a.O.S.145.

4 A.a.O.S.148.

zu 2.19.3. Jörg Zink

1 S. dort.

2 7. Aufl. Stuttgart 1992. Zu beachten sind auch J. Zinks Neuformulierung der 10 Gebote, besonders des 5. In "Neue 10 Gebote", Stuttgart, 10. Aufl. 1997, bes. S. 74 f und die Betrachtungen "Alles Lebendige singt von Gott", 5. Aufl. Stuttgart 1997, bes. S. 25.

3 A.a.O. S. 106 .

4 A.a.O. S. 110 .

5 A.a.O.S.112.

6 Das Kapitel ist überschrieben "Nachdenken über das Recht".

zu 2.19.4. Jürgen Moltmann

1 "Gott in der Schöpfung", , 3 München 1987, S.24.

2 A.a.O.S.25.

3 A.a.O.S.194ff .

4 A.a.O.S.197.

5 Ebd.

6 Aa.a.O.S.232.

7 . A.a O.S.233.

8 A.a.O.S.234 .

9 A.a.O.S.239ff.

10 A.a.O.S.279ff.

11 A.a.O.S.298.

zu 2.19.5. Klaus Koch

1 In: "Spuren hebräischen Denkens - Beiträge zur alttestamentlichen Theologie", ges. Aufsätze Bd. 1, Neukirchen 1991, S. 223 ff.

2 A.a.O. S. 225.

3 Ebd.

4 Ebd.

5 Ebd.

6 A.a.O. S. 231.

7 A.a.O. S. 232. Ein schwacher Widerspruch ist angezeigt: Die im Sammelband "Gefährten und Feinde des Menschen" a.a.O., vereinigten Ausleger neigen dazu weniger.

8 A.a.O. S. 234.

9 Von der Häufung in V. 10 abgesehen (dreimal חַיָּה,sodann בְּעֵיר בַּבְּהֵמָה).

10 A.a.O. S. 237

zu 2.19.6. Adam Weyer

1 1990 gehalten in der Stadtakademie Bochum, maschinenschriftlich vorliegend. Die Bibelarbeit konnte A. Weyer aus Krankheitsgründen am 10.1.1991 nicht halten.

2 Berichtsband der evangelischen Kirche im Rheinland über die Landessynode 1991, S. 400.

3 Ebd.

4 Ebd.

5 A.a.O. S. 401 f.

6 Dieses unter Berufung auf Hans Jonas, Das Prinzip Verantwortung, Frankfurt 1984 S. 29.

7 "Wege zum Frieden mit der Natur", a.a.O. 1984 S. 148.

8 Dieses nicht von A. Weyer formuliert.

9 Im genannten Referat, S. 3.

10 Meine Begrifflichkeit.

11 Referat, S. 10.

zu 2.19.7. Martin Honecker

1 "Grundriß der Sozialethik", Berlin 1995 - s. auch den Versuch einer Zusammenfassung und kritischen Bewertung am Ende des Kapitels. Interessant ist der Vergleich mit seinem 1971 erschienenen "Konzept einer sozial-ethischen Theorie", Tübingen.

2 A.a.O. S. 272 unter Berufung auf Bentham.

3 A.a.O. S. 273.

4 Ebd.

5 A.a.O. S. 275:

6 a.a.O.S.276.

7 A.a.O.S.275 Hier muß sich ein Druckfehler eingeschlichen haben, denn es wäre nicht sinnvoll, die Minderung von menschlicher Krankheit neben die Minderung von menschlichem Leben zu setzen. Es muß wohl heißen: menschlichem Leiden.

8 A.a.O.S.276

zu 2.19.8. Lukas Vischer

1 In: "Evangelische Theologie", 57.Jhgg. , Heft 4, S. 283-305.

2 A.a.O. S. 302 .

3 A.a.O. S. 303.

4 Müller spricht von "Erweckung".

5 Siehe Schopenhauer.

6 A.a.O. S. 303.

7 A.a.O. S. 304.

8 Ebd.

9 A.a.O. S. 305

zu 2.19.9. Alberto Bondolfi

1 Freiburg / Schweiz 1994

2 a.a.O.S.78

3 a.a.O.S.143

4 a.a.O.S.8

zu 2.19.1O. Peter Beier

1 Erschienen in: "Verantwortung konkret", Neukirchen 1994.

zu 2.19.11. Zusammenfassung

1 In: "Anvertraute Schöpfung" Hannover 1992, S. 36.

VI. Exkurse

VI.1. 1.Exkurs: Das nachbiblische Judentum

1.1. Der Talmud

Er ist sparsam in seinen Äußerungen zur außermenschlichen Kreatur. Wenn er von Mitgeschöpfen spricht, sind laut Kontext die Mitmenschen gemeint. Il Kidduschin 82 ist vom Hirsch, Löwen und Fuchs die Rede, die von Gott erhalten werden, obgleich sie keine dem Menschen dienende Funktion haben, sondern nur weil sie für den Menschen da sind.

Erst recht wird der Mensch „mühelos ernährt"[1] - ein Text, der an Jesu Mahnung zur Sorglosigkeit erinnert.

Mangelndes Mitleid mit der Kreatur führt nach Bawa mezia[2] zum eigenen Leiden, wie Rabbi Elasa erleben soll. Erbarmen dagegen zu entsprechendem Verhalten der Mitmenschen, wie Psalm 145 (Vers 9) lehrt. Sanhedrin 59b erwähnt, daß ursprünglich nur pflanzliche Nahrung für Mensch und Tier bestimmt war, die Nachkommen Noahs aber - siehe Genesis 9, 3 - Fleisch essen durften[3]. Der Sündenfall als auslösendes bzw. veränderndes Ereignis wird nicht genannt.

Die Berufung auf ein Gott wohlgefälliges Tun beim Opfern[4] wird abgewehrt unter Hinweis auf Psalm 50,9 ff., wonach Jahwe keinen Gefallen hat am Stier oder Bock, da ihn der Erdkreis und alles Leben auf ihm gehört. Der Opfernde tut sich vielmehr selbst einen Gefallen (Lev 19,5).

Der Dank und die Anrufung Gottes als das bessere, daß heißt redlichere Handeln (Vers 14 ff.) werden allerdings nicht erwähnt - vermutlich, weil die Opferpraxis grundsätzlich nicht in Frage gestellt wird[5]. Die Vergeistigung des Opfergedankens findet m.W. keinen Niederschlag.

Das Tiere bisweilen klüger sind als der Mensch, ist z. B. an den Wundertaten des Rabbi Pinchas abzulesen: Der Esel weigert sich, Gerste zu fressen, selbst, als sie gesiebt ist, bis der kluge Rabbi zum Ergebnis kommt, sie sei nicht verzehntet. Als sie verzehntet wird, frißt der Esel[6].

Der Unterschied zwischen Mensch und Tier zeigt sich an ihrem Ende: er stirbt; es wird geschlachtet[7].

Mitkreaturen werden zwar wiederholt im Talmud[8] genannt, jedoch in der Regel im Vergleich oder allegorisch[9]. Merkwürdigerweise nimmt er - anders als die Heilige Schrift - auf Tiere als Partner, Gefährten oder Feinde des Menschen selten Bezug, er nennt sie auch nicht als Grund der Dankbarkeit oder Freude, als Vorbild im Lob Gottes oder ihre Nähe, weil auch sie gesegnet sind und an der Sabbatruhe beteiligt. Schließlich fehlen sie im Ausblick auf das messianische Reich, als einbezogen in den kommenden Frieden und die erwartete Gerechtigkeit, was umso auffälliger ist, als die Apokalyptik, die Auferstehungserwartung und die Hoffnung auf den Messias Jahrhunderten der christlichen Zeitrechnung lebendig geblieben sind.

„Die geistige, bildlose Auffassung der Unsterblichkeit bleibt der Besitz des Judentums. Sie ist das, was keinerlei Gestaltung und kaum das Wort zuläßt ... Als die verheißene Vollendung menschlichen Ringens wird die künftige Welt das Ziel der Heiligkeit und Vollkommenheit und damit zur Forderung sittlichen Strebens auf Erden...

Der Blick ins Jenseits, das ist der Blick ins eigene, klare Gewissen"[11].

Ein Grund für die relativ seltene Erwähnung der Tiere in ihrer Nähe oder auch Ferne zum Menschen mag in der selbstverständlichen Voraussetzung biblischer Aussagen über das Verhalten und Verhältnis zum Tier zu sehen sein.

Leo Baeck läßt keinen Zweifel zu: „Über das Tier hinwegsehen, es verstoßen, das ist, wie eine talmudische Legende sagt, die Sünde, welche Gott straft. Zu dem Bild des <Gerechten>, des Frommen, wie ihn das Judentum zeichnet, gehört es: er kennt die Seele seines Tieres"[12].

Überzeugend stellt Baeck fest, daß die Güte gegen das Tier am uninteressiertesten ist, frei von Heuchelei und irgendeiner Absichtlichkeit; das Verhältnis ist auch frei von Hoffnung auf dankbare Vergeltung.

Die Menschlichkeit hat Niederschlag gefunden im Gesetz; ja Baeck spricht sogar davon, daß das Tier in die menschliche Gesellschaft „hineingeführt" sei, „was in der Welt der Kultur ein Unvergleichliches ist"[14] und nennt als Beleg die Arbeitsgemeinschaft, die Gerechtigkeit, den Sabbat, die menschliche und göttliche Fürsorge, die Liebe, die mehr ist als Mitleid. Das Tier rangiert neben dem Knecht, neben dem Fremden. Baeck sagt dies alles unter Bezug auf die Liebe aber nicht in Differenz zum Talmud.

1 Der babylonische Talmud, ausgewählt, übersetzt und erklärt R. Mayer, München 1963, S. 75.

2 85a, a.a.O. S. 77.

3 S. 78.

4 Menachot 110a, a.a.O. S. 167.

5 Siehe u.a. Taanid 27b, 23a.

6 Chullin 70/7b, S. 445; vergleiche Williams Eselin.

7 So Rachot 17, siehe: Jüdische Weisheit aus 3 Jahrtausenden (dtv. 486) München 1968, S. 33.

8 Einschränkend muß gesagt werden: in der vorliegenden Auswahl.

9 Jüdische Weisheit unter der Überschrift „Rabe, Fuchs und Löwe", a. a. O. S. 58f.

10 Uwe Vetter zeigt in seiner Dissertation „Im Dialog mit der Bibel - Grundlinien der Schriftauslegung Martin Bubers" , Frankfurt 1993, S. 217ff., daß Buber prophetischen und apokalyptischen Glauben polarisiert.

11 Leo Baeck, Das Wesen des Judentums, 6. Auflage, Wiesbaden o.J. S. 205.

12 A.a.O. 242.

13 Es fehlt also der andernorts zum Umweltverhalten dargestellte Egoismus, d.h: das Interesse am Überleben.

14 Leo Baeck a.a.O. S. 242.

1.2   Der Chassidismus und Martin Buber

Zwischen Talmud und chassidischer Bewegung liegen mehr als zwölfhundert Jahre. Da die Mitgeschöpflichkeit im Judentum jedoch nur als Exkurs behandelt werden kann, ist es m. E. sachlich gerechtfertigt, die Zwischenzeit unberücksichtigt zu lassen. Der Chassidismus, als mystische Bewegung in der Mitte des 18. Jahrhunderts in der Ukraine entstanden und bald auch in Polen und Rumänien vertreten, wird zur vorherrschenden Form jüdischer Frömmigkeit.

„Der Chassidismus ist eine Popularisierung der Lehren der Kabbala; er fordert einfältigen Glauben und ethischen Wandel, verbunden mit der Aufhebung des religiösen Wertunterschiedes zwischen rabbinischen Funktionären, Gelehrten und dem einfachen Volke; der Fromme (Chassid) jeden Standes kann kraft aufrichtiger Gläubigkeit die Stufe eines Gerechten (Zaddik) erreichen"[1].

Martin Buber, durch den besonders der Chassidismus in den fünfziger Jahren bekannt wurde, hat Wert auf die Feststellung gelegt, daß die Bewegung weniger eine

Lehre vermittelt als Leben bezeugt hat, Ethos und Lebenspraxis. Sie haben ihren Grund in der Anrede Gottes.

„Gott in aller Konkretheit als Sprecher, die Schöpfung als Sprache: Anruf ins Nichts und Antwort der Dinge durch ihr erstehen, die Schöpfungssprache dauernd im Leben der Kreaturen, das Leben jedes Geschöpfs als Zwiegespräch, die Welt als Wort"[2]. Schon dieses Zitat zeigt, daß der Chassidismus nicht nur Raum hat für Mitgeschöpflichkeit, sondern daß das Verhältnis Mensch Tier lebendig bezeugt wird. Es zeigt auch, warum Buber bei Spinoza einen Verrat an der Anredbarkeit Gottes sehen mußte. Für ihn ist die Welt nicht nur der Ort der Begegnung zwischen Mensch und Gott, sondern ihr Gegenstand.

„Gott redet zum Menschen in den Dingen und Wesen, die er ihm ins Leben schickt; der Mensch antwortet durch seine Handlung an eben diesen Dingen und Wesen"[3]. Mit dieser Interpretation von Verantwortung bzw. Ethik ist die ursprüngliche Aussage über die Ebenbildlichkeit des Menschen „wiederentdeckt", wie sie verhängnisvoll lang und wichtig mißverstanden und nun durch Exegese (s.o.) ins Bewußtsein gehoben wurde, z.T. gegen die Auslegung in der Theologiegeschichte, auch bei einigen Theologen des Pietismus.

Insgesamt gegen ihn den Chassidismus abzugrenzen, leuchtet nach der knappen Darstellung einiger seiner Vertreter und ihrer Theologie der Schöpfung, besonders in der Erweckungsbewegung, nicht ein.

Buber formuliert knapp:"Das Wort Chassid bezeichnet einen 'Frommen'; aber es ist eine Weltfrömmigkeit, die hier gemeint ist. Der Chassidismus ist kein Pietismus. Er entbehrt aller Sentimentalität und Gefühlsostentation. Er nimmt das Jenseits ins Diesseits herüber und läßt es in ihm walten und es formen, wie die Seele den Körper formt"[4].

Wahrscheinlich ist sogar eine gewisse Parallelität zwischen Chassidismus und Pietismus bei aller Verschiedenheit festzustellen, die ein Fazit im Sinne eines Rufs zur Umkehr erlaubt - ein faszinierendes Phänomen.

Zunächst aber ist einzuräumen, daß eine Schechina, eine Einwohnung Gottes also in dieser Welt[5], wie im jüdischen Verständnis durch den Pietismus nirgendwo vertreten wird.

Buber kann sogar vom sakramentalen Charakter der Welt sprechen[6]. Die Kabbala vertritt eine Lehre vom göttlichen Funken; im Schöpfungsakt sind solche Funken auf die Erde gefallen und dort umschlossen.

Der Mensch hat die Aufgabe, die Schalen zu lösen und die Funken aus Dingen und Wesen zu läutern, vom Niederen zum Höheren zu erheben, bis es zur Rückkehr der Funken kommt[7]. Der Ort für diesen Prozeß ist das Leben im Alltag, wo es zur Begegnung mit Gott kommen kann. Daher leuchtet die Definition ein, daß der Chassidismus die Ethik sei.

„Ich und Du" sind für Buber ein Programm.

„Wer du spricht, hat kein etwas zum Gegenstand.

Wer du spricht, hat kein etwas, hat nichts.

Aber steht in der Beziehung...

Alles wirkliche Leben ist Begegnung.

Das Du begegnet mir von Gnaden -

durch Suchen wird es nicht gefunden.

Liebe ist Verantwortung eines Ich für ein Du...

Die Schöpfung offenbart ihre Gestaltigkeit in der Begegnung.

Im Anfang ist die Beziehung....

Der Mensch wird am Du zum Ich" [8].

Nach dieser Einleitung wird verständlich, warum die chassidischen Geschichten - anders als die Kabbala - nicht nur voller Leben sind, sondern auch immer wieder geprägt von Begegnungen zwischen Mensch und Mitgeschöpf, bisweilen in Methaphern oder Allegorese (s.o.). Die Kabbala ist die „Mathematik menschlichen Denkens" oder die „Algebra des Glaubens"[9] genannt worden. Dagegen schildert Buber in seiner Einführung zu den Geschichten des Rabbi Nachman[3], wie eine tausendjährige Naturfremdheit von dessen Seele abfällt und er sich nicht mehr um Offenbarung mühen muß, weil er Gott „leicht und froh... in allen Dingen" findet; so bringt ihn das Pferd, das ihm erstaunlicherweise gehorcht, Gott näher.[10]

Eine Anthropozentrik - „die ganze Welt ist nur um meiner willen erschaffen worden" - enthüllt ihren wahren Charakter: „Daher soll jeder Mensch achten, zu jeder Zeit und an jedem Ort die Welt zu erlösen und ihren Mangel zu füllen" [11].

Dem entsprechen zahlreiche Texte in der Chronik „Gog und Magog" [12] etwa die vom Fuhrmann von Goldele in Lublin, der Vogelsprache - oder die Erzählungen der Chassidim [13] , die den Leser „in eine legendäre Wirklichkeit einführen" [14] . Die Begeisterung derer, die erzählt und überliefert haben, machen die Wirklichkeit zu einer legendären. Daß die Erzählenden aber nicht erfunden haben, und daß sie selbst im lokal- und geschichtlich existierenden Chassidismus lebten und Erfahrungen gemacht haben, läßt mit Recht von Wirklichkeit sprechen.

Buber redet sogar an anderer Stelle von einer „Erneuerung der Beziehung zur Wirklichkeit und vom unendlichen Ethos des Augenblicks", ja, er nennt den Chassidismus „die einzige Mysthik", soweit er sehe, „in der die Zeit geheiligt wird"[15] .

Aus der Kraft des Mysteriums, des Geheimnisses leben, heißt, nicht das Außergewöhnliche tun oder erwarten, sondern das Gewöhnliche [16] .

Daß Martin Buber nicht der „Sprecher des Judentums" ist [17] , stellt seine Vermittlung chassidischen Glaubens und Lebens nicht in Frage. Die Beurteilung seiner subjektiven emphatischen Schriftauslegung [18] ist hier nicht Verhandlungsgegenstand, aber deshalb von Interesse, weil das „pneumatisch" Genannte[19] vermutlich erklärt, warum ihm das Transportieren chassidischen Schöpfungsverständnisses sprachlich wie inhaltlich gelungen ist.

---

1 Lexikon des Judentums, Gütersloh 1971, Sp.146.

2 Gesammelte Werke Bd.III (Schriften zum Chassidismus, München / Heidelberg 1963, S.743).

3 A.a.O. S. 60.

4 M.Buber, Die Geschichten des Rabbi Nachman,Frankfurt 1955, S.16 f.

5 Manchmal sogar dar-bzw. vorgestellt als überstarkes Licht wie in der Erzählung von der Gerbergasse, (in: Die Erzählungen der Chassidim , Zürich 12 1996, S.332).

6 Siehe G.Wehr, M.Buber, a.a.O.S. S.61.

7 Buber, Ges.Werke III, a.a.O.S.799.

8 Gesammelte Werke I, Schriften zur Philosophie, München/Heidelberg 1962, S. 79f.

9 So in der Einführung in die Kabbala von Papus, übersetzt von J. Nestler, 10. Auflage Wiesbaden 1993, S. 26.

10 A.a.O. S. 26f.

11 Wort von R. Nachman a.a.O. S. 39.

12 Frankfurt 1957 (Fischer-Bücherei 174).

13 12. Auflage Zürich 1996 (Manesse-Verlag).

14 So Buber in der Einleitung a.a.O. S. 15, siehe z. B. die Tiere (a.a.O. S.163) - am Teich (S. 210) - aus dem Netz (S. 232) - die Kuh (S. 244) - die Pferde (S. 272) - die Kreatur (S. 513) - das Vogellied (S. 514) u. a.

15 Gesammelte Werke, a.a.O. Band III, 894.

16 A.a.O. S. 80.4

11 So U. Vetter in seiner Dissertation, a.a.O. S. 323f. Er sieht in ihm auch nicht einen Vertreter „klassischer Jüdischer Schriftauslegung"; vielleicht weil sie auch durch die Bibelforschung überholt ist.

18 und 19 U. Vetter, a.a.O. S. 326f.

1.3   Der Chassidismus und Marc Chagall

Bildende Kunst ist ein anderes Vehikel, darum soll kurz von Marc Chagall und seiner Beziehung zu den Tieren die Rede sein.

„Die Bibel ist wie ein Nachklang der Natur, und dieses Geheimnis habe ich weiterzugeben versucht...

Es ist wichtig, die Elemente der Welt, die nicht sichtbar sind, darzustellen und nicht die Natur in ihren Erscheinungen zu reproduzieren"[1].

Diese Positionsbestimmung Marc Chagalls ist eine Erklärung dafür, daß der Künstler den Mitgeschöpfen einen so breiten Raum in seinem Werk gibt und sie so plaziert, daß sie dem bloßen Betrachter zunächst fremd erscheinen - jenseits aller Naturalistik.

Zum Ersteren: Aus dem „Schtetl" sind Tiere nicht wegzudenken.

Zum Anderen: W i e sie vorkommen, drückt vermutlich die „jüdische Sehnsucht aus, im gänzlichen Einklang mit der göttlichen Schöpfung zu leben"[2].

So ist der Fisch im Laden von Witebsk zwar zunächst ein Hering, mehr jedoch Zeichen für Leben und Fruchtbarkeit.

Die Ziege deutet über ihren Symbolwert - animalische Fröhlichkeit - auf das jüdische Volk als unschuldig.

Der Vogel erscheint immer wieder als Metapher für Schönheit und Glück.

Die eigenwillige Anordnung bzw. Bewegung - letzteres ist der treffendere Terminus - entgegen den Regeln der Vernunft oder der Gesetzmäßigkeit, das Spielerische,

Emotionale tragen dem Wesen des Chassidismus Rechnung: Das Erleben, nicht die Gelehrsamkeit, führt zu Gott (s.o.).

So wird die Natur zur Trägerin göttlicher Kräfte[3].

Daß Chagall das Abbildhafte vermeidet, liegt in der bilderfeindlichen Tradition des Judentums, d.h. im Verbot des Abbildens, begründet.[4]

In kaum einem der mir vorliegenden Bilder fehlt das Tier; im Alterswerk ist es ebenso vertreten, wobei die Sakralkunst - siehe etwa die Fenster von St. Stephan in Mainz - keine Ausnahme macht; wie sollte sie auch bei dieser Genesis. Das Thema des dritten Bandes[5], „Herr, mein Gott, wie groß bist du" könnte weitere Bereiche des OEuvre betiteln.

Denn nach chassidischem Glauben gibt es nichts, worin Gott nicht ist."

„Unsterblichkeit - das ist, so würde irgendein Zaddik sagen, wie Prozente vom Leben, und Chagall belieh mit seinem Dasein - einem unbefristetem - auch noch andere: Ganze Ansammlungen von Juden in grün, von Juden in rot, Bräutigame, Bräute, Gebärende und Soldaten, Nymphen, gogolische Beamte, Schweine, Ziegen, Kühe, Hähne, Feuervögel, Engel und Propheten"[6.]

Chagall, angesprochen auf pantheistisches Gedankengut oder auf sonstige zweifelhafte Theologie, würde den Einwand vermutlich nicht verstehen, so wie wir umgekehrt uns diesem Einwohnen Gottes in seiner Welt, der Schechina, dem Mit- und ineinander von Vieh, Bräutigam, Engel, Propheten, erst annähern müssen.

Müssen wir? Wir würden jedenfalls mit einer Reform unseres meist dualistischen Verständnisses - Buber spricht von dialogischem Geschichtsverständnis oder Notwendigkeit der Intuition - und mit Umkehr zu hebräischem Schöpfungsglauben, also mit Ohren für das Chassidische, Mensch und Tier aufhelfen.

----

1 Marc Chagall „Die Bibel - Gouaschen Aquarelle, Pastelle und Zeichnungen aus dem Nachlaß des Künstlers" hg. von B. Roland, Mainz 1990, S. 25.

2 „Marc Chagall, Träume und Dramen", Schleswig-Holsteinisches Landesmuseum 1994, S. 18.

3 Von den eingeschlossenen Funken göttlicher Liebe war bereits die Rede: sie warten auf ihre Befreiung.

4   Sein Onkel, ein streng gläubiger Jude, reicht ihm nach Beginn seiner zunächst privaten zeichnerischen Versuche nicht mehr die Hand.

5   Die seitlichen Fenster

6   In: M. Chagall Träume und Dramen, a.a.O., S. 138.

1.4   4. Exkurs: ein besonderer Kasus: Das Schächten

Die Diskussion um die Schechita ist mehrfach belastet:

a) Durch die mehr als berechtigte Zurückhaltung der christlichen Kirchen einerseits und die Neigung eines nicht unbedeutenden Teils der gegenwärtigen Gesellschaft andererseits, an jüdischer Schlachtpraxis Kritik zu üben, kann diese doch als Maßregelung, Einmischung in innere Angelegenheiten einer anerkannten Religionsgemeinschaft und als kaschierter Antisemitismus verstanden werden;

b) durch die umstrittene Konsequenz aus der Exegese von Gen. 9, 4; Lev. 17, 11 - 16 bzw. Dt. 12, 23 - 26, wobei sich das Mißverständnis die jüdischen Ausleger sollten von christlichen Exegeten bevormundet werden, leicht einstellt;

c) durch die divergierende Beurteilung der humanen Tötungsart ,und damit zusammenhängend,

d) durch die Tatsache, daß in diesem Fall der Tierschutz gegen das Grundrecht freier Religionsausübung steht.

Besonders in Tierschützerkreisen wird die Frage gestellt, ob historische Schuld - der Sprachgebrauch scheint mir angesichts des berechtigten Redens von der „zweiten Schuld" - so u. a. Ralph Giordano, verräterisch - bei anerkannter Sensibilität gegenüber einer geachteten religiösen Minderheit den Blick auf ein ethisch, relevantes Problem verhindern darf, oder ob nicht gerade um eines möglichst offenen sachbezogenen und unverkrampften Miteinanders willen einzelne und Gruppen sich zu Anwälten der Tiere machen und dafür Verständnis bei Andersdenkenden erwarten dürfen.

Da a) mit dem Resultat zu b) und c) eng verknüpft ist, mag es bei der Andeutung der heiklen Ausgangslage bleiben.

Die Bedeutung des mosaischen Gesetzes steht für Kirche und Theologie außer Zweifel, ebenso die Christen und Juden verbindende Achtung des Gesetzes als einer Glaubens- und Lebenshilfe.

Fraglich ist jedoch, ob die oben genannten Texte das betäubungslose Töten bzw. Schächten zwingend machen.

Gründliche Prüfung und Diskussionen kommen in der Regel zum Ergebnis: Nein, denn zum Ersten war die humane Betäubung zur Zeit der Entstehung der Tora unbekannt; zum Anderen verhindert sie keineswegs das geforderte Ausbluten; und schließlich gilt auch bei noch so schriftgemäßer Schechita durch anerkannte Schocheten, daß nur eine annähernde Ausblutung erreicht wird, nach Meinung der Fachleute zu maximal Dreiviertel der Blutmenge. Es muß gewährleistet sein, daß das Tier beim Betäuben unverletzt bleibt einschließlich seines Gehirns.

Was jedoch m. E. gewichtiger ist: Die historische Herkunft des Schächtens ist unklar. Die traditionelle, auch bei nicht jüdischen Völkern angewandte, Methode hat keinen Anhalt an den genannten Textstellen: Sie reden nicht von der Methode, sondern vom „Blut im Fleisch"[1].

A.J. Kolatsch, Rabbiner in den USA, antwortet auf die Frage, warum Tiere und Geflügel rituell geschlachtet werden müssen, um koscher zu sein, unter Verweis auf Lev. 3, 17; Dt. 12, 23 - 25, daß die talmudischen Rabbinen zu dem Schluß kamen, „daß einem Tier, das zum Verzehr geschlachtet wird, eine möglichst große Menge Blut entzogen werden muß..."[2].

Schächten wird also nicht expresis verbis als die Tötungsart genannt.

Der Deutsche Tierschutzbund weist in seiner grundlegenden Stellungnahme[3] auf die religionsgeschichtliche Grundlage hin und kommt unter Berufung auf rabbinische Autorität zu dem selben Ergebnis; auch daß die Betäubung oder Nichtbetäubung in einzelnen Ländern unterschiedlich gehandhabt werde. Daß hygienische Überlegungen beim Ausbluten ebenfalls eine Rolle spielen, tangiert nicht das alttestamentliche Gesetz und kann hier außer Betracht bleiben - geht es doch um das theologische Verständnis von Leben im Pentateuch.

Leo Baeck hat in seinem Werk „Das Wesen des Judentums" betont, daß der Terminus „dein Tier" nicht ein Wort des Besitzes ist, sondern das persönliche Wort des Gebots, Ausdruck von Wahrhaftigkeit und Liebe[4]. So kann nicht in Zweifel gezogen werden, daß die gegenwärtigen Sprecher des Judentums an der humansten Tötungsart interessiert sind, vorausgesetzt, sie steht im Konsens mit dem Gesetz. Darum überrascht viele Tierschützer die - wiederholt von Fachleuten gestützte - Ansicht, vorschriftsmäßiges Schächten sei die humanste Tötungsart. Sie argumentieren: Der vorgeschriebene Schnitt durch Speise- Luftröhre und Hauptschlagader verursache Schmerzen und rufe Panik hervor; zum Andern trete bei nicht betäubten Tieren der Hirntod später ein als bei betäubten, wie gründliche Messungen ergeben hätten[5], was allerdings nicht unbedingt etwas aussagt über das Schmerzempfinden; und schließlich bedeuteten schon die Vorbereitungen Qualen: das Tier, mindestens das , muß durch Fixierung ruhiggestellt und in Rückenlage gebracht werden. Abwehrbewegungen können zu Hornfrakturen, Knochenbrüchen oder Quetschungen führen.

Das inzwischen industriell praktizierte Schächten, vor allem in den USA, mit allen schrecklichen Begleiterscheinungen wird allerdings von verschiedenen Seiten kritisiert. Redlicherweise muß dieser Praxis das in der Regel ebenso unmenschliche und durch Zeitdruck unzureichende Töten in sonstigen Schlachthöfen gegenübergestellt werden. Immer wieder neu und offensichtlich nicht ohne Grund ist darauf hingewiesen worden - und zwar nicht nur von jüdischen Experten -, daß das Tier sofort nach dem Schnitt das Bewußtsein verliert bedingt durch den Nervenschock und die Stockung der Blutzufuhr. Die danach auftretenden Zuckungen werden durch mechanische Nervenreflexe ausgelöst. Sachlich korrekt unterstreicht der Deutsche Tierschutzbund, „daß das Judentum wohl die bedeutendsten Schritte zur Anerkennung der berechtigten Lebensinteressen und der Unversehrtheit der Tiere gemacht hat, die oft weit über den tatsächlichen Schutz der Mitgeschöpfe in den sog. Tierschutzgesetzen christlich - kultivierter Völker Europas hinausgehen"[6].

Diese Anerkennung steht aber in deutlichem Widerspruch zur Vorbemerkung, daß das Schächten „ein uralter heidnischer Brauch" und „keineswegs mit religiösen Vorschriften zu rechtfertigen" sei.

Darum sollen die Vorschriften in Erinnerung gebracht werden, die sowohl den Weisungscharakter im theologischen Sinn als auch den Willen unterstreichen, die Gesetzeskodizes der nachbiblischen Tradition genau zu befolgen:

380

1. Der Halsschnitt durch Halsader, Speise- und Luftröhre muß ohne Unterbrechung, in einem Zug und mit einem äußerst scharfen, schartenfreien Messer durchgeführt werden.
2. Das „Challaw" oder „Sakkin", d. h. das Schlachtmesser, muß vor und nach dem Schächten gründlich abgetastet und gegebenenfalls neu geschärft werden.
3. Das Töten mit einem nicht einwandfreien Messer gilt als Tierquälerei und damit als Verstoß. Entsprechend darf das Fleisch nicht zum Verzehr freigegeben werden.
4. Der Schächter selbst muß ein in Theorie und Praxis ausgebildeter und geprüfter Fachmann sein.

Darüber hinaus gilt: Über seine Qualifikation stellt das Rabbinatsamt eine Urkunde aus. Voraussetzungen sind über das Gesagte hinaus: Seine religiöse und ethisch einwandfreie Haltung und sein Status als Familienvater (!).

Nimmt man die rituellen Anweisungen noch hinzu - daß der Schächter nach der Handlung das ausgeflossene Blut mit Sand und Asche zuzudecken und darüber ein Segenswort zu sprechen hat, entsprechend der biblischen Anschauung „die Seele steckt im Blut"[8] -und gibt man der körperlichen Nähe zwischen Schächter und Schlachttier, dem Ansprechen und der rituellen Handlung (vergl. das Kreuzeszeichen der orthodoxen Kirche über dem Lamm) die Bedeutung, die sie haben, auch zur Verringerung der Todesangst ,so wird der große Abstand zu unserer kalt distanzierten, industriellen und somit tierfeindlichen Schlachtpraxis erschreckend deutlich und läßt nur einen Dialog zu, jedoch keine Belehrung der anderen Seite.

Zuzugestehen ist allerdings, daß Idealtypisches vorausgesetzt wird, das immer wieder durch die Praxis korrigiert wird.

Der Dialog wird zum Inhalt das Hören auf die Bedeutung religiöser Vorschriften beim Töten und die Erörterung der Wichtigkeit des Betäubens als Bestandteil des Schächt- - und Schlachtverfahrens haben können, zumal - so G.M. Teutsch Lexikon der Tierschutzethik (S. 181) - in Schweden der Elektrobetäubung zugestimmt wurde und m. W. die Auskünfte darüber auch in der Bundesrepublik unterschiedlich lauten.

Die juristische Beurteilung macht die Problematik noch komplizierter:

Der Tierschutz ist, wie bereits erwähnt, noch kein Staatsziel und damit nicht im Grundgesetz verankert. Welch geringe Bedeutung der Begriff „Mitgeschöpflichkeit" im Grundsatz des Gesetzes hat, wurde angesprochen.

Dieser Vorspann ist wichtig, weil § 4a TSG vorschreibt, daß ein warm-blütiges Tier vor dem Blutentzug zu betäuben ist, in Abs. 2,2 aber Ausnahmegenehmigungen durch die zuständigen Behörden zuläßt, wenn zwingende Vorschriften der Religionsgemeinschaft das Schächten vorschreiben oder den Genuß von Fleisch nicht geschächteter Tiere untersagen. Damit wird auf das Recht zur freien Religionsausübung in § 4 Grundgesetz Bezug genommen.

Es findet auf Moslems in der Regel keine Anwendung, weil sie, soweit nicht deutscher Staatsangehörigkeit, Gaststatus genießen und ihnen eine Anpassung an Regeln des gastgebenden Landes bzw. dessen Gesetze zuzumuten ist. Hinzu kommt, daß Gerichte auf Aussagen führender Koran-Experten Bezug nehmen, wonach elektrische Betäubung (nicht Tötung!) den Verzehr ausgebluteten Fleisches erlaubt[9].

Das Hamburger Oberverwaltungsgericht hat auf die Berufung einer moslemischen Klägerin 1992 für Recht erkannt - und das Urteil bezieht sich nicht auf Angehörige islamischen Glaubens allein - daß das mit einem Genehmigungsvorbehalt versehene Verbot des betäubungslosen Schlachtens nach § 4a TSG keine Verletzung des Grundrechts auf ungestörte Religionsausübung darstelle. Begründung: Das Schächten ist nicht Teil der Religionsausübung, „sondern lediglich Bedingung für die Gewinnung eines nach ihren religiösen Begriffen einwandfreien - aber verzichtbaren - Nahrungsmittels"[10]

Ferner: Der Import von Fleisch geschächteter Tiere ist möglich, und Fleisch ist kein notwendiger Bestandteil menschlicher Ernährung. Da Fleisch essen selbst nicht Bestandteil der Religionsausübung ist, Tierschutz dagegen laut diesem Gerichtsurteil Verfassungsrang hat, auch auf Grund der Menschenwürde, die im Grundgesetz verankert ist, hat der Tierschutz größeres Gewicht.

Das Oberverwaltungsgericht räumt ein, daß der Tierschutz dann hinter der Freiheit zur Religionsausübung zurückzutreten hat, wenn diese gefährdet ist[11].

Von anderen Gerichten sind ähnliche Entscheidungen bekannt[12].

Solche Gerichtsurteile, so beeindruckend sie in der Betonung der Würde des Menschen und der Mitgeschöpflichkeit sind, können ebensowenig die alttestamentlich festgestellte, durch Talmud und Chassidismus erhärtete besondere Beziehung des Juden zum Tier in Frage stellen, wie eine etwaige Verweigerung von Gesprächen über die Praxis des Schlachtens etwa Ausweis besonderer Grausamkeit oder Uneinsichtigkeit ist.

Ein gedanklicher Austausch über die Rolle des Tieres im Leben und Glauben zwischen Juden und Christen bleibt wünschenswert, ja dringend.

----

1 Siehe Lexikon des Judentums, a.a.O. S. 700.

2 In „Jüdische Welt verstehen - 600 Fragen und Antworten", Wiesbaden 1996, S. 102.

3 Maschinenschriftliche Vorlage .

4 A.a.O. S. 242.

5 Siehe auch dazu das genannte Gutachten des Deutschen Tierschutzbundes, S. 4.

6 A.a.O. S. 5.

7 Ebd.

8 „Tierquälerei?" ein Beitrag von Landesrabbiner Joel Berger in der Allgemeinen Jüdischen Wochenzeitung vom 20.02.1997.

9 So z. B. Stellungnahme Prof. El - Nagar von der Universität Al - Azhar in Kairo vom 25.02.1982.

10 Das Urteil liegt mir in Kopie vor (S. 17).

11 A.a.O. S. 23

12 So vom Verwaltungsgericht Gelsenkirchen vom 25.05.1992.

383

VI.2. 2.Exkurs: Beiträge aus der Theologiegeschichte

2.1. Der Physiologus

Die aus frühchristlicher Zeit [1] und möglicherweise aus Ägypten stammende Sammlung von griechischen Texten über Tiere, Pflanzen, Steine und ihre symbolische Aussagekraft setzt die in der hebräischen Bibel häufigen ähnlichen Verweise auf Tiere
und deren Vergleich mit Menschen (Stimmen) voraus.

Der Physiologus bedürfte in unserer Themenstellung vielleicht keiner Erwähnung,
wäre die "Naturlehre" nicht ein eindrucksvolles Zeugnis der Nachbarschaft von
Mensch und Tier mit großer Kenntnis desselben und ein nachdrücklicher Hinweis auf
die Verbindung von Göttlichem und Kreatürlichem.

Der unbekannt gebliebene Autor wollte weniger Anschauungsmaterial bieten oder
das Staunen über Verwandtschaften fördern, als vielmehr seinen Lesern bzw. Hö-
rern ins Gewissen reden, sie vor Versuchungen und Sünde warnen und auf Gottes
wohltätiges Handeln und seine erlösende Liebe aufmerken lassen.

Die Tiere haben lobens- und tadelnswerte, ja zu fürchtende Eigenschaften(Physeis) .
Diese werden mit Bibeltexten verbunden.

Der Pelikan z.B., bisweilen auf Paramenten abgebildet, ist bekannt, weniger dagegen
die Sonnenechse, die in eine Mauerritze schlüpft und bei aufgehender Sonne die Augen öffnet und gesundet; denn sie wird mit zunehmendem Alter blind.

So wird Gott die menschlich stumpfen Augen, denen es an Einsicht fehlt, mit der
Sonne der Gerechtigkeit in Christus auftun.

Die durch die Kunst- und Geistesgeschichte wandernde Bedeutung des Phönix wird
beim Physiologus in seiner Verwandtschaft mit dem Auferstandenen gesehen.

Dem Biber wird [2] nachgesagt, daß er , von einem Jäger verfolgt, seine Geschlechts-
teile abreißt und diesem hinwirft. Der läßt von ihm ab und veranlaßt den "Ausleger",
seinem Auditorium zu sagen, es möge sich dem Teufel gegenüber genauso verhalten.

Der Baum Peridexion [3] , wichtig für die Tauben, hat den Charakter eines Welten- und
Lebensbaums mit Drachen abwehrender Kraft und dient als Gleichnis für den heiligen
Geist: Lukas 1,35. [4]

Wildesel und Affen spielen die Rolle des Teufels, mit dessen Existenz und Macht wie auch Schläue der Physiologus realistisch rechnet.

Die letzte Betrachtung (55) sei wörtlich zitiert:

Der Sittich, den man auch Papagei nennt, ist ein Vogel von der Größe eines Rebhuhns, ganz grün oder auch weiß, und ahmt die Menschenstimme nach. Und er unterhält sich; und redet wie ein Mensch, und ist höchst wunderbar zu hören, wie manche von ihnen lieblich plaudern mit menschlicher Rede ,und kaum magst du ihr Gespräch unterscheiden von dem eines Menschen.

So ahme auch du, o Mensch, die Stimmen der Apostel nach, die den Herren preisen, und preis auch du ihn, nachahmend die Gemeinde der Gerechten, auf daß du gewürdigt werdest, der lichten Orte derselben auch teilhaftig zu sein. [5]

Die zoologische Bedeutung des Physiologus [6] mag so gering sein wie die Zahl der Übersetzungen und sein Einfluß auf die christliche Literatur, auf Predigt und Tierbücher, sogenannte Bestiare, und auf die Kunstgeschichte groß.

Auch über die moralische Nutzanwendung (fabula docet) und über die theologische Schlußfolgerung läßt sich streiten, wohl weniger über das ernsthafte seelsorgerliche Bemühen.

Es kann auch nicht um problemlose Übernahme der Allegorien und Metaphern gehen. Hier ist von Belang das noch selbstverständliche Mit- und Ineinander von Mensch und Tier, die für die damalige Zeit interessierte Beobachtung und die hohe Wertung kreatürlicher Fähigkeiten wie Eigenschaften, selbst da, wo sie nicht zutreffen. Auch über die Einfalt des Physiologus ist viel und kontrovers geurteilt worden, nicht weniger über den Vorbild- wie Abschreckungscharakter der Mitgeschöpfe.

Letztgenannte sind für den Physiologus weit mehr als nur eine Nomenklatur.

Die sich später anbahnende Entwicklung jedenfalls, nämlich die Entfremdung zwischen Gottes Geschöpfen, wirkt auf diesem Hintergrund erschreckend. [7]

Oder sollte - die Frage wird erlaubt sein - schon der Physiologus mit seiner Bildersprache immer n u r beim Menschen geblieben sein, d.h. die vermeintliche Tierwelt nur als Folie benutzt und somit der Anthroprozentrik in ihrer bedenklichen Form Vorschub geleistet haben?

Statt einer vermutlich unzureichenden, weil kaum möglichst eindeutigen Antwort sei der Herausgeber mit seinem weiterführenden Nachwort [8] zitiert.

Er stellt sich einen Leser vor, der sich einfach den Texten hingibt, ergriffen ist, die "Sehnsucht nach etwas Verlorenem" spürt, eine "fromme Einfalt", "die man beileibe nicht mit einem blassen Pantheismus verwechseln darf".

Er geht gründlich der Verfasserfrage, der Wirkungsgeschichte des Physiologus nach, der schon genannten wissenschaftlichen und literarischen Auseinandersetzung, nennt eigene und anderer kritische Rückfragen im Blick auf Spekulation, Mystik, Aussagegehalt, das Fehlen des Genre, um dann die "äußerste Verknappung auf ein dringlich Gemeintes" zu betonen [9] und die Liebe zum Geschöpf, die "nie mit eigenem Licht" aufleuchtet, sondern "die kosmische Liebe, die Sympathiestrahlung, in deren Mitte das Göttliche steht", reflektiert [10] .Er bestreitet den Sinn der Klage, daß der Physiologus kein "antiker Linné" oder ein Brehm war[11].

Die Erkenntnis des "objektiv Richtigen" sei immerhin in den letzten zweihundert Jahren gekommen; fraglich aber sei, wie wir mit dieser "richtigen, gedeuteten und darum immer weniger bedeutenden Welt des Menschen fertig werden".

Im Physiologus dagegen begegnet uns "eine Welt des unablässigen Wiedererkennens, der Beglückung, die sich immer noch als mächtiger erweist"[12] .

Hat der Physiologus damit nicht einen legitimen Platz in einer Darstellung des Verhältnisses von Mensch und Tier?

Ich möchte - vorläufig - mit O.Seel antworten: "Die Erzählform des Physiologus ist das Praesens: Gegenwart als Zuständlichkeit und Gegenwart als aktuelle Dringlichkeit" [13] .

----

1 Ihr Übersetzer u Herausgeber, Otto Seel (Verlag Artemis), Zürich u. München 1992,legt das Datum mit ca. 200 n.Chr. fest, während Erika Dinkler-v.Schubert (RGG,Bd.5,3.Aufl.,Studienausgabe 1986) unter Hinweis auf die von A.Grillmeier vorausgesetzte Abhängigkeit von Cyrill von Jerusalem u. Gregor von Nazianz die Entstehungszeit nach 3285 nennt.

2 Bis ins 17.Jhdt.

3 Bei Plinius die Esche.

4   Siehe auch Mt.13,31 f. / MK. 4,30: Baum = Himmelreich.

5   A.a.O.S. 81.

6   Die Tierkenntnis stammt vermutlich aus früheren Naturlehren mit einem Wechsel von Physik u. Mystik, so Seel a.a.O., S.86

7   Hand in Hand mit dieser Distanz scheint auch die wissenschaftliche Untersuchung des Werks selbst zu gehen, wie man dem Nachwort des Herausgebers entnehmen kann: "Das ist das eigentlich Entmutigende an dieser ganzen neueren Forschung: daß ein ungeheures Kapital an penetrantem Scharfsinn aufgewendet wurde mit dem Ertrag, das damit bedachte Objekt nur immer wertloser erscheinen zu lasen, will sagen, daß diesem scharfen Sinn der Analytik ein ungleich stumpferer Sinn an lebendigem Vollzugswillen zugeordnet zu sein scheint" (S.93). Bleibt die Frage, warum sich so viele Gelehrte mit einem Opus beschäftigen, dessen Wert sie a limine so gering erachten. Was war bzw. ist das Faszinosum?

8   A.a.O., S. 83 ff.

9   A.a.O., S. 98.

10 A.a.O., S. 99.

11 A.a.O., S. 101; auch Brehm ist in einzelnen Teilen durch die neuere Forschung überholt .

12 Ebd.

13 A.a.O. S. 102.

2.2   Ambrosius

Ambrosius, geboren in Trier [1] , gestorben in Mailand, 24 Jahre dort Bischof, ohne Theologiestudium einer der vier abendländischen Kirchenlehrer, Gegner des Arianismus, beeinflußt von Origines und Basilius, seinerseits von entscheidendem Einfluß auf Augustin, zeigt sich in seiner Theologie an die Bibel gebunden, die er unermüdlich auslegt. Besonders die at.lichen Schriften sind ihm wichtig: in der Exegese wendet er gern die allegorische Methode an.

Er zählt, soweit ich sehe, nicht zu den Mystikern, wohl aber zu denen, die aus der Schöpfung (Natur) Wahrheitslehren ableiten.

Die Tiere in ihren Fähigkeiten sind bewundernswert, dem Menschen häufig überlegen, und können ihm als Vorbild dienen.

Der Mensch, der ein anderes Lebewesen ist, stellt sich auf eine Stufe mit ihnen. Mehr noch: Daß er mit ihnen Hunger, Durst, Geschlechtlichkeit, Leid, Freude,

Geburt und Tod teilt, soll den Menschen Demut lehren. [2]

Seine Nähe zum Tier ist, natürlich betrachtet, größer als die zu Gott. Das bedeutet aber nicht eine Wesensgleichheit; denn Ambrosius hält fest:

,,Die Seele ist es, durch die wir über alle Wesen der Tier-und Vogelwelt unsere Herrschaft ausüben können. Sie ist das Nachbild Gottes, und der Leib ist dem Tier nachgeformt. Sie allein trägt das Siegel der Gottähnlichkeit: der Körper aber teilt die niederen Züge mit Tieren und Ungetümen" [3].

Und noch pointierter: ,,Doch willst du (die Tiere) , die ins Dasein gesetzt wurden, mit dem Menschen in Vergleich setzen? Verkenne die wahre Natur, die jeder Art eignet, nicht, und dein Vergleich wird noch in viel höherem Grade zugunsten des Menschen ausfallen" [4]. Entsprechend appelliert Ambrosius an den Träger, die Trägerin dieser Ebenbildlichkeit - er sagt: Gott-Nachbildlichkeit = ad imaginem Dei -, das Werk des Schöpfers nicht durch äußere Veränderungen (z.b.Schminken) und durch Gewalteinwirkung oder eine andere Sünde zu verfälschen.

Es folgt eine merkwürdige Argumentation: Gott ruhte nicht, nachdem er die Gattungen der wilden Tiere und Bestien (!) geschaffen hatte, sondern erst nach Erschaffung des Menschen[5]. Der Kirchenlehrer nennt auch die Voraussetzung für das Ausruhen Gottes im Menschen (sic!) und zitiert dazu Jesaja 66,2, wo allerdings nicht von der Wohnstätte Gottes die Rede ist, sondern von der Gespaltenheit und Frivolität des Menschen, der einerseits Gott opfert, andererseits sündigt (.z.B. ein Schaf opfert und einen Hund erwürgt), und dem die einzig mögliche conditio vor Augen gehalten wird: demütig zu sein und vor Gottes Wort zu erzittern.

Dieser Mahnung vor Heuchelei läßt Ambrosius die Erinnerung folgen:

Dein Leib ist sterblich, aber nicht die Seele; und die Zusage schließt sich an: es mangelt nicht an Gnade.[6]

Darin also liegt der entscheidende Unterschied zwischen Mensch und Mitgeschöpf: dieses kann und muß nicht darauf bedacht sein, seine Seele durch Gehorsam gegen seinen Schöpfer zu bewahren.

Daß die Natur die Menschwerdung Gottes beleuchten und die Wahrheit beglaubigen kann, besagt nichts über ihren Eigenwert, sondern über ihre Analogie-Bedeutung: die Natur an sich ist noch keine Offenbarung.

Ambrosius ist in seinem Bestreben, aus dem Naturgeschehen, resp. aus den als bekannt vorausgesetzten Eigenschaften von Tieren, allegorische Deutung und entsprechende Mahnung an die Gläubigen abzuleiten, dem Physiologus verwandt. Daß es dabei zu Fehldeutungen bzw. fragwürdigen Rückschlüssen kommen kann, so etwa im Blick auf die Turteltaube als Vorbild für keusches Leben einer Witwe oder bestimmter Vogelarten als Indiz für die Jungfrauengeburt [7], bedeutet keine Infragestellung der möglichst bibeltreuen Auslegung.

Ob der Kirchenvater zu Recht für eine gewisse Nähe von Mensch und Tier in Anspruch genommen werden kann, ist m.E. fraglicher, als daß er sie im Denken und Glauben seiner Zeit voraussetzen kann.

Den gravierenden Unterschied zwischen Mensch und Mitgeschöpf macht die Seele aus. Der Leib ist nur ein zerschlissenes Gewand. „Es ist nämlich zu unterscheiden zwischen uns, dem Unsrigen und dem, was um uns ist." [8]

Merkwürdig, daß Ambrosius auf die biblischen Aussagen für Vögel und Fische, auf die gemeinsame Sabbatruhe, das Lob des Schöpfers durch die Tiere und auf die Benennung durch den ersterschaffenen Menschen, soweit ich sehe, nicht eingeht.

----

1 N. Nyman in: Ekl Bd. 1., SP.99., Göttingen 1956,. hält auch 333 für möglich.

2 In: "Des hl. Kirchenlehrers Ambrosius v. Mailand Axameron", übers. von J.E.Niederhuber, Bibliothek der Kirchenväter, Kempten / München 1914, Nr. VI, 45.

5 A.a.O. VI. 45.

4 A.a.O. VI 10.

5 A.a.O. VI.. 45.

6 A.a.. VI, 52.

7 A.a.O. VI, 62.

8 A.a.O. CVI, 7.42.

2.3. Augustinus

Obwohl faszinierter Hörer der Ambrosianischen Predigten und durch den Mailänder Bischof bekehrt, folgt Augustinus seinem Lehrer, soweit ich sehe, nicht in der allegorischen Auslegung tierischer Eigenschaften und Verhaltensweisen und sieht in ihnen nicht Vorbilder für des Menschen Stellung zu Gott. Wohl erkennt er in ihrer unbeschreiblichen Beschaffenheit die Großartigkeit des Schöpfers und eine Einladung zum Lob, wobei die kleinsten nicht weniger wunderbar sind als die gewaltigen.[1]

Augustin nennt Stufungen in der Schöpfung: z.b. sind die lebenden Wesen den leblosen vorzuziehen, die vernünftigen den vernunftlosen, sprich: die Menschen dem Vieh [2].

Nur für die mit Vernunft und Geist begabte Kreatur gibt es seligmachendes Gut,nämlich Gott anhangen. "Wilde Tiere, Bäume, Felsen und dergleichen erlangen diese Gnadengabe nicht, sind auch nicht empfänglich dafür." [3]

Nur der Mensch ist das speculum Dei, ja, der Dreieinigkeit, und zwar schon hier, ablesbar in seinen Fähigkeiten und Anlagen - im Unterschied zum Tier. Das Tier ist nach Augustin niedergebeugt zur Erde;der Mensch dagegen hat eine zum Himmel gerichtete Gestalt, die ihn mahnt, nach dem Göttlichen zu trachten.

Der Kirchenvater spricht von einer "vernünftigen Seele" [4] und markiert damit den gravierenden Unterschied zwischen Mensch und Tier. Doch auf den Abfall von Gott eingehend, grenzt er die Fähigkeiten dieser vernünftigen Seele ein: der Mensch, der nach dem Menschen lebt, verfehlt die Wahrheit,weil er den Willen des Schöpfers verfehlt und damit an der Glückseligkeit vorbeilebt. [5]

Eine weitere Differenz zwischen den Lebewesen: obgleich die Tiere besser wahrnehmen, sind sie nicht in der Lage, über das Sinnfällige zu urteilen. [6]

In seinem Genesis-Kommentar [7] erklärt Augustin, vermutlich aufgrund einer ungenauen Übersetzung, die Entstehung der Vögel aus dem Wasser, widerspricht der Meinung, die Fische seien keine lebenden Seelen mit Gedächtnis und Verstand und macht sich Gedanken über den Unterschied zwischen "Vieh" und "Tier". Er interpretiert den Zusatz "nach seiner Art" und das Fehlen dieser Bezeichnung beim Menschen.

Im 13. Kapitel (a.a.O.) erwähnt Augustin zwar den Segen über Meerestiere und Vögel, geht aber auf dessen Bedeutung nicht ein.

Die Segenswiederholung nach der Erschaffung des Menschen nennt er notwendig, "damit nicht einer kommt und sagt, in der Leistung des Zeugens von Söhnen liegt eine Sünde, während doch nur die Lust an der Ausschweifung oder der Mißbrauch des Ehelebens im Übermaß sündhaft ist" [8].

Der Kirchenvater beantwortet freundlich wie sachlich die aufgekommenen oder denkbaren Fragen, z.B. ob und warum die Insekten, die "giftigen" Tiere und die Bestien erschaffen wurden und sie nicht etwa nur das Produkt der Verwesung (Insekten), eine Folge des Sündenfalls (giftige) oder widersinnig, weil sich gegenseitig vernichtend, (Bestien) sind.[9]

Die Erstgenannten haben durchaus einen gewissen Schmuck und verdienen Bewunderung. Sie sind z.T. innerhalb des Schöpfungswerks gemacht und nicht einfach aus Wasser und Erde hervorgegangen. Doch gibt es auch Lebewesen, die aus Leichnamen entstanden; sie gehören nicht in den Schöpfungsrahmen der Genesis (!)

Unter Berufung auf Phil 3,2; 2 Kor 12,7 ff; Dan 6,28 und Act 28,3 sieht Augustin die Funktion der giftigen oder /und schädlichen Tiere in der Erprobung des Unvollkommenen, seiner Geduld und seiner Vollendung.

Daß Tiere sich gegenseitig schaden oder gar verzehren, dient der Anschauung und Mahnung: der Mensch liest an ihnen ab, wie sie sich nähren, kräftigen und schützen.

Die Kraft der Seele in diesen Kreaturen ist es, „die jedes Wesen vor der Gleichgültigkeit in Bezug auf sein Sein bewahrt und es, wenn ich so sagen darf, unwillig macht, verdorben und aufgelöst zu werden" [10]

Während es in der Urschöpfung keine Zwischenräume gab, wirkt Gott jetzt in Zeiträumen. Die Schöpfung beruht auf den unwandelbaren Ratschlüssen in Gottes Wort. Die zweite Weise der Schöpfung stellt jene Werke dar, von denen Gott am 7.Tag ruhte. Die dritte ist uns „durch unsere Körpersinne und die Gewöhnung unseres Lebens bekannt" [11].

Zurück zu den Tieren:

Weil die meisten Mitkreaturen aufgrund ihrer Unähnlichkeit unserem Verstehen und unseren Köpersinnen entzogen sind, wird es uns leichter, ihren Schöpfer als sie selbst zu finden. Augustin spricht in diesem Zusammenhang vom großen Glück, „mit frommem Gemüt den Schöpfer noch aus dem kleinsten Teil zu empfinden" [12] .

Seit dem Ruhen am 7.Tag „setzt er kein Geschöpf mehr in die Welt,sondern leitet und bewegt mit sorgender Wirksamkeit alle, die er zugleich erschaffen hat, und wirkt so unablässig weiter, ruhend und wirkend zugleich" [13] .

Seinem Herrschen, das ohne Willkür ist, hat unseres zu entsprechen: „Vierfach müssen wir lieben: erstens, was über uns ist, dann, was wir selbst sind, drittens, was neben uns ist, viertens, was unter uns ist" [14] .

In seinem „Tractatus in evangelium Johannis" nimmt er die Barmherzigkeit Gottes, die sich in seinem heilenden Handeln zeigt, auch für die Mitgeschöpfe in Anspruch.

„ Die Vielfalt der Barmherzigkeit Gottes kommt nicht nur zu dem Menschen, den er nach seinem Bilde geschaffen hat, sondern auch zu den Tieren, die er den Menschen untergeben hat. Von dem kommt auch das Heil des Tieres, von dem das Heil des Menschen kommt.Schäme dich nicht, solches von dem Herrn deinem Gott zu denken, wage es vielmehr und glaube es und hüte dich anders zu denken Der dich heil macht, der heilt auch dein Pferd und dein Schaf, ja bis zum Kleinsten hin gilt's-auch deine Henne... Wird der es unter seiner Würde halten,Heil zu geben,dessen Würde es erlaubt, Schöpfer zu sein?" [15]

Diese Aussage bereits ist ein knappes Kompendium der Mitgeschöpflichkeit, enthält sie doch die ausdrückliche Liebe des Schöpfers zur Mitkreatur und sein Ziel mit ihr.

Würde und Recht der Tiere, basierend auf ihrem Sosein, können kein Thema des Kirchenvaters sein, ist er doch primär interessiert am Ineinander von Glaube und Vernunft, am Bekenntnis des Glaubens und an der Kirche als dem Ort von Glauben und Bekennen und als Medium des Heils.

„ Auch Augustin, der lieber, wie er sagt, auf allen Weltruhm verzichtet, als eine Fliege getötet hätte, hat diesen Himmel" (von dem vorher im Blick auf Albertus Magnus und Thomas von Aquin die Rede war) ,"nicht aufgetan. Aber er ist dem Tierwesen doch erstaunlich tief beigekommen. Er hat in ihm den apperzipierenden, individualen und die Individualität tragenden Ichpunkt gesehen, und von hier aus sollte jede Metaphysik des Tieres auch mit der Unzerstörbarkeit dieses einmaligen, unersetzlichen Punktes Ernst machen" [16] .

1 In: „Der Gottesstaat" (De civitate Dei), hg. von H.U. v.Balthasar, a.a.O.S.54.

2 A.a.O.S. 55.

3 A.a.O.S.67.

4 A.a.O. S.55.

5 Vgl. Bekenntnisse, a.a.O.S. 176.

6 De vera religione, a.a.O.S. 89.

7 Über den Wortlaut der Genesis, I.Band, Buch I-IV, a.a.O.S.81 ff.

8 A.a.O.S.93.

9 Ebd.

10 A.a.O.S. 97.

11 A.a.O.s. 184.

12 A.a.O. S.188.

13 A.a.O.S.198 f.

14 doctrina christiana, I, 23.22.

15 Zitiert nach G.M.Teutsch, „Soziologie und Ethik der Lebwesen", a.a.O.S.132.

16 Joseph Bernart, „Die unbeweinte Kreatur", a.a.O.S.197.

2.4. Franziskus

Vorbemerkung

Eine Behandlung des Heiligen aus Umbrien in der vorgegebenen Thematik bedarf der Anmerkung.

Seine Erwähnung geht von der Voraussetzung aus, daß des Franziskus Umgang mit den Tieren nicht die Basis einer Ethik sein kann und behält im Ohr, was Konrad Lorenz über das mehr als begrenzte Wissen vom subjektiven Erleben der Mitgeschöpfe den Tierforschern wie –freunden mit auf den Weg gibt. [1] Doch müßte man den Verhaltensforscher fragen, warum er seinen Erlebnissen den Titel gibt: "Er redete mit dem Vieh, den Vögeln und den Fischen", [2] ohne auf den Prediger, wenn auch in Abgrenzung, Bezug zu nehmen.

Sollte er in seiner wissenschaftlich rigorosen Abwehr der Anthropomorphismen, so berechtigt sie sein mag, übersehen haben, daß Franz von Assisi Pate steht im gegenwärtigen Bemühungen um ein erneuertes Miteinander der Lebewesen? Daß er wiederentdeckt wurde als einer, der im Unterschied zu den kirchengeschichtlichen Vorvätern, Zeitgenossen und Nachfahren biblisches Gedankengut aufgenommen und 700 Jahre vor Fritz Blanke die Geschwister der Schöpfung gesehen, geliebt und sie als Mitgeschöpfe ernstgenommen hat, ist der Grund, ihn zusammen mit dem Physiologus, mit Ambrosius und Augustin, Luther und Calvin und den Gestalten des Pietismus zu nennen. Jesu Aussendungsrede an die Jünger, Matthäus 10, 1-14 [3] wird für den als Francesco Giovanni Getauften zum persönlichen Anruf und Lebensbegleiter. Die wörtliche Befolgung ist Zeichen des Gehorsams gegenüber dem selbst Armen aus Nazareth, der, obwohl Gottes Sohn, der Bruder aller wurde, ja, ihr Knecht. Im Sakrament, im Wort, im Geist unter den Seinen gegenwärtig, befähigt er sie, Knechte zu werden, demütig und, wenn Gutes wirkend, sich dessen bewußt, daß sie es sich nicht verdanken.

Mit den Augen Jesu sieht der Mann aus Assisi die Schöpfung in ihrer Mannigfaltigkeit und Schönheit wie auch das Elend in ihr, bei Menschen und Mitkreaturen.

Dem Povorello geht die Schwäche, das Leid, das Gequältsein, materielle wie seelische Not nahe.

Jesu Gerichtsrede von den Geringsten (Mt.25) wird zu einer Lebensregel. So nennt sich die auf ihn zurückgehende Ordensgemeinschaft zunächst nur eine Bruderschaft von Gefährten, die "Büßer von Assisi", Minderbrüder, fratres minores (Minoriten). Zu den Minderen fühlt Franziskus sich mit der Liebe Jesu hingezogen; und obwohl sein Meister nie dem Vieh, den Vögeln und den Fischen gepredigt hat, bezieht er sie in die Verkündigung des Evangeliums ein, so viel davon auch Legende sein mag. Tiere kommen im gern zitierten Sonnengesang nicht vor, von der Passage "gelobt seist du, Herr, mit allen deinen Geschöpfen" abgesehen, wohl aber Bruder Mond, Sterne, Wind, Lufthauch und Gewölk, Wasser, Feuer, Mutter Erde und der leibliche Tod. Doch hat Franziskus zweifelsohne mit den Tieren geredet und sich ihrer liebevoll angenommen.

Die Tierpredigten haben mahnenden wie auch tadelnden Charakter. In der durch Thomas von Celano wiedergegebenen Vogelpredigt aus dem Spoletal bittet der Heilige demütig, sie möchten Gottes Wort hören; und als er sieht, daß sie nicht fortfliegen, ist er glücklich. Sie sollen ihren Schöpfer wegen ihres Gefieders, ihrer Fittiche, ihrer Wohnung loben. Er erinnert sie an Jesu Worte aus der Bergpredigt, wonach sie nicht säen und doch ernten.

"An der Vogelpredigt ist abzulesen, wie sehr Franziskus in der Tradition der Bibel steht, daher eigentlich nichts Neues einbringt, zugleich aber durch Erinnern an Vergessenes, Vernachlässigtes einen Einschnitt in der Geschichte der Ethik markiert". [4]

Steffahn verweist auf Markus 16,15; Psalm 148 u. Matthäus 6,26.

Der hl. Franz tadelt die "Schwestern", nämlich zum Markt gebrachte Tauben, daß sie sich haben fangen lassen, beläßt es aber nicht dabei, sondern kauft oder erbittet sie frei und baut ihnen Nester, so daß sie zutraulich werden. Ein anderes Mal sind es Schafe, die er friedlich befreit.

Unverkennbar zielt die Predigt auf die Symbolik oder auf das Vorbildhafte der Tiere ab (s. Physiologus oder Ambrosius).

Sie werden wie das kleine Lamm in einer Herde von Ziegen und Böcken zum Hinweis auf Jesus unter Pharisäern und Hohenpriestern.

Und doch sind die Tiere immer auch das unmittelbare, reale Gegenüber in ihrem Leid , ihrem Glauben, in ihrer stellvertretenden Existenz und lösen häufig rettende Taten aus, ob es Hasen oder Kaninchen in Schlingen, Fische in Netzen oder der auf dem Weg gefährdete Wurm sind.

Tiere sind bisweilen auch seine Helfer. Nach Paul Sabatier "widmete er noch allem, was ihn umgeben, ein freundliches Wort des Abschieds, den Felsen, den Bäumen, dem Bruder Falken, seinem alten Liebling, dem allezeit Zutritt zu seiner Zelle freigestanden, und der täglich beim ersten Morgenstrahl seinen Herrn geweckt hatte, um ihn an die Stunde der Messe zu erinnern". [5]

Das ist nicht nur mit Geschwisterlichkeit, sondern auch aus der Ehrfurcht vor dem Leben zu deuten.

Jahrhunderte vor Albert Schweitzer und noch mehr Jahrhunderte nach der Verkündigung durch AT und NT praktiziert sie der erste Franziskaner im Sinne des staunenden Respekts vor allem Geschöpflichen, Pflanzen eingeschlossen. Das Geschöpfliche ist deshalb zu betonen, weil Franziskus - wie nahezu alle Großen der Kirchengeschichte, von Augustin bis Bonhoeffer - von jeder Richtung und Bewegung für sich in Anspruch genommen wurde, resp. von allen Tierschutz-Gruppierungen, so unterschiedlich sie sonst sein mögen.

Das ist zunächst erfreulich.

Für Theologie und Kirche ist die prima causa, seine Nachfolge Christi, wichtig . Für andere mag es Steffahns Warnung sein, "Franz von Assisi aus seinen mittelalterlichen Bewußtseinsbindungen herauszulösen und damit die Zeitalterschwelle zu mißachten". Denn: "Erst aus dem Verlust des Selbstverständnisses, wonach Gott in jedem Augenblick die Welt regiere und kein Spatz vom Dach falle, ohne daß ER es wolle, erst von da aus gewann das menschliche Leben im christlichen Kulturraum Autonomie" [6].

Man ist geneigt, fortzufahren: Diese Autonomie setzte neben beachtlichen Initiativen saekulare Erlösungstendenzen, Aggressionen und Verteufelungen wie auch Selbstgerechtigkeiten frei, die Jahrhunderte lang Begleiterscheinungen bestimmter Frömmigkeitsformen waren.

Isnard W. Frank verweist [7] auf die Diskussion um die franziskanische Frage, die zwar an wissenschaftlicher Schärfe verloren, dafür aber an politisch-praktischer gewonnen habe. "Nicht mehr der Gegensatz von evangelischem Charisma und kirchlicher Institution wird an Franz von Assisi abgehandelt, sondern die politische Relevanz des Evangeliums".

Alle an Tierfreundschaft, -schutz oder gar -ethik Interessierten werden bei der Frage nach der Relevanz von Predigt und Tun des bald nach seinem Tod Heiliggesprochenen eine bleibende Bedeutung feststellen.

Sie werden seine "alternative Lebensweise" schätzen, sein einfältiges Sein mit den Tieren [8]. Dabei wird die denkbare Kritik an dem nur Spontanen, Vereinzelten, aber nicht systemverändernden Handeln - darin seinem Herrn und dessen zeichenhaftem Bekunden des anbrechenden Reiches Gottes ähnlich - in den Hintergrund treten. Uns tangiert mehr das für die Christen und ihre vorwiegende Distanz zu den Mitgeschöpfen Hörenswerte.

"Franz von Assisi wollte nicht die Welt verbessern, das wäre unzeitgemäß gedacht. Er nahm nur den vorgefundenen Heilsentwurf ernster als andere. Seine Tierliebe war tief und fühlend, aber eingebunden in die Untrennbarkeit alles Geschaffenen" [9].

Der Autor erwähnt die Ehrung des Heiligen durch den Papst im Jahr 1980, in dem dieser ihn zum Patron der Natur- und Umweltschützer erhob, und stellt die Frage an alle, die ihn ehren, ohne ihm nachzufolgen, ob es ihnen angenehm wäre, wenn er

396

wiederkäme. Er zitiert G.B.Shaw mit dem Epilog aus "Die HI. Johanna": "O Gott, der du diese wundervolle Erde geschaffen hast, wie lange wird es dauern, bis sie bereit sind, deine Heiligen zu empfangen, wie lange, o Gott, wie lange?" [10] Es würde dem Leben des Franziskus und seiner unmittelbaren vom Evangelium und dessen Mittelpunkt Jesu geprägten Nähe zu den Tieren nicht gerecht werden, wenn Kriterien aus ihnen erstellt würden. Sein Vermächtnis ist ohne Systematisierung deutlich und herausfordernd.

Damit muß nichts von dem zur These von K. Lorenz Gesagten zurückgenommen werden. Sie bedarf aber der Ergänzung: die Würde des Tieres verbietet zweifellos respektlose, vereinnahmende Anthropomorphismen, gestattet aber zugleich den Versuch liebevoller Annäherung.

Franz von Assisi hätte eine Alternative nicht verstanden.

----

1 In: "Das sogenannte Böse", 20 München 1995, S. 198: "Wir halten aus grundsätzlichen erkenntnistheoretischen Erwägungen alle Aussagen über das subjektive Erleben von Tieren für wissenschaftlich nicht legitim, mit Ausnahme der einen, daß Tiere ein subjektives Erleben haben".

2 dtv 73 , 21 München 1974.

3 Vermutlich Tagesevangelium am 24.2.1208 oder 1209 nach den Recherchen der Historiker.

4 Harald Steffahn, "Menschlichkeit beginnt beim Tier", Stuttgart 1987, S. 105 .

5 "Leben des hl. Franz von Assisi", Zürich 1919, S.276.

6 A.a.O. S. 106 .

7 In: "Wörterbuch des Christentums" , München 1995, S. 361.

8 Von Karl Barth bis Hans-Dieter Hüsch.

9 H. Steffahn, a.a.O. S. 106 .

10 Ebd., S. 107.

VI.3. 3. Exkurs: Mitgeschöpflichkeit im Gesangbuch

3.1.Einleitung

„Der Glaube lebt davon, daß er angeredet ist. Der Glaube hört. Er hört eine STIMME, die ihn ruft. Und er versucht zu antworten - mit seiner eigenen Stimme, mit seinen eigenen Worten. Beim Hören auf die STIMME, die ihn ruft, findet der Glaube zur eigenen Sprache. Es ist die Sprache von Lob und Dank, von Hoffnung und Trost, die mitten in einer Welt von Hoffnungslosigkeit und Trostlosigkeit laut wird...

Wo lernt man die Sprache des Glaubens?

Zu allererst in der Bibel. Aber gleich danach im Gesangbuch, d. h. im Lied."

Wenn ein Exkurs zum gegenwärtigen Gesangbuch als Spiegel der Mensch-Tier-Beziehung überhaupt einer Apologetik bedarf: Christa Reich[1] hat sie mit dieser Einleitung zu einem ihrer Referate gegeben. Die Gesangbücher bzw. Liedersammlungen verschiedener Epochen seit der Reformation sind nicht weniger beredt i. p. Mitgeschöpflichkeit als Dogmengeschichte und Predigten, ja sie sind ein Teil der Theologiegeschichte und gehörten eigentlich medias in res.

Ein Choral ist Ausdruck des Glaubens, Spiegel des Denkens und Weltgefühls und damit ggf. eine stärkerer Multiplikator als die gedruckte Lehre. Gibt er Lob und Dank wieder, rückt er in die Nähe der Mitkreaturen, deren Vorbildcharakter - in der hebräischen Bibel - bereits angesprochen wurde.

Eine Themenstellung wie „Naturfrömmigkeit in Kirchenliedern"[2] wäre aussichtsreicher, was Quantität und Gehalt betrifft; denn auch hier zeigt sich, daß Sonne, Mond und Sterne, Wälder, Wiesen und Wasser, die zarten Blumen, ihr Aussehen und Duft leichter und einleuchtender zu besingen sind als die übrige Kreatur. Sie spielt meist nur implizit eine Rolle

In unserer Darlegung gehen wir bis in die Reformationszeit zurück.

3.2. Das 16. und 17. Jahrhundert

Martin Luther dichtet 1538 „Die beste Zeit im Jahr ist mein" und widmet eine Strophe den Vöglein allgemein und drei der Nachtigall im besonderen. Ihnen und vor allem ihrem Schöpfer gebührt Dank; denn er hat nicht nur sie, sondern mit ihnen bzw. ihr uns die Musik gegeben. Die Nachtigall ist mit ihrem Gesang eine Einladung an uns, in das Lob Gottes einzustimmen.

Ähnlich klingt es bei Michael Weiße (1488-1534), dessen Lied „Der Tag vertreibt die finstre Nacht" sich nicht in unserem Gesangbuch findet. Seine Mahnung „Ei nun Mensch, du edle Natur, o du vernünftge Kreatur, sei nicht so verdrossen", hebt auf das Loben der unvernünftigen Wesen ab.

Johann Walter (1496-1570) dichtet zum Ende des Kirchenjahres sub specie aeternitatis: „... wenn Gott wird schön erneuern alles zur Ewigkeit. Den Himmel und die Erde wird Gott neu schaffen gar, all Kreatur soll werden ganz herrlich, schön und klar"[3].

Einem unbekannten Verfasser aus dem Raum Nürnberg oder Leipzig[4] ist die um 1560 entstandene Nachdichtung zu Psalm 147 zu danken, die in den letzten drei Strophen von der leiblichen zur geistlichen Nahrung wechselt. In "Lobet den Herren, denn er ist sehr freundlich" heißt es V. 4: „Der allem Fleische gibt seine Speise, dem Vieh sein Futter auf väterliche Weise, den jungen Raben, wenn sie ihn anrufen. Lobet den Herren".

Nikolaus Hermann (1480?-1561) schreibt 1560 ein Erntelied, in dem er des Beters Vertrauen - in Psalm 147 - teilt, daß der Ernährer der jungen Raben und alles Getiers ein heilender Herr ist, der Gefallen hat an denen, die ihn fürchten. Darum bittet er ihn um das tägliche Brot, Bewahrung vor Hungersnot, Seuche und Streit und um Barmherzigkeit angesichts unserer Schuld. Ernte meint das gesamte Leben.

In Martin Behms (1557-1622) Lied „Wie lieblich ist der Maien", 1605 entstanden, sind das Tier auf der Weide und die Vöglein nicht nur Lobsänger, sondern, zusammen mit der Fruchtblüte (Str. 2), der Sonne (Str. 3) und den Blümlein, Metaphern für Fruchtbarkeit im Geist und für Tugend.

Vom selben Verfasser stammen die Texte zu „Lobt Gott in allen Landen", „Ach Gott, die armen Kinder dein" und „Herr Gott, du Herrscher aller Welt" (1604 und 1608), von denen nur das erste ins neue Gesangbuch aufgenommen wurde und nur das letzte die Tiere erwähnt: einmal als Gabe (V. 1. Tier, Fisch und Vöglein), zum anderen in Solidarität mit den Menschen: zusammen schreien sie nach Regen, vgl. Ps. 42,2 und Jer. 14, 4.

Von Paul Gerhardt sind zu nennen „Geh aus mein Herz und suche Freud", ein Lied, das ungeachtet seiner hohen Qualität und mitreißenden Schöpfungsbejahung, 5 Jahre nach dem 30jährigen Krieg entstanden, lange Zeit eine gewisse Alibi-Funktion zu erfüllen hatte (s. u.), „Du, meine Seele singe" (Str. 3: „der Fisch unzählge Herde im großen, wilden Meer") und „Nun ruhen alle Wälder".

Beeindruckend beim erstgenannten sind nicht nur die Freude an Flora und Fauna und der ihrem Leben entsprechende dichterische Ausdruck, sondern auch das Beibehalten der Bildersprache in der geistlichen Ausrichtung auf die Ewigkeit. Im Abendlied werden die Tiere wie selbstverständlich unter die Ruhenden gerechnet. So auch bei Christian Scriver (1629-1693), dessen 3. Strophe von „Der lieben Sonne Licht und Pracht" mit Erwähnung der schlafenden Tiere eliminiert wurde[4]. Möglicherweise sind die zuletzt zitierten Aussagen Ausdruck eines ungebrochenen Naturverständnisses oder bzw. und eines Erstaunens darüber, daß nach dem verheerenden Krieg immer noch der Regenbogen über der zerstörten Erde steht.

50 Jahre früher bezieht der katholische Moraltheologe und Mystiker Friedrich von Spee (1591-1635) „die ganz Welt" in die Osterfreude - „in deiner Urständ" (altes Gesangbuch: „zu...") - mit ein, das heißt neben dem himmlischen Heer die Bäume, Vögel und den Sonnenschein und beginnt sie mit der Anrede „Herr Jesu Christ".

Nicht anders der erwähnte N.Hermann in seinem Osterlied „Erschienen ist der herrlich Tag": „Die Sonn, die Erd, all Kreatur, alls, was betrübet war zuvor, das freut sich heut an diesem Tag" (1560).

Soweit erkennbar, sind diese beiden Lieder, abgesehen vom nur in den Anhang des EG von Rheinland/Westfalen und Lippe aufgenommenen alten Choral „Jesus, unser Trost und Leben" - Text: Ernst Christoph Homburg (1605-1681) - die einzigen (dieser Epoche), die die Auferstehung Jesu Christi und die Erneuerung der Schöpfung bzw. den Jubel der gesamten Kreatur verbinden.

Hier heißt es: „Alle Welt sich des erfreuet, sich verjüngt und erneuet, alles, was lebt weit und breit, legt an sein grünes Kleid. Ja, das Meer vor Freuden wallet..."

400

Das zwischenzeitlich einmal aufgenommene „Ostern, Ostern, Frühlingswehen" - Max von Schenkendorf (1783-1817) dichtete es - wurde, vermutlich aus theologischen Gründen, 1969 nicht mehr abgedruckt.

Joachim Neander soll hier nur unter Verweis auf ein Lied noch einmal erwähnt werden, weil er bereits zu Beginn der Epoche Pietismus zitiert wurde.

Die Bergischen Forschungen drucken in dem (Ende 1996) erschienenen Band XXVI „Im Gesteins- Das ursprüngliche Neandertal in Bildern des 19. Jhdts" [5] zwei Nachdichtungen Neanders zu Psalmentexten ab (!).

Zu Psalm 104 (24ff.) mit der Anfangszeile „Unbegreiflich gut, wahrer Gott alleine" heißt es in Str. 10:

„Gott, das grosse Vieh Mit den kleinen hauffen Zeiget sich allhie; Alles sich bewegt / Groß und klein sich regt / Laß mich zu dir lauffen".

Einer ausführlicheren Darstellung bedarf eine ungehörte Stimme mit einem ungewohnten Tenor:

A. Knapp führt ihn in seinem Liederschatz[6] unter Frühlingsliedern mit einem 13strophigen Poem auf: Robert Roberthin, Gemeinden wie Theologen vermutlich gleichermaßen unbekannt, findet in Lexika Erwähnung:

1600 in Saalfeld geboren, Student der „Humaniora" in Königsberg, Leipzig und Straßburg, Hofmeister und Sekretär an verschiedenen Adelshöfen, zuletzt kurfürstlich brandenburgischer Rat, bereits 1648 in Königsberg gestorben.

Von Martin Opitz auf seine dichterische Begabung angesprochen, Gönner von Simon Dach und Förderer von Heinrich Albert, wird er Mittelpunkt eines Dichterkreises.

Knapp charakterisiert seine weltliche Gedichte als nicht sonderlich tief, formal aber als „anmutig und gewandt"; seine geistlichen Lieder wurden als „sinnig und warm empfunden gerühmt".[7]

Die ersten 8 Strophen des einzigen wiedergegebenen Liedes heben sich wenig ab von den bereits erwähnten und auch sonst bekannten.

Der Frühling in seiner Pracht und seinem Zeugnis für des Meisters Kunst in Berg und Tal, Luft, Sonne und Winden, in Flur und Wald, in Bienen, Schwalben, Lerchen wird ebenso ansprechend bedichtet wie die häufig beschriebene Nachtigall, die Bäume und die Herden.

Überraschend sind die folgenden Strophen, in denen Mensch und Tier einander gegenübergestellt werden:

9. Jedwedes Tier kann freudiglich sein

   Herzbegehren stillen; Der Mensch allein

   verwirret sich in seinem finstern Willen.

10. Der Mensch, der keinen Augenblick an

    einem Wunsch kann kleben, verbittert

    sich nur sein Geschick und tötet selbst

    sein Leben.

11. Sein Leben, das doch ohnehin ein Tag

    von kurzer Dauer, Das macht er sich in

    trübem Sinn, Von Gott geschieden, sauer.

12. Er trotzet kindisch auf Verstand; O ließ

    er ihn doch merken und machte Gottes

    Ruhm bekannt in frommen Glaubenswerken.

13. Ach daß der sich doch weilen ließ': Auf Gott

    dein Thun nur stelle! Die Erde wär' ein

    Paradies; - Er macht sie sich zur Hölle.

Wie kommt es zu dieser „Dissonanz" bei einem wie o. beschriebenen Poeten? Ist Kulturpessimismus im Spiel? Wurde der Dichter Opfer einer vorübergehenden depressiven Gemütserregung, oder sollte er doch beteiligter als viele seiner Zeitgenossen Genesis 1, 26ff in seiner wahren Intention gelesen haben und erschrocken gewesen sein?

Wahrscheinlich hat seine kritische Beobachtung der Menschen und ihrer Neigung zum Haben statt zur kreatürlichen Zufriedenheit im Sein Pate gestanden. Wir hören noch nicht Wilhelm Vischers 1944 oder 1952[8] gedichtete Wiedergabe von Psalm 8 im Verein mit Römer 8, wohl aber seine Klage, daß der Mensch durch seine Pervertierung des Schöpfer- und Erhalterwillens in Schuld gefallen ist und das Paradies zu einem Ort der Seufzer und Qualen gemacht hat - und das 300 Jahre früher.

Daß der Rufer in der Wüste mit möglicherweise nur wenigen Zeilen wie diesen keine Beachtung gefunden hat, läßt sich aus dem Unbekanntsein in kirchlichen Gremien und aus seinem Fehlen in Gesangbüchern schließen.

Umso wichtiger ist seine Stimme, die verstärkt wird durch einen Zeitgenossen: Georg Philipp Harsdörffer aus Nürnberg (1607-1658), Student der Jurisprudenz und Humaniora ([1], s.o.), Ratsherr und - wie Roberthin - Förderer der Sprache und Poesie[9].

In seinem Lied „Nun kommt, ihr Frommen, laßt uns eilen" beklagt auch er, daß das Tier sich ergötzen könne, während der Mensch von Sorge und Habsucht bestimmt sei und sich damit selbst „tausend Höllen" baue - wie sich die Bilder gleichen.

Bekannter ist das Lied von Gottfried Arnold (1666-1714), einem führenden Repräsentanten des Pietismus: „O Durchbrecher aller Bande", in dem er die gesamte Kreatur, Mensch wie Tier, nach Römer 8, 19ff als gekettet, seufzend, ringend und um „Erlösung von Natur" betend bezeichnet[10].

3.3. Das 18.und 19.Jahrhundert

Johann Mentzer (1656-1734) fordert in seinem Loblied „O daß ich tausend Zungen hätte" von 1704 die Blätter, Gräser und alles, „was Odem hat", zu Helfern beim Rühmen des Erhalters und Beschützers auf.

Unter der Überschrift „Heiligung"[11] erscheint[12] von Johann Jakob Rambach (1693-1735) das Lied „König, dem kein König gleichet", das auch „Himmel, Wasser, Luft und Erde nebst der ungezählten Herde der Geschöpfe..." dem Herrn über Tod und Leben unterstellt und ihre Furcht vor dem Drohen auf den Menschensohn bezieht.

Christian Fürchtegott Gellert (1715-1769), der des Schöpfers Macht preist und die Wunderwerke zu Predigern macht, erinnert den Menschen daran, daß er sich selbst ein täglicher Beweis von göttlicher Güte und Größe ist (1757).

In 16. Auflage erschien 1994 - Erstausgabe 1763? - ein „Geistliches Liederkästlein" von Philip Friedrich Hiller (1699-1769) mit Bibeltexten, knappen Betrachtungen (manchmal nur ein Satz) und Liedern für zweimal 365 Tage[13]. Während die 4 ins neue Gesangbuch aufgenommenen Choräle keine Gedanken zu Schöpfung und Mitkreatur enthalten, sind es in der genannten Sammlung 12 Texte und Liedstrophen, die vom Erbarmen Gottes über alle seine Werke, deren Lob des Schöpfers, von der Offenbarung göttlicher Weisheit in den Geschöpfen und dem Seufzen der Tiere sprechen. Meist handelt es sich um Psalm-Auslegungen. Doch ist keines der Lieder ausschließlich der Schöpfung und unserem Verhältnis zu ihr gewidmet. Dem Psalmsänger Matthias Jorissen - s. o. - sind Schwalbe und Sperling im Lied „Wie lieblich schön, Herr Zebaoth" (nach Psalm 84) mehr Metapher als Mitgeschöpfe, die besondere Erwähnung verdienten: „Du wirst auch mir .. bei deinem Altar Freude geben".

Anders der Wandsbeker Bote, Matthias Claudius, - siehe Exkurs - der in seinem nach wie vor geliebten Erntedanklied[14] die pflanzliche wie die tierische Natur im ursprünglichen Sinn des Wortes naiv besingt: den Sperling und das Meer, die Weide der Kühe und das Brot der Kinder.

Ihm darin geistig verwandt ist Clemens von Brentano (1778-1842), der in dem 1815 erschienen und vor allem der Kinder wegen wieder ins Gesangbuch aufgenommenen Lobgesang „Kein Tierlein ist auf Erden" die Mitgeschöpfe zu dessen Trägern macht.

In der Aufforderung Philipp Spittas (1801-1859) „Freuet euch der schönen Erde" ist die Fauna vermutlich mit eingeschlossen.

Das mehrere Generationen lang gesungene Kinderlied „Weißt du, wieviel Sternlein stehen?" von Wilhelm Hey (18 9-1854) ist - nicht undiskutiert - wieder aufgenommen worden; der bisherige eklatante Mangel an kindgemäßer Dichtung gab den Ausschlag.

Daß die Schöpfung in Albert Knapps Liedersammlung kaum thematisiert wird, wurde andernorts bereits festgestellt. Das 18. Und 19. Jahrhundert spricht sie unter Jahres- und Tageszeiten mit nur wenigen Verfassern an:

Knapp selbst mit 2 Liedern, ferner Meta Heußer-Schweizer, Gottlieb Köhler, August Schwartzkopf, Viktor von Strauß, Gerhard Tersteegen, Hermann Walter und Ernst-Gottlieb Woltersdorff. Außer Tersteegen hat nur von Strauß (und Torney) (wieder) Eingang ins EG gefunden, letzterer aber mit einem Traulied.

Die bei Knapp aufgeführten Texte nennen, fast stereotyp, Bienen, Vöglein allgemein, die Lerche, Nachtigall, Fische und - selten - Vieh bzw. Wild. Ihre Funktion in den Liedern ist die, Vorbild zu sein, den Menschen zu mahnen und ihren Schöpfer zu loben. Sie haben einen Platz in der seelsorgerlichen Vermahnung, in der Erinnerung an die Sterblichkeit und mit der Aufforderung zum Vertrauen.

3.4. Das 2O.Jahrhundert und die letzten Neuschöpfungen

Der Mangel an Schöpfungs- bzw. Naturliedern wurde in den vorbereitenden Gesangbuch-Kommissionen der Landeskirchen und in den grenzüberschreitenden Ausschüssen ebenso empfunden wie das Fehlen der Themen Friede und Gerechtigkeit. Die Intention ist erfreulicher als das Fazit, was Flora und Fauna betrifft; die Umweltproblematik wurde zu Lasten der Mitgeschöpflichkeit behandelt; Friede und Gerechtigkeit sind überzeugender vertreten.

Dem Mangel hätte durch Berücksichtigung des traditionellen Liedguts insofern leicht aufgeholfen werden können, als, wie gezeigt, die älteren Fassungen Tiere z. T. erwähnten.

Neudichtungen bewegen sich durchweg in bekannten Bahnen.

Das Lied von Diethard Zils (1970) „So spricht der Herr: neu machen will ich Himmel und Erde" mit dem Kehrvers „Lobt und preist die herrlichen Taten" z. B. erwähnt die Mitwelt überhaupt nicht (Nr. 429).

Gleiches gilt für Texte wie „Gib Frieden, Herr, gib Frieden" (Nr. 430), „Gott, unser Ursprung" (Nr. 431) und für Nachdichtungen von Jürgen Henkys bzw. Walter Schulz und für Eckardt Bückens „Gott gab uns Atem" (Nr. 432).

Rolf Krenzers Dichtung „Du hast uns deine Welt geschenkt" (Nr. 676)[15] erwähnt zwar Tiere, bleibt aber in der Aussage blaß, auch wenn man die Adressaten berücksichtigt.

Jochen Riess' Lied vom geliehenen Stern „Die Erde ist des Herrn" (Nr. 677) vertut die Chance; das von Siegfried Großmann „Sonne scheint ins Land hinein" (Nr. 692) ist nur deshalb nicht überflüssig, weil es die Sprache der Kinder spricht; es übersieht aber deren besonders intensive Beziehung zu den Mitgeschöpfen. Eine Ausnahme bilden die beiden Neufassungen des 148. Psalm von Dieter Hechtenberg (Nr. 305 und 306).

Keines der genannten Lieder[16] erreicht m. E. die Aussagekraft des bereits im Zusammenhang mit Roberthin erwähnten von Wilhelm Vischer „Wie herrlich gibst du, Herr, dich zu erkennen", sowohl, was die Sprache als auch die Thematisierung menschlicher Schuld gegenüber dem Schöpfer und den Mitgeschöpfen angeht. Es sei hier ungekürzt zitiert:

Wie herrlich gibst du, Herr, dich zu erkennen,
schufst alles, deinen Namen uns zu nennen:
Der Himmel ruft ihn aus mit hellem Schall,
das Erdenrund erklingt im Widerhall.

Verborgen hast du dich den klugen Weisen und
lässest die Unmündigen dich preisen.
Den Leugner widerlegt des Säuglings Mund;
der Kinder Lallen tut dich, Vater, kund.

Wenn ich den Blick zu deinen Sternen wende
und zu dem Mond, den Werken deiner Hände -
was ist der Mensch, daß du, Herr, sein gedenkst,
des Menschen Kind, daß du ihm Liebe schenkst?

Und doch hast du am höchsten ihn gestellet,
ganz nah ihn deiner Gottheit zugesellet,
hast ihn gekrönt mit Hoheit und mit Pracht,
daß er beherrsche, was du hast gemacht.

Gabst ihm zum Dienst die Schafe und die Stiere,
machtest ihm untertan die wilden Tiere,
des Himmels Vögel und der Fische Heer,
das seine Pfade zieht durchs große Meer.

Doch ach, der Mensch ist von den Wesen allen
am tiefsten in die Schuld und Schand gefallen.
Statt Herr ist er der Sklave der Natur,

nach seiner Freiheit seufzt die Kreatur.

Drum stieg herab von seinem Himmelsthrone
Jesus und ward zum wahren Menschensohne,
erniedrigte sich selbst bis in den Tod
und wendete der Menschheit Schand und Not.

Die ganze Schöpfung soll sich vor ihm beugen,
Menschen- und Engelszungen es bezeugen,
daß er ihr Herr zur Ehr des Vaters ist.
Wie herrlich strahlt dein Name, Jesus Christ!

Das negative Fazit zur Summe neuzeitlicher Lieder spiegelt das Versäumnis von Kirche und Theologie wider und gilt auch für die Erweiterung der Morgen-, Mittags- und Abendlieder.

Eine erfreuliche Ausnahme bildet Jochen Kleppers „Der Tag ist seiner Höhe nah" (Nr. 457) von 1938, das den Segen umfassend versteht und zum Beten Mut macht. Das Lied knüpft an das Segensverständnis in der hebräischen Bibel an.

Die Bilanz, die sich auf das Gesangbuch beschränkt - in verschiedenen Liederbüchern im kirchlichen Raum gibt es sicher auch positivere Beispiele - , würde weniger enttäuschen, wenn nicht 1. Eine besondere Chance bestand, 2. das Bewußtsein für Mitgeschöpflichkeit in den letzten Jahren so deutlich geweckt und geschärft worden wäre, vor allem durch Medien und Manifestationen, 3. W. Eisinger so recht hätte in der Charakterisierung der Kirchenlieder als Kindern der Volkslieder und in der Feststellung, daß ein Kirchenlied jegliche Distanzierung verwehrt, „die Wissenschaft erst zur Wissenschaft macht"[17] M. a.W.: das Medium Lied wäre ein guter Transporteur für ein in dieser Frage verändertes Denken und Leben.

Eisingers Fragen am Schluß seines Beitrages und seine Aufforderung, mit den Worten zu spielen, kommen im Augenblick für das gedruckte Lied zu spät; seine Gedanken jedoch betreffen auch Ansätze zu einer Tierethik; sie seien aber hier, d. h. in dem Kontext zitiert, für den sie gedacht waren:

„Erfahren wir heute auch so die Natur als Schöpfung aus der Anschauung? Oder erfahren wir sie aus zweiter Hand, als durch den Menschen veränderte, beeinflußte, beherrschte? Oder stehen wir an der Grenze dessen, was wir einst als Auslegung des <Macht euch die Erde untertan>, des Dominium terrae nahegebracht bekamen? Wo soll der Glaube heute die Sprache her bekommen, wenn die <Gärten> zerstört werden - können wir auch so weiter extrapolieren in die Zukunft hinein? Diese Fragen stellen heißt sie beantworten.

Vielleicht erhalten wir unsere neue Sprache durch das Singen wieder. Spielen wir mit den Worten, die sich uns beim Anschauen der Natur heute einstellen. Vielleicht sollen wir anfangen damit, den Garten Christi zu suchen und zu besingen, damit wir wieder durchschauen können auf das, was in der Natur an Fragen und Aufforderung ihres Schöpfers steckt. Vielleicht sind wir schon dabei und wissen es nur noch nicht"[18] .

----

1 Gesammelt in: „Evangelium: klingendes Wort", Stuttgart 1997, S. 138 .

2 So der Untertitel zu Walter Eisinger „Geh aus, mein Herz, und suche Freud" in: "Frieden in der Schöpfung" Gütersloh 1987, S. 164ff .

3 Der musikalische Berater Luthers bei der „Deutschen Messe" sieht wie dieser die gesamte Schöpfung im kommenden Reich erneuert.

4 Vgl. in Albert Knapps Evangelischer Liederschatz, a.a.O. Nr. 2489: „Der Schlaf zwar herrschet in der Nacht bei Menschen und bei Tieren; doch einer ist's, der droben wacht, bei dem kein Schlaf zu spüren" Siehe auch Tersteegens Lied „Der Abend kommt, die Sonne sich verdecket", bei Knapp Nr. 2466: „Der Wandersmann legt sich ermüdet nieder, das Vöglein fliegt zu seinem Neste wieder, die Schäflein ziehn zu ihren Hürden ein. Laß mich zu dir, mein Gott gekehret ein" (Str. 2).

5 Verlag Wienand Köln, S. 14 (Autorin Hanna Eggerath).

6 A.a.O. Nr. 2216, S. 947.

7 A.a.O. S. 1362 .

8 Auch hier differieren die Angaben im letzten EKG und dem jetzigem EG.

9 So A. Knapp a.a.o. S. 1324 .

10 Im EG unter der Nr. 388; es ist das einzige Lied des in Annaberg Geborenen und als Superintendent in Perleberg Verstorbenen.

11 Bei Knapp sachgemäßer unter „Von dem königlichen Weltregiment Jesu Christi" .

12 Im vorletzten Rhein.-Westf. Gesangbuch.

13 Verlag Ernst Franz, Metzingen, hg. von Rolf Scheffbuch.

14 „Wir pflügen und wir streuen den Samen auf das Land", 1783 mit dem Vermerk: „nach Matthias Claudius" ·

15 Hier und im Folgenden wird aus dem Rhein.-Westf. - Lippischen Anhang zitiert, mit dem auch neuerem Liedgut, wie es im sogen. Beiheft „Singt und dankt" Niederschlag gefunden hatte, eine größere Verbreitung gegeben werden sollte.

16 Auch nicht die sonstigen Nachdichtungen zu Psalmen, wie etwa Nr. 306: „Singt das Lied der Freude über Gott" oder 626 „O Herr mein Gott, wie groß bist du" (zu Psalm 104) oder 636: „Erfreue dich, Himmel, erfreue dich, Erde" .

17 In „Frieden in der Schöpfung", a.a.O. S. 164f.

18 Ebd. S. 174.

VI. 4. 4. Exkurs: Nichttheologische Ansätze einer Tierethik

4.1. Arthur Schopenhauer

Ein Exkurs über Arthur Schopenhauer scheint mir unumgänglich, da er deutlicher als die große Mehrheit der Philosophen und erst recht der Theologen vor und nach ihm die entscheidende Verwandtschaft zwischen Mensch und Tier gesehen und es nicht bei der Analyse belassen, sondern Grundlagen für eine Tierethik vermittelt hat. Als Gliederung bietet sich an:

4.1.1 Die Welt als Vorstellung

Die philosophische Verwandtschaft von Kant und Schopenhauer besteht vor allem in der Erkenntnis, daß die Dinge uns nur als Erscheinungen begegnen. In Übereinstimmung mit Platon stellen sie fest, daß die für die Sinne wahrnehmbare Welt kein wahres Sein hat. Von der Welt der Vorstellungen scheint kein Weg zum „Ding an sich" zu führen. Schopenhauer widerspricht allerdings der Einseitigkeit, die Welt nur als Vorstellung zu betrachten und stellt Kants Verneinung der Metaphysik - d.h. des jenseits aller Erfahrungen Möglichen - in Frage und damit die These, daß die Quelle der Metaphysik keinesfalls empirisch sein dürfe, es daher keinen Zugang zu ihr gebe.

„Warum soll die Lösung des Rätsels, als das die Welt und unser eigenes Dasein vor uns stehen, nicht aus dem gründlichen Verständnis dieser Welt selbst genommen werden, sondern in etwas anderem, a priori Gegebenem, gesucht werden? Das würde ja heißen, daß die Lösung des Rätsels der Welt aus ihr heraus schlechterdings nicht gefunden werden könne".[1]

Der Forscher ist mehr als nur erkennendes Subjekt; sein Erkennen wird vermittelt durch einen Leib, „dessen Affektionen dem Verstande der Ausgangspunkt der Anschauung jener Welt ist".[2]

4.1.2 Die Welt als Wille

„Dem Subjekt des Erkennens, welches durch seine Identität mit dem Leibe als Individuum auftritt, ist dieser Leib als zwei ganz verschiedene Weisen gegeben: einmal als Vorstellung in verständiger Anschauung, als Objekt unter Objekten und den Gesetzen dieser unterworfen, sodann aber zugleich auch auf eine ganz andere Weise, nämlich als jenes Jedem unmittelbar Bekannte, welches das Wort Wille bezeichnet. Jeder wahre Akt seines Willens ist sofort und unausbleiblich auch eine Bewegung seines Lebens; er kann den Akt nicht wirklich wollen, ohne zugleich wahrzunehmen, daß er als Bewegung des Leibes erscheint".[3]

Der Willensakt und die Aktionen des Leibes sind nicht nur verknüpft, also als zu Unterscheidendes im kausalen Verhältnis, sondern ein und dasselbe. Der Wille treibt den Intellekt an; er bestimmt unser Gedächtnis wie unseren Charakter; er verbindet sich dem Unbewußten wie dem Bewußten.

Dieses Movens ist nicht dem Menschen vorbehalten; es bestimmt die beseelte wie die unbeseelte Natur - und zwar als Weltwille.

Die stärkste Äußerung des Willens ist die zur Fortpflanzung.

So beschreibt Schopenhauer eine ausführliche „Metaphysik der Geschlechtsliebe". Was für das Lebenschaffen wie - erhalten zutrifft, gilt auch für die Geschichte. Der Philosoph versteht sie zyklisch.

Die ständig bewegte Frage nach der Freiheit des Willens (von Luther und Erasmus bis zu Nikolai Hartmann) beantwortet Schopenhauer nur im Blick auf den Weltwillen positiv; für das Individuum gilt, daß es unfrei, weil vom vorgeordneten Weltwillen bestimmt, ist.

Im Unterschied zu seinen Vorläufern ist das Letzte und Absolute für ihn nicht der Geist, die Idee oder die Vernunft, sondern der Wille, ein eigener antirationaler, irrationaler Weltgrund. Vernunft sieht er somit nur als Werkzeug des unvernünftigen (a-logischen) Willens.[4]

Diese Sicht und die Antwort darauf in der Ethik - die Ästhetik darf hier unberücksichtigt bleiben - führen zu dem o. angedeuteten lebhaften Interesse an der uns verwandten und leidenden Kreatur, zu einer Mitleidsethik und zu einer Forderung nach einem Recht für Tiere.[5] Dazu ist eine kurze Untersuchung des Trennenden und

Gemeinsamen von Mensch und Mitgeschöpf - kein Begriff bei Schopenhauer, wohl aber „Bruder Thier" - erforderlich.

4.2 Das Trennende und Gemeinsame von Mensch und Tier

4.2.1. Das Trennende

Weitgehend in Übereinstimmung mit der traditionellen Meinung haben Tiere nach Schopenhauer Verstand ohne Vernunft, „mithin anschauliche, aber keine abstrakte Erkenntnis".[6] Sie denken nicht, weil es ihnen an Begriffen fehlt. So haben sie auch kein dem Menschen vergleichbares Gedächtnis. Mithin können wir keine Besonnenheit bei ihnen konstatieren; denn diese beruht auf dem deutlichen Bewußtsein der Vergangenheit und der eventuellen Zukunft als solcher wie auch im Zusammenhang mit der Gegenwart.[7]

Das Erinnerungsvermögen beschränkt sich auf das Anschauliche; das macht die Abrichtung, etwa von Hunden, möglich.

Die Welt als Vorstellung ist bei Tieren naturgemäß ebenfalls eingeschränkt. Die Bedürfnisse, jeweils nach Entwicklungsstufe im Tierreich unterschiedlich stark, veranlassen, die Sphäre des Daseins über die vom Leib zunächst gesetzte Grenze zu erweitern.

„Demgemäß sehen wir die Vorstellungskräfte und ihre Organe, Gehirn, Nerven und Sinneswerkzeuge, immer vollkommener hervortreten, je höher wir in der Stufenleiter der Tiere aufwärts gehen: und in dem Maße, wie das Cerebralsystem sich entwickelt, stellt sich die Außenwelt immer deutlicher, vielseitiger, vollkommener, im Bewußtsein dar".[8]

Ist die Welt der Vorstellung bei Tieren eingeschränkt, so erst recht die Fähigkeit zur Reflexion. Sie bedarf ja der Vorstellung nicht, sondern operiert mit den nicht anschaulichen Begriffen.

Das Tier lebt in der Gegenwart - s. o. zum Gedächtnis - seinem Bedürfnis entsprechend, bestimmt von der Wirkung des anschaulichen Motivs. Es macht also keine Pläne und ist beneidenswert sorglos und gemütsruhig.[9]

Das bedeutet neben der Tatsache, daß das Tier augenblickliche Empfindung und Stimmung durch Gebärde und Laut mitteilt - im Unterschied zur menschlichen Sprache - auch eine Sorglosigkeit im Blick auf das Lebensende.

„Das Thier lernt den Tod erst im Tode kennen; jeder Mensch geht mit Bewußtsein in jeder Stunde seinem Tode näher".[10]

Das bedeutet: nur der Mensch philosophiert und hat Religion; und es bedeutet, daß der Mensch nur das Verhältnis von Ursache und Wirkung verstehen und daraus Schlüsse ziehen kann.

Allerdings räumt Schopenhauer auch den Tieren ein eingeschränktes, aus Erfahrungen abgeleitetes, Wissen von Kausalität ein, das dem Verstand entspringt, aber eben nicht unmittelbar und aller Erfahrung vorausgehend ist. Er warnt davor, dem Verstand zuzuschreiben, was dem Instinkt zuzuordnen ist.

4.2.2 Das Gemeinsame

Fehlt dem Tier die Reflexionsfähigkeit, „der Kondensator der Freuden und Leiden"[11], so bedeutet dieses nicht, daß es keine Gefühle, keine Stimmungen oder gar Schmerzempfinden habe. Es wird sie nur mangels Reflexion nicht steigern (können), so daß es zum tödlichen Entzücken oder verzweifelten Selbstmord kommen kann[12].

Das Tier hat wie der Mensch einen Willen, der auf' s Dasein, Wohlsein und auf die Fortpflanzung gerichtet ist.

Es empfindet Begierde (s.o.), Abscheu, Furcht, Zorn, Haß, Liebe, Freude, Trauer und Sehnsucht. Wir wagen nicht zu sagen, daß es denkt und (darauf hin) urteilt. „Die Verschiedenheit der Äußerungen des Bewußtseins" in den verschiedenen Geschlechtern thierischer Wesen beruht auf der verschiedenen Ausdehnung ihrer Erkenntnissphäre".[13]

Die Handlungen und Gebärden der Tiere, die vom Willen gelenkt werden, verstehen wir unmittelbar aus unserem eigenen Wesen und Verhalten.

Die Verschiedenheit setzt Schopenhauer voraus; sie hat mit dem unterschiedlichen intellektuellen Vermögen zu tun. Allerdings hält er es für möglich, daß ein sehr kluges Tier und ein geistig beschränkter Mensch sich sehr ähneln. Von seiner Prämisse ausgehend, bescheinigt er dem Tier dasselbe wie dem Menschen: der Wille ist primär, der Intellekt sekundär. Je komplizierter die Organisation, desto vielfacher die Bedürfnisse bei Mensch und Tier.

Der Grundirrtum der Philosophie besteht in der These vom Primat des Intellekts bzw. der Seele als des inneren und geistigen Lebens.

Schopenhauer fragt, wie sich bei äußerst geringer Erkenntnis - etwa bei den unteren Tieren - ein oft unbezwinglicher Wille zeigen könne. Die Degration des Willens hält nicht Schritt mit einer entsprechenden des Intellekts. „Vermöge der Einfachheit, die dem Willen als dem Ding an sich, dem Metaphysischen in der Erscheinung, zukommt, läßt sein Wesen keine Grade zu, sondern ist stets ganz es selbst: bloß seine Erregung hat Grade... Der Wille allein ist überall ganz selbst."[14]

Dieser Wille äußert sich nicht nur in der Befriedigung von Begierden im wertneutralen Sinn; er verbündet sich auch mit Egoismus, Haß, Bosheit u.a. So bezeichnet Schopenhauer den Menschen als ein Raubtier, das vernichtet, was sich ihm in den Weg stellt. Nur die Furcht verhindert, daß jeder von uns zum Mörder wird. Ein speziell menschlicher Zug - so scheint es - ist die Schadenfreude[15], schlimmer als der meist entschuldbare Neid.

Die Darstellung besonders negativer Eigenschaften führt zur Frage, ob Tiere Moral kennen. Moral setzt Gewissen voraus und dieses wiederum abstrakte bzw. Vernunfterkenntnis. Diese jedoch fehlt dem Tier. Also hat es „keine bewußte Moralität". Eine solche Moralität bedeutet Eintreten für Gerechtigkeit bzw. Abwehr von Ungerechtigkeit - eine bei Tieren undenkbare Haltung.

Wenn Schopenhauer sagt „bewußte Moralität"[16], so scheint er eine unbewußte oder instinkthafte vorauszusetzen.

Skeptiker oder Kritiker der Schopenhauerschen Prämisse und vergleichenden Analyse, die bereit waren, ihm bis hierher, wenn auch zögernd, zu folgen, werden ihm heftig widersprechen, wenn er als Gemeinsamkeit von Mensch und Tier die Unauslöschlichkeit des Lebens bzw. die Unsterblichkeit konstatiert.

Schopenhauer hält den Tod für die Inspiration der Philosophie und kommt gleich in der Einleitung zu dem für ihn wichtigen Thema, auf die Besonderheit des Tieres.

Da es keine Kenntnis des Todes hat, genießt es die Unvergänglichkeit[17]. Trotzdem ist dem Tier die Todesfurcht angeboren; sie ist die Kehrseite des Willens zum Leben. Aber nur dem Menschen eignet der erschreckende Gedanke an das Nichtsein.

„Von der Unzerstörbarkeit unseres wahren Wesens durch den Tod werden wir so lange falsche Begriffe haben, als wir uns nicht entschließen, sie zuvörderst an den

Thieren zu studieren, sondern eine aparte Art derselben, unter dem problematischen Namen der Unsterblichkeit, uns allein anmaßen"[18].

Wir weichen der Wahrheit aus, daß wir im Wesentlichen dasselbe sind wie die Tiere.

Zunächst ist festzuhalten, daß eine Gattung nie altert. Im individuellen Wesen (Tier) ist die Ewigkeit seiner Idee - auch Gattung zu nennen - ausgeprägt. Das oben bezeichnete Ding an sich ist von der Zeit unberührt.

Von Ewigkeit zu reden hält Schopenhauer für nicht geraten, weil damit ein negativer Inhalt wiedergegeben wird, nämlich zeitloses Dasein.

Ebenso unangebracht ist es, das Objektive, die Gattung also, für unzerstörbar, das Subjekt dagegen für vergänglich zu halten. Denn das Subjektive ist der Wille, der in Allem lebt.

Der Mensch, der sich für unvergänglich bzw. anfanglos hält, denkt sich unvertilgbar. Parallel dazu denkt und lebt der auf's Nichts hin, wer sich von da gekommen sieht.

Schopenhauer hält das Alte Testament für konsequent, weil es die creatio ex nihilo vertritt, daher keine Unsterblichkeit kennt; anders das Neue Testament, das er für indisch beeinflußt und für ägyptisch vermittelt hält; es propagiert ein Leben nach dem Tode.

Mit diesem knappen Vergleich von Mensch und Tier mag es sein Bewenden haben.

Von der letztgenannten Gemeinsamkeit im Überleben als Art aus läßt sich die Brücke zu Schopenhauers Kritik an der gängigen Philosophie, am Judentum und am Christentum schlagen.

4.3   Die verhängnisvolle Rolle der Philosophie, des Judentums und
         des Christentums

Kants Definition von Zweck und Mittel - Zweck als direktes Motiv eines Willensaktes, Mittel als indirektes - führt lt. Schopenhauer zu einer contradictio in adjecto. Denn der Mensch als Zweck an sich widerspricht der Voraussetzung, daß es Zweck ist, gewollt zu sein; ein Wille muß der Antrieb sein.

Wenn der Mensch Zweck an sich ist, bedeutet dieses, daß er als species Bedeutung hat, erst recht als vernunftbegabte species.

Das Tier ist weder vernünftig, noch hat es einen Zweck an sich. Somit ist es ein zweckloses Mittel, d. h. eine Sache[19].

Nach Kant hat der Mensch folgerichtig mithin keine Pflicht gegen irgendein Wesen außer seiner selbst. Ist trotzdem Mitleid gegenüber Tieren geboten, so doch nur als Pflicht gegen sich selbst; denn eine natürliche Anlage im Menschen, das Mitleid, würde ohne Gebrauch abstumpfen und damit die Moralität schwächen.

„Also bloß zur Übung soll man mit Thieren Mitleid haben, und sie sind gleichsam das pathologische Phantom zur Übung des Mitleids mit Menschen"[20].

Schopenhauer findet diese Haltung empörend und macht für sie neben Kartesius[21] letztlich die Bibel verantwortlich.

Denn sie kennt keine moralische Berücksichtigung der Tiere und macht sie somit zu Sachen für beliebige Zwecke, als da sind Vivisektionen, Parforce-Jagden, Stiergefechte, Wettrennen, zu Tode peitschen.

Das Judentum macht die Tiere rechtlos; unser Handeln ihnen gegenüber ist ohne moralische Bedeutung.

Kartesius und Bibel bzw. Judentum sind sich in der Verneinung eines Selbstbewußtseins der Tiere ebenso einig wie in der Verleugnung eines ewigen Wesens derselben.

Bereits die diversen Bezeichnungen für Essen, Trinken, Schwangersein, Sterben, etc. bekunden das Interesse, den Unterschied zwischen Mensch und Tier zu dokumentieren, während Zoologie und Anatomie uns doch eines Anderen, nämlich einer weitgehenden psychischen wie somatischen Übereinstimmung, belehren könnten. Schopenhauer läßt sich in seiner Empörung über Frömmelei und Ignoranz zur Polemik hinreißen und vom chloroformiert-Sein durch den „foetor Judaicus"[22] sprechen.

Während die christliche Moral ansonsten große Ähnlichkeit mit dem Brahmanismus und dem Buddhimus (Buddhaismus), zeigt, könnte das Christentum ein Abglanz indischen Urlichts sein, wenn es nicht jüdisch geprägt wäre.

So bedurfte es in Europa und Amerika der Gründung von Tierschutzvereinen, während Asien den Tieren selbstverständlich hinlänglich Schutz gewährt[23].

Allerdings zeigen die Bestrebungen, daß eine gewisse Moralität gegen Tiere bei uns als wichtig erkannt wird[24].

416

Den Grundfehler des Christentums erkennt Schopenhauer in der widernatürlichen Trennung von Menschen- und Tierwelt und die Ursache dafür wiederum in der bereits erwähnten creatio ex nihilo, im Herrschaftsauftrag an den Menschen, Genesis 1 u. 9, und in der Benennung der Tiere durch den „ersten Professor der Zoologie", Adam. Dieses alles macht die Tiere rechtlos und gänzlich abhängig.

Die verhängnisvolle Wirkungsgeschichte von Genesis 1, 28 gibt Schopenhauer uneingeschränkt Recht, die - allerdings erst jüngere - Interpretation der Benennung eher eingeschränkt; denn obwohl Namengeben und- kennen auch Macht haben bedeutet - (s.o.)-, im Blick auf die Tiere bezeichnet sie eher ein Gegenüber, zu dem Kontakt hergestellt werden soll.

Der Philosoph wurde auch Zeuge bigotter Angriffe auf „redliche und vernünftige Kollegen, welche den Menschen in die betreffende   und bornierte Tierklasse einreihen"[25].

„Bei den Hindu und Buddhaisten hingegen gilt Mahavakya (das große Wort) 'Tatwwam asi' (Dies bist du) welches allezeit über jedes Tier auszusprechen ist, um uns die Identität des inneren Wesens in ihnen und uns gegenwärtig zu erhalten zur Richtschnur unseres Thuns"[26].

4.4   Kriterien für ein verändertes Verhältnis von Mensch und Tier, für eine Ethik in Ansätzen

Kaum auszudenken, wie die Philosophie Schopenhauers in ihren Aussagen über die Verwandtschaft von Mensch und Tier sich hätte auswirken können, wäre sie ernst genommen worden, und hätte man sie ihrer vielfach kritisierten Unlogik und ihres durchgängigen Pessimismus entkleiden können - ein Unternehmen sisyphusscher Art. Tierschützer erinnerten sich seiner des ungeachtet, und Dichter sahen sich in einer gewissen geistigen Nähe zu ihm. Es muß offen bleiben, ob Schopenhauers zu hohe Erwartungen an's Auditorium, seine heftigen Auseinandersetzungen mit Philosophen-Kollegen, besonders Kant, seine bodenlose Polemik gegen Judentum und Christentum, sein vermeintlicher Atheismus, seine Biographie und ihr Niederschlag in seinen Werken, ob seine viel zitierte und kritisierte „Mitleidsethik" -

vielleicht eine unzulässige Abbreviatur - oder anderes dem im Wege gestanden haben.

Sicher ist m. E., daß seine Erkenntnisse über das Verhältnis der lebendigen Wesen zueinander Grundlage für eine Tierethik in nuce und in concreto sind.

Diesem Fazit tut auch Schopenhauers Fehleinschätzung der hebräischen Bibel, d.h. die einseitige Auswahl von Texten, ebenso wenig Abbruch wie seine Hochschätzung orientalischen Denkens und asiatischer Religionen.

Es kann auch nicht vorausgesetzt werden, daß er die Bedeutung einiger - zu weniger - Theologen für die Tierschutzbewegung kannte.

Umgekehrt hat die Mehrheit der Theologen nicht registriert[27], daß die sogenannte Mitleidsethik für ein radikal verändertes Verhältnis Mensch: Tier mehr hergibt als die traditionelle theologische oder philosophische Dogmatik.

Fundamentale Einsichten und ethische Kriterien sind:

a. die Verbundenheit von Mensch und Tier in Wille und Vorstellung, wie immer man zum philosophischen Axiom selbst stehen mag.

b. Die Verwandtschaft im Gebrauch des Verstandes sowohl als auch im Empfinden von Freude, Schmerz, Angst u.a., also in der psychisch-somatischen Konstellation, und im Leben auf den Tod hin, d.h. auf eine Untilgbarkeit (Unsterblichkeit).

c. Die Bedeutung vor allem der Nutztiere für die Entwicklung der menschlichen Gesellschaft und ihres Dienstes am Menschen.

d. Das überaus große Leiden der Tiere und die entsprechende Herausforderung zum Mitleid und zum Einsatz für ein möglichst leidensfreies Leben.

e. Die den Tieren eigene Würde und ihr Angewiesensein auf das Eintreten der Menschen zugunsten eines Tierrechts, wie immer diese zu definieren ist, d. h. einer Gerechtigkeit um des Tieres willen.

Daß Schopenhauer trotz der Wertschätzung menschlicher Vernunft und des philosophischen Vermögens dem Tier das Tiersein als einen hohen Wert an sich zuspricht, macht ihn zu einem ehrlichen Vertreter einer Tierethik, die unverdächtig ist, eine fatale Anthropozentrik zu kaschieren.

1 Nach Hans Joachim Störig, Kleine Weltgeschichte der Philosophie, St.gart/Hamburg 1970, S. 357

2 Arthur Schopenhauer Werke in 5 Bänden, nach den Ausgaben letzter Hand, hg. von Ludger Lütkehaus, Bd. I, Zürich 1988, S. 150 (danach im Folgenden stets zitiert) .

3 A.a.O., S. 151.

4 Störig (a.a.O., S. 352) gebraucht das anschauliche Bild: „Der Wille ist ein starker Blinder, der einen Sehenden, aber Gelähmten, auf seinen Schultern trägt" .

5 Ob es wirklich eine Ethik des Mitleids ist oder „mehr", muß i. Folgenden bedacht werden.

6 Die Welt als Wille..; Bd. II, S. 70.

7 Die heutige Verhaltensforschung würde das im Blick auf bestimmte hochentwickelte Tiere (etwa Elefanten und Schimpansen) differenzierter, jedenfalls anders, beurteilen.

8 A.a.O., S. 325.

9 Siehe Parerga und Paralipomena, a.a.O., S. 266 (§ 153).

10 Die Welt als Wille...Bd. I, S. 73 Über die Möglichkeit einer kurzfristigen Todesahnung bei höher entwickelten Tieren gehen die Meinungen gegenwärtiger Forscher auseinander (s.u.) .

11 Parerga..., S. 266.

12 Von Elefanten z.B. wissen wir inzwischen Anderes.

13 Die Welt als Wille.. (II), a.a.O., S. 236 .

14 Ebd., S. 239. Die merkwürdige Definition von Metaphysik muß hier nicht erörtert werden.

15 Schopenhauer verzichtet hier auf den Vergleich mit dem Tier .

16 Kleinere Schriften, a.a.O., S. 572.

17 Die Welt als Wille..., II, a.a.O., S. 538f.

18 Ebd., S. 559.

19 Kleinere Schriften, a.a.O., S. 516f.

20 Ebd., S. 518.

21 Schopenhauers Schreibweise.

22 Ebd., S. 598.   23 Ebd.

24 Schopenhauer sieht vegetarische Nahrung nicht als geboten an. Begründung: In der Natur hält die Fähigkeit zum Leiden Schritt mit der Intelligenz, „weshalb der Mensch durch Entbehrung der thierischen Nahrung, zumal im Norden mehr leiden würde als das Thier durch einen schnellen und unvorhergesehenen Tod" (a.a.O., S. 602). Diese Begründung ist, selbst wenn man nicht vegetarisch leben zu müssen meint, mit Fragezeichen zu versehen.

25 Parerga a.a.O., S. 329.

26 Ebd., S. 331.

27 Siehe auch Adolf Schlatter, „Die philosophische Arbeit seit Descartes", [4]Stuttgart 1959, S. 212ff., der mit keinem Satz auf Schopenhauers Hochschätzung tierischen Vermögens und seine Mitleidsethik eingeht - vermutlich, weil er in ihm vorrangig den großen Hasser sieht.

4.2. Max Horkheimer

"Zwischen der Ahnungslosigkeit gegenüber den Schandtaten in totalitären Staaten und der Gleichgültigkeit gegenüber der am Tier begangenen Gemeinheit, die auch in den Freien existiert, besteht ein Zusammenhang"[1].

Diesen Zusammenhang ins Bewußtsein gerückt zu haben, würde bereits rechtfertigen, einen Philosophen wie den Mitbegründer der sog Frankfurter Schule hier zu zitieren; die folgende knappe Darstellung erst recht.

Die Kohärenz beider Haltungen nicht aufgezeigt zu haben - bis auf wenige Ausnahmen -, gereichen Kirche und Theologie der Nachkriegszeit nicht zur Ehre.

Der Direktor des Instituts für Sozialforschung und später in den USA Sozialphilosophie Lehrende ist kein Naturphilosoph oder Natur- bzw. Tierethiker qua Intention,.

In seinem Werk "Zur Kritik der instrumentellen Vernunft" , 1947 [2] in den USA erschienen, analysiert er vielmehr die zerstörenden Kräfte der Gesellschaft.

Die Selbstverwirklichung des Menschen ist weitgehend gescheitert; die Funktion der instrumentalisierten Vernunft besteht im Wesentlichen in der Berechnung der Effektivität der Mitte.

Naturbeherrschung meint Menschenbeherrschung. Die Unterjochung der Natur hat keinen erkennbaren Sinn, geschieht ohne Transzendenz oder Versöhnung.

Horkheimer macht nicht das Scheitern der wissenschaftlich-technischen Entwicklung für den drohenden Untergang verantwortlich, sondern ihren Erfolg.

Früher war das Bestreben darauf gerichtet, "der Natur ein Organ zu leihen, ihre Leiden mitzuteilen, oder, wie wir sagen könnten, die Wirklichkeit beim richtigen Namen zu nennen".

Heute ist der Natur die Sprache genommen. Einmal wurde geglaubt, jede Äußerung, jedes Wort, jeder Schrei oder jede Geste habe eine innere Bedeutung, heute handelt es sich um einen bloßen Vorgang[3]. Horkheimer hält es für symptomatisch, daß ein Junge beim Anblick des Mondes fragt: „Papa, wofür soll der Mond Reklame machen?"[4]

Die Welt ist so transformiert, daß sie mehr eine solche von Mitteln als von Zwecken ist.

Geschichtlich gesehen war der Mensch so vom Druck der Natur befreit, daß er über sie und die Wirklichkeit nachdenken konnte. Dem entsprach die Arbeit des Philosophen: Sie sollte eine Einsicht, ein Verständnis von Natur fördern, nicht Kalkulation ermöglichen.

Heute wird "Meditation, die den Blick der Ewigkeit zuwandte, durch pragmatische Intelligenz verdrängt, die auf den mächtigsten Augenblick abzielt"[5].

Pragmatismus, ein bestimmter Positivismus, ist gefragt. Horkheimer findet die Vorstellung vom Menschen als dem Herrn in den ersten Kapiteln der Genesis und macht religiöse Denker wie Paulus, Thomas von Aquin und Luther dafür verantwortlich, daß die wenigen Gebote zugunsten der Tiere im Sinne moralischer Erziehung des Menschen interpretiert wurden [6] ,ohne daß sich eine Verpflichtung gegenüber anderen Kreaturen daraus ergab. Ob die Kritik zu Recht besteht, muß mindestens für Paulus und Luther in Frage gestellt werden (s. dort).

Weniger fraglich ist Horkheimers These, daß die Geschichte der Unterjochung der Natur zugleich die der Unterjochung des Menschen ist, womit das Eingangszitat zusätzlich gedeutet wird.

Woher rührt des Menschen Herrschaftstrieb? Antwort: Nicht die Natur ist die Ursache, sondern die Struktur der Gesellschaft. Ein weiterer Grund: Die traditionelle Theologie und Metaphysik haben das Natürliche weitgehend mit dem Bösen identifiziert.

Der populäre Darwinismus hat dazu geführt, daß das Gute als das Gut-angepaßt-sein verstanden wurde; denn er ist gleichbedeutend mit "Abdankung des Geistes"[7].

Ist dieser Darwinismus, eine empirische Vernunft, bescheidener als jene Metaphysik? Horkheimer: Der anmaßende pragmatische Verstand [8] setzt sich rücksichtslos gegen das "nutzlose Geistige" hinweg und damit über eine Wertung der Natur, die mehr ist als nur Anreiz zu menschlicher Tätigkeit[9] ·

Horkheimer geht mit den Lehren ins Gericht. "die die Natur oder den Primitivismus (sic!) auf Kosten des Geistes erhöhen"[10] , denn sie fördern nicht die dringend notwendige Versöhnung mit der Natur, sondern Kälte und Blindheit ihr gegenüber.

Er sieht uns als Erben der Aufklärung und des technischen Fortschritts -in dieser Kombination sicher akzeptabler, als wenn er nur die Aufklärung für die Misere verantwortlich machte.

Wenn nicht der Ruf zurück zur Natur oder zu einer Naturethik oder gar Theologie bzw. Philosophie der Natur die Lösung ist, welche dann?

„Der einzige Weg, der Natur beizustehen, liegt darin, ihr scheinbares Gegenteil zu entfesseln, das unabhängige Denken"[11].

Unabhängiges Denken würde für Kirche und Theologie bedeuten, biblische Texte,deren es mehr gibt, als Horkheimer zugesteht, ernster zu nehmen als vermeintliche Sachzwänge.

Daß Horkheimer unabhängig denkt und empfindet, ohne sich selbst, der Wissenschaft und der Gesellschaft einen Rechtfertigungsgrund zu geben, zeigt seine oben bereits zitierte Zusammenschau von Grausamkeit gegen Mensch und Tier und seine Erschütterung über Demonstrationen in der Physiologie.

Der Philosoph schildert den Transport von Schlachtvieh und die Demonstration von Gehirnfunktionen bzw. Bewegungsabläufen an einer Katze, einem Hasen und an Tauben durch einen Professor der Physiologie.

Horkheimer erwartet mehr als Mitleid, zumal dieses auch aus Menschenhaß oder - verachtung erwachsen kann.

Vielmehr erfordern die wachsenden Mittel der Gesellschaft größere moralische Differenziertheit. Es ist nicht genug, festzustellen daß dem Leben, das sich der Quälerei der Schwachen insgesamt, ob Mensch oder Tier, verdankt, selber Schwäche anhaftet, auch nicht die Haltung jenes Professors für einen Hohn auf die Kultur zu nennen.

Es bedarf des Umdenkens, das zur Umkehr führt.

„Ohne den Fehler zu begehen, Natur und Vernunft gleichzusetzen, muß die Menschheit versuchen, beide zu versöhnen." [12]

----

1   „Erinnerung" in: „Das Recht der Tiere", 1959, S 5. zitiert nach G.M.Teutsch. „Soziologie und Ethik der Lebewesen", a .a. 0. S. 83.

2   10./11.Tausend, Frankfurt , 1993.

3   A.a.O.S. 101.

4   Ebd.

5   A.a.O. S. 103.

422

6 Ebd.

7 A.a.O. S. 122.

8 Ungewohnt synonym mit Vernunft .

9 A.a.O. S. 123.

10 Ebd.

11 Ebd.

12 A.a. 0. S. 122.

4.3. Joachim Illies

Die Fragen, die der bereits 1982 verstorbene Zoologe und Ökologe, Leiter eines Max-Planck-Institutes, im Vorwort formuliert, begründen, warum er sein 1972 erschienenes Buch "Anthropologie des Tieres" [1] nennt, und was in der Mensch-Tier-Beziehung unaufgearbeitet ist:

"Sind wir die Herren, die Tiere die Untertanen? Sind sie eine Botschaft an uns, deren Inhalt wir nicht - oder nicht mehr - verstehen? Sind wir die Täter in dieser Welt und sie die Opfer, sind sie als Heile und Unschuldige ihrem Ursprung näher als wir aus dem Paradies Vertriebene? Oder sind sie trotz aller biologischen Verwandtschaft zugleich die ganz anderen, in ihrem Innern uns unzugänglich und verborgen unter den Projektionen unseres eigenen Wesens, mit denen wir sie mehr verhüllen als entschleiern?" [2]

So interessant und auch ansprechenswert das Phänomen des anthropomorphen Umgangs mit den Tieren ist, hier geht es um Kriterien einer ethisch vertretbaren Beziehung. Darum können hier auch nur einige Gedanken aus dem unverfänglich erscheinenden Kapitel über die Tiere als Nahrung des Menschen und aus dem Schluß wiedergegeben werden.

Bleibt uns angesichts des vermeintlich zwangsläufigen Fleischverzehrs nur das Résümé W. Buschs:,, Ich muß töten, um zu leben, und das ist schlimm" [3], oder hilft uns der Blick in vergangene Jahrhunderte und ihre magisch-mythische Bewußtseinslage [4] , einschließlich der Aussagen im Alten Testament, weiter?

Einzelne Texte der hebräischen Bibel geben das Bewußtsein eines moralischen Problems der Tiernahrung wieder, aber auch den Verdrängungsmechanismus - so etwa Lev. 17,4.

„Im ganzen Altertum hat das Blut die Bedeutung des eigentlichen Lebensprinzips gehabt; Blutsbruderschaft als Symbol seelischer Vermischung ist auch uns ein Begriff" [5].

Illies weist daraufhin, daß die Urgemeinde unter Jakob dem Gerechten „in Ablehnung der mosaischen Speiseverordnung gänzlich vegetarisch"[6] gelebt hat , daß bei Hieronymus und Augustin der Gedanke lebendig geblieben ist, und daß in Rö. 8,19 die Erlösung aus der tödlichen Abhängigkeit ausgesprochen wird.

Sofort aber stellt er fest, daß es sich hier um eine Einzelerscheinung handelt. Denn die Liebe zum Nächsten steht im Zentrum der Sittenlehre. Wissenschaft und Philosophie vertiefen, beeinflußt von der Scholastik ,den Graben zwischen Mensch und Tier.

Illies knüpft an die Forschung der Biotechnik die Hoffnung, daß es gelingt, "Muskelfleisch von Tieren an Gewebekulturen weiter zu züchten"[7]. Das ist zwar ein Zukunftsbild, aber die Möglichkeit und Realisierung würden uns von der uralten Problematik und von einem Stück „existentieller Verflechtung mit den Tieren befreien" [8].

In der Verbundenheit von Mensch und Haustier sieht der Autor trotz der Fehlprägung der zuhause gehaltenen Hunde, Katzen, Vögel, Fische einen echten kulturellen Wert, wenn den Menschen damit geholfen und dem Tier nicht nachhaltig geschadet wird.

Tierversuche hält Illies für unumgänglich, wenn es auch neuer moralischer Wachsamkeit bedarf, "um die Verwendung von Tieren für Unkultur von der echten kulturellen Funktion klar zu trennen"[9].

Als Kriterien für unterschiedliche Situationen und Entscheidungen gilt, daß Menschen zu töten unvergleichlich unmoralischer ist, als Tiere zu töten[10]. Es gelten aber als Ziele Verzicht auf Herrschaft, auf Wettlauf der Industrialisierung, auf eigenmächtigen und kurzsichtigen Geländegewinn [11].

Das Motto lautet nicht: zurück zur Natur, sondern ein Stück des jesajanischen Traums (Jes 11,6) zu verwirklichen.

Es bleibt die Hoffnung, "daß wenigstens für uns Menschen eines fernen Tages gelten wird, was Gott seinem alten Propheten als Zukunft von Mensch und Tier verheißen hat: Sie schaden nicht und richten kein Verderben an auf meinem heiligen Berg"[12].

Wer die eingangs zitierten Fragen in Thesen oder besser in Maxime umformuliert, was philologisch naturgemäß leichter zu realisieren ist als in ethisches Verhalten, wer zudem der prophetischen Vision verändernde Kraft zutraut wie Illies, wer ferner die Wissenschaftsgläubigkeit in Frage stellt wie der Verfasser in seinen ,,Zoologeleien"[13] und schließlich die Verheißungen biblischer Verkündigungen ernst nimmt - siehe „Der Jahrhundertirrtum"[14] -, ohne die Naturwissenschaft zum Gegner zu machen, kann das wenige hier Vorgetragene nicht wenig im qualitativen Sinn finden.

----

1 München 1977(dtv 1271).

2 A.a.O. S 7.

3 A.a.O S 76.

4 A.a.O. S. 78ff.

5 A.a.O. S.80.

6 A.a.O. S.82.

7 A.a.O. S.92.

8 A.a.O. S.93

9 A.a.O. S.196 .

10 A.a.O. S.197.

11 A.a.O. S.198.

12 A.a.O.S.200.

13 5.Aufl., Freiburg 1979 (Herder-TB Nr. 502)

14 2.Aufl. Frankfurt 1984, bes. S.182 ff.

4.4. Klaus-Michael Meyer-Abich

War bisher vorwiegend von grundsätzlichen naturwissenschaftlichen Erwägungen , von Pflichten gegen Tiere, einer eigenen Würde und von Infragestellung anthropozentrischer Positionen die Rede. so rückt mit dem Beitrag des Naturphilosophen das heikle bisher unlösbar scheinende Tierrecht in den Mittelpunkt [1] .

Bereits die kurze historische Reminiszenz macht deutlich, was uns verlorengegangen ist: Als den Göttern noch der Kosmos gehörte, hätten die Menschen seinen Bach nicht betoniert oder verrohrt. Eigenwert und Eigenrecht sind aus dem Blick geraten.

Meyer-Abich sieht am Tierschutzgesetz ähnlich wie der Göttinger Philosoph Nida-Rümelin [2] - trotz seiner Unzulänglichkeit „eine bemerkenswerte Ausnahme von der sonst dominierenden Anthropozentrik" [3], weil mit ihm Tiere um ihrer selbst willen geschützt werden sollen. Wie aber kann das positiv Angedachte, der Eigenwert der Mitwelt, die Gestalt von Rechten gewinnen?

Der Autor: Es bedarf eines Stellvertreters, der die Rechte wahrnimmt: Minderjährige, Schwerkranke, Institutionen sind beredte Beispiele der Praktikabilität. Dabei muß eingeräumt werden, daß möglicherweise die Rechte nicht befriedigend wahrgenommen werden. Der Staat kommt wegen entstehender Interessen-Konflikte nicht in Frage.

Zweite Einschränkung: Nicht allen Wesen sind alle denkbaren Rechte einzuräumen, die den Menschen gelten.

Meyer-Abich nennt sodann einen heuristischen Grundsatz, der utopisch erscheint, weil er das Selbstbewußtsein des säkularen Zeitalters und damit die entsprechenden Gegenargumente herausfordert: „Rechte der natürlichen Mitwelt sollten zumindest überall dort anerkannt werden, wo es bei den Griechen oder in anderen naturbezogeneren Religionen als der unseren Götter gab"[4].

So macht er auch selbst geltend, daß die Natur den Natur- und Ingenieurwissenschaften überlassen worden sei und erinnert demgegenüber an Epochen, in denen Tiere für ein Vergehen bestraft bzw. hingerichtet wurden - ein Zeichen von Achtung eigener Würde.

Die Befreiung der Tiere aus der menschlichen Machtausübung würde durch Beachtung des Gleichheitsprinzips erfolgen, wonach Gleiches gleich,Ungleiches aber seiner Art entsprechend verschieden zu behandeln ist. Die Verwandtschaft mit höher entwickelten Säugetieren ist evident und wird da anerkannt, wo es - etwa in der Forschung - um die Gesundheit geht, jedoch ignoriert, wenn aus dieser Ähnlichkeit handlungsbestimmende Konsequenzen abgeleitet werden müssen.

Damit wird das Tiersein des Tieres ebenso wenig in Frage gestellt wie das Menschsein des Menschen.

Die Gleichheiten. die für eine Rechtsbegründung ausschlaggebend sind, nennt Meyer-Abich:

1. Das Empfindungsvermögen - Konsequenz: Dem Tier Leiden zu ersparen, die für uns unerträglich wären [5].

2. Das gemeinsame Interesse, das noch tragfähiger ist als das Empfindungsvermögen - Konsequenz: z.b. den Tieren die Bewegung zu ermöglichen, die sie wie wir brauchen [6].

3 Schließlich die ,,Selbigkeit" der Tiere; Es gibt natürlich Selbigkeiten der Pflanzen und solche der Tiere; auch hier ist zweierlei gleich zu behandeln, soweit die Selbigkeit reicht.[7]

Unter Bezug auf Leonard Nelson warnt Meyer-Abich davor, ohne Abwägung der jeweils vorliegenden Interessen um jeden Preis egoistische Ziele durchzusetzen, denn „sie verlangen von ihm, daß er auch den eigenen Interessen gegenüber ernst macht mit der Überordnung der vernünftigen über die sinnlichen Interessen" [8].

Auf diesen Gedanken wie auch auf den folgenden ist am Ende der Arbeit noch einmal zurückzukommen .

Meyer-A. zitiert Platon, der im Blick auf Sklaven formulierte, was hier auf die natürliche Mitwelt zu übertragen wäre: Daß gerade den nicht Gleichgestellten gegenüber sich zeigt, wie wichtig uns das Recht ist und erinnert an Schopenhauer, der die Behauptung von der gänzlichen Verschiedenheit zwischen Mensch und Tier als Vorwand für den Umgang mit den Rechtlosen anprangerte.

Ungeachtet der Kompliziertheit eines Tierrechts, das mit Meyer-Abich viele gern verwirklicht sähen, bleibt festzuhalten, daß die genannten Kriterien - Verwandtschaft und damit Gleichheitsprinzip, Eigeninteressen und damit Berücksichtigung der Interessen des Schwächeren und damit zusammenhängend, Selbigkeit der Tiere - neben dem Mitleid wesentliche Bestandteile einer Tierethik sind.

Es bedarf nicht der Geschöpflichkeit und aller daraus abzuleitenden Gesichtspunkte, um eine solche zu beschreiben; für Kirche und Theologie dürfte sie allerdings vorrangig sein.

----

1   „Das Recht der Tiere" in: „Tierschutz- Testfall unserer Menschlichkeit", a.a.O.S.22ff.

2   Maschinenschriftliches Referat „ Tierschutz und Menschenwürde -Zu den ethischen Grundlagen des Tierschutzes".

3   In: „Das Recht der Tiere", S.23

4   A.a.O. S.25

5   So die gemeinsame Kommission der Schweizerischen Akademie der medizinischen Wissenschaft und der Schweizerischen naturforschenden Gesellschaft, zitiert a.a.O.S. 31 f.

6   A.a.O. S.33.

7   A.a.O.S.35.

8   A,.a.O.S.34. Ob dabei nicht auch an absolutistische Ideen bzw. Ideologien in autoritären Systemen gedacht ist wie „Gut ist, was dem Volke nützt" oder auch an Notstandsgesetze?

9   Zu verweisen ist auch auf das 1990 in München / Wien erschienene Buch „Aufstand der Natur", das nicht nur mit diesem Haupttitel ‚sondern auch mit den Kapitel-Überschriften ein Programm darstellt, z.B. „Vom Mitmenschen zur natürlichen Mitwelt" (S.35 ff) oder in „Grundgedanken einer holistischen Ethik" (S.83 ff).

. 4.5.   Peter Singer

Der australische Philosoph ist mit seiner Kritik an der auch sonst zu beobachtenden Liaison zwischen Speziezismus und biblischer Anthropozentrik exemplarisch, wenn auch seine Vergleiche nahezu singulär sind. Ausgehend von der Bewegung zur Befreiung der Tiere, begrüßt Singer die „Ausweitung unserer Moralhorizonte" und erkennt in dem Phänomen „ ein bedeutsames Stadium in der Entwicklung menschlicher Ethik".[1]

Gründe für die Indifferenz gegenüber dem tierischen Leid bis zum Beginn der siebziger Jahre sieht er in der hellenistischen Tradition einerseits und in der jüdisch-christlichen andererseits, wohingegen Buddhismus und Hinduismus- siehe auch Drewermann (a.a.O.) - die Tiere in das Mitleid einbeziehen.

Des Aristoteles Wertung aufgrund größerer oder minderer Vernunftbegabung, im Blick auf den Menschen weitgehend verworfen, gilt für nicht menschliche Wesen immer noch und wird s.E. durch die biblische Schöpfungsgeschichte unterstützt.

Singer verschweigt nicht, daß die Ebenbildlichkeit des Menschen von wenigen Theologen bzw. Kirchenvätern im Sinne von Verantwortung verstanden wurde, aber auch sie waren halbherzig oder förderten ungewollt weitere Grausamkeiten.

Jesus selbst ist für den Tod einer Schweineherde verantwortlich, indem er den ausgetriebenen Dämon in sie fahren läßt [2].

Als eine einsame ,aber gewichtige Stimme zitiert Singer J.Bentham , der die bis zur Gegenwart immer wiederkehrenden Kriterien- logisches Denken, Diskussionsfähigkeit (Singer ergänzt: Sprache und Gerechtigkeitsempfinden)- verwirft und ihnen als einzig gültiges die Leidensfähigkeit entgegenstellt.

Für Babies und geistig Behinderte gelten die sonstigen Kriterien auch nicht; trotzdem werden sie anders beurteilt- Zeichen für Speziezismus.

Singer will aber weder Nivellierung noch Bagatellisierung; Unterschiede sind vielmehr zu sehen; er nennt einen: die Fähigkeit,zu erkennen, was einem widerfährt. Wenn diese die gravierende Andersartigkeit ausmacht, „müssen wir uns fragen, ob wir auch bereit sind ,ähnliche Experimente an Menschen zu erlauben, die ein weniger entwikkeltes Bewußtsein für das haben, was mit ihnen geschieht [3].

Zu dieser Menschengruppe zählt Singer Hirngeschädigte und - noch weniger nachvollziehbar - Waisen oder von ihren Eltern verlassene Kinder.

In erschreckender Konsequenz stellt er fest:: „Wenn wir sagen , wir wollen ein Experiment an Affen durchführen, aber nicht an hirngeschädigten Wesen, ziehen wir Menschen vor, nur weil sie Angehörige unserer eigenen Spezies sind.

Das bedeutet aber eine Verletzung des Prinzips der Interessengleichheit" [4]. Singer wagt sich noch weiter vor : u.U. leidet das nicht menschliche Wesen mehr ,weil es nicht erfassen kann ,was mit ihm geschieht.

Die Beurteilung von Singers Position ist, seinem eigenen Ansatz entsprechend, vielschichtig.

Zunächst ergibt sich noch einmal die Frage nach den Kriterien: Leidfähigkeit oder Einsicht in das Geschehen? Wenn beides, wieso ist dann die mangelnde Urteilsfähigkeit des Tieres leidmehrend, wenn doch das Nichtwissen des Drohenden ein Experiment oder die Tötung erleichtert? Wahrscheinlich aber meint Singer das Reflektieren, Einschätzen und Darüber-reden-können, das eine Entlastung sein kann, was dem Tier oder dem Hirngeschädigten nicht möglich ist.

Das Zweite ist „das Problem der Moral bezüglich der Vernichtung von Leben".

Singer erwartet eine Gleichstellung , während er zugleich einräumt, daß im Zweifelsfall ein Tier besser dran ist als ein leidender Mensch, dessen Euthanasie   (mein Begriff) verboten ist ,wofür er die christlich-jüdische Auffassung von der Gottähnlichkeit des Menschen verantwortlich macht, eine Doktrin, „die selbst das Leben des hoffnungslosesten und unheilbar hirngeschädigten Wesens über das Leben eines Schimpansen stellt" [5] .

Singer begrüßt die Aufweichung der Doktrin, wie er sie an der Abtreibungs - Gesetz-gebung und -praxis abliest.

Er stellt neben die beiden genannten Kriterien ein drittes, jedoch inhärentes: die Hoffnung, die mit der Zukunftsplanung verbunden ist. Sie fehlt dem Fisch,den zu tö-ten mehr Berechtigung hat, als einem normalem Menschen das Leben zu nehmen.

Seine Ethik beruht auf dem Gleicheitsgrundsatz, bezogen auf gleiche Voraussetzun-gen (Normalität) und Interessen, unabhängig von ihrem Inhalt. Das Interesse, leben zu wollen - s. A.Schweitzer, von Singer aber nicht in diesem Zusammenhang genannt - und Schmerz zu vermeiden, teilen beide. Wie tragfähig eine solche Ethik sein kann, wenn sie die theologische Komponente außer Acht läßt und zu erschreckenden Konsequenzen führt, weil die „Normalität" - wieder einmal - zum Kriterium wird, und bis zur Rechtfertigung der Euthanasie führt, scheint mir kaum fraglich zu sein.

So verdienstvoll es sein mag, die Spezies als entscheidendes und letztlich aus-schlaggebendes Merkmal zu hinterfragen, Singers Ansatz führt zum Biologismus bzw ist ein solcher. Die 1992 erschienene Dokumentation „Eugenik, Sterilisation, Eutha-nasie" [6] benennt ähnliche Argumentationen.

----

1 „Verteidigt die Tiere", Wien 1986, S.12.

2 Siehe Exegese zu Markus 5,1-2O.

3 Singer, a.a.O.S.22.

4 Ebd.

5 A.a.O.S.23

6 Buch-Verlag Union, Berlin, 1992, (Hg. Kaiser,Nowak, Schwartz). Viktor v.Weizsäcker z.B erwartet ‚daß der deutsche Arzt „ seinen verantwortlichen Anteil zu der notgeborenen Vernichtungspolitik leistet".Er ist eine Stim-me unter vielen. In J.Rattners Darstellung der „Klassiker der Tiefenpsychologie" (München 199O) wird zwar v.Weizsäckers Beitrag zur Psychosomatik gewertet, auf seinen ideellen oder praktischen Beitrag zur Euthanasie aber mit keinem Wort eingegangen, was um so mehr befremdet, als Rattner v.Weizsäckers Eintreten für ethi-sche Kategorien nennt und seine „religiöse Haltung" kritisiert (S. 546 und 553).)

4.5.   Robert Spaemann

Von den Veröffentlichungen des seit 1973 in München lehrenden,inzwischen emeritierten Philosophen soll nur sein Beitrag „Tierschutz und Menschenwürde" [1] berücksichtigt werden, weil er alles Bedenkenswerte in wünschenswerter Klarheit enthält.
Ausgehend von der Kritik der Definition der Tiere als Sache, setzt sich Spaemann
zunächst mit der fragwürdigen Differenzierung von Schmerz und Ausdruck von
Schmerz, also auch mit dem Behaviorimus, sodann mit der Verurteilung von Tierquälerei als dem Menschen schädlich und darum unsittlich, auseinander, d.h. mit einer »nachträglichen Anpassung der Verurteilung der Tierquälerei durch das sittliche
Empfinden an ein vorgefaßtes gedankliches Schema"[2] von Augustinus bis Kant.
Nach Spaemann genügt die bloße Sichtbarmachung, etwa im Fernsehen, um das
sittlich Verwerfliche zu verdeutlichen. Einer definitiven Ablehnung der Quälerei steht
die Güterabwägung entgegen: Das Wohl des Menschen gegen das Leid der Tiere.
Güterabwägung setzt jedoch voraus, daß die anstehenden Güter zur Kenntnis genommen werden. Würden die Betroffenen wissen, was zur Entscheidung ansteht,
wäre das Ergebnis möglicherweise ein anderes, als es sich in der Regel ergibt. Emo-
tionen können zwar das sittliche Urteil nicht ersetzen, „aber ohne eine unmittelbare
gefühlsmäßige Wahrnehmung von tierischem Leiden fehlt uns die elementare Wert-
und Unwerterfahrung, die jedem sittlichen Urteil vorausgeht. Dies unterscheidet den
heutigen Umgang mit Tieren vom archaischen, der, wo er grausam war, vor aller Augen stattfand und sich vom Umgang mit Menschen, der auch oft grausam war, nicht
fundamental unterschied. Die Perversität der gegenwärtigen Praxis liegt darin, daß
wir unsere verfeinerte Sensibilität durch den Umgang mit den Haustieren befriedigen
und davon getrennt eine Praxis institutionalisieren, gegen die wir diese Sensibilität
abschirmen ,und in der Tiere einfachhin als Sache abgehandelt werden"[3] .

Spaemann geht auf das Tierschutzgesetz und dessen ‚vernünftigen Grund‘, also auf
die Rechtfertigungsbedürftigkeit, ein und zeigt darin eine gewisse Parallele zwischen
Mensch und Tier auf. Während jedoch im Blick auf den Menschen gilt, daß nur solche
Maßnahmen vertretbar sind, die seinen Charakter als „Selbstzweck, sprich: seine
Würde nicht grundsätzlich verneinen, gilt dieses für das Tier nicht. Denn der Zugriff

der Zumutbarkeit macht hier keinen Sinn. Das Tier kann nicht die Situation einschätzen und von daher zustimmen oder ablehnen. Jedes Tier steht unaufhebbar im Zentrum seiner eigenen Welt, aus dem es sich nicht zugunsten einer ‚objektiven' oder ‚absoluten' Perspektive verrücken läßt", so daß Spaemann zu einer etwas überraschenden Schlußfolgerung kommt: „Tiere können nicht ‚Gott lieben'[4] und, was in diesem Zusammenhang m.E. entscheidender ist: sie haben keine Pflichten." Vermutlich müßte man strenger formulieren: Sie können keine Pflichten von sich aus wahrnehmen, was sie in den Augen der menschlichen Mitgeschöpfe minderwertiger macht.

Spaemann: Der Mensch ist ihnen (darüber hinaus) überlegen durch Intelligenz und Instinktoffenheit, aber auch - dem ersten entgegengesetzt - durch seine Fähigkeit, „der naturwüchsigen Expansion des eigenen Machtwillens Grenzen zu setzen".[5] Er kann sich gewissermaßen selbst von außen sehen und einen Anspruch wahrnehmen, d.h. seinem Gewissen gehorchen.

Die wichtige Schlußfolgerung daraus lautet - in Übereinstimmung mit der sachgemäßen Exegese von Gen. 1, 26 ff:[6] „Deshalb , weil er einem anderen als sich selbst zu wesensgemäßem Dasein verhelfen kann, deshalb, weil er einer universalen Verantwortung und Fürsorge fähig ist, hat es Sinn, zu sagen, die gesamte Natur sei ‚seiner Herrschaft'unterworfen"[7].

Die Menschenwürde leitet sich mithin nicht von der species a se ab. Wenn Menschenwürde mit der Vernunftnatur begründet wird, so hat dieses nur Sinn, wenn die Vernunft nicht instrumentell zur Erfassung der eigenen Umwelt verstanden wird, sondern als Fähigkeit, etwas als es selbst zu sehen.

Das Töten von Tieren sieht Spaemann zwar als rechtfertigungsbedürftig an, aber es kann s.E. gerechtfertigt werden. Er interpretiert unsere Pflicht gegenüber Pflanzen und Tieren als Art, nicht als Individuum - ein Gedanke, der mE. fragwürdig ist.

Spaemann kommt auf die Leidverursachung zurück. Alle Empfindungen sind Ausdruck einer Subjektivität. Daher bedeutet Sittlichkeit: Anerkennung dieser Subjektivität. So ist die Parole, Tierschutz sei Menschenschutz, zwar nicht einfach falsch, sondern oberflächlich, weil es nicht um die Wahrung eigenen Interesses, sondern um Selbstachtung geht. Auch hier möchte man einwenden, anknüpfend an den Gedanken der Subjektivität: Weil es um Achtung eben dieses Subjektes geht.

„Gerade weil Tiere ihr Leiden nicht in die höhere Identität eines bewußten Lebenszusammenhangs integrieren und so ‚bewältigen' können, sind sie dem Leiden ausgeliefert. Sie sind sozusagen im Schmerz nur Schmerz, vor allem, wenn sie nicht durch Flucht oder Aggression auf diesen reagieren können" [8]

Von diesem Verständnis her leitet Spaemann Forderungen an den wissenschaftlichen Tierversuch ab:

1. Es ist mit der Menschenwürde unvereinbar, Schädlichkeit oder Unschädlichkeit von Genußmitteln mit dem Leiden von Tieren zu bezahlen.

2. Jeder Versuch zu Alternativen muß unternommen werden.

3. Neue Maßstäbe für das „unumgängliche Maß" an Leiden müssen gesetzt werden.

4. Als Wesen mit subjektiven Interessen müssen wir um der unparteilichen Herrschaft, d.h. letztlich um des Gewissens willen, im Zweifelsfall die Entscheidung über Versuch oder Nichtversuch delegieren an Menschen, die unverdächtig sind, was eigene Interessen betrifft.

Die praktische Konsequenz aus dieser Forderung zitiere ich deshalb, weil sie mit einem Vorschlag an den Ministerpräsidenten von NRW übereinstimmt: [9]

„Es ist daher unsinnig, den Tierschutz ausgerechnet in einem Ministerium anzusiedeln, in welchem das dominierende und legitimerweise leitende Interesse dem Tier nur unter dem Aspekt seines Nutzens für den Menschen gilt, nicht aber der zu diesem Aspekt querstehenden, selbst einen ganz anders gearteten ‚Nutzen' und ‚Schaden' definierenden Subjektivität des Tieres, die uns als solche gerade nicht nützt, sondern allenfalls freut, und die wir anzuerkennen haben". [10]

Für Spaemann ist die Adresse das Innenministerium. Er plädiert schließlich - 5. - für Ethikkommissionen, die der tierischen Subjektivität Rechnung zu tragen suchen.

Spaemanns Beitrag zum Verständnis des Tieres und damit zu einer Tierethik ist deshalb gewichtig, weil er eine Würde der Mitkreatur voraussetzt, die der Herrschaft des Menschen eine biblisch wie vom Gewissen bestimmte Grenze setzt, in seltener Eindeutigkeit das Besondere am tierischen Schmerz herausstellt und, ohne expressis verbis die Rede darauf zu bringen, die Anwaltschaft des Menschen unterstreicht.

1 In: „Tierschutz - Testfall unserer Menschlichkeit" hg. von Ursula M. Händel,
Frankfurt 1984, S. 71 ff. Zu sonstigen Veröffentlichungen s. G.M. Teutsch, Lexikon der Tierschutzethik, Göttingen 1987, S. 296.

2 A.a.O. S. 72.

3 A.a.O. S. 74.

4 A.a.O. S. 75.

5 A.a.O.S.76.

6 So meine Ergänzung.

7 Ebd.

8 A.a.O. S. 78.

9 Siehe letztes Kapitel: Konsequenzen für die Praxis.

10 A.a.O. S. 80.

4.6. Harald Steffahn

„Menschlichkeit beginnt beim Tier" ist der Titel einer Veröffentlichung [1] des Hamburger Schriftstellers, Historikers und Politologen und zugleich eine Herausforderung.
Herausgefordert sind die, die sich noch nicht an die Dauerproblematik der spannungsreichen Beziehung Mensch - Tier und dessen permanentes Leiden gewöhnt
haben; herausgefordert oder provoziert mögen auch die sein, die die These keineswegs unterschreiben können und wollen, weil immer noch der Mensch dem Menschen am nächsten ist, eine Gleichstellung und Nivellierung gravierender Unterschiede befürchtet wird oder aber eine Einseitigkeit, die die anständigste Ethik in Frage
stellt. Denn das unbeschreibliche Elend der Mitwelt rangiert das Tier und sein Schicksal an die zweite Stelle.

Von den Unzugänglichen abgesehen, wird kaum einer der mit diesem Satz Avisierten
der Analyse unserer Gegenwart durch den Autor und der Darlegung der historischen
und sonstigen Gründe für die Entwicklung bis zu dieser Situation widersprechen.
Der Abriß, der vor allem A. Schweitzer Achtung zollt [2], nimmt zwei Drittel des Buches
ein, die Behandlung ethischer Modelle den letzten Teil.
Steffahn skizziert F. Blankes Begriff der Mitgeschöpflichkeit und benennt G.M
Teutsch [3] als den, der unermüdlich Anstöße gegeben hat. Er spricht von der erwa-

chenden Kirche, den kleinen Triumphen der Philosophie, den Signalen aus der Naturwissenschaft und dem Ruf an die Schule.[4]

Dem „Kampf um das Tierschutzgesetz"[5] folgt ein Kapitel über „die Richter und den Paragraphen 2"[6]. Im knappen Schlußkapitel stehen -nach den immer wieder flankierenden wichtigen Bemerkungen, Analysen und Forderungen - die hier besonders relevanten Gedanken.

Steffahn hält die Konsequenzen aus den Gedanken - Ehrfurcht vor dem Leben - für unverlierbar. Absolute Fortschritte aus der so entstandenen Bewußtseinserweiterung sind jedoch nicht abzuleiten, sondern „nur relative"[7].

„Die erhöhte Sensibilität ist also nur ein Zeichen für den Umfang der Herausforderung. Nun gilt es, mit dem Serum Mitgeschöpflichkeit die Seuche Tier-Ausbeutung zu bekämpfen"[8].

Es bedarf der unermüdlichen Anstöße und praktischen Ableitungen, dazu gehören: Verzicht auf Kosmetika, Zigaretten, Arzneimittel (außer den dringlichsten), die auf Tierversuchen basieren, Verzicht auf das billigste Fleischangebot und die billigsten Eier, wenn der Preis nur durch tierquälerische Haltung zustande kommen könnte; Verzicht auf Exotika fragwürdiger Herkunft.

„Das aufgeklärte Naturgewissen muß zuallererst mit sich selber einig werden, damit es nicht nur eine schöne Fassade bietet, die einen häßlichen Hinterhof verbirgt"[9].

Zur Unteilbarkeit der Ethik macht Steffahn geltend: „Menschenschutz und Menschenleid können nicht grundsätzlich gegen Tierschutz und Tierleid stufenethisch ausgespielt werden.Beide Arten von Jammer zu bekämpfen, ist von gleichem moralischem Wert. Wenn der bedürftige Mensch absolutes Vorrecht besäße, theoretisch und von Grund auf, dann dürfte niemand Tierarzt werden, wo doch in der Dritten Welt so viele Ärzte fehlen. Wollten wir mit dem Einsatz für das Tier warten, bis das Menschenleid überwunden ist, dann müßten sich die Mitgeschöpfe bis zum Jüngsten Tag gedulden. Denn vorher wird es nichts mit uns"[10].

In einem grundlegenden Vortrag zu einem Symposion[11] hat der Autor vor „keimfreien Abstraktionen und sauberen Kategorien"[12] gewarnt und darauf hingewiesen, „daß die Lebensganzheit solchen Idealentwürfen widersteht"[13]; dafür sei aber Schweitzers Lehre benutzbar.

435

Feinde der Mitgeschöpflichkeit sieht Steffahn nicht in den Macht Ausübenden,die ohnehin unerreichbar sind, nicht in den wirklich Böswilligen, sondern in den „zahllosen Trägen, die anders könnten", in den „schwerfällig Dahinlebenden" [14].

----

1 Stuttgart 1987 (Kreuz-Verlag).

2 Siehe auch Albert Schweitzer Lesebuch, hg. von H Steffahn, 2 München 1986.

3 dem er auch das Buch widmet.

4 A.a.O S 139ff.

5 A. a 0. S 161 ff.

6 A.a.O. S. 170ff.

7 A.a.0 S. 177.

8 Ebd.

9 A.a.O.S.178.

10 Ebd.

11 "Schöpfungspartner oder Ausbeutungsobjekt? Das Tier in der Gesellschaft", am 13.3.1993 in Wuppertal beim Symposion „Mitgeschöpflichkeit - Tage für Tiere".

12 Nachschrift zum Symposion

13 Ebd.

14 Ebd.

4.8. Gotthard Martin Teutsch

Den emeritierten Professor für Pädagogik in Karlsruhe und Gründer wie Stifter des Archivs für Tier-, Natur- und Umweltschutz an der Badischen Landesbibliothek als Nestor der Tierethik zu bezeichnen ,ist sicher nicht übertrieben.

Anknüpfend an Fritz Blanke (s. dort) hat er den Begriff der Mitgeschöpflichkeit mit Leben gefüllt und durch seine Materialsammlung [1] ,Aufsätze [2] und vor allem durch sein Lexikon zur Tierschutzethik [3] erheblich dazu beigetragen, den Tierschutz von seinem Etikett als einer primär emotionalen Bewegung zu befreien.

In seiner neuesten Veröffentlichung „Die Würde der Kreatur" [4] geht er auf die Kritik an der unzulässigen Gleichstellung von Mensch und Tier ein und beantwortet sie a) mit dem aus der Kulturgeschichte bekannten Gleichheitsgrundsatz, der sowohl der

436

Gleichheit als auch der Ungleichheit Rechnung trägt ,b) mit dem Hinweis, daß die Diskussion über Gerechtigkeit für Tiere eben erst begonnen hat und c) mit der These, daß geschöpfliche Würde gleichbedeutend ist mit ,,zu Ende gedachter Humanität" [6].

Nach einer knappen Darstellung der theologiegeschichtlichen und philosophischen Überlegungen zum Thema und zur Basis [7] fragt Teutsch, ,,wie die Würde der Kreatur gefährdet oder verletzt werden kann" , behandelt den Sonderfall Gentechnologie und Fragen wie Widersprüche und beschreibt die Ergebnisse [8].

,,An der geschöpflichen Würde der Kreatur haben alle Lebewesen einen sowohl generellen als auch zusätzlich speziellen Anteil, wobei der generelle auf der Qualität des Lebendigseins beruht, während der spezielle Anteil die jeweils artspezifischen Qualitäten betrifft. Demnach haben alle Lebewesen eine gleiche, aber auch eine große Unterschiede aufweisende Würde, die auf vielerlei Weise verletzt oder auch nur gefährdet werden kann. Je höher das Leben organisiert ist und je mehr Entfaltungs- und Gestaltungsmöglichkeiten es hat, desto vielfältiger wird ihre Würde tangiert"[9].

Die Summa tierverletzender Einstellungen, Gewohnheiten und Handlungen [10] sieht so aus: Ihre Einschätzung als defizitäre Wesen, gemessen am Menschen, mißachtende Bezeichnungen, artwidrige Vermenschlichung, besonders in der Haltung zuhause, der Zwang, Zwecken gerecht zu werden, die ihrem artspezifischen Verhalten nicht entsprechen, Beeinträchtigung ihrer Integrität, Gefährdung ohne Fluchtmöglichkeit und Überlebenschance, also Tötung wie Tierkämpfe, Tierwettbewerbe, Jagden, als Gegenstand von Schadenfreude, etwa bei Zurschaustellung ihrer Unterlegenheit, ihre Degradierung zu Meßinstrumenten.

Wichtig ist das Kriterium zur Beurteilung solcher Einstellungen, Gewohnheiten und Handlungen: Die Würde eines jeden Lebewesens beruht auf seinem Eigenwert sowie seinem sozialen und ökologischen „Eingebundensein im Ganzen der Natur, dies ungeachtet der Tatsache, daß nur der Mensch dessen bewußt werden kann. Die Würde eines jeden Lebewesens beruht darauf, daß es sich - wenn auch in unterschiedlichem Ausmaß - selber entfalten, erhalten und gestalten kann; auch dies kann bewußt oder unbewußt geschehen" [11].

Teutsch sieht auch im individuellen Schicksal jedes Tieres, das mit seiner Rolle verknüpft ist, eine eigene Würde. Eine konsequente Praktizierung dieses Verständnisses von Würde scheint alle einschränkenden, belastenden, erst recht schmerzhaften

Handlungen und die Mehrzahl der Haltungsmethoden, einschließlich der in Wohnungen, zu disqualifizieren. Wenn Teutsch, wie die relevanten Texte zeigen, bei Schlachtung, Tierversuchen und anderen Handlungen differenziert, entsteht zunächst der Eindruck einer Erweichung der Grundsätze, ist bei näherem Bedenken aber eher ein Indiz für die Kompliziertheit der Materie.

Wenn das Tiersein des Tieres vornehmlich seine Würde ausmacht, so wird deutlich, daß eine letztlich verbindliche, d.h. angemessene Aussage, nahezu unmöglich ist. Das gilt z.B. bei schmerzfreier oder nicht schmerzfreier Schlachtung[12] und noch mehr bei Tierversuchen.

An Bemühungen, die Problematik weniger differenziert zu sehen und auf einen schlichten Nenner zu bringen, hat es bis in die Gegenwart hinein nicht gefehlt. So stellt Teutsch in seiner Materialsammlung des EZW (s. o.) den ethischen Naturalismus neben den anthropozentrischen Humanismus als eine leicht handhabbare Prämisse. Beide Ansätze werden der Würde des Tieres nicht gerecht. Letztgenannte ist nach Günther Patzig zudem unlogisch:

„Es ist sogar fast paradox, daraus, daß nur der Mensch moralische Verpflichtungen empfinden kann, abzuleiten, daß er diese moralischen Verpflichtungen gegenüber den Tieren außer Kraft setzen kann"[13].

Die redliche Beurteilung der Situation gebietet es, einzuräumen, daß in der Regel eine der beiden skizzierten Positionen, manchmal auch beide, zur Anwendung kommen, um sich weitere Verunsicherung, Skrupel oder gar ethische Konsequenzen zu ersparen, nämlich entweder die Berufung auf das uns Menschen von der Natur verliehene Recht des Stärkeren oder (und) auf unsere Existenz als Kultur- und Geistwesen und die damit verbundene Nutzung im Sinne der Pflicht gegen sich selbst.

Teutschs Verdienst ist es, nicht nur zahlreiche andere ethische Verhaltensmuster, z.T. unter Berufung auf biblische Aussagen und die jüngere Geschichte, aufgelistet zu haben, sondern auch durch die Nennung und Kommentierung einer Fülle bis dato nie in den Blick gekommener Einzelaspekte - s. Stichwortverzeichnis im Lexikon der Tierschutzethik - die Tierethik über den Tierschutz hinaus als einen nicht länger zu ignorierenden Bestandteil einer Sozialethik überhaupt ins Bewußtsein gebracht zu haben.

Daß die Systematisierung nicht mit distanzierter Sachlichkeit geschehen ist und geschieht, dafür legen die Beiträge mit persönlicher Stellungnahme Zeugnis ab, nicht zuletzt die Zitate aus zwei Jahrtausenden in: "Da Tiere eine Seele haben" [14].

Zum Schluß sei zur Erhärtung dieses Urteils aus der kleinen Schrift „Das Tier als Objekt - Streitfragen zur Ethik des Tierschutzes" [15] ausführlicher zitiert:

,,Der Mensch hat seine Mitlebewesen schon von Anfang an ausgebeutet, soweit er sie besitzen und unter seine Kontrolle bringen konnte; und wenn wir uns die bisherige Menschheitsgeschichte bildlich als einen Tag vorstellen, dann ist das Aufschimmern von Humanität vermutlich erst ein Ereignis der zuletzt vergangenen Minute...

Die Gefahr der Resignation besteht   nach wie vor; und mehr denn je müssen wir uns an Albert Schweitzers Dennoch-Position haften: ‚Alles, was du tun kannst, wird in Anschauung dessen, was getan werden sollte, immer nur ein Tropfen statt eines Stroms sein; aber es gibt deinem Leben den einzigen Sinn, den es haben kann und macht es wertvoll'" [16].

----

1 "Soziologie und Ethik der Lebewesen", Bern/Frankfurt 1975, „Da Tiere eine Seele haben", Stuttgart 1987 und „Tierschutztexte zur Ethik der Beziehung zwischen Mensch und Tier", EZW-Texte Nr. 27, Stuttgart 1988 und ,,Frieden mit der Natur in Theologie und Kirche" in:"Der Gerechte erbarmt sich seines Viehs", Neukirchen 1991 S. 115 ff.

2 Siehe Literaturverz. im Lexikon zur Tierschutzethik, a.a.O .

3 Göttingen 1987.

4 Bern/Stuttgart/Wien 1995.

5 A.a.O. S.11.

6 A.a.O. S.13.

7 A.a.O.S.3Off.

8 A.a.O.S.43ff.

9 A.a.O.S.55 ff.

10 Ebd.

11 A.a.O.S.54.

12 Siehe auch Ausführungen zum Schächten.

13 A.a.O.S.6.

14 Siehe Anm. 1.

15 VAS, Frankfurt 1989.

16 A.a.O.S.42

VI.5.. 5. Exkurs: „... und hört im Herzen auf zu sein":
Der Beitrag der Dichter

5.1. Vorbemerkung

Haben Dichter und Schriftsteller in einer theologischen Abhandlung über das Verhältnis von Mensch und Tier einen Platz? In der Disposition kamen sie nicht vor.aber im Verlauf der Vorarbeiten, d. h. beim Erkunden des Umfeldes und bei z. T. paralleler Lektüre von Literatur, drängte sich die „Legitimation" geradezu auf.

Begründung:

Die Theodizee-Frage, ausgelöst auch durch das Leiden der Mitgeschöpfe, und zwar nicht primär aufgrund naturgegebener Gesetzmäßigkeiten und evolutionsbedingter Lebensweisen, sondern durch die mißbrauchte Herrscherstellung des Menschen und seine erbarmungslose Egozentrik, findet bei den Dichtern einen unüberhörbaren Ausdruck. Das in der Bibel, nicht nur bei Hiob, bereits bedrückende Problem der Theodizee hat zu tun mit dem deus absconditus, das dem Menschen auch unter Absehung von der übrigen Kreatur zu schaffen macht.

Das ist das Eine: das Andere die den wahren Dichtern verliehene Gabe, sowohl die begrenzte Nähe zum Tier als auch das Numinose[1], die Faszination in ihrer Andersartigkeit und Fremdheit auszusagen. Damit gelingt es ihnen, die Würde des Tieres respektvoll zu wahren, wenn auch in einem anderen Sinn, als es die Biologen und Verhaltensforscher anmahnen.

Wer mit einem Tier lebt oder (und) es beobachtet, bleibt trotz aller Achtung vor der Naturwissenschaft und ihren Ergebnisse durch reine Fakten unzureichend berührt.

Von den Dichtern dagegen fühlt er sich und sein Empfinden angenommen, mag er auch Rudolf Alexander Schröder[2] zustimmen, der für sich und sein „Geschlecht" einräumt, den Philosophen z. B. verdächtig zu sein, weil es „Erkenntnisse vorzugsweise auf dem Boden des Gefühls und der Ahnung gewinnt".

Damit ist die Bereicherung durch das Wissen der letzten Jahrzehnte überhaupt nicht in Frage gestellt; es nötigt uns neben dem Respekt vor der meist unbekannten mühevollen und oft entbehrungsreichen täglichen Kleinarbeit und vor dem

440

Engagement, um nicht zu sagen: vor der Begeisterung für das Gegenüber, und der akribischen Forschung auch Dankbarkeit für die Horizont-Erweiterung ab.

Die meisten Forscher aber würden, auf die prima causa ihres Tuns angesprochen, vermutlich auch das Faszinosum und das weitestgehend Unaussprechliche nennen.

Ein Drittes, wenn es dessen bedarf: die bewußte oder unbewußte Verwandtschaft des Dichterischen mit biblischen Erkenntnissen, am deutlichsten mit des Paulus Worten von der eschatologischen Befreiung, Römer 8, 18ff.

Schließlich: nahezu bei allen Dichtern ist Sympathie im eigentlichen Sinn, also Mitleiden, im Spiel, somit mehr als das, was Stefan Zweig die „Ungeduld des Herzens" zur Charakterisierung des bloßen Mitleids nannte.

Zur Auswahl:

Die wenigen zitierten Dichterinnen und Dichter stehen stellvertretend für eine vielfache Zahl[3].

Eine Interpretation ist m. E. nicht nötig; es bleibt bei Unterstreichungen und wenigen Anmerkungen bzw. Überleitungen.

Am Schluß folgen einige Konsequenzen, eine Tierethik im Ansatz betreffend.

5.2. Matthias Claudius (1740-1815)

Er wird häufig als einfältig, gemüthaft und die Volksseele wiedergebend charakterisiert. Er hat die Natur (die Schöpfung) und des Menschen Leben in ihr in unvergänglicher Weise beschrieben - siehe „Der Mond ist aufgegangen" - dem Tier jedoch, von den Fabeln abgesehen, nur wenige Texte gewidmet.

So mag der Brief des parforce gejagten Hirschen an den Fürsten[4] als pars pro toto stehen[5]. Auch ihn könnte man als naiv abtun, würde man es bei einmaligem Lesen belassen und sich nicht mit dem OEuvre des Wandsbeker Boten beschäftigen, den J.G. Herder immerhin genial nannte. Hier der Text:

„Durchlauchtiger Fürst,

Gnädigster Fürst und Herr!

Ich habe heute die Gnade gehabt, von Ew. Hochfürstlichen

Durchlaucht parforcegejagt zu werden; bitte aber untertänigst, daß Sie gnädigst geruhen, mich künftig damit zu verschonen. Ew. Hochfürstl. Durchl. Sollten nur einmal parforcegejagt sein, so würden Sie meine Bitte nicht unbillig finden. Ich liege hier und mag meinen Kopf nicht aufheben, und das Blut läuft mir aus Maul und Nüstern. Wie können Ihr Durchlaucht es doch übers Herz bringen, ein armes unschuldiges Tier, das sich von Gras und Kräutern nährt, zu Tode zu jagen? Lassen Sie mich lieber totschießen, so bin ich kurz und gut davon. Noch einmal, es kann sein, daß Ew. Durchlaucht ein Vergnügen an dem Parforcejagen haben; wenn Sie aber wüßten, wie mir noch das Herz schlägt, Sie täten's gewiß nicht wieder, der ich die Ehre habe zu sein mit Gut und Blut bis in den Tod etc. etc."

Ist es bei Claudius der Fürst, der sich am Tier durch Töten vergeht, so bei

5.3 Annette von Droste-Hülshoff (1797-1848)

der Gottesfluch im Menschenbild, d. h. ihre eigene und der Menschheit Schuld, daß die Kreatur ächzt.

Aus dem so überschriebenen Gedicht[6] können nur einzelne Strophen wiedergegeben werden.

> „An einem Tag, wo feucht der Wind,
> Wo grau verhängt der Sonnenstrahl,
> Saß Gottes hartgeprüftes Kind
> Betrübt am kleinen Gartensaal.
> Ihr war die Brust so matt und enge,
> Ihr war das Haupt so dumpf und schwer,
> Selbst um den Geist zog das Gedränge
> Des Blutes Nebelflore her.

> Und am Gestein ein Käfer lief,
> Angstvoll und rasch wie auf der Flucht,

Barg bald im Moos sein Häuptlein tief,
Bald wieder in der Ritze Bucht.
Ein Hänfling flatterte vorbei,
nach Futter spähend, das Insekt
Hat zuckend bei des Vogels Schrei
In ihrem Ärmel sich versteckt.

Da ward ihr klar, wie nicht allein
Der Gottesfluch im Menschenbild,
Wie er in schwerer, dumpfer Pein
Im bangen Wurm, im scheuen Wild,
Im durst'gen Halme auf der Flur,
Der mit vergilbten Blättern lechzt,
In aller, aller Kreatur
Gen Himmel um Erlösung ächzt.

Das ist die Schuld des Mordes an
Der Erde Lieblichkeit und Huld,
An des Getieres dumpfem Bann
Ist es die tiefe, schwere Schuld,
Und an dem Grimm, der es beseelt,
Und an der List, die es befleckt,
Und an dem Schmerze, der es quält,
Und an dem Moder, der es deckt".

Die Verkündigung des Apostel von der berechtigten Hoffnung findet hier keinen
Niederschlag, wohl aber sein Hören auf das Seufzen der Kreatur. Reinhold Schneider
ist dem Mitleiden und dem Schuldbekenntnis der Münsterländer Dichterin
nachgegangen und hat, ohne ihren Schmerz auch nur im geringsten mindern zu
wollen, von der ihnen und uns gegebenen Verheißung und der daraus resultierenden
Verantwortung für ihr Leben gesprochen[7].

Das konnte Anette von Droste-Hülshoff nicht. Umso belastender und verpflichtender ist ihr Vermächtnis.

Zwischen ihr und

5.4. Wilhelm Busch (1832 - 1908)

scheint eine Welt zu liegen. Das trifft form-und gattungsgeschichtlich zu, ebenso, was beim ersten Hören als Leichtigkeit von Gestalt und Gehalt erscheint[8]. Beim genaueren Bedenken jedoch sind die Sehnsucht sowohl als auch das Eingeständnis eigenen Gespaltenseins gewichtig:

„Schon viel zu lang

Hab ich der Bosheit mich ergeben.

Ich lasse töten, um zu leben,

Und bös macht bang.

Denn niemals ruht

Die Stimme in des Herzens Tiefe,

Als ob es zärtlich klagend riefe:

Sei wieder gut.

Und frisch vom Baum

Den allerschönsten Apfel brach ich.

Ich biß hinein, und seufzend sprach ich,

Wie halb im Traum:

Du erstes Glück,

Du alter Paradiesfrieden,

Da noch kein Lamm den Wolf gemieden,

O komm zurück!“

Ein mehr oder weniger frommer Wunsch?

Das 2. Gedicht[9] spricht die gefährliche Zwangsläufigkeit an, die, wie es klingt, mit leichter Hand das Bedauern über die unvermeidliche Selbstliebe des Menschen zu Papier bringt.

Doch auch hier ist Vorsicht geboten: W. Busch wehrt der Selbstberuhigung: die Sehnsucht nach dem Urzustand hat verändernde Kraft:

> „Wie kam ich nur aus jenem Frieden
> Ins Weltgetös?
> Was einst vereint, hat sich geschieden,
> Und das ist bös.
> Nun bin ich nicht geneigt zum Geben,
> Nun heißt es: Nimm!
> Ja, ich muß töten , um zu leben,
> Und das ist schlimm.
> Doch eine Sehnsucht blieb zurücke,
> Die niemals ruht.
> Sie zieht sich heim zum alten Glücke,
> Und das ist gut."

5.5 Christian Morgenstern (1871 - 1914)

ist darin (und nicht nur darin) seinem Vorgänger verwandt, daß er das Tier gern als Metapher verwendet. Andererseits ist er von dessen Leid zu sehr angerührt, als daß er es bei dieser Weise beließe. So bringt er die Kreatur - neben Allegorie, Ironie oder Parodie - auch direkt zur Sprache, wie die zahllosen Gedichte zeigen. Sie offenbaren seine Liebe zum Tier.

Stellvertretend sei hier zitiert: „Vor einem zur Schlachtbank geführten Kalbe":[10]

> „Leben wird zu Tod geführt,
> ohne daß das Herz sich rührt,
> Mensch!
> Freilich, schlachtest noch dich selbst,
> wie du auch die Stirne wölbst,
> Christ!
> Bis die Kreatur dir schreit,

o wie weit noch, o wie weit,

Gott!"

Allen Veröffentlichungen zum Leben der Kreaturen müßte Morgensterns Hommage
an die Tiere vorangestellt werden.

„Ganze Weltalter voll Liebe werden notwendig sein,

um den Tieren ihre Dienste und Verdienste an uns

Menschen zu vergelten".

Kein sensibler und wacher Zoobesucher, der Gedichte kennt, wird vor einem
Raubtier-Käfig stehen, ohne an das Gedicht von

5.6.. Rainer Maria Rilke (1875 - 1926)

über den Panther[12] zu denken:

„Sein Blick ist vom Vorübergehen der Stäbe

so müd geworden, daß er nichts mehr hält.

Ihm ist, als ob es tausend Stäbe gäbe

und hinter tausend Stäben keine Welt.

Der weiche Gang geschmeidig starker Schritte,

der sich im allerkleinsten Kreise dreht,

ist wie ein Tanz von Kraft um eine Mitte,

in der betäubt ein großer Wille steht.

Nur manchmal schiebt der Vorhang der Pupille

sich lautlos auf. Dann geht ein Bild hinein,

geht durch der Glieder angespannte Stille -

und hört im Herzen auf zu sein".

Dessen letzter Satz ist diesem Kapitel vorangestellt und soll zum Schluß bedacht
werden. Da auf die Problematik Zoo, von einigen Bemerkungen[13] abgesehen, nicht
eingegangen werden kann, mag es hier bei der von Rilke formulierten Ahnung
bleiben angesichts der schon erwähnten immer wieder fernen Welt des Tieres.

Für

5.7. Ernst Wiechert (1887 - 1950)

gilt ein Anderes.

Sein Leben und Wirken wäre ohne Wälder, Seen und Tiere undenkbar. Daß er die ihn prägenden Wesen auch jagt, also tötet ohne Skrupel, ja mit ausführlicher Beschreibung des Glücks, bleibt für den Außenstehenden ein Rätsel. Für den mitgeschöpflich lebenden Ostpreußen dagegen bilden Umgang, Pflege, Liebe und Jagen eine Einheit.

Dieses kann aber nur gesagt werden auf dem Hintergrund des persönlichen Leidens des Dichters an menschlichem wie tierischem Sterben.

Ob die ihm attestierten Wesensmerkmale „Weltschmerz" oder „Lei denssehnsucht"[14] zutreffen, darf unerörtert bleiben. Immerhin hat das Land mit Menschen und allem Lebendigen wie auch die Begegnung mit der Bibel und der Welt des Geistes neben dem Elternhaus den Urgrund gebildet und dem Dichter Kraft zum Widerstand gegen das Böse in vielfältiger Gestalt gegeben[15].

Wegen einer gewissen Parallelität und wegen des über R. M. Rilke Hinausgehenden sei hier das Gedicht „Wölfe im Käfig"[16] zitiert:

„Aus ihren Augen glänzt der Mond verschollner Räume,

und Wälder, die den Steppenrand begrenzen,

und Tau, den weite Winde lautlos trinken,

und Abendrot, aus dem die Jahre sinken,

und alles liegt dahinter, weit wie dumpfe Träume.

Denn einmal riß das Leben auf zu Qual und Gittern,

und Wald versank und Wind und Schrei und Fährte.

Ein stinkend Haus, der Leib, gelähmtes Schreiten

am Wendekreis entlang der Ewigkeiten,

gebrochne Augen, die im Blick des Wärters zittern.

Ich sah sie an, wie man sich ansieht auf Galeeren,

wo Nacht und Morgen Glieder gleicher Kette;

wo nur die Wasser durch die Tage rauschen

und wir die Blicke nur gleich Steinen tauschen

und niemals Land sich hebt am Bug, dem

zukunftsleeren.

Und plötzlich ist, als ob kein Gitter uns beschränke,

und Innen gleichwie Außen leere Worte

und nackt vor Gott wir alle, Brüder, ständen

und nie den Weg aus seinen Gittern fänden,

der gnadenvoll uns bis zu seinem Heiland lenke".

5.8. Reinhold Schneider (1903 - 1958)

teilt mit Annette von Droste-Hülshoff und Ernst Wiechert das Leiden am Seufzen der Kreatur, an der Schuld des Menschen und am verborgenen Gott.

Aber er ist auch hilflos angesichts der Grausamkeiten innerhalb der Fauna. Sein nahender Tod vertieft die Ratlosigkeit und das Erschrecken.

Darüber wird die Erfahrung von Einsamkeit oder Verlassenheit noch bedrückender: „Es zieht mich zum Untergang mit der Kreatur; ich ersehne den Frieden, den sie erwarten darf."[17]

Er begründet die Todessehnsucht damit, daß der Herr „den Weg des Menschen gelebt", aber „die Rätsel des Kosmos ... übergangen" habe.

„Alles, was Weltordnung angeht, ist Zutat der Theologen".[18]

Hier soll zur Sprache kommen, was er in seelischer Verwandtschaft zu A. von Droste-Hülshoff über die Anklage und den Ruf zur Umkehr und zur Hilfe für die Mitkreaturen sagt:[19]

„Uns verklagt der Mensch, der unser Bruder ist; uns

verklagt die Schöpfung, zu deren Hirten wir bestellt

sind; es kann keine Grenze des Mitleidens geben, und

es ist oft nur ein gringer Schritt vom Mord am Tiere

zum Mord am Menschen...

Die Gesetze der Schöpfung, der wir angehören,

sind ebenso verletzlich wie fest; wir übertreten

sie unversehens; sie verzeihen uns diese Über-

tretung aber nicht.

Lernen wir es, behutsam zu gehen,

gerade weil unser Geschlecht so rücksichtslos,

so eigensüchtig ist! ...

Das ist die tiefste Beziehung der Tiere zu uns, das

die stumme, sehnsüchtige Bitte in ihren Augen:

Helfe uns zum Heil! Du allein vermagst es.

Du trägst die Schuld an den Schmerzen,

die wir nicht ausklagen können,

an der Feindschaft, die wir wider einander haben.

Du allein kannst uns helfen. Indem du den

von Gott gewiesenen Weg der Erlösung gehst,

erlösest du auch uns.

Wir haben dasselbe Geschick unter

der Gnade auf Zeit und Ewigkeit.

Wie wir herkommen aus dem Paradiese,

das du zerstört hast,

so gehen wir mit dir der neuen Erde entgegen,

die in Frieden unter dem neuen Himmel ruht.

Scheue dich nicht,

dies von deinem Gott zu denken.

Uns ist die unerhörte, noch nicht ergriffenen Gnade

geworden, daß wir nicht allein Beschützer, sondern

Erlöser sein sollen unserer Brüder, der Geschöpfe.

Sie wollen eine Antwort von uns auf die Frage ihrer

Qual, ihrer Angst, eine Liebestat, die es jetzt schon

wagt, mitten in den Freveln des Jahrhunderts, das

sich auf maßlose Weise an der Kreatur versündigt hat,

den Anfang einer neuen Ordnung zu machen.

Das Leid der Kreatur und das Leid der Menschheit

gehören zusammen, und der Blick des geängstigten

Tieres mahnt uns, Mensch zu werden in der Menschheit

er mahnt die Menschheit, eins zu sein

in ehrfürchtiger Verwaltung der Schöpfung".

Daß die Verzweiflung am Menschen und die Klage wegen seiner Schuld nicht das Letzte sind, sondern das Vertrauen auf einen gewiesenen Weg zur Erlösung und der Mut zu ehrfürchtiger „Verwaltung der Schöpfung", das macht aus der eschatologischen Perspektive eine Chance zum Neuanfang.

Was sensibilisiert den Dichter für das Leid der Kreatur um ihn herum? Sicher ist es neben dem Grauen und der Sehnsucht nach Antwort des deus absconditus die biblische Hoffnung auf die Befreiung aller zum Heil. Und das ist mehr als Wohlergehen, obwohl die Tierwelt - und nicht nur sie - glücklich wäre über diese Voraussetzung.

Bei

5.9. Nelly Sachs (1891 - 1970)

verbindet sich auf ähnliche Weise die Erfahrung von der Preisgabe des Menschlichen und der Hölle der Gottferne, willentlich sich selbst und anderen angetan, mit der Sympathie gegenüber den Mitgeschöpfen.

Ihr Ruf „O ihr Tiere" ist dem Buch „Das Leiden Israels"[20] entnommen,

so als erlebten Volk und Vieh dasselbe Schicksal:

„Euer Schicksal dreht sich wie ein Sekundenzeiger

mit kleinen Schritten

in der Menschheit unerlösten Stunde.

Und nur der Hahnenschrei,

mondaufgezogen,

weiß vielleicht

eure uralte Zeit!

Wie mit Steinen zugedeckt ist uns

eure reißende Sehnsucht

und wissen nicht was brüllt

im abschiedrauchenden Stall,

wenn das Kalb von der Mutter

gerissen wird.

Was schweigt im Element des Leidens

der Fisch zappelnd zwischen Wasser und Land?

Wie viel kriechender und geflügelter Staub

an unseren Schuhsohlen,

die stehn wie offene Gräber am Abend?

O der kriegszerrissene Leib des Pferdes,

an dem fraglos die Fliegen stechen

und die Ackerblume durch die leere Augenhöhle

wächst!

Nicht der sterndeutende Bileam

wußte von eurem Geheimnis,

als seine Eselin

den Engel im Auge behielt!"

5.1O. Elias Canetti (1905 - 1994)

verspürt einen Schmerz, der nur den Mitleidenden und den über das Ausbleiben des Friedensreiches auf Erden Unglücklichen verständlich sein kann: daß nämlich die Tiere nie zu Revolutionären und damit zu Herren werden.

Es mag nicht viel sein, sich das zu wünschen und in der Regel nicht einmal ehrlich - denn es könnte apokalyptisch werden -, aber bisweilen diesen Wunsch empfinden: das könnte der Beginn des Umdenkens und der Befreiung der Tiere sein[21]:

„ Es schmerzt mich, daß es nie zu einer Erhebung der
Tiere gegen uns kommen wird, der geduldigen
Tiere, der Kühe, der Schafe, alles Viehs, das in unsere
Hand gegeben ist und ihr nicht entgehen kann.
Ich stelle mir vor, wie die Rebellion in einem
Schlachthaus ausbricht und von da sich über eine
ganze Stadt ergießt... Ich wäre schon erleichtert über
einen einzigen Stier, der diese Helden, die Stierkämp-
fer, jämmerlich in die Flucht schlägt und eine ganze
blutgierige Arena dazu. Aber ein Ausbruch der minderen, sanften Opfer, der Schafe, der Kühe wäre mir
lieber. Ich mag es nicht wahrhaben, daß das nie
geschehen kann; daß wir von ihnen, gerade ihnen
allen, nie zittern werden."

Auch die Bibel ist an der Umkehrung der Machtverhältnisse nicht interessiert, umso
mehr am eschatologischen Frieden, der ein kosmischer sein wird, und in dem keiner
mehr den anderen beherrschen möchte. Ja, sie kennt auch kein Jüngstes Gericht
außer dem Gottes.
Doch sie verkündet die Auferstehung der Toten.
Von ihr redet

3.11. Ernesto Cardenal (geb. 1925)

der wie die meisten Dichter - nicht nur die hier genannten - das Schicksal der
Verfolgten, Ausgebeuteten, Gequälten und Ermordeten und das ihres Volkes nicht
trennen will von dem der übrigen Kreatur. Befreiungstheologie versteht sich in
Cardenals Land und in zahlreichen anderen der bisher so genannten „Dritten Welt"
als eine Bewegung, die ganzheitlich angelegt ist und wirkt.

„ Der Mensch ist solidarisch mit der ganzen Schöpfung.

Als Adam sündigte, wurde die ganze Natur seinetwegen mit verdammt.

< Verdammt sei die Erde deinetwegen> ,sagte Gott.

Als Gott bereute, den Menschen erschaffen zu haben,

und die Sinflut schickte, bereute Er gleichzeitig die Erschaffung

der ganzen Natur:

>Ich werde vom Antlitz der Erde auslöschen den Menschen, den ich schuf,

und mit ihm die Säugetiere, die Reptile und die Vögel des Himmels>.

<Durch den Menschen>, heißt es in der Genesis,

<kam die Gewalttätigkeit auf die Erde,

und alle Kreatur wurde verderbt auf dem Erdkreis>.

Als Gott dann mit Noah einen Bund schloß und als Zeichen

den Regenbogen einsetzte, versöhnte Er sich auch

mit der ganzen Natur. Auf die gleiche Weise umfaßt

der neue Bund Christi nicht nur die Menschen,

sondern alle Kreatur.

Nach seiner Auferstehung sagte Christus zu den Aposteln,

sie sollten das Evangelium aller Kreatur predigen,

nicht nur den Menschen.

Und darum schreit alle Kreatur mit uns

in Geburtsschmerzen und erwartet mit uns die Auferstehung".[22]

5.12. Versuch einer Schlußfolgerung

Mit der Erwartung einer Auferstehung schließt sich der Kreis. Viele andere Dichterinnen und Dichter hätten als Zeugen für die Zusammengehörigkeit von Mensch und Tier zu Wort kommen müssen[23]. Stellvertretend für die, die den Weg der Menschheit mit Skepsis verfolgen und wegen der kaum erkennbaren Umkehr eher Resignation als Hoffnung für berechtigt halten, gebe ich den Brief des Schauspielers Will Quadflieg wieder[24]:

„Zu Ihrem Thema >Der Gerechte erbarmt sich seines Viehs < ist der banale Satz am Platze, daß es leider sehr, sehr wenig >Gerechte< gibt. Wann ist der Mensch im Laufe der Weltgeschichte den Tieren gegenüber gerecht gewesen! In unseren Tagen ist das Bewußtsein vieler Menschen für alles, was wir den Tieren antaten und antun, ein wenig geschärft worden, aber im Grunde verhalten wir uns diesen Wesen gegenüber - im Zuge der wachsenden Brutalisierung unserer Welt - liebloser und mörderischer denn je.

Es blieb unserem Jahrhundert vorbehalten, so viele Tierarten fast oder völlig auszurotten - und Tierversuche in der gegenwärtigen grauenhaften Vielzahl und Rigorosität anzustellen.

Wir können nur durch unermüdliche Aufklärung der Öffentlichkeit etwas für die Tiere tun - und die Kraft für viele kleine Schritte nicht verlieren.

Ich denke an den Satz von Lessing:

>Geh deinen unmerklichen Schritt, weise Vorsehung; nur laß mich dieser Unmerklichkeit wegen an dir nicht verzweifeln.<".

Ist Will Quadfliegs Antwort nicht die einzig angemessene - weniger auf die Anfrage als vielmehr auf das eher noch vermehrte Tierelend?

Muß man nicht Rilkes letzten Satz „und hört im Herzen auf zu sein" vom Panther auf den Menschen übertragen, auch auf die Stimmen der Dichter? M.a.W.: das Mitleid bleibt als Regung vielleicht lebendig, die Ungeduld des Herzens (s.o.), wird aber irgendwann durch andere Eindrücke verdrängt.

Es könnte aber auch geschehen, daß sie ein Bestandteil eines eher düsteren als hellen Lebens wird.

Der eschatologische Ausblick kann wie das permanente Mitleiden in dieser Welt und an ihrem Zustand zur Halb-oder-hartherzigkeit werden, zum Beharren im Zwangsläufigen führen oder, schlimmstenfalls, zum Zynismus (wider Willen) werden.

Ich meinte, aus den wiedergegebenen Texten anderes zu hören:

eine Sym-pathie, die, weil laut geäußert und nicht zu häufig vertreten, in die Pflicht nimmt, auf die gewollte Anwendbarkeit anspricht, auf die ethische Komponente.

Und darum ist das, was uns überliefert wurde über die Bitte von Jägern oder Bauern aus verschiedenen Kulturkreisen und Religionen an ihre Tiere, sie möchten ihnen verzeihen, mehr als nur ein Rituell oder gar nur eine tradierte Gewohnheit. Es ist redlich, wenn die Existenz des Tötenden auf dem Spiel steht.

Nur auf wen von uns trifft das noch zu?

Bewußtsein geweckt, Gewissen geschärft zu haben, ist das Verdienst der Dichter durch Jahrhundert hindurch gewesen. Ihre Zahl war größer, ihre Stimme war eindringlicher zumeist als die der Theologen oder Gemeindechristen.

Sie haben als selbst Geprüfte, Versuchte, Anklagende, bisweilen auch Schreiende, die Frage nach Gottes Gerechtigkeit und Güte, nicht selten auch die nach seiner Existenz, gestellt und die Ebenbildlichkeit des Menschen angezweifelt.

Eli Wiesel schreibt in „Macht Gebete aus meinen Geschichten"[25], allerdings nicht unter Bezug auf die Mitkreaturen:

„Wenn ich an die Erschütterungen denke, die unser Jahrhundert erlebt hat... Wie hat es Gott fertiggebracht, sein Leiden noch zu vermehren, um das unsrige auszuhalten?....

Das ist das Dilemma, dessen sich der gläubige Mensch unter Schmerzen bewußt wird: Indem Gott dem Geschehen seinen Lauf ließ, wollte er den Menschen etwas kundtun. Und wir wissen nicht was".

Es ist gewagt, Eli Wiesel hier zu zitieren, denn er schreibt mit Auschwitz und Treblinka im Rücken. Darf man Parallelen ziehen? Verharmlost man nicht das Schicksal der Juden durch den Hinweis auf das Leid der übrigen Kreatur?

Muß es nicht den Geschundenen allein zugestanden werden, hier Beziehungen herzustellen?

Die Antwort, wenn sie denn möglich ist, hat mit unserer Verdrängung des Schrecklichen zu tun. Unser Volk in seiner Mehrheit, genauer: das Gros der betroffenen Generation z. Zt. der Schreckensherrschaft, hat sich dem Innehalten und dem Umdenken, der Umkehr verweigert; sie hat die Erschütterung nicht zugelassen.

Marie Louise Henry, in Hamburg lebende emeritierte Professorin für Altes Testament (s.o.) schreibt[26]:

„Hat sich der Mensch geändert seit dem Geschehen von damals, hat er überhaupt die grundsätzliche Frage nach sich selbst und seinen unterschwelligen Möglichkeiten gestellt? Unbegreiflicherweise hat das Ende der Schreckensjahre eine Zeit der Selbstapotheose eröffnet.

Selbstverwirklichung, Besitzstandsdenken,Anspruchshaltung,Gruppeninteressen u.a. beherrschen das Feld weithin. So blieb das Nachdenken über uns selbst auf der Strecke.

Wer also unter diesem Gesichtspunkt Geschichte verstehen will, unsere Geschichte, kann es nur, wenn er sich ihre Opfer gegenwärtig hält als eine beständige Anfrage an unser Selbstbewußtsein, wenn er bereit ist, sie nicht nur vor dem Vergessen zu bewahren, sondern das Gedenken an sie so unter uns lebendig zu erhalten, daß es für die Nachfahren der Täter und der Opfer befreiend und gemeinschaftsbildend zu wirken vermag. Dieser Herausforderung können wir nicht ausweichen; wir müssen der Versuchung dazu widerstehen."

Die verweigerte Buße, um es theologisch zu sagen - dieser Gedanke drängt sich auf - hat die Verlagerung von Qual und Tod auf andere Wesen ermöglicht. Sollte Gott, wie E. Wiesel meint, an einem geheimen Ort weinen, sollten dann seine Tränen nicht auch den aus seiner Hand gekommenen Wesen „2. Ordnung" gelten? Noch einmal Eli Wiesel[27]: „Er hätte seiner Qual ein Ende machen können. Er hätte es tun müssen, indem er das Martyrium Unschuldiger beendete. Warum hat er es nicht getan? Ich weiß es nicht. Ich glaube, ich werde es nie erfahren. Zweifellos liegt ihm nicht daran, daß ich es erfahre".

Die meisten der zitierten Dichter haben eine eschatologische Hoffnung und wissen, was Barmherzigkeit ist. Ihre Liebe zum Tier ging nicht zu Lasten des Menschen. „Sozial" meint beide; und Ethik ist nicht teilbar.

Tiere sind - wie selbstverständlich - beseelte Wesen. Einige wie Cardenal oder Schneider sprechen von Auferstehung bzw. Wiederbegegnung.

Das und noch mehr macht den Beitrag der Dichter zu einer Tierethik aus.

1 So Rudolf Otto.

2 In: „Fülle des Daseins" - Auslese aus dem Werk von R.A. Schröder, Suhrkamp-Hausbuch, Berlin/Frankfurt, 1958, 2.227

3 Hier sei besondersauf G.M. Teutsch, „Da Tiere eine Seele haben", Stuttgart 1987, verwiesen.

4 In: „Matthias Claudius - Sämtliche Werke", München o. J. (Tempel-Klassiker) S. 155. Des Autors eigenen Anmerkungen lassen darauf schließen, daß er nicht nur sich in Aesopscher Fabel-Manier versuchen wollte, sondern den gejagten Hirschen als „Verkleidung" versteht.

5 Der Brief des erlegten Tiers erinnert an Luthers Klageschrift der Vögel gegen den Vogelfänger (s. dort).

6 In: Annette v. Droste-Hülshoff, Werke in einem Band, München 1959 (Carl Hanser-Verlag) S. 179 ff.

7 Dazu unten mehr.

8/9 Aus: Wilhelm Busch, Gesamtausgabe in 4 Bänden (Hg. Friedrich Bohne) Wiesbaden o. J., IV, S. 411 und IV, S. 418 .

10 Aus: Christian Morgenstern-Gedichte, Verse, Sprüche, Genf 1994, S. 399 .

11 Aus: „Stufen-Eine Entwicklung in Aphorismen und Tagebuch-Notizen" München 190, S. 142 .

12 Aus: Lebendiges Gedicht, Gütersloh, 1955, S. 439 .

13 Unter VI.6.10 .

14 In diversen Literaturgeschichten bzw. Rezessionen zu lesen.

15 Dazu „Der Totenwald", München/Wien , 1979 - seine Aufzeichnungen über sein Erleben im KZ Buchenwald, in das er wegen seines Protestes gegen die „Schutzhaft" von Martin Niemöller eingeliefert wurde. Zu nennen sind auch die unter dem Titel „Jahre und Zeiten" wieder aufgelegten Erinnerungen, Frankfurt/Berlin 1996. Mit Recht veröffentlicht G.M. Teutsch, a.a.O., S. 234ff, die Weihnachtspredigt von E. Wiechert .

16 Sämtliche Werke, Bd. 10, München 1957, S. 451.

17 Aus: „Winter in Wien", Freiburg 1996, S. 133 .

18 A.a.O., S. 132 .

19 Aus: „Gelebtes Wort", Freiburg 1961, S. 93ff.

20 Suhrkamp-Verlag, Frankfurt 1964, S. 117.

21 Aus: „Die Provinz des Menschen", Aufzeichnungen 1942 - 1972, Frankfurt 1994, S. 128 .

22 Aus: „Ufer zum Frieden", 3. Auflage, Wuppertal 1979, S. 60 .

23 Neben den von G.M. Teutsch (s.o.) veröffentlichten z. B. Ernst Barlach (Schauspiel „Die Sintflut"), Luise Rinser (versch. Äußerungen) u.a.

24 Antwort auf meine Bitte um Mitarbeit am Titel „Der Gerechte erbarmt sich seines Viehs", (Neukirchen 1992), daselbst S. 30.

25 Herder, Freiburg, 3. Auflage 1986, S. 62 ff.

26 In: „Die mit Tränen säen", Neukirchen 1990, S. 14f.

27 A.a.O.S. 63.

VI.6. 6.Exkurs: Kirchliche wie gesellschaftliche Konsequenzen

Vorbemerkung

Es ist nicht der Sinn dieser Arbeit, bestehende Initiativen gerecht und vollständig darzustellen sowie Ableitungen bzw. Forderungen zu beschreiben. Es muß bei Leitsätzen bleiben, die die Intention wiedergeben.

1.   Die Behandlung des Themas in Systematik , Ethik und praktischer Theologie

Die Skizzierung einiger Schöpfungstheologien mit Ansätzen zu einer Tierschutzethik bzw. abgekürzt Tierethik wie auch von Landeskirchen und ökumenischen Verlautbarungen hat gezeigt, daß das Thema Mitgeschöpflichkeit kein Adiaphoron oder das Pfündlein einiger entsprechend orientierter Theologen ist.

Das Schweigen der Mehrheit von Systematikern und Sozialethikern ist kein Indiz gegen die Notwendigkeit, die Anwaltschaft des Menschen und des Christen vornehmlich für die Tiere zu beschreiben. Positiv formuliert: Der exegetische Befund, der Platz im Credo aller Kirchen, die Tatsache, daß Tiere durch Jahrtausende Freund und Helfer des Menschen, also socii, waren, die Erkenntnis von der wichtigen Rolle im Lebensvollzug von Millionen allein in unserem Volk, die Wiederentdeckung der „Natur", aber auch der theologiegeschichtliche Befund unterstützen die Forderung, einer fatalen, unbiblischen Anthropozentrik und einem cartesianischen Denken Abschied und der Mitgeschöpflichkeit in der theologischen Wissenschaft, in ihren Vorlesungen, Seminaren, praktischen Übungen und auch im Lehrplan von Ausbildungsstätten, z. B. des Predigerseminars, Raum zu geben.

Nachrangigkeit gegenüber zentraleren Themen des christlichen Glaubens und Lebens kann nicht bedeuten, daß die Mitgeschöpflichkeit keinen adäquaten Platz in der Schöpfungstheologie einnimmt. Das Beispiel aus Westfalen, Bayern und vor allem Hessen muß Anregung an andere Landeskirchen sein, sich mit der Materie auf Landessynoden und in Umweltgremien zu beschäftigen und Beauftragungen speziell zu dieser Thematik auszusprechen; denn sie ist nicht weniger umfangreich und durchaus diskussionswürdig neben den bisher genannten „klassischen" Themen. Die Enttäuschung und das z. T. durch Kirchenaustritte mit dieser Begründung geäußerte Unverständnis vieler Gemeindeglieder - die bekannt gewordenen Motive stellen nur die Spitze des Eisbergs dar - sollten die Kirchen und Fakultäten nachdenklich machen: Warum wissen Tierschutz-Organisationen in der Regel deutlicher und den Tieren entsprechender von der Geschöpflichkeit a l l e r zu reden?

2.   Aufnahme der Mitgeschöpflichkeit in Gottesdienst, Unterricht,

        Gruppenarbeit und Umweltausschüssen der Gemeinden

Nicht nur öffentlich gewordene Gottesdienste mit Tieren - wie etwa die vom Fernsehen übertragenen aus Glauberg - tragen zur Bewußtseinsbildung bei, unter gleichzeitigem Protest gegen eine Vermenschlichung der Mitkreaturen; auch die Thematisierung der Situation und der menschlichen Verantwortung in Predigten zu aussagekräftigen Texten, in der Fürbitte oder Danksagung und in besonders gestalteten Familiengottesdiensten.

Die Behandlung von Tierschutz und - ethik im Kirchlichen Unterricht oder auch im Religionsunterricht löst in der Regel ein positives Echo aus, ist doch die Sensibilität von Kindern und Jugendlichen in der Regel größer als die der Erwachsenen.

Die Bereitschaft zu praktischem Einsatz oder längerfristiger Auseinandersetzung kann meist vorausgesetzt werden. Vermehrt laden auch unterschiedliche Gemeindekreise Referentinnen und Referenten zum Thema ein oder beschäftigen sich auf Grund von Literatur mit der Materie.

Bereits bestehende Umweltgruppen in Gemeinden und Kirchenkreisen auf Erweiterung ihrer Arbeitsschwerpunkte in Richtung Mitwelt anzusprechen, macht wiederholte Anläufe nötig, wenn nicht der Hinweis auf die zahlreichen Tierschutzorganisationen bereits im Vorfeld weitere Reflexion ausschließt.

Die häufig berechtigte Kritik an der anthropozentrisch verengten Sicht - siehe Terminus Umwelt - löst diverse Defensiven aus.

Die Klage über die Flut von Einzelproblemen und ihre praktische Bewältigung ist meist gerechtfertigt.

3. Tierschützerische Aspekte bei Gemeindeveranstaltungen und in Kirchlichen Einrichtungen.

Der bekannte garstige Graben zwischen Theorie und Praxis wird kaum irgendwo so evident wie in diesem Bereich.

Gemeinden und besonders auch Akademien beschäftigen sich gehaltvoll mit Umweltproblemen, haben dem verantwortungsbewußten Umgang mit Reinigungsmitteln, mit Energien, mit recyclebaren Materialien nicht nur auf der Tagesordnung, sondern auch in den eigenen Räumen die Tür geöffnet, das Tierelend jedoch draußen vor gelassen, was die Mahlzeiten und vor allem die Büffets demonstrieren.

Die Suche nach Metzgereien etwa, die Fleisch aus tiergerechter Haltung anbieten, ist anfangs sicher so mühsam wie die fleischlosen Alternativen auf dem Speiseplan.

Einige Einrichtungen aber beschreiten seit Jahren vorbildlich neue Wege.

Es ist kaum vorstellbar, was ein Umdenken in den Leitungen von Heimen jeder Art, von konfessionell geprägten Krankenhäusern und von kirchlichen Verwaltungen auslösen, d. h. welch eine markt-regulierende bzw. korrigierende Wirung davon ausgehen würde.

Die Billigangebote an Wurst und Fleischwaren in den Großmärkten würde drastisch zurückgehen.

4. Persönlicher und gemeindlicher Konsum

Zusammen mit den kirchlichen Einrichtungen würde eine Veränderung in den privaten Haushaltungen der von einer anderen Schöpfungsethik angesprochenen Familien ein positives Machtpotential bilden.

Dem häufig gehörten Einwand, Fleisch aus tiergerechter Haltung, Eier von Hühnern in Freiland-, mindestens aber Bodenhaltung oder gar vegetarische Ernährungsweise könnten sich nur Familien mit gehobenen Einkommen leisten, ist als einem

Scheinargument leicht zu begegnen: Besseres Fleisch ist kaum spürbar teurer, weil es weniger Wasser und dem Tier wie dem Menschen schadende Bestandteile enthält; seltenerer Fleischverzehr im Sinn des früheren „Sonntagsbraten" ist zudem gesünder. Gleiches gilt für die Eier.

Im übrigen ist anzumerken, daß das Fleisch in den letzten vierzig Jahren nicht teurer geworden ist, während das Einkommen drastisch stieg.

Verzicht auf Kalb- und Lammfleisch ist jedem zuzumuten:

Denn eine unnötige Verkürzung des Tierlebens ist ebensowenig zu vertreten wie Gänseleber, Froschschenkel, Schildkrötensuppen, Straußenfleisch und anderes. Ähnliches gilt für Geflügelfleisch, solange der Verbraucher/ die Verbraucherin in puncto Haltung nicht sicher sein kann.

Kirche und Theologie sollten einer permanenten Schizophrenie im Lebensstil nicht noch Vorschub leisten.

Die an sich wertvollen und wichtigen Tierfilme können hier eine immunisierende Wirkung erzeugen, weil sie suggerieren, so lebten Tiere heute. Dem einzelnen Verbraucher wird es ohnehin kaum möglich sein, sich beim Essen ständig des Leides seiner Mitgeschöpfe bewußt zu werden. Daher erwarten konsequente Tierschützer vegetarische Ernährung.

Fraglos ist sie - darin dem Zivildienst vergleichbar - das „deutlichere Zeichen". Zu warnen ist jedoch vor Indoktrination, wie sie sich mehr und mehr breit macht.

Von denkenden und verantwortungsbewußten Verfechtern einer respektablen, der Versöhnung in der Schöpfung offensichtlich entsprechenden Haltung, darf erwartet werden, daß sie den hier und da geäußerten Vorwurf der Ideologisierung nicht in eins setzen mit der Kritik, bei der wachsenden Gruppe von Vegetariern oder Veganern handle es sich um Ideologen.

Gefährlich ist ebenso die bereits andernorts kritisierte Tendenz zur Selbsteinschätzung, man lebe der biblischen Botschaft gemäßer und einem humanistischen Menschenbild entsprechender.

Eine permanente Herausforderung bleibt,- und das ist gut.

5. Quälerische Tierhaltung ,Transporte , Schlachtung und Vermarktung

Ebenso herausfordernd, besonders für Christen, ist die beeindruckende, seit Jahren mit hohem persönlichen und finanziellen Einsatz durchgeführte Protestbewegung einzelner und kaum mehr zu erfassender Organisationen gegen die mit z. T. unglaublicher Kälte und Grausamkeit praktizierte Vermarktung der Tiere.

Nachdem Theologie und Kirche, wie eingangs angesprochen, erheblich dazu beigetragen haben, daß die Tiere zur Sache wurden, findet eine - in anderen Bereichen ähnlich zu beobachtende - bewußte oder unbewußte Delegierung an die mit dem Ziel Tierschutz angetretenen Organisationen statt.

Dieses Abgeben von Verantwortung kann - wie innerkirchlich bei Diakonie, Mission und altersspezifischen differenzierten anderen Aufgaben - sachlich gerechtfertigt sein, zumal die Spezialisierung unserer kompliziert strukturierten Gesellschaft entspricht. Aber nirgendwo kann eine Delegierung identisch sein mit Schweigen und eigenem Untätigwerden - siehe etwa Sozial - oder Jugendarbeit.

Kommt aber beides zusammen, Beteiligung an der Ausklammerung der Mitgeschöpflichkeit aus Theologie, Verkündigung, Gemeindeleben und Passivität trotz verstärkter Information und Wahrnehmung, so gilt m. E., was Ralph Giordano in anderem Zusammenhang „die zweite Schuld" nennt.

Gemeindegruppen können zwar keine vergleichbar professionelle Aufklärung und Kampagne leisten wie die großen Organisationen, z. B. der Deutsche Tierschutzbund, die seit Jahrzehnten diesen Arbeitsschwerpunkt haben. Aber umso mehr ist, soweit möglich und erforderlich, Unterstützung und Solidarität zu erwarten.

Wenn verfaßte Kirchen ihre Stimme erheben, ohne sogleich sich das schlechte Gewissen machen zu lassen, nicht mit gleichem Ernst ein virulentes menschliches Problem in den Blick genommen zu haben, wird diese Stimme Gehör finden.

Daß Ethik unteilbar ist, sollte dabei besonders beachtet werden, ebenso wie die bereits angesprochene Rangfolge.

Einzuräumen ist, daß sich ein Gesinnungswandel abzeichnet und - s. o. genannte Beispiele - Kirchen wie christliche Gruppen ihre Anwaltschaft entdecken, und daß einige Organisationen ihren antikirchlichen Trend fortsetzen. Das ist jedoch weniger in der Sache begründet als in einer auch sonst zu beobachtenden Zeitströmung und - horribile dictu - in einem unbegreiflichen Konkurrenzdenken der mit der Materie befaßten Institutionen.

Kirchen sollten sich jedoch ihre Argumente weder hier noch aus dem z. T. durch Medien berechtigter - oder unberechtigter Weise erzeugten Mißtrauen gegenüber den Finanzpraktiken einiger Vereine und Institutionen an die Hand geben lassen, vielmehr mit Bewunderung feststellen, daß ehrenamtliche Tätigkeit anderswo nicht weniger zuhause ist.

Beschämend und beglückend zugleich ist die angesichts geballter Wirtschaftinteressen immer noch bestehende Einsatzbereitschaft vieler, obgleich Resignation sie wiederholt zu übermannen droht, ist doch der Erfolg nur partiell und lokal eingegrenzt und die Zahl der Verbündeten aus anderen Bereichen, etwa aus dem Lager der kommunal oder in Landkreise eingebundenen Veterinäre, klein.

Summarisch seien genannt die ständig neuen schriftlich formulierten wie mit dem Einsatz der eigenen Person unterstrichenen Proteste gegen die tierquälerische Haltung und Fütterung von Rindern, Bullen und Schweinen, die Legebatterien und die Hähnchenmästung, gegen die Tiertransporte vor allem in Drittländer. Hier ist besonders die TTT- Initiative von Akut zu erwähnen, - TTT steht für Tier-Todes-Transporte

Zu nennen ist ferner die Kritik an den z. T. skandalösen Zuständen in Schlachthöfen, von der Hygiene über die akkordartige unzureichende Betäubung bis hin zur teilweise abartigen Tötung.

Hand in Hand mit der öffentlichen Kritik und den Protesten sollte die Unterstützung der Landwirte in der Umgebung gehen, die Nachteile in Kauf nehmen, um Tieren eine vertretbare Haltung und Lebensweise zu ermöglichen. Ihre Zahl ist größer als bisher angenommen.

Seit Jahren gibt es regionale Verbände wie etwa den Thönes-Naturverbund im Rheinland, in denen sich Landwirte, Metzger und ein Schlachthofbetreiber zusammen geschlossen haben, um tiergerechte Haltung, kurze Transportwege und schnelles professionelles Schlachten mit ausreichender Betäubung zu ermöglichen.

Vom Verbraucher wird die Bereitschaft erwartet, höhere Preise zu zahlen.

Eine Verkürzung des Tiertransportes auf maximal zwei Stunden ist angesichts der geographischen Dichte zentraler Schlachthöfe möglich. Die Acht-Stunden-Begrenzung ist kaum weniger tragbar als die Drittländer- Lebend -Transporte durch halb Europa.

Nationale Alleingänge sind um den Preis von Sanktionen durch die EU zu verlangen. Verschiedentlich haben Tierschutzorganisationen die Subventionierung durch hohe Prämien für Lebendtransporte angeprangert .Erwägungen zu einer Anzeige sollten unterstützt werden, wenn die EU nicht neuere tiergerechte Regelungen trifft.

6. Tierversuche und Alternativen

Die Materie ist derart kompliziert und komplex, die Literatur dazu inzwischen so umfangreich, daß ihr mit wenigen Sätzen nicht beizukommen ist. Daher soll es mit Thesen versucht werden, die vorwiegend den Charakter einer Frage haben:

a) Welches Menschenbild, welche Erkenntnis über das Lebewesen Tier und welches Medizinverständnis liegen den Tierversuchen zugrunde?

b) Gibt es, abgesehen von den drei Zielen, unerträgliche Schmerzen zu lindern, eine schwere Krankheit zu heilen und Leben zu retten, andere Rechtfertigungen für Tierversuche?

M.a.W.: Wie lassen sich Experimente begründen, die - neben zahlreichen bewährten Medikamenten - zur Erprobung weiterer dienen und dabei, vor allem bekannt gewordene Nebenwirkungen einschränken sollen? Ökonomische Interessen bleiben hier unberücksichtigt, weil sie um den Preis millionenfach vernichteten Lebens ohnehin nicht gerechtfertigt werden können.

c) Wie sind Versuche einzuschätzen, die die medizinische Kenntnis des Experimentators, ein Forschungsziel und die Überzeugung zur Grundlage haben, das Wohlergehen des Menschen als des vorgeordneten Lebewesens erhalten oder steigern zu müssen?

d) Der Fragecharakter wird vorübergehend aufgegeben: Der Gesetzgeber sollte zur unabdingbaren Voraussetzung einen längeren Umgang mit Tieren, einen guten Einblick in ihr Leben und Verhalten und eine gründliche Kenntnis des Probanden selbst machen, weil zoologische bzw. anatomische Kenntnis als Voraussetzung nicht ausreichen.

Die Tatsache, daß Forschende häufig selber Haustiere haben, besagt nichts über ihre menschliche wie wissenschaftliche Qualifikation - im Gegenteil: Hier ist deutlicher als andernorts die schon angesprochene Schizophrenie zu beobachten: Die Liebe zum eigenen Tier immunisiert gegen eine erforderliche hohe Sensibilität bzw. Empathie für das Versuchstier oder anders: Die Nähe zum Familientier erlaubt die Distanz zum Versuchstier im Sinne einer Verobjektivierung, erst recht, wenn das Leben einer Ratte, eines Meerschweinchens oder eines anderen weniger wertvollen Tieres zur Disposition steht.

e) Aus dem Vorangegangenen ergibt sich: Wenn ein Kennenlernen des Tieres Voraussetzung für die Durchführung von Versuchen ist, wird der bisher schnell ausgesprochene einfache ethische Leitgedanke vermutlich nicht mehr ausreichen: Der Mensch als höchst entwickeltes, vernunftbegabtes Lebewesen hat als solches Anspruch auf ein Leben mit möglichst wenig Schmerzen und tödlicher Bedrohung. Simpel formuliert: Gut ist, was dem Menschen nützt.

f) Kann sich das gerade aus Wissenschaftskreisen zu hörende Fazit jüngerer For-schung ‚Mensch und hochentwickeltes Säugetier hätten 98 bis 99 % der Gene gemeinsam, nicht gegen die Forscher wenden? Denn wenn die verbleibenden 1 bis 2% den gravierenden, die Psychosomatik des Lebewesens und seine Vernunftbegabung ausmachenden Unterschied bilden, was berechtigt dann zu der Annahme, daß Forschungsergebnisse übertragbar sind und die Risiken erheblicher Nebenwirkungen bedenkenlos gering?

g) Wie gehen Wissenschaftler an Universitäten und in pharmazeutischen Betrieben mit der Tatsache um, daß bei nicht wenigen Präparaten die Wirkung beim Menschen entgegensetzt als erwartet waren, daß eine hohe Zahl von Medikamenten aus dem Verkehr gezogen oder nicht freigegeben wurden, weil gefährlich bis tödlich, und daß die Medizingeschichte lehrt, daß entscheidende Medikamente ohne Tierversuche hergestellt wurden; ja, daß bedeutende Mediziner Tierversuche als einen der Medizin nicht angemessenen Weg verworfen haben und verwerfen?

h) Warum reichen die heute erstaunlichen Kenntnisse und Erfahrungen in der Medizin in Verbindung mit Alternativmethoden - wie der Computer-Simulation, der In-Vitro-Forschung, Versuche am natürlichen oder künstlich produzierten Zellenverbund

- und die klinische Erprobung am sichersten Probanden, dem Menschen, nicht aus, um Tierexperimente zu ersetzen?

Der Mensch als letztes Glied in der Versuchsreihe ist ohnehin unabdingbar.

Hinzuweisen ist auf die Begründung der Philip-Moris-Stiftung für die Preisverleihung an den Regensburger Professor Will Minuth, den Entdecker der sog. „Minuships".

i) Was hindert die politischen Entscheidungsgremien daran, der Tatsache Rechnung zu tragen, daß die pharmazeutische Industrie zunehmend vor allem aus Kosten-, aber auch aus anderen Gründen auf Tierversuche verzichten oder verzichten möchten, nicht nur auf die Kosmetik betreffenden Experimente, und somit nahezu alle, eventuell bis auf die unter a) genannten, Versuche aufgeben wollen?

k) M. E. ist den Kritikern zuzustimmen, besonders den unter der „Vereinigung Ärzte gegen Tierversuche" zusammengeschlossenen Medizinern und anderen Wissenschaftlern , daß eine Medizin, die ihre Erkenntnisse derart aus Versuchen ableitet, nicht nur ehisch gesehen fragwürdig erscheint, sondern sich auf ihr Selbstverständnis und ihr Patientenbild ansprechen lassen muß. Immer wieder ist, auch in der Medizingeschichte, die Frage nach den naturwissenschaftlichen Kriterien und ihrer Bedeutung für die Tierversuche gefragt und eine ganzheitliche Sicht des Menschen angemahnt worden, für die man auf aussagekräftige positive Erfahrungen, -nicht nur in der anthroposophisch orientierten Medizin - verweisen kann.

Wichtig scheint mir, so kontrovers sich über bestimmte Veröffentlichungen diskutieren läßt, daß vor allem die Gegner der Tierversuche nicht primär ethisch, sondern medizinisch argumentieren.

Nach dieser Feststellung müssen jedoch auch ethische Gesichtspunkte bedacht und muß gefragt werden, warum Christen selbstverständlich die Notwendigkeit von Tierversuchen ungeprüft voraussetzen und sich durch die immer wieder publizierten Informationen beruhigen lassen, die Zahl der Tierversuche sei stark zurückgegangen. Denn dabei bleibt unberücksichtigt, daß sie in den zurückliegenden Jahren zunächst drastisch zugenommen hatten.

So sehr die Einrichtung tierethischer Kommisionen bei den jeweiligen Regierungspräsidenten zu begrüßen sind und um der Redlichkeit willen anerkannt werden muß, daß trotz paritätischer Besetzung - Wissenschaftler und Tierschützer - immer wieder Anträge aus Wissenschaftskreisen ablehnend beschieden werden, so beunruhigend ist nach wie vor, daß Versuche in der pharmazeutischen Industrie nur anzeigepflichtig, aber nicht genehmigungsbedürftig sind. Hier ist wieder die schon erwähnte gesellschaftliche bzw. politische Paradoxie zu beobachten.

Nicht um das totale Aus für Tierversuche geht es vorrangig, sondern um die Gewichtung der Ehrfurcht vor dem Leben, aus der sich jenes vermutlich zwangsläufig ergibt.

Aber auch die menschliche Würde und die Ebenbildlichkeit des Menschen stehen zur Disposition, wenn das Leben von Menschen erhalten, verlängert oder auch nur erträglicher gemacht wird durch den fraglosen millionenfachen Tod von Tieren ‚deren Minderwertigkeit voausgesetzt wird ‚und wenn das Gesetz die Verringerung oder gar Vermeidung von Schmerzen der Versuchstiere fordert, die Erfahrung jedoch zeigt, daß erträgliches wie unerträgliches Leid der Kreaturen die normale Begleiterscheinung sind; und wenn schließlich den Forschern die Versuche dadurch erleichtert werden, daß die Tiere im wörtlichen Sinn mundtot gemacht werden ‚damit man ihr Schreien nicht hört.

Die Beeinträchtigung tierischen Lebens bis hin zur maximalen Beschneidung der Lebensqualität erfolgt bereits durch die sterile, eingeengte und darum nicht tiergerechte Haltung.

Wenn nach biblischer Erkenntnis die Ebenbildlichkeit und damit spezifische Würde des Menschen an seinen „Herrschaftsauftrag" d. h. an seine Verantwortung für Schöpfung und Mitgeschöpfe geknüpft ist, müssen ethische Erwägungen den rein medizinischen vorangehen und diese bestimmen. Den Grundsatz Wissenschaft um der Wissenschaft willen vertritt zwar möglicherweise nur die Minderheit unter den Forschenden, aber die Freiheit der Wissenschaft kann nicht von der Freiheit des Menschen und diese nicht von seiner Würde und seinem Auftrag getrennt werden. Die RRR-Tendenz, d.h. Reduce, Refine, Replace kann nur ein Schritt, aber nicht die Lösung des Problems sein.

Der „Verbrauch" von hunderten Millionen Tieren stellt in sich eine Perversion von Genesis 1, 26ff dar. Das Erschrecken über die millionenfache Vernichtung und vor allem über uns selbst müßte die vehemente Bereitschaft wecken, die Anforderung an Tierversuche strengsten Kriterien zu unterwerfen mit dem Ziel völliger Abschaffung.

Die gegenwärtige Gesetzeslage und Praxis gewährleisten dieses nicht. Ob Versuche um der Tiere selbst willen, die in der Regel schmerzfrei verlaufen, beibehalten werden müssen, entzieht sich meiner Kenntnis.

Zum Schluß bleiben zwei Fragen, die um der Redlichkeit willen gestellt werden müssen:

1. Halte ich es für vertretbar, Tiere dafür leiden zu lassen, daß ich bekannte und wahrscheinlich vom Arzt empfohlene Regeln für gesunde Lebensweise ignoriere?

2. Würde ich auf ein für mich wichtiges Medikament verzichten, wenn ich wüßte, daß es auf Grund von Tierversuchen entwickelt wurde?

Kein Bereich aus dem Themenfeld Mitgeschöpflichkeit stellt eine solche Herausforderung an unsere Beziehung zu Tieren im Sinne der Gewissensprüfung und auch unseres biblisch fundierten Glaubens dar wie der Tierversuch, wobei die einfachen Lösungen auf beiden Seiten verdächtig bleiben.

7. Verschiedene Formen der Tierquälerei

Das Aussetzen von Tieren zur Urlaubszeit löst allgemeine Empörung aus; geteilt ist die Meinung jedoch bei Tierkämpfen oder gar Stierkämpfen. In den Arenen bleibt weniger die Würde des Tieres auf der Strecke - es wehrt sich mit erstaunens- und wuterregender Kraft - als die des Toreros und der Menge. „Panem et Circenses", das Motto untergegangener Kulturen, ist immer noch lebendig und treibt seine zweifelhaften Blüten bei Hunde- und Hahnenkämpfen, Eselritten bis zum Erschöpfungstod und ständig neuen tödlichen Spielen. Diese als Sport getarnten und besonders abscheulichen Quälereien sollten ebenso verboten werden wie das Sportangeln.

Die grausame Behandlung von Tieren, vor allem in Mittelmeerländern, führt zu Boykotten von Urlaubsorten durch deutsche Tierschützer/ innen wie zu Befreiungsaktionen. Meist unbeantwortet bleibt dagegen die Behandlung der Sache Pferd in Reitställen nach dem Motto: Ich kann mit meinem Eigentum machen, was ich will, sei es das Schicksal der Schulpferde, sei es der bisweilen zweifelhafte Umgang mit dem eigenen Pferd und die Vermarktung, wenn die Tiere „unbrauchbar" geworden sind. Zwar sind viele Gnadenhöfe für ausgesetzte, mißhandelte, nutzlos gewordene Kreaturen entstanden; doch ist die unmenschliche Praxis vorher so alltäglich geworden, daß sie höchstens bei dem ohnehin sensibilisierten Personenkreis Widerwillen und Widerstandswillen auslöst wie der hoch angesehene Military-Sport, den zu untersagen kaum Aussicht hat. Sport insgesamt ist mittlerweile ein so hohes Gut, daß bei der Güterabwägung- Befinden des Tieres oder menschlicher Lustgewinn- letzterer längst gewonnen hat. Subtilere Formen der Tierquälerei sind zweifelhafte Züchtungen und Tierhandel ohne Qualifikation bzw. Genehmigung.

8. Die Jagd.

Umstritten und schwer einzuschätzen ist das pro und contra Jagd. Allein die Literatur zum Thema stellt eine Herausforderung dar, ist doch die Jagd so alt wie die Menschheit, wenn auch die Entwicklung die Kriterien zur Beurteilung grundlegend verändert hat: Vom Überleben des Menschen und der Nahrungsbeschaffung zum Überleben der Mitkreatur. Die Stellungnahme kann daher nur unbefriedigend sein. Der Grundsatz „abusus non tollit usum" hat bei dieser Form des Umgangs mit dem Tier besondere Berechtigung, ist man nicht a priori geneigt, die Jagd abzulehnen und zu unterstellen, das Motto „Jagd ist weitgehend Hege" habe vorwiegend oder gar ausschließlich Alibi-Funktion.

Abusus meint den zu großen Kreis der Freizeitjäger mit solider finanzieller Basis, die in ihrem Hobby eine besondere Form von Sport erkennen, und die aus Prestigegründen bzw. gesellschaftlichem Kalkül jagen und zu Jagden eingeladen werden. Usus, d.h. vorwiegend, scheint mir immer noch die Hege als Ausdruck von Natur- und Tierverbundenheit, die aus Respekt vor dem Leben die Jagd im wesentlichen auf das nicht nur zum Abschuß freigegebene, sondern auf das häufig durch grausames Gesetz der Natur vom Überleben des Stärkeren bedrohte, zum Teil elend verendende Tier konzentriert, natürliche Gesetzmäßigkeiten respektiert und verschiedenen Wildarten einen Lebensraum schafft - auch durch Abschuß bei Überpopulation.

Das mag eine idealtypische Darstellung sein; doch sehe ich sie tendenziell als gerechtfertigt an.

Das Fällen von Hochsitzen kann jedenfalls nicht die durch häufigen Mißbrauch provozierte wichtige Auseinandersetzung mit zweifelhaften Jagdpraktiken durch Schießwütige ersetzen. Dabei soll nicht die tierquälerische Praxis ignoriert werden, die sich in der Handhabung brutaler Fangmethoden durch unterschiedliche Fallen äußert und dem Ansehen der Jäger schadet.

Fragwürdig sind nach wie vor alle Arten von Jagden, die die Erschöpfung des Tieres, also ein qualvolles Ende, zum Ziel haben. Verständlich vorrangig ist nach wie vor die Hege, die Pflege von Wald und Tier. Der Gerechtigkeit halber muß festgestellt werden, daß Beispiele in dieser Richtung zahlreicher sind, als eingeräumt wird. Die Beschränkung der Jagdaufsicht und gegebenenfalls - Erlaubnis auf Angestellte der Forstverwaltung oder gar das Prinzip der Selbstregulierung der Natur als Lösung ist schon wegen des biologischen Gleichgewichts und des bereits erwähnten grausamen Hinsiechens indiskutabel.

Pauschalisierungen jedenfalls - das gilt für alle bisher angesprochenen Themenbereiche - dienen der Versachlichung ebensowenig wie den zu schützenden Mitgeschöpfen.

9. Pelztierzüchtung und Pelzvermarktung, Robbenjagd und Walfang

Eine sachliche Diskussion wird in diesem Bereich des Tierschutzes - mehr noch als in den meisten anderen - dadurch erschwert, daß Pelz tragen als Luxus und Statussymbol verstanden wird, vielleicht annähernd vergleichbar der Jagd.

Kürschner darauf angesprochen, reagieren mit dem Hinweis auf den überdurchschnittlichen Fleischverzehr, auf Pferdesport, Haltung bestimmter Tierarten als ebenfalls zum Leben nicht erforderlich. Ähnliches gelte für die Ledermode. Umweltbewußte Vertreter der Innung machen ständige Kontrollen der Haltungsbedingungen und gezielten Einkauf bei nur unverdächtigen Züchtern geltend. Eine weitere Erschwernis der Abwägung von pro und contra ergibt sich aus der gegenseitigen Schuldzuweisung: Chinchilla-Züchter oder - Verarbeiter z.B. kritisieren die Nerz-, Fuchs- bzw. Iltishalter und umgekehrt.

Seit 1988 liegt eine unverdächtige Dissertation aus dem Fachbereich Agrarwissenschaften vor, unterstützt vom Bundesministerium für Ernährung, Landwirtschaft und Forsten[1]. Der Autor kommt zu dem Ergebnis, daß die genannte Zucht nach tierschützerischen Gesichtspunkten in Zukunft „in mehreren Regionen des Bundesgebietes nicht mehr möglich" ist, wenn die „Empfehlungen für Verbote, Auflagen, Richtlinien und Verbesserungsvorschläge nicht Berücksichtigung finden"[2]. Gemeint sind Fütterung, Krankheiten, Tötung, mit Einschränkung auch Haltung. Dabei ist sicher zu bedenken, daß die Käfighaltung den bewegungsfreudigen Tieren insgesamt nicht entspricht,. höchstens den deutschen Tierschutzbestimmungen[3]. Will man die Pelztierzüchtung verbieten, muß man die radikale, deshalb aber nicht verdächtige, Forderung konsequent auf alle Bereiche von Tierhaltung- und nutzung ausdehnen, was die Mehrzahl der Tierschützerinnen und Tierschützer auch bejaht. Eine Alternative wäre die Haltung in Tiergartenform, finanziell aber kaum darstellbar und auch keine Antwort auf die Grundsatzfrage.

Robbenjagd ist m. E. ebenso zu untersagen wie Waltierzüchtung und der Walfang einzuschränken. Die Fischerei gehört nicht in diesen Zusammenhang.

----

1   Edmund Haferbeck, die gegenwärtigen Produktionsbedingungen in der dt. Nerz-, Iltis- und Fuchszucht unter besonderer Berücksichtigung der Tierschutzproblematik, Göttingen 1982.

2   A.a.O. S. 161.

3   Die Dissertation ist von Prof. Dr. Löliger/Celle als zuwenig aussagekräftig kritisiert worden (in: Der deutsche Pelztierzüchter, 1/90).

10. Tierquälerische Haltung in der Wohnung und im Zoo, fragwürdige Vermenschlichung des Tieres, Zurschaustellung und Lächerlichmachung

Verstöße gegen das Tiersein des Tieres sind permanent festzustellen. Daher bedeutet ein Protest gegen unverantwortliche Haltung auf zu engem Raum in

Wohnung bzw. Haus ohne Auslauf draußen keine Infragestellung menschlicher Solidarität.

Mit Recht wird aber darauf hingewiesen, daß Haustiere millionenfach kaum weniger tierquälerisch gehalten werden als in vielen sog. landwirtschaftlichen Betrieben, einschließlich fragwürdiger Ernährung.

Hier tierschützerisch tätig zu werden, etwa durch Einschaltung des örtlichen Veterinäramtes nach erfolglosen Gesprächen mit dem Tierhalter/ der Tierhalterin ist meist mühsam, aber erforderlich.

Tiersendungen im Fernsehen mit vermenschlichten Tieren sind abzulehnen, wenn sie - zweifelhaften Kunststücken im Zirkus vergleichbar - auf Dressur statt auf überprüfbarem psychologischen Training beruhen, das dem Willen und der möglicherweise noch zu entdeckenden Anlage des Tieres entspricht. Eine grundsätzliche Ablehnung von Zirkusdarbietungen, wie vielfach gefordert, scheint mir den Bemühungen im eben genannten Sinn - allerdings auch nur in wenigen Ausnahmen - nicht gerecht zu werden. Anders ist es mit Haltung und Transport in zahlreichen um ihre Existenz kämpfenden Zirkussen. So schlimm sich das menschlich auch auswirkt, in der Güterabwägung ist eine Schließung um des Tieres willen oft unumgänglich.

Vermenschlichung des Tieres ist zweifelhaft, wenn ihm anthropomorphes Verhalten und ähnliches Aussehen aufgezwungen werden. Abzulehnen ist eine Lächerlichmachung durch Kostümierung oder durch Kunststücke, die seinem Wesen überhaupt nicht entsprechen und dem Tier die Würde nehmen.

Zoologische Gärten sind zunehmend in die Schußlinie geraten, wobei die gegenseitigen Vorwürfe oft wenig hilfreich waren: Generell vom „Gefängnis" zu reden ist ebenso unsachgemäß wie der Hinweis von Zooseite, das lange Leben und der Nachwuchs sprächen für das Wohlbefinden der Tiere. Dagegen steht, daß Depressionen bei Affen, Delphinen u.a. zu beobachten sind und Lebensverkürzung nicht unbedingt gleichzusetzen ist mit mangelnder Lebensqualität.

Einzig die Arterhaltung wird nahezu allgemein anerkannt. Der Forderung, in nahe beieinander liegenden Zoos mehr als bisher auf Schwerpunkte zu achten, statt den Ehrgeiz zu befriedigen, eine maximale Artenvielfalt zu präsentieren, kann nur zugestimmt werden.

Was spricht gegen eine Reduzierung zugunsten größerer, tiergerechter Bewegungsräume unter Hinweis auf benachbarte Einrichtungen mit eigenen Spezifika.?

Die meisten, vor allem älteren Tiergärten sind längst an die Grenze ihrer Ausdehnungsmöglichkeit geraten; Neuanlagen im Stil von Emmen/NL, Berlin-Ost (ehemalige DDR), Singapur o.a. nicht mehr finanzierbar.

Dankbar sollte aber anerkannt werden, daß in den meisten Zoos, soweit möglich, den neueren Erkenntnissen der Verhaltensforschung Rechnung getragen wird.

Daß einige Tiergärten aus Tierschutzgründen geschlossen werden müßten, kann nur . angemerkt werden.

11. Die derzeitige Handhabung des Tierschutzgesetzes und die Forderung einer Korrektur

Der ständig wiederholten Feststellung, das deutsche Tierschutzgesetz sei eines der besten oder das beste, zum Trotz muß gesagt werden, daß weder der Inhalt des Gesetzes noch seine Handhabung einen ausreichenden Schutz gewährleisten. Die konträre oder auch nur fahrlässige Praktizierung ergibt sich aus der unpräzisen Fixierung der Forderungen und aus einem Tierverständnis, das weit hinter den Erkenntnissen der Verhaltenforschung, erst recht aber hinter den aus der Würde des Tieres abgeleiteten ethischen Erwartungen zurückbleibt. Darüber kann auch der in der Präambel verankerte Begriff „Mitgeschöpflichkeit" nicht hinwegtäuschen. Es würde zu weit führen, die Diskussion vor, während und nach der Novellierung wiederzugeben.

Daß bei einer großen Zahl von Bundestagsabgeordneten in der späteren Debatte mehr als nur guter Wille zur Veränderung im geforderten Maß laut wurde, ist ebenso wahr wie dieses, daß von verschiedenen Seiten Druck ausgeübt wurde.

Der unbegreiflichste aber wirkungsvollste kam aus den Reihen der Wissenschaftler, die eine Lockerung der ihres Erachtens zu restriktiven Bestimmungen bei Tierversuchen verlangten und auf die drohende bzw. zum Teil schon erfolgte Abwanderung von Medizinern in Länder mit liberaleren und günstigeren

Forschungsbedingungen u.a verwiesen und den wachsenden Renomeeverlust der Wissenschaft beschworen.

Dabei versuchten sie ,den Abgeordneten während des Hearings die Vorentscheidung zu erleichtern, indem sie den Tierschutzvertretern emotionale Argumentation testierten, für sich jedoch die streng sachliche Orientierung in Anspruch nahmen.

Richtig ist, daß die wissenschaftliche Beweisführung von einer derart sachlichen Distanz bestimmt war - mit wenigen Ausnahmen -, daß die passiv Beteiligten sich ins Bewußtsein rufen mußten, es werde über Lebewesen verhandelt.

Aufschlußreich für das Medizinverständnis der Beteiligten war jedoch auch, daß die Freiheit der Forschung am Tierversuch und dessen Erleichterung festgemacht wurde. Vergleiche mit der schweizerischen und schwedischen Tierschutz-Gesetzgebung - die positiven Veränderungen im zweit genannten sind vor allem der Einflußnahme durch die Schriftstellerin Astrid Lindgren zu danken[1] - zeigen, wie berechtigt die Kritik an der derzeitigen Fassung des deutschen Tierschutzgesetzes ist. Auch zeigte sich, daß die derzeitige Fassung gegenüber der vorangegangenen keineswegs eine Verbesserung bedeutet. Ein Blick in die Bibliographie macht deutlich, daß sich die Kritiker nicht nur aus den Anhängern von Organisationen rekrutieren.

Aus der Situationsanalyse, die durch ein Entlanggehen am Gesetzestext und an den eklatanten Verstößen erst untermauert wird, ergeben sich m. E. folgende Aufgaben, auch für kirchliche Gremien:

Zum Einen eine gründliche Lektüre des Gesetzes und seiner wichtigen Grundlagen, zum Anderen ein aufmerksames Verfolgen der praktischen Mißachtungen der Legislative, die Bereitschaft, aus Ehrfurcht vor dem Leben und ohne Angst vor den Nachteilen gravierende Verletzungen des Rechtes zur Anzeige zu bringen, ferner andere Lebensbedingungen für die betroffenen Tiere zu schaffen und schließlich, wenn die Zeit reif ist, durch Unterschriftenaktionen, Briefe an Verantwortliche Proteste und ähnliche Mittel für ein gerechteres Gesetz einzutreten.

Dabei ist die Erinnerung hilfreich, daß die Initiatoren eines Tierschutzes - wie dargestellt - evangelische, württembergische Pfarrer waren. Hinderlich, weil beschämend, kann, aber muß nicht sein das Urteil von Theodor Heuss: „Eine der blamabelsten Angelegenheiten der menschlichen Entwicklung ist es, daß das Wort 'Tierschutz' überhaupt geschaffen werden mußte"[2].

----

1 Siehe ihr Buch „Meine Kuh will auch Spaß haben - Einmischung in die Tierschutzdebatte", Hamburg 1991.

2 Nach G. M. Teutsch, „Da Tiere eine Seele haben" a.a.O. S. 139.

12. Aufnahme der Mitgeschöpflichkeit ins Grundgesetz

Auf dem Hintergrund der Verabschiedung eines unzureichenden Gesetzes scheint das Plädoyer für Tierschutz als Staatsziel bzw. Aufnahme der Mitgeschöpflichkeit ins Grundgesetz illusorisch.

Argumente gegen diese Verankerung, auch und gerade durch am ausreichenden Tierschutz Interessierte, verweisen auf die Geduld des Papiers, d. h. auf die schon jetzt zu beobachtende Wirkungslosigkeit des Begriffes Mitgeschöpflichkeit (s. o.) und darauf, daß die im Gesetz liegenden Möglichkeiten längst nicht ausgeschöpft werden.

Andere machen auf die Lawinengefahr aufmerksam: Mitgeschöpflichkeit im Grundgesetz zieht andere Aufwertungen nach sich. Die Tendenz zur Gleichstellung wird ebenfalls als bedenklich angesehen.

Schließlich sei den „schwarzen Schafen" unter den mit Tieren umgehenden auch mit dieser Entscheidung durch das Parlament nicht beizukommen, während die Gutwilligen bzw. an der Ehrfurcht vor dem Leben Orientierten diese Hilfestellung nicht brauchten.

So respektabel und einleuchtend die Bedenken sind: Ein Argument pro gibt m. E. den Ausschlag, sich doch für eine gesetzliche Fixierung auszusprechen, selbst wenn man mit Ignorierung in der Praxis rechnen muß:

Eine größere Rechtssicherheit; d. h. bei Güterabwägung angesichts von eklatanten Verstößen gegen den Tierschutz wird die Waagschale sich bei der gegenwärtigen Gesetzeslage allemal z. B. zur freien Religions- oder Kunstausübung neigen, wird die Unverletzbarkeit der menschlichen Würde, der Gesundheit und Unversehrbarkeit des Menschen und das Bild vom Menschen insgesamt den Ausschlag geben.

Den Gerichten würde mit der grundgesetzlichen Berücksichtigung vermutlich die Arbeit erschwert und den Kritikern einer riskanten vermeintlichen Gleichstellung von Mensch und Tier Recht gegeben. Aber nur scheinbar: Denn die Kontexte sichern die besondere Stellung des Menschen.

Das Urteil des Hamburgischen Oberverwaltungsgerichtes (vom 14.09.1992) zur Klage einer Fleischlieferantin gegen die Auflage, nur betäubte Tiere zu schlachten, ist eindeutig: Aus der Entwicklungsgeschichte läßt sich der Verfassungsrang des Rechtgutes herleiten und ebenfalls in Verbindung mit dem Grundrecht der Menschenwürde. Denn: „der Mensch besitzt die in Art. 1 Abs. 1 GG zur Grundlage staatlichen Handelns gemachte Menschenwürde, weil er als vernunftbegabtes Wesen die Fähigkeit hat, eigenes Handeln zu reflektieren und sein Handeln nach bestimmten Wertvorstellungen auszurichten und zu steuern. Zeigt sich aber gerade in der Fähigkeit, bewußt verantwortlich und fürsorglich mit anderen Mitgeschöpfen umzugehen, die achtenswerte Würde des Menschen, so ist der Gesetzgeber durch die Verfassung gehalten, den Tierschutz als Ausdruck dieser bewußten Verantwortung und Fürsorge zu fördern"[1].

Mitgeschöpflichkeit im Grundgesetz würde positiv bedeuten, der Tatsache Rechnung zu tragen, daß der außermenschlichen Kreatur die juristische Bedeutung zukommt, die ihrem Wesen, der Hilfe und Freundschaft für den Menschen entspricht und sie der Behandlung als Sache zu entziehen.

Daß theologisch viel für diese Regelung spricht, scheint mir nach den biblischen und theologiegschichtlichen Erörterungen nicht fraglich, sind doch Tiere Inhalt alttestamentlicher Gesetze, und zwar nicht nur zugunsten des Menschen, wenn auch vorwiegend.

----

1 Urteil liegt in Kopie vor (S. 22)

13. Rechte für Tiere

Rechte für Tiere zu verlangen, geht über die Aufnahme der Mitgeschöpflichkeit ins Grundgesetz hinaus, stellt aber vor kaum lösbare Probleme, auch wenn die Intention

-gerade auf dem Hintergrund der Entwicklung der Mensch-Tier-Beziehung - respektabel ist.

Brigitte Mütherich[1] weist zusammen mit der Tierrechtsbewegung das Argument der Undurchführbarkeit unter Hinweis auf die historische Entwicklung der Gleichstellung menschlicher Rassen oder der Geschlechter zurück und fordert einen radikalen Paradigmen- Wechsel.

G. M. Teutsch gibt in seinem Lexikon der Tierschutzethik[2] die „universelle Erklärung der Tierrechte" von 1978 wieder, eine Deklaration, die für die Mehrzahl der Artikel vermutlich die Zustimmung aller an Tierethik Interessierter findet. Doch macht der Autor auch auf die in jedem Fall entstehenden Konflikte aufmerksam. Tiere sind keine bloße Sache, aber auch keine Personen. Würde man Tiere wie Menschen rechtlich einordnen, so entfiele die besondere Verpflichtung gegenüber den Tieren, und diese würden, der naturalistischen Anschauung folgend, dem Recht des Stärkeren unterliegen. Teutsch verweist[3] auf Reinhard Maurach, der den Tieren zwar keine Recht im bisherigen Sinn zubilligt, da sie keine Rechtspersönlichkeit haben, wohl aber auf Grund der Menschenwürde „humanitäre Pietät" erwarten können. Teutsch geht darin über den Strafrechtler hinaus, daß er für einen Status zwischen Sache und Person plädiert, so daß ein Treuhänder zu bestellen wäre, ein Anwalt der Mitgeschöpfe, wie es ihn biblisch immer schon gab und mittlerweile auch an deutschen Gerichten in Gestalt von Staatsanwälten gibt[4].

Daß bereits Justinians Corpus iuris civilis ein Naturrecht allen Lebewesen zubilligt, ist durch die Entwicklung ignoriert worden. Nicht nur zeitgenössische Philosophen wie Tom Regan, Peter Singer u. a. fordern Rechte für Tiere; auch im Raum der Tierschutzbewegung und der Kirche wird hier und da das Problem ernsthaft diskutiert[5].

Wenn man von der fragwürdigen Voraussetzung, daß der Mensch eine Tierart ist und von einigen überzogenen Forderungen absieht, etwa in Art. 4,2 (Freiheitsberaubung), Art. 5,2 (Veränderung des tierischen Lebensrhythmus) oder Art. 102, (Schaustellungen und Darbietungen) - könnte die „universelle Erklärung der Tierrechte[6] in Verbindung mit der Anwaltschaft als ein entscheidender Schritt zur

Achtung der Mitgeschöpfe und strafrechtlichen Verfolgung gravierender Ausbeutung, Mißhandlung und Vermarktung angesehen werden.

Christen haben - gerade wenn sie sich nicht als höchst entwickeltes Tier verstehen - einen besonderen Auftrag auf Grund der Überzeugung gemeinsamer Herkunft aus der Hand eines liebenden Schöpfers.

----

1 „Überwindung des anthropozentrischen Weltbildes oder die Konstituierung einer radikalen Ethik im Zeichen des Paradigmen- Wechsels", Vortrag vom 19.12.1988 an der philosophischen Fakultät der Fernuniversität, GHS Hagen, Manuskript.

2 A.a.O. S. 172f.

3 S. 176.

4 Siehe auch Bemerkungen zum unabhängigen Tierschutzbeauftragten.

5 Vergl. die Beiträge von E. von Loeper und LKR Kuhlmann /Braunschweig während des Symposions Mitgeschöpflichkeit in Wuppertal 1993.

6 Abgedruckt im „Forum Europarat", Sonderbeilage 3/1982 S. XX.

14. Bestellung von unabhängigen Tierschutzbeauftragten

Daß Bürgerinnen und Bürger Einflußmöglichkeiten haben, zeigt sich wiederholt, wenn auch zu selten, was dann zur vielzitierten und real existierenden Politikverdrossenheit führt und zur Kritik am nicht ernstgemeinten Slogan von der gewünschten Mündigkeit und Initiative vor Ort . Dem zum Trotz wird auch hier die Stimme derer nicht verstummen dürfen, die Anwalt der Stummen sind. Fürbitten, Gottesdienste, besonders Kindergottesdienste, Veröffentlichungen, Kundgebungen, Unterschriftenaktionen, Demonstrationen, Petitionen bleiben die friedliche Waffe, die der Versöhnung in der Schöpfung entsprechen. Hinzugesellen sollte sich die bereits erwähnte, jetzt noch einmal in diesem Zusammenhang zu nennende Forderung nach unabhängigen Tierschutzbeauftragten mit Bevollmächtigung durch das jeweilige Landesministerium. Das Beispiel Hessen ist nur begrenzt ermutigend, weil dem / der dortigen Beauftragten keine Rechtsmittel bzw. keine Handhabe, etwa zur Kontrolle von Tiertransporten mit Hilfe der Autobahnpolizei, gewährt wurden.

Dem Einspruch, im zuständigen Ministerium sei der Tierschutz gut vertreten , kann entgegnet werden. Die wichtige ökonomische Vertretung landwirtschaftlicher Interessen muß sich mit dem genannten Ziel reiben bzw. nahezu ausschließen. Deswegen bedarf es eines echten Gegenübers. Wer kann, guter Wille vorausgesetzt, beides - Motivation wie Praxis - in sich vereinigen? Mehr als zweifelhaft scheint mir auch die Position der Tierschutzbeauftragten in der Pharmaindustrie und an den Universitäten - es sei denn, sie stellten ein echtes Gegenüber dar, das seine Weisungen von unabhängigen Instanzen erhält und nicht in Interessenskollision gerät.

Die Fülle praktischer Konsequenzen - 1 bis 14 - ergibt sich aus der theologischen Erkenntnis von der besonderen Würde des Tieres, aus seinem Geschöpf- und Gewolltsein durch den Schöpfer einerseits und aus der Anwaltschaft des Menschen andererseits. Sie darf nicht verdrängt werden durch die ebenso große Fülle faszinierender Tierfilme mit hohen Einschaltquoten, so begrüßenswert sie sind. Sie lassen schnell vergessen ,wie es in Haushaltungen, auf der Straße, in der Käfighaltung, in Produktionen, in Schlachthöfen und Labors zugeht.

Ethik ist zwar unteilbar, aber der Auftrag teilbar. Wenn Dankbarkeit für den Freund, für die Hilfe Tier und für den Reichtum, den die Tierwelt darstellt, Kräfte mobilisiert, ist der Resignation gewehrt.

Literatur-Verzeichnis

I. Kommentare
I.1. Altes Testament

Calvin, J., Auslegung der Hl.Schrift, Genesis, Neukirchen 1956
Duhm, B., Das Buch Jesaja, HzAT, 3 Göttingen 1914
Fichtner, J. Das erste Buch von den Königen, 2 Stuttgart 1979
Fohrer, G., Das Buch Hiob, KAT, Gütersloh 1963
Frey, H., Das Buch der Anfänge, Botschaft des AT 1, 4 Stuttgart 1950
    Handkommentar zum Buch Jesaja 1-5, Liebenzell 1975
    Handkommentar zum Buch Jesaja 6-12,Liebenzell 1978
    Das Buch der Weltpolitik Gottes (Jesaja 40-55), Botschaft des AT,
    Bd.18, 5 Stuttgart 1958
Gerlemann, G., Ruth / Das Hohelied, BKAT, Neukirchen 1965
Golka, F.F., Jona, Calwer Bibelkommentare, Stuttgart 1991
Gunkel, H., Genesis, HKAT, 8 Göttingen 1969,
Hertzberg, H.W., Die Bücher Josua, Richter, Ruth, ATD, Göttingen 1969
    Die Samuelbücher, ATD, 7 Göttingen 1986
Kaiser, O., Der Prophet Jesaja 1-12, ATD, 3 Göttingen 1970
    Der Prophet Jesaja 13-39, ATD, 2 Göttingen 1976
Kittel, R., Die Psalmen, KzAT, 1 u. 2 Leipzig 1914
Kraus, H.J., Psalmen, 2 Bände, BKAT, Neukirchen 1969
    Das Evangelium der unbekannten Propheten, Jesaja 40-66,Neukirchen 1990
    Klagelieder (Threni), BKAT, Neukirchen 1956
Lamparter, H., Das Buch der Weisheit, Botschaft des AT, 2 Stuttgart 1959
Noth, M., Das 2 Buch Mose, ATD, 5 Göttingen 1973
    Das 3.Buch Mose, ATD, 5 Göttingen 1973
    Das 4. Buch Mose, ATD, 4 Göttingen 1982
    Könige, BKAT, IX, 1 ff.Neukirchen 1964-67
Porteous, N., Das Danielbuch, ATD, Göttingen 1962
v.Rad, G., Das 1.Buch Mose ,ATD, Göttingen 1953
    Das 5.Buch Mose, ATD, Göttingen 1964
Ringgren, H., Sprüche, ATD, Göttingen 1962
Rudolph, W., Hosea, KzAT, Gütersloh 1966
    Haggai, Sacharja, Maleachi, KzAT, Berlin 1981
Schmid, R., Mit Gott auf dem Weg. Die Bücher Exodus, Levitikus, Numeri,
    Stuttgarter Kl.Kommentar zum AT, 1977
Sellin, E., Das Zwölfprophetenbuch, 1.H.: Hosea-Micha, KzAT, 2 u.3 Leipzig 1929
v.Ungern-Sternberg, R. u.Lamparter, H., Der Tag des Gerichtes Gottes, Die Bücher
    Exodus,Levitikus,Numeri, Stuttgarter Kl.Kommentar zum AT, Stuttgart 1977
Weiser, A., Die Psalmen, ATD,Göttingen 1950
Westermann, C., Genesis, Kap.1-11, BKAT, 3 Neukirchen 1983
    Das Buch Jesaja, Kap. 40-66, ATD, 2 Göttingen 1970
Wildberger, H., Jesaja, BKAT, X, 1ff , Neukirchen 1965 / 67
Wolff, H.W., Dodekapropheton 3 , Obadja u.Jona, BKAT, 2 Neukirchen 1991
    Mit Micha reden, München 1978
Zimmerli, W., 1.Mose 1-11, Urgeschichte, Zürcher Bibelkommentar 1,1, 5 Zürich 1991
    Prediger, ATD, Göttingen 1962

482

I.2. Neues Testament

Barclay, W., Markus-Evangelium, Auslegung des NT, Wuppertal 1965
Offenbarung das Johannes, 1 u. 2 Wuppertal 1970
Barth, K., Der Römerbrief, Bern 1919
Bengel, J.A., Gnomon -Auslegung des NT i.fortlauf.anmerkungen, 7 Stuttgart 1960
Büchsel, F., Das Evangelium nach Johannes, NTD, Göttingen 1934
Bultmann, R., Das Evangelium des Johannes, KEKNT, 2.Abt., 15 Göttingen 1957
Dehn, G., Der Gottessohn. Die urchristl. Botschaft, 2 Berlin 1929
Eichholz, G., Die Gleichnisse der Evangelien, Neukirchen 1971
Gollwitzer, H., Die Freude Gottes- Einführung i.d.Lukas-Evgl., 2 Berlin /Gelnhausen 1952
Gräßer, E., An die Hebräer, EKK, XVII 1-3, Zürich /Neukirchen 1990-1997
Grundmann, W., Das Evangelium nach Lukas, ThHKNT, 2 Berlin 1964
Haenchen,E., Die Apostelgeschichte, KEKNT, 12 Göttingen 1959
Jeremias, J., Die Gleichnisse Jesu- Einf.u.Auslegg., 3 Göttingen 1964
Lohmeyer, E., Das Evangelium des Markus, KEKNT, 14 Göttingen 1957
Die Briefe an die Philipper,Kolosser u.an Philemon, KEKNT, 11 Göttingen 1956
Lohmeyer, E., u.Schmauch, W., Das Evangelium des Matthäus, KEKNT, 3 Göttingen 1962
Luther, M., Evangelien-Auslegung, hrg. von E.Mülhaupt, Markus u. Lukas-Evangelium,
3 Göttingen 1961
Michel, O., Der Brief an die Römer, KEKNT, 11 Göttingen 1957
Der Brief an die Hebräer, KEKNT, 10 Göttingen 1957
Schlatter, A., Das Evangelium nach Matthäus, Stuttgart 1928
Der Evangelist Johannes, Stuttgart 1948
Der Brief an die Römer, 8 Stuttgart 1928
Gottes Gerechtigkeit- Ein Kommentar zum Römerbrief, 6 Stuttgart 1991
Paulus, der Bote Jesu, 4 Stuttgart 1969
Die Briefe an die Galater,Epheser,Kolosser u.Philemon, 5 Stuttgart 1928
Die Briefe an die Thessalonischer, Philipper,Timotheus u.Titus, 5 Stuttgart 1928
Schlier, H., Der Brief an die Epheser, 2 Düsseldorf 1958
Schniewind, J., Das Evangelium nach Matthäus, NTD, 9 Göttingen 1960
Das Evangelium nach Markus, München / Hamburg 1968
Thielicke, H., Das Bilderbuch Gottes -Reden über die Gleichnisse Jesu, 2 Stuttgart 1958
Voigt, G., Paulus an die Korinther, Berlin 1989
Wendland, H.-D., Die Briefe an die Korinther, NTD, 5 Göttingen 1948
Wilckens, U., Der Brief an die Römer (6-11), EKK, VI, 2,3 Neukirchen 1993

II. Theologie des Alten u. Neuen Testaments und Einzeluntersuchungen

II.1. Theologie des AT und Einzeluntersuchungen

Albright, W.F., Die Bibel im Licht der Altertumsforschung, Stuttgart 1957
Bartelmus, R., Die Tierwelt in der Bibel, in: Gefährten u. Feinde des Menschen
    Neukirchen 1993
Beyerlin, W. (Hg), Religionswissenschaftliches Textbuch z. Alten Testament, Berlin 1978
Boecker, H.J., Recht und Gesetz im AT und im Alten Orient, 2 Neukirchen 1984
    „Du sollst dem Ochsen, der da drischt..." Überlegungen zur Wertung der Natur
    im AT, in: Gefährten und Feinde des Menschen, Neukirchen 1993
Boecker, H.J. und Hermisson, H.J. u.a., Altes Testament, 4 Neukirchen 1993
Bohren R., Prophet in dürftiger Zeit. Auslegung von Jesaja 56-66 (Predigten)
    2 Neukirchen 1986
Cornill, C.H., Der israelitische Prophetismus, 13 Berlin / Leipzig 1920
Delkurt, H., Ethische Einsichten in der at.lichen Spruchweisheit, Neukirchen 1993
Greßmann, H., Die älteste Gesichtsschreibung und Prophetie Israels, in: Schriften
    des AT, Göttingen 1910
Henry, M.L., Das Tier im religiösen Bewußtsein des at.lichen Menschen, in: Gefährten
    und Feinde des Menschen, Neukirchen1993
    Glaubenskrise und Glaubensbewährung in den Dichtungen der Jesajaapokalypse,
    Stuttgart / Berlin u.a. 1967
    Hüte dein Wollen und Denken. At.liche Studien, Neukirchen 1992
Hermisson, H.J., Sprache und Ritus im altisraelitischen Kult, Neukirchen 1965
Herrmann, S., Geschichte Israels in at.licher Zeit, 3 Berlin 1985
Horst, F., Gottes Recht. Studien zum Recht im Alten Testament, München 1961
Janowski, B., Auch die Tiere gehören zum Gottesbund, in: Gefährten u.Feinde
    des Menschen, Neukirchen 1993
Keel, O., Allgegenwärtige Tiere, in: Gefährten u.Feinde des Menschen,Neukirchen 1993
Koch, K., Spuren des hebräischen Denkens, Neukirchen 1991
    Die Reiche der Welt und der kommende Menschensohn. Studien zum Danielbuch
    Neukirchen 1995
Köhler, L., Theologie des Alten Testaments, 4 Tübingen 1966
Kraus, H.J., Geschichte der histor.-kritischen Erforschung des AT, 4 Neukirchen 1988
Kuhl,C., Die Entstehung des Alten Testaments, München 1953
    Israels Propheten, München / Bern 1956
Liedke, G., Gestalt u .Bezeichnung at.licher Rechtssätze, Neukirchen 1971
Müller, H.P., Usprünge und Strukturen at.licher Eschatologie, Berlin 1969.
Noth, M., Geschichte Israels, 2 Göttingen 1954
    Gesammelte Studien zum Alten Testament, München 1957
Otto, E., Theologische Ethik des Alten Testaments, Stuttgart / Berlin / Köln 1994
Pangritz, W., Das Tier in der Bibel, München 1963
de Pury, A., Gemeinschaft und Differenz. Aspekte der Mensch-Tier-Beziehung im
    alten Israel, in: Gefährten und Feinde des Menschen, Neukirchen 1993
de Pury, R., Hiob, der Mensch im Aufruhr, Bibl.Studien, Neukirchen 1962
v.Rad, G., Theologie des Alten Testaments, Bd. 1 u 2, Göttingen 1957 u.1960
    Das theologische Problem des at.lichen Schöpfungsglaubens, Ges.Studien
    zum Alten Testament, 3 München 1965
    Das Opfer des Abraham ,(Kaiser-Traktate), München 1971
Rendtorff, R., Väter,Könige, Propheten. Gestalten des AT, Stuttgart 1967
    Das Alte Testament. Eine Einführung, 4 Neukirchen 1992

Riede, P., Glossar der hebräischen und aramäischen Tiernamen, in: Gefährten und Feinde des Menschen, Neukirchen 1993

Riede, P., David und der Floh. Tiere und Tiervergleiche in den Samuelbüchern, Sonderdruck o.O., 1995 (BN 77)

Rohland, E., Die Bedeutung der Erwählungstraditionen Israels für die Eschatologie der at.lichen Propheten, Sonderdruck, Darmstadt 1979

Schmidt, W.H., Alttestamentlicher Glaube in seiner Geschichte,7 Neukirchen 1990

Schmitz-Kahmen, F., Geschöpfe Gottes unter der Obhut des Menschen. Die Wertung der Tiere im Alten Testament, Neukirchen 1997

Schreiner, J., Der Herr hilft Menschen und Tieren, in: Gefährten und Feinde des Menschen, Neukirchen 1993

Seebass, H., Herrscherverheißungen im Alten Testament, Neukirchen 1992

Sellin, E. u. Fohrer, G., Einleitung in das Alte Testament, 11 Heidelberg 1969

Stamm, J.J., Zur Frage der Imago Dei im Alten Testament, in: Neuschwander (Hg.), Humanität und Glaube, Bern 1973

Der Dekalog im Licht der neueren Forschung, 2 Stuttgart 1962

Steck,O.H., Der Schöpfungsbericht der Priesterschrift, Neukirchen 1975

Welt und Bibel in biblischen Konfrontationen, Stuttgart/ Berlin u.a. 1978

Steffen, U., Die Jonageschichte. Ihre Auslegung und Darstellung im Judentum, Christentum und Islam, Neukirchen 1994

Talmon, Sh., Israels Gedankenwelt in der hebräischen Bibel, Neukirchen 1995

Vischer, W., Das Christuszeugnis des AT, Bd. I: Das Gesetz, 2 München 1935

Volz, P., Biblische Altentümer (Nachdruck), Wiesbaden 1989

Westermann, C., Der Schöpfungsbericht vom Anfang der Bibel, Calwer Hefte 30, Stuttgart 1961

Westermann, C. (Hg.), Probleme at.licher Hermeneutik, München 1960

Wolff, H.W., Anthropologie des Alten Testaments, 4 München 1973

Zimmerli, W., Die Botschaft der Propheten heute, Calwer Hefte 44,Stuttgart 1961

Das Gesetz und die Propheten. Zum Verständnis des Alten Testaments, Göttingen 1963

II. 2. Theologie des Neuen Testaments und Einzeluntersuchungen

Balz, H.R., Heilsvertrauen und Welterfahrung. Strukturen der paulinischen. Eschatologie
    nach Rö. 8,18-39, München 1971
Bartsch, H.W., (Hg.), Kerygma und Mythos, Bd. I u.II, Hamburg 1948 / 1954
Bindemann, W., Die Hoffnung der Schöpfung. Römer 8,18-27 und die Frage einer
    Theologie der Befreiung von Mensch und Natur, Neukirchen 1983
Bornkamm, G., Jesus von Nazareth, Stuttgart 1956
    Paulus, Stuttgart / Berlin / Köln / Mainz 1969
Braun, H., Jesus, Stuttgart 1969
    Gesammelte Studien zum Neuen Testament u. seiner Umwelt, Tübingen 1962
Bultmann, R., Die Geschichte der synoptischen Tradition, 3 Göttingen 1957
    Das Urchristentum im Rahmen der antiken Religionen, 2 München 1993
    Theologie des Neuen Testaments, 2 Tübingen 1954
    Glauben und Verstehen, 3 Bd., Göttingen 1961-1964
Dibelius, M., Jesus, 2 Berlin 1949
    Die Formgeschichte des Evangeliums, 6 Tübingen 1971
Dibelius, M. u.Kümmel, G., Paulus, Berlin 1951
Fascher, E., Jesus und die Tiere, ThLZ 9O, 1965
Genthe, H.J., Geschichte der nt.lichen Wissenschaft, Göttingen 1977
Gräßer, E., Das Seufzen der Kreatur (Rö 8,19-22). Auf der Suche nach einer „biblischen
    Tierschutzethik", in: Schöpfung und Neuschöpfung, JBTh, Bd. 5, Neukirchen 199O
    Bibelarbeit über Markus 1,12 f. auf dem Kirchentag Düsseldorf (1985), Sonderdruck
    der AG Deutscher Tierschutz
    ΚΑΙ ΗΝ ΜΕΤΑ ΤΩΝ ΘΗΡΙΩΝ (Mk 1,13b),
    Ansätze einer theologischen Tierschutzethik, in: W.Schrage (Hg.), Studien zum Text
    u.zur Ethik des NT. Festschrift z.8O.Geb. von H.Greven, BZNW 47,Berlin 1988
Halver, R., Der Mythos im letzten Buch der Bibel. Eine Untersuchung der Bildersprache
    der Johannes-Apokalypse, Hamburg 1964
Herbst, K., Der wirkliche Jesus. Das total andere Gottesbild, 5 Olten / Freiburg 1992
Hörmann, W., Gnosis. Das Buch der verborgenen Evangelien, Augsburg 1975
Ittel, G.W., Jesus und die Jünger, Gütersloh 197O
Jeremias, J., Unbekannte Jesusworte, 3 Gütersloh 1965
    Die Abendmahlsworte Jesu, 3 Berlin 1959
Kähler, M., Der sogenannte historische Jesus u. der geschichtliche biblische Christus,
    München 1953
Käsemann, E., Exegetische Versuche und Besinnungen, 1.u.2. Bd., Göttingen 1964
Kümmel, W.G., Die Theologie des Neuen Testaments, Göttingen 1969
Leipoldt, J.u.Grundmann, W., Umwelt des Urchristentums, 6 Berlin 1982
Marxsen, W., Der Evangelist Markus, Studien zur Religionsgeschichte des Evangeliums,
    2 Gütersloh 1964
Robinson, J.M., Kerygma und historischer Jesus, Zürich 196O
Schlatter, A., Einleitung in die Bibel, 4 Stuttgart 1923
    Der Glaube im Neuen Testament, 6 Stuttgart 1982
Schrage, W., Ethik des Neuen Testaments, Berlin 1985
Schweitzer, A., Geschichte der Leben -Jesu -Forschung , 2 Bd.,
    München / Hamburg 1977/ 78 u.1979 / 8O (TB)
Tröger, K.W., (Hg.), Gnosis und Neues Testament, Berlin 1973
Wendland, H.D., Ethik des Neuen Testaments (NTD), Göttingen 197O
Wilkens, W., Zeichen und Werke. Ein Beitrag zur Theologie des 4.Evangeliums
    im Erzähl-und Redestoff, Zürich 1969

486

Wolff, H.W. u.Bornkamm, G., Zugang zur Bibel. Eine Einführung in die Schriften
  des AT und NT, Stuttgart / Berlin 1980

III. Judaica

Baeck,L., Das Wesen des Judentums, Wiesbaden o.J., (Neudruck der 4.Auflage)
van Boxel, P., Und er ruhte am 7.Tag. Frühjüdische Überlieferungen zur Feier
  des Sabbats, Regensburg 1990
Buber., M., Die Geschichten des Rabbi Nachman, Frankfurt 1955
  Der Glaube der Propheten, 2 Heidelberg 1984
  Die Erzählungen der Chassidim , 12 Zürich 1996
Ehrlich, E.L., Klappert, B., und Ast, U. (Hg.), Wie gut sind deine Zelte, Jaakow.
  Festschrift zum 60.Geb. von R.Mayer, Gerlingen 1986
Josephus, F., Jüdische Altertümer, hg. von H.Clementz, Buch 1-20, Wiesbaden o.J.
Kolatch, A., Jüdische Welt verstehen, Wiesbaden 1996
Landmann, M., Das Tier in der jüdischen Weisung, Heidelberg 1959
Mayer, R. (Hg), Der Babylonische Talmud, München 1962
Nestler, J., (Hg.u.Übers.), Die Kabbala, 10 Wiesbaden 1993
Oppenheimer, J.F. (Hg.) ,Lexikon des Judentums, Gütersloh / Berlin u.a. 1971
Petuchowski, J.J., Gottesdienst des Herzens, Freiburg 1981
Pfisterer, R., Von A-Z. Quellen zu Fragen um Juden u. Christen, Gladbeck 1971
Rosenzweig, F., Der Stern der Erlösung, 3 Heidelberg 1954
Scholem, G., Die Geheimnisse der Schöpfung. Ein Kapitel aus dem Sohar ,Berlin 1935
Schröter, K.H., (Hg.) Daß dein Ohr auf Weisheit achte, Wuppertal 1966
Thomas, Cl., Das Messias-Projekt. Theologie jüd.-christl. Begegnung, Augsburg 1994
Vetter, U., Im Umgang mit der. Bibel. Grundlinien der Schriftauslegung Martin Bubers,
  Frankfurt u.a., 1992
de Vries, S.Ph., Jüdische Riten und Symbole, 6 Wiesbaden 1990

IV. Theologiegeschichte
(Eine partielle Überschneidung mit V,Systematik, ist nicht zu vermeiden)

Aland, K., (Hg.), Pietismus und Bibel. Arbeiten zur Geschichte des Pietismus,
  Bd. 9, Witten 1970
  Pietismus und moderne Welt (s.o.), Witten 1974
Althaus, P., Die christliche Wahrheit. Lehrbuch der Dogmatik, 8 Gütersloh 1969
  Grundriß der Dogmatik, 3 Gütersloh 1952
  Grundriß der Ethik, 3 Gütersloh 1953
  Die letzten Dinge, 4 Gütersloh 1935
Ambrosius, Exameron, hg. von J.E.Niederhuber, Bibliothek der Kirchenväter,
  Kempten / München 1914
Ammon, C.F. von, Vollständiges Lehrbuch der christl.-religiösen Moral, 4 Göttingen 1806
Arnd(t), J., Johann Arnds sechs Bücher vom wahren Christentum nebst dessen Paradies-
  gärtlein, Stuttgart 1930
Augustinus, A., De vera religione (Reclam-Univ.-Bibliothek), Stuttgart 1991
  De beata vita (Reclam), Stuttgart 1989
  Bekenntnisse (Fischer-TB), 2 Frankfurt 1956
  Der Gottesstaat (Hg. H.U.von Balthasar), 2 Einsiedeln 1961
  Über den Wortlaut der Genesis, Bd. I, Buch 1-6, Paderborn/ München / Wien 1961
Baader, F.X. von, Gesammelte Schriften, Leipzig 1853 / 54 bzw. Sämtl. Werke, Aalen 1963
Barth, K., Kirchliche Dogmatik, III, 1-3, 4 Zollikon / Zürich 1957
  Die protestantische Theologie im 19.Jhdt., 6 Zürich 1994
Beck, J.T., Einleitung in das System der Christlichen Lehre, Stuttgart 1838
  Christliche Reden, 1.Sammlung , 2 Stuttgart 1858 /
  3.Sammlung, 2 Tübingen 1862 / 4. Sammlung, Stuttgart 1857
  5.Sammlung, 2 Stuttgart 1872 / 6.Sammlung, Stuttgart 1870
  Vorlesungen über christl. Ethik in 3 Bd. (Hg J.Lindemeyer), Gütersloh 1882-83
  Gedanken aus und nach der Schrift, Heilbronn 1876
  Briefe und Kernworte, Gütersloh 1885
Benrath, G.A., Gerhard Tersteegen , in: Pfarramtskalender, Neustadt 1997
Besier, G., Religion,Natur,Kultur. Die Geschichte der christl.Kirche i.d. gesellschaftlichen
  Unruhen des 19.Jahrhunderts, Neukirchen 1992
Beyreuther, E., Nikolaus Ludwig von Zinzendorf, Hamburg 1965
Blanke, F., Johann Georg Hamann als Theologe, Tübingen 1928
Blumhardt, Ch., Damit Gott kommt. Gedanken aus dem Reich Gottes (Hg.W.J.Bittner),
  Gießen / Metzingen 1992
Böhme, J., Sämtliche Schriften 1730, neu hg. von W.E.Peuckert, Stuttgart 1955 ff.
Böhmer,H., Luther im Licht der neueren Forschung, 5 Leipzig/ Berlin 1918
  Der junge Luther, 7 Leipzig 1955
Bonhoeffer, D., Ethik, 3 München 1956
  Schöpfung und Fall (Hg. E.Bethge), München 1989
Bornkamm, H., Das Jahrhundert der Reformation. Gestalten u.Kräfte, 2 Göttingen 1966
Brecht, M., (Hg.), Geschichte des Pietismus, Bd. 1 u.2, Göttingen 1993
Brown, P., Augustinus von Hippo, 3 Leipzig 1982
Brunner, E., Unser Glaube, 17 Zürich 1992
  Die christliche Lehre von Schöpfung u.Erlösung. Dogmatik II, 3 Zürich 1973
  Gott und sein Rebell. Eine theologische Anthropologie, Hamburg 1950
  Religionsphilosophie evangelischer Theologie, München 1927
Büchsel, J., Gottfried Arnold. Sein Verständnis von Kirche u.Wiedergeburt
  (Arbeiten zur Geschichte des Pietismus), Witten 1970

488

Busch, W., Spuren zum Kreuz. Christus im Alten Testament, 7 Neukirchen 1988
Calvin, J., Institutio Christianae Religionis (Hg. O.Weber), Neukirchen 1955
Dann, C.A., Bitte der armen Thiere, der unvernünftigen Geschöpfe, an ihre vernünftigen
    Mitgeschöpfe und Herrn, die Menschen, Tübingen 1822
    Nothgedrungener Aufruf an alle Menschen von Nachdenken und Gefühl zur gemein
    Beherzigung und Linderung der unsäglichen Leiden der in unserer Umgebung leben-
    den Thiere, Stuttgart 1833
Denkbaar, W.F., Calvin, sein Weg und sein Werk, Neukirchen 1959
Diem, H., Dogmatik. Ihr Weg zwischen Historismus u. Existentialismus, München 1955
Eichholz, J.H., Einige Winke über Aufklärung und Humanität nebst einer kleinen Abhand-
    lung über die Bestimmung und über die Pflichten gegen die Thiere.
    Sign.HB 6922, Kopie einer maschinenschriftlichen Abschrift (vorliegend)
Elert, W., Der christliche Glaube. Grundlinien der luth.Dogmatik, 6 Erlangen 1988
    Das christliche Ethos. Grundlinien lutherischer Ethik, 2 Hamburg 1961
Franz von Assisi, Die Werke (übers.von W.v.d.Steinen / M.Kirschstein), Hamburg 1858
Galli, M.von, Gelebte Zukunft: Franz von Assisi, 8 Luzern / Frankfurt 1977
Gräßer, E., Albert Schweitzer als Theologe, Tübingen 1979
Greschat, M., (Hg.) Zur neueren Pietismusforschung, Darmstadt 1977
Hamann, J.G., Christliche Bekenntnisse u.Zeugnisse, Münster 1826
Harnack, A. von, Das Wesen des Christentums, 3 Leipzig 1913
Hartmann, R.J., August Hermann Francke. Ein Lebensbild, Calw u. Stuttgart 1897
Heim, K., Leitfaden der Dogmatik, Teil 1 u.2, Halle 1912
    Glaubensgewißheit. Eine Untersuchung über die Lebensfrage der Religion,
    Leipzig 1916
    Glaube und Denken, 7 Neukirchen 1985
    Die Wandlung im naturwissenschaftlichen Weltbild, 9 Neukirchen 1982
    Der christliche Glaube und die Naturwissenschaft, 1.Bd., Tübingen 1949
    Jesus, der Weltvollender, 2 Berlin 1939
Henn, F.A., Matthias Jorissen, 2 Neukirchen 1964
Herzog, J., (Hg.), Johann Georg Hamann, Wahrheit,die im Verborgenen liegt
    Berlin 1927
Heussi, K., Kompendium der Kirchengeschichte, 11 Tübingen 1957
Hiller, Ph.F., Geistliches Liederkästlein, 16 Metzingen 1994
Hirsch, E., Geschichte der neueren evang. Theologie, Bd. 1 u.2, Gütersloh 1949
Holl,K., Gesammelte Aufsätze zur Kirchengeschichte I, 4.u.5, Tübingen 1927
Iwand, H.J., Nachgelassene Werke (Hg. Gollwitzer, Kreck u.a.) Bd 2, München 1966
Jacobs, P., Theologie reformierter Bekenntnisschriften in Grundzügen, Neukirchen 1959
Jannasch, H.W., Herrnhuter Miniaturen, 2 Lüneburg 1953
Jung, M.H., Tierschutzgedanken in Pietismus und Aufklärung, Zeitschrift des Bergischen
    Geschichtsvereins, 97.Bd., Jhgg. 96/ 97
Jung-Stilling, J.H., Lebensgeschichte, München 1968
Klappert., B., Versöhnung und Befreiung. Versuche, Karl Barth kontextuell zu verstehen,
    Neukirchen 1993
    Die Rezeption der Theologie Calvins in Karl Barths Kirchlicher Dogmatik
    in: Scholl, H., (Hg.), Karl Barth und Johannes Calvin, Neukirchen 1995
Klugkist-Hesse, H., Hermann Friedrich Kohlbrügge, Wuppertal 1935
Knapp, A., Das ängstliche Harren der Kreatur, in: Christoterpe- Ein Taschenbuch für
    Christliche Leser auf das Jahr 1843
Knapp, J. (Hg.), Albert Knapps Evangelischer Liederschatz für Kirche, Schule u.Haus
    4 Stuttgart 1891
Knigge, A.Frh. von, Über den Umgang mit Menschen, Frankfurt 1977

489

Kopp, W., Katholische Zeugen evangelischer Wahrheit, Calw u.Stuttgart 1897
Kraft, H., Die Kirchenväter - bis zum Konzil von Nicäa, Bremen 1966
Lavater, J.C., Ausgewählte Werke, hg. von E.Staehelin, Bd. 1-3, Zürich 1943
Lavater, H.F., Bad Boll durch 350 jahre, Gießen / Basel 1951
Lesser, F.C., Lithotheologie, das ist natürliche Historie und geistige Betrachtung
    deren Steine, also abgefaßt, daß daraus die Allmacht, Weisheit ,Güte und
    Gerechtigkeit des großen Schöpfers gezeigt wird, Hamburg 1735
    Testaceotheologie; oder gründlicher Beweys des Daseins und der vollkommensten
    Eigenschaften eines göttlichen Wesens aus natürlicher und geistlicher Betrachtung
    der Schnecken und Muscheln, Leipzig 1744
Loofs, F., (Hg. K.Aland), Leitfaden zum Studium der Dogmengeschichte, 1.u.2.Teil,
    5 Halle 1951 u.1953
Lortz, J., Die Reformation in Deutschland, 6 Freiburg 1982
Lütgert, W., Die Religion des deutschen Idealismus und ihr Ende, 3 Bd.,
    2 u.3 Gütersloh, 1923-26
Luther, M., Kritische Gesamtausgabe (Weimarana),Weimar 1883 ff.,
Luthers Werke i.A., (Hg. E.Hirsch), Bd. 7, Berlin 1950
Luthers Werke (Hg. Borcherdt / Merz), München 1938
Mälzer, G.Bengel und Zinzendorf (Arb.z.Gesch. des Pietismus),Witten 1968
    Johann Albrecht Bengel. Leben und Werk, Stuttgart 1970
Majetschak, St. (Hg.), Vom Magus im Norden und der Verwegenheit des Geistes.
    Ein Hamann-Brevier, München 1988
Martensen, H.L., Die christliche Ethik, Spez.Teil: Die individuelle Ethik
    3 Karlsruhe / Leipzig 1866
Mülhaupt , E., (Hg.), Der Psalter Calvins. Bisher unbekannte Psalmenpredigten,
    Neukirchen 1959
Müller, E.F.K., (Hg.u.Übers.), Johannes Calvins Unterricht in der christlichen Religion
    Neukirchen o.J.
Neuer, W., Adolf Schlatter. Ein Leben für Theologie und Kirche, Stuttgart 1996
Neuenschwander, U., Denker des Glaubens: E.Hirsch, E.Brunner, P.Tillich, P.T.de Chardin,
    K.Jaspers, 2 Gütersloh 1979
Ninck, J., Anna Schlatter und ihre Kinder, 2 Leipzig / Hamburg 1934
Niesel, W., Die Theologie Calvins, München 1938
Oetinger, F.Ch., Die Theologie aus der Idee des Lebens abgeleitet (Hg. I.Hamberger),
    Stuttgart 1852
    Sämtliche Schriften, bes. 2.Abtl, 2.Bd., Stuttgart 1977
    Die Psalmen Davids nach den 7 Bitten des Herrn, Heilbronn 1756
Ott, H., Geschichte und Heilsgeschichte in der Theologie Rudolf Bultmanns,Tübingen 1955
Peschke, E., Bekehrung und Reform. Ansatz und Wurzeln der Theologie A.H.Franckes
    (Arb.z.Gesch.des Pietismus), Bielefeld 1977
Der Physiologus, (Hg.u.Übers. O.Seel), Zürich / München 1992
Reimarus, H.S., Die vornehmsten Wahrheiten der natürlichen Religion (Hg. G.Gawlich),
    2 Bd., Faks.-Nachdruck, Göttingen 1985
Ritschl, A., Geschichte des Pietismus, Bonn 1880, 1884 u.1886
Rogge, J., Der junge Luther 1483-1521. Der junge Zwingli 1484-1523, Berlin 1983
Rüttgardt, J.O., Heiliges Leben in der Welt. Grundzüge christlicher Sittlichkeit nach
    Ph.J.Spener, Bielefeld 1978
Ruhbach, G. u.Sudbrack, J. (Hg.), Christliche Mystik.Texte aus 2 Jahrtausenden,
    München 1989
Sabatier, P., Leben des Hl. Franz von Assisi, Zürich 1919
Sailer, J.M., Handbuch der christlichen Moral, 3 Bd., München 1817

490

Schlatter, A., Erlebtes, 3 Berlin , o.J. (Furche-V.)
  Die philosophische Arbeit seit Descartes, 4 Stuttgart 1959
  Das christliche Dogma, 3 Stuttgart 1977
  Die christliche Ethik, 5 Stuttgart 1986
Schleiermacher, F., Der christliche Glaube, Reutlingen 1828
Schlink, E., Bekenntnisschriften der ev.-luth.Kirche, 3 Göttingen 1956
Schlink, E., Theologie der lutherischen Bekenntnisschriften, 3 Göttingen 1948
Schmidt, K.D., Grundriß der Kirchengeschichte , 9 Göttingen 1990
Schmitz, O., Pietismus und Theologie, Neukirchen 1956
Schneemelcher, W. (Hg.), Neutestamentliche Apokryphen, Bd. 1 u 2,
  3 Tübingen 1959 u.1964
Schoberth, W., Geschöpflichkeit in der Dialektik der Aufklärung, Neukirchen 1994
Schröder, Ch., M., (Hg. des Gesamtwerks), Klassiker des Protestantismus in 7 Bänden,
  Wuppertal 1988
Schweitzer, A., Aus meinem Leben und Denken, Frankfurt 1952
  Die Ehrfurcht vor dem Leben, 6 München 1991
  Was sollen wir tun? , 2 Heidelberg 1986
  Menschlichkeit und Friede, Berlin 1991
M.C.Scrivers Seelenschatz in 3 Bd., Berlin 1852 u.1853
Seils, M. (Hg.), Johann Georg Hamann, Eine Auswahl aus seinen Schriften,
  2 Wuppertal 1987
Spener, Ph., J., Pia Desideria ,(Hg. K.Aland), 3 Berlin 1964
Speners Katechismus-Erklärung, Lahr / Bielefeld 1984
Steffahn, H., (Hg.), Albert Schweitzer Lesebuch, 2 München 1986
Stephan, H., Der Pietismus als Träger des Fortschritts, Tübingen 1908
Stephan, H. / Schmidt, M., Geschichte der deutschen ev.Theologie, Berlin 1960
Sudbrack, J., Mystik. Selbsterfahrung -Kosmische Erfahrung-Gotteserfahrung,
  3 Mainz / Stuttgart 1992
Tersteegen, G., Für dich sei ganz mein Herz und Leben. Eine Auswahl seiner Lieder
  und Briefe, (G. Bister / Knierim), Gießen 1997
Tillich, P., Systematische Theologie, Bd. 1 u.2 , 3 Stuttgart 1956 u 2 Stuttgart 1958
  Der Mensch zwischen Bedrohung u.Geborgenheit. Ein Tillich-Brevier
  Stuttgart 1969
  Das neue Sein, 6 Frankfurt 1983
Tritsch, W., (Hg.), Christliche Geisteswelt, Bd. 1 u 2 , Hanau 1986
Troeltsch, E., Die Soziallehren der christl.Kirchen und Gruppen, 3 Tübingen 1927
Weber, O., Grundlagen der Dogmatik, Neukirchen 1955
Wegener, G.S., Die Kirche lebt, Kassel 1961
Welt des Gesangbuchs. Die singende Kirche in Gabe u.Aufgabe, Heft 1-23,
  Leipzig / Hamburg 1935-1941

491

V. Systematik und Ethik der Gegenwart

Altner, G., (Hg.), Ökologische Theologie. Perspektiven zur Orientierung, Stuttgart 1989
Beinert, W., Christus und der Kosmos, Freiburg 1974
Berkhof, H., Theologie des Heiligen Geistes, 2 Neukirchen 1988
Evangelischer Erwachsenen - Katechismus, Gütersloh 1975
Evangelischer Gemeinde - Katechismus, Gütersloh 1979
Frey, C., Theologische Ethik, Neukirchen 1990
Friedrich, G., Ökologie und Bibel. Neuer Mensch und alter Kosmos, Stuttgart 1982
Geyer, H.G. (Hg.), Naturwissenschaft und Theologie, Neukirchen 1974
Honecker, M., Konzept einer sozial-ethischen Theorie, Tübingen 1971
    Grundriß der Sozialethik, Berlin / New York 1995
Hütter, R., Evangelische Ethik als kirchliches Zeugnis, Neukirchen 1993
Liedke, G., Im Bauch des Fisches. Ökologische Theologie, 5 Stuttgart 1988
Link, C., Schöpfung, in: Handbuch Systematischer Theologie, 7 / 1.2., Gütersloh 1991
    Die Spur des Namens. Wege z. Erkenntnis Gottes u.z. Erfahrung der Schöpfung
    Neukirchen 1997
Mechels, E., Kirche u.gesellschaftliche Umwelt: Thomas, Luther, Barth, Neukirchen 1990
Moltmann, J., Theologie der Hoffnung, München 1964
    Gott in der Schöpfung. Ökologische Schöpfungslehre, 3 München 1987
Otto, R., Das Heilige (Becksche Reihe), Nachdruck, München 1991
Thielicke, H., Theologische Ethik, Tübingen 1958-64
    Das Schweigen Gottes. Glauben im Ernstfall, Stuttgart 1988
Trillhaas, W., Ethik, Berlin 1970
Welker, M., Gottes Geist. Theologie des Heiligen Geistes, 2 Neukirchen 1993
Wiebering, J., Handeln aus Glauben. Grundriß der theologischen Ethik, Berlin 1981
    Partnerschaftlich leben. Christliches Ethos im Alltag, Berlin 1985
Zager, W., Das ethische Prinzip der Ehrfurcht vor dem Leben, in: Dtsch.Pfarrerblatt 3/ 95

VI. Kirchliche Verlautbarungen zum Verhältnis Kirche und Mitwelt

Akut- Texte Nr. 2, Von Christen und Tieren, Glauberg 1994
Arbeitsgemeinschaft christlicher Kirchen (ACK): „Gottes Gaben-Unsere Aufgabe",
    Stuttgart 1988
Oekumenische Versammlung der christlichen Kirchen in Heidelberg für Gerechtigkeit,
    Frieden und Bewahrung der Schöpfung, Heidelberg 1993
Arnoldshainer Tiererklärung, in: Forum 53, 1998
Ausschuß für den Dienst auf dem Lande der EKD, Kirche im ländlichen Raum,
    2 / 1994 Altenkirchen
Denkschrift der Kammer der EKD für soziale Ordnung: Landwirtschaft im Spannungs-
    feld zwischen Wachsen u.Weichen, Ökologie u.Ökonomie, Hunger u.Überfluß,
    Gütersloh 1984
EKD-Texte 17 : Gerechtigkeit,Frieden und die Bewahrung der Schöpfung, hg. vom
    Kirchenamt der EKD, Hannover 1986
EKD- Texte 41: Zur Verantwortung des Menschen für das Tier als Mitgeschöpf, hg.
    vom Kirchenamt der EKD, Hannover 1991
EKU (Hg.), Die Bedeutung der Reich-Gottes-Erwartung für das Zeugnis der christlichen
    Gemeinde, 2 Neukirchen 1989
Erklärung zum Tierschutz, Freising 1996 (Kopie)
Europäische Oekumenische Versammlung Frieden in Gerechtigkeit, Basel 15.-21.Mai 1989,
    Hg. Sekretariat der Dtsch. Bischofskonferenz, Bonn 1989
Evang.Akademie Bad Boll (Hg.), Veterinärmedizin und Landwirtschaft vor gemeinsamen
    Herausforderungen durch den Tierschutz, Boll 1994
Evang.Kirche in Hessen und Nassau, Resolution der Kirchensynode:" Menschen und Tiere
    als Gottesgeschöpfe", 1995
Gemeinsame Erklärung des Rates der EKD und der Dtsch. Bischofskonferenz:
    „Verantwortung wahrnehmen für die Schöpfung", Köln 1985
Herrenalber Protokolle: Das Tier als Mitgeschöpf.Leerformel oder Leitgedanke
    im Tierschutz- Recht?, Karlsruhe 1992
Kirchenleitung der Nordelbischen Ev.-luth.Kirche zum Welttierschutztag 1998:
    „Für ein Ethos der Mitgeschöpflichkeit"
Landessynode der Ev.-luth.Kirche in Bayern (Hg.),: Bewahrung der Schöpfung,
    München 1989
Landessynode der Ev.Kirche von Westfalen (Hg.), Verantwortung für Gottes Schöpfung,
    Bielefeld 1986
Oekumenische Arbeitsgemeinschaft Kirche und Umwelt, Bern (Hg.), Das Tier und wir,
    Bern 1994
Sekretariat der Dtsch. Bischofskonferenz (Hg.): Zukunft der Schöpfung. Zukunft der
    Menschheit, Bonn 1980 (Nr. 28)
Die Verantwortung des Menschen für das Tier. Arbeitshilfen 113, Bonn 1993

VII. Tierschutz und Tierethik

Apel, W., Wie verhalte ich mich meinen eigenen Tieren gegenüber? in: Leben ohne
Seele? Gütersloh 1991
Baumgartner, G., Inwieweit wird der Tierschutz den Ansprüchen der Tierschutz-Ethik
gerecht? (als Skript), 1993
Bayertz, K. (Hg.), Ökologische Ethik, München / Zürich 1988
Berger, J., Tierquälerei? Schächten . Die Mythen und die Wirklichkeit, in: Allgemeine
Jüdische Wochenzeitung, 2 / 97
Bernhart, J., Die unbeweinte Kreatur, Weißenhorn 1987
Blanke, C., Da krähte der Hahn. Eine Streitschrift, Eschbach 1995
Das Tier als Bruder. Sind Tiere wichtiger als ich ? in: Der Gerechte erbarmt sich
seines Viehs, Neukirchen 1992
Blanke, M., War Jesus ein Tierschützer ? in: Leben ohne Seele? Gütersloh 1991
Was macht der Esel in der Kirche? Erfahrungen mit Tiergottesdiensten,
in: Leben ohne Seele ? Gütersloh 1991
Bösinger, R., Bruder Esel. Tiere, die uns anvertraut, Limburg 1980
Hoffnung,die alle umspannt. Predigt zu Rö. 8,18-23, in: Der Gerechte erbarmt sich
seines Viehs, Neukirchen 1992
Bondolfi, A., Mensch und Tier. Ethische Dimensionen ihres Verhältnisses,
Freiburg (Schweiz) 1994
Brockhaus, W. (Hg.), Das Recht der Tiere in der Zivilisation, München 1975
Bundestag, Dtsch., Bericht über den Stand der Entwicklung des Tierschutzgesetzes,
Drucksache 12/ 4242, Bonn 1993
Betäubungsloses Schächten von Tieren, Ref. 321-3524, 1993
Croce, P., Tierversuch oder Wissenschaft. Eine Wahl. Massagno 1988
Dahlke, U., Zum theologischen Hintergrund des Begriffes <Mitgeschöpflichkeit> in
Paragraph 2 des Tierschutzgesetzes, Gießen 1993
Dirks, W., Sensibilität für die Kreatur. Die Tiere unsere Brüder, in: Der Gerechte
erbarmt sich seines Viehs, Neukirchen 1992
Douglas-Hamilton, I.u.O., Wir kämpfen für die Elefanten, Gütersloh 1992
Drewermann, E., Über die Unsterblichkeit der Tiere, Olten 1990
Versöhnung zwischen Mensch und Tier, in: Der Gerechte erbarmt sich
seines Viehs, Neukirchen 1992.
Forschungsgemeinschaft, Dtsch., Tierversuche in der Forschung, Weinheim 1993
Fuchs, G. u.Knörzer, G. (Hg.), Tier,Gott,Mensch, Frankfurt / Berlin u.a. 1998
Gilch, G., Für Gerechtigkeit und Heil im tierischen Leben, in: Dtsch. Pfarrerblatt 15/16, 1975
Gotteslob und Tierliebe, Dtsch. Pfarrerbaltt 18/ 1978
Goetschel, A.F., (Hg.), Recht und Tierschutz, Bern / Stuttgart 1993
Gräßer, E., Die falsche Anthropozentrik. Plädoyer für eine Theologie der Schöpfung, in:
Dtsch. Pfarrerblatt 9 / 1978
Ehrfurcht vor allem Lebendigen , in: Dtsch.Pfarrerblatt 6 / 1980
Aspekte zur Mitgeschöpflichkeit, (Vortrag KK Elberfeld) ,1986, Skript
Erwägungen zur Problematik von Tierversuchen, in: Dtsch. Pfarrerblatt 2 / 1989
Ehrfurcht vor dem Leben, in: Der Gerechte erbarmt sich seines Viehs,Neukirchen 1992
Haferbeck, E., Die gegenwärtigen Produktionsbedingungen in der Dtsch. Nerz-,Iltis- und
Fuchszucht unter bes. Berücksichtigung der Tierschutzproblematik, Göttingen 1988
Händel, U.(Hg.), Tierschutz- Testfall unserer Menschlichkeit, Frankfurt 1984
Hart, J., Ein - antisemitisches- Herz für Tiere, in: Allgem.Jüdische Wochenzeitung, Sept.1995
Hartinger, W., Anthroposophie und Tierschutz, München 1992
Von Medizin, Wissenschaft, Tierversuchen und Logik, in: Der Gerechte erbarmt sich

494

seines Viehs, Neukirchen 1992
Hennemann, G., Zum Verhältnis von Mensch und Tier, in: Dtsch.Pfarrerblatt 8 / 1976
Kessler, H., Das Stöhnen der Natur, Düsseldorf 1990
Lindgren, A. u.Forslund, K., Meine Kuh will auch Spaß haben. Einmischung in die Tier-
    schutzdebatte, Hamburg 1991
Loeper, E.von, Unabhängige Landesbeauftragte für Tierschutz, Bonn 1992
    Tierschutz ins Grundgesetz, Verlag der Augustinus-Buchhandlung, o.J.
Lortz, A., Tierschutz-Gesetz-Kommentar, 2 München 1979
Meyer-Abich, K.M., Das Recht der Tiere, in: Tierschutz. Testfall unserer Menschlichkeit,
    Frankfurt 1984
Molinski, W., Auch Tiere sind Geschöpfe Gottes. Überlegungen zum Tierschutz,
    in: Kirche und Gesellschaft Nr. 244, Köln 1997
    Das sittlich richtige Verhältnis zwischen Mensch und Tier, in: Christliches ABC
    heute und morgen, Homburg 1997
Mowat, F., Der Untergang der Arche. Vom Leiden der Tiere unter den Menschen,
    Reinbek / Hamburg 1987
Mütherich, B., Überwindung des anthropozentrischen Weltbildes oder die Konstituierung
    einer radikalen Ethik im Zeichen des Paradigmenwechsels (Vortrag 1989), Skript
Nida-Rümelin, J., Tierschutz und Menschenwürde. Zu den Grundlagen des Tierschutzes
    (Vortrag 1994, Bonn), Skript
Precht, D.R., Noahs Erbe. Vom Recht der Tiere und den Grenzen des Menschen,
    Hamburg 1997
Rambeck, B., Mythos Tierversuch. Eine wissenschaftliche Untersuchung, 4 Frankfurt 1992
Röhrig, E.(Hg.), Der Gerechte erbarmt sich seines Viehs. Stimmen zur Mitgeschöpflichkeit,
    Neukirchen 1992
    Die christliche Verantwortung für die Mitgeschöpfe (Vortrag Harzburg 1990) , Skript
    Vom Seufzen der Kreatur. Bibl.Aspekte der Tierethik, in: Kirche i.ländl.Raum 2 / 1994
    Wir haben im Glauben die Tiere vergessen, in: Stadt Gottes, Nr. 6 ff, 1998
Ruempler, G., Das Verhältnis des modernen Menschen zu den Tieren, (Referat KK
    Elberfeld 1986) , Skript
    Sklaven oder Mitbürger ? Unser Verhältnis zu den Tieren, in: Der Gerechte erbarmt
    sich seines Viehs, Neukirchen 1992
Sambraus, H.H. u.Steiger, A., Das Buch vom Tierschutz, Stuttgart 1997
Schmidt, W.R.(Hg.), Leben ohne Seele? Tier,Religion,Ethik, Gütersloh 1997
    Geliebte und andere Tiere im Judentum, Christentum und Islam, Gütersloh 1996
Schneider., R., Das Leiden der Kreatur, in: Gelebtes Wort, Freiburg 1961
Schreiber, M., Der Gerechte erbarmt sich seines Viehs. Vom Umgang mit den Tieren,
    in: Der Gerechte erbarmt sich seines Viehs, Neukirchen 1992
Schumacher, H. (Hg.), Die armen Stiefgeschwister des Menschen, Zürich 1976
Singer, P., Verteidigt die Tiere, Wien 1986
    Animal Liberation. Die Befreiung der Tiere, Reinbek / Hamburg 1996
Skriver, C.A., Der Verrat der Kirchen an den Tieren, Lütjensee 1986
    Die vergessenen Anfänge des Christentums, Lübeck-Travemünde 1977
Soijka, K., Auch Tiere haben Rechte, Düsseldorf 1987
Steffahn, H., Menschlichkeit beginnt beim Tier, Stuttgart 1987
Symposion Mitgeschöpflichkeit. Tage für Tiere (13./ 14.3.1993, Wuppertal),
    Materialsammlung, Referat als Skript
Teutsch, G.M., Soziologie u .Ethik der Lebewesen. Eine Materialsammlung,
    Bern/ Frankfurt 1975
    Ein neues Wort stellt Forderungen:Mitgeschöpflichkeit, in: Dtsch.Pfarrerblatt 23/1979
    Da Tiere eine Seele haben. Stimmen aus zwei Jahrtausenden, Stuttgart 1987

Lexikon der Tierschutzethik, Göttingen 1987
Tierschutztexte zur Ethik der Beziehungen zwischen Mensch u.Tier ,EZW-Texte
    Nr.27 VII 88
Das Tier als Objekt.Streitfragen zur Ethik des Tierschutzes, Frankfurt 1989
Friede mit der Natur in Theologie und Kirche, in: Der Gerechte erbarmt sich seines
    Viehs, Neukirchen 1992
Teutsch, G.M., Die Würde der Kreatur, Bern / Stuttgart 1995
Veit, R., Bewahren der Schöpfung. Zehn Unterrichtsentwürfe, Lahr 1991
Vischer, L., Mit den Tieren sein, in: Evang. Theologie, 57.Jahrgang
Walden, S. u. Bulla, G., Endzeit für Tiere. Ein Aufruf zu ihrer Befreiung,Hamburg 1989
Wüpper, E., Kein Leben für Tiere. Von der Vermarktung bis zur Ausrottung,
    Weinheim / Basel 1984

VIII. Biologie, Zoologie, Evolutionstheorie ,Verhaltensforschung

Akimuschkin, I., Launen der Natur, 2 Leipzig 1988
Ardrey, R., Adam und sein Revier, Wien / München / Zürich 1968
Arzt, V. u.Birmelin, I., Haben Tiere ein Bewußtsein?
Baumann, P. u.Kaiser, D., Die Sprache der Tiere, Stuttgart 1992
Berry, R.J., Adam und der Affe. Gott, die Bibel und die Evolution, Düsseldorf 1989
Boschke, F.L., Die Schöpfung ist noch nicht zu Ende, Berlin 1962
Darwin, Ch., Die Entstehung der Arten, (Reclam-Univ.-Bibliothek), Stuttgart 1963
Dröscher, L.H., Sonderberichte aus der Tierwelt, Hamburg 1992
Dröscher, V.B., Die freundliche Bestie. Forschungen über das Tierverhalten,
    Reinbek / Hamburg 1974
Mit den Wölfen heulen, Düsseldorf / Wien 1978
Ein Krokodil zum Frühstück. Verblüffende Geschichten vom Verhalten der Tiere,
    Düsseldorf / Wien 1980
Überlebensformel, 2 Düsseldorf / Wien 1983
Wie menschlich sind Tiere? Frankfurt / Berlin 1987
Und der Wal schleuderte Jona an Land, Hamburg 1987
Die Welt, in der die Tiere leben, Hamburg 1991
Mich laust der Affe. Faszinierendes u. Unglaubliches aus der Tierwelt, Augsburg 1994
Sie töten und sie lieben sich. Naturgeschichte sozialen Verhaltens, Gütersloh o.J.
Farland, D.Mc., Biologie des Verhaltens, Weinheim 1989
Fossey, D., Gorillas im Nebel. Mein Leben mit den sanften Riesen ,München 1989
Frisch, K.von, Du und das Leben. Eine moderne Biologie für jedermann, Berlin 1949
Glaubrecht, M., Duett für Frosch u.Vogel.Neue Erkenntnisse der Evolution, Düsseldorf 1990
Der lange Atem der Schöpfung. Was Darwin gern gewußt hätte, Hamburg 1995
Goodall, J., Mein Leben mit Schimpansen, Reinbek / Hamburg 1991
Ein Herz für Schimpansen, Hamburg 1991
Griffin, D.R., Wie Tiere denken. Ein Vorstoß ins Bewußtsein der Tiere, München 1990
Gronefeld, G., Verstehen wir die Tiere? München 1963
Weil wir die Tiere lieben, München 1964
Grzimek, B. (Hg.), Grzimeks Tierleben, Bd. 1-13, Zürich 1975-1977
Hediger, H. u. Klages, J., Geburtsort Zoo, Zürich 1984
Hofer, A., Ein Gänsesommer, 4 Kempten 1988
Tagebuch einer Gänsemutter, München 1989
Illies, J., Anthropologie des Tieres. Entwurf einer anderen Zoologie, München 1977
Der Jahrhundertirrtum. Würdigung und Kritik des Darwinismus, 2 Frankfurt 1984

496

Jutzler-Kindermann, H. (hg.von M.Dräger), Können Tiere denken?, St.Goar 1996
Lechner-Knecht, S., Adolf Portmanns Beitrag zu einem neuen Weltbild, in: Dtsch.
    Pfarrerblatt 19 / 1977
Leyhausen, P., Katzen. Eine Verhaltenskunde, Berlin / Hamburg 1979
Long, W.J., Friedliche Wildnis, Berlin 1959
Lorenz, K., Aus dem Werdegang der Verhaltenslehre, Ges.Abhandlungen, Bd.1 u.2,
    Stuttgart / Hamburg 1965 u.1O München 1973
    Er redete mit dem Vieh, den Vögeln und den Fischen, 21 München 1974
    So kam der Mensch auf den Hund, 26 München 1983
Lorenz, K., Hier bin ich - wo bist du? Ethologie der Graugans, Gütersloh 1992
    Das sogenannte Böse. Zur Naturgeschichte der Aggression, 2O München 1995
Masson, J.M. u.Carthy, S.Mc., Wenn Tiere weinen, Hamburg 1996,
Meyer, P., Taschelexikon der Verhaltenskunde, 2 Paderborn u.a. 1984
Michell, J. u. Rickard, R.J.M., Das rechnende Pferd von Elberfeld, Düsseldorf/ Wien 1983
Morris, D., Der Mensch schuf sich den Affen, München / Basel / Wien 1986
    Mein Leben mit Tieren, München / Zürich 1981
    Warum hat das Zebra Streifen? Körpersprache u.Verhaltensformen der Tiere,
    München 1991
Portmann, A., Grenzen des Lebens. Eine biologische Umschau, 5 Basel 1959
    Das Tier als soziales Wesen, Zürich 1962
Rist, M. (Hg. u.a.), Artgemäße Rinderhaltung, München / Karlsruhe 1992
Sambraus, H.H., Nutztierkunde. Biologie,Verhalten, Leistung, Tierschutz, Stuttgart 1991
Savage-Rumbough, S. u. Lawin, R., Kanzi, der sprechende Schimpanse, München 1995
Schaller, G.B., Unsere nächsten Verwandten, Frankfurt 1968
Schmid, B., Die Seele der Tiere, Stuttgart 1951
Sheldrake, R., Die Wiedergeburt der Natur, Bern / München / Wien 1991
Smith, P., Gespräche mit Tieren, Frankfurt 1995
Trumler, E., Mit dem Hund auf Du. Zum Verständnis seines Wesens und Verhaltens,
    6 München 1975
Vogt, H.H., Wir Menschen sind ja gar nicht so, Stuttgart 1964
    So bist du Mensch !. Vom Verhalten des Menschen und der Tiere, München 197O
de Waal, F., Wilde Diplomaten. Versöhnung u. Entspannungspolitik bei Affen u.Menschen,
    München / Wien 1991
    Unsere haarigen Vettern. Neueste Erfahrungen mit Schimpansen, Gütersloh o.J.
Wendt, H., Das Liebesleben in der Tierwelt, Reinbek / Hamburg 1962
Wickler, W., Die Biologie der 1O Gebote, 2 München 1971
Zdarek, J., Verständigung der Tiere, Prag 1988

IX. Umwelt und Mitwelt, Umweltethik

Altner, G. (Hg. u.a.), Schöpfungsglaube heute, Neukirchen 1985
    Schöpfung am Abgrund. Die Theologie der Umweltfrage, Neukirchen 1974
    Naturvergessenheit. Grundlagen einer umfassenden Bioethik, Darmstadt 1991
Amery, C., Schöpfung am Abgrund. Die gnadenlosen Folgen des Christentums,
    3 Hamburg 198O
Baranzke, H., Ökologie-Natur-Schöpfung. Zur Funktion einer Schöpfungstheologie
    im Rahmen der Umweltproblematik, in: Stimmen der Zeit, Heft 1O, Okt.1991
Böhm, H.H., Die Schöpfung bewahren, Salzuflen / Wuppertal 1988
Campbell, B., Ökologie des Menschen, Frankfurt 1987
Capra, F. u. Steindl-Rast, D., Wendezeit im Christentum, 2 Bern / München / Wien 1991

497

Cochlovius, J. (Hg.), Das Evangelium und die ökologische Katastrophe, Moers 1990
Ditfurth, H. von, So laßt uns denn ein Apfelbäumchen pflanzen, Hamburg 1985
    Wir sind nicht von dieser Welt, 7 München 1990
Drewermann, E., Der tödliche Fortschritt, Regensburg 1981
Egner, H. (Hg.), Tier,Pflanze, Mensch -Eingebundensein und Verantwortung,
    Solothurn / Düsseldorf 1993
Estel Hoesch Werke, Lebt ich mit Quelle, Tier und Baum, München 1981
    Grün soll die Erde bleiben, München 1982
Eurich, C., Aufruf zu einem neuen Orden. Gemeinsam für die Schöpfung - gegen Ohnmacht
    und Resignation, Stuttgart 1993
Fox, M., Schöpfungsspiritualität, Stuttgart 1993
Frowein ,J., Das Tier in der menschlichen Kultur, Zürich / München 1983
Fuchs, G. (Hg.), Mensch und Natur. Auf der Suche nach der verlorenen Einheit,
    Frankfurt 1989
Hahn, H. u. O., Notruf aus der Arche, Basel / Boston / Berlin 1990
Hitzbleck, E., Schöpfungswunder im Tierreich, Wuppertal 1968
    Die Schöpfung als Gottesoffenbarung, Neuhausen / Stuttgart 1982
Hoffmann, W., Natur in der Theologie, in: Dtsch. Pfarrerblatt 24/ 1978
Ingensiep, H.W. u.Jax, K. (Hg.), Mensch,Umwelt und Philosophie, Bonn 1988
Irrgang, B., Christliche Umweltethik, München / Basel 1992
Kibben, B.Mc., Das Ende der Natur, Gütersloh 1989
Klingmüller, W., Genforschung im Widerstreit, 2 Stuttgart 1986
Koch, G., Für eine bewohnbare Welt. Abschied vom homo faber, Hamburg 1970
Lorenz, K., Die acht Todsünden der zivilisierten Menschheit, 11 München 1973
Lüpke, J.von, Anvertraute Schöpfung. Bibl.-theol. Gedanken zum Thema „Bewahrung
    der Schöpfung", Hannover 1992
Makowski, H., Neuer Kurs für Noahs Arche, München 1985
Mayer-Tasch, P.C. (Hg.), Natur denken. Eine Genealogie der ökologischen Idee,
    2 Bd., Frankfurt 1991
Meyer-Abich, K.M., Aufstand für die Natur. Von der Umwelt z. Mitwelt, München / Wien 1990
Müller, A.M.K., Pasolini, P.u. Braun, D., Schöpfungsglaube heute, Neukirchen 1985
Müller, A.M.K., Das unbekannte Land. Konfliktfall Natur, Stuttgart 1987
Münch, P.u. Walz, R. (Hg.), Tiere und Menschen. Geschichte u.Aktualität eines prekären
    Verhältnisses, Paderborn / München / Wien/ Zürich, 1998
Petri, H. u.Liening, H., Menschen, Tiere, Pflanzen. Werden Tiere u.Pflanzen als
    Mitgeschöpfe beachtet? Bochum 1995
v.d.Pfordten, D., Ökologische Ethik. Zur Rechtfertigung menschlichen Verhaltens
    gegenüber der Natur, Hamburg 1996
Reinke, O., Tiere - Begleiter des Menschen in Tradition u.Gegenwart, Neukirchen 1995
Ross-Macdonald, M. u.Alles, R., Unsere Welt. Eine Naturgeschichte nach Lebensräumen,
    Wiesbaden 1976
Schiemann, G., (Hg.), Was ist Natur? München 1996
Schloemann, M., Wachstumstod und Eschatologie, Stuttgart 1973
Schreiber, R.L., Arche Noah 2000. Unsere Umwelt braucht unsere Hilfe, 2 Gütersloh 1984
Stahl, D., Wild. Lebendige Umwelt. Probleme von Jagd, Tierschutz u.Ökologie,
    Freiburg / München 1979
Trigo, P., Schöpfung und Geschichte, Düsseldorf 1988
Ulmer, G.A., Müssen Sie als Christ Mitweltschützer sein? Tübingen 1990
Voss, G., Argumente u.Fakten zur Umweltpolitik, Köln 1987
Weizsäcker, E.U. von, Ökologische Realpolitik an der Schwelle zum Jahrhundert der
    Umwelt, 3 Darmstadt 1992

498

Weizsäcker, E.U. von, Lovins, A. u.Lovins ,L., Faktor 4. Doppelter Wohlstand-halbierter Naturverbrauch, München 1995
Werner, H.J., Eins mit der Natur. Mensch u. Natur bei Franz von Assisi, J.Böhme, A.Schweitzer, T de Chardin, München 1987
Zink, J., Kostbare Erde. Biblische Reden über unseren Umgang mit der Schöpfung, 2 Stuttgart 1981

X: Sonstige Literatur

Alt, F., Jesu der erste neue Mann, 9 München 1989
Bamm, P., Adam und der Affe, Stuttgart 1969
Brunner-Traut, E., Die Stellung des Tieres im Alten Ägypten, Universitas 3 / 85
Bubner, R., Christologie und Evolution, Stuttgart 1985
Busch, W., Spuren zum Kreuz. Christus im Alten Testament, 7 Neukirchen 1988
Canetti, E., Die Provinz des Menschen. Aufzeichnungen 1942-1972, Frankfurt 1976
Cardenal, E., Ufer zum Frieden, 3 Wuppertal 1979
de Chardin, T., Der Mensch im Kosmos, Berlin 1959
Claudius, M., Sämtliche Werke, hg. von H.L.Geiger, München 1984
Drewermann, E., Die Spirale der Angst, Freiburg / Basel / Wien , 2 1991
    Tiefenpsychologie und Exegese, Bd. 1 u. 2, Olten 1991
Fromm, E., Haben oder Sein, 3 München 1980
Gerlach, R., Mein Zoobuch, Rüschlikon / Zürich 1959
Greve, W., Kierkegaards maieutische Ethik, Frankfurt 1990
Haas, G., Die Weltsicht von Teilhard und Jung, Olten / Freiburg 1991
Halbfas, H., Religions- Unterricht in der Grundschule, Lehrerhandbuch 2, Düsseldorf / Zürich 1984
Henry, M.L., Die mit Tränen säen. At.liche Fragen u.Gedanken im 5.Jahrzehnt nach Auschwitz, Neukirchen 1990
Henscheid, E., Welche Tiere und warum das Himmelreich erlangen können, Stuttgart 1995
Herbst, K., Der wirkliche Jesus. Das total andere Gottesbild. 5 Olten 1991
Horkheimer, M., Zur Kritik der instrumentellen Vernunft (Hg.A. Schmidt),Frankfurt 1967
Horkheimer, M. u. Adorno, Th.W., Dialektik der Aufklärung, Frankfurt 1996
Johnson, W., Zauber der Manege ? Der grausame Alltag der Tiere in Zirkus,Tierschau und Delphinarium ,Hamburg 1992
Jonas, H., Das Prinzip Verantwortung. Versuch einer Ethik für die technische Zivilisation, Frankfurt 1984
    Materie, Geist und Schöpfung, Frankfurt 1988
Jordan, P., Schöpfung und Geheimnis, Oldenburg / Hamburg 1970
Jungk, R., Zukunft zwischen Angst und Hoffnung, 2 München 1990
Kaiser, J.C. , Nowak, K. u.Schwartz, M., Eugenik, Sterilisation, „Euthanasie". Politische Biologie in Deutschland 1895- 1945, Berlin 1992
Kant, I., Die Religion innerhalb der Grenzen der bloßen Vernunft und Metaphysik der Sitten, Köln 1995
    Die drei Kritiken in ihrem Zusammenhang mit dem Gesamtwerk, Stuttgart 1952
    Kritik der Urteilskraft, Köln 1995
Kierkegaard, S., Erbauliche Reden in verschiedenem Geist, Gütersloh 1994
Koch, K., Aufbruch statt Resignation, Zürich 1990
Krolzik, U., Providentia-Die-Lehre und Naturverständnis der Frühaufklärung, Neukirchen 1988

Landmann, M., Der Mensch als Schöpfer und Geschöpf der Kultur, München / Basel 1961
de Lubac, H., Teilhard de Chardins religiöse Welt, Freiburg / Basel / Wien 1969
Machowec, M., Die Rückkehr zur Weisheit. Philosophie angesichts des Abgrunds.
    Stuttgart 1988
Mayer, K.(Hg.), Herr,mein Gott,wie groß bist du. Die Chagallfenster zu St.Stephan in Mainz,
    Bd.3, 6 Würzburg 1994
Morgenstern , C., Gedichte,Verse,Sprüche, Genf 1994
Pater, F., Das Tier und die ewige Liebe, in: Hochland, 47.Jhgg. 1954/ 55
Reich, C., Evangelium: Klingendes Wort, Stuttgart 1997
Rilke,R.M., Sämtliche Werke, Frankfurt o.J.
Rohland, B. (Hg.), Marc Chagall. Die Bibel, Mainz / Genf 1989
Rousseau, J.J., Schriften zur Kulturkritik u.a., Hamburg 1995
Sachs, N., Das Leiden Israels, Frankfurt 1964
Schleswig-Holsteinisches Landesmuseum (Hg.), Marc Chagall. Träume und Dramen,
    Schleswig 1994
Schneider, R., Winter in Wien, 2 Freiburg 1996
    Gelebtes Wort, Freiburg 1961
Schöpf, H., Fabeltiere, Wiesbaden 1992 (Graz 1988)
Schopenhauer, A., Werke in 5 Bänden (Hoffmann-Ausgabe), Zürich 1988
Schröder, R.A., Fülle des Daseins. Auslese aus seinem Werk, Berlin / Frankfurt 1958
Steinberg, I. u. Landmann, S. (Hg.), Jüdische Weisheit aus 3 Jahrtausenden,
    München 1968
Wehr, G., Martin Buber, 6 Hamburg 1979
Weizsäcker, C.F. von, Einheit der Natur, München 1995
Welk, E., Wundersame Freundschaften, 3 Rostock 1994
Wiechert, E., Sämtliche Werke, Bd. 1O, München 1957
    Jahre und Zeiten. Erinnerungen, Frankfurt / Berlin 1996
Wiesel, E., Macht Gebete aus meinen Geschichten. Essays eines Betroffenen,
    3 Freiburg 1986

XI. Bibeln, Nachschlagewerke, Lexika

Biblia Hebraica, edidit Rudolf Kittel, Stuttgart 1952
Novum testamentum graece et latine (E.Nestle), editio sexta decima, Stuttgart 1954
Die Apokryphen u. Pseudepigraphen des AT,hg. von E.Kautzsch,Neudruck Tübingen 1921
Neutestamentliche Apokryphen, Bd. I u.II, hg. von W.Schneemelcher,
    3 Tübingen 1959 u.1964
Die Heilige Schrift des Alten und Neuen Testaments, Zürcher Bibel, Zürich 1960
Peisker, C.H., Zürcher Evangelien-Synopse, 20 Wupperal 1982
Das Neue Testament, übersetzt u .kommentiert von U.Wilckens, Hamburg / Köln 1970
Die Heilige Schrift, übersetzt von Naftali Herz und Tur-Sinai, 2 Stuttgart 1995
Wilhelm Gesenius´ Hebräisches u.aramäisches Handwörterbuch über das AT,
    17 Berlin / Göttingen 1949
Theologisches Wörterbuch zum NT, hg. von G.Kittel u G.Friedrich, Stuttgart 1958-1978
Bauer, W., Wörterbuch zum Neuen Testament, 5 Berlin 1958
Calwer Bibellexikon, hg. von K.Gutbrod, R.Kücklich, Th.Schlatter, 5 Stuttgart 1985
Theologisches Begriffslexikon, hg. von K.Coenen u.a., Wuppertal 1967-1971
Negemann, J.H., Großer Bildatlas zur Bibel, Gütersloh 1968
Ev.Kirchenlexikon, hg. von H.Brunotte u.O.Weber, Göttingen 1956-1961
Die Religion in Geschichte und Gegenwart, hg. von K. Galling, 3 Tübingen 1986
Wörterbuch des Christentums. Hg. von V.Drehsen u.a., Sonderausgabe München 1995
Evangelisches Soziallexikon, hg. von F.Karrenberg, 3 Stuttgart 1958
Evangelisches Kirchengesangbuch,Ausg. Für die LK Rheinland, Westfalen u.Lippe,
    Gütersloh, / Neukirchen / Witten 1969
Evangelisches Gesangbuch, Ausg. für die EKiRh, EKvW u. Lippe, Verlagsgemeinschaft
    Gütersloh / Bielefeld / Neukirchen 1996
Gotteslob. Katholisches Gebet-und Gesangbuch, Stuttgart / Köln 1975
Diverse ältere Gesang-und Liederbücher
Katholischer Erwachsenen-Katechismus, Kevelaer / München 1985
Katechismus der Katholischen Kirche, München 1993
Umweltlexikon, hg. von B.Streit u.E.Kenntner,Freiburg 1992
Teutsch. G.M., Lexikon der Umweltethik, Düsseldorf / Göttingen 1985
Meyers Taschenlexikon der Biologie in 3 Bd., Mannheim / Wien 1988

Stefan Blindenhöfer

Naturwissenschaftlicher Weltzugang und der Überschuß der Schöpfungsperspektive

Neuere Schöpfungstheologie im Gespräch mit moderner Naturwissenschaft

Frankfurt/M., Berlin, Bern, Bruxelles, New York, Wien, 2000. 345 S.
Europäische Hochschulschriften: Reihe 23, Theologie. Bd. 686
ISBN 3-631-35537-8 · br. DM 89.–*

Macht die heutige wissenschaftliche Welterklärung und die stete Erweiterung naturwissenschaftlicher Erkenntnisse die Annahme eines Schöpfers und die Deutung der Wirklichkeit als Schöpfung zunehmend überflüssig? Die Naturwissenschaften erfassen und beschreiben Wirklichkeit unter bestimmten Aspekten und damit in eingeschränkter Weise. Demzufolge ist die Wirklichkeit auch in evolutionstheoretischer Interpretation als ganze nicht schon umfassend und ausreichend erklärt. Andere Perspektiven sind deshalb möglich und sogar nötig (und werden nicht einfach allmählich überflüssig): Die mehrdimensionale Wirklichkeit erfordert eine Pluralität der Perspektiven in Wahrnehmung ihrer jeweils prinzipiellen Grenzen. Gerade in der Schöpfungsperspektive können andere und reichere Dimensionen der Wirklichkeit in den Blick kommen, die dem naturwissenschaftlichen Weltzugang entgehen.

Aus dem Inhalt: Biologische Evolutionstheorien · Zum biblischen Reden von Schöpfer und Schöpfung · Theologische Ansätze zur Verhältnisbestimmung von evolutionstheoretischem und schöpfungstheologischem Denken (Rahner, Weissmahr, Moltmann, Link, Pannenberg, Peacocke) · Aspekte des naturwissenschaftlichen Weltzugangs · Zur schöpfungstheologischen Perspektive

Frankfurt/M · Berlin · Bern · Bruxelles · New York · Oxford · Wien
Auslieferung: Verlag Peter Lang AG
Jupiterstr. 15, CH-3000 Bern 15
Telefax (004131) 9402131
*inklusive Mehrwertsteuer
Preisänderungen vorbehalten